法　学　阶　梯
INSTITUTIONES

普通高等教育**法学规划教材**

“十二五”普通高等教育本科国家级规划教材

公 司 法

Corporation Law

| 第六版 |

范 健　王建文　著

法律出版社
——北　京——
始创于1954年

好书，同好老师和好学生分享

图书在版编目（CIP）数据

公司法 / 范健，王建文著. -- 6 版. -- 北京：法律出版社，2024（2026. 1 重印）. -- ISBN 978 - 7 - 5197 - 9220 - 6

Ⅰ. D922. 291. 91

中国国家版本馆 CIP 数据核字第 2024B3Y299 号

公司法（第六版）
GONGSIFA（DI - LIU BAN）

范　健　王建文　著

责任编辑　郑怡萍
装帧设计　鲍龙卉

出版发行　法律出版社
编辑统筹　法律教育出版分社
责任校对　王晓萍
责任印制　刘晓伟
经　　销　新华书店

开本　787 毫米×1092 毫米　1/16
印张　26. 25　**字数**　627 千
版本　2024 年 8 月第 6 版
印次　2026 年 1 月第 3 次印刷
印刷　三河市兴达印务有限公司

地址：北京市丰台区莲花池西里 7 号（100073）
网址：www. lawpress. com. cn
投稿邮箱：info@ lawpress. com. cn
举报盗版邮箱：jbwq@ lawpress. com. cn

销售电话：010 - 83938349
客服电话：010 - 83938350
咨询电话：010 - 63939796

书号：ISBN 978 - 7 - 5197 - 9220 - 6
定价：56. 00 元

凡购买本社图书，如有印装错误，我社负责退换。电话：010 - 83938349

出版说明

法律出版社在其奋进发展的六十年光辉历程中，秉精诚之心，集全社之力，服务于我国法学教育事业，致力于法学教材出版。尤其在改革开放三十余年间，本社以“传播法律信息，推进法制进程，积累法律文化，弘扬法治精神”为宗旨，协同司法部法学教材编辑部，规划并组织出版了国家“八五”“九五”期间的法学规划教材，为我国改革开放之初的法学教育和法治建设做出了开创性贡献；进入21世纪之后，法律出版社又根据教育部的部署和指导，相继规划并组织出版了“十五”、“十一五”和“十二五”法学规划教材，为我国法学教育事业的发展与改革付出了艰辛努力。

承蒙法学教育领域专家作者的信任，以及广大法律院校师生的支持，法律出版社经过三十年的发展与积累，相继出版各类法学教材达四百余种。在学科范围方面，完成以法学核心课程为重心，涉及法学诸学科的“全品种”横向结构；在培养层次方面，健全以本科教育为根本，兼顾职业教育和研究生教育的“多层次”纵向结构，进而打造“法律版”法学教科书体系，以期更好地为法学教育服务，为法治建设贡献绵薄之力。

近年来，法律出版社因应法学教育的发展变化，在教材编写体例及系列安排方面做出相应调整。在教材编写体例方面，结合当前教学实际与培养方案，将系统、全面的理论知识讲授与灵活、丰富的法律实践和能力训练相结合，倡导教材内容差异化，增加教材可读性，以期更好地培养法科学生的思维能力和法学素养。在教材系列安排方面，全力推进新品教材编写与注重既有教材修订相结合，根据教材风格与特色进行适当的套系整合，集中现有的国家级规划教材和在编的规划教材，形成以“普通高等教育法学规划教材”为名的全新教材系列。

本系列教材多为出版多年并广受好评的经典教科书。此次全新推出，既是向长期以来关心支持法学教育出版事业的专家作者的崇高致敬，也是法律出版社为中国当代法学教育事业发展拳拳努力之情的真诚表达。法律出版社将以高度的精品意识和质量标准，不断丰富、完善本系列教材的结构和内容；除教材文本之外，还将配有多层次、多形式的教辅材料，更好地为广大师生服务。

“好书，同好老师和好学生分享”，法律出版社愿与法律共同体诸同仁，分享好书，分享智识，分享法治进程中的点点滴滴！

法律出版社　谨识

2014年10月

作者简介

范　健　江苏省南通市人。南京大学法学院教授、博士生导师，南京大学商法研究中心主任，澳门科技大学法学院特聘教授、博士生导师，国家社科基金重大项目首席专家。首届中国十大杰出青年法学家(1995 年)。中国法学会商法学研究会副会长、江苏省法学会商法学研究会会长、马克思主义理论研究和建设工程《商法学》重点教材编写项目首席专家暨召集人。主要研究领域为商法、经济法、国际商法。主持国家社科基金重大项目及一般项目等国家级、省部级项目二十余项。发表学术论文二百余篇，出版独著、合著及主编教材三十余部，主要有:《商法学》(第二版)(马克思主义理论研究和建设工程重点教材,2022 年,主编)、《公司法》(第五版)(“十二五”普通高等教育本科国家级规划教材,2018 年,第一作者)、《商法学》(第五版)(2021 年,第一作者)、《证券法》(第三版)(2020 年,第一作者)、《商法总论》(第二版)(2019 年,第一作者)、《保险法》(2017 年,第一作者)、《商法》(第四版)(面向 21 世纪课程教材、普通高等教育“十一五”国家级规划教材,2011 年,主编)、《破产法》(2009 年,第一作者)、《商法的价值、源流及本体》(第二版)(2007 年,第一作者)、《商法基础理论专题研究》(教育部学位管理与研究生教育司推荐“研究生教学用书”,2005 年,第一作者)、《商法》(第二版)(教育部高等教育司组编、全国成人高等教育规划教材,2005 年,第一作者)、《德国商法:传统框架与新规则》(2003 年,独著)、《商法论》(2003 年,第一作者)、《公司法论》(上卷)(1997 年,第一作者)、《中国经济法》(1995 年,第一作者)、《反倾销法研究》(1995 年,独著)、《德国商法》(1993 年,独著)等。

王建文　安徽省望江县人。南京大学法学院教授、博士生导师，南京大学竞争政策与企业合规研究中心主任，国家社科基金重大项目首席专家。先后担任江苏省委法律专家库成员(第一届、第二届)、江苏省第十三届人大常委会决策咨询专家、江苏省政协法律顾问(第一届、第二届)、江苏省法官检察官遴选委员会非常任委员(第二届、第三届)、南京市中级人民法院特邀咨询专家(2009 年以来)、南京市秦淮区委法律顾问(第一届、第二届)等社会职务。担任中国法学会商法学研究会常务理事、中国法学会网络与信息法学研究会常务理事、江苏省法学会商法学研究会副会长兼秘书长、江苏省法学会互联网与信息法学研究会会长、江苏省法学会破产法学研究会副会长等学术职务。获中国商法学研究会 2020 年度“商法人物”(2021 年入选)、第三届江苏省优秀青年法学家(2013 年入选)、江苏省“333 高层次人才培养工程”中青年科学技术带头人(2011 年入选)、江苏省高校“青蓝工程”中青年学术带头人(2010 年入选)、江苏省高校“青蓝工程”优秀青年骨干教师(2004 年入选)等荣誉称号。先后毕业于西北政法学院经济法系(本科)、南京大学法学院(硕士、博士)，并曾在中国人民大学法学院从事博士后研究。主要研究领域为商法、金融法，并开展营商环境与企业合规课题研究。主持国家社科基金重大项目及一般项目、中国博士后科学基金特别资助项目及面上项目、教育部人文社会科学研究项目、江苏省社会科学基金重点项目及一般项目等国家级及省部级课题十余项。作为第三方评估负责人，持续主持江苏省委部署的江苏省区域民营经济营商环境评价项目。发表学术论文百余篇，其中十余篇被《中国社会科学文摘》《高等学校文科学术文摘》等转载。出版专著、专著型统编教材二十余部，主要有：《商法总论研究》（2021 年，独著）、《证券法研究》（2021 年，独著）、《商法教程》（第四版）（2019 年，独著）、《中国商法的理论重构与立法构想》（2018 年，独著）、《公司高管重大经营决策失误民事责任研究》（2012 年，第一作者）、《中国商法立法体系：批判与建构》（2009 年，独著）、《公司法》（第五版）（“十二五”普通高等教育本科国家级规划教材，2018 年，第二作者）、《商法学》（第五版）（2021 年，第二作者）、《证券法》（第三版）（2020 年，第二作者）、《商法总论》（第二版）（2019 年，第二作者）、《保险法》（2017 年，第二作者）、《破产法》（2009 年，第二作者）、《商法的价值、源流及本体》（第二版）（2007 年，第二作者）、《商法基础理论专题研究》（教育部学位管理与研究生教育司推荐“研究生教学用书”，2005 年，第二作者）、《商法》（第二版）（教育部高等教育司组编、全国成人高等教育规划教材，2005 年，第二作者）、《商法论》（2003 年，第二作者）、《商法学》（第二版）（马克思主义理论研究和建设工程重点教材，2022 年，参编）等。

第六版前言

自2003年合著《商法论》以来，本书两位作者合著了《商法的价值、源流及本体》《商法基础理论专题研究》《商法》《商法总论》《公司法》《证券法》《商法学》《保险法》《破产法》等专著型教科书，合计二十余版次。二十余年的时光，在有限的学术生涯中，不可谓不长，但在学术的历史长河中，却可谓刚刚经受历史检验。

本书初版定稿于2005年11月，出版于2006年2月。其时恰逢我国《公司法》于2005年完成第一次重大修订。其后，本书经历了六次修订、五次改版（2014年修订系加印时修订部分内容，未予改版）。我们如对待孩子一般珍爱本书，力求为读者提供一个体系完整、逻辑清晰、语言简练、理论与实务兼顾的优质专著型教科书。如此算来，本书已年届十八，可谓“成年”了，因而应对其提出更高标准的要求。

本次修订时间与我国《公司法》第二次重大修订时间一致，不仅需要修订的内容繁多，而且需要在学界尚未就若干争议问题达成共识的背景下，对相关问题予以定性和判断，并从法律适用角度提出目前制度与理论框架下的方案或解释。例如，限期五年实缴的认缴制究竟应如何定性、针对股份有限公司确立的授权资本制的定位与发展方向如何、限定范围任选制的公司治理模式应如何定性及如何适用等因本次我国《公司法》修订而引发的重大问题，都需要进行系统性研究才能给出合理结论。

理论性与实践性兼备是本书一贯特色，故本次改版一如既往地将相关指导性案例及代表性裁判文书中的裁判要点融汇到相关内容之中，体现本书立足实践阐释理论的色彩。

当然，公司法内容丰富，公司实践发展迅速，故本书作者虽极尽勤勉，但仍难免疏漏，我们愿虚心接受各界批评，力求将本书打造成获学界公认的精品教科书。

范　健　王建文

2024年4月于南京

第五版前言

本书第四版出版时间为 2015 年，迄今不足三年。在此期间，最高人民法院于 2017 年 8 月 25 日公布了《关于适用〈中华人民共和国公司法〉若干问题的规定（四）》。该司法解释对公司决议效力、股东知情权、利润分配权、优先购买权和股东代表诉讼等案件适用法律问题作了较为明确的规定，为司法实践中颇具争议的问题提供了较为明确的裁判规则。

2017 年 3 月 15 日颁布的《民法总则》也与本书中公司的概念与特征、公司登记、公司的解散和清算等内容相关，需要作相应阐释。自本书第三版以来，在公司登记、公司债等制度方面，新制定或修订了一些行政法规或部门规章，如《企业法人登记管理条例》（2016 年修订）、《公司登记管理条例》（2016 年修订）、《公司债券发行与交易管理办法》（2015 年公布），这些内容需要及时得到反映。

除国内立法变化外，域外公司法文本也有不少变化。例如，《法国商事公司法》被编入经过再法典化的《法国商法典》后，著名法国法翻译家罗结珍教授已于 2015 年出版了全新版《法国商法典》，需要对相关文本进行更新。此外，公司法理论及司法实践也有不少新的成果需要融汇到相关内容之中。因此，虽时隔未久，我们仍启动了本书的全面修订工作。

理论性与实践性兼备是本书特色，故本次修订将相关指导性案例及代表性裁判文书中的裁判要点融汇到相关内容之中，进一步强化本书立足实践阐释理论的色彩。

借此第五版出版之际，我们对此前的一些错漏作了修正，但错误仍在所难免，尚乞广大理论界与实务界的同仁及广大读者不吝指正，使本书得以不断完善！

范　健　王建文
2018 年 1 月于南京

第四版前言

为及时体现2013年12月28日修改的《公司法》及其配套法规的变化，在不改版的情况下，我们于2014年对本书第三版的相关内容作了修订。但因未作改版，修改幅度不宜太大，故仅作了必要性修改，未及时体现相关法学理论及司法实践的发展变化。

为体现专著性教科书的特性，本次修订将相关理论研究成果融汇于相关内容，并通过公司纠纷裁判文书的检索，融汇了公司纠纷司法实践发展中具有共性的裁判规则，从而使本书兼具理论性与实践性的特色得以进一步发挥。另外，因时间较为宽裕，得以开展拾遗补缺性工作，补正了部分瑕疵或错漏。

蒙学界同仁及广大读者的厚爱，本书得以从2006年初版后多次印行并改版，至今仍诚惶诚恐，唯恐因我们的疏忽或认知错误而误导诸君！因此，借此第四版出版之际，再次恳请学界同仁及广大读者不吝指正，使本书得以不断完善！

范　健　王建文

2015年7月于南京

2014 年修订说明

本书第三版出版于 2011 年 4 月，当时的修改背景是最高人民法院审判委员会第 1504 次会议于 2010 年 12 月 6 日通过了《关于适用〈中华人民共和国公司法〉若干问题的规定（三）》，并于 2011 年 1 月 27 日公布。该司法解释结合审判实践，就人民法院审理公司设立、出资、股权确认等纠纷案件适用法律问题作了合计 29 条的规定。这些问题都对公司法的理解与适用具有重大影响，故本书作者随即启动了修改工作。

2013 年 2 月 26 日至 28 日在北京召开的党的十八届二中全会审议通过了《国务院机构改革和职能转变方案》，建议国务院将该方案提交第十二届全国人民代表大会第一次会议审议。2013 年 3 月 14 日，第十二届全国人民代表大会第一次会议审议通过了《国务院机构改革和职能转变方案》。该方案关于“改革工商登记制度”部分明确提出：“将注册资本实缴登记制改为认缴登记制，并放宽工商登记其他条件。”2013 年 10 月 25 日，时任国务院总理李克强主持召开国务院常务会议，部署推进公司注册资本登记制度改革。

2013 年 12 月 28 日，十二届全国人大常委会第六次会议审议通过了关于修改《公司法》的决定，对《公司法》作出了修改，修改的内容自 2014 年 3 月 1 日起施行。本次《公司法》修订是为了及时落实国务院关于改革注册资本登记制度的部署，故仅针对公司资本制度与登记制度作了修订，主要涉及以下四个方面的内容：（1）公司注册资本由分期认缴制改为认缴制；（2）原则上取消了法定注册资本最低限额；（3）取消了货币出资比例限制；（4）简化了登记程序。

与 2013 年《公司法》的修改相适应，国务院于 2014 年 2 月 7 日发布了《注册资本登记制度改革方案》，并于 2014 年 2 月 19 日修订了《公司登记管理条例》和《企业法人登记管理条例》，相关政府部门还修订完善了相关行政法规和规章。

以上内容的修订貌似仅涉及公司资本制度，实际上还涉及公司设立制度、公司人格制度，故需要及时修订，以体现最新法律、法规的原貌，并在新的基础上对相关理论予以更新。此外，因 2013 年《公司法》删除了一个条款，导致全文条款顺序发生了变化，故本次修订还重新调整了相关条款的序号。

范　健　王建文

2014 年 5 月于南京

第三版前言

本书第二版出版于2008年9月，当时的修改背景是最高人民法院于2008年5月12日公布了《关于适用〈中华人民共和国公司法〉若干问题的规定（二）》，并公布了《关于适用〈中华人民共和国公司法〉若干问题的规定（三）（征求意见稿）》。此后，最高人民法院一直致力于后一文件的制订，至2010年12月6日获最高人民法院审判委员会第1504次会议通过，并于2011年1月27日公布。该司法解释结合审判实践，就人民法院审理公司设立、出资、股权确认等纠纷案件适用法律问题作了合计29条的规定。

原本包含于《关于适用〈中华人民共和国公司法〉若干问题的规定（三）（征求意见稿）》的许多内容被调整到《关于适用〈中华人民共和国公司法〉若干问题的规定（四）（征求意见稿）》中，后者的内容包括：（1）公司机关会议决议无效和撤销纠纷；（2）股东知情权纠纷；（3）有限责任公司新增资本认购纠纷；（4）股份有限公司发行新股纠纷；（5）利润分配请求权纠纷；（6）股权转让纠纷；（7）股东代表诉讼纠纷。鉴于这些内容在我国公司法司法实践中具有重要意义，故本书作者立即在前期修改草稿的基础上，启动了本书第三版的修订工作。

本书力求成为精品，但我们仍然在路上，故尚乞学界同仁及广大学子不吝指正！

范　健　王建文

2011年3月于南京

第二版前言

本书初版于2006年2月，其时2005年《公司法》实施未及两月。此后，最高人民法院启动了公司法系列司法解释的制定工作。2008年5月12日公布的最高人民法院《关于适用〈中华人民共和国公司法〉若干问题的规定（二）》，就人民法院审理公司解散和清算案件适用法律问题作出了24条规定。这些规定作为我国司法机关进行公司法审判的直接指引与依据，对我国公司法制度起到了重要补充作用。此外，经多次研讨尚未通过的最高人民法院《关于适用〈中华人民共和国公司法〉若干问题的规定（三）（征求意见稿）》，更是对以下问题作出了颇为详细的规定：(1)关于公司设立行为引发的民事纠纷；(2)公司机关会议决议的无效和撤销；(3)关于公司担保和投资；(4)关于股东资格确认；(5)关于有限责任公司的股权转让；(6)关于股东知情权和利润分配请求权；(7)关于股东代表诉讼。这两份司法解释（含征求意见稿）的内容大大丰富了我国公司法制度，自然也应体现于公司法理论之中。因此，基于法律制度上的变化，本书作为公司法教科书迫切需要进行更新与修订。

在理论研究方面，我国公司法学界也在2005年《公司法》实施后相继出版或更新了大量著作。其中，有些内容已反映到本书初版之中，有些内容则尚未得到体现。另外，2005年《日本公司法典》的中译本及2006年修订的我国台湾地区“公司法”等，也都对我国公司法学界产生了较大影响。因此，为全面反映我国公司法理论研究成果的发展，并使读者能基于最新资料方便查阅，本书对相关内容与文献都作了修订。考虑到本书作为通用教科书的性质，我们将某些超出一般要求但又相当重要的学理性问题作为“理论拓展”的内容，穿插于正文之中。

除了基于立法与文献的变化而作的上述修订之外，本书还借再版之机，对初版中的一些错漏与“非主流概念”作了修正。例如，关于公司资本制度的类型，本书初版曾将我国有限责任公司及发起设立的股份有限公司的资本制度界定为折中授权资本制；本次修订时基于不同公司资本制度类型的本质特征以及我国公司资本制度的本质属性，将其命名为“折中法定资本制”。又如，关于公司治理结构模式的类型，本次修订时将其调整为四种：单层委员会制；双层委员会制；单层二元委员会制；限定范围任选制。再如，本书初版时基于公司法人格否认制度的本质属性，采用了德国公司法理论中的概念——公司“直索责任”；本次修订时将其恢复为在我国约定俗成的概念。

在篇幅及章节数量方面，本次修订也有较大扩充。需要特别说明的是章节方面的变化，本次修订将初版的十三章扩展为十七章，具体表现为：第一，将“公司的名称和住所”从初版的第四章独立出来，作为第五章；第二，将初版的第九章分解为两章，分别作为第十章“股东及其权利与义务”与第十一章“股东的出资与股份”；第三，增设“公司的财务、会计制度”，作为第十四章。

本书初版作为我国2005年《公司法》颁布后最早一批出版的系统性公司法著作，确实存在一些错漏和不足。因此，我们要借此次修订之机，向广大读者及一向以出版精品为己任的法律出版社致以衷心的歉意与谢忱！当然，由于我国公司法制度与理论都处于发展之中，本次修订只是前进途中的一次小结，我们还将伴随我国公司法的发展，在本次修订完成后继续走在前进的路上。或许，这才是对广大热心读者及精益求精的本书责编的最好回报吧！

范　健　王建文

2008年7月于南京

前　言

公司法在我国商法体系中处于日益重要的地位，公司法研究在日新月异、层出不穷的公司法律实践的推动下，更是早已处于商法研究的核心与前沿。于是，在公司实践与公司理论研究的共同推动下，我国正式启动了《公司法》的修改。由于各界普遍主张较大幅度地对《公司法》修改，因而修改后的新法在充分吸收公司法理论研究成果的基础上，呈现出焕然一新的面貌。

然而，令人遗憾的是，出于种种原因，我国《公司法》教科书却大多停留在早已明显滞后于理论发展与实践需要的较低水平上。究其原因，或许是学者们虑及本科生尚缺乏较深理论基础及实践经验，对学理作太多揭示反而难以达成清晰的共识。事实上，作为法学本科高年级学生，应当完全可以也有必要加强对公司法制度现状、实践认识以及较为成熟的理论研究成果的学习。这种超越于制度现状的理论介绍，也是作为高年级学生用专业教科书可以且必要安排的。因此，在本书中，我们突破了传统公司法教科书的界限，对一些基础性问题作了更深的挖掘，对一些前沿性问题作了一定的比较性介绍，对一些实践中存在分歧的问题也作了一定的提示。这不仅有利于学生全面了解和掌握公司法制度、实践与理论现状，也有利于共同推动我国《公司法》进一步完善的进程，毕竟这些即将进入毕业论文写作阶段的学生，也完全可能以特有的视角形成有价值的判断。这些即将走上各种法律实践部门的学生，还可能以此为基础继续对公司法理论与实践的衔接作出积极的思考与实践。如此，我国公司法的全面发展就有希望了。当然，这是就大而化之而言，由于各校学生因教学计划安排的不同，此前学习基础及学习习惯差异明显，本书中的以下内容可以作为选择性教学内容：第一章第一节、第三节；第七章第二节；第十二章第三节。

近年来，王建文一直随我共同研究商法与公司法，在共同经历了不知多少个反复探讨的日日夜夜之后，我们相继出版了《商法论》、《商法的价值、源流及本体》、《商法》（第二版）、《商法基础理论专题研究》等著作，还主持编写了《商事法律报告》《商法判例解读》《商法教学案例》《公司法教学案例》等。至此，在研究思路与研究方法上，我们已形成了相当的默契，彼此之间的学术交流常常成为我们理论研究新的起点。恰好在我规划写作一部全新的《公司法论》的时候，法律出版社的丁小宣先生向我约稿，要求写作一部面向本科生的《公司法》教科书，我们便共同承担了本书的写作任务。

本书其实早在2004年年初即可交付印刷，但虑及修改中的《公司法》可能在出版期间获得通过，故定稿迟迟没有交付。如今，《公司法》的修改终于完成，我们立即在2005年《公司法》通过之后实施本书稿的修订工作。虑及此次修法的深刻性，我们特将新旧《公司法》的若干重要内容作了简要比较性介绍与评判。但愿这种写作方法，能够有助于公司法学的学习，尤其是为其提供更为全面的背景性知识。

在本书的写作过程之中，始终得到了丁小宣先生以及法律出版社的其他编辑同志的热情支持，他们为本书的出版付出了许多心血，在此谨致谢忱！

最后，需要补充说明的是，本书虽然是专门写给法学本科高年级学生的，但由于其包含了较为丰富的前沿性理论与实践操作方法，因而亦可作为法学教学与研究人员、法学专业研究生、法律硕士专业学位研究生以及法律实践部门的人员全面学习与研究公司法的读物。

范　健

2005年11月8日于南京大学北园

目　　录

第一章　公司的内涵与变迁

导 读

- 企业具有法律含义上的双重性：一方面，作为社会组织体，企业是民事权利义务的享有者和承担者，是民商事法律关系的主体，是法律人格的载体；另一方面，企业作为有形财产和无形财产的集合体，它当然可以作为转让、交换的客体，因而又可成为商行为的客体。
- 我国所指公司与大陆法系国家所指公司含义不尽相同。尽管我国将公司作为合伙企业的对称的制度安排类似于英美法系国家，但具体的公司含义仍有较大差异，也不可完全将两者等同。
- 公司具有以下特征：营利性；社团性；法人性；法定性。
- 企业制度在漫长的演进过程中，独资企业、合伙企业与公司企业等三种企业形态依次在不同历史时期占据主导地位。这三种企业形态的递进，表现为两个相互区别又相互联系的过程。

第一节　企业内涵的法律界定

一、企业的法律含义

各个国家和地区基本上不对企业作出法律上的界定，也极少从法律主体甚至组织体意义上使用企业这一概念，而是从不同的角度出发使用企业这一概念，从而使企业表现出不同的含义，甚至在同一国家和地区的不同法律部门中，关于企业的理解也可能表现出较大的差异性。

国外法学界从不同角度对企业作出了许多不同但较为清晰的学理界定。美国《布莱克法律词典》对“企业”(enterprise)的解释是：“企业是以营利为目的的组织或冒险活动。”[1]在《布罗克斯百科全书》中，企业被界定为能够“提供产品或劳务，这些产品或劳务既能出售达到营利目的，同时又能满足公共需要。企业按经济规律行事，也就是说，试图以最节约的必要资金来谋求实际的产品或劳务量”[2]。在大陆法系国家和地区，不仅传统民商事法律未规定企业的主体地位，而且理论界的传统认识也是将企业作为所有者所拥有的客体。20 世纪后期，企业的主体地位才逐渐确立，但直到现在，理论界仍对此存在分歧。例如，理论界对于究竟“公司是一个企业”还是“公司有一个企业”存在不同认识。不过，通常情况下，将企业视为法律主体，并认

---

〔1〕 Bryan A. Garner, *Black's Law Dictionary*, 7th. edition, West Group, 1999, p. 552.

〔2〕 上海社会科学院法学研究所编译：《经济法》，知识出版社 1982 年版，第 161 页。

为“公司是一个企业”的观点,已成为通说。基于此,有学者将企业界定为:由数个成员和一定数量的资产按照法律规定设立的组织,它按照经济规则运作,生产商品或者提供服务;通过市场向社会公众提供产品,满足社会公众对产品的需求;通过获取利润来满足投资者、职工和管理者的利益需求和其他需要。[3] 法国则以1984年和1985年的两项法律明确规定了企业的法律主体地位。[4]

我国法学界对企业这一概念的认识较为统一,但还是存在一定程度上的差异。早期的企业定义较为简单,随着法学的发展,法学界对企业的界定也逐渐完善起来。认为“企业是经营性的从事生产、流通或服务的组织”[5],可视为我国企业早期定义的代表。在此基础之上发展起来的企业的定义大多涵盖了企业的特征。有学者认为,一般来说,企业是由一个永久性组织和这个组织建立的生产方式构成的。依此观点,企业包括物质部分和人的部分,两者结合构成一个以特定方式从事经营活动的整体。持久性是企业最基本和最重要的特征之一。由此派生出许多规则,其中包括雇佣关系不因企业易主而变更,企业所有权的转移不影响企业与第三人的债权、债务关系,企业的存在与企业构成人员的变化无直接关系。财产独立是企业的第二个典型特征。企业财产既是经营资本,也是企业对第三人履行债务的物质保证。在法人企业中,企业财产与企业成员的个人财产是完全分离的。以此为基础,该学者将企业界定为“按一定的生产方式和经营方式将生产资料、劳动者和经营者结合为一个整体的,以营利为目的的,从事商品生产、运输、销售或提供劳务或服务的社会组织体”[6]。另有学者认为:“企业是经营性的从事生产、流通或服务的某种主体;作为概括的资产或者资本和人员之经营体,企业也可以作为交易的客体。”[7]多数学者则认为,企业是指依法成立并具备一定组织形式,以营利为目的,独立从事商品生产经营活动和商业服务的经济组织。[8] 还有学者更进一步地将企业定义为“依法设立的,从事经营活动并具有独立或相对独立的法律人格的组织”[9]。应当说上述相关定义大同小异,各有其合理性,只不过各有侧重而已。第一种定义较为简单,可涵括于其他定义中;第二种定义将企业的内涵阐述得较为全面;第三种定义则既注意到了企业的法律主体属性,又注意到了企业亦可作为交易的对象而成为法律客体;第四种定义简洁明了地表述了企业的基本内涵;第五种定义则注意到了企业是具有独立或相对独立的法律人格的组织,明确了个人独资企业的法律主体地位,较为难能可贵。

基于上述企业定义的分析,我们将商法意义上的企业界定为依法成立并具备一定组织形

---

[3] 参见[德]托马斯·莱塞尔、吕迪格·法伊尔:《德国资合公司法》(第3版),高旭军等译,法律出版社2005年版,第28~29页。

[4] 参见[法]克洛德·商波:《商法》,刘庆余译,商务印书馆1998年版,第42页。

[5] 李占祥:《积极创新社会主义企业管理学》,载《经济理论与经济管理》1984年第4期。

[6] 郑立、王益英主编:《企业法通论》,中国人民大学出版社1993年版,第9、11页。

[7] 史际春、温烨、邓峰:《企业和公司法》,中国人民大学出版社2001年版,第2页;潘静成、刘文华主编:《经济法》,中国人民大学出版社1999年版,第135页。

[8] 参见甘培忠:《企业与公司法学》(第2版),北京大学出版社2001年版,第2页;马德胜、董学立:《企业组织形式法律制度研究》,中国人民公安大学出版社2001年版,第9页;夏利民、包锡妹:《企业法》,人民法院出版社1999年版,第9页;张士元等编著:《企业法》,法律出版社1997年版,第10页;王保树等:《企业法论》,工人出版社1988年版,第3页;赵旭东:《企业法律形态论》,中国方正出版社1996年版,第13页。

[9] 杨紫烜主编:《经济法》,北京大学出版社1999年版,第106页。

式，以营利为目的，独立从事生产经营和服务性活动，具有独立法律主体地位的经济组织。[10] 这一商法意义上的企业定义与上述第四、五种定义较为接近，但这一定义在第五种定义提出企业具有独立或相对独立的法律人格的基础上，更进一步明确提出企业具有独立的法律主体地位。

理论拓展 企业是否限于商事企业?

在部分国家，企业并不限于商事企业（营利性企业），还包括合作社企业、公益性企业等类型。在德国法中，还包括倾向性企业。合作社企业的经营目的不是谋取利润，而是向其成员提供各类帮助，使其成员能够获得更多的利润。一般来说，合作社企业只能采用合作社这一组织形式，但目前德国已允许采用资合公司的形式。最著名的具有资合公司性质的合作社企业是汉堡的 EDEKA 中心股份有限公司。公益性企业不是为了营利，而是为了向社会或特定公众提供服务。营利不是其经营目的，至少不是其主要目的。在德国，大多数由国家及规模较大的社会组织投资设立的股份有限公司和有限责任公司都是公益性企业，社区政府拥有的公共交通企业、公共事业企业、公益性信贷企业和房地产企业也都是公益性企业。各个国家和地区税法大多对公益性企业提供了许多税收优惠。但公益性企业不得向其股东分配红利，否则将不被认定为公益性企业。为便于认定，采取公司形式的公益性企业必须在其章程中对其宗旨作明确规定。倾向性企业，是指主要为政治决策、联合政治决策、宗教政策、教育政策、科学或者艺术政策直接提供咨询服务的企业。专门就上述问题撰写并提供报告和发表言论的企业也属于倾向性企业。[11] 在法国，除商事公司外，还包括民事公司及特殊公司等多种类型。其中，民事公司主要包括建筑公司、律师公司、会计监察公司、法律顾问公司、专利顾问公司、公证人公司、商事法院书记员公司等。[12] 在英美法系国家和地区，公司也被分为商事公司与各种非营利组织，故同样存在非商事企业。

在企业的性质上，我国法学界往往将企业限定为以营利为目的，从事商品生产经营活动和商业服务的组织。也就是说，我国法学界所理解的企业就是许多西方国家所界定的商业企业或商事企业。这种将企业限定于商事企业的做法，其实存在许多问题。最主要的问题是非营利性质的组织无法采取企业的组织形式。不过，正如我国已将法人概念作了特定化理解一样，我国理论与实践也已习惯于将企业限定于商事企业，因此，本书也大多直接在商业企业或商事企业意义上使用企业这一概念，只是在特定语境中为了区别而特别采用商事企业的概念。

企业作为商主体，在其所参加的法律关系中自然是权利义务的承担者。不少人认为只有法人企业才是真正意义上的权利义务的承担者，而合伙企业尤其是个人独资企业则并非真正意义上的权利义务的承担者。其依据是，法人企业的投资者无须在其出资之外另行对企业债务承担任何责任，而合伙企业的合伙人则要承担连带责任，个人独资企业的企业主则要以其个

〔10〕 商法意义上的企业特指商事企业，其含义将在本章第二节阐述，除非特别说明，本书所指企业均指商事企业。

〔11〕 参见［德］托马斯·莱塞尔、吕迪格·法伊尔：《德国资合公司法》（第3版），高旭军等译，法律出版社2005年版，第17～18页。

〔12〕 参见《法国民法典》（下册），罗结珍译，法律出版社2005年版，第1359页。

人资产承担责任。从责任承担方式这个角度来看,这种理解确实非常有说服力,然而这一理解是对责任承担方式之于企业法律人格意义的一种误解,具体理由详见本书第八章。

作为商主体的企业还有一点显著区别于一般民事主体,这就是企业不仅可以作为法律主体还能够作为法律客体。也就是说,企业具有法律含义上的双重性:一方面,作为社会组织体,企业是民事权利义务的享有者和承担者,既是民商事法律关系的主体,也是法律人格的载体;另一方面,企业作为有形财产和无形财产的集合体,它当然可以作为转让、交易的客体,因而又可成为商行为的客体。

企业之所以具有法律含义上的双重性,是因为在不同的法律关系中企业所处的地位不同。相对于企业自身的行为及其拥有的权利和义务,企业是法律关系的主体;相对于企业的企业主(在公司中应为所有股东)而言,企业作为一个整体又是企业主的财产,可以成为交易的对象,可以由企业主予以处分。也就是说,某一企业在此法律关系中可以是权利、义务的承受者,但在彼法律关系中就有可能成为权利义务指向的对象。

二、企业的特征

企业是人类为了持续地进行有规模的生产经营活动而组织起来的一种实体,它具有与其他社会组织所不同的社会属性。企业的特征正是这种特殊社会属性的表现。一个完善的法律概念应当将该概念所界定的对象的基本特征都包含在内。基于此,我们所给定的企业的定义实际上已经包含了企业的特征。但企业法律概念所包含的企业特征毕竟过于抽象,难以具体把握。因此,为进一步阐述企业的含义,我们特地从以下四个方面对企业的特征予以分析。

(一)企业在形式上表现为一种组织体

企业的这一特征使企业与企业主及其他从事商品交易活动的个人区别开来,也明确标示了企业的外延并不限于公司这种最典型的企业形态。

大陆法系国家和地区的商法典一般不在商主体意义上使用企业这一概念,但公司则被认为是商人;同时在性质上应为个人独资企业的所谓个体商人则不被看作企业,而是将其作为自然人的延伸即所谓"商自然人"。此外,从事商行为的自然人也被视为商人。因此,形成了企业、企业主以及其他从事商品交易活动的个人均包含于商人范畴的局面,从而使这几个具有明显区别的概念的含义模糊起来。

早在原始社会初期,人类为了抵御自然力量,满足生存的需要,就已开始利用部落这种组织形式进行生产活动。随着社会的发展特别是随着商品经济的发展逐渐形成了资本主义生产关系后,人们为了实施依靠单个人难以实施的经济行为,获取在个人状态下难以获得的财产规模效益,在个人财产聚合的基础上形成的各种经济组织逐渐发展成为人类借以谋生或获取商业利润的最基本的组织。这种经济组织就是企业。因此,就本质而言,企业这一组织形式原本就是对个人经济活动的超越。企业是一个源于又独立于结合成企业的个人的法律拟制的人。企业作为组织体意义上"法律上的人",一方面,通常由两个以上的成员组成,具有团体性;另一方面,在维系生产经营所必需的组织结构上,也通常会形成企业生产经营的决策机关或决策机制,从而具有意思能力。这两点充分表现了企业的组织性。但需要说明的是,企业的组织性并非必须借此才能表现。进入法律视野的企业,其组织体也可因法律"定格"而由一个人"组成",其典型形式为一人公司与个人独资企业。

（二）企业在社会功能上是独立从事生产经营和服务性活动的经济组织

不仅企业所从事的活动主要是经济活动，而且其存在的目的本身就在于通过从事经济活动以获取盈利，因而它是一种经济组织。企业是经济活动的主导力量。经济活动主要就是商品生产或商品经营以及提供劳务或服务的活动。为从事经济活动，企业需要集中资金、劳动力、技术、原材料、管理以及土地等生产要素，根据市场需求进行专门商品的生产、销售以及提供其他的商业服务。尽管就企业的初衷来说，严格意义上的企业在主观上本不以服务于社会为其直接目的，而是以营利为目的，但企业活动在客观上能满足人类社会在物质生活和精神生活方面的某种现实需求。这就是企业的社会功能。这种社会功能使企业与国家机关、军队、教会以及民间团体等组织区别开来。

（三）企业设立的目的具有营利性

企业从事生产、经营活动以获取营利为其直接目的。投资者无论是政府还是个人，在将消费资金转为生产资金时都期望资本增值，这种期望通过企业去实现，从而表现出企业活动的营利性。

对于何为"以营利为目的"，各个国家和地区的实践和理论有不同认识。有的国家认为，营利目的应仅限于生产经营领域而不在于利益的归属和利润的分配及用途；有的国家认为，以营利为目的不局限于生产经营领域，更主要地表现于利润分配领域，企业的营利活动仅具有手段意义，将企业活动所得利润分配于企业投资者才是最终目的。前一观点主要是有的社会主义国家所提出，用于解释由国家投资的企业所得利润都用于社会公共事业和职工福利事业。就社会主义国家在计划经济时代的企业来说，确实只有采此说才能解释企业的营利性，因而被我国一些学者认为是"较有说服力"的观点。[13] 但是，在计划经济时代，有的企业生产经营中还存在无偿划拨的现象，其并非严格意义上的企业，西方国家也大多不将其视为严格意义上的企业。后一观点则具有普遍性，为绝大多数国家所采纳。随着市场经济体制与现代企业制度的建立和完善，我国也普遍采纳了后一观点。依此，如果经营所得不分配于投资者，即使其生产经营活动能创造一定的盈利，甚至直接从事了商行为，也不能界定为企业。这正是企业与非营利组织的区别所在。我国《民法典》对此作了明确界定，该法第 76 条第 1 款规定："以取得利润并分配给股东等出资人为目的成立的法人，为营利法人。"

理论拓展　企业判断标准的突破与发展

一般来说，是否将利润分配于投资者构成了企业与非企业的判断标准。但在实践中，两者之间的界限已日益模糊。因此，在判断某一从事生产经营活动的组织是不是企业时，不应将"利润分配于投资者"这一判断企业的重要标准绝对化。某一从事生产经营活动的非营利组织即便将利润适当分配于投资者也并不意味着就属于企业，只要其不将利润完全分配于投资者，仍不妨碍其非营利组织性质的认定。另外，也不能认为非营利组织事实上能够获得一般企业所难以企及的利润，就应当划入企业范畴。在许多国家，从事社会公共事业生产与服务的企业被界定为非营利组织。例如，自来水厂往往通过自来水的生产经营活动获取一定利润甚至是相对较高利润，其

〔13〕　参见郑立、王益英主编：《企业法通论》，中国人民大学出版社 1993 年版，第 12 页。

利润也部分分配于投资者;但自来水厂所生产的产品——自来水,具有民生上的重要意义,并且其利润一般不完全用于分配,而是用于进一步发展,以便更好地提供产品和服务。因此,西方国家往往将其划入非营利组织范畴,使其享受免税待遇。我国也将其纳入实行企业化经营的社会公共事业单位,从而享受一般企业所不能享受到的优惠待遇。再如,在韩国,诸如相互保险公社、中小企业协同组合、乡村金库、韩国证券交易所等,虽属社团法人,但并不以营利为目的,即使有盈余的分配或分红也不能成为企业。[14] 日本也存在这样的非商事企业意义上的非商事公司,如相互保险公司、各种协同组合等。[15] 美国也在商事公司基础上,涌现出了公共利益公司、社会目的公司、微利合伙型有限责任公司等社会企业。根据美国《公共利益公司示范法》及加利福尼亚州等州公共利益法的规定,社会企业虽可从事营利行为,在公开市场融资并向成员分配利润,但应确保其行为有利于社会目的的实现。社会企业必须同时服务于社会目的与商业目的,且社会目的须深层次地融入企业的商业模式之中。[16]

(四)企业存在的法律条件是必须依法成立并具备一定的法律形式

现代世界各个国家和地区,对各类企业的设立都制定有法律上的审查核准制度,只是具体的程序繁简程度与主管部门不同而已。国外历史上(英国工业革命前后)曾允许自由设立企业,在欧洲中世纪商事公司发展时期,自由设立原则还一度盛行。其后自由设立原则的弊端逐渐显现,这一原则很快被抛弃。目前世界上通行的企业设立原则主要有特许设立、许可设立与准则设立几种。由于特许设立原则带有浓厚的政治色彩和垄断意味,现代国家除在特定情况下对某些特殊企业的设立仍适用该原则外,已基本不再采用。许可设立原则,又称行政许可或核准设立原则,尽管可以有效控制企业的设立,但由于其程序严苛,有碍企业的发展,现在采取该原则的国家也已不多了。在发达的资本主义国家,主要实行准则设立原则,即实践中被称为"注册制"的设立原则。我国长期受计划经济体制的影响,在《公司法》颁布前,企业设立采取严格的核准设立原则,程序复杂、环节众多,设立条件非常严苛,有碍于企业的发展,已不适应我国市场经济体制建设的需要。从我国进行企业制度改革的现实情况看,我国目前已经确立了准则设立原则,但就其要求来看,应属于严格的准则设立制度。此外,我国还存在核准设立制度。除法律、行政法规或者国务院决定规定设立公司必须报经批准的以外,仅须向公司登记机关申请设立登记,明显采取的是严格准则设立原则;法律、法规规定或者国务院决定规定须经有关部门审批的,则采取的是核准设立原则。

在商主体严格法定原则下,要设立作为商主体的企业只能在法律规定的企业形态中作出选择,不允许在法律规定的企业形态之外另行创设,或者将法定企业形态作出违背既有规定的变更。一般来说,企业在法律形式上可以分为公司、合伙企业与个人独资企业,而不同法律形式的企业有不同的设立要求,且在企业的法律地位、治理结构、管理制度以及债务承担方式上均有实质性的差别。因此,必须严格根据选择的企业形态,依照相关法律规定,满足相关要求,才能成功设立企业。

---

〔14〕 参见《韩国公司法》,吴日焕译,中国政法大学出版社 2000 年版,第 35 页。
〔15〕 参见[日]末永敏和:《现代日本公司法》,金洪玉译,人民法院出版社 2000 年版,第 7 页。
〔16〕 参见蒋大兴主编:《公共主义公司法的法典运动:社会企业法法典编纂》,法律出版社 2024 年版,第 1 ~ 2 页。

第二节　公司的概念与特征

一、公司的概念

（一）公司概念概说

现今所称“公司”一词，在语源上可以追溯到古罗马时期的拉丁语词汇“societas”，意为“人合组织”，但其含义与公司法意义上的“公司”不同，其不具有现代公司所具有的基本内涵。在现代社会经济活动中，公司作为最重要的经济活动主体以及绝大多数人工作的空间，早已成为一个应用非常普遍的基本概念。然而，由于法制传统与法律体系上的差异，公司在各个国家和地区无论是名称本身还是内涵与外延，都具有较大的差异。即使在同一国家和地区，随着社会经济实践与制度以及公司法本身的发展，公司的概念及其内涵、外延也往往处于发展变动之中。

除了法律意义上的界定分歧外，公司概念还存在描述性和规范性的，经济意义上的、制度意义上的和组织意义上的，不同传统下的和不同历史时期的等各种不同的界定。由于存在不同的界定角度、方法以及各个国家和地区在同一学科意义上关于公司的内涵与外延均存在明显的差异，因而对公司语词的使用往往存在学科与翻译上的模糊性。例如，经济学上几乎将所有营利性的企业都称为公司，把公司看作一种经济工具，并大多对公司的经济特点作出描述性的界定。经济学传统上将公司作为一种投入和产出关系，现代经济学的企业理论则开始注重公司的结构，把公司看作一系列契约的“连接点”。[17] 这与法律意义上的公司界定显然不同。因此，在学习与研究公司法时，必须特别注意，不同学科使用的公司概念并不统一，应当注意区分其内在含义。当然，在公司法的框架下，本书仅就公司在法律意义上的含义加以界定。

（二）大陆法系的公司概念

一般来说，大陆法系的公司是指依法设立的以营利为目的的企业法人。公司在德语中称为“Handelsgellschaft”，法语则称公司为“société”（商事公司为 société commerciale），在日语中称为“会社”。[18] 但需要注意的是，在德国、法国、意大利等欧洲大陆法系国家，公司与合伙在词汇上使用的是同一词语，需要根据相关语境确定其具体含义。就公司含义的法律界定而言，在大陆法系国家和地区通常明确规定公司的定义，但具体做法则有所区别，大略可分为以下三种情况：

1. 在公司法或商法中对公司做统一定义。例如，《日本商法典》第 52 条第 1 款规定：“本法所称公司，是指以从事商行为为业的目的而设立的社团。”同条第 2 款规定：“依本编规定设立的以营利为目的的社团，即使不以从事商行为为业的，也视为公司。”该法第 54 条第 1 款还规

---

〔17〕 参见王红一：《公司法功能与结构法社会学分析——公司立法问题研究》，北京大学出版社 2002 年版，第 13 页。

〔18〕 参见范健、蒋大兴：《公司法论》（上卷），南京大学出版社 1997 年版，第 2 页。

定:“公司是法人。”[19] 与此相似的还有《韩国商法典》第169条及第171条第1款。[20] 不过,2005年颁布的《日本公司法典》未对公司作概括性定义,转而采取了列举的方式,说明公司指股份有限公司、无限公司、两合公司或合同公司。[21] 《法国商法典》未就公司概念作概括性规定,不过《法国民法典》第1832条(1985年7月11日第85—697号法律第1条)规定:“公司由二人或数人依据一项契约约定,将其财产或技艺用于共同事业,以期分享利润或获取由此可以得到的经济利益而设立。”于1978年修订的该法第1842条还规定,“除第三章所指的隐名合伙以外的公司,自其登记注册之日起享有法人资格”[22]。

2. 不就公司做统一定义,而是对各类公司分别定义。《意大利民法典》即在第2291、2313、2325、2452、2462条分别就无限公司、普通两合公司、股份公司、股份两合公司、有限责任公司作出了明文规定。[23] 《瑞士债法典》也作了基本类似的规定。[24]

3. 既未对公司下统一定义,也未对各类公司分别定义,而仅规定各类公司设立的目的、性质,但从中能够概括出各类公司的定义。例如,《德国股份法》题为“股份公司的性质”的第1条规定:“(1)股份公司是具有独立法人资格的公司。对于公司的债务,仅以公司的财产向债权人负责。(2)股份公司具有一份划分成股份的基本资本。”《德国有限责任公司法》题为“目的”的第1条规定:“有限责任公司可以由一人或数人依照本法的规定为任何法律许可的目的而设立。”在该法题为“法人—商业公司”的第13条规定:“(1)有限责任公司本身独立具有权利和义务;它可以取得所有权和不动产的其他物权,可以在法院起诉和被起诉。(2)对于公司的债务,仅以公司财产向公司的债权人承担责任。(3)公司是《商法典》上规定的商业公司。”[25] 显然,基于这些规定,我们完全可以较为清晰地对德国股份公司与有限责任公司作出界定。与此相似的规定还有《葡萄牙商法典》及我国澳门特别行政区的《澳门商法典》。

(三)英美法系的公司概念

英美法系素来不注重对法律概念的严格界定,因而也缺少对公司概念的明确定义。不仅如此,在英美法系国家和地区,“公司”一词具有远远超出一般意义的极其广泛的含义。一般而言,英国称公司为“company”,其含义为:“一定数量的自然人为了共同目的,往往是以营利为目的进行经营,而结成的社团(association——本书作者注),也指适合于规模太大以致无法以合伙运作而采用的一种组织形式。但是,这一术语常常指在法律上只是合伙的组织,甚至是个人经营者。”应当注意的是,英国法中“corporation”一词一般是指法人,其含义为:“由个人组成的一个团体,或一群担任某种职位的个人,他们在法律上被视为一个单一的法律实体。”[26] 美国称公司为“corporation”,其含义为依据法律授权而注册成立,具有法定组织结构和法人资格的实体,包括“市政当局法人(municiple corporation)、非营利法人(nonprofit corporation)、商业公

[19] 吴建斌主编:《日本公司法规范》,法律出版社2003年版,第17页。
[20] 参见《韩国商法》,吴日焕译,中国政法大学出版社1999年版,第36页。
[21] 参见吴建斌编译:《日本公司法 附经典判例》,法律出版社2017年版,第1页。
[22] 《法国民法典》(下册),罗结珍译,法律出版社2005年版,第1359、1364页。
[23] 参见《意大利民法典》,费安玲等译,中国政法大学出版社2004年版,第534、539、541、624、626页。
[24] 参见《瑞士债法典》,吴兆祥等译,法律出版社2002年版,第167、175、231、232页。
[25] 《德国股份公司法》,贾红梅、郑冲译,法律出版社1999年版,第5、218、225页。
[26] [英]戴维·M. 沃克:《牛津法律大辞典》,李双元等译,法律出版社2003年版,第236、265页。

司(business corporation)等法人社团”。不过,美国法中也有“company”的概念,但其与“corporation”含义不同。在美国,company 泛指一切商业企业,无论其是否经过注册,也无论其是否具有法定组织结构和法人资格。由于汉语中缺乏与 corporation 相对应的语词,所以只能不很恰当地将二者均译为“公司”,因而极易产生混淆。例如,后文将详细介绍的美国法上的合伙型“有限责任公司”(limited liability company,LLC)与我国《公司法》上的有限责任公司就完全不同。应当注意的是,我们一般所谓公司在美国法中称为 business corporation,但由于 business corporation 在 corporation 中占绝大多数,也是其中最具代表性者,故提及 corporation 时一般均指 business corporation。

(四)中国的公司概念

在汉语中,“公”含有无私、共同的意思,“司”指主持、管理,有学者依现今“公司”的含义认为二者合用有众人无私地从事或主持其共同事务的含义。另外,“公”含有“官”的意思,如公行、公车、公府、公堂、公办、公私合营、公馆等;在古代与现代汉语中,“司”则均指官员和官府,如“按察司”“兵马司”“条法司”等。然而,“公”与“司”原为两个独立的词汇,相互之间实际上几乎没有什么关联。有学者认为,“公司”一词连用始于庄子——“积卑而为高,合小而为大,合并而为公之道,是谓公司”,其意为抛弃个人私利而从事共同之事。[27] 但毫无疑问,这一合用并非现代意义上的公司,并且这一经不少学者援引的引证其实并无原文依据。《庄子》中的有关原文是:“丘山积卑而为高,江河合水而为大,大人合并而为公。”[28] 显然,文中并无“公司”一词的合用;此处所谓“公”是用以解释包容、协调天地阴阳万物的“道”,而非指世俗人事。[29] 可以说,至少在 17 世纪之前,我国古代汉语极少将“公”与“司”连用,即便偶尔连用也无统一的含义,当然更谈不上存在“公司”这样一个合成词了。

从 17 世纪开始,“公司”一词在我国南方地区(广东、福建及台湾等地)流行起来。其时,不仅在民间出现了以公司命名的经济贸易组织和社会组织,而且在官方的正式文书(包括给皇帝的奏章)中也频繁地使用了“公司”一词。[30] 目前所知文献中最早出现的“公司”字样,出现于康熙二十三年(1684 年)福建总督王国安给康熙皇帝的奏章之中:“册开公司货物铅二万陆千肆百捌十斤……”有学者认为,此处“公司”一词,是郑成功时期为翻译荷兰东印度公司的名称,吸收“公司”一词的拉丁文字头“com”(含有公共、共同的意思)的含义,创造的一个中文新词;而且,当时的地方政权在与荷兰东印度公司的武装冲突和贸易竞争中,也可能对其加以借鉴,建立了以公司为名的贸易组织或民间社会组织。不过,这一理解存在重大问题。首先,所谓“公司货物”可能是“公同(查验)货物”之笔误,或者是刊印校点残本时有所遗漏而产生的错误。王国安在该奏章中先后使用了“公同查验船上货物”“公同查验该船货物”“公同查验过货物”等语句,借以强调军方和地方当局共管货物的过程。最后才在该奏章中出现了“公司货物”语词。其次,身为理财官员的杨英在《从征实录》中记载,郑成功的十个商行分别以“仁、义、礼、智、信、金、木、水、火、土”命名,而没有提到曾经有商行被称为“公司”。现今关于“公司”一词

---

〔27〕 参见梁宇贤:《公司法论》,台北,三民书局 1980 年版,第 31 页。

〔28〕 《庄子·杂篇·则阳》。

〔29〕 参见史际春、温烨、邓峰:《企业和公司法》,中国人民大学出版社 2001 年版,第 155 页。

〔30〕 参见范健、蒋大兴:《公司法论》(上卷),南京大学出版社 1997 年版,第 2 页。

起源的考证,实际上只是一种推理和假设,并且随时可能被新发现的资料推翻。关于公司起源于地方政权的假设虽并非全无依据,但迄今为止并无任何可靠的史料能够证实,回答这一问题仍然有待史料的发现。[31]

公司之名由发源于闽南、台湾地区的民间组织——天地会传承下来,如乾隆时天地会首领罗芳伯在婆罗洲(加里曼丹岛旧称)创建"兰芳公司";新加坡的天地会组织称为"义兴公司",并曾在英国殖民当局登记注册。太平天国时,闽南和上海的小刀会(天地会的支流),都打出了"义兴公司"的旗号。显然,其时所谓公司并不限于商事组织。有学者认为:"公司,一个中国的关于各种社会和经济结构的通称,它包括从商业合伙到家族和宗教会社直到三合会这样的组织。它意指一类行会,或者更准确地说,是一类'公司',其中一群人投入经济资源,并从企业中获得一份赢利。"[32]

19 世纪上半叶,西方国民涌入中国经商,国人渐次在商事组织的意义上使用"公司"一词。清代学者魏源对西洋人的"公司"所作的描述,即反映了当时国人对商事公司的初步认识。他生动地写道,"西洋互市广东者十余国,皆散商无公司,惟英吉利有之。公司者,数十商辏资营运,出则通力合作,归则计本均分,其局大而联"[33]。显然,他将商人间的合资、合力经营定义为公司。其时,关于公司的译名还很乱,如前述英国东印度公司的办事处以及荷兰东印度公司设于雅加达的办事处,都称为"公班衙",是为英语和荷兰语中"公司"一词(英 company,荷 compagnie)之音、义结合的译名。当时中国人称西洋商船的货长和东印度公司的官员(亦为货长出身)为"大班",故"公班衙"一词既与英语和荷兰语中"公司"的发音相似,又有"大班之衙门"的意思。此外,还有"公班牙、公班卫、公班壹、甘巴尼、康邦宜"等多种关于公司的称谓。

从语言文字发展的一般规律来看,以"公司"一词指称商事组织,应不是魏源的发明。在商事组织的意义上使用"公司"一词,大致年代应为 19 世纪初或更早一些(18 世纪末),据说这也是由海外天地会的工商界人士返传回祖国的。由于英国东印度公司与各种被称为公司的民间会社在组织形式上有诸多相似之处,故广州的行商和通事也用"公司"一词指称英国东印度公司。对此,有学者认为,在清朝法律禁止外国人使用中文、外商禀帖大多由清政府在广州负责管理外国人通商事务的行商或通事代为撰写的情况下,行商和通事就比英国东印度公司的官员更有机会创造性地采用"公司"概念指称英国东印度公司。[34] 此外,18 世纪,中国海商已经用这一词汇描述集资的情况,并在东南亚建立了若干叫作"公司"的华人商业组织。

应当说,对外来事物的称呼最初确实通常都是很混乱的,"公司"以其名实相符、意义贴切并颇具中国特色而在各种称谓中脱颖而出,沿用至今。但在商事组织意义上,公司在相当长的时间内都被专用于指称东印度公司,其他来华的外国"公司"则多以"洋行"命名,其中许多还一直沿用至今。直至 1903 年清政府颁布《大清公司律》,"公司"才成为泛指中外法人企业的集合

[31] 参见方流芳:《公司词义考:解读语词的制度信息——"公司"一词在中英早期交往中的用法和所指》,载《中外法学》2000 年第 3 期。

[32] 黎志刚、汪庆华:《超越家族的信任与合伙　十九世纪末期对"公司"一词的翻译》,载《中外法学》2000 年第 3 期。

[33] 魏源:《海国图志·筹海篇》。

[34] 参见方流芳:《公司词义考:解读语词的制度信息——"公司"一词在中英早期交往中的用法和所指》,载《中外法学》2000 年第 3 期。

名称，此前对公司的认识均处于质朴状态。《大清公司律》中规定，凡凑集资本共营贸易者为公司。〔35〕依此，“公司”一词泛指一切具有法人资格的中外企业。自此，终于在公司法意义使用了公司的概念。此后，在清末的《公司注册试办章程》《商标注册暂行办法》等法规以及聘请日本法学博士志田钾太郎起草的《大清商律草案》中均有严格意义上的公司概念的法律使用，在中华民国政府颁布的《公司法》中更是就公司的含义作了清晰的界定。

新中国成立后，仍然保留了公司的组织形式。但在长期的计划经济时代，各种名为公司的组织有许多其实并不符合公司的要求，实践中公司的概念使用也较为混乱。1993 年 12 月 29 日《公司法》颁布之后，终于使公司的概念有了一个明确的法律界定。现行《公司法》维持了 1993 年《公司法》关于公司内涵的法律界定，仅作了细微修改。该法第 2 条规定：“本法所称公司，是指依照本法在中华人民共和国境内设立的有限责任公司和股份有限公司。”该法第 3 条第 1 款规定：“公司是企业法人，有独立的法人财产，享有法人财产权。公司以其全部财产对公司的债务承担责任。”该法第 4 条第 1 款规定：“有限责任公司的股东以其认缴的出资额为限对公司承担责任；股份有限公司的股东以其认购的股份为限对公司承担责任。”依此，在我国，公司是指股东依照公司法的规定，以出资方式设立，股东以其认缴的出资额或认购的股份为限对公司承担责任，公司以其全部财产对公司债务承担责任的企业法人。

二、公司内涵的限定：本书的立论基础

公司在不同的语境下与不同的法律中都具有较大的差异，其内涵与外延难以通过一个简单的界定予以确定。对此，我国就有学者认为，公司极其复杂以至于无法在学术上给它下定义。因此有必要先就公司的内涵加以限定。

（一）公司仅限于商事公司

在西方国家，企业与公司大多存在商事企业、商事公司与非营利性企业、公司的区分。〔36〕在大陆法系国家和地区，无论是采民商分立模式还是采民商合一模式，基本上将公司区分为商事公司与非商事公司。在民商分立的国家和地区，依商法设立并受商法调整的公司称为商事公司，依民法设立并受民法调整的公司称为民事公司。基于商法的本质属性，这种区分的主要依据便在于商事公司是以营利为目的的组织体；民事公司则往往非以营利为目的，而是以成员的共同利益或社会公益为目的。例如，在 1966 年制定的《法国商事公司法》之外，另行于 1978 年在《法国民法典》中以第三卷第九编就“公司”作了专编规定，并于该编第二章就“民事公司”作了专章规定。〔37〕其中，民事公司主要包括建筑师公司、律师公司、会计监察公司、法律顾问公司、专利顾问公司、公证人公司、商事法院书记员公司等。〔38〕在民商合一的国家和地区，尽管没有商主体与商行为的特定概念，但由于区分公司是否以营利为目的而作不同的法律调整的客

---

〔35〕 参见史际春、温烨、邓峰：《企业和公司法》，中国人民大学出版社 2001 年版，第 155 页。

〔36〕 由于商事企业、商事公司在我国并非法定概念，因而学术界对此概念的翻译并不统一，除称为商事企业、商事公司外，还被称为商业企业、商业公司。尽管在商法上，“商事”一词也存在难以确切定义的问题，但毕竟能够在商法学的框架内得到合理解释，而“商业”一词在我国则往往被作为与工业、农业等生产部门相对应的含义确定的概念。因此，我们主张选择“商事”概念。

〔37〕 参见《法国商法典》，金邦贵译，中国法制出版社 2000 年版，第 93 ~ 294 页；《法国民法典》（下册），罗结珍译，法律出版社 2005 年版，第 1359 ~ 1389 页。

〔38〕 参见《法国民法典》，罗结珍译，中国法制出版社 1999 年版，“译者注”第 412 页。该注释在法律出版社 2005 年版中未予保留。

观需要仍然存在,因而也大多将公司等企业区分为商事企业与非商事企业。例如,《瑞士债法典》第953条即就"非商事公司"作了规定;[39]《意大利民法典》第2249条也以是否从事商业活动为目的将公司作了区分;[40]《俄罗斯联邦民法典》也在其关于"法人"制度的第四章中分别于第二节与第五节就"商合伙与商业公司"和"非商业组织"作了专门规定。[41] 在英美法系国家和地区,公司是一个非常宽泛的组织体概念,依《布莱克法律词典》及《牛津法律大辞典》的解释,公司几乎可以涵盖一切组织。具体来说,在英国,除商事公司与商事合伙外,还包括大量的以公司命名的组织。在美国,公司也并不限于作为企业的法律组织形式。医院、教堂、学校、足球俱乐部、演艺和出版单位等,也可以依法成立公司。这些公司在有的州是按照非营利公司法设立的,其在税收方面享受优惠政策,其利润只能用于慈善、教育或科学目的,即公司还承担了一定的社会公共职能。为了区分商事公司与市政当局法人、非营利法人等概念,在有些法律文件中还特别使用了商事公司的概念。这种商事公司指一般意义上的公司,即注册公司。这种商事公司与作为政策性、公益性企业的特殊公司如美国进出口银行等相对,也被称为普通公司。

在我国,企业、公司被限定于商事企业、公司。也就是说,若不属于商事企业、公司,则不能称为企业、公司。然而,就实践而言,将企业限定于商事企业并不妥当。事实上,除了商事企业外,企业还包括不以营利为目的或者非以营利为主要目的的非商事企业,这种企业就是非营利组织。与此相适应,在存在大量承担一定政府职能、社会职能或非以营利为目的的公司的情况下,公司当然不仅包括商事公司,也包括非营利组织性质的公司,以及承担一定政府职能的特殊公司。不过,在我国商法与公司法语境下所使用的公司概念,应从商事公司意义上去理解。因此,在无特别说明的情况下,本书所指企业、公司均指商事企业、公司,即狭义的企业、公司。

(二)公司仅限于狭义公司

在大陆法系国家和地区,公司一般可分为有限责任公司、股份有限公司、无限公司以及两合公司。尽管均称为公司,但无限公司与两合公司被普遍认为是具有合伙性质的初级阶段的公司。实践中,虽然无限公司与两合公司仍具有相当大的市场,但相较于有限责任公司与股份有限公司则无论是规模还是社会影响都要小得多。各个国家和地区还往往规定无限公司与两合公司除适用公司法或商法的明确规定外,还适用民法关于合伙的规定。尤其是在关于公司的资本制度、组织机构、责任形式等公司的核心制度方面,无限公司与两合公司都表现出不同于有限责任公司与股份有限公司的巨大差异。因此,这两类公司被普遍认为是接近于合伙的非典型公司。在发展位阶上处于高级阶段的有限责任公司与股份有限公司则被认为是典型公司。

在英美法系国家和地区,没有大陆法系的这种公司分类。大陆法系的无限公司与两合公司被作为普通合伙与有限合伙排除于公司组织形式之外。英美法系的公司主要包括但不限于封闭式公司(英称 private company,美称 close corporation)与开放式公司(英称 public company,美称 publicly – held corporation 或 share corporation)(详见本书第三章),但这两类公司无疑是

〔39〕 参见《瑞士债法典》,吴兆祥等译,法律出版社2002年版,第167页。

〔40〕 参见《意大利民法典》,费安玲等译,中国政法大学出版社2004年版,第523页。

〔41〕 参见《俄罗斯联邦民法典》,黄道秀等译,中国大百科全书出版社1999年版,第35、62页。

其高级阶段或者典型形态。

我国《公司法》仅规定了有限责任公司与股份有限公司这两种高级公司,理论界也往往基于这两种公司来界定公司的含义与法律属性。不仅如此,在经过多年的限定使用之后,我国理论界也倾向于在公司法中仍然将公司限定于这一传统范围。至于无限公司与两合公司,我国《合伙企业法》已分别确立了普通合伙企业与有限合伙企业的组织形式。因此,在无特别说明的情况下,本书所称公司皆为我国《公司法》所确认的有限责任公司与股份有限公司这两种在任何国家和地区均具有法人资格的典型公司。但需要注意的是,这一限定并不能以"具有法人资格的公司"替换。事实上,在多数大陆法系国家和地区,无限公司、两合公司等实质上可归入合伙企业范畴的公司,均赋予其法人资格。因此,我国所指公司与大陆法系国家和地区所指公司含义不尽相同。尽管我国将公司作为与合伙企业的对称的制度安排类似于英美法系国家和地区,但具体的公司含义仍具有较大的差异,也不可完全将两者等同。

三、公司的特征

(一)公司特征概说

公司的特征是公司内涵的具体体现,但由于对公司内涵的界定不一,因而很难归纳出能够统一适用的公司特征。即使是就某一个特定国家或地区来说,概括出的所谓公司特征也只能是就一般意义而言的,在某一具体特征之下仍然存在或多或少的例外。因此,学术界历来存在多种公司特征的概括方式。大陆法系国家和地区的学者往往基于公司的法律人格属性的认识,认为公司具有三大特征:法人性、社团性、营利性与依法设立。[42] 不过,如果就广义公司而言,则德国并不承认无限公司与两合公司具有法人资格,因而这一归纳不具有绝对意义。英美法系国家和地区的学者则往往从公司与合伙企业的区别出发,将公司的特征归纳为股东有限责任(limited liability)、股权自由转让(transferability)、公司永久存续(perpetual existence)与集中管理[43](centralized management)。[44]

在我国,由于学理上对公司的概念认识不尽一致,学者在对公司的特征作学理归纳时也存在一些不同的看法,主要有三性说、四性说和五性说。但若仔细研究,就会发现,这些各式各样的公司特征的归纳,实质上只存在认识角度上的细微差异,而并没有关系到公司内涵与本质属性的认识分歧。我们认为,某一概念的特征的概括,固然应将其基本内涵充分揭示出来,但也应当注意概念特征所应有的高度概括性。这一点正如某一法律部门的基本原则的概括,既要

---

〔42〕 参见[日]末永敏和:《现代日本公司法》,金洪玉译,人民法院出版社2000年版,第3~8页;《韩国公司法》,吴日焕译,中国政法大学出版社2000年版,第30~35页;柯芳枝:《公司法论》,中国政法大学出版社2004年版,第2~7页;刘清波:《商事法》,台北,商务印书馆1995年版,第39页;梁宇贤:《公司法论》,台北,三民书局1980年版,第31~33页;梁宇贤:《商事法论》,中国人民大学出版社2003年版,第49~50页;黄川口:《公司法论》(增订版),台北,三民书局1984年版,第9~10页。

〔43〕 所谓公司集中管理,就是股东没有权利直接参与公司的经营,公司的经营权集中在"董事会"(board of directors)。董事会的成员通过股东投票选举产生,而且不一定是选举股东本身。董事会的主要职能是对公司经营中的重大问题作决策,并负责聘用管理公司日常事务的"高级管理人员"(officers),如总经理。

〔44〕 参见[美]罗伯特·C.克拉克:《公司法则》,胡平等译,工商出版社1999年版,第2页;[美]史蒂文·L.伊曼纽尔:《公司法》(影印本),中信出版社2003年版,第C-1~C-3页;[美]艾伦·R.帕尔米特:《公司法(案例与解析)》(第4版,影印本),中信出版社2003年版,第28页;[美]杰西·H.乔波、小约翰·C.科菲、罗纳德·J.吉尔森:《公司法:案例与资料(案例教程影印系列)》(第5版),中信出版社2003年版,第1页;[美]R.W.汉密尔顿:《公司法》(第4版,影印注释本),刘俊海、徐海燕注,中国人民大学出版社2001年版,第2页。

注意全面又要注意精练,不应为了所谓全面而将本应属于具体制度甚至是某一具体制度中的原则上升到基本原则的高度。这种现象在我国的法学教科书中非常普遍。我们认为,总的来说,基于各个国家和地区的公司法的一般特征,尤其是我国公司法的规定以及我国公司法学界对于公司的一般理解,可以作一尽可能完整表达公司内涵与本质属性的公司特征概括。当然,必须说明的是,由于合伙企业也存在法人性、公司有限责任的非绝对性、公司社团性认识发展等,〔45〕一般所谓公司特征也并非一个绝对的结论,只是就公司的一般内涵与属性而言,可以得出这一基本概括而已。

关于公司特征的分析,尽管为我国几乎所有的商法与公司法教科书所关注,但事实上往往只是极其表面地甚至颇为肤浅地作一般阐释,未能使读者尤其是初学者通过对公司特征的学习,实现对公司的基本内涵及若干基本制度形成一个高度概括而清晰的认识的目的。因此,本书便试图对此作尽可能精练而清晰的分析。

(二)公司特征的法律界定

1. 公司的营利性

营利性的法律含义在本章第一节关于企业的特征之"企业设立的目的具有营利性"中已作了详细阐述,在此不赘述。公司的营利性特征已为世界上许多国家和地区的公司法所确认,从而成为公司的基本属性。如前文关于公司的概念中,《日本商法典》《韩国商法典》等都强调了公司的营利性。《法国商法典》与《德国商法典》虽未明确规定公司的营利性,但通过公司商事性质的规定,间接肯定了公司的营利性。《美国商事公司示范法》〔46〕不仅强调了公司的营利性,而且还明确将公司法意义上的公司限定为商事公司。

值得注意的是,在英、美等国家,习惯上会计师事务所、律师事务所等自由职业组织,医院等医疗卫生组织,剧团等艺术团体,一般不采取公司的形式;〔47〕在德国、法国等实行民商分立的国家,农场、种植园等农业组织也不被纳入商主体范畴,因而也不采取公司(特指本书一般意义上使用的商事公司)组织形式。〔48〕但是,这并不意味着这些组织就不具有营利性,这一现象的存在更多的是由习惯与观念以及传统上对农业的特殊保护而造成的,并非基于其法律属性而作的必要规定。事实上,至少就现今的社会状况与法律环境而言,这些组织也完全可以采取公司的组织形式,还可更进一步地认为,很多非营利组织也完全可以采取公司的组织形式。很多国家都在经历一场将非营利组织纳入商主体体系之内加以管理的潮流,而很多非营利组织也干脆转换为商主体。就我国而言,依现行法律,虽然律师事务所不被允许采取公司的组织形

〔45〕 参见范健、王建文:《商法论》,高等教育出版社2003年版,第372~385页。

〔46〕 其英文为"Model Business Corporation Act",关于该法的制定背景及具体内容详见本书第二章关于美国公司法的具体介绍。

〔47〕 这类经营更多地依赖成员之间的相互信赖并且一般无须太多的资本,因而公司的广泛筹集资本的功能往往无法发挥作用。此外,为了使客户能够对其产生更高的信赖,在经营本身风险不大的情况下,相关人员在设计企业组织形式时,往往倾向于采取负无限责任的合伙组织形式。这一企业组织形式的选择逐渐由经营性质的客观需要演变成纯粹基于习惯与传统使然的非必要选择,且客观上逐渐成为业务发展的制约因素。因此,如今各国自由职业者开展业务活动的组织形式已逐渐转变为公司或合伙企业等企业组织形式。

〔48〕 这种规定的主要原因不在于农业企业不以营利为目的,不具有商主体的营利性,而在于当时考虑农业企业应当给予政策上的扶持,以便使其能够在风险较小的情况下获得更好的发展,毕竟商主体需要承担较于一般民事主体更为严格的注意义务与法律责任。

式，但事实上并不存在允许其采取公司形式的严格意义上的法律障碍；至于农业企业，虽然也可能享受到一些特殊的优惠待遇，但完全可以依《公司法》组建公司，事实上大型农业企业也正是如此。而医院等医疗卫生机构不仅在境外早已有了采取股份公司的组织形式的实践，我国在相关法律未作禁止性规定的情况下，也已经出现了股份制医院的成功实践。我国《民法典》则为营利性医院的设立提供了法律依据。

我国《公司法》虽未就公司的营利性作出明确规定，但该法第 3 条规定，公司是企业法人，而此处所谓企业法人显然是采取了我国法学界关于企业即商事企业（以营利为目的）的认识，因此实际上间接地规定了公司的营利性。不过，我国《民法典》对此作了明确规定。该法第 76 条第 1 款规定："营利法人包括有限责任公司、股份有限公司和其他企业法人等。"

虽然现代公司法理论普遍认为，公司应负有社会责任，但毫无疑问，公司股东设立公司和出资的目的在于获取盈利，因此营利性应成为公司存在及其行动的最高价值理念。基于此，传统公司法形成了股东至上（shareholder primacy）的原则。这就要求公司追求利润最大化（maximazation of profits）以最大限度地满足股东利润回报要求。在董事会中心主义乃至管理层中心主义日益成为公司实践以及公司法潮流的背景之下，公司还要承担社会责任等形式上与公司的营利性相冲突的社会职能的情况下，营利性应作为判断公司经营合乎目的性以及董事责任事由的价值标准而起作用。[49] 这一公司特性有利于人们将公司与承担着行政与社会职能的非商事企业与其他组织区分开来。因此，公司的营利性特征并非如许多学者所主张的那样，是否定我国政策性公司存在的依据，而是正确区分商事公司与非商事公司及其他组织的标准。

理论拓展 公司的营利性与公司的社会责任之协调

"公司的社会责任"（corporate social responsibility/socially responsible investment）一词源于美国，在美国商界和法学界使用频率很高。在美国的影响之下，英国等其他英美法系国家公司法学界也引入了该概念。但欧洲大陆法系国家理论界对此则不太关注。近年来，在我国也有不少学者对此产生了浓厚的兴趣，并成为一个新的热点研究问题。[50] 在美国等国家，各种关于公司社会责任的定义都是非常模糊的，甚至许多学者反对对其作明确定义。我国理论界关于该概念的定义也不够统一。

一般认为，所谓公司的社会责任，是指公司决策者采取保护与促进社会福利行动之义务，使公司不仅负有经济与法律上之义务，更应对社会负起超越这些义务之其他责任。公司不应只是经济性机构，也应是社会性单位；公司追求经济目标之时，必须兼顾社会使命。[51] 该定义揭示出，此处所谓"责任"实质上并非法律意义上的责任，而只是一种基于公司作为非常重要的社会主体所应当主动或被动承担的道义上的"责任"，而该"责任"较之于法律规范要求更高。正因如

〔49〕 参见《韩国公司法》，吴日焕译，中国政法大学出版社 2000 年版，第 35 页。

〔50〕 关于公司社会责任的具体理论，可参见王文宇：《公司法论》，中国政法大学出版社 2004 年版；卢代富：《企业社会责任的经济学与法学分析》，法律出版社 2002 年版；刘连煜：《公司治理与公司社会责任》，中国政法大学出版社 2001 年版；刘俊海：《公司的社会责任》，法律出版社 1999 年版。

〔51〕 参见王文宇：《公司法论》，中国政法大学出版社 2004 年版，第 28～29 页。

此,该种责任不仅认定困难,执行不易,而且即便不履行,公司也不违法,不能因此追究其法律责任。因此,公司社会责任规定,其本质乃宣示性规定而非强制性规定。此外,就公司社会责任的实质而言,其意义还在于为公司经营管理人员提供了一个免责之正当化理由,可以使其将此作为违反忠实义务之抗辩。例如,美国法学会(American Law Institude,ALI[52])1994 年修正之《公司治理原则:分析与建议》(Principles of Corporate Governance:Analysis and Recommendations,1994)第 2.01 条规定,公司应当以提高公司盈利和股东收益为其商事行为的目标,但可以适当考虑与公司从事商事行为合理相关的道德因素,并可以将合理的资源用于公共福利、人道主义、教育和慈善目的。[53] 在此,公司的社会责任显然被作为一种公司经营管理层扩张职权并得免责的依据。

事实上,即使是判断一个普通商事公司的社会贡献,也应当首先以其创造的利润为标准,然后才是其承担社会责任的情况。当然,公司社会责任概念所揭示出的公司应当注重履行的社会道义性义务,对于我国社会责任意识淡薄的公司确实具有一定的促进作用。例如,我国当前面临极为严峻的环境保护压力,因而作为环境污染主要责任人的公司理应承担起比法律、法规规定的最低标准更高的环境保护责任。此即公司社会责任在环境保护领域延伸后的产物——公司的绿色社会责任。另外,对于承担了特定公共职能的国有企业尤其是国有大型企业来说,在许多情况下,社会责任甚至应成为比利润更重要的评价指标。国有大型企业既要坚持和深化对社会责任的认同,更要具备履行社会责任的能力,在实现社会责任的同时,促进企业的生存和长远发展。国有控股公司及自然垄断行业应履行的社会责任要求应高于一般商事公司。这类企业履行社会责任的方式,并非主要表现为从事社会公益活动或者提供公益捐赠,而是努力提高其所生产的产品与所提供服务的质量与水平,满足社会消费需求。例如,电力企业不仅应获取必要利润,更应当确保生产、生活的必要用电需要与用电安全。高速公路企业不仅应维护好道路路面,还应采取有效措施确保通行顺畅。我国《公司法》第 1 条明确其宗旨为"保护公司、股东、职工和债权人的合法权益"。在此基础上,《公司法》第 20 条还对公司社会责任作了明确规定:"公司从事经营活动,应当充分考虑公司职工、消费者等利益相关者的利益以及生态环境保护等社会公共利益,承担社会责任。国家鼓励公司参与社会公益活动,公布社会责任报告。"这些规定表明《公司法》对公司应承担的社会责任的关注。但这种宗旨及宣示性的规定实质上仅具有指导作用,可以以之为指导,强化对公司职工及债权人等公司利益相关者的保护,而不能将公司社会责任确立为一种可以请求强制执行的法律义务与责任,更不能将其作为与公司的营利性相并列的公司特性。

明确公司的营利性与公司的社会责任之间的关系,还有利于立法者确定公司治理结构及其权限的立法安排。基于公司的营利性,公司机关在实施公司行为时,即便是为了履行社会责任而实施社会公益行为,也应首先确保公司的独立利益,从而维护公司的营利能力。通过贯彻该思想,结合公司治理结构设置与完善,才能确保公司独立法律人格的实现及其维护。尤其是在我国公司独立利益及独立人格仍未得到充分保障的背景下,更应当优先考虑公司的营利性,而不能将公司的社会责任作为忽略甚至否定公司独立法律人格的借口。当然,所有公司都应在自身能力

---

〔52〕 该词中文有多种译法,另有美国法律研究院、美国法学研究所等,但通译为美国法学会。

〔53〕 参见《公司治理原则:分析与建议》(上卷),楼建波等译,法律出版社 2006 年版,第 64 页;王文宇:《公司法论》,中国政法大学出版社 2004 年版,第 29 页。本书所引译文是综合两个版本的结果,未直接引用。

范围内,充分履行社会责任。

社会责任规范不仅应成为企业自觉遵循的规则,也应将公司所应当承担的一般意义上的社会责任贯彻于各项制度之中。在公司法上,就主要表现为维护公司债权人、职工权益等理念。

2. 公司的社团性

在大陆法系传统民法上,一般将法人分为社团法人与财团法人。由于并非所有的组织体均能取得法人资格,因而社团法人与财团法人的上位概念为社团、财团。所谓社团,是指为实现一定目的由二人以上所组成的团体,其成员称为社员。社团成员设立社团的目的是实现其共同利益,该利益既可以是经济利益,也可以是非经济利益。公司与合作社等社团以经济利益为目的,各种协会、学会、俱乐部(不包括各种公司化运营的体育俱乐部)等则主要是为谋求成员的非经济利益。美国学者格雷(John C. Gray)对社团作过经典定义:社团是国家已授予其权力以保护其利益的人的有组织的团体,而推动这些权力的意志是根据社团的组织所决定的某些人的意志。这一具有英美法系概念界定典型色彩的定义虽然令人不太习惯,但确实较好地揭示了社团的含义。所谓财团,又称"目的财产",是指以一定目的财产为成立基础的组织体。其中具有法人资格的财团为财团法人,而不具备法人资格的财团则称为非法人财团。不过,财团多为财团法人,并且在许多国家根本就没有非法人财团的概念。因此,一般可以从财团法人意义上理解财团。财团法人没有成员,表现为独立的特别财产,因此被称为"一定目的财产的集合体"。财团法人在我国又称为捐助法人,因为该种法人财产的设定,一般都是通过捐助财产进行的。各种基金会就是最典型的财团法人,如著名的诺贝尔奖基金会就是财团法人。[54] 此外,还应注意的是,在英美法系国家和地区,没有社团与财团的区分,财团的社会功能由信托制度承担,因而法人的通常形式便是社团。在词汇上,社团与法人使用的也是同一个词语,即"corporation"。

在传统公司法上,单独一人不能组建公司,而只能组建独资企业。公司是由多数人所组成的,所以公司是社团之一种,但其成员称为股东,以表现出商的色彩。社团以社员之结合为其成立基础,[55] 财团则以财产之捐助为其成立基础。[56] 社团为"人的结合体",与作为"财产的集合体"的财团具有本质区别。传统商法与公司法认为,构成公司组织的实体仅限于人(投资者,即股东)的结合体,因而作为财产的集合体的财团并不具有成为公司的资格。有学者认为,社团既系财团的对称,又系合伙的对称。因此,有必要从公司与财团及合伙相比较的角度考察公司的社团性。[57] 公司的社团性之于财团的区别如前文所述,较为清晰。但公司的社团性之于合伙的区别看似清晰,实则较为模糊。合伙(partnership)一般被定义为:二人以上互约出资,以经营共同事业。在法律性质上,尽管我国与英美法系国家和地区普遍认为合伙是介于自然人与法人之间的第三民事主体,但大多数大陆法系国家和地区则认为合伙是不具有法律主体地位的经营性的人合组织(既作为无权利能力的社团以区别于财团,也相对于公司的资合性),

---

〔54〕 应当注意的是,并非所有冠以"基金"的组织都是财团法人。有的未取得法人资格,即便以捐助财产为设立基础并以社会公益为目的,仍然不能称为财团法人;有的则是投资人以营利为目的而筹集资本设立的营利性组织。

〔55〕 应注意不要将此处"人的结合"的基础与公司(指本节前文所界定的狭义公司)的资合性混淆起来。

〔56〕 参见刘清波:《商事法》,台北,商务印书馆 1995 年版,第 39 页。

〔57〕 参见《韩国公司法》,吴日焕译,中国政法大学出版社 2000 年版,第 31 页。

是一种介于自然人与法人之间的法律形式,属于法律主体之间的一种特殊法律关系,即合伙人以合伙契约建立的一种追求共同目的的共同法律关系,其核心内容为就合伙出资与经营财产产生的共同共有关系。[58] 大陆法系国家和地区大多将具有合伙性质的无限公司与两合公司排除于合伙之外或者说将其作为商事合伙排除于契约性质的民事合伙之外,因而公司的社团性并不表现为与同样属于社团甚至是社团法人的商事合伙之间的区别,而表现为与纯粹契约性的合伙之间的区别。当然,在承认商事合伙性质的无限公司与两合公司具有法人资格或无权利能力社团(德国)时,既确认了其社团性,也确认了其合伙性。各个国家和地区的法律也明确规定这类公司除适用相关公司法的规定外,还以民法关于合伙契约的规定为其作出补充规定。例如,《德国商法典》第 105 条第 3 款规定:“对于普通合伙,以本章无其他规定为限,适用《民法典》关于合伙的规定。”[59] 英美法系国家和地区虽然普遍不承认合伙具有法人资格,但承认合伙具有民事主体地位;因而尽管尚未完全承认合伙系法律实体,但事实上已然承认并且越来越多地得到了理论界的认可。[60] 因此,在被确认了法律主体地位的情况下,英美法系的合伙也就在客观上具备了社团性,只不过相对于社团法人而言,其兼具社团性与合伙性。我国《合伙企业法》确立了合伙企业的民事主体地位;《民法典》关于合伙合同的规定虽未确认组织体形态的合伙,但仍为组织体形态的合伙提供了制度空间。理论界普遍认为合伙企业等组织体形态的合伙具有民事主体地位,实际上也就认可了其兼具合伙性的社团的法律属性。综上所述,公司的社团性之于合伙而言,既表现为相对于一般合伙的契约性,又表现为相对于大陆法系具有法人资格的(德国例外地确定为无权利能力社团)商事合伙与英美法系具有法律主体地位的合伙所兼具的合伙性。

在狭义公司中,大陆法系的股份有限公司与英美法系的开放式公司原本就是作为纯粹的资本性企业来设计的,其社团性最为显著。在这类公司中,从表面上看,作为公司组织机构的股东大会、董事会等公司机关似乎与有限责任公司或英美法系的封闭式公司没有什么差异,但是,由公司机关与股东的超然性所反映出的公司独立性,还是有力地说明了该类公司更具资合性。最为明显的便是,在有限责任公司或英美法系的封闭式公司中,出资份额的转让是要受到其他股东的制约的。这种股权转让中的相互制约充分说明其股东相互之间具有一定的合伙性或者说人合性。当然,这种人合性并不影响公司的社团性,因为社团原本就是基于人的结合而形成;但是社团的最高形式无疑是社团拥有完全独立的抽象人格,这就要求社团成员之间不存在足以影响社团超然性与稳定性的相互制约。具体到公司而言,就是由公司的高度资合性来体现其社团性的表现程度。就股份有限公司与英美法系的开放式公司而言,股东的个性极其微弱,其法律地位也以均等的比例单位即“股份”形式定型。这不仅使其区别于有限责任公司与英美法系的封闭式公司,而且使其区别于非营利社团:在非营利社团中,原则上各成员应具有平等的地位。[61] 因此,应当注意,虽然社团性系从与合伙相对的角度来考察,但公司的社团性并不意味着就完全排斥合伙性,只不过社团性的程度越高,其合伙性也就相应地越弱。

公司的社团性包含了公司应由两个以上的股东出资设立的内在要求。由于公司需要从事

---

[58] 参见龙卫球:《民法总论》(第 2 版),中国法制出版社 2002 年版,第 415 页。

[59] 《德国商法典》,杜景林、卢谌译,法律出版社 2010 年版,第 51 页。

[60] 关于大陆法系无限公司与两合公司以及英美法系的合伙的人格属性详见本书第八章。

[61] 参见《韩国公司法》,吴日焕译,中国政法大学出版社 2000 年版,第 33 页。

经营行为的物质基础——资本,因而股东应通过出资促成物质基础的形成。依此,公司不仅仅像非营利社团那样,可以只是一个纯粹的人的结合体,同时也具有资本结合体的性质。

公司的社团性曾经是近代公司产生的基础。基于公司社团性的要求,一人公司无论是设立时股东仅一人,还是设立后股东减为一人,均曾被视为对公司社团性的否定而为公司法所禁止。但随着各个国家和地区日益普遍地对一人公司的承认,这种仅存在一个股东的一人公司与公司的社团性之间具有明显的矛盾,从而使公司的社团性这一公司基本特性的合理性受到了巨大冲击。那么,应当如何理解一人公司的社团性呢?对此,有两种解决方法:其一,认为一人公司是公司社团性的例外;其二,认为一人公司也有社团性,只不过其社团性并不表现为公司成员的结合,而表现为公司股东、高级管理人员、职工乃至债权人等一切利益相关者之间的结合。基于前一理解,有学者甚至认为,在现代已纷纷确立一人公司的历史背景下,公司的社团性已摇摇欲坠,因而应当抛弃公司的社团性。〔62〕基于后一理解,该学者还认为,传统公司法强调股东的复数性使公司的社团性面临一人公司的挑战,因而有必要创新关于公司社团性的认识。一人公司虽然否定了股东复数性,但未否定股东的社员性(成员性),而股东的社员性是社团性的核心内容,其重要性远甚于股东的复数性。因此,一人公司是对股东复数性的否定,也是对公司社团性的发展,而非根本否定。〔63〕显然,如果作后一理解,则不仅不会产生这一矛盾,而且还将全面革新公司社团性的理论基础。究竟应当如何理解,我们在本书第八章关于公司法律人格的论述中将详细阐述,其结论为:应当继续坚持一人公司是具有"社团性"的公司的例外。

3. 公司的法人性

我国《公司法》第3条明确规定公司是企业法人。依我国《民法典》第57条的规定,法人是具有民事权利能力和民事行为能力,依法独立享有民事权利和承担民事义务的组织。法人的法律意义在于某一组织体若具有法人资格,则意味着其能够以自己的名义独立从事法律活动并作为权利、义务的归属点。依此,法人性只是权利、义务归属方式上的问题,而是否赋予法人资格是立法政策问题,与某一团体的社会学性质的实体无关。因此,即使是"合伙性"的结合体也可以成为法人。在日本等许多大陆法系国家和地区就将合伙性质的无限公司与两合公司确认为法人,法国甚至将除隐名合伙以外的所有依法成立的合伙都界定为法人。这种关系到法律人格意义的法人格性质与意义的分析,在我国法学界长期不受关注,而我国立法与学理都早已习惯于将法人作狭义的理解,因此为揭示其意义与立法选择,我们将在本书第八章详细论述。在此,我们仅就一般意义上的法人含义对公司的法人性特征予以分析。

我国法学界的通说认为,法人具有完整的法律人格,其具有三大特征:独立的财产、独立的组织机构和独立承担法律责任。公司作为法人组织,其法人性具体表现如下:

(1)公司拥有独立的财产。这种独立财产既是公司赖以进行业务经营的物质条件和经营条件,也是其承担财产义务和责任的物质保证。我国公司法对公司财产有法定的要求,尤其是规定有公司的最低资本额制度。公司的财产主要由股东出资构成,公司的盈利积累或其他途径也是公司财产的来源。在传统公司法理论上,一般认为,公司是其财产的所有人,对其财产

---

〔62〕 参见刘俊海:《中国加入世贸组织后公司法的修改前瞻》,载《中国法学》2002年第6期。

〔63〕 参见刘俊海:《股份有限公司股东权的保护》(第2版,修订本),法律出版社2004年版,第16页。

享有法律上的所有权。虽然这些财产是由股东出资构成,但一经出资给公司,所有权即归公司享有,而股东只享有股权,即股东权或股份权。我国《公司法》第3条也明确规定,公司"有独立的法人财产,享有法人财产权"。

在公司财产权问题上,应特别注意公司的财产权与股东的股权之间的关系。公司的财产权,无论是定性为所有权还是法人财产权,都主要属于物权,是对物的直接支配的权利,这种对公司财产的直接支配权当然只能由公司享有。而公司的股东在其将财产出资于公司后,不再对这些财产享有任何直接的支配权,即不再享有物权,而只作为股东享有股权。因而,股东在出资之后,再对其出资的财产进行占有、使用、收益和处分的行为就构成了对公司财产权的侵犯。实践中,有的公司股东,尤其是掌握公司管理权的大股东,将公司的财产当作自己的财产任意占用或调配;民事司法活动中,司法机关将公司的财产强制执行用于股东债务的清偿,或强制执行子公司、甚至孙公司的财产用于母公司债务的清偿,这些都是对公司财产权与股东股权性质的严重误解。

(2)公司设有独立的组织机构。完善、健全的组织机构既是公司进行正常经营活动的组织条件,也是公司法对每个公司提出的法定要求。与民法对一般企业法人要求的组织条件不同,公司法对公司的组织机构规定有更严格、更健全、更规范的模式。这种组织机构包括公司的管理机构和公司的业务活动机构。公司管理机构是对内形成公司决策、管理公司事务,对外代表公司进行业务活动的机构,如股东会、董事会、监事会等。公司的业务活动机构包括公司的科室、会计、审计、供应、销售机构等。

(3)公司独立承担法律责任。公司作为经营性组织以营利为目的参与经济活动,在享有广泛的权利的同时,也应承担行使权利过程中产生的义务和风险。这是权利与义务相一致、利益与风险相一致的法律原则的要求与体现。但公司不同于合伙企业等其他企业组织形式之处便在于除非适用法人人格否定制度(详见本书第八章),公司能够完全独立地承担法律责任,从而使其能够与股东个人责任完全分离。这种法律责任上的独立性,确实构成了公司作为独立法人的集中体现。[64]

公司的独立责任与股东的有限责任是相辅相成的,公司的独立责任必然决定着股东的有限责任,而股东的有限责任又当然意味着公司的独立责任。我国《公司法》只规定了有限责任公司和股份有限公司两种类型,有限责任公司的股东以其出资额为限对公司的债务负责,股份有限公司的股东以其拥有的股份为限对公司的债务负责,二者承担的都是有限责任。因而,公司则只能以其自身的财产对其债务负责。

公司财产责任的独立性主要包括三个方面的内容:第一,公司责任与股东责任的独立。公司只能以自己拥有的财产清偿债务,股东除了缴纳出资外,对公司债务不再负责,即使公司资不抵债时,也不例外。第二,公司责任与其工作人员责任的独立。公司的民事活动虽由其董事、经理等管理人员实施,其民事责任亦可能是管理人员的过错行为所致,但不能因此要求公司的管理人员对公司的债务负责,特别是在公司无力清偿其债务时,不能随意追加公司的董事

〔64〕 应当说明的是,这种为我国法学界所普遍确认的理论,实际上只是就狭义上的法人含义而言的。我们将在本书第八章论及广义的法人含义。基于广义的法人含义,公司的责任独立之于其法人性的体现,应当理解为公司不仅作为法人能够独立承担法律责任,而且还能够完全独立地承担法律责任,因而是具有最完整意义上独立的法律人格,或者就英美法系的认识而言,是最完整意义上的法律实体。

长、董事、经理为连带责任人或共同被告。第三,公司责任与其他公司或法人组织责任的独立。公司与其他法人组织之间虽然存在千丝万缕的联系,包括母公司与子公司的关系、主管部门与下属企业的隶属关系,但在民事法律地位上它们都是独立的法人,其财产责任也只能各自独立承担。

公司财产责任的独立性,保障了投资者的安全,因而大大地增强了公司在吸引资本方面的作用。在我国,这种责任的独立,尤其是领导机构与所属公司、公司相互之间责任的独立,对于保障企业的自主权,促进企业改善经营管理,提高盈利水平以及维护国家利益,更具有重要意义。[65]

在英美法系国家和地区,公司具有法人人格,不仅意味着公司能够以自己的名义享有权利、履行义务并承担相应的法律责任,还意味着公司可以永久存续。我国及大多大陆法系的国家和地区,尽管未就公司的存续年限作出明确的限制性规定,但一般要求在公司章程中确定一个公司经营期限,从而使公司的存在期间具有了一定限制。当然,该期间届至可以通过修改公司章程而延长其经营期限,因而并不必然导致公司终止,但毕竟在客观上限定了公司的"生命期"。例如,《法国商法典》第 R210—2 条第 2 款规定:"公司存续期限可以延长一次或数次,但每次延长的时间均不得超过 99 年。"[66]但在英美法系国家和地区,则普遍确认公司的永久存续性。当然,永久存在并不意味着公司不能终止其存在,而是在执行有效的解散程序之前,公司作为法人可以继续存在下去。[67]

4. 公司的法定性

公司的法定性通常被表述为公司依法定条件和程序成立,也有学者将其表述为公司依法设立与公司在法律许可的范围内从事活动两项特性。实际上,所谓"公司在法律许可的范围内从事活动",是所有法律主体的共同要求,并非公司独有,因而并无实质意义。所谓"公司依法定条件和程序成立",即"公司依法设立",所揭示的是,未依法律规定设立的公司不是公司法上所称公司,因而得不到公司法的承认和保护。这是公司形态法定原则的必然要求和体现。[68]然而,这一公司法定性的概括并不全面。在商法中,商主体严格法定原则被视为商法基本原则。[69] 公司作为典型的商主体,当然应当遵循这一基本原则。因此,要把握公司的法定性,就应当从商主体严格法定原则的角度把握公司法定性的基本含义。

商主体作为商事法律关系的构成要素,对其进行法律控制往往关系到一定社会中各种商事法律关系的稳定和统一,关系到社会交易安全和第三人利益的维护。因此,现代各个国家和地区一般都制定有大量的强行性法规对商主体的资格予以严格控制,形成了商主体严格法定原则。它主要包括商主体类型法定、商主体内容法定和商主体公示法定三个方面的要求。[70]与此相适应,公司的法定性也包含了公司类型法定、公司内容法定与公司公示法定三个方面的

---

〔65〕 参见赵旭东主编:《公司法学》(第 2 版),高等教育出版社 2006 年版,第 6 页。

〔66〕 参见《法国商法典》(下册),罗结珍译,北京大学出版社 2015 年版,第 1181 页。

〔67〕 参见[美]罗伯特·C. 克拉克:《公司法则》,胡平等译,工商出版社 1999 年版,第 12 页。

〔68〕 参见范健、蒋大兴:《公司法论》(上卷),南京大学出版社 1997 年版,第 34 ~ 35 页。

〔69〕 参见范健、王建文:《商法论》,高等教育出版社 2003 年版,第 143 ~ 146 页。

〔70〕 参见范健、王建文:《商法学》,法律出版社 2007 年版,第 7 页;范健主编:《商法》(第 3 版),高等教育出版社 2007 年版,第 10 页。

内容。

(1)公司类型法定。公司类型法定是指公司法对于商主体的类型作出明文规定,公司的创设或变更只能严格依照法律预定的主体类型和标准进行,法律禁止在法定类型之外任意创设非典型的或“过渡型”公司。这样,公司的创设或变更本质上仅具有法定范围内自由选择的法律可能性。例如,除有限责任公司与股份有限公司得成为公司得到一致承认之外,在多数西方国家,无限公司、两合公司、股份两合公司等亦均可成为公司;而在我国,这类经济组织则至今还未受到法律承认,因而不能成为公司。有时在某一国家或地区存在的公司类型会在另一国家或地区被禁止。这种差异就是公司类型法定的结果。可以说,公司类型法定是市场经济的产物,为市场经济国家商事立法所普遍采用。在市场经济条件下,公司是最基本的活动单位,其组织健全与否直接关系到市场交易基础是否稳固。这就要求,公司立法必须对公司作出合理、准确而严格的类型划分,必须预先规定公司的资本构成、责任性质、组织机构等重大问题。这样,一方面,可为商事实践提供充分的可供选择的主体类型,从而实现商事主体的有序化;另一方面,可使相对人据此知晓交易对象的性质并判断交易风险程度,从而维护交易的安全和巩固交易的基础。而且,从理论上说,公司类型法定即意味着公司法已经对公司类型作了合理、准确而严格的类型划分,意味着立法已经对商事实践中各种行之有效的公司组织形式作了全面的法律概括,从而为打算从事市场交易行为的企业主提供充分的可供选择的商事组织种类。[71]

“市场经济是法治经济,要用法治来规范政府和市场的边界。”[72] 我国《公司法》第 2 条规定:“本法所称公司,是指依照本法在中华人民共和国境内设立的有限责任公司和股份有限公司。”这便是对公司类型法定的规定。由于公司设立事项非常复杂,各行业的管制也宽严不一,《公司法》的规定不可能详尽无遗,因而我国《公司法》第 29 条第 2 款规定:“法律、行政法规规定设立公司必须报经批准的,应当在公司登记前依法办理批准手续。”有关审批的规定,一般都规定于专门的法律、法规之中。例如,我国《烟草专卖法》第 15 条规定:“经营烟草制品批发业务的企业,必须经国务院烟草专卖行政主管部门或者省级烟草专卖行政主管部门批准,取得烟草专卖批发企业许可证,并经工商行政管理部门核准登记。”因此,若要成立从事烟草制品批发业务的公司,除必须遵循《公司法》的有关规定外,还必须依照《烟草专卖法》的有关规定报批。除此之外,诸如证券、金融、保险、计量器具制造、药品生产或特定行业的业务经营资格的取得也必须报经审批。因而在这些领域设立公司,也必须遵循相关法定特别程序。这种将相关法律作为公司设立限制性规定的立法方法为世界各个国家和地区所普遍采用。在发达市场经济国家,设立一般公司都无须政府许可,但对于设立从事银行、保险、烟草、邮政、电力、煤气、交通等事业的公司,均有选择性地规定了特别许可制度。[73]

(2)公司内容法定。公司内容法定是指可以进行经营活动的公司的财产关系与组织关系由法律予以明确规定,当事人不得创设或经变更形成具有非规范性财产关系与组织关系的公司。依各个国家和地区的公司法规定,同一类型的公司设立后,将具有相同性质的财产归属关

---

〔71〕 参见董安生等编著:《中国商法总论》,吉林人民出版社 1994 年版,第 55 页。

〔72〕 中共中央宣传部、中央全面依法治国委员会编:《习近平法治思想学习纲要》,人民出版社、学习出版社 2021 年版,第 101 页。

〔73〕 参见范健、蒋大兴:《公司法论》(上卷),南京大学出版社 1997 年版,第 35 ~ 36 页。

系、利润分配关系、财产责任关系、注册资本规模、商业税收标准以及内部组织关系等，任何公司想改变其内部关系性质，非经变更登记不生效力。这一法律要求在很大程度上保障了同样类型的公司都具有大抵相同的法律性质，从而维护了不同类型的公司要素方面的特定性。例如，有限责任公司、股份有限公司、外商投资公司这些不同类型的公司，其投资者与被创设企业之间以及投资者相互之间的财产关系与企业自身的内部组织关系，彼此之间就存在重大的差异。之所以存在这种差异，是因为法律对不同公司的上述关系设定了不同的规则，设定了不同类型的公司在内容上的不同构成要件。公司内容法定导致两个必然结果：其一，合法存在的公司必须在内容上符合法律对其所作出的特定要求；其二，对公司内容的不同法律要求，构成了不同类型的公司相互之间的根本性差异，形成了不同类型公司自身的特点。〔74〕从理论上说，公司内容法定要求必然与公司登记制度相联系。无论是依据中世纪商人习惯法中的“主体拟制规则”，还是依据近代以后各个国家和地区的商法中逐步形成的公司设立条件规则，抑或依据现代公司法中普遍适用的“准则主义”规则，成立特定类型的公司都必须履行符合其设立条件的公司登记程序。离开了公司登记这一法律手段，不仅具体公司资格的取得时间及其商事能力范围无法确定，就是特定公司的财产范围和财产责任性质也将处于不确定的含混状态。〔75〕

（3）公司公示法定。公司公示法定是指公司之成立必须按照法定程序予以公示，以便交易相对人及时知晓；未经法定公示者，不得以其对抗善意相对人。依法应登记的事项未经登记，则不得对抗善意相对人。对此，我国《民法典》第65条规定：“法人的实际情况与登记的事项不一致的，不得对抗善意相对人。”《日本公司法典》第908条第1款也规定：“依本法规定应登记的事项，非在登记后，不得以此对抗善意第三人。即使在登记后，第三人因正当事由不知该登记的，亦同。”〔76〕公司登记机关办理公司登记时应采取一定方式予以公示，公司设立后发生重大事项时还应依法公告。对此，我国《公司法》第32条第2款规定：“公司登记机关应当将前款规定的公司登记事项通过国家企业信用信息公示系统向社会公示。”该法第40条第1款规定：“公司应当按照规定通过国家企业信用信息公示系统公示下列事项：（一）有限责任公司股东认缴和实缴的出资额、出资方式和出资日期，股份有限公司发起人认购的股份数；（二）有限责任公司股东、股份有限公司发起人的股权、股份变更信息；（三）行政许可取得、变更、注销等信息；（四）法律、行政法规规定的其他信息。”

第三节　公司的发展与沿革

“历史背景知识的匮乏，将导致无法领会有关公司法的精髓。”〔77〕因此，我们有必要详细考察公司的历史发展，以便为公司法的学习提供一个更为坚实的认知基础。如前所述，公司有广

---

〔74〕　参见范健、王建文：《商法学》，法律出版社2007年版，第7页。

〔75〕　参见董安生等编著：《中国商法总论》，吉林人民出版社1994年版，第55～56页。

〔76〕　吴建斌编译：《日本公司法　附经典判例》，法律出版社2017年版，第474页。

〔77〕　L. C. B. Gower, *Gower's Principles of Modern Company Law*, 4th edition, Stevens & Sons, 1979, p. 3.

义公司、狭义公司以及大陆法系与英美法系公司的区别,而我们为明确起见,本书中在商事公司与狭义公司意义上使用公司概念。但是,为了清楚地考察狭义公司的历史发展线索,我们必须将原本具有历史发展渊源关系的不同形态的公司发展线索作为一个整体加以考察,因而我们在此还是就广义公司发展予以分析。同时,为了表述本书一般意义所使用的狭义公司概念,我们在本节内容中特地以狭义公司指称之。

一、公司的发展与沿革

企业制度在漫长的演进过程中,先后有独资企业、合伙企业与公司企业三种企业形态在不同历史时期占据主导地位。这三种企业形态依次递进,表现为相互区别又相互联系的过程。显然,企业组织形式的发展、变迁与生产力发展紧密相连,与商品经济的发展密切相关。随着生产力和商品经济的发展,各个历史时期占主导地位的企业组织形式会相应地发生变化。某一企业组织形式本身也随着生产力和商品经济的发展而发展变化,其内涵往往处于变动不居的状态之中。因此,尽管将历史分割成零碎片段的研究方法极有可能割断历史之间的天然联系,但我们在考察公司的发展史时却不得不如此,毕竟公司在从萌芽到雏形再到早期公司与近现代公司的发展历程中,明显地带有相应时代的时代特征,不分阶段考察,则无法展现公司的真实发展线索。[78]

(一)公司的起源与萌芽

若仅考察狭义公司的历史发展,则应从无限公司与两合公司的早期形态开始。而狭义公司究竟是起源于无限公司还是起源于两合公司,又有不同的学说。因而,在此意义上关于公司的起源也有不同的学说。若将无限公司与两合公司本身的起源也纳入公司起源的考察范围,由于无限公司与两合公司的本质是合伙企业,因而在此意义上公司的起源应追溯到合伙企业的形成,甚至可以追溯到早期的合伙雏形。因此,关于公司的起源在经济学界、法学界以及历史学界历来都有差异甚大的多种学说。这些从不同视角出发的不同的公司发展史本身又构成了一部极其丰富的学说史,使学者尤其是初学者往往无所适从。基于此,我们特从各种材料中整理出一个尽可能为绝大多数学者所接受的公司源流考察结论。

需要说明的是,在广义公司的含义上,形成于中世纪的合伙组织属于起源阶段的原始公司或者雏形公司。因此,无论从上述哪个角度考察,其时存在的合伙组织都并不属于严格意义上的公司形态之一种,都属于关于公司的源流性考察。

1. 古罗马起源说:合伙组织(原始公司)的萌芽

在古罗马时期,“批发商和零售商,船主和运输商,都有联合组织,其名目之繁多似乎可以表明一世纪和二世纪时的商业开始改变其原来的个体经营性质而逐渐采取了现代资本主义商业的方式”。但是,就其本质而言,“在整个希腊—罗马世界的历史中,商业或是始终完全是个体经营的……罗马的法律从来就没有提到过现代非常熟悉的那种公司,显然是因为根本不存在那种公司”。这些组织实际上仅仅是个人团体而已,并不能称为公司法意义上的公司组织。[79] 这一观点是西方学术界的通说,而记载该观点的《罗马帝国社会经济史》迄今仍被认为

---

〔78〕 参见马强:《合伙法律制度研究》,人民法院出版社 2000 年版,第 14 页。

〔79〕 参见[美]M. 罗斯托夫采夫:《罗马帝国社会经济史》,马雍、厉以宁译,商务印书馆 1985 年版,第 249 ~ 250 页。

是权威性的著作。[80] 因此，不能说狭义公司起源于古罗马时期，因为那时存在的被一些学者称为公司的组织根本就不具有狭义公司的任何特征，许多学者都只是"把当时那些表述团体概念的术语统称为'公司'"[81]。但是，这些组织还是可以被视为合伙组织的雏形的。当然，当时的合伙组织体色彩还不太强烈，更多的是以合伙契约的形式出现。[82] 因而严格来说，还不能说其时就已存在合伙组织，只能说出现了合伙组织的萌芽。由于无限公司与两合公司实质上都属于合伙企业，因此可以肯定无限公司不存在但渊源于古罗马时期。此外，在古罗马，虽然不仅尚未形成完整的法人制度，也没有法人的概念，但有一些具有类似于法人的实体存在，如国家、地方自治团体、寺院等宗教团体以及养老院等公益慈善团体。这种法人制度的萌芽显然为后来公司法律人格提供了基本理论支撑。

2. 中世纪起源说：合伙组织(原始公司)的产生

(1)中世纪起源说的基本内容。史学界关于公司起源的通说认为，公司起源于中世纪的欧洲。经济学界与法学界绝大多数学者也持该主张。但该说又可细分为多种差异较大的观点，具有代表性的有大陆起源说、海上起源说与综合起源说三种。

大陆起源说认为，公司起源于中世纪欧洲大陆地中海沿岸，由家族经营团体发展而来。随着岁月流逝，责任无限的家族型合伙制逐渐向并无血缘纽带联系的其他个人开放，并在 15 世纪中叶发展成为与"委托"型的合伙制并驾齐驱的合伙组织形式。通常以"委托"形式出现的合伙制，除了作为逃避高利贷禁令的一种狡计之外，还产生了极为重大的影响。这种合伙制为商业冒险开创了另一块用武之地：它把那些囊中充盈却对商业事务几乎一窍不通或极不热衷的人都吸引到一起。一个商人(举荐者)，一般来说不可能伴送他的商品到买主那里去，而他又不愿意仅仅派一个仆人去照看，于是他就与某人(管理者)合作，那人将处理有关业务；作为回报，那人获得一定比例的利润。[83] 这种合伙组织在当时的欧洲广为流行，并最终发展成为无限公司。因此，这种合伙经营团体构成了无限公司的萌芽。

海上起源说认为，公司起源于中世纪的海上贸易，由康曼达(Commenda)、船舶共有等组织发展而来。如前所述，中世纪时地中海沿岸的海上贸易十分繁荣。但海洋浩瀚、交通不便，从事海上贸易既需要巨额资金，还要面临风浪的袭击等自然风险，商船还会经常遭到海盗的突然袭击，致使商人常常人财两空。海上贸易的发展要求扩大投资规模，但商人又日益迫切地要求降低投资风险。因此，易于集资又能分散投资风险的组织便在意大利和地中海沿岸的城市中应运而生。这种组织在理论界被认为是船舶共有、康曼达等合伙组织。

在 10 世纪时即已在地中海沿岸出现，并随同海上贸易日益繁荣而普遍化的康曼达，逐渐产生了一种对狭义公司的形成具有更大或更直接影响的变化形式——海帮(societas maris)。海帮是留在家乡的委托人(socius stans)与登船出海的受托人(socius tractator)之间的一种双边合作形式。在该关系中，委托人通常提供 2/3 的资金，受托人提供 1/3 的资金，利润由双方平均

〔80〕 参见[美]M. 罗斯托夫采夫：《罗马帝国社会经济史》，马雍、厉以宁译，商务印书馆 1985 年版，"译者前言"。

〔81〕 方流芳：《中西公司法律地位之比较》，载《中国社会科学》1992 年第 4 期。

〔82〕 参见马强：《合伙法律制度研究》，人民法院出版社 2000 年版，第 21 页。

〔83〕 参见[美]詹姆斯·W. 汤普逊：《中世纪晚期欧洲经济社会史》，徐家玲等译，商务印书馆 1992 年版，第 293 页。

分配;但委托人仅以其出资为限承担有限责任,而受托人则须承担无限责任。[84]

康曼达和海帮所具有的最大好处就在于充当委托人或贷款人的投资者的责任被限定于其最初投资的范围之内。资本者既想获得利润又不愿意亲自冒险并承担无限责任的愿望通过康曼达和海帮实现。因此,尽管当时可能还不存在独立的资本家和企业家阶层,但事实上的资本家和企业家已经普遍存在了。从这个意义上说,康曼达和海帮这两种组织孕育着隐名合伙与两合公司的雏形。[85]

综合起源说并不仅仅就上述某一种可能成为公司萌芽的组织论证公司的起源,而是综合考虑各种组织形式在公司形成上的影响。我国学者大多将此表述为,公司既起源于中世纪欧洲的海上贸易,又起源于陆上贸易,是由康曼达、船舶共有及家族企业发展而来。[86] 西方学者的表述则呈现出多样性。[87]

(2)中世纪起源说的评价与补充。在中世纪起源说的三种观点中,陆上起源说与海上起源说都采取了非此即彼的绝对化态度,而海上贸易与陆上贸易不是相互割裂的,在其发展过程中呈现出相互促进的状态,因而不能绝对化到得出某一种结论;综合起源说采取了折中的态度,相对而言,较为客观地注意到了不同组织形式之间的相互影响,因而更接近历史事实。不过,具体到某一种综合起源说本身,则又往往不够准确。由于不同学者的基本立场并不相同,而其所掌握的历史文献及其理解又存在较大的差异,因此,就目前的理论研究成果而言,还难以绝对化地得出一个所谓准确而科学的结论。

中世纪时期的资本结合方式主要可以分为康曼达和索塞特两种。这些分别构成了两合公司与无限公司雏形的组织形式显然对后来狭义公司的产生起到非常重要的作用。不过,中世纪出现的同业行会也对狭义公司产生了一定的影响。例如,13～15世纪,意大利银行家成立的同业行会被允许在殖民地经营商业,盈利按各银行家贷款的数额按比例分享,亏损也以贷款数额为限承担责任。这种有限责任形式被认为最终发展成了以后狭义公司的主要责任形式。[88]

(二)公司的成型与发展

公司的起源和产生、发展,无疑是和贸易的繁荣兴旺、商品经济的发展与繁荣密不可分的。随着资本集中要求的进一步加强,分散风险与责任的要求也进一步加强,处于萌芽与原始状态的公司终于逐渐发展成为现代意义上的公司。在14、15世纪,地中海沿岸的一些城市产生了资本主义的萌芽,资本主义原始积累逐渐完成。在15世纪末的地理大发现后,西欧封建社会

---

〔84〕 参见[美]哈罗德·J.伯尔曼:《法律与革命——西方法律传统的形成》,高鸿钧等译,中国大百科全书出版社1993年版,第429页。

〔85〕 参见黄速建:《公司论》,中国人民大学出版社1989年版,第18、22页。

〔86〕 参见马强:《合伙法律制度研究》,人民法院出版社2000年版,第20页。

〔87〕 例如,著名法史学家威里·西尔伯施密特(Willy Silberschmidt)即认为,公司形态的历史是从两个源头开始的,其变迁和发展源自这二者的交错。一个源头为以家族企业为代表的"共同生活体"形态,另一个源头为临时组合形态的康曼达。由于商业的发达,必然地出现了康曼达,康曼达与更古老的家族企业直接结合或通过间接的影响,而逐渐发展成为一种新的形态——中间形态的无限公司形态的索塞特(Societas)。索塞特保留了康曼达的资本结合关系,但排除了其有限责任结合关系的影响。此后,在日益强烈的有限责任结合关系的影响之下,索塞特清除了残存在其中的古老生活共同体的影响,全面吸收了有限责任形态的结合关系,并最终转化为具有法人地位的股份有限公司。经济学家则认为公司是由意大利的国债所有团体、商人行会及船舶共有组合发展而来。参见[日]大塚久雄:《股份公司发展史论》,胡企林等译,中国人民大学出版社2002年版,第43、71～72页。

〔88〕 参见周友苏:《公司法通论》,四川人民出版社2002年版,第23页。

更是加速了向资本主义经济的转变。由于逐渐发展起来的资本主义商品经济渴望与其自身相适应的组织形式,因而中世纪时期的原始公司形态被逐渐否定。从15世纪开始,早期公司形态得到了普遍发展,公司制度也最终在19世纪末得以确立。

就公司组织形式而言,不同的公司组织形式在产生与发展上存在明显的关联性,因而综合考察似乎更有利于得出清晰的结论。但是,由于不同公司形态的产生与发展还是存在明显的独立性,我们还是决定就公司形态作个别考察。当然,这种个别考察应以不强行割裂其内在联系为前提。

1. 无限公司的成型与发展

如前文所述,基本上可以认为索塞特是无限公司的雏形,因此,应当从索塞特向无限公司的转变来考察无限公司的成型。初期的索塞特虽然在一定程度上具备了一定期限的持续性,但仍然只以时间极短的数年为限,还是或多或少地保留了临时性。此外,索塞特还只是以全体合伙人的名义从事交易,缺乏使其客观化的商号。但随着商事交易对稳定的大额资本金及企业组织需求的加强,基于自身发展的需要,这种不成熟性被逐渐扬弃。这一过程表现为,随着该企业经营的持久性增强、契约期限逐渐消失以及企业的客观性(脱离成员的个人性)的增强,商号逐渐客观化、固定化,其本身逐渐发展成为一种客观的、持久的企业。至此,无限公司也就形成了。事实上,无限公司与合伙组织并无本质区别,两者均具有成员的无限责任性。两者最大的区别便在于无限公司的实体性获得了确认,在许多国家还被明确赋予了法人资格。无限公司在意大利完成了实质性过渡之后,迅速在欧洲各地获得了普遍发展。有关无限公司的第一个立法是1673年法国国王路易十四颁布的《陆上商事条例》。该条例正式规定了无限公司这种形式,但其名称为普通公司。自此,无限公司不仅在实践中早已存在,而且也得到了法律的正式确认和调整。此后,1807年《法国商法典》又将其改名为合名公司,并作了更完备的规定。许多国家效仿该法,《日本商法典》也就此作了规定(其原文为合名会社)。所谓"合名"公司,是指公司名称中必须包含所有股东的姓名。后来,随着股东人数的增多,将所有股东的姓名都纳入公司名称已不现实,于是德国将其称为"开名公司",即不必将所有股东姓名都纳入公司名称,但仍然必须将其公开。这种不必包含所有股东姓名的规则逐渐得到各个国家和地区的响应,原本有合名要求的也纷纷作出了相应修订,使"必须合名原则"变更为"选择合名原则"。

2. 两合公司的成型与发展

随着无限公司的发展,日益集中的银行资本逐渐融入其中,而以投资为业、只想坐收利润的保守的银行资本家并无意于直接参与公司的经营管理,无限公司的无限责任更使其望而生畏。无限公司股东之间利益的冲突与对公司控制权的争夺,也使其难以进一步扩大规模。无限公司便逐渐吸收中世纪普遍存在的康曼达与陆上康曼达关于有限责任的内核而向两合公司发展。康曼达中原本匿名的承担有限责任的投资者在两合公司中上升到了公司成员的地位,而两合公司本身也统一为一个企业,并日益增强了其持久性。这一进程就是两合公司成型的过程。事实上,这种两合公司的雏形似乎在14世纪左右的意大利已相当普遍了。而在15、16世纪的德国南部,这种两合公司的雏形也是众所周知的。

两合公司使无限公司持续发展的障碍得以消除:无意于公司经营但又想在仅承担有限责任前提下获取投资利润的股东,在取得了有限责任特权的同时,也放弃或丧失了公司经营管理权;希望控制公司经营但缺乏充足资金的股东,在取得了公司经营管理权的同时,也承担了负无限责任的代价。这种兼顾了不同利益需求的组织机制使两合公司迅速发展了起来。在两合公司发展过程中,其组织机构日益健全,并最终使其具备了较为完全的独立法律人格。两合公司的成型与发展,已指明了在自由商品竞争中,股东责任日益由无限走向有限、股东人格与公司团体人格日趋分离的历史发展趋势。

早期的法国和德国的商事立法都对两合公司作了规定,并将其与隐名合伙并列,但德国不承认其法人资格。法国、日本等其他大陆法系国家和地区也对两合公司作了明确规定。在英美法系国家,也有类似于两合公司的有限合伙的法律规定。

在两合公司向股份有限公司发展过程中,还发展出了一种兼具股份有限公司与两合公司特点的股份两合公司。这一公司形态实际上是两合公司的一种变化形式。股份两合公司是法国实践部门为规避法律关于股份有限公司极其烦琐的设立与运行程序而创造的一种公司组织形式。在法国以立法的形式最早确认了股份两合公司制度之后,大陆法系国家和地区纷纷借鉴其立法对该种公司作了明确的法律规定。不过,鉴于这种公司形式事实上很少被采用,除法国等少数几个国家和地区还继续保留了该种公司形式外,现今已被多数国家和地区废止。

3. 股份有限公司的成型与发展

总体而言,企业组织形式沿着私人个体公司到无限公司,到两合公司,再到股份有限公司,最后发展出有限责任公司的线索发展而来。因此,要考察股份有限公司的成型史,必须明确包含着股份有限公司内在萌芽的两合公司究竟是如何向股份有限公司转移的?这一考察的焦点便在于早期的股份有限公司——没有股东大会的专制型股份有限公司,是如何完成向民主的近代股份有限公司的过渡的?

关于股份有限公司的真正起源,学术界争议较大。通说认为,最早的股份有限公司是英国东印度公司,而荷兰的东印度公司也具有典型意义。也有学者认为,最早的股份有限公司可溯源至1555年英国女王特许设立的专与俄国进行贸易的俄国公司。[89]

被称为股份有限公司起源的荷兰东印度公司由一些早期公司统一合并而成,作为对东印度贸易的垄断企业于1602年成立。其垄断性质被认为具有明显的公有性质,因而被授予特许状(Charter),以特许公司形式设立。这种设立公司的形式确立了以特许状方式设立股份有限公司的原型,其特许状则成为其后荷兰甚至欧洲大陆的一般股份有限公司的样板。

荷兰东印度公司在实现了向股份有限公司形态的决定性转变之后,股份有限公司便作为公司形态的样板而开始向欧洲各国呈放射状地传播。这样,荷兰东印度公司便作为股份有限公司的起源而获得了世界史性质的意义。然而,不容否认的是,此时的股份有限公司还不是一种完全的股份有限公司,更不是现代性质的股份有限公司,而是仍然包含着一些尚未完成之处的"形成过程中的股份有限公司"。所谓"尚未完成之处",并不单指此时的股份有限公司不够成熟,而是指它还包含一些极具历史性的变异与特殊结构,即其特别创造出的"专制型"。这主要表现为两个方面:其一,公司由几个分部组成,整个公司呈现出一种共同体的面貌;其二,在公司的"专制结构"下,没有"公司成员大会",而是由董事集团对公司实行专制性支配。这种由

〔89〕　参见冯晓光主编:《公司法》,中国和平出版社1994年版,第26页。

前期性商业资本法则所决定的“专制型”被称为“股份有限公司的商业资本形态”。[90]

股份有限公司在英国的发展并没有像欧洲大陆那样采取几乎完全排斥早期公司制度的极端的实现方式，而是更多地固守于其封建性和行会性公司制度的外廓，采用了 joint stock company 这样一种颇为复杂的形式。

最初的 joint stock company，包括被一些学者认为是“最初的股份有限公司”的俄罗斯公司等各种 joint stock company 都只是公司形态中的无限公司或两合公司，最多也只是被称为先驱公司的早期公司而已。直至 1662 年，joint stock company 才开始向股份有限公司，尤其是向具备了股东大会的近代“民主型”股份有限公司转变。在此历史性转变过程中，作为变革中枢并发挥典型作用的 joint stock company 便是英国东印度公司。因此，对英国东印度公司与荷兰东印度公司的研究，共同构成了股份有限公司发展史研究的焦点。

1600 年 12 月 31 日，英国东印度公司获得了英格兰女王伊丽莎白一世颁发的为期 15 年的法人公司特许状，使英国东印度公司得以作为具有公司制外廓的 joint stock company 成立。根据这份特许状，英国东印度公司成为能自行制定“内部规章”（by - law）的自治性法人团体，其名称也被定为“The Governor and Company of Merchants of London Trading into East Indies”。

1657 年，克伦威尔颁布新的特许状，启动了英国东印度公司的改组。以此为起点，并因其在王政复辟时期的发展，英国东印度公司起到了在世界史上最早转化为近代“民主型”股份有限公司的历史作用。通过 1657 年克伦威尔的改组，英国东印度公司的股东大会转化为完全的民主大会。在王政复辟后的 1662 年，“全体出资人有限责任制”得到了查理二世的批准，由此英国东印度公司发展成为近代民主型股份有限公司。从这一意义上说，如果荷兰东印度公司是股份有限公司的起源，那么发展至 1662 年的英国东印度公司就是近代型股份有限公司的起源。以这一改革为起点，英国东印度公司日益兴隆，到 17 世纪 70 年代，终于开始超越了伟大的先驱——荷兰东印度公司。[91]

到 18 世纪，股份有限公司已发展到法国、德国等欧洲大陆国家，并从 19 世纪起推行于世界各地。在业务范围上，股份有限公司从对外贸易业发展到银行业、保险业、制造业等其他商业。英国于 1694 年成立了股份有限公司性质的英格兰银行。在美国，股份有限公司首先从银行业中产生，1791 年以后先后成立的合众国银行、北美银行、纽约银行都是股份有限公司性质的银行。接着，保险业中的股份有限公司也发展起来。[92] 伴随工业革命的发展，制造业中股份有限公司的数量更是急剧上升。在英国股份有限公司空前发展的 1897 年，新设立的股份有限公司即达 4975 家。到 20 世纪初，美国拥有资产达 100 亿美元以上的股份有限公司已有 100 家，它们主要分布在钢铁工业、农机制造和农产品加工业。[93] 发展到现代，股份有限公司已经成为在西方国家占统治地位的公司形态。

虽然早在 17 世纪，股份有限公司就已基本成熟，但当时还没有统一的股份有限公司立法，

---

〔90〕 参见［日］大塚久雄：《股份公司发展史论》，胡企林等译，中国人民大学出版社 2002 年版，第 198 ~ 211、293 ~ 374 页。

〔91〕 参见［日］大塚久雄：《股份公司发展史论》，胡企林等译，中国人民大学出版社 2002 年版，第 161 ~ 186、391 ~ 452 页。

〔92〕 参见赵旭东主编：《公司法学》（第 2 版），高等教育出版社 2006 年版，第 33 页。

〔93〕 参见周友苏：《公司法通论》，四川人民出版社 2002 年版，第 25 页。

股份有限公司的设立,都要经过国王、议会或政府的特许。到18、19世纪之后,各个国家和地区相继开始了股份有限公司的立法,并使股份有限公司设立从特许主义转向了准则主义。在英国,完成这一历史性转变的法律是1844年的《合股公司法》(Joint Stock Companies Act)和1855年的《有限责任法》(Limited Liability Act)。以此为起点,英国股份有限公司也从特殊的英国式的joint stock company制度中彻底脱胎出来。

4. 有限责任公司的成型与发展

有限责任公司是最晚出现的一种公司组织形式,最早产生于19世纪末的德国。与其他公司形态不同,有限责任公司不是产生于经济生活实践,而是由法学家、经济学家及立法者联合设计出来的,属于制度创新的产物。1884年,德国对1861年《德国商法典》(旧商法典)作了修订。该修正案严格限制了股份有限公司的设立,使股份有限公司不再十分适合于规模不大的企业。而经济生活实践也迫切要求为小企业设计一种股东同样承担有限责任的新的公司形式。[94] 于是,1892年4月20日,德国颁布了《德国有限责任公司法》,使有限责任公司以立法的形式正式确立起来。此后,有限责任公司以其惊人的魅力,不仅在德国而且在世界各地几乎都以相应的形式很快发展起来。[95]

无限公司、两合公司、股份有限公司及股份两合公司的产生和发展虽然适应了资本主义经济发展的需要,有力地推动了经济发展,但这些公司形式都存在承担无限责任的股东风险过大,其人合属性又使经营规模与融资能力受到严重制约的缺陷,因而难以适应大型企业发展。股份有限公司则因设立程序复杂、股票可任意转让、股东流动性大并且实行经营状况和主要会计事项的公开化原则,也不适用于需要股东合作保持相对稳定并希望保守经营秘密的中小企业的发展需要。于是,这种实践需要推动了法学界与经济学界的研究,终于首先从学理上然后从立法上创设了有限责任公司制度。

有限责任公司是在简化股份有限公司的特征和复杂的运作机制基础上形成的,适应了个人投资兴办企业对不同企业组织形式的要求,可谓浓缩了人类经济活动自然演进对企业组织形式的选择历程。有限责任公司股东之间在客观上存在一定程度的人合性,这使其较好地协调了家庭合伙经济和现代经济运行模式的关系;即使撇开家庭经济,它也可以较好地适用于个人关系较为密切的投资者之间,有助于保证股东之间的相对稳定。[96] 可以说,有限责任公司是取无限公司与股份有限公司之所长,舍其所短,并使人合公司与资合公司之优势融为一体的公司形式,因此特别适合于中小企业。

事实上,如果说股份有限公司从一开始就是为大型企业设计的,有限责任公司则主要是为中小企业设计的。德国在1892年颁布《德国有限责任公司法》之前,已经有了对股份有限公司以及人合公司的规定,而且于1883年进行了股份公司法的改革。《德国有限责任公司法》为中小型企业设立了一种介于大型的股份有限公司与小型的合伙企业之间的企业形态。在设计有限责任公司制度时,历来就有无论是更加偏重于股份有限公司的分权性质的组织结构,还是偏重于合伙企业的集权性质的组织结构的理论之争。总的来说,德国的法律基本上选择了前者

---

〔94〕 参见[德]托马斯·莱塞尔、吕迪格·法伊尔:《德国资合公司法》(第3版),高旭军等译,法律出版社2005年版,第8页。

〔95〕 参见[德]托马斯·莱塞尔:《德国股份公司法的现实问题》,刘懿彤译,载《法学家》1997年第3期。

〔96〕 参见吴春岐、刘贵之、郭树进编著:《公司法新论》,中国政法大学出版社2003年版,第30页。

但兼采了二者的优点。有限责任公司组织制度的灵活性极大地促进了小型企业的发展。[97]

德国有限责任公司立法迅速成为各个国家和地区的学习对象。法国于1919年就仿效德国制定了《法国有限责任公司法》，该法于1925年实施，后被并入1966年统一的《法国商事公司法》中。日本于1938年在《日本商法典》之外制定了《日本有限公司法》。[98] 英国1909年颁布的《英国公司法》中规定了类似于有限责任公司的“封闭式公司”。现在，有限责任公司已成为世界范围内重要的企业组织形式，其数量已远远超过了股份有限公司，居于各类公司之首。在有些国家，有限责任公司的资本规模甚至也远超股份有限公司。例如，截至2003年，德国大约有55万家有限责任公司，总资本超过1200亿欧元；而股份有限公司仅大约3200家，总资本大约830亿欧元。[99]

二、中国公司的产生与发展

（一）古代中国公司的起源

关于中国公司的起源，即具有公司性质的经济组织最早产生于何时，理论界有不同看法。一种观点认为，早在春秋战国时期，在采矿业、铸造业等具有一定规模的生产领域，就已出现了具有合股经营性质的生产方式。不过，由于古代中国历来实行重农抑商的政策，合股经营的组织发展受到严重阻碍，直到清朝才有所发展，但始终未发展成为现代意义上的公司组织。也就是说，在古代中国，实际上并未产生公司的萌芽。另一种观点认为，明朝末年，我国才有合股经营的企业组织形式，到了清朝，该组织有了进一步发展，而这种具有合伙企业性质的企业类似于欧洲早期在康曼达和家族经营团体上发展起来的合伙经营团体。[100] 显然，该说认为古代中国就已出现了合伙企业形式，因而可谓出现了公司组织的最初萌芽。这一理解与中国资本主义萌芽史的认识一致。明朝末期，资本主义生产关系已经在手工业领域萌芽。当时苏州已成为中国商业、金融业和产品加工业的中心，附近的松江地区则成为晚明时期棉纺织业的中心。[101] 然而，在古代中国，由于资本主义经济的基础很薄弱，规模也非常小，在鸦片战争之前，仅局限于有限的几个手工业部门和一些沿海沿江商品经济相对发达的地区。资本主义生产关系发展的迟滞，使公司这种组织形式在很长的时间内，都无法在中国这块古老的土地上生根发芽。直到近代鸦片战争前后，公司制度才由西方传入中国。

不过，中国早在康熙五十九年（1720年）就有了专司外贸的“公行”（亦称“洋行”“十三行”），只是次年即被撤销。乾隆二十五年（1760年）又恢复了“公行”。其时，“公行”与同时代英国具有法人社团地位的“合股公司”颇为相似：（1）政府当局特许设立；（2）分担政府职能、行使公共权力；（3）从政府获得垄断特权，作为分担公共职能的补偿；（4）若干商人的集合体，且与官方有千丝万缕的联系。[102] 但究其实质，这些“公行”并非现代意义上的公司。

（二）近现代中国公司的产生与发展

现代意义上的公司最早产生于19世纪中叶。当时，中国公司主要由外国资本、官僚资本

---

[97] 参见吴越：《中国公司法之构造缺陷及克服》，载《现代法学》2003年第2期。

[98] 该法已被废止，且在2005年《日本公司法典》中，有限责任公司未被规定为一种独立的公司类型。

[99] 参见吴越：《中国公司法之构造缺陷及克服》，载《现代法学》2003年第2期。

[100] 参见黄速建：《公司论》，中国人民大学出版社1989年版，第71页。

[101] 参见［美］费正清：《中国：传统与变迁》，张沛译，世界知识出版社2002年版，第234页。

[102] 参见方流芳：《中西公司法律地位之比较》，载《中国社会科学》1992年第4期。

及民族资本创办。

始于19世纪60年代的"洋务运动"促成了中国最早的公司设立。当时的改良主义政论家多寄希望于引进公司。与移植其他西方经验所遇到的强烈抵制相比,公司似乎是毫无阻力地被引进了中国。洋务派在"求富"和"自强"的口号下,创办了一些近代工业企业。尽管从组织形式上看,其军工企业并不属于公司,但洋务民用企业则有一些采用了公司的形式。不过,这些企业虽然纷纷宣称"仿西国公司之例",但直接命名为公司者并不多。这些企业往往以类似于政府机关的"局"命名,在治理模式上也普遍采取"官督商办"的形式。1872年由李鸿章创办的轮船招商局就是典型的"官督商办"企业。

轮船招商局等"官督商办"企业,因其新型的企业组织形式,对此后洋务民用企业的兴办影响很大,此后十几年中陆续成立的一批股份制企业,大体均仿效轮船招商局兴办。

北洋军阀统治时期,北洋政府也创办了一些公司,如1915年成立的华新纺织公司、河北斋堂煤矿等。在国民党统治时期,以蒋、宋、孔、陈四大家族为代表的官僚资本创办和控制了当时中国绝大多数的优势企业,使官僚资本性质的公司完全控制了国家经济命脉。此外,国民党政权的各个部门、地方政府也经营了许多公司。

总的来说,尽管在这一时期公司已经发展成为社会经济组织中的重要组织形式,但与西方资本主义国家相比,其时公司组织并不发达,在近现代企业中所占比重也非常小。此外,近代中国公司制度的产生和发展,一方面,具有西方制度传入的外生性特征;另一方面,由于前近代中国传统经济组织以及商事习惯的巨大惯性和无所不在的影响,在近代中国特殊的社会条件下,使外生的公司制度也具有适应近代中国本土化要求的内在性特征。

(三)新中国成立后、改革开放前公司的发展

新中国成立之初,中国的公司基本上是官僚资本与私营性质的企业。政府对其中的官僚资本的公司进行了没收,使其转为国营企业,其余公司则仍允其继续存在与发展。但为了限制私营公司的自发性,1950年12月,政务院通过了《私营企业暂行条例》,明确了在国营经济领导下,鼓励并扶助有利于国计民生的私营企业发展的总原则。该条例规定私营企业具有独资企业、合伙企业及公司制企业三种组织形式。其中公司又包括无限公司、有限公司、两合公司、股份有限公司与股份两合公司五种组织形式。除此之外,为了加快建设步伐,政府在工业、商业、物资、外贸、交通等部门组建了一批国营公司。在1949~1952年国民经济恢复时期,还存在一种特殊的公司形式,即公私合营企业。其时的公私合营企业是由政府对一般私营企业中隐匿的官僚资本性质的股份进行清理,并将其作为国有公股留在原企业内而形成的。公私合营企业以公股与私股所占比例来分配利润,因而实际上是一种混合所有制形式的有限公司。

1953年,我国开始大规模推行社会主义改造。作为重要步骤之一,国家开始对资本主义性质的工商业逐步实行公私合营,使原有私营企业在经济性质与股份结构上都发生了重大变化。为此,政务院于1954年9月通过了《公私合营工业企业暂行条例》。这些公私合营企业的股东对企业负有限责任,企业利润在扣除了交给国家的利润、企业公积金及工人福利奖金后所剩余的1/4按公股、私股所占比例分配,因而其仍在很大程度上具有资合性公司的性质,从某种意义上讲,其仍可谓有限公司。从1955年起,国家开始对资本主义工商业实行全行业公私合营。至1956年社会主义三大改造完成后,企业组织形式已逐渐演变为全民所有制和集体所有制两种形式,股份制也相应地退出了历史舞台。此后,企业基本上消除了公司的属性,完全沦为各

级行政机关的附属物。

不过,在计划经济体制之下,名为公司的企业虽然总数不多且有严格的行业限制,但还是存在一些的。当时,除工厂、总厂、经济联合体之外,企业组织形式还包括专业公司与联合公司两种名为公司的企业组织。专业公司是在商业、钢铁、纺织、建筑等行业建立的行业特色鲜明的公司。20 世纪 60 年代后,这类公司获得了较快发展。1962 年,首先在商业部系统恢复和建立了各级专业公司,如五金机械公司、百货公司等。联合公司是由若干企业联合而组成的公司。1964 年,国家试办了十多家全国性工业联合公司,如中国烟草公司、中国医药工业公司等。[103] 这些企业即使名为公司,也都仅仅具有公司的某些特征,而并不具有公司的本质特征。这些所谓的"公司"并非真正意义上的公司,而是更多地表现为经济活动的行政管理组织。其中有些公司甚至直接就是行使行政管理职能的政府部门。

总的来说,在新中国成立初期,公司经历了一个逐步萎缩直至消亡的过程,从 20 世纪 50 年代下半期就基本退出了企业组织的领域,严格意义上的公司的生存空间也不复存在。

(四)改革开放时期公司的发展

1978 年后,我国进入了全新的改革开放时期。随着经济体制改革的不断深入,我国公司经历了重新萌发、逐渐兴起和不断发展的过程。

随着经济体制改革的全面展开,传统的"一大二公"的单一所有制结构得到了调整,逐渐形成了以公有制为主导,多种经济成分并存,相互促进、共同发展的格局。不同所有制之间也开始突破等级界限,出现了联合的趋势。在全民所有制企业内部,随着各种责任制的贯彻执行,以及有计划商品经济理论的确立,全民所有制与集体所有制企业也逐渐确立了独立的利益主体与市场主体地位。这一切都为公司的产生与发展提供了必要的条件。[104]

随着改革开放进程的深入,为了改变工业组织结构中自成体系的格局,克服工业组织体制上政企不分、条块分割、多头多级领导等弊端,国家决定组建各种类型的工业公司和经济联合体,发展横向经济联合。1980 年 7 月 1 日,国务院颁布了《关于推动经济联合的暂行规定》。依此,全国各地区、各部门几乎都按照行业性质和专业化协作的原则,对原有企业进行了改组、合并,组成了各种联合公司。在对外开放的格局下,各种外商投资企业也被大力鼓励与扶持。由此,我国逐渐出现了以下几种形式的公司:(1)由原有企业或公司改组形成的专业公司和联合公司;(2)由原有经济管理机关改组而成的行政性公司;(3)由国家批准而成立的全国性公司;(4)个人、企业、部门投资新建的公司;(5)企业横向联合组建的企业集团;(6)采取股份制方案改组或新组建的集团公司;(7)中外合资、中外合作、外商独资设立的三资企业性公司。从性质上看,这些公司可分为行政性公司与企业性公司。行政性公司又称"翻牌公司",它是旧体制的遗留物,其弊端主要表现为公司组建非规范化,公司行为行政化、权力化、垄断化,公司分布畸形化,公司财务制度混乱和不规范以及集团公司组建中的行政干预性。因此,这类公司被称为介于行政机关与企业性公司之间的一种"灰色"经济组织。[105] 其他国有企业性质的公司也都是由一个财政主体投资,隶属于一个主管部门,根据主管部门下达的计划进行生产经营。作为

---

〔103〕 参见赵旭东主编:《公司法学》(第 2 版),高等教育出版社 2006 年版,第 37 页。

〔104〕 参见周友苏:《公司法通论》,四川人民出版社 2002 年版,第 50 页。

〔105〕 参见范健、蒋大兴:《公司法论》(上卷),南京大学出版社 1997 年版,第 25 页。

政府机构附属物的非市场主体,企业本身没有经营权,也没有倒闭破产的风险。因此,从这个意义上讲,这一时期的企业性公司中,处于绝对优势的国有公司并非严格意义上的商事公司。

进入20世纪80年代中期以后,股份制(实为公司制)受到经济理论界、经济部门以及国家领导层的重视,被作为经济体制改革的有效手段得以大规模推行。这样,产权明晰的股份公司开始出现。由于1984~1985年经济过热,国家采取了紧缩银根的政策,企业普遍出现了资金吃紧的状况。为了解决这一问题,一些企业采取了向社会发行股票和债券或吸收企业内部职工入股的方式,取得了较好的效果。1984年11月,上海飞乐音响公司首次向社会公开发行股票,从而组建了中华人民共和国成立后第一家比较规范的股份有限公司。公司的原则在实践中得到了适用显示了它的功能,从而使公司在更大的范围内得以推行。1986年9月,上海静安证券业务部首先开办了股票上市买卖业务,被认为是开社会主义国家股票上市先河之创举。同年12月,国务院在《关于深化企业改革增强企业活力的若干规定》中指出:"各地可以选择少数有条件的全民所有制大中型企业,进行股份制试点。""企业之间互相投资,或联合投资新建企业,一般宜采取股份制形式。"1985年8月25日,国家工商行政管理总局颁布并实施的《公司登记管理暂行规定》就公司的设立作了法律上的制度安排。1986年4月12日颁布的《民法通则》,在"法人"一章中专门规定了"联营",其中即包括了有限责任公司性质的法人型联营。这些法律、法规为公司的进一步发展开辟了道路,使中国出现了历史上第二次公司发展的热潮。据统计,到1988年年底,全国已有公司制企业6000余家,股份集资额达60多亿元。

整个20世纪80年代,我国出现了公司发展的繁荣景象,但同时也存在非常明显的问题。原因主要有两个方面:其一,经济体制问题。集中表现为政企不分、产权关系模糊、企业权责不清,价格双轨制的普遍存在也使社会资源难以得到优化配置,从而使公司的制度价值难以充分发挥。其二,公司立法极不完善。公司的设立、经营管理、组织形式等都缺乏系统的法律规范的调整。因此,国务院在20世纪80年代末90年代初,对各类公司进行了规模与力度都较大的清理。

1992年年初,邓小平南方谈话发表,其后党的十四大正式提出建立社会主义市场经济体制的目标,中国的公司发展开始了第三次热潮。1992年年底,全国公司总数已达486,700家,而在1991年年底全国仅有公司258,000家。1993年11月,党的十四届三中全会通过了《关于建立社会主义市场经济体制若干问题的决定》,为公司的健康发展指明了方向。至此,国家领导层已普遍认为,实行公司制是国有企业改革的重要乃至唯一途径。1993年12月29日,我国《公司法》正式颁布,使公司制度具备明确的法律调整规范。党的十五大对"公有制实现形式"和股份制的深刻阐述,则为公司进一步发展彻底扫清了理论与政策层面上的障碍。党的十五大报告中明确提出:"建立现代企业制度是国有企业改革的方向。要按照'产权清晰、权责明确、政企分开、管理科学'的要求,对国有大中型企业实行规范的公司制改革,使企业成为适应市场的法人实体和竞争主体。"1998年12月29日,我国《证券法》正式颁布,为公司的规范运作提供了更为全面的法律保障。1999年9月的《中共中央关于国有企业改革和发展若干重大问题的决定》进一步明确提出,实行股权多元化的股份制改造,是国有企业尤其是优势企业的改革目标。2003年10月14日,党的十六届三中全会通过的《中共中央关于完善社会主义市场经济体制若干问题的决定》提出,要适应经济市场化不断发展的趋势,进一步增强公有制经济的活力,大力发展国有资本、集体资本和非公有资本等参股的混合所有制经济,实现投资主体多元化,使股份制成为公有制的主要实现形式。这些文件使我国公司发展的所有基于所有制观念的局限得以消除。公司发展由此进入了一个前所未有的鼎盛时期。在企业组织形式上,公司正在并进一步取得占绝对优势地位的主导形式。

思考题

1. 如何理解企业的双重属性?
2. 公司社会责任与公司的营利性应如何协调?
3. 公司的社团性的具体表现形式如何?
4. 请从不同公司组织形式产生与发展的历程分析公司组织形式创新的实践依据。

第二章　公司法概述

导 读

- 公司法的特性可作以下归纳：公司法是兼具公法属性的私法；公司法是兼具商行为法内容的商事组织法；公司法具有较强的技术性；公司法是兼具程序法内容的实体法；公司法是兼具国际性的国内法；公司法具有发展性与变动性。
- 公司法虽具有国际趋同性，各个国家和地区也积极主动地相互参考，但因在法律传统、历史文化背景、地理环境上存在差异，公司法得以在内容、体例等方面形成三大特色鲜明的法系：大陆法系、英美法系与折中法系。
- 我国公司法的立法与股份制建设实践密切相连。长期以来，股份制实际上成了公司制的代名词，其理论与实践的突破是同步进行的。与股份制建设的曲折历程相适应，我国《公司法》从酝酿到最终出台，经历了一个复杂而曲折的历程。究其原因，一方面在于关于股份制的认识曾存在较大争议；另一方面则在于我国企业立法模式与立法环境的障碍以及立法经验的缺乏。
- 无论从学理上如何界定公司法的地位，理论界都承认，公司法是采取综合性调整手段、涉及范围极广的法律，与其他法律部门有着十分密切的联系。
- 公司法的基本作用是确立并维护公司法律制度，使公司这一最重要的商主体获得全方位的法律调整。公司法对鼓励投资、集中资本兴办企业、维护商事组织的法律人格与合法权益以及繁荣市场经济等都起着无可替代的作用。就我国而言，由于经历的是一场由计划经济向市场经济转轨的改革，公司法还起着不同于西方国家公司法的特殊作用。

第一节　公司法的概念与特性

一、公司法的概念

与“公司”在不同语种中有不同表述相对应，“公司法”一词在不同语种中也有不同表述。各个国家和地区基本上不规定“公司法”的概念。在学理上，虽然公司法或商法著作中大多会就公司法的性质、特征等公司法内涵加以阐述，但绝大多数公司法与商法著作都不对公司法的概念作直接的界定。即便是在法学辞书中，也极少见到“公司法”的词条。当然，也有一些著作与辞书中有对公司法的定义。例如，刘清波教授编著的《商事法》第三编第一章第一节的标题即为“公司法之概念”，其中就包含了关于“公司法”的定义：“公司法是规律公司的组织、经营、解散、清算及其他对内对外法律关系的一种商事法律。"[1] 在德国法律辞书中,也有关于"公司法"的释义:公司法是指为了特定的共同目的,通过法律行为而建立起来的私法上的人合团体的法律。[2]

在我国,尽管《公司法》未直接规定公司法的含义,但学理上则普遍对其加以明确界定。学者们关于公司法的定义仅有细微差异,因而不必就其差异予以比较分析。我们认为,公司法是指调整公司的设立、组织、活动、清算及其他对内对外法律关系的法律规范的总称。简单地说,所谓对内法律关系,是指公司与其股东或股东相互间之权利义务关系;所谓对外法律关系,是指公司与第三人或其股东与第三人间之权利义务关系。[3] 具体而言,对内法律关系主要表现在:其一,公司在设立、变更、解散、清算时,发起人与设立中的公司之间、发起人与认股人之间、股东之间、股东与职工之间、股东和职工与公司之间的相互关系;其二,公司内部各组织机构之间的关系,如股东会、董事会(或董事)和经理、监事会(或监事)之间各自的地位和职权以及相互间的制衡关系。对外法律关系主要表现在:公司与交易相对人之间的关系;公司与工商行政部门之间在公司登记注册方面的关系;公司与证券管理部门之间在发行股票、公司债券方面的关系;公司设立、变更、解散过程中与会计师事务所、律师事务所、资产评估机构以及清算组织之间的关系等。

公司法有形式意义上的公司法与实质意义上的公司法之分。形式意义上的公司法,又称狭义公司法,是指将公司的设立、组织、活动、清算及其他对内对外法律关系的法律规范体系化地规定于一个法律文件内并以"公司法"命名的公司法,如我国的《公司法》《日本公司法典》等。狭义公司法实质上就是法典意义上的公司法。实质意义上的公司法,又称广义公司法,是指调整公司的设立、组织、活动、清算及其他对内对外法律关系的法律规范的总称。显然,实质意义上的公司法并不专指法典意义上的公司法,而是包括了公司法、证券法、证券交易法、商事登记法等极为广泛的法律文件中所包含的公司法律规范。

在现代社会,各个国家和地区虽大多颁布了公司法,或者在商法典或民法典中就"公司法"作了专门规定,但由于公司法所涉问题极其繁复,法典意义上的公司法根本无法解决公司设立、组织、活动、清算过程中所涉及的所有问题,因而对公司法内涵与外延的理解,不能局限于形式,而更应着眼于实质意义上的一切公司法规范。在学理上,也基本上是就实质意义上来理解公司法的。形式意义上的公司法,往往仅在提及相关法律规定时,才在特定法律文件意义上予以使用。

应当注意的是,即便是实质意义上的公司法也难以穷尽公司调整之需要。因此,公司法的调整对象并不包括涉及公司的一切法律关系,而是主要限定于公司设立、组织、活动、清算过程中所发生的有关当事人之间的社会关系。

二、公司法的特性

(一)公司法性质与特征的基本含义及其相互关系

依照不同的标准,可以将法律体系划分为不同的法律部门。某个具体法律部门的法律属

---

〔1〕 刘清波编著:《商事法》,台北,商务印书馆 1995 年版,第 37 页。

〔2〕 参见范健、蒋大兴:《公司法论》(上卷),南京大学出版社 1997 年版,第 59 页。

〔3〕 参见刘清波编著:《商事法》,台北,商务印书馆 1995 年版,第 38 页。

性,就是从该法律部门所隶属的上位法律部门角度,对其不同角度的法律部门类别的归属加以考察而得出的结论。我国法学界一般将法律部门划分为外延宽广不一的若干个层次:公法与私法;国内法与国际法;实体法与程序法;组织法(主体法)与行为法;任意法与强行法;民商法、经济法、刑法、诉讼法等。学者关于公司法性质的界定也正是从这些角度或详或略地加以考察。

在公司法的性质研究方面,我国有不少学者在公司法性质之外,还就公司法的特征加以单独考察。而所谓法的特征是指法本身所固有的、确定的东西,从一定意义上讲,是法的本质的外化,是法区别于其他社会现象的重要标志。[4] 法的特征经常被称为法的特性,也说明了法的特征中包含了关于其性质的考察。依此,作为部门法的公司法,其特征则构成公司法区别于其他法律部门的主要标志,成为公司法本质的外在表现形式。也就是说,公司法特征是指将公司法作为一个独立的法律部门,并置于整个法律体系之中与其他法律部门相比较而显现出来的本质外化的个性化特征。因此,公司法的性质与特征实质上难以绝对分离,而往往是交织在一起的。包括商法、民法等相关法律部门在内的其他教科书中则基本上不就该法律部门的性质与特征分别考察。正因如此,在学理上,也并非所有学者均将公司法的性质与特征分别考察。

我国学者有单列公司法性质者,有单列公司法特征者,还有既列公司法性质又列公司法特征者。除此之外,还有一些学者抛开公司法性质与特征的考察,有的甚至连公司法的概念也不予界定,而只是就公司的具体制度加以研究。[5]

理论拓展 我国理论界关于公司法性质与特征的观点

单列公司法性质的代表性观点包括:(1)公法与私法的结合;制定法;具有国际性的国内法。[6] (2)公法化的私法;组织法;具有一定国际性的国内法。[7] (3)兼具实体法与程序法的双重性质;兼具公法与私法的双重性质;兼具国内法与涉外法的双重性质。[8] (4)具有私法的性质;具有人格法的性质。[9]

单列公司法特征的代表性观点包括:(1)以组织法为主,行为法为辅;以实体法为主,程序法为辅;以强制性规范为主,任意性规范为辅。[10] (2)商事主体法;强制性规范与任意性规范的结合;具有较强的技术性;实体法规范与程序法规范的结合;具有国际性;修改较为频繁。[11] (3)商

〔4〕 参见李龙主编:《法理学》,武汉大学出版社1996年版,第24页。

〔5〕 参见施天涛:《商法学》(第3版),法律出版社2006年版,第129~284页;施天涛:《公司法论》(第2版),法律出版社2006年版;周友苏:《新公司法论》,法律出版社2006年版;王欣新编著:《企业和公司法》,中国人民大学出版社2003年版,第45~48页;王保树主编:《中国商事法》(新编本),人民法院出版社2001年版,第77~105页。

〔6〕 参见江平主编:《新编公司法教程》(第2版),法律出版社2003年版,第3~5页。

〔7〕 参见赵万一主编:《商法学》,法律出版社2001年版,第226~228页。

〔8〕 参见王作全主编:《商法学》,北京大学出版社2002年版,第96~97页。

〔9〕 参见王保树、崔勤之:《中国公司法原理》(最新修订第3版),社会科学文献出版社2006年版,第4~5页。

〔10〕 参见顾功耘主编:《商法教程》,上海人民出版社2001年版,第77~78页。

〔11〕 参见周友苏:《公司法通论》,四川人民出版社2002年版,第54~57页。

业组织法；商业行为法；成文法；主要是强制性规范。[12] （4）国家对公司进行宏观管理的手段；公法与私法的结合；兼具组织法与行为法的双重属性；集实体法与程序法于一体；具有国际性的国内法。[13]

既列公司法性质又列公司法特征的代表性观点包括：（1）公司法的性质为：带有公法色彩是私法；具有一定国际性的国内法；具有程序法内容的实体法；含有多种部门法规范的商法。公司法的特征为：组织法；活动法；强制性规范；制定法。[14] （2）公司法的性质为：组织法；公法化了的私法；国家管理公司的行为规范。公司法的特征为：组织法与行为法相结合；实体法与程序法相结合；强制性规范与任意性规范相结合；具有一定国际性的国内法。[15] （3）公司法的性质为：私法；商事法；商事主体法。公司法的特征为：主体法与行为法的结合；强制性与任意性的结合；表现为成文法；具有一定的国际性。[16]

显然，对于公司法性质与特征的界定，无论采取何种做法，均未能将公司法的性质与特征截然分别开来，而是处于一种相互交叉的极其混乱的状态。尤其是既列公司法性质又列公司法特征的做法，从表面上看，似乎是从不同角度对公司法在法律体系与相对于其他法律部门而表现出的特性所作的不同考察，实质上两者并未严格分开，而只是从另一个侧面或者更具体的角度对同一问题作了近乎重复的描述而已。

事实上，公司法性质与特征的含义基本上是重合的，只是公司法的诸如变动性等特征并非就公司法立于法律体系中所表现出的属性而言，因而不便称为公司法的性质。因此，我们认为，鉴于公司法性质与特征之间天然的难以割裂的联系，还是将公司法的性质与特征作笼统的考察为宜。当然，由于公司法的某些特征不便称为公司法的性质，因而不妨使用更为笼统的"公司法的特性"。

（二）公司法的特性

1. 公司法是兼具公法属性的私法

在大陆法系国家和地区，法律部门的基本分类为公法与私法。现代法学一般认为，凡涉及公共权力、公共关系、公共利益和上下服从关系、管理关系、强制关系的法，即为公法；而凡属个人利益、个人权利、自由选择、平权关系的法，即为私法。[17] 传统上，商法作为商人自治法，属于典型的私法。近现代商法作为调整商事交易主体关系的法律，一般被视为民法的特别法，从根本上说属于私法范畴。公司法作为典型的商法，当然应属于私法。但随着现代经济的发展，社会整体观念的加强，对于私法关系，逐渐改变以往放任主义的态度，而采取积极干预主义的方式，从而形成所谓"私法公法化"。在"公法化"之私法中，公司法表现得尤其明显。也就是说，公司法在仍以私法规范为其中心的同时，为保障其私法规范之实现，设置了大量属于公法性质

---

〔12〕 参见甘培忠：《企业与公司法学》，北京大学出版社 2001 年版，第 190～191 页。

〔13〕 参见雷兴虎主编：《公司法学》，北京大学出版社 2006 年版，第 2～3 页；雷兴虎主编：《商法学》，人民法院出版社、中国人民公安大学出版社 2003 年版，第 74～76 页。

〔14〕 参见范健、蒋大兴：《公司法论》（上卷），南京大学出版社 1997 年版，第 65～71 页。

〔15〕 参见范健主编：《商法》（第 3 版），高等教育出版社 2007 年版，第 98～101 页。

〔16〕 参见赵旭东主编：《公司法学》（第 2 版），高等教育出版社 2006 年版，第 42～46 页。

〔17〕 参见张文显主编：《法理学》，法律出版社 1997 年版，第 89 页。

的条款,从而形成"公司法之公法化"倾向。例如,关于公司登记、公司财务会计、公司名称、法定事项的公示主义等规定都具有明显的公法色彩。当然,这些公法性条款始终处于为私法交易服务的地位,因此,它还不能从根本上改变公司法的私法属性。

在公司法中,其公法色彩还具体表现为强制性规范的大量存在。所谓强制性,是指必须严格遵循法律、法规的规定,而不能将其替代或变更的法律属性。在现代私法中,已越来越多地包含了强制性规范,但公司法、证券法等商法中的强制性规范则相对占有较高的比重。当然,公司法作为私法,还有任意性规范。基于公司法的私法性质,为体现私法自治的原则,在不损害第三人和社会公共利益的前提下,公司法允许当事人通过自愿协商,对强制性规范之外的公司法规范予以选择适用与变通。公司法负有的重要使命,是通过对公司内外法律关系的法律调整,实现对股东、公司、债权人利益的保护和社会经济秩序的维护。这决定了公司法规范应是强制性规范和任意性规范的结合。

在强制性规范与任意性规范的比重上,理论界公认为,关于公司法的强行性规范应高于任意性规范,各个国家和地区的规定也是如此。两者的具体构成是理论界持续多年的研究热点,分歧也较大,尤其是关于公司章程、组织机构、表决权行使方式等规范的性质争议较大。就规范的设计而言,调整公司内部关系的规范应主要是任意性规范;而调整公司外部关系的规范应主要是强制性规范;仅涉及股东和公司利益的规范应主要是任意性规范;而涉及第三人,尤其是涉及债权人利益的规范应主要是强制性规范。在我国《公司法》中,公司的设立,公司章程的条款,股票、债券的发行,利益分配,公司的合并、分立、解散和法律责任等规定,都呈现出浓厚的强制性规范特征。这些内容的法律属性及其具体适用,始终是《公司法》修订过程中讨论的热点,仍然具有进一步研究的价值。总体而言,我国 1993 年《公司法》存在的突出问题,一是强制性规范与任意性规范的性质区分不明。二是强制性规范过多而任意性规范不足。尤其是对于具有相当人合性色彩的有限责任公司来说,更应注意和强调其规范的任意性,减少其强制性规范的范围。〔18〕 总之,在具体的规范构成上,应当考虑到公司法的私法本质属性,妥善解决国家适度干预的"度"的问题。国家干预还包括法院对公司治理结构的司法介入权及其行使范围。因此,也应基于公司法的属性作出合理判断与法律规定。基于此认识,2005 年修订《公司法》时,已充分考虑了公司法的私法属性,赋予了较多的公司与股东的自治权,尤其是对有限责任公司的管制放松极为明显。

2. 公司法是兼具商事行为法内容的商事组织法

商法包括商事组织法与商事行为法。所谓商事组织法,是指调整商事组织的设立、变更和解散、内部组织机构、内部成员的权利和义务等法律关系的法律规范的总称。所谓商事行为法,是指调整因商行为而产生的商事关系的法律规范的总称。一般来说,公司法、合伙企业法、个人独资企业法等主要调整企业设立及组织的法律属于商事组织法,证券法、票据法、保险法、海商法等主要调整特定商事交易行为的法律属于商事行为法。但这种划分只是就总体而言的,往往在同一部法律中,既包含商事组织法,又包含商事行为法。在有些商事部门法中,由于商事组织法与商事行为法的具体规范构成比例不明显,甚至难以断定其究竟属于商事组织法还是商事行为法,如破产法。公司法是兼具商事行为法属性的商事组织法,在内容和形式上都

〔18〕 参见赵旭东:《有限责任公司的改造与重塑——〈公司法〉相关内容的修改建议》,载《政法论坛》2003 年第 3 期。

具有商事组织法的特性。各个国家和地区公司法普遍规定了公司的设立及其条件，公司的法律属性与法律地位，公司的能力，公司设立人的资格，公司内部组织机构的设置，公司的变更和解散，股东的权利、义务及股东相互之间的关系等内容。这些内容都与公司作为一种社会组织的产生、运作与消灭密不可分。因此，公司法本质上是商事组织法。公司作为商主体，必然要从事各种生产经营和交易行为。这些行为虽不能全部由公司法调整，如买卖、制造、运输等一般性商行为，应由一般性商事行为法调整，但是，只有公司才能实施的与公司组织特点直接相关的行为，如公司股票、债券的发行和交易行为，则应由公司法调整。尽管各个国家和地区对此问题的规定详略不一，有些国家主要将其留给证券法、证券交易法等法律调整，但都在公司法中作相应规定。因此，公司法还必然具有一定的商事行为法特征。

3. 公司法具有较强的技术性

从社会学角度观察，法律规范由伦理性规范与技术性规范组成。所谓伦理性规范，“其制定也，本诸恒清，基乎常理，如杀人者死，欠债者还，虽庸夫愚妇莫不知其然也”。所谓技术性规范，“其制定也，完全出乎立法专家之一种设计，故其内容并非仅凭一般常识所能了解”。[19] 任何法律部门都是法技术的构造，因此所有法律部门都具有技术性。但由于商法以经济效用为主要目的，为维护交易的便捷、公平与安全，其规定更加明显地具有技术性，与作为一般私法的民法偏重于伦理规范有着明显的不同。商法的技术性主要体现在商行为法部分，法律对商行为中的行为方式、行为环节、行为规则都作了具体、翔实的规定，具有很强的可操作性和技术性。在兼具商主体与商行为法属性的公司法中，关于公司机关的组成，公司股份的构成及股票的发行、交易，公司治理结构，董事会召集程序和表决方法，公司债券，公司财务会计等制度，也都是随着公司本身及其制度的发展而予以技术性设计的结果。正因为公司法具有浓郁的技术性，才使其存在技术上的共通性，可以相互参考，从而更多地表现出国际趋同性。

4. 公司法是兼具程序法内容的实体法

按照法律规定内容的不同为标准，可以将法律分为实体法与程序法。实体法是指以规定和确认权利和义务或职权和职责为主的法律，民法、刑法、行政法、宪法为典型的实体法；程序法是指以保证权利和义务得以实施或职权和职责得以履行的有关程序为主的法律，民事诉讼法、刑事诉讼法、行政诉讼法、立法程序法为典型的程序法。实体法和程序法的分类是就其主要内容而言的，它们之间也有一些交叉，实体法中也可能涉及一些程序规定，程序法中也可能有一些涉及权利、义务、职权、职责等内容。除以上典型实体法与程序法外，许多法律都兼具实体法与程序法的内容，只不过从总体上或本质上将其纳入某一范畴。商法作为私法，应纳入实体法范畴，但商法中仍然包含了大量程序规范。对此，公司法体现得较为明显。《公司法》关于公司设立的条件，公司资本制度，公司组织机构及其职权，股东权利义务，法律责任等规定属于实体规范；而关于公司设立的程序，公司组织机构行使职权的方式以及公司变更、清算、解散的程序等规范则属于程序规范。

5. 公司法是兼具国际性的国内法

商法无论在其产生之时还是现在都具有国际性。即便是在近代欧洲民族国家纷纷将商法纳入国内法体系之中，使商法转变成为国内法的时期，也明显表现出这样的特点：“没有任何一

---

〔19〕 参见郑玉波：《票据法》，台北，三民书局1986年版，第3页。

个国家把商法完全纳入国内法。即便在这一时期,商法的国际性的痕迹依然存在,凡是了解商法的渊源和性质的人都能看到这一点。"[20]"鉴于国际商品交换是商法的核心内容,因而它的特征之一是国际性。"[21]不过,近现代商法从本质上应属于国内法,只不过由于其所调整的对象具有世界范围内的共性,因而在商法的具体规范上具有一定的相同或相似性。通过对欧洲国家将商人习惯法纳入国内法的历史的考察可以看出,商法发展成为国内法还是有其历史必然性与应然性的。

随着经济全球化的加强,国际经济间的相互依赖程度日益增加,国际贸易领域统一法律的呼声日益高涨,使"重新发现商法的国际化的特征与价值,代表了东西方法学家的共同呼声"[22]。商法的这种国际趋同性在商法演进进程上,则主要表现为商法的趋同化。所谓商法的趋同化,是指不同国家的法律,随着社会需要的发展,在国际交往日益发达的基础上,逐渐相互吸收、相互渗透,从而趋于协调、接近甚至一致的现象。[23]由于商法趋同化进程的加快,当今世界的商法在若干具体制度与规范上表现出明显的相似性或者说各个国家和地区商法相互同化。在国际贸易领域固然需要适用统一的法律规则,因而促进了国际贸易法(含新的商人习惯法)的产生与发展。在国内法上,由于整个世界已经发展成为一个统一的市场,跨国公司的投资也遍及世界各地,各地为吸引外资客观上也需要加强与世界商事法律制度的接轨,尤其是在世界贸易组织关于成员法律制度的硬性要求以及以欧盟为代表的区域性组织统一法律制度的措施的积极推动下,近年来商法日益明显地表现出相互同化的趋势。因此,因商法由商人习惯法发展成为国内法而产生的民族主义倾向,在国际经济的新形势下正在逐步得到纠正与克服。尽管商法还是通过或主要通过一国立法机关制定,但在具体规范内容上则表现出明显的相同或相似性。

不过,需要说明的是,所谓商法的趋同化,不是就商法体系而言,而是就商法规范的具体构成而言的。

公司法是调整公司的组织及其活动的法律,而公司是商行为的主要参与者,因此公司法无疑构成了兼具国际性的商法的典型。各个国家和地区公司制度原来各有特色、互不相同,但现在各个国家和地区的公司法已无很大的差异,在内容上具有明显的共同性。从形式上看,无论是在成文法系还是在判例法系国家和地区,公司法都主要表现为成文法的形式。从内容上看,各个国家和地区关于公司的概念、类型、资本制度、组织机构及其职权、股份与债券的发行、解散与清算等内容都大同小异并日益趋同。最显著的例子是有限责任公司、授权资本制、专门委员会制、职工参与制等,这些制度原来只是某一国家的制度,现已被采用。此外,公司法领域虽然没有像票据法那样出现国际统一立法,但出现了区域性统一公司法的立法动向。欧共体(含后来取代欧共体的欧盟)即采取了制定国际公约(treaty)、发布规则(regulations)、指令(directives)以及制定统一的欧洲公司法等方式来协调和统一成员国的公司法。自1968年欧共体部分成员国签署《关于相互承认公司和法人团体的公约》以来,欧共体(含欧盟)理事会又颁布了《关于欧洲经济利益集团(EEIG)的规则》(1985年)、《关于控制公司集中行为的规则》

---

[20] [英]施米托夫:《国际贸易法文选》,赵秀文选译,中国大百科全书出版社1993年版,第10~11页。

[21] [英]施米托夫:《国际贸易法文选》,赵秀文选译,中国大百科全书出版社1993年版,第11页。

[22] [英]施米托夫:《国际贸易法文选》,赵秀文选译,中国大百科全书出版社1993年版,第12页。

[23] 参见李双元等:《中国法律趋同化问题之研究》,载《武汉大学学报(哲学社会科学版)》1994年第3期。

(1989年)等多项规则,以及涉及股东及其他利害关系人权益保护、公司设立、资本制度、合并、分立、公司组织、分公司设立、母子公司关系、一人公司、公司年度财务会计以及公司公开收购等13项指令或指令草案。[24] 欧盟15个国家的公司法学家还于1998年对各成员国的有限责任公司立法状况作出了考察,在此基础上提出了制定统一的欧盟有限责任公司法的草案。[25] 这些公约、规则和指令顺应了欧洲"单一市场"的立法精神,规定了各成员国公司法应遵循的基本准则。成员国大多据此对本国公司法作了相应修订,从而欧盟各国公司法的国际性大为加强。[26]

6. 公司法具有发展性与变动性

商法与民法虽然都是关于社会生活的法律规范,但其具体调整的社会生活大为不同。商法调整的是市场交易关系,民法调整的是一般商品关系与人身关系。很明显,市场交易关系会随着商品经济与市场经济的发展而发生巨大变化,而一般商品关系与人身关系则往往保持较强的稳定性。因此,民法具有固定性与继续性,往往沿袭援用,一般较少修改;而商法则随着市场交易方式与内容的发展变化,呈现出不断发展进步的特点。商法从无到有,从初步形成到日趋完善形成统一的体系,即是其发展性的体现。商法最初表现为商人习惯法,后来通过编纂商事习惯法,推动了商法的制度化、规范化的步伐,使商法的发展有了一个形成成文法的基础。后来,商事习惯法逐渐发展成为国内法性质的制定法,并创立了大量的商事制度,进一步推动了商法的发展。进入现代社会以后,社会市场经济实践发生了实质性变化,使商法在新的基础上获得了全新的发展。可以说,商法从其产生之日起,发展与进步始终是其存在的本质要求。与商法的发展性相适应,商法在立法上,当然要求适时变化,针对发展变化了的社会经济生活实践予以适时的修订,因而又表现出变动性。也就是说,对商法来说,法律的安定性应让位于法律的适应性,当社会经济形势发生变化,作为商法存在基础与目的的市场交易实践相应发生实质性变化时,商法就应作适时修订,否则商法就将严重滞后于经济生活实践,从而失去其存在的基础与意义。这样,商法经常进行重大修订就很正常也很必要。其结果就表现为商法的变动性。

"法律作为上层建筑一定要适应经济基础的变化而变化。"[27] 在商法中,公司法无疑是最能体现其发展性与变动性的法律部门。在商法的修订中,公司法的修订无论是在量上还是质上,都是修订得最多的法律。急剧变动的社会现实和日趋激烈的国际竞争,不仅带来了公司理念的更新,也推动了各个国家和地区规定的发展。为了顺应时代发展的需要,各地均加大了对其公司法修改的步伐,修法成为全球性潮流。20世纪90年代中期以来,公司法改革浪潮更是席卷全球。许多国家和地区先后进行了公司法的修改,甚至多次进行了公司法修改。

我国《公司法》虽然自1993年颁布以来,分别于1999年、2004年作了两次极细微的修订,但是这并不说明其不需要修订。恰恰相反,我国《公司法》不仅需要修订,而且因其内容上的陈旧性与不完整性,需要作大规模的修订。从《公司法》修订正式列入2003年年底公布的十届全

---

〔24〕 参见《欧盟公司法指令全译》,刘俊海译,法律出版社2000年版,"目录"第1~4页。

〔25〕 参见吴越:《中国公司法之构造缺陷及克服》,载《现代法学》2003年第2期。

〔26〕 参见范健、蒋大兴:《公司法论》(上卷),南京大学出版社1997年版,第67~68页。

〔27〕 中共中央宣传部、中央全面依法治国委员会办公室编:《习近平法治思想学习纲要》,人民出版社、学习出版社2021年版,第66页。

国人大的立法规划以来,在国务院法制办、全国人大常委会等相关部门的共同努力下,我国经历了一场少见的参与主体极其广泛并极其热情的修法过程。2005 年 10 月 27 日《公司法》获得通过后,公司法修订活动告一段落。但这次修订也还是阶段性的,为谋求《公司法》与实践发展要求之间的协调性,仍应基于公司法的发展性与变动性的法律特性,淡化法的安定性要求,根据形势发展的要求,在导向上以追求效率而回应实践的需要,随时对其作适时修订。2013 年及 2018 年的小幅修改并未解决 2005 年《公司法》实施以来暴露出的主要问题,且 2013 年修改后确定的完全认缴制因配套制度缺失导致司法实践中涉及出资制度的问题频发,故迫切需要早日启动全面修订工作。在此背景下,2018 年 9 月,公司法修改列入十三届全国人大常委会立法规划。2019 年年初,形成公司法修订草案。2021 年 12 月,十三届全国人大常委会第三十二次会议对公司法修订草案进行了初次审议。经过十三届、十四届全国人大常委会会议四次审议,修订后的公司法于 2023 年 12 月由十四届全国人大常委会第七次会议审议通过,自 2024 年 7 月 1 日起施行。

第二节 公司法体系及其立法考察

与公司最早产生于西方相适应,公司立法也最早发端于西方。自 1673 年法国颁布《陆上商事条例》至今,世界公司立法已有 300 多年的历史。尽管公司法具有国际趋同性,各个国家和地区也积极主动地相互参考、借鉴,但因在法律传统、历史、文化背景、地理环境上存在差异,公司法在内容、体例等方面形成几大特色鲜明的法系。通过对这些法系中具有代表性的公司法历史发展及其内容的考察,归纳出相应法系的特色,对公司法的学习与研究具有重要意义。

一、英美法系公司法

英美法系以英国、美国为代表,影响及于加拿大、澳大利亚、新西兰等英联邦国家。该法系发端于英国,但美国公司法则更加完善并更具影响力。

(一)英国公司法

英国早期公司立法主要采取两种特许法的形式。一种特许法形式是由英国国王授予一些经济组织(如英国东印度公司)以垄断贸易经营权的特许状。在特许状上,会载明公司的性质、法律地位、权利以及股东的责任形式等内容。实际上,每一份特许状就是一项关于组建公司的特别法令。另一种特许法形式是由国会通过特别法案(Act of Parliament),赋予电力、煤气、自来水、铁路等公益事业公司以确保事业发展所必需的特权,如土地征购权等。这种特别法案并不具有普遍约束力,而只能用于组建和规范特定公司的行为。

英国成文的公司法产生于资产阶级掌握政权以后,它是资本主义经济与近代公司制度发展到一定阶段的产物。英国具有普遍约束力的成文公司法可以追溯至 1720 年 6 月英国国会颁布的《泡沫法》(Bubble Act)。该法规定下列行为非法和无效:(1)未经国会法令或皇家特许状授权,以法人社团的身份开展经营活动、向公众募集可转让的股份或转让股份;(2)用已废止的特许状假冒法人社团、承销或包销非法人社团的证券。《泡沫法》最大的失误在于它不是正本清源、努力改革引发投机狂潮的行政性垄断和法人社团特许制度,而是指望通过强化法人社团许可制度阻碍合股公司取得法人资格、减少法人社团数目来避免另一次危机。本来需要制定这样一种法律:它既能使合股公司易于采取法人形式,又能保护股东和公众,使之得以对抗公司发起、营运过程中的欺诈和疏忽。可是,实际上颁布了另一种法律:它竭力使合股公司难以采用法人形式,而对那些已经采用法人形式的公司没有任何规则去约束其行为。

《泡沫法》的效果与立法者的愿望恰恰相反:(1)该法打算抑制的非法人合股公司(unincorporated joint stock company)在该法生效之后,一直持续而稳定地发展。因为凭借这种形式仍然可以筹集相当数量的资金,股份亦可在出资人之间转让。(2)不受该法限制的合伙得以迅速增加。当时,法律并未规定合伙人数的上限,所以,合伙形成的资本未必少于法人社团。该法案唯一的"作用"是使英国股份有限公司的发展推迟了100多年。

随着资本主义的发展,严格、烦琐的特许立法形式逐渐暴露了其与经济发展不相适应的缺陷。在资本主义生产方式跃居主导地位之后,自由竞争击破行政性垄断成为不可逆转的趋势,法律除了顺应潮流之外,别无选择。到1825年,英国国会颁布了《泡沫法废止法》(Bubble Act Repeal Act),使《泡沫法》终于被废除。1834年国会通过了《贸易公司法》(Trading Companies Act)。该法规定,政府可用"专利证书"(letter patent)确认法人社团的全部或部分特权,而不必颁发特许状。1843年,格兰斯顿成为英国皇家贸易委员会主席,他促成了具有跨时代意义的1844年《合股公司法》(Joint Stock Companies Act,1844)的制定。该法首次允许私人不按国会或王室特许法而以注册方式成立具有法人资格的公司,从而使公司设立采用了法人准则设立主义。法人准则设立主义从根本上改变了法人的性质与发展方向:取得法人资格的通路向公众敞开之后,在同一地域、同一行业成立若干相互竞争的公司完全是合法与正当的,行会再也无法维持排他性的世袭领地,行会之间划分势力范围的边界一一消失;法人失去了受领垄断权和分担国家职能的特殊地位,纯粹是"私权"的享有者、"私法"上的主体。该法还划清了个人合伙与合股公司的界限。1844年之后,特许公司的数量迅速减少:一部分销声匿迹,另一部分在特许状有效期届满之后转为注册公司。如今,在英国和美国,还有为数不多的几家特许公司(如英国的BBC),它们保留这种身份,无非对自己悠久的历史和当年与众不同的地位感到自豪,正如至今仍然有人把贵族头衔当作家族荣誉来炫耀一样。从特许设立到准则设立,是古代公司向近代公司进化的过程。随着设立公司的通路依准则向公众敞开,私法主体与公法主体之间产生了清晰的分界线:只有那些为私法目的而组建的社团才适用公司法规定的设立程序。它们的人格只是在公共权力之外的领域里,或者说在私法范围之内才存在。有无政府职能、权利能力是否限于私法范围,这是区别近代法人与古代法人的"分水岭"。可以说,"从特许到准则"的变革标志着市场由垄断到竞争、由封闭到开放、由分割到统一的历史转折。[28] 因此,英国著名公司法学家高维尔称誉格兰斯顿"毫无疑问是现代公司法之父"。

1844年《合股公司法》虽意义重大,但该法同时规定,私人依准则主义设立的公司,其股东仍须对公司债务负无限责任。因此,该法还不属于现代意义上的公司法。《合股公司法》在股东有限责任制度上的局限性,无疑阻碍了经济发展对私人投资规模的需求。直到1855年,经过激烈争论才获得通过的《有限责任法》(Limited Liability Act),才第一次明文规定了有限责任原则。在此基础上,1856年通过的新《合股公司法》(Joint Stock Companies Act,1856)以有限责

---

〔28〕 参见方流芳:《中西公司法律地位之比较》,载《中国社会科学》1992年第4期。

任形式为基础,奠定了其公司法史上第一个现代意义上公司法的历史地位。该法规定,组建公司须有 20 名以上成员,并许可 7 名或 7 名以上成员仅承担有限责任。但该法并不允许银行业与保险业设立公司。直到 1857 年颁布《合股银行公司法》(Joint Stock Banking Companies Act)后才在银行业组建公司,并于次年经修订确立了银行公司有限责任制。1862 年颁布的《公司法》(Companies Act)又进一步使保险公司得以适用公司法并实行有限责任形式。此后,英国又先后多次对公司法作了修订并颁布了一系列单行特别法案。1908 年英国制定了统一的公司法,即《合并公司法》(Companies Consolidation Act),使 1862 年《公司法》及其后颁布的一系列补充单行法实现了统一。1948 年,英国将过去历年的公司法加以整理修订,在废止了过去分散制定与修订的公司法的同时,颁布了《1948 年公司法》(Companies Act,1948)。该法计 462 条,是英国最有影响的公司法。该法经 1967 年、1976 年、1980 年、1981 年、1985 年、1989 年修订,尤其是 2006 年重大修订后的《2006 年公司法》已形成包括 1300 条的庞大体系。

除法典形式的公司法外,英国还制定了一些公司单行法和附属性法律,如 1848 年《合股公司清算法》、1857 年《合股银行公司法》、1867 年《铁路公司法》、1890 年《公司清算法》、1890 年《董事责任法》、1916 年《商业名称注册法》、1958 年《欺诈(投资)防止法》[Prevention of Fraud (Investment) Act]、1963 年《股份转让法》、1985 年《商业名称法》。[29] 此外,与欧共体(欧盟)其他国家一样,欧共体(欧盟)统一公司立法也构成了英国公司法的重要法源。

英国公司法的一个重要特点在于其修订频繁,修订后的新公司法实施后,旧公司法即同时失效。到 19 世纪末期,英国商务部已形成了一个惯例:由一个专家委员会每隔 20 年左右对公司法进行一次审查,提出修订意见,然后交由国会讨论通过。这种做法延续至今,而进入 20 世纪 60 年代尤其是 80 年代以后,修订的周期已非常短,基本上四五年就要修订一次。

从英国公司法的发展历史可以看出,其现行公司法的结构是在维多利亚时代结构的基础上,通过大量的、支离破碎的增补、修改和合并而成的法律拼凑物。《1985 年公司法》合计 747 条,但很多内容过于烦琐,例外情况很多,造成法律条文复杂冗长。此外,应当还有 27 个生效的附件,且作为判例法国家,更有浩如烟海的判例法存在,导致公司法体系混乱,无法适应社会发展需要。[30] 因此,英国决定进行 150 年来最广泛的改革。1998 年英国成立了公司法改革小组,为使公司法简化和合理化,积极开展修订准备工作。[31] 其最终成果便是《2006 年公司法》。

(二)美国公司法

19 世纪是美国经济飞速发展的时期,发生在资本主义世界的工业革命使美国经济受益无穷,公司的规模发生了巨大的变化。美国现代公司法主要是 19 世纪后期尤其是 20 世纪的产物。在此之前,美国的商业活动在性质上还基本上是地区性的,一般仅局限于本州内部。一直到 19 世纪初期,美国的公司仍大多为公共或近乎公共目的而设立(如开掘水道、架设桥梁、整修道路等),并且与此时公司特许设立原则相适应,也基本上拥有一定的垄断经营权。1825 年前后,密集型的工业开始迅速发展。由于公司制度可以筹集巨额资金,而且能对大型工业康采恩提供集中指导,因而公司被作为一种理想工具,受到了普遍的高度重视。不过,尽管许多公

〔29〕 参见虞政平主编:《英国公司法规汇编》,法律出版社 2000 年版,“目录部分”。
〔30〕 参见葛伟军译注:《英国 2006 年公司法》(第 3 版),法律出版社 2017 年版,第 3 页。
〔31〕 参见钱玉林:《股东大会决议瑕疵研究》,法律出版社 2005 年版,第 55 页。

司在这一时期迅速成为全国性企业,但其仍然只能是州内公司,其经营许可证须从各州而不是联邦政府获得。[32]

美国的公司立法权在各州。各州分别制定了自己的公司法,而没有联邦统一的公司法。早在1807年,纽约州就颁布了关于公司的法律,允许私人组建公司。此外,还有几个州先后颁布了公司法。但在这一时期,各州公司法主要不是成文法,而是表现为判例法的普通法形式。这种普通公司法在很多方面继受了英国的规范,但又有所发展。

19世纪早期以后,各州公司法已实行公司设立的准则主义,无须经立法机构特别许可,即可依法组建公司,但在涉及公司的规模、资本数额和公司的宗旨、权利等问题时,常常受到各种限制。大约从20世纪早期开始,一些州系统地取消了其法律中的限制条款,以吸引投资者去该州组建公司。公司登记业务为该州提供了税收收入,为本地律师提供了收费来源,也为本地报纸开辟了财源,这一切都构成了各州争夺设立公司的吸引力。于是各州争先恐后地缓解公司法上的规制,被学者们批评为"朝底竞争"(race to the bottom)。在这场争夺设立公司的竞争中,面积很小的特拉华州成为"优胜者"。在纽约证券交易所上市的所有公司中,有超过1/3是在特拉华州依《特拉华州普通公司法》(General Corporation Law of Delaware)注册的,而福布斯500强上市公司中也有约一半是依该法设立的。该州享有美国的"公司天堂"的美誉,其立法机构的州立法和州最高法院的裁判也就成为美国现代公司法的重要来源。[33] 另外,分别有10%以上的美国公司依《加利福尼亚州公司法典》(California Corporation Code)和《纽约州公司法》(New York Business Corporation Law)设立。现在,加利福尼亚州和纽约州的最高法院和州公司法也具有举足轻重的影响。这三个州的法院有许多解释法律的判决使这三个州的法律比较灵活。各州的公司法皆包罗万象,涉及公司内部运作的所有方面,如股东的法定最低人数、董事的权限、管理人员的人数和任命以及资本金最低限额。不过,公司法在措辞上往往使用一般性的和允许性的用语,以使公司的运作尽量少地受到政府的干涉。

各州基于不同的立法政策制定的公司法,不可避免地为日益成为统一市场的商事交易带来了阻碍。为减少各州之间因立法差异而导致的冲突,美国发起了统一州法运动。统一州法全国委员会(National Conference of Commissioners on Uniform State Laws,NCCUSL)于1904年开始着手起草统一的合伙法。在先后起草了《统一合伙法》(Uniform Partnership Act,UPA)与《统一有限合伙法》(Uniform Limited Partnership Act,ULPA),并成功地被所有州采纳后,统一州法全国委员会起草了一部《统一商事公司法》(Uniform Business Corporation Act,UBCA),结果只有4个州采用。1943年,美国律师协会公司法委员会(American Bar Association's Committee on Corporate Laws)也起草了一部以《伊利诺伊州公司法》(The Corporate Statutes of Illinois)为蓝本的《商事公司示范法》(Model Business Corporation Act, MBCA)。[34] 1950年,

---

〔32〕 参见[美]罗伯特·W.汉密尔顿:《公司法概要》,李存捧译,中国社会科学出版社1999年版,第5页。

〔33〕 参见[美]罗伯特·W.汉密尔顿:《公司法概要》,李存捧译,中国社会科学出版社1999年版,第5页。

〔34〕 在我国,有许多该法的中文译法,如《示范公司法》《公司示范法》《模范公司法》《模范商事公司法》。美国公司中确实存在商事公司与非商事公司之分,我国一般也正是在商事公司意义上使用该概念。在该法的性质上,其确实起到的是示范作用。我国在诸如国际私法这类学科也多以示范法指称这种非经立法的"法律"。此外,用"模范"这一主体色彩浓厚的词汇来指称一部具有示范作用的法律确实也不够确切。因此,我们认为,还是译为《商事公司示范法》较为适宜。

统一州法全国委员会也将其 UBCA 更名为 MBCA。由此出现了两部同样名为 MBCA 的法律文本。最终,统一州法全国委员会于 1958 年废除了其 MBCA。此后,美国律师协会公司法委员会的 MBCA 开始流行,如今已有约 35 个州采纳了该法。不过,由于特拉华州、纽约州、加利福尼亚州等州公司法的强大影响,实际采纳 MBCA 的州大多为较小的州。美国律师协会公司法委员会每年都对该法加以修订,其中,较为重要的修订有 1969 年、1984 年、1991 年及 1999 年的四次修订。1984 年的修订本被称为《商事公司示范法修正本》(Revised Model Business Corporation Act),约有 25 个州采纳了该文本,其他州则大多采纳了更早的文本,主要是 1969 年文本。1999 年 12 月 4 日美国律师协会公司法委员会又对该法作了实质性修订,修订文本又被称为《商事公司示范法》。尽管这部示范公司法没有实际法律效力,但由于各州公司立法时大多采纳了其条款,因而该法确实起到了美国公司立法的示范与指导作用。

长期以来,美国立法机关在制定有关公司的制定法时,考虑的主要是开放式公司,而对封闭式公司考虑得较少,因此封闭式公司主要由判例法调整。但由于判例法体系庞杂,缺乏系统性和明确性,其弊端已日益彰显。由于封闭式公司在美国经济中广泛存在(据估计每天向封闭式公司注册署申请注册的就有 400 家左右),因此封闭式公司也引起美国立法机构的注意。为了解决封闭式公司由判例法进行调整而带来的诸多问题,人们开始把注意力转向制定专门或主要调整封闭式公司的成文法。除各州专门或统一的公司法外,《商事公司示范法》也将封闭式公司纳入了调整范围。在调整封闭式公司的成文法中,最有代表性的当数加利福尼亚州、特拉华州和纽约州的制定法、《商事公司示范法》以及《封闭式公司制定法补充规范》,其他州有关封闭式公司的立法主要是从这些制定法演变而来。纽约州与特拉华州公司法在某种程度上采用了统一立法的模式。它通过修订传统公司法规范,使之在适用于开放式公司的同时,也能够满足调整封闭式公司的需要。因此,尽管特拉华州的公司立法没有专门调整某一类或几类公司形式的特殊条款,但对于调整封闭式公司也提供了相当的灵活性。当然,特拉华州的公司制定法中也包括一些明显只适用于封闭式公司的规定,即该法第 14 节(第 341 ~ 356 条)。这些规定实际上考虑的只是封闭式公司这一特定公司形式,因此也可称为封闭式公司立法。加利福尼亚州的公司法跟特拉华州公司法有相似之处。其中虽然有对封闭式公司极为有用的规定,但由于不满足于对封闭式公司和开放式公司进行的统一调整,因此又制定了一些比较系统的、只适用于封闭式公司的公司法规范。

(三)英美法系公司法的特点

与法国法系、德国法系相比,英美法系公司法表现出以下共同特点:

1. 在法源上,虽然英美法系的现代公司法已经以成文法为主,但由于英国、美国系判例法国家,仍然存在大量的判例法形式的公司法。

2. 在立法模式上,有关公司法的成文法均以单行法或统一法的形式存在,即便像美国这样制定了商法典(《美国统一商法典》)的国家,其商法典中也不包含公司法规范。当然,单纯就采取这种单行法的立法模式而言,瑞典、匈牙利、中国等少数国家和地区,其公司法也自始采取单行立法技术。因此,这种采取单行公司法的立法模式实际上非由英美法系国家所特有,只不过构成了其一大特色而已。

3. 与判例法传统相适应,其成文公司法也赋予公司设立者较大的自由,富有弹性。例如,英国公司法对公司资本额无最低限制,未规定法定公积金制度,等等。

4. 公司法的调整范围独特。首先,就公司种类而言,主要调整三类公司,即开放式公司、封闭式公司及有限保证责任公司。至于类似于大陆法系国家的无限公司和两合公司,则以合伙和有限合伙指称,因而由合伙法和有限合伙法调整。例如,英国分别于1890年和1907年制定了《合伙法》(Partnership Act)和《有限合伙法》(Limited Partnership Act),美国则分别于1914年和1916年制定了《统一合伙法》和《统一有限合伙法》。其次,就公司法与相关法律的关系而言,公司法调整范围比较广泛,不但包括公司设立、组织机构等一般公司法规范,还包括证券及证券交易、公司财务会计(该内容十分详细)、公司破产等内容。例如,在英国,有关公司破产的内容都在公司法中作了详尽的规定,而专门的破产法只调整自然人破产。[35]

二、法国法系公司法

法国法系以法国为代表,影响及于意大利、比利时、西班牙、葡萄牙、埃及、叙利亚、伊朗及南美洲各国。[36]

(一)法国公司法

1807年的《法国商法典》第一编第三章设有关于公司的规定,其中分为人的公司和物的公司。后者因经济发展的影响而作了较多的修改,并颁布了单行法作为补充。最重要的是1866年公司立法,对股份有限公司的规定大幅修改。1966年戴高乐执政时,法国重新制定了一部全面规定各种公司形式的完整的、统一的公司法,即共计509条的《法国商事公司法》。该法取代了过去相关公司法律规范,并依欧盟公司法指令作了多次修订。经2009年"再法典化"后,《法国商事公司法》被整体纳入《法国商法典》第二卷。

依公司所从事的业务性质,法国将其分为民事公司与商事公司,分别适用《法国民法典》和《法国商法典》。民事公司设立需要订立书面形式的章程,章程须经全体股东同意才能修改;公司没有严格的资本要求,可以财物及技艺出资,但技艺并不能形成公司资本;股份转让需经全体股东同意并登记公告,全部股份集中于一人时,亦不当然导致公司解散;民事公司由经理对外代表公司,股东对公司债务负无限责任,但股东之间不承担连带责任。这些规定表明,民事公司实际上类似于合伙企业。事实上,在法语中"公司"与"合伙"是同一词,并且在《法国民法典》中除第九编"公司"外,并无关于合伙的专门规范。因此,可以认为合伙是广义公司的一种形式。民事公司主要包括建筑师公司、律师公司、会计监察公司、法律顾问公司、专利顾问公司、公证人公司、商事法院书记员公司等。[37]

商事公司分为合名公司(无限公司)、普通两合公司、有限责任公司、股份有限公司、股份两合公司和简化的可以发行股票的公司。《法国商法典》还就子公司、参股公司和控股公司作了专门规定。

(二)法国法系公司法的特点

法国法系公司法表现出以下特点:

1. 在立法体例上,先以商法典调整公司法律关系,然后将公司法从商法典中分离出来,制

---

〔35〕 参见范健、蒋大兴:《公司法论》(上卷),南京大学出版社1997年版,第83~84页。

〔36〕 参见梁宇贤:《公司法论》,台北,三民书局1980年版,第10页。

〔37〕 参见《法国民法典》,罗结珍译,中国法制出版社1999年版,"译者注"第412页。该注释在法律出版社2005年版中未予保留。

定了统一的公司法,即公司法或商事公司法。经商法"再法典化"后,法国虽然又将公司法整体上纳入商法典中,但实际上公司法独立性未受减损,仅形式上编入商法典,成为《法国商法典》独立的一卷。不过,在有些国家的民法典中也有部分公司法律规范。意大利在1882年商法典中设置了有关公司的规定,但在1942年则已将其纳入了包容极广的《意大利民法典》中,同时制定了数个单行公司法。此外,在立法模式上,意大利原以法国法为基础,现在则更多地受到德国法的影响。

2. 对公司的法律规制较为严格,公司法中限制性和禁止性等强制性规范较多。例如,《法国商法典》即对公司发起人和经理人的欺诈行为作了许多限制性规定;对股份转让和股份有限公司的财产报告等都作了限制性规定;对有限责任公司、股份有限公司亏损超过原资本一半时作了强制减资的规定;不仅对违反公司法的行为的法律责任作了专门规定,而且还以占较大篇幅的第四编对"刑事规定"作了专编规定。

三、德国法系公司法

德国法系以德国为代表,影响及于奥地利、瑞士[38]、瑞典、挪威、丹麦、克罗地亚等国家。[39]

(一)德国公司法

德国是大陆法系典型的民商分立国家,有关公司方面的立法较为健全。早在1861年,德国就颁布了《普通德意志商法》,即旧商法典。德国统一后,于1897年5月10日颁布了《德国商法典》(迄今经过了30多次修订,但从未对其任何原有内容修订,而是作相应废止与增补),即新商法典,对公司形式、业务内容等进行了总体规范。另有有限责任公司法、股份法、合伙公司法等专门立法。德国公司主要分为人合公司和资合公司,但具体注册形式有数十种之多。

人合公司是指两个或两个以上以其全部资产对公司的债权人承担无限责任的自然人或法人注册成立并进行经营管理的公司,主要有无限公司、两合公司等。《德国商法典》第二卷对人合公司的具体形式、成立程序、公司与股东的责权关系、业务开展以及解散、清算等作了具体规定。资合公司是指一个或数个以达到法律规定的最低注册资金做资本金的自然人或法人注册成立的公司,主要有有限责任公司和股份公司两种形式。《德国有限责任公司法》和《德国股份法》分别对此作了专门规定。

1. 无限公司。由两个或两个以上自然人、法人或人合公司(1998年7月1日后个体企业或地产公司也可作为公司股东)制定公司章程(可口头约定或书面制定)并进行商业注册后成立,所有股东以其全部资产对公司债权人承担无限责任(法人则以其注册资本为限承担责任)。公司由全体或指定的股东经营(原则上每位股东均可单独代表公司对外开展业务),或聘请全权代表经营管理。为防止股东滥用权力,公司章程中经常规定联合代表制度,即由所有股东或两位以上股东和全权代表共同代表公司对外开展业务。无限责任公司不具备独立法人资格,但可享受法律规定的权利、承担债务并对外开展业务。利润以各股东出资额4%为基数分配,不

---

〔38〕 瑞士没有制定商法典,但作为《瑞士民法典》第五编的《瑞士债务法》实际上具有极强的独立性,不仅其条文未与前四编衔接,而且内容也主要是关于公司、票据、商号等属于商法的条款。因此,有些学者认为该编实际上构成了与《瑞士民法典》并列的瑞士商法典。我国的最新译本亦将其译为《瑞士债法典》。

〔39〕 参见梁宇贤:《公司法论》,台北,三民书局1980年版,第10页。

足则将4%的比例相应降低;如超出,超出部分按人头均分。

2. 两合公司。与无限责任公司类似,但股东应至少各由1名无限责任股东和1名有限责任股东组成。无限责任股东以其全部资产承担无限责任,负责公司的经营管理,对外称股东兼总经理;有限责任股东按其出资额承担有限责任,不参与公司的业务管理,但对公司经营状况有知情权。两合公司不具备独立法定资格,但与法人相似,可对外开展业务、承担债务、取得法律规定的权利。

3. 股份两合公司。根据《德国股份法》第278条的定义,股份两合公司是具有独立法人资格的公司形式。其股东分为两种类型:一是以个人信用承担责任的无限股东;二是以所持公司股份承担有限责任的股东。从法律性质上讲,股份两合公司是两合公司和股份有限公司的混合或中间形式。从历史沿革来看,它由两合公司演变而来。股份两合公司中,无限责任股东通常为一家或几家有限责任公司。作为无限责任股东的有限责任公司按其注册资本额承担无限责任,相应地,该有限责任公司的董事长也负责股份两合公司的经营管理。

4. 有限责任公司。德国于1892年4月20日颁布施行《德国有限责任公司法》。该法共6节87条,明确、具体地对有限责任公司的成立,公司及其股东的权利关系,董事会和监事会的职能,公司章程的修改,公司的解散、清盘、破产和注销的各项事宜进行了规范。有限责任公司的最低注册资本为2.5万欧元,并以此承担相应的责任。每一股东最低出资额不低于100欧元。《德国有限责任公司法》对股东人数未作限制,最少可由一位股东建立一人有限公司。有限责任公司设董事会,成员由股东聘任,负责公司的经营管理,其中包括董事长1名(总经理或总裁)及董事(副总经理或副总裁)若干名,员工人数超过500人的企业应设执行董事。有的有限责任公司因规模小,只设董事长1名。

有限责任公司为介于大型股份公司与小型合伙企业之间的企业形态,成立与管理较容易,加之机构设置灵活,投资人(股东)在承担有限责任的同时,参与公司的决策管理,为目前德国最为广泛采用的企业形式。

5. 股份有限公司。受《法国商法典》影响,德国于1861年1月颁布旧的德国商法典,其中对股份有限公司作了简单规定。1937年1月30日纳粹统治时期首次颁布《德国股份法》,1965年9月6日颁布了新的《德国股份法》并于次年1月1日生效。《德国股份法》共4卷20章410条,非常详细地从股份有限公司、股份两合公司、关联企业的特殊性、惩罚性规定等多个方面对股份公司的成立、机构设置、管理、业务开展、解散等进行规定。

《德国股份法》以三权分立方式确定股份公司的组织结构,其中权力机构为股东大会、执行机构为董事会,监督机构为监事会。股东大会选举产生监事会,监事会成员数量取决于公司注册资本(注册资本150万欧元以下9人,1000万欧元以上21人,150万~1000万欧元为15人),最少3人,由资方和劳方代表各一半组成,双方表决各占50%时,监事长有两票。监事会任命董事会,董事会成员可以是股东,也可以不是,目前多数董事会成员为合同聘任。董事长、董事的职能与责任与有限责任公司的董事长和董事相同。股份有限公司的最低注册股份资本为5万欧元。股份有限公司可以上市,也可以不上市,承担与注册股份资本相应的有限责任。股份有限公司有利于筹集资本,但有关成立与管理方面的规定较为严厉,是适合于资金需求较大、实力较强大型企业的法律形式。

总的来说,成立人合公司没有最低投资额限制,以公司全部资产及无限责任股东全部个人资产向债权人承担无限责任,融资能力较强。股东之间除投资关系约束之外,存在相当程度的相互信任关系。股东亲自参与公司的经营管理。这种法律形式较适合于建立规模较小的企业。与人合公司相比,资合公司组织结构更加合理,管理更加严密,股东只需承担与出资额相对应的有限责任,且不必亲自参与公司的日常管理。资合公司更符合企业发展的趋势与潮流,已成为德国企业首选的注册形式。

另外,《德国商法典》还规定了静止公司(Stille Gesellschaft)这一法律形式,实际上泛指拥有一位以上没有投票权、不参与公司经营管理、但可根据公司章程享受一定比例利润收益的静止股东的公司(例如,具体到股份公司,拥有优先股、无投票权的股东即为静止股东)。

《德国民法典》还规定,从事小规模工商业的人员或自由职业者可口头约定或签订章程成立民法公司。民法公司只有在销售额、企业资产、雇员人数超过一定标准需变更为无限责任公司或两合公司时,才需进行商业注册。从事自由职业的自然人可根据1994年7月25日制定的《自由职业人员合伙公司法》成立合伙公司。这两类企业也属于人合公司范畴。

(二)德国法系公司法的特点

德国法系公司法表现出如下特点:

1. 在立法体例上,采取商法典与单行公司法并存模式,即在商法典中就公司法作专编规定,调整股份有限公司之外的其他公司形态,股份有限公司则另以独立的股份公司法调整。由于有限责任公司创制于其他公司形态之后,在德国等国,还就有限责任公司也单独立法。

2. 公司立法富有弹性,任意性规范较多。尤其是对于人合公司和具有人合因素的有限责任公司,基于私法自治的原则,强制性规范明显较少。例如,《德国有限责任公司法》明确规定:可以由一人或数人设立有限责任公司;对有限责任公司的股份转让无强制性限制,不要求公开公司的财务报告;小规模有限责任公司还可任意选择是否设立监事会等。

3. 公司治理结构较为特殊,实行双层委员会制与职工参与决定制。在公司的治理结构中,股东会、监事会和董事会是三大主体,但其中的董事会(也可译为理事会)和监事会的含义和美国、日本公司中的董事会和监事会截然不同。监事会是公司股东、职工利益的代表机构和企业经营的决策机构,类似于其他立法模式下的董事会。董事会是落实监事会决议、主持公司日常经营工作的执行机构,相当于其他立法模式下由经理人员组成的执行机构。职工参与决定制是指企业职工通过"企业职工委员会"来实现对有关职工利益问题的参与决定,通过职工代表进入公司领导机构(监事会和董事会)来实现对企业重大经营决策问题的参与决定。

4. 对关联企业的立法较为健全。例如,《德国股份法》第三编对"关联企业"作了系统性专编规定,而该编更以主要篇幅对关联企业的典型形式康采恩作了较为完整的规定。

四、折中法系公司法

折中法系是指在公司立法过程中兼采各法系的立法模式,加以糅合、折中形成的法系。该法系以日本为代表,又称日本法系。韩国相关规定也较为典型。

(一)日本公司法

日本的公司立法始于明治维新,此前,由于日本奉行闭关锁国政策长达200多年,资本主义受到极大遏制,商品经济很不发达,因此,公司制度及公司立法几乎不存在。1869年明治维新后,日本政府奉行"富国强兵、殖产兴业、文明开化"三大政策,开始走上资本主义的发展道路。在引进西方国家先进的科学技术的同时,也输入了大陆法系国家的公司法制度。

明治维新后,日本政府为了推行"殖产兴业"政策,采取了一系列发展资本主义的措施,大力扶植近代工商业的发展。日本政府从西方国家引进了公司制度,随着公司的出现与推广,制定单独的公司法被提上议事日程。日本政府从1874年开始制定公司条例,先后提出了几个草案。然而由于日本酝酿编纂系统的商法典,于是,公司法的制定被纳入商法典的编纂事业之中。1884年商法典草案脱稿,于1890年4月27日正式公布。该法典明显受到了《法国商法典》的影响。但该法由于脱离日本国情和日本商事习惯,因此公布后不久遭到激烈的批评而未实际实施。这部未施行的法典中商事通则的第六章是有关公司法的规定。但为应付急需,将其中第一编的第六章(公司)、第十二章(票据)及第三编破产由法制局和政府略加修改后,议会于1893年3月6日通过,并于同年7月1日起施行上述三部分内容。

1899年3月9日,日本颁布了新商法典,即现行《日本商法典》,并于同年6月1日起施行。该法典共5编,其中的第二编共7章对公司制度作了全面而系统的规定,原有的公司立法也随之失去效力。《日本商法典》的颁布标志着日本公司法的正式形成。通过修改,日本公司法的德国色彩颇为浓厚。

两次世界大战期间,日本公司法发生了重大变化。其一,日本于1938年对公司法作了许多修改和补充。不仅对股份公司的一系列重大制度作了修订,还引进了当时欧美国家的最新公司制度,如增加了关于股份公司的特别清算制度。其二,于1938年4月5日公布了一部单行的《日本有限公司法》。至此,日本大体上建立和完善了深受德国法影响的现代公司制度。

第二次世界大战以后,日本对其公司法进行了较大修改,其中1950年的修改最为重要。此次修改主要是从美国公司法中吸收了大量内容,具体表现为:(1)借鉴美国的董事会制度,加强了董事会的权限,并实行累积投票制;(2)从法定资本制向授权资本制转变,采折中授权资本制;(3)废除了股份两合公司的法定形态,并引进了美国的无面额股份制度。总之,1950年《日本商法典》的修改受到了美国法的深刻影响,从而对以大陆法为基础的公司法体系进行了重大改革,使其融合了两大法系的因素,并形成兼容两大法系公司法特点的公司法体系。

从20世纪60年代后半期开始,日本出现了企业兼并的高潮,一些在战后初期被强迫解散的财阀重新联合起来,组成了企业集团,在日本形成了所谓"国家垄断资本主义"。与此相适应,日本的公司法领域也发生了重大变化,并形成了一系列独具特色的公司制度,法人持股制度与职工持股制度便是其中的两项主要内容。

20世纪90年代,日本泡沫经济破灭之后,日本两次对公司法进行了较大幅度的修改,其主要内容有:设置了关于最低资本金的限制;承认并允许设立一人公司。

日本公司传统上主要有股份有限公司、无限公司、两合公司、有限责任公司四种类型。长期以来,日本既没有像法国那样将公司法从商法中分离出来,也没有像德国那样将股份法从商法中分离出来,并且因拘泥于商法的体系与条文,导致商法公司篇的条数和内容都比较凌乱。此外,日本还公布实施了《日本有限公司法》《日本商法特例法》《日本商业登记法》《日本附担保公司债信托法》《日本公司更生法》等。[40]

2005年7月26日,日本公布了《日本公司法典》。该法典是日本历史上第一部公司法典,其力度和广度都超过了以往的各次修改,内容涉及整个公司法制度。该法典标志着日本放弃

---

〔40〕 参见杨丽英:《日本公司立法的历史考察》,载《现代法学》1998年第5期。

了强行法的传统定位,而改采任意法的定位。例如,取消了最低资本金限额制度,实现了一人公司的普及化,扩大了公司章程的自治权限,打破了股份有限公司与有限责任公司的界限,实行公司治理结构选择制,公司董事责任由无过错责任向过错责任转变,提高了股东代表诉讼的门槛,实现了公司重组对价支付方式的灵活化,允许各自不同责任类型的公司之间进行组织变更,等等。这些变革大多借鉴了美国公司法,但同时保留或吸收了德国法系及法国法系的合理因素。[41]

(二)折中法系公司法的特点

折中法系公司法表现出以下特点:公司立法起步较晚,但善于利用后发优势,注意吸收引进各大法系的立法成果,折中色彩浓厚。日本公司法就先后受法国、德国、美国的深刻影响,通过立法与修法,形成了一种极具折中性的混合立法模式。

第三节　中国公司法的制定与修改

我国《公司法》于1993年制定,1999年、2004年对个别条款进行了修正,2005年进行了第一次全面修订,2013年、2018年对公司资本制度相关问题作了修正,2023年进行了第二次全面修订。公司法的制定和修改,与我国市场经济体制的建立和完善密切相关。党的二十大报告明确指出:“中国式现代化,是中国共产党领导的社会主义现代化,既有各国现代化的共同特征,更有基于自己国情的中国特色。”我国《公司法》作为社会主义市场经济的基础性法律,既是我国社会主义市场经济体制建设和完善的产物,也是我国社会主义市场经济体制不断完善的制度保障。

一、《公司法》的制定历程回顾

我国公司法的立法与股份制建设实践密切相连。长期以来,股份制实际上成了公司制的代名词,其理论与实践的突破是同步进行的。与股份制建设的曲折历程相适应,我国《公司法》从酝酿到最终出台,经历了一个复杂而曲折的历程。既是因为关于股份制的认识曾存在较大的争议,也是因为我国企业立法模式与立法环境的障碍以及立法经验的缺乏。

(一)《公司法》的立法背景

纵观我国改革开放以来的实践,人们对巩固和发展公有制经济和其实现形式有一个逐渐深入的认识过程,形成了较为清晰的脉络。股份制自20世纪80年代在我国兴起之后,理论界就有“姓资姓社”之争。起初,有人认为股份制与私有制相联系,我国应坚决排斥。后来,随着社会主义初级阶段理论的确立,人们对股份制存在与发展的必然性与必要性达成了共识,但对其范围还是存在不同认识。1992年党的十四大明确提出了建立社会主义市场经济体制的改革目标后,社会对股份制的认识取得了实质性进步。社会普遍认识到,股份制作为现代企业的一种资本组织形式,既有利于所有权和经营权的分离,也有利于提高企业和资本的运作效率。党的十四届三中全会通过的《中共中央关于建立社会主义市场经济体制若干问题的决定》进一步

---

〔41〕 参见《日本公司法典》,吴建斌、刘惠明、李涛合译,中国法制出版社2006年版,“代序”第12页。

指出,建立现代企业制度,是发展社会化大生产和市场经济的必然要求;国有企业实行公司制,是建立现代企业制度的有益探索。党的十五大报告对股份制这一现代企业的资本组织形式,给予了明确肯定,作出了重大的理论突破,表明了所有制和所有制实现形式是两个不同的概念,股份制可以是所有制的实现形式,其本身不姓"社"也不姓"资"。党的十六大报告中则将股份制确认为公有制的主要实现形式。随着国家与社会对股份制及公司制认识的深入,公司制逐渐获得了法律层面的确认。

(二)《公司法》的制定过程

1983 年,国家经委、国家体改委就已着手起草公司法。不过,由于当时经济体制改革尚未全面启动,股份制的认识与实践都非常落后,因而缺乏制定统一公司法的实践基础与外部环境。于是,有关部门决定暂缓统一公司法的制定,而先分别制定有限责任公司与股份有限公司两个单行条例。

从 1986 年开始,公司法起草方案正式改为分别起草有限责任公司条例和股份有限公司条例。据此,分别成立了两个起草小组。起草小组草拟的两个条例初稿,经多次征求政府部门、企业和专家学者的意见,并经国务院法制局数次修改后,于 1989 年被报请国务院审议。国务院认为,股份有限公司在我国尚属试点性质,尚不宜以行政法规的形式加以普遍规定,而有限责任公司则数量较多,急需规范,因而可以先行通过有限责任公司条例。之后,为适应清理整顿公司的需要,全国人大、国务院决定提高公司法的效力等级,将有限责任公司条例改为有限责任公司法。1991 年 8 月,国务院常务会议对《有限责任公司法草案》进行了审议,但未提交全国人大常委会审议。到了 1992 年,随着新一轮股份制高潮的兴起,公司立法又提上了议事日程。为了规范公司的运行,国家体改委先行制定了《股份有限公司规范意见》和《有限责任公司规范意见》,作为公司法出台前的过渡性规范文件。但这两个文件主要是规定国有企业进行股份制改造试点方面的问题,并且仅仅属于效力较低的部门规章,因而具有很大的适用局限性。为了适应国家对统一适用的公司法的迫切需要,国务院抓紧了公司法的起草工作,并于 1992 年 8 月正式提请全国人大常委会审议《有限责任公司法草案》。全国人大常委会委员们在对该草案审议时指出,为了适应社会主义市场经济发展的需要,应当制定一部覆盖面更宽一些、内容比较全面的公司法。全国人大常委会法制工作委员会在国务院和有关部门拟订的上述条例草案、规范意见和法律草案的基础上,汇总起草了《公司法草案》,并于 1992 年 12 月提交了七届全国人大常委会第三十次会议审议。经初审后,该草案又经多次征求意见和修改,于 1993 年 6 月提请八届全国人大常委会第二次会议再次审议。此后,又经多方面反复修改,于 1993 年 12 月 29 日经八届全国人大常委会第五次会议审议通过。新中国第一部《公司法》由此正式诞生,并于 1994 年 7 月 1 日实施。这标志我国企业立法体系打破旧体制下按所有制和行业立法的传统模式,注重市场经济发展中所有制主体多元化的现实,参考国际规范,建立起按企业的组织形式和法律形态立法的新体系。

(三)1993 年《公司法》的主要内容

1993 年《公司法》共 11 章 230 条,分别为:总则;有限责任公司的设立和组织机构;股份有限公司的设立和组织机构;股份有限公司的股份发行和转让;公司债券;公司财务、会计;公司合并、分立;公司破产、解散和清算;外国公司的分支机构;法律责任;附则。1993 年《公司法》中有限责任公司与股份有限公司两种公司分别规定,实际上其中较多条款是重复的。因而本书不就这两种公司分别论述。

1993年《公司法》从法律上确立了我国现代企业制度的基本框架,明确了产权界定,强调了公司经营自主,企业摆脱了政府行政部门的干预,国家只对企业进行宏观调控和监督。该法还明确规定公司内部建立责任、权力分明的激励和约束相结合的机制,即建立股东大会、董事会和监事会这种现代公司治理结构;另外,还有关于发行股票和公司债券、股份有限公司上市、公司解散和清算等规定。其中也有根据我国长期以来国有企业占主导地位而制定的国有独资有限责任公司的特别规定。但当时我国刚刚确立"市场经济"的改革目标,公司法律理论积淀不足,公司基本制度实践亦多为空白,社会各界对公司价值的认识尚处于启蒙阶段。因此,整个立法过程基本就是照搬大陆法系国家公司法典,有所修改和创新之处也集中在国有公司特殊规则和保护规范上。1993年《公司法》在一定程度上成为一个墨守外来制度成规和凸显时代认识局限混合叠加的文本。

二、2005年《公司法》的修订背景及概况

(一)2005年《公司法》的修订背景

随着市场经济体制的逐步形成与发展,《公司法》的不适应性日益明显。在社会的普遍呼吁之下,1999年12月25日,九届全国人大常委会第十三次会议对《公司法》进行了第一次修正,但受当时条件所限,仅是局部微调。这次修正涉及两个方面:(1)在第67条增加了国有独资公司设立监事会以及监事会的组成、职权等内容;(2)在第229条增加了第2款,即关于支持高新技术股份有限公司发展的规定。由于此次修正未能解决许多急需解决的制度问题,其基本理念和框架仍停留在20世纪90年代初的水平,尤其是在证券制度等与公司法律制度相关联的其他制度取得重大制度进步并面临紧迫的修法需求的背景下,全面修订《公司法》终于列入了国家立法机关的立法计划。

2005年10月23日,十届全国人大常委会第十八次会议第三次分组审议了《公司法修订草案》(三次审议稿)。根据分组审议的意见,全国人大法律委员会经研究对修订草案作了进一步修订,并于2005年10月25日,向十届全国人大常委会第十八次会议作了关于公司法修订草案三次审议稿修改意见的报告。修改后形成的草案建议表决稿,最终在2005年10月27日闭幕的会议上获得高票通过,并于2006年1月1日起施行。

(二)2005年《公司法》的修订概况

2005年《公司法》修订是该法第三次修改,也是第一次实质性修订。此次修订范围广泛,涉及的内容十分丰富。从最终审议通过的条款来看,这是一次大的修法活动,在原来总共230个条文中,删除的条款达46条,增加的条款达41条,修改的条款达137条。从修改的内容看,主要表现在以下方面:

1. 完善了公司设立和公司资本制度方面的规定,主要包括:(1)较大幅度地下调了公司注册资本的最低限额,除募集设立的股份有限公司外,还可分期缴足,从而有效降低了公司设立的"门槛";(2)扩大了法定出资形式,明确规定非货币出资可达70%;(3)确立了一人公司制度;(4)增加了股份有限公司的定向募集设立方式;(5)修订了有限责任公司股东及股份有限公司发起人人数的限制;(6)取消了公司转投资限额的规定;(7)取消了设立股份有限公司须由国务院授权的部门或省级人民政府批准的规定;(8)未绝对禁止公司成为对所投资企业的债务承担连带责任的出资人。这些修改和补充,为公司设立提供了制度上的便利,有利于鼓励投资创业，促进经济发展和扩大就业。

2. 修改完善了公司法人治理结构方面的规定，主要包括：(1)完善了股东会和董事会制度，充实了股东会、董事会召集和议事程序的规定；(2)在治理结构方面，赋予了公司章程更大的自治权，在有限责任公司体现得尤其明显；(3)增加了监事会的职权，完善了监事会会议制度，强化了监事会作用；(4)允许公司在董事长、执行董事和经理之间任意确定一人为法定代表人；(5)设专节完善上市公司治理结构，明确规定了上市公司独立董事制度，设置董事会秘书规定，增加了规范关联交易行为的规定；(6)对公司董事和高级管理人员对公司的忠实和勤勉义务以及违反义务的责任，作出了更为明确具体的规定。这些修改和补充，为保障公司的规范运作和有效管理，推进国有企业继续进行规范化的公司制改造，维护出资人权益，提供了制度支持。

3. 进一步强化了对劳动者利益的保护和职工对公司管理的参与，规定了1/3职工监事的最低比例和职工董事的自愿设置。但修法中关于企业破产后资产清偿过程中，职工工资、福利是否作为第一顺序受偿的问题，由于当时《企业破产法》还未通过，且理论界对这一问题尚无定论，因此《公司法》对该问题予以回避。

4. 健全了对股东尤其是中小股东利益的保护机制，主要包括：(1)保证股东的知情权，增加了有限责任公司股东可以查阅公司财务会计账簿的规定；(2)增加了股份有限公司股东大会选举董事、监事时，可以实行累积投票制的规定；(3)增加了有限责任公司股东退出机制的规定，在公司符合分红条件而长期不向股东分红等情况下，股东可要求公司收购其出资，退出公司，若公司不能与股东达成股权收购协议，股东可向法院起诉；(4)增加了股东代表诉讼的规定，当公司董事、经理等高级管理人员侵犯了公司权益而公司不予追究时，股东可依法向法院起诉，以维护公司和自身的权益；(5)明确规定公司陷入僵局时股东解散公司的请求权；(6)有限责任公司股东名册登记采取登记对抗原则，而非登记生效原则，便于股东主张权利。这些修改和补充，对于维护中小股东的合法权益，保护投资积极性，增强投资信心，提供了法律保障。

5. 明确规定了公司法人人格否认制度。这一规定，为防范滥用公司制度的风险，保证交易安全，保障公司债权人的利益，维护社会经济秩序，提供了必要的制度安排。

6. 明确规定中介机构弄虚作假将承担赔偿责任。此举强化了中介机构的诚信义务与法律责任。

三、2013年《公司法》的修正背景及概况

（一）2013年《公司法》的修正背景

2013年3月14日，第十二届全国人民代表大会第一次会议审议通过了《国务院机构改革和职能转变方案》。该方案关于"改革工商登记制度"部分明确提出："对按照法律、行政法规和国务院决定需要取得前置许可的事项，除涉及国家安全、公民生命财产安全等外，不再实行先主管部门审批、再工商登记的制度，商事主体向工商部门申请登记，取得营业执照后即可从事一般生产经营活动；对从事需要许可的生产经营活动，持营业执照和有关材料向主管部门申请许可。将注册资本实缴登记制改为认缴登记制，并放宽工商登记其他条件。"

2013年10月25日，国务院常务会议部署推进公司注册资本登记制度改革，降低创业成本，激发社会投资活力。会议强调，推行注册资本登记制度改革，就是要按照便捷高效、规范统一、宽进严管的原则，创新公司登记制度，降低准入门槛，强化市场主体责任，促进形成诚信、公

平、有序的市场秩序。[42]

2013 年 12 月 28 日,十二届全国人大常委会第六次会议审议通过了关于修改《公司法》的决定,修正的内容自 2014 年 3 月 1 日起施行。

(二)2013 年《公司法》的修正概况

2013 年《公司法》是为了落实国务院关于改革注册资本登记制度的部署仅针对公司资本制度与登记制度作的修正,主要涉及以下四个方面的内容:

1. 公司注册资本由分期认缴制改为认缴制。2005 年《公司法》将 1993 年《公司法》确立的注册资本实缴制修改为分期认缴制,[43] 但募集设立的股份有限公司仍实行实缴制。2013 年《公司法》将分期认缴制修改为认缴制,取消了公司全体股东的首次出资额不得低于注册资本的 20%,也不得低于法定注册资本最低限额的规定,取消了关于公司股东(发起人)应自公司成立之日起 2 年内缴足出资、投资公司在 5 年内缴足出资的规定,并取消了一人有限责任公司股东应一次足额缴纳出资的规定。由此,公司股东(发起人)可在公司章程中自主约定认缴出资额、出资方式、出资期限。

不过,募集设立的股份有限公司仍实行实缴制。此外,鉴于特定行业的公司仍有实行实缴制的现实必要性,2013 年《公司法》特别规定,法律、行政法规以及国务院决定对公司注册资本实缴另有规定的,从其规定。暂不实行注册资本认缴登记制的行业包括:(1)《公司法》规定的采取募集方式设立的股份有限公司;(2)现行法律、行政法规规定的银行业金融机构(包括商业银行、外资银行、金融资产管理公司、信托公司、财务公司、金融租赁公司、消费金融公司、货币经纪公司、村镇银行、贷款公司、农村信用合作联社、农村资金互助社)、证券公司、期货公司、基金管理公司、保险公司、保险专业代理机构、保险经纪人、外资保险公司、直销企业、对外劳务合作企业、融资性担保公司;(3)2013 年 10 月 25 日国务院第 28 次常务会议决定的劳务派遣企业、典当行、保险资产管理公司、小额贷款公司。这主要是考虑到,一些特定行业由于行业自身和政府管理的特殊性,对其实缴注册资本的要求较高,特别是从国际上看,世界各个国家和地区普遍对金融机构实施审慎监管,要求金融机构具备相当数量的实缴资本,以维护金融稳定。

2. 原则上取消了法定注册资本最低限额。2005 年《公司法》大幅降低了法定注册资本最低限额,2013 年《公司法》则原则上取消了法定注册资本最低限额。除法律、行政法规以及国务院决定对特定行业注册资本最低限额另有规定的外,2013 年《公司法》取消了有限责任公司最低注册资本 3 万元、一人有限责任公司最低注册资本 10 万元、股份有限公司最低注册资本 500 万元的限制。

3. 取消了货币出资比例限制。2013 年《公司法》取消了货币出资占 30% 的规定。依此,高科技、文化创意、现代服务业等创新型企业可以灵活出资,提高知识产权、实物、土地使用权等财产形式的出资比例,克服货币资金不足的困难。

4. 简化了登记程序。2005 年《公司法》第 29 条规定:"股东缴纳出资后,必须经依法设立的

---

〔42〕《国务院常务会议部署推进公司注册资本登记制度改革》,载国务院新闻办公室网站 2013 年 11 月 6 日,http://www.scio.gov.cn/ztk/xwfb/2013/gxbjxzczbdjzdggdqkvdh/xgbd/Document/1350195/1350195.htm。

〔43〕在我国 2013 年推行的公司注册资本登记制度改革中,将注册资本实缴登记制修改为认缴登记制。但需要注意的是,此处所谓注册资本实缴登记制与认缴登记制,就公司注册资本登记制度而言,不能将其混同于公司资本制度意义上的实缴制与认缴制。

验资机构验资并出具证明。"2013 年《公司法》删除了该规定,取消了公司登记时提交验资报告的要求。与此相适应,国务院于 2014 年 2 月 7 日发布《注册资本登记制度改革方案》,并于 2014 年 2 月 19 日修订了《公司登记管理条例》(已失效),相关政府部门还修订完善了相关行政法规和规章。根据修订后的登记制度,有限责任公司股东认缴出资额、公司实收资本不再作为登记事项;有限责任公司及发起设立的股份有限公司登记时,不需要提交验资报告。

四、2023 年《公司法》的修订背景及概况

(一)2023 年《公司法》的修订背景

2018 年 10 月 26 日,十三届全国人大常委会第六次会议审议通过了《关于修改〈中华人民共和国公司法〉的决定》,对《公司法》第 142 条作了修正,修正的内容自决定公布之日起施行。本次修正仅涉及有关公司股份的回购制度,包括以下内容:(1)补充完善了允许股份回购的情形;(2)适当简化了股份回购的决策程序,提高公司持有本公司股份的数额上限,延长了公司持有所回购股份的期限;(3)提高了回购股份的数额上限,延长了公司持有所回购股份的期限;(4)补充了上市公司股份回购的规范要求;(5)删除了关于公司因奖励职工收购本公司股份,用于收购的资金应当从公司的税后利润中支出的规定。

2005 年《公司法》实施后,虽经 2013 年和 2018 年两次修正,但仅涉及个别条款,迫切需要针对公司法律制度存在的一些与改革和发展不适应、不协调的问题进行实质性修订。十三届全国人大以来,全国人大代表共有 500 多人次提出相关议案、建议,呼吁修改完善公司法,一些专家学者、有关部门也通过多种方式提出修改公司法的意见建议。因此,对《公司法》进行全面修订具有强烈的现实意义。

为落实党中央关于深化国有企业改革、优化营商环境、加强产权保护、促进资本市场健康发展等重大决策部署,公司法修改列入十三届全国人大常委会立法规划。全国人大常委会法制工作委员会组织成立由中央有关部门和专家学者组成的修改起草组,研究起草,形成修订草案。2021 年 11 月,中央政治局常委会会议审议并原则同意常委会党组关于公司法修订草案的请示和汇报。2021 年 12 月,十三届全国人大常委会第三十二次会议审议了由委员长会议提请审议的公司法修订草案。2022 年 12 月,十三届全国人大常委会第三十八次会议对修订草案进行了二次审议。2023 年 8 月,十四届全国人大常委会第五次会议对公司法修订草案进行了三次审议。2023 年 12 月,十四届全国人大常委会第七次会议对公司法修订草案进行了四次审议,并通过了这部法律。本次修订删除了原《公司法》中的 16 个条文,新增和修改了 228 个条文,其中实质性修改 112 个条文。

(二)2023 年《公司法》的修订概况[44]

2023 年《公司法》的修订,总结实践经验和理论成果,为优化公司治理结构提供了更为丰富的制度选择。该法在规范公司的组织和行为,强化各方主体责任,切实维护公司、股东、职工和债权人的合法权益方面,形成了不少制度创新和解决实际问题的举措。

---

〔44〕《完善中国特色现代化企业制度　推动经济高质量发展(全国人大常委会负责人解读新修订的公司法)》,载中国人大网,http://www.npc.gov.cn/c2/c30834/202401/t20240104_434091.html。

1. 进一步完善了公司资本制度。一是完善了注册资本认缴制度[45],确立了出资义务加速到期制度。二是在股份有限公司中吸收授权资本制中授权股份发行的制度因素,允许公司章程或者股东会授权董事会发行股份,同时要求发起人全额缴纳股款,既方便公司设立、提高筹资灵活性,又减少注册资本虚化等问题。三是规定股份有限公司可以发行优先股和劣后股、特殊表决权股、转让受限股等类别股。四是允许公司根据章程择一采用面额股或者无面额股。五是允许公司按照规定使用资本公积金弥补亏损。六是规定简易减资制度,允许公司按照规定通过减少注册资本方式弥补亏损,但不得向股东分配,也不得免除股东缴纳出资或者股款的义务。七是增加股东未按期缴纳出资的失权制度、股东认缴出资加速到期制度,规定股权转让后转让人、受让人的责任。

2. 优化了公司治理制度。一是允许公司只设董事会、不设监事会。公司只设董事会的,应当在董事会中设置审计委员会行使监事会职权。二是简化公司组织机构设置。对于规模较小或者股东人数较少的公司,可以不设董事会,设一名董事,不设监事会,设一名监事;对于规模较小或者股东人数较少的有限责任公司,经全体股东一致同意,可以不设监事。三是为更好保障职工参与公司民主管理,规定职工人数300人以上的公司,除依法设监事会并有公司职工代表的外,其董事会成员中应当有公司职工代表。公司董事会成员中的职工代表可以成为审计委员会成员。四是对股份有限公司董事会审计委员会和上市公司董事会审计委员会的议事方式和表决程序作了规定。

3. 加强了股东权利保护。一是强化股东知情权。扩大股东查阅材料的范围,允许有限责任公司股东查阅会计凭证,股份有限公司符合条件的股东查阅会计账簿和会计凭证,允许股东查阅、复制全资子公司相关材料。二是完善股份有限公司股东请求召集临时股东会会议的程序,完善股东临时提案权规定,强化股东民主参与公司治理。三是对于公司的控股股东滥用股东权利,严重损害公司或者其他股东利益的,规定其他股东有权请求公司按照合理的价格收购其股权。四是规定公司减少注册资本,应当按照股东出资或者持有股份的比例相应减少出资额或者股份,法律另有规定、有限责任公司全体股东另有约定或者股份有限公司章程另有规定的除外。五是允许股东对公司全资子公司董事、监事、高级管理人员等提起代表诉讼。

4. 强化了控股股东、实际控制人和董事、监事、高级管理人员的责任。一是完善忠实和勤勉义务的具体内容。二是加强对董事、监事、高级管理人员与公司关联交易等的规范,增加关联交易等的报告义务和回避表决规则。三是强化董事、监事、高级管理人员维护公司资本充实的责任。四是规定董事、高级管理人员执行职务存在故意或者重大过失,给他人造成损害的,应当承担赔偿责任。五是规定公司的控股股东、实际控制人不担任公司董事但实际执行公司事务的,对公司负有忠实义务和勤勉义务。六是规定公司的控股股东、实际控制人指示董事、高级管理人员从事损害公司或者股东利益的行为的,与该董事、高级管理人员承担连带责任。

5. 完善了公司设立、退出制度。一是新设"公司登记"一章,明确公司设立登记、变更登记、注销登记的事项和程序;同时要求公司登记机关优化登记流程,提高登记效率和便利化水平。二是充分利用信息化建设成果,明确电子营业执照、通过国家企业信用信息公示系统发布公

[45]　2024年7月1日公布的国务院《关于实施〈中华人民共和国公司法〉注册资本登记管理制度的规定》对公司注册资本登记管理制度作了针对性规定。

告、采用电子通信方式召开会议和表决的法律效力。三是扩大可用作出资的财产范围,明确股权、债权可以作价出资。四是放宽一人有限责任公司设立等限制,并允许设立一人股份有限公司。五是完善公司清算制度,明确清算义务人及其责任。六是增加简易注销和强制注销制度,方便公司退出。

6. 完善了国家出资公司相关规定。一是设"国家出资公司组织机构的特别规定"专章,将适用范围由国有独资有限责任公司,扩大到国有独资、国有资本控股的有限责任公司、股份有限公司。二是坚持党对国有企业的领导,强调国家出资公司中中国共产党的组织的领导作用。三是要求国有独资公司董事会成员中外部董事应当过半数。四是规定国有独资公司在董事会中设置由董事组成的审计委员会行使监事会职权的,不设监事会或者监事。五是增加国家出资公司应当依法建立健全内部监督管理和风险控制制度的规定。

7. 完善了公司债券相关规定。一是根据《关于国务院机构改革方案的决定》将国家发展改革委企业债券审核职责划入中国证监会的要求,删去国务院授权的部门对公开发行债券注册的规定。二是明确公司债券可以公开发行,也可以非公开发行。三是将发行可转债的公司由上市公司扩大到所有股份有限公司。四是增加债券持有人会议决议效力的规定,增加债券受托管理人相关规定。

第四节 公司法的地位与作用

一、公司法在法律体系中的地位

公司法在法律体系中的地位,在大陆法系国家和英美法系国家之间以及大陆法系国家内部都有所不同。在英美法系国家以及匈牙利、瑞典等少数大陆法系国家,公司法自始采取单行立法技术。在英美法系国家,公司法与合同法、侵权行为法等共同构成了法律体系的组成部分,属于独立的法律部门。在匈牙利、瑞典等少数大陆法系国家,公司法则作为民法或商法的次法律部门而相对独立。在民商分立的大陆法系国家,如法国、德国、日本等,虽然商法典未必包含或完全包含了公司法,但公司法都是商法的组成部分。在民商合一的大陆法系国家,如瑞士、意大利等,公司法未必完全规定于民法典中,但仍被纳入了民法的范畴。

在我国,对于公司法在法律体系中的地位问题,人们有着不同的认识。有的学者主张公司法应为商法的组成部分;有的学者认为应把公司法看作民法的特别法,公司法应归属于民法;还有的学者认为公司法应归属于经济法,是经济法中企业法的一部分。不过,绝大多数学者认为,公司法应属于商法的范畴。

无论从学理上如何界定公司法的地位,理论界都承认,公司法是采取综合性调整手段、涉及范围极广的法律,它与其他法律部门有着十分密切的联系。而关于公司法地位的界定,也必须通过公司法与其他相关法律部门的比较,才能作出清晰的判断。

(一)公司法与民法

民法作为调整平等主体之间的财产关系和人身非财产关系的基本法律,它所确立的一些基本制度和基本准则,对于调整股东之间、股东与公司之间以及公司在生产经营过程中形成的法律关系同样适用。例如,民法中的法人制度对于确认公司的法律地位具有重要的作用;民法中的物权理论对于认识公司股东的股权性质,具有重要的指导意义;民法中的代理制度和委任制度,适用于对公司经理和董事法律地位的确定;民法中的合伙制度,对于确认无限公司的股东地位与责任具有借鉴意义,甚至可以直接适用,设立中的公司的发起人之间的权利义务也按照合伙关系调整;民法的侵权赔偿制度,可以直接用来确定董事、监事、高级管理人员给公司造成损失时应负的责任。这一切都充分证明,民法是公司法的基础,公司法离不开民法。反之,民法也离不开公司法。又如,公司制度的完善,本身也是民事主体制度的完善;公司股权制度的形成,也是民法物权理论与实践的发展。民法和公司法相辅相成、相得益彰。就这两个法律部门的学习而言,两者之间的关联则更加重要。可以说,没有良好的民法功底,很难真正领会公司法的真谛;而没有公司法的深厚功底,也无法深刻而确切地把握民法的基本制度与理论。甚至可以说,公司法充当了民法与商法之间的连结点,正是公司制度与公司法理论沟通了民商法的内部关系。我国《民法典》中关于营利法人的规定及关于法人解散、清算等规定,基本上直接源于公司法规范。

(二)公司法与商法

商法是指调整因商主体及其他主体所从事的商行为而形成的法律关系即商事法律关系的法律规范的总称。商法可分为商事组织法和商事行为法。公司是商法人中最典型与最重要的组织形式。因此,商事组织法以公司法为中心。当然,在公司法规范性文件中还包含一些行政法与刑法方面的内容,但这种立法模式上的安排并不能改变公司法作为典型的商事部门法的属性。

(三)公司法与经济法

我国法学界曾经对经济法的法律属性及其调整对象进行了长期的争论,到现在还有不少经济法学者将其作为核心研究对象。不过,尽管关于经济法的法律界定仍存在较大的认识分歧,但对于经济法实质是国家管理经济的法这一结论则已基本达成共识。经济法是国家干预经济活动的体现,其主要功能在于防范并弥补市场机制的缺陷与商法的不足,纠正完全自由竞争所产生的垄断与不正当竞争行为以及资源的非理性耗用。公司作为最基本的市场主体,经济法必然作用于公司的生产经营活动。因此,从这个意义上讲,公司是经济法的重要调整对象。然而,这并不意味着公司法就属于经济法或者与经济法之间存在较大范围的交叉。公司法作为私法,虽然具有较强的公法色彩,并较为明显地体现了国家对私法主体的干预,但其私法属性不容抹杀,不能将其混同于以国家管理经济为基本功能与价值取向的经济法。

(四)公司法与企业法

企业法的概念在世界范围内仍无定论。在立法体例上,世界上没有一个国家曾经制定过统一命名为“企业法”的法律,在多数国家和地区的立法和实践中“企业法”这一术语也不存在。因此,在全球范围内,不可能像刑法、民法那样对企业法界定出一个一般适用的标准含义,我们所能完成的定义性研究仅仅可能适用于某一国家或某一地区,任何试图对其作扩大的、延伸的理解,都会导致学术上的荒谬。[46]

在现代社会,任何国家和地区都会制定关于企业的立法,但是由于社会性质、经济制度以

---

〔46〕 参见甘培忠:《企业与公司法学》(第2版),北京大学出版社2001年版,第9页。

及立法传统的影响,各个国家和地区的企业立法差异较大,调整的社会关系的范围也不尽相同。在西方国家,关于企业的立法主要是关于商主体的立法。例如,德国除在《德国商法典》中对公司制度作出了规定外,还另行制定了1892年《德国有限责任公司法》以及1937年《德国股份法》等企业法;日本也在《日本商法典》之外于1938年颁布了《日本有限公司法》,并于2005年制定了独立的《日本公司法典》,此外还颁布了大量关于扶持中小企业的产业政策性法律。因此,由于立法上的差异,要概括出一个具有普遍意义的企业法概念确实不可能。

我国法学界对企业法的内涵与外延的认识均存在较大的差异。在国外法学界,尽管极少将企业法作为一个独立的法律部门予以研究,但关于企业法内涵与外延的认识也仍然存在较大的差异。因此,如何认识公司法与企业法之间的关系,始终是公司法理论研讨中争议较大的问题之一。对此,有人主张实行"一元制",即主张以公司法作为调整企业活动的基本法律,用公司法取代企业法;或者主张以企业法作为调整企业(包括公司)活动的基本法律,不同意制定公司法。有人则主张实行"二元制",即主张企业法与公司法并存,分别调整其他企业关系与公司关系。实际上,这两种观点都建立在将企业法界定为商事组织法的基础上,而在此意义上,企业法无疑是公司法的上位概念,公司法包含于企业法之中,除公司法外,企业法还包括合伙企业法、个人独资企业法等其他企业法。

理论拓展 理论界关于企业法的认识

我国法学界试图将企业法作为一个法律部门来研究,因而许多人都努力对企业法作出界定。大体上有以下四种代表性观点:

第一种观点认为,企业法是规定企业的法律地位及调整其内外部组织关系的法。它以企业这种组织或主体为规范对象,规定及调整企业的设立、变更、终止,企业的法律地位和能力,企业的资本,出资者相互之间及其与企业的关系,企业的内部组织机构,企业与其他组织间的控制与被控制关系等。诸如我国的《乡镇企业法》《中小企业促进法》、日本的《中小企业现代化促进法》这类促进某类企业发展的法律、法规,属于产业政策法和竞争政策等范畴,即不属于企业法。企业法的基本特征就在于它是一种组织法,通过它规定企业的各种组织形式,供投资经营者选择采用。[47] 依此,企业法仅限于企业组织法,调整企业行为的法律规范,如民法中关于意思表示与契约的一般规定、证券法中关于证券交易的规定等,以企业为主要调整对象的市场管理与宏观调控法律规范等则不属于企业法范畴。

第二种观点认为,企业法是调整企业在设立、组织、活动、终止过程中发生的社会关系的法律规范的总称。并认为企业法是由调整有关企业的特定社会关系的全部法律规范组成的,不能简单地将企业法理解为某一部企业法律、法规或其总和,应从实质意义上去理解,因为形式意义上的企业法可以说并不存在。此外,在企业法的调整对象上,该观点认为,并非所有与企业有关的社会关系都属于企业法调整的范围,可以归入企业法调整范围的有国家对企业的经济管理关系、

---

〔47〕 参见史际春等:《企业和公司法》,中国人民大学出版社2001年版,第10~11页。

企业的内部组织关系、企业部分经营活动所产生的经济关系。[48] 这种观点在企业法外延的认识上显然比前一观点更为宽泛。依此,属于经济法性质的国家对企业的经济管理法律规范以及调整企业部分经营活动(与企业的组织特点直接相关的业务活动如股票的发行与交易、企业债券的发行与转让等)所产生的经济关系,证券法、票据法等法律亦可归入企业法范畴。实际上,这种广义的企业法的界定基本上是将企业法等同于持"纵横统一论"观点的经济法,其外延极其宽泛。这一界定与划分法律部门和分支的方法不同,它不以某种特别性质的社会关系对象为基础建立,而由企业介入社会关系的广度和深度所决定。此种意义上的企业法,必然与调整各种特定法律关系的法律部门或单行法规整体地或局部地交叉或重合,因而这样的企业法从来就没有也永远不会成为一个独立的、体系完整的、内容确定的法律部门法典性文件,而最多不过是一个由若干法律规范综合而成的抽象的或观念化的体系而已。[49] 不过,与前一观点相同,该观点也注意到了法律部门划分的相对性,尽管不可能否认企业法适用民法一般规定的必要性与必然性,但仍然否认了民法中的一般规定的企业法属性。

第三种观点认为,企业法是关于企业的设立、组织形式、管理与运行等方面的法律规范的总称。该观点主张将企业法基本上限定于组织法范畴,但认为企业运行过程中所发生的对外营业关系也属于企业法的调整对象。[50] 依此,该说将《市场主体登记管理条例》等涉及企业登记的法律法规纳入了企业法范畴。

第四种观点认为,企业法有狭义与广义之分。狭义上的企业法是调整各类企业的设立、存续、变更和终止过程中所发生的社会关系的法律;广义上的企业法是调整企业内部及外部各种社会经济关系的法律规范的总称。[51] 依此,狭义上的企业法是有关企业的组织法,其外延与商事组织法相同;广义上的企业法则与上述第三种观点一致。

(五)公司法与证券法

广义上的证券法,是指与证券有关的一切法律规范的总称,既包括专门的证券法,也包括公司法、票据法、民法等其他法律中涉及证券内容的部分。狭义上的证券法,是指专门对证券发行、证券交易、证券管理及相关行为进行法律调整,并由此形成的法律规范体系。由此可见,公司法与证券法在调整对象与范围上都具有交叉关系,两者都对因股票和公司债券发生的法律关系进行调整。证券法在很大程度上是公司法的延伸,投资者权益的自由转让是公司法与证券法联结的纽带。

对此,法学界有一种形象的说法:公司法是静态的证券法,证券法是动态的公司法。首先,公司法中投资者权益的自由转让构成其向证券法延伸的法理基础。公司股票制度构成投资者权益自由转让的基础框架,证券市场的出现实现了公司股份无障碍转让的理想,使公司得以筹

---

〔48〕 参见漆多俊主编:《中国经济组织法》,中国政法大学出版社 2003 年版,第 9 页;杨紫烜主编:《经济法》,北京大学出版社 1999 年版,第 110 页;张士元等编著:《企业法》,法律出版社 1997 年版,第 3 ~ 4 页。

〔49〕 参见马德胜、董学立:《企业组织形式法律制度研究》,中国人民公安大学出版社 2001 年版,第 13 页。

〔50〕 参见肖海军:《企业法原论》,湖南大学出版社 2006 年版,第 33 页;甘培忠:《企业法新论》,北京大学出版社 2000 年版,第 13 页。

〔51〕 参见郭富青主编:《企业法》,中国政法大学出版社 2003 年版,第 18 页;马德胜、董学立:《企业组织形式法律制度研究》,中国人民公安大学出版社 2001 年版,第 14 页。

集到更多的资金,并与广大社会公众投资者的经济利益紧密相连,进而成为占支配地位的企业组织形式。公司股票和公司债券是证券市场中最为活跃、交易量也最大的证券品种。公司法与证券法各自从不同的角度对公司股票与公司债券的发行制度加以规定。一般来说,证券法在公司法的原则性和基础性规定的基础上,以更具技术性与可操作性的方法对公司股票与公司债券的发行制度加以规定。因此,在 2005 年《公司法》与《证券法》的修订过程中,立法部门利用两法一起修订的契机,将公司法中有关股票公开发行、上市交易监管的规定移入证券法修订草案中,并进行了适当合并、修改。其次,由公司法构造而成的公司是证券法和证券市场的主角,证券市场中交易的主要产品——公司股票和公司债券都是公司发行的,证券市场的中介组织也采取了公司形式。最后,独立发展的证券法也促进了公司法的延展,证券法将公司法的效力范围从少数资本所有者扩展至一般社会公众,公司法的影响力也由此提升。证券法为公司法中永恒的利益争执与平衡提供了新的工具,上市公司收购与兼并、委托投票制度以及公司治理结构的创新与变革都与证券法密切相关,证券市场中出现的特殊的证券欺诈行为也为公司法中的董事义务的规制提供了更多的思考。因此,无论是在理论研究还是在立法、司法及实务中,均将公司法与证券法紧密联系。证券法和公司法之间的密切关系使两部法律必须存在一致的立法理念、紧密衔接的制度框架、协调配合的规则设计。

(六)公司法与破产法

公司终止有多种原因,而公司不能清偿到期债务,被依法宣告破产即为公司终止的一个重要原因。我国《公司法》第 242 条明确规定:“公司被依法宣告破产的,依照有关企业破产的法律实施破产清算。”不过,一般来说,公司法仅就公司破产与重整制度作原则性规定,而具体的公司重整、和解、清算制度则由破产法规定。我国 2006 年《企业破产法》也遵循了这一立法模式。因此,公司法与破产法形成了一种相对应的配套关系,公司法所规定的公司组织形式构成了破产法所规定的公司破产制度的基础,而破产法的制度与完善又使公司法律制度获得了延展。

(七)公司法与行政法

一般认为,行政法是调整国家行政机关实现其管理职能的权力中所发生的社会关系的法律规范的总称。[52] 它主要规定国家行政权力的组织、行政权力的活动以及行政活动后果的救济等法律问题。行政法调整的行政关系与公司法调整的公司法律关系具有不同特性。不过,两者之间也具有一定的联系。在现代市场经济条件下,为了平衡社会经济运作中各方的利益和协调性地维护各方权利,保障社会经济的正常秩序,促进商事交易的发展,国家逐渐加强了其经济管理职能,对社会经济的干预不断加强。这样,国家不仅从行政的角度对公司所从事的商事交易实施行政管理,而且从宏观调控的角度介入公司自治领域进行行政干预。此即所谓私法公法化的趋势。其结果是使公司法与行政法的关系更加密切,甚至大量的公司法规范被纳入执行商事管理职能的行政法之中。或者说,公司法中的公法性规范本身就具有行政法律规范的性质。公司登记与核准制度、公司财务、会计制度、股权转让登记制度均属此类。此外,对公司主体的行政处罚及其行政复议与行政诉讼等法律规范,都是既涉及公司法领域又涉及行政法领域。设立这些制度的目的在于保证公司商事秩序的建立与商事权利的实现。从这个

---

〔52〕 参见张正钊、韩大元主编:《比较行政法》,中国人民大学出版社 1998 年版,第 58 页。

意义上说,公司活动中的行政法调整,是行政法对公司法的补充。

(八)公司法与刑法

鉴于公司犯罪的特殊性,为防止公司制度被滥用,保障社会交易安全,当代各个国家和地区公司法都普遍增加了刑事处罚条款,甚至列举了超出刑法典规定的新罪名。我国公司法也对公司犯罪作出了专门的规定。考虑到公司犯罪的特殊性,为便于公司法的操作与施行,全国人大常委会在公司法颁布后,又专门制定了《关于惩治违反公司法的犯罪的决定》(已失效)。1997 年 3 月 14 日修订通过的《刑法》也规定了与公司有关的犯罪。2006 年 6 月 29 日,十届人大常委会第二十二次会议通过的《刑法修正案(六)》还详细规定了妨害对公司、企业的管理秩序罪。这些规定对于完善市场经济体制下的主体制度,并进而规范主体的行为,有效地维护社会经济秩序,充分发挥国家对社会经济关系的调节作用,都具有十分重要的意义。2013 年《公司法》修改后,《刑法》第 158 条规定的虚报注册资本罪和第 159 条规定的虚假出资、抽逃出资罪,对于改为认缴登记制的公司是否适用成为一个新的问题。对此,十二届全国人大常委会第八次会议于 2014 年 4 月 24 日通过《关于〈中华人民共和国刑法〉第一百五十八条、第一百五十九条的解释》,明确规定《刑法》第 158、159 条的规定仅适用于依法实行注册资本实缴登记制的公司。

除上述公司法与其他法律部门的关系外,公司法与涉外经济法、劳动法、诉讼法等也有着密切的联系。公司法之所以与如此众多的法律部门密切相关,归根结底是因为公司法自身就包括了多种法律关系,而每一种法律关系都必然涉及相关法律部门的有关规定。总之,公司法是我国法律体系中一个重要的法律部门,是市场经济条件下不可或缺的重要法律部门。

二、公司法的作用

公司法的基本作用无疑在于确立并维护了公司法律制度,使公司这一最为重要的商主体获得了全方位的法律调整。对于现代西方国家而言,现代公司法的完善和进步是商品经济高度发达的要求和结果。但反过来,公司法本身又对鼓励投资、集中资本兴办企业、维护商事组织的法律人格与合法权益以及繁荣市场经济等都起着无可替代的作用。

根据我国《公司法》第 1 条的规定,我国《公司法》的宗旨在于规范公司的组织和行为,保证公司、股东、职工和债权人的合法权益,完善中国特色现代企业制度,弘扬企业家精神,维护社会经济秩序,促进社会主义市场经济的发展。总的来说,我国《公司法》的作用主要表现为以下四个方面:

1. 持续推进并不断完善中国特色现代企业制度。我国长期实行计划经济体制,在企业领域曾长期以政企不分的国有企业为主导形式,企业并未确立独立的法律人格。随着股份制的发展,我国公司立法成为以法律形式确认改革实践的依据以及改革的导向,为公司制度的全面建设确立了统一的依据与法律保障。可以说正是 1993 年《公司法》的制定,使公司作为现代企业中最典型的组织形式获得了确定的保障,从而在推进我国现代企业制度建设的同时,推进了我国市场经济体制的建设。国有企业要实行现代企业制度的改造,主要就是采用公司制度,因而健全公司的法律制度,对于建立和完善社会主义市场经济体制、对于促进我国社会主义市场经济的发展,都具有十分重要的作用。1992 年党的十四大明确将建立社会主义市场经济体制作为我国经济体制改革的目标以来,随着中国特色社会主义市场经济体制的不断完善,中国特色现代企业制度建设不断突破,为全面总结中国经验,党的二十大报告明确将"完善中国特色现代企业制度，弘扬企业家精神，加快建设世界一流企业”作为构建高水平社会主义市场经济体制的举措。在不断完善中国特色现代企业制度建设过程中，应高度重视弘扬企业家精神，尊重企业家自主经营、保护企业家人身财产安全，形成尊重企业家创造创新价值的社会观念，为加快建设世界一流企业提供坚实的社会经济文化基础。

2. 为公司的组织及其行为提供了明确的法律规范。我国先后出现了几次股份制热潮，其间诞生了一大批不规范的公司。这些所谓“公司”都需要由统一的公司法加以规范。在1993年《公司法》实施之后，通过一系列规范措施，终于使若干历史遗留下来的问题得以基本解决。随着经济实践的发展，1993年《公司法》日益明显地显示出其滞后性，因而相应地构成了我国经济建设的障碍。通过2005年的全面修订，已较好地解决了当时迫切需要解决的问题。通过2023年《公司法》修订，实践中逐渐积累起来的诸多公司法问题已获妥善解决。

3. 维护社会交易安全和经济秩序的稳定。公司作为最典型与最具影响力的经济组织，尤其是股份有限公司（其中又以上市公司为典型），因其资本雄厚，经营规模庞大，业务范围广泛，在社会经济生活中具有举足轻重的地位。公司法将公司的设立、运行等都纳入法律的轨道，如实行严格的公司设立条件和登记程序，实行公司会计事务公开化原则，通过制度安排加强有关部门如银行、税务、审计等部门对公司的检查和监督等。公司法规定了发起人的责任，当公司不能成立时，发起人对设立行为产生的债务、费用承担连带责任；在公司设立过程中，发起人的过失给公司造成损害的，还要承担赔偿责任。这些措施无疑对保护整个社会的交易安全和经济秩序的稳定，具有非常重要的制度价值。

4. 保护公司、股东、债权人及其他利益相关者的合法权益。公司法确认了公司的独立法律人格，明确规定了公司的权利能力和行为能力，公司组织机构的设置及职权，股东对公司应承担的义务以及董事、监事、高级管理人员的义务与责任等。这些规定有利于维护公司作为独立的法律主体的合法权益，防止其他组织、个人以及公司管理人员对公司利益的侵害。维护股东的合法权益，是公司法的基本理念。因此，公司法设置了一系列制度对股东实行严密保护。由于公司制度有可能被公司股东及管理者滥用，使公司债权人的权益受到非法但非常隐蔽的侵害，因而公司法通过规定公司的财产制度及相应的活动规则，如确立认缴制下加速到期制度、严格公司会计和盈余分配制度等，使公司的基本履约能力得以确立和维护。我国《公司法》还确立了公司法人人格否认制度。这些规定使公司债权人的权利得到了法律保障。此外，公司法还对股份有限公司发行股票、公司发行债券、公司职工对与其权益密切相关的问题表决权与参与权等作了规定，使社会公众、投资者及公司职工的利益得到了应有的保障。

思考题

1. 请通过不同法系公司法的特点分析其优缺点。
2. 折中法系公司法是否代表了公司法的改革方向？
3. 试对我国2023年《公司法》的修改情况进行评价。
4. 如何认识公司法的作用？

第三章 公司的类型

|导读|

- 公司的学理分类主要包括:人合公司、资合公司与人资兼合公司;公营公司与民营公司;母公司与子公司;总公司与分公司;本国公司、外国公司与跨国公司。
- 大陆法系一般将公司分为无限责任公司、两合公司、有限责任公司、股份有限公司和股份两合公司。英美法系公司的法律分类主要包括:注册公司与非注册公司;开放式公司与封闭式公司;普通有限公司与保证有限公司。还有一种被称为有限责任公司的特殊公司,这种公司与大陆法系的有限责任公司差异极大,基于其性质,可将其称为合伙型有限责任公司。
- 我国《公司法》确认的公司类型为有限责任公司与股份有限公司。国有独资公司及一人有限责任公司是有限责任公司的特殊形态;上市公司则为股份有限公司的特殊形态。另外,外商投资企业、股份合作制企业及合作社也可在一定程度上或一定条件下纳入公司法的调整范围。

第一节 公司的学理分类

一、人合公司、资合公司与人资兼合公司

这是依公司信用基础的不同对公司所作的划分,也是大陆法系国家和地区的公司法学者对公司所作的学理分类。

(一)人合公司

人合公司,日本称为"人的会社",是指以股东个人的信用而非公司资本为信用基础的公司。很多国家和地区的公司法都规定人合公司的股东可以以信用、劳务、债权或其他权利出资。股东不是以其出资额,而是以其个人信用为公司对外关系的基础。第三人与公司交易时是基于对股东个人的信任,因此股东的责任不能仅限于他的出资,而是以其全部资产承担责任。在人合公司中,不仅公司对外信用的基础是股东个人的信用,而且在公司内部,股东与股东相互之间也往往存在特殊的信任关系。股东的结合必须要有相互深切的了解。因此,人合公司往往具有家族性,常被称为"家庭性公司"。人合公司的所有权与经营权是统一的,股东均得以股东之身份参与公司经营管理。此外,人合公司中,股东地位移转非常困难,公司表现出浓厚的合伙性质。在大陆法系国家和地区,由于人合公司往往具有法人资格,因而其"可谓合

伙披上法人之外衣”[1]。无限公司是典型的人合公司。

(二)资合公司

资合公司,日本称为“株式会社”,是指以公司的资本而非股东个人信用为信用基础的公司。第三人与公司的交易不是基于对某个股东的信任,而是对公司的资本实力的信赖。为防止公司资本缺乏而损害债权人利益,绝大多数的大陆法系国家和地区的公司法均对资合公司的设立条件予以严格限制。这种公司往往具有比较健全的制度,其典型的法人治理结构使公司有较强的独立性。法律要求资合公司在运营过程中以法定方式将公司财产报告及其他表册公之于众,使公司债权人及其他利害关系人能及时、准确地了解公司的财产及经营状况。股份有限公司是最典型的资合公司;有限责任公司虽被纳入资合公司的范畴,但也具有较为明显的人合因素。

(三)人合兼资合公司

人合兼资合公司,又称人资兼合公司,日本称为“合资会社及株式合资会社”,我国台湾地区称为“中间公司”或“折中公司”。它是指公司兼以股东个人的信用和资本信用为信用基础的公司。两合公司和股份两合公司即为典型的人合兼资合公司。在这种公司中,有限责任股东的出资或股份为公司提供资本信用基础,而无限责任股东则以其个人信用为公司债务提供一般担保。在我国台湾地区,有限责任公司也被认为是人资兼合公司,只不过其与两合公司相比较而言,偏向于资合公司。[2]

二、公营公司与民营公司

依公司资本构成标准,可以将公司分为公营公司与民营公司。

(一)公营公司

公营公司是指政府独资经营,或者政府与私人合资经营而政府资本超过50%或政府在经营管理中起决定性作用的公司。在公营公司中,由政府独资经营的一般称为国营公司,而由政府与私人合资经营的一般称为公私合营公司。在我国,国有独资公司及国有控股公司均具有公营公司的属性。但由于我国特殊的所有制结构,我国大量存在的公营公司与西方国家的公营公司在目的、功能等方面存在较大的差异,多数公营公司实际上在目的、功能方面与民营公司并无太大差异。

(二)民营公司

民营公司,又称私营公司或私人公司,是指公司完全由私人投资经营或者私人与政府合资经营而政府资本超过50%的公司。公司绝大多数属于民营公司。随着民营经济的逐渐发展,我国民营公司所占比重也日益提高,在社会经济生活中具有日益重大的影响。而且,作为一种发展趋势,在多数国有资本不适合或不必要存在的领域中,国有公司将通过股权转让逐渐转变成民营公司。西方国家也曾存在不少公营公司,但如今已大多改制为民营公司。例如,日本电话电报公司就是在1985年通过向社会公众出售其半数股票而由公营公司转变成了民营公司。

三、母公司与子公司

依公司外部组织关系标准,可以将公司分为母公司与子公司。母子公司的划分实际上揭

---

〔1〕 柯芳枝:《公司法论》,中国政法大学出版社2004年版,第11页。

〔2〕 参见柯芳枝:《公司法论》,中国政法大学出版社2004年版,第12页。

示的是公司相互间的投资与被投资的关系。依此,可以明晰各公司之间的产权关系及公司相互间的控制与依附关系。

(一)母公司

母公司,是指因拥有其他公司一定比例股份或者根据协议可以直接或间接控制或支配其他公司的公司。母公司作为控制公司的一种,又称控股公司,可以分为纯粹的控股公司和混合的控股公司,前者一般只以控股为主要目的,而后者则是既控制股份,又从事其他业务。传统上,母公司对其他公司的控制需持有该公司50%以上的股份,但随着股份公司股东的多元化、股份的分散化,母公司往往无须持有半数以上的股份即可取得对该公司的实际控制权。此外,母公司还可以通过签订协议的方式实现对其他公司的控制或支配。一公司持有另一公司股份达到何种比例方可称为母公司,各个国家和地区的规定不尽一致。有的规定仅需达到10%即可成为母公司,有的规定需达到50%以上方可成为母公司。

(二)子公司

子公司是母公司的对称,是指全部股份或达到控股程度的股份被另一个公司控制,或者依照协议被另一公司实际控制的公司。全部股份被另一公司控制的子公司,又称全资子公司。在这种情况下,子公司的股东仅有一人,子公司实际上就是"一人公司"。子公司虽被母公司控制,但它仍是独立法人,它有自己独立的法律人格,可以独立地以自己的名义从事经营,并以自己的财产独立承担责任。但母子公司可形成一种关联公司或企业集团关系,若母公司被认定构成了对子公司的过度控制,则可能依公司法律人格否定原理,使母公司对子公司债务承担法律责任。

四、总公司与分公司

依公司内部组织关系标准,可以将公司分为总公司与分公司。

(一)总公司

总公司,也称本公司,是管辖公司全部组织的总机构。总公司本身具有独立的法人资格,能够以自己的名义直接从事经营活动。总公司对公司系统内的业务经营、资金调度、人事安排等具有统一的决定权。

(二)分公司

分公司是总公司的对称,是指被总公司所管辖的公司分支机构,其在法律上不具有法人资格,仅为总公司的附属机构。分公司是公司为拓宽经营领域和范围,增加经营的灵活性,而在其住所以外设立的从事经营活动的机构,它本身只是公司的组成部分,而非独立的公司形态。它没有法人资格,没有独立的财产,没有独立的章程,没有独立的法人机关,也不能独立承担法律责任,其业务活动的法律后果要由总公司承受。分公司的这一特征使其与子公司区别开来。不过,分公司虽不具有法人资格,但仍具有经营资格,需办理营业登记并领取营业执照。分公司既可以以自己的名义独立订立合同,也可以以自己的名义参加诉讼。在证券、银行和保险业等社会对其信用度要求较高的行业,通常采取设立分公司而非设立子公司的方式来拓展业务和活动空间。在我国,分公司被认为是"其他组织"的一种,具有民事主体地位。分公司的这一特征又使其与公司的职能部门区别开来。

五、本国公司、外国公司与跨国公司

依公司的国籍标准,可以将公司分为本国公司、外国公司与跨国公司。

(一)本国公司

本国公司,是指具有本国国籍的公司。关于公司国籍的确定,国际私法上有不同的立法例和学说:有的以公司设立登记地为公司国籍;有的以公司住所地为公司国籍;有的以公司设立人的国籍为公司国籍;有的以公司实际控制人国籍为公司国籍;有的采复合标准,将公司的住所地和公司的登记注册地结合起来确定公司国籍。与大多数国家和地区的规定一样,我国采取的是复合标准,即依照中国法律组成并在中国境内设立的公司属于中国公司并受中国公司法调整。例如,在我国设立的中外合资经营企业、中外合作经营企业及外资企业均属于中国公司。

(二)外国公司

外国公司,是指公司不具有本国国籍而隶属于外国的公司。公司法中的外国公司通常表现为一种特殊的分公司,相对于总公司来说,这种公司是外国公司的分公司,而相对于分公司业务活动所在地国家而言,这种公司则是外国公司。由于外国公司属外国法律管辖,外国公司在他国设立的分支机构没有法人资格,所以,我国公司法直接称其为"外国公司的分支机构"。外国公司经其业务活动所在地国批准并办理登记手续之后,即可在该国开展营业活动。一般来说,各个国家和地区的法律均允许外国公司在其境内开展业务活动,但对其业务范围通常有所限制,如某些关系到国计民生的特殊行业是禁止或限制外国公司经营的。我国《公司法》第243条规定,外国公司是指依照外国法律在中国境外设立的公司。第244条规定,外国公司经批准可以依法在中国境内设立分支机构,从事经营活动。

(三)跨国公司

跨国公司,是指以一国(通常是本国,又称母国)为基地或中心,通过对外直接投资,在其他国家和地区(称东道国)设立分支机构、子公司或其他外商投资企业,从事国际性或世界性的生产、经营或服务活动的大型公司。其联系的纽带主要是资本、经济技术和管理等方面。在此意义上,跨国公司可谓跨越国界的公司集团。从法律上讲,跨国公司并非一个独立的法律实体,而是体现为分布于不同国家和地区的多个公司之间的法律关系,包括母公司、子公司、总公司、分公司等相互之间的关系与特殊联系。因此,它不是公司法上的概念,也不由公司法调整。

第二节　公司的分类

由于公司概念本身的不确定性,再加上各个国家和地区相关制度的差异,因此在公司的分类上也各不相同。但总的来说,可以从大陆法系与英美法系两大类别来考察公司的法律分类。

一、大陆法系公司的分类

大陆法系一般将公司分为无限责任公司、两合公司、有限责任公司、股份有限公司和股份两合公司。

(一)无限责任公司

无限责任公司,简称无限公司,日本称"合名会社",法国称"合股公司",是指由两名以上的股东组成,全体股东对公司债务负无限连带责任的公司。无限责任是指公司股东不仅要以其出资还要以其出资以外的其他个人财产来清偿公司债务;连带责任是指公司的各个股东必须对公司全部债务承担责任。公司的债权人既可以要求所有股东也可以只要求其中个别股东清偿债务,若部分股东清偿了全部债务,则有权向其他股东追偿。在实行民商分立的大陆法系国家和地区,民事合伙和商事合伙都可以称为公司。其中属于商事合伙的公司就是无限公司和两合公司。由此可见,无限公司实际上属于合伙企业性质。无限公司内部关系具有合伙性质,而在外部则呈现出法人的性质,但在公司形态中,无限公司的法人性最为淡薄。

无限公司股东出资较为宽松,可以财产、劳务及信用出资。在无限公司中,各股东均构成了公司的业务执行机关。执行业务既为股东权利也为股东义务,除以章程免除外,股东不得任意抛弃。而不执行业务的股东也有监督权。

无限公司作为公司组织形式之一,可谓利弊兼存。其优点主要有:(1)组织和设立程序简便,无最低资本额的限制,出资方式不限于现金和实物,劳务和信用亦可出资;(2)股东间关系密切,相互间具有良好的信赖基础;(3)清偿债务不以出资为限,能够使债权人给予更高的信任。其弊端为股东投资风险过大,责任过重,不利于吸引投资。正因如此,无限公司的规模往往不大,在当今世界也非主要的公司组织形式,在有些国家(如日本)甚至已经趋于消失。

(二)两合公司

两合公司,又称简单两合公司,日本称为“合资会社”,是指由一人以上的无限责任股东与一人以上的有限责任股东组织,其无限责任股东对公司债务负无限连带责任,有限责任股东仅以其出资额为限承担责任的公司。由于两合公司中有限责任股东与无限责任股东承担的责任和风险不同,因而在公司中的法律地位也不同。无限责任股东代表公司执行业务,而有限责任股东没有业务执行权和代表权,只有一定的监察权。两合公司属于人合兼资合公司,但就其本质而言则偏向于人合公司。两合公司为大陆法系所特有,其以无限责任股东为重心,相当于英美国家的有限合伙。

两合公司由无限公司发展而来,除了存在有限责任股东之外,其与无限公司并无太大差异。德国、法国、日本等绝大多数大陆法系国家和地区均对两合公司作出了单独规定,但一般除了就有限责任股东另设规定外,其他均准用无限公司的规定。在法律人格上,大陆法系国家和地区的态度与对无限公司的态度一致,也将两合公司分为确认法人资格与未明确确认法人资格两种。

两合公司中,无限责任股东可以财产、劳务及信用出资,有限责任股东则只能以财产出资。在内部关系方面,有限责任股东不得执行公司业务,但法律赋予其监督权;由于有限责任股东不执行公司业务,也不负竞业禁止义务。在外部关系方面,两合公司专由无限责任股东代表,有限责任股东则不能代表公司。由于两合公司的人合性,有限责任股东转让股权受到限制。在我国台湾地区,需要无限责任股东过半数同意,有限责任股东才能转让股权。[3]

两合公司的优点主要表现为:(1)它避免了无限公司要求所有股东都负无限连带责任从而不利于吸引投资的缺陷,使一些拥有资金只想投资获利却不愿意冒太大风险或直接从事经营活动的人有了投资场所;(2)部分股东承担无限连带责任,使债权人债权之实现能得到更加充

[3] 参见柯芳枝:《公司法论》,中国政法大学出版社 2004 年版,第 576~581 页。

分的保障，因而往往具有比有限责任公司更高的信用。

（三）有限责任公司

有限责任公司，可简称有限公司，是指由一定人数以上股东共同出资，股东以其出资为限对公司承担责任，公司以其全部资产对其债务承担责任的公司。有限责任公司为小型股份有限公司而创设，同时，它吸收了无限公司和两合公司的许多重要特点，其实质为介于股份有限公司和人合公司之间的一种公司形式。[4] 因此，有限责任公司的特征是资合性与人合性的统一：与无限公司相比，有限责任公司股东之间的关系较为松散，股东一般不能以其信用出资，因此具有资合性；与股份有限公司相比，有限责任公司出资转让受到限制，不公开募集资本，股东与股东之间的关系也相对较为紧密，因而又具有一定的人合性。

对于有限责任公司的股东人数，一般都有上限和下限的规定。规定股东人数上限，一是由有限责任公司的性质决定的，因有限责任公司在一定程度上具有人合的特点，股东相互间须有信任关系，这就决定了股东人数不可能太多；二是为了区别于股份有限公司，股东人数突破上限，就应考虑公司形态之变更。至于是否规定股东人数的下限，主要取决于对"一人公司"的态度，凡规定股东须为 2 人以上的，一般不承认"一人公司"；凡无下限要求的，一般均承认"一人公司"。

有限责任公司是在克服了其他公司类型的种种缺陷的基础上产生和发展起来的，具有自身特殊的优势：

1. 有限责任公司的设立程序简便易行。有限责任公司只有发起设立而无募集设立。这样，只要公司设立人订立了公司章程并缴足出资后，即可向公司登记机关申请设立登记，而不必像设立股份有限公司那样，需要履行发行股票所需的各种严格、复杂的法定程序和手续。

2. 有限责任公司的组织机构简单灵活，便于管理，容易协调。在有限责任公司中，只有股东会为必设机构，而董事会和监事会是否设立，则取决于公司规模的大小和股东人数的多少，它们并非必设机构。但对于股份有限公司而言，股东会、董事会和监事会均为必设机构。同时，在组织形式和投票方式等方面，法律对股份有限公司有着更为严格的强制性要求，留给股东的选择余地和活动空间相对较少。

3. 有限责任公司兼具人合和资合双重性质，便于股东投资、经营。有限责任公司虽是资合公司，但其仍不乏人合色彩。有限责任公司股东人数有限，强调股东间的相互信任，可以协调一致地对公司进行经营，从而避免了股份有限公司股东人数多、组织松散、不易控制的缺陷。同时，有限责任公司的法定最低资本额较低，使财力并不雄厚的个人也能获得投资机会，从事中小型企业的经营。

4. 有限责任公司股东只在其出资范围内承担有限责任，最大限度地减少和降低了投资风险，有利于公司的建立和发展。

5. 有限责任公司不能发行股票，使其经营能够保持更为稳定的状态。有限责任公司只签发出资证明书，它不能上市流通和转让，从而能够克服股份有限公司因股票价格的波动而受影响的弊端。

---

〔4〕 参见［德］托马斯·莱塞尔、吕迪格·法伊尔：《德国资合公司法》（第 3 版），高旭军等译，法律出版社 2005 年版，第 8 页。

当然,有限责任公司也存在某些不足。例如,有限责任公司因治理结构不够完善,控制股东容易滥用控制权,损害中小股东和债权人利益。

由于有限责任公司不像股份有限公司那样公开募集股份,其账簿公开、信息披露的要求较低,也有人称其为封闭式公司。然而,封闭式公司是英美法系公司法对公司的特有分类,其与开放式公司相对,与大陆法系的有限责任公司具有实质性差异。

(四)股份有限公司

股份有限公司,可简称股份公司,是指由一定人数的股东发起设立的,并可以通过发行股票筹集资本,全部资本分为均等的股份,股东以其所认购的股份为限对公司债务承担责任,公司以其全部资产对其债务承担责任的公司。股份有限公司的实质为有限责任股份公司,不能从字面上将其理解为发行股票的数量受到限制的公司。股份有限公司与有限责任公司的主要区别有以下几方面:

1. 股东人数的广泛性。由于股份有限公司面向社会集资以适应社会化大生产对巨额资本的需求,这就使股份有限公司股东的人数具有广泛性的特点。各个国家和地区的公司法对股份有限公司股东人数均只规定最低限额,而没有最高人数的限制。

2. 公司资本划分为等额股份。为了适应募集资本及股份转让方式的需要,公司的全部资本必须划分为等额股份。股份既是公司资本的最小单位,也是计算股东权利义务的基本单位。

3. 公司股份以股票的形式转让的公开性、自由性。股份以股票的形式向社会不特定的多数人发行并自由转让,是股份有限公司与其他各种公司相区别的最典型特征。这种由股份自由转让而形成的证券化资本的运行与公司财产的运行的相互分离和相互制约,对公司法人权利的最终形成产生了重要影响。

4. 股份有限公司是典型的资合公司。由于公司股份可以自由转让,股东广泛且极不稳定,因此股东与股东之间,股东与公司之间的联系极为松散,公司的存续与股东的变化、股东人数的增减无关。这使股份有限公司成为典型的资合公司。

股份有限公司作为现代企业制度的基本组织形式,在促进生产的社会化和社会经济的繁荣方面发挥了巨大的作用,并因其具有其他公司形式所不具备的优势和特点而成为广大投资者乐于采用的企业组织形式。其优势主要表现为:

1. 股份融资速度快、规模大,在企业原有的筹资渠道之外另辟蹊径,从而使企业可以在短时间内筹集到大量资金,拓宽了企业的资金来源和融资渠道,进而可以改变企业传统的财务结构,企业也可借此摆脱困境或进一步扩大其经营规模。

2. 股份有限公司股东众多,股份分散,从而也就有效地分散了公司投资人的投资风险,使每个投资者都只承担较小的投资风险。同时,股份有限公司股份的分散化,大大降低了大股东(尤其是国家作为股东)的控制成本,只需掌握一定比例的股权,便可控制和掌握数倍乃至数十倍于投资额的资金和营业。

3. 股份有限公司股份可自由转让,一方面,极大地方便了投资者的投资,投资者可以根据自己的意愿和公司的经营状况随时购买或转让股份,从而使其投资更具灵活性;另一方面,基于股份有限公司浓厚的资合性特征,股份频繁转让及由此而带来的股东频繁变动,对公司的组织与营业并无影响,仍能保持公司经营的稳定。而在人合公司或具有人合色彩的公司,股东的变动则势必会影响公司的正常运营。

4. 股份有限公司作为典型的资合公司,能最大限度实现所有权与股权、股权与经营权的分离。由于资本和股东的社会化,不可能每个股东都直接参与公司的经营管理。而专业管理层的出现,则有效地提高了公司的经营管理水平,使公司的管理纳入科学的轨道,并因而为公司本身带来巨大的经济效益,推动了社会经济的整体进步。

当然,股份有限公司从其产生之日起就不可避免地带有其自身难以克服的缺陷。这主要表现为:法律规定的设立条件十分严格,设立程序非常复杂,加大了公司的设立难度;股份分散、股东人数众多,不仅使公司缺乏凝聚力,而且股东极有可能因此失去控制公司的能力,在董事、经理违背诚信义务的情形下,股东权益极易受损;股票在证券交易市场自由交易,使股票市场极易成为不法者的投机场所,不利于交易安全。

(五)股份两合公司

股份两合公司,是由无限责任股东和有限责任股东共同组成,前者对公司债务负无限连带责任,后者则以其所持股份为限承担责任的公司。立法者的基本思路是,通过股份两合公司这种公司组织形式将人合公司与股份有限公司的优势结合起来,既可以发挥无限责任股东的个人信用及其在企业经营方面的热忱,还能发挥股份有限公司资本积聚的功能及其作为公众公司的优势。股份两合公司与两合公司的区别在于股份两合公司中的有限责任股东的出资划分为等额股份,而两合公司中的有限责任股东的出资则无须采用股份形式。股份两合公司的内部组织结构和管理模式同股份有限公司有很大区别。两者之间的根本区别在于股份两合公司中人合公司的组织结构自由取代了股份有限公司的严格规定。例如,在股份两合公司中,负无限责任的股东取代了董事会成为公司的代表和执行机关。股份两合公司这一公司形态其实具有很高的实际价值。一方面,无限责任股东的人格魅力和经营管理方面的才能对企业具有至关重要的影响;另一方面,企业对资本的需求必须通过公众投资来解决,而股份两合公司恰恰兼顾了企业的这两种需要。此外,股份两合公司还可以作为两合公司或有限责任公司向股份有限公司发展的中间形态。但股份两合公司未来能否发挥更大的价值,则令人怀疑。即便是在德国联邦最高法院承认了一家股份有限公司或有限责任公司可以作为股份两合公司之无限责任股东的背景下,股份两合公司也仍未取得预料中的大发展。[5]

在长期的公司实践中,无限责任公司和两合公司已经很少为投资者所采用,而股份两合公司则已基本上名存实亡。在立法上,现在许多国家都已废止了这一公司形态,不过德国、法国、比利时、丹麦、希腊、意大利、卢森堡、西班牙、葡萄牙等大陆法系国家在形式上对此作了保留。[6] 作为现代企业典型组织形式的主要是有限责任公司和股份有限公司,这两种公司形态在西方国家中被投资者普遍采用。我国公司法也只确认了有限责任公司和股份有限公司这两种公司类型。

二、英美法系公司的法律分类

(一)注册公司与非注册公司

在除美国之外的英美法系国家和地区,以是否注册为标准,将公司分为注册公司与非注册

---

〔5〕 参见[德]托马斯·莱塞尔、吕迪格·法伊尔:《德国资合公司法》(第3版),高旭军等译,法律出版社2005年版,第351～353页。

〔6〕 参见《欧盟公司法指令全译》,刘俊海译,法律出版社2000年版,第6～8页。

公司。注册公司是指依照公司法注册设立的公司。非注册公司是指依照特许制度或各种特别法令而设立的公司,依其设立的依据,又可进一步分为特许公司(chartered company)和法定公司(statutory company)。在英国等国家和地区,公司并不限于商事公司,慈善性、非营利性公司也可成为注册公司,并受公司法调整。因此,注册公司未必就是一般商事公司意义上的公司。非注册公司是不依公司法设立的非商事公司,但也未必就不受公司法调整。一般所谓英美法系公司的法律分类都是就商事公司意义上的公司而言的,本书同样如此。

(二)开放式公司与封闭式公司

英美法系国家和地区,以公司股东对象不同及股票能否自由转让为标准,将公司分为开放式公司与封闭式公司。这是英美法系公司最普遍、最基本的法律分类。

开放式公司,又被译为多数人公司、上市公司、公公司、公众公司、公开招股公司,是指可以公开招股,股东人数无最高数额限制,股票可以在证券市场公开交易的公司。该类公司类似于大陆法系股票获准上市或在依法设立的股份转让系统挂牌交易的股份有限公司。

封闭式公司,又被译为少数人公司、不上市公司、私公司、私人公司、非公开招股公司,是指股份全部由设立该公司的一定人数的股东(英国限定为50人以下,美国多数州限定为30人以下)持有,不能对外公开发行股份,股份不能在证券市场自由转让的公司。该类公司类似于大陆法系的有限责任公司。但在除美国外的英国等多数英美法系国家和地区,不上市公司比大陆法系有限责任公司的外延要广,它还包括无限公司。[7] 较为特殊的是,除一般无限公司外,有限公司的章程还可以规定公司的董事对公司债务负无限责任。这种董事负无限责任的有限公司有些类似于大陆法系的两合公司,只不过负无限责任的不是公司股东而是董事。

(三)普通有限公司与保证有限公司

在除美国之外的英美法系国家和地区,以股东承担责任的方式为标准,可以将公司分为普通有限公司与保证有限公司。

普通有限公司的股东对公司债务以其认缴的股份为限承担责任。若其认缴的股款已缴足,则不再承担其他财产责任。绝大多数公司都属于这种公司。

保证有限公司的股东应在公司歇业时依其所保证的金额向公司出资,以清偿公司债务,但超出该保证金额的,则不再承担其他财产责任。保证有限公司又分为两种形态:有股东保证的有限公司与无股东保证的有限公司。在有股东保证的有限公司中,股东在公司成立时或其后,应按其所认缴的股份承担向公司缴足股款的义务;在公司歇业时,应首先缴纳尚未缴足的股款,然后再依其所保证的金额向公司出资,以清偿公司债务。这种公司一般适用于从事律师、注册会计师等业务的特定行业公司。就其性质而言,保证有限公司一般也不属于美国商事公司范畴。在无股东保证的有限公司中,公司既不存在股份资本,股东也无须认缴股款,只是在公司歇业时依其所保证的金额向公司出资,以清偿公司债务。因此,无股东保证的有限公司又被称为无股本的保证有限公司。这种公司主要适用于慈善组织、各种俱乐部、学校等非营利组织。[8] 毫无疑问,这种无股本的保证有限公司也不属于美国商事公司法所调整的商事公司范畴。

---

〔7〕 参见董安生等编译:《英国商法》,法律出版社1991年版,第236页。

〔8〕 参见孔祥俊:《公司法要论》,人民法院出版社1997年版,第63~64页。

（四）美国公司法中的特殊公司：合伙型有限责任公司

在美国公司中，还有一种被称为有限公司（limited liability company，LLC）的特殊公司。这种公司与大陆法系的有限责任公司差异极大。基于其性质，本书将其称为“合伙型有限责任公司”。在有限责任公司出现之前，美国已经有了可为各类不同投资者选用的企业组织的形式，就规模较小的企业而言，可供选择的企业的法律形式，除独资企业外，只能是合伙及其变种——有限合伙（Limited Partnership，LP）与封闭式公司两大类。独资企业与普通合伙的无限责任制度使投资者风险较大。在有限合伙中，有限合伙人虽然受有限责任的保护，但有限合伙人不得参加合伙的经营活动，其局限性也较为明显。封闭式公司则会出现“两次纳税”的问题。依美国税法规定，封闭式公司可以选择所谓 S 公司（S corporation）形式，从而避免双重征税的负担。但是 S 公司有比较严格的条件限制：（1）成员不得超过 35 人；（2）成员不得有法人；（3）成员不得包含非定居的外国人；（4）股份种类必须是单一的。这就使不少企业无法采用 S 公司的形式。因此，投资者还需要更理想的企业形式。这种企业既具有一般公司的主要优点，即成员可以享受有限责任的保护，同时又能像一般合伙一样灵活经营，还可以免于缴纳企业层次上的所得税，也可不受 S 公司那么多的限制。

简言之，实践中需要的是兼有普通合伙、有限合伙和封闭式公司优点的企业组织形式。通过海外投资，中小企业投资者发现了大陆法系有限责任公司组织形式的优点，便致力于推动美国该类公司的立法创新。

最先推动美国合伙型有限责任公司立法的是汉密尔顿公司，该公司通过设立于巴拿马的有限责任公司从事国际石油和天然气开采。在动荡的 20 世纪 70 年代，汉密尔顿公司抓住石油巨头们因中东冲突而自顾不暇的空隙在国际石油和天然气开采中抢占了大量商机。为了在美国国内也能设立有限责任公司，汉密尔顿公司的代表起草了相关的立法草案并向有关州进行游说。起初选择的目标是阿拉斯加州，但以失败告终；同一份草案又被呈递至怀俄明州，并获采纳。怀俄明州在参考、借鉴欧洲有限责任公司法的基础上，于 1977 年最先颁布了 LLC 法（Limited Liability Company Act）。5 年以后，佛罗里达州通过了类似立法。该企业形式赋予了成员（在该法中称为 member，而非 shareholder）类似于合伙的灵活管理模式，但美国国家税务局（Internal Revenue Service，IRS）一直未就是否会给予该企业形式合伙税收待遇的问题表态，因而其他州未予跟进，而是持观望态度。到 1988 年，美国国家税务局终于发布了第 88 – 76 号裁决（ruling），同意对 LLC 按《国内税收法典》（Internal Revenue Code）K 章征税，即允许其享受合伙企业的税收待遇。

解决了税收待遇这一关键问题后，美国各州便争相出台了 LLC 立法，以充分利用这种企业形式所具有的高度灵活性。到 1996 年，美国 50 个州及哥伦比亚特区都完成了 LLC 立法。1994 年，美国统一州法全国委员会制定了一个《统一有限责任公司法》（Uniform Limited Liability Company Act，ULLCA）的示范法，1996 年又对其作了重要修改。至此，LLC 作为新型的企业组织的形式在美国完全确立了自己的地位。但因该法制定时各州基本上已制定了 LLC 法，故仅在很小的范围内被州立法所采纳。[9]

---

〔9〕 参见宋永新：《新型的美国有限责任公司法评述》，载《外国法译评》1999 年第 4 期。

理论拓展 合伙型有限责任公司的制度价值

投资者在选择企业组织形式时,必然要综合考虑不同企业组织形式所具有的优缺点。对此,企业的存续期间、财务权利、企业管理、权益转让、责任承担方式以及税收待遇等都是必须考虑的基本因素。[10]

在 LLC 制度创设之前,美国已存在 S 公司制度。此后,美国又于 1991 年创设了有限责任合伙(特殊普通合伙)(Limited Liability Partnership,LLP)制度,并在此基础上创设了 LLP 与 LP 的混合物——有限责任有限合伙(Limited Liability Limited Partnership,LLLP)。[11] 在面对极为丰富的企业形式选择时,LLC 仍对投资者产生了极大的吸引力。这说明,在各种企业形式中,LLC 具有独特的制度价值。为此,有必要将其与 LP、LLP、LLLP、S 公司作简单比较,以揭示其特殊的制度价值。

(一)LLC 与 LP 相比较的制度价值

LP 制度在满足了普通合伙人充分控制企业的同时,又为有限合伙人提供了有限责任保护。因此,该制度对于不愿承担无限连带责任同时又能够自由退出的投资者具有极强的吸引力,尤其适合于风险投资。LP 相当于大陆法系的两合公司,具有非常悠久的历史。我国 2006 年《合伙企业法》也确立了有限合伙制度。该法第 2 条第 3 款规定:"有限合伙企业由普通合伙人和有限合伙人组成,普通合伙人对合伙企业债务承担无限连带责任,有限合伙人以其认缴的出资额为限对合伙企业债务承担责任。"

与 LP 相比,LLC 有以下优点:(1)LLC 的成员均可行使管理权;LP 的有限合伙人则不能参与经营管理,否则将丧失有限责任保护。因此,风险投资机构之外的一般投资者,若要兼顾有限责任与经营管理权,就不能选择 LP 的组织形式,而 LLC 则能满足这一需求。(2)LLC 可以根据需要自由选择按照公司或合伙待遇纳税;LP 则只能按照合伙纳税。尽管享受合伙税收待遇为设立 LLC 的重要目的,但在特定情况下,直流税待遇(flow - through taxtreatment)恰恰构成了企业发展的障碍。例如,在企业发展初期,如果可能发生亏损或者投资者希望将企业盈利存留下来用于企业发展,直流税地位将增加投资者的税负。造成这一特殊现象的原因是,从 1993 年开始,美国的公司所得税最高税率已低于个人所得税税率,前者最高边际税率调整为 35%,而后者的最高税率达到 39.6%。[12] 因此,LLC 可以根据其营业特征与发展需要而自由选择是否按照合伙纳税。

(二)LLC 与 LLP 相比较的制度价值

LLP 是在符合特定条件的情况下,所有合伙人都仅对合伙的侵权债务或全部债务承担有限责任的一种新型合伙形式。LLP 既较好地解决了合伙企业中所有合伙人的责任问题,又基本上排除了合伙人之间的连带责任,从而大大降低了合伙人的经营风险。因此,LLP 受到了专业服务机构的广泛欢迎。不过,如今该企业形式已超出了仅适用于专业服务机构的传统立法限制,在美

---

〔10〕 参见[美]Lewis D. Solomon、Alan R. Palmiter:《公司法(注译本)》(第 3 版),任志毅、张焱注,中国方正出版社 2004 年版,第 21 ~35 页。

〔11〕 参见宋永新:《美国非公司型企业法》,社会科学文献出版社 2000 年版,第 352 ~358 页。

〔12〕 参见[美]理查德·L. 德翁伯格、霍华德·E. 阿布拉姆斯:《公司与合伙的联邦所得税(案例教程影印系列)》(第 3 版),中信出版社 2003 年版,第 5 页。

国绝大多数州及英国等国均已允许商事企业采用。[13]

与 LLP 相比,LLC 具有以下优势:(1)除非发生“揭开公司面纱”的情形,LLC 的成员对公司债务不负个人责任。[14] LLP 的合伙人在许多情况下要对某些合伙债务承担个人责任。例如,在某个合伙人侵害债权人利益的情况下,其他合伙人若被认定因疏忽而未履行监督职责,则将承担连带责任。因此,与 LLP 相比,LLC 成员所受有限责任保护更为充分。(2)LLC 既可采取成员管理的方式,又可采取经理管理的集中管理方式,并且 LLC 成员并不因其参与了对企业的经营管理而丧失有限责任保护。LLP 的合伙人虽然也可参与经营管理,但在有些情况下,会因此承担个人责任。

(三)LLC 与 LLLP 相比较的制度价值

美国有些州的有限责任合伙法允许 LP 注册成为 LLP,从而演变成为 LLLP。这一制度创新使 LLLP 非常接近于经理经营管理的 LLC。因此,与 LLLP 相比,LLC 除了还拥有可以选择采取成员管理的模式且可以选择适用公司税收待遇外,已几乎没有其他优势。在用于家庭权益分配方面,两者也具有基本相同的价值。有学者认为,家庭有限合伙的使用是 LLLP 相对于 LLC 的优点。在此方案中,使家庭成员成为 LLLP 的有限合伙人,可以将合伙权益分配给家庭成员,但作为家庭成员的有限合伙人没有管理权,也不承担企业的替代责任。[15] 事实上,LLC 也可作为营业继承规划的有效工具。通过将财产注入由父母经营而由子女获取收益的 LLC,父母即可实现不动产税的最小化。在此情形下,父母无须支付起征点为 11,000 美元的赠与税。

(四)LLC 与 S 公司相比较的制度价值

依美国税法规定,封闭式公司可以选择所谓 S 公司形式,从而避免双重征税的负担。但是 S 公司有比较严格的条件限制,不少企业无法采用 S 公司的形式。因此,投资者还需要更理想的企业形式。这种企业既具有一般公司的主要优点,即成员可以享受有限责任的保护,又能像一般合伙一样灵活经营,还可以免于缴纳企业层次上的所得税,也可不受 S 公司那么多的限制。也就是兼有普通合伙、有限合伙和封闭式公司优点的企业组织。LLC 正是在这样的背景下应运而生的一种新型的企业组织形式。

显然,与 S 公司相比,LLC 具有以下优势:(1)成员人数没有限制,从而可以从事资本需要量较大的营业;(2)对成员国籍无限制;(3)结构灵活。[16]

总的来说,除了特定保险机构、专业机构[17]与银行企业外,绝大多数企业均可设立为 LLC 组织。这就使 LLC 基本取代了 S 公司及 LLP、LLLP 的功能,从而得以广泛适用于各种专业服务机构、中小企业。基于此,美国不少学者曾认为,LLC 将迅速取代合伙公司和封闭式公司,成为封闭性企业的主导性经营模式。在实践中,LLC 对许多专业机构的吸引力也日益增强,已有不少合

---

〔13〕 See Patrick T. Brown, *Liability and Basis Issue Concerning LLC(s)/LLP(s)*, The CPA Journal Vol. 65, p. 59.

〔14〕 See Cynthia A. Callaway, Duane Wolf & Dan Kramer, *Choosing a Business Structure*, ASHRAE Journal 44 No. 4 42 Ap 2002.

〔15〕 参见宋永新:《美国非公司型企业法》,社会科学文献出版社 2000 年版,第 359 页。

〔16〕 See James A. Woehlk, William B. Kelliher, Brian L. Schorr & Walter M. Primoff, *LLCs: The Business Planner's Dream Entity*, The CPA Journal Vol. 65, p. 16 – 20.

〔17〕 美国加利福尼亚州、内华达州、俄勒冈州以及纽约州禁止设立 LLC 形式的专业服务机构。参见宋永新:《美国非公司型企业法》,社会科学文献出版社 2000 年版,第 244 页。

伙企业、独资企业、房地产企业及S公司变更为LLC了。[18] 但是,在LLP、LLLP等企业形式被创设之后,且美国国家税务局将是否适用合伙税收待遇的制度修改为“打钩规则”(“check the box rule”)之后,[19] LLC所具有的优势实际上并不明显,因而其并未取得压倒性的增长优势。此外,就LLC与传统公司相比较而言,由于LLC只适用于封闭性企业,对于那些规模较大或日后拟转型为公众公司的企业来说,直接选择传统公司的形式反而可以避免日后的转型成本。因此,LLC虽具有其特殊价值,但仍有一定的局限性,其主要适用于专业服务机构与中小企业。

第三节　我国公司的法律分类

一、有限责任公司

有限责任公司,是指由50个以下股东共同投资设立,每个股东以其所认缴的出资额为限对公司承担责任,公司以其全部资产对其债务承担责任的企业法人。我国《公司法》第4条及第42条对此有明确规定。与其他公司类型相比,有限责任公司具有以下特征:

1. 股东责任的有限性。有限责任公司各股东对公司所负责任,仅以其认缴的出资额为限,对公司债权人不负直接责任。如果公司的财产不足以清偿全部债务,股东也没有以自己出资以外的个人财产为公司清偿债务的义务。这一点使其区别于大陆法系的无限公司。

2. 股东出资的非股份性。有限责任公司的资本一般不分为等额的股份,股东出资并不以股份为单位计算,而直接以出资额计算。股东权利义务的大小及范围也不以股份数额来计算,公司章程甚至可以规定一种其他的表决权行使方式。我国《公司法》第65条明确规定:“股东会会议由股东按照出资比例行使表决权;但是,公司章程另有规定的除外。”这是有限责任公司与股份有限公司的区别之一。

3. 公司资本的封闭性。有限责任公司的资本只能由全体股东认缴,而不能向社会公开募集股份,不能发行股票。公司发给股东的书面出资证明被称为“出资证明书”,亦称股单。出资证明书只是一种权利证书,不能在证券市场上自由转让。有限责任公司不向社会募集股份,其会计账簿亦无须公开。有限责任公司的资本封闭性特点,还表现为对股东转让出资的限制。依我国《公司法》第84条的规定,有限责任公司的股东向股东以外的其他人转让股权,其他股东在同等条件下有优先购买权,且公司章程可对股权转让另作限制性规定。此项特征也是有限责任公司与股份有限公司的重要区别之一。

4. 股东人数的限制性。根据我国《公司法》第42条的规定,有限责任公司股东人数为1人以上50人以下。对于有限责任公司股东人数超过最高限额时是否应变更公司形式,我国法律未明确规定。实践中,为了满足《公司法》所规定的股东人数要求,有些公司将由众多员工组成的职工持股会整体作为一个股东。在不允许职工持股会登记为股东后,类似需求的公司又采

---

〔18〕 Mark E. Battersby, *Limited Liability Companies*, Stained Glass (Kansas City, MO: 1990) 97 no4 300 - 1 Wint 2002.

〔19〕 所谓“打钩”规则,是指美国国家税务局允许封闭性本地非公司组织(包括普通合伙、LP、LLP、LLLP、LLC)自行选择直流税地位,而无论其采取何种组织结构。该规则由美国国家税务局于1996年提出,在此之前是按照公司与合伙两分的标准,由美国国家税务局依职权裁定。

取了代持的方式解决股东人数超标问题。这种做法虽有现实需求,但存在许多法律问题,容易引发纠纷。不过,就《公司法》而言,仍应严格将有限责任公司的股东人数限定在50人以下。

5. 公司组织的简便性。有限责任公司的设立程序简便,只有发起设立而无募集设立。有限责任公司的组织机构也比较简单、灵活,可设董事会、监事会,也可以只设1名执行董事以及1~2名监事行使董事会、监事会职权。其中设立股东会的,股东会的召集方法及决议的形成也比较简便。

6. 公司具有一定的人合因素。以上有限责任公司的特征表明,我国公司法关于有限责任公司的规定,在体现出其资合性这一本质属性的同时,还体现出其较为明显的人合性色彩。此外,有限责任公司的人合性还表现为《公司法》强调有限责任公司在公司治理上更大的自主权和自治空间。

我国有关有限责任公司的立法始于1950年政务院发布的《私营企业暂行条例》。该条例明确规定了私营企业可以采取有限责任公司的组织形式。此后,随着对资本主义工商业的社会主义改造的完成,企业的组织形式发生了根本变化。在相当长的一段时间内,典型意义的公司在我国已不复存在。直至1979年,为适应对外开放的需要,全国人大常委会颁布了《中外合资经营企业法》,有限责任公司才重新出现。该法第4条规定,合营企业的组织形式为有限责任公司,合营各方按注册资本中的出资比例分享利润和分担风险及亏损。此外,1988年国务院还颁布了《私营企业暂行条例》,其第6条规定,私营企业分为独资企业、合伙企业和有限责任公司。在这些法律、法规的引导下,一批中外合资和私营的有限责任公司在我国应运而生。与此同时,在企业横向联合过程中,许多联营企业也采取了有限责任公司的组织形式。进入20世纪90年代中期以来,为适应市场经济发展的需要,随着《公司法》对有限责任公司的确认,以及国有企业股份制改造工作的全面展开和现代企业制度的建立,有限责任公司已经成为我国最主要的公司组织形式之一。

二、股份有限公司

股份有限公司,是指全部资本分成等额股份,股东以其认购的股份为限对公司承担责任,公司以其全部资产对公司债务承担责任的企业法人。与其他公司类型相比较,股份有限公司具有以下特征:

1. 公司组织具有浓厚的资合性。股份有限公司的资合性特征,首先表现在公司对外信用的基础是公司资本,即公司所募集的股份总额。它既是公司成立的要件,也是公司能够得以自下而上发展的源泉,更是对公司债权人的总担保。我国《公司法》关于股份有限公司资合性的规定主要体现在三个方面:(1)股东责任的有限性;(2)在资本制度方面,确立了资本确定、资本维持和资本不变等"资本三原则",并规定了数额较高的最低资本额制度,尤其是对募集设立的股份有限公司而言,这一限制更加严格;(3)公司盈余必须首先用于弥补公司亏损和提留公司公积金后,才能用于股东分配。由此可见,与无限公司重视股东的身份和地位相反,资本在股份有限公司中发挥着极其重要的作用。

此外,股份有限公司的资合性特征还表现在公司股份可自由转让。股份有限公司的股票除了可以在一般交易场所转让交易外,还可以通过申请成为上市公司在证券交易所挂牌交易。这也是股份有限公司区别于有限责任公司和大陆法系无限公司的一大特征。在有限责任公司和无限公司中,股东转让其出资均受到程度不同的限制,无法自由转让,因而公司股东通常处于较为稳定的状态,股东之间的人身依赖性和相互信任度较强。而股份有限公司则允许股份自由转让,其着眼点在于公司资本的聚集,而非股东个人的因素,通过股份的自由转让达到股票证券化、证券大众化的目的,以方便投资者投资。

2. 资本募集的公开性。设立股份有限公司不仅可采取发起设立方式,还可采取募集设立方式。其中以募集方式设立股份有限公司的,除由发起人认购公司应发行股份的一部分外,其余股份向社会公开募集或者向特定对象募集,社会公众均可通过购买股票而成为公司的股东。这使股份有限公司可以面向社会,广泛集资。正因如此,各个国家和地区的公司法均不对股份有限公司股东人数作最高数额限制。

3. 公司资本的股份性。股份有限公司的全部资本分为金额相等的股份,股份为股份有限公司资本的最小计算单位,每一股份的金额与股份总数的乘积即为公司的资本总额。每个股东所持有的股份数基本不同,但每股金额绝对相等,因而便于股票的发行和资本的筹集,便于股东权的计算、行使或转让,从而确保同股同权、同股同利,充分发挥其典型资合公司的优势。在有限责任公司中,由于股东所认购的每份出资额并不相等,所以,在出资转让及股东权计算方面则较为烦琐和复杂。这是股份有限公司区别于有限责任公司的主要特征之一。

4. 股东责任的有限性。股份有限公司的股东仅以其所认购的股份为限对公司负责,对公司的债权人不负任何直接法律责任。公司的债权人既不能向股东提出权利主张,也不能要求股东以其个人财产清偿公司的债务。股份有限公司股东责任的有限性,对于鼓励投资、促进交易的发展和经济繁荣,无疑具有重要意义。这是股份有限公司区别于无限公司的重要特征。

5. 公司经营的公开性。股份有限公司资本募集的公开性及股份转让的自由性,使其经营状况不仅要向股东公开,而且还必须向社会公开,使社会公众及时、全面地了解公司的经营状况,从而最大限度地保护公司股东、债权人及社会公众的利益。对于公开发行股票的股份有限公司来说,因其社会性更强,其经营状况公开的意义也更为突出。因此,在证券法上,信息公开原则成为最重要的法律原则,也构成了上市公司最重要的行为准则。上市公司有义务将包括财务会计报告等一切重要经营事项及时、准确、全面地向社会公告。就法定或重大事项而言,可以说上市公司是没有秘密的。这是股份有限公司区别于有限责任公司的封闭性的重要特征。

三、国家出资公司

(一)国家出资公司的概念

国家出资公司,是指国家出资并由国务院或者地方人民政府分别代表国家依法履行出资人职责、享有出资人权益的公司。代表本级人民政府履行出资人职责的机构、部门,统称为履行出资人职责的机构。我国《公司法》第168条第2款规定,国家出资公司包括国有独资公司、国有资本控股公司,具体可表现为国家出资的有限责任公司、股份有限公司。依此,国有资本参股公司不在《公司法》规定的国家出资公司之列。

国家出资公司具有投资主体的特定性。国务院或者地方人民政府可以授权国有资产监督管理机构或者其他部门、机构代表本级人民政府对国家出资公司履行出资人职责。

(二)国家出资公司组织机构的特别规定

我国《公司法》第七章以"国家出资公司组织机构的特别规定"为题对国家出资公司的组织机构作了特别规定。该章系以法律的形式,对我国持续多年的国有企业改革政策与实践的总结。早在2013年11月12日党的十八届三中全会通过的《中共中央关于全面深化改革若干重大问题的决定》就明确指出:"推动国有企业完善现代企业制度。国有企业属于全民所有,是推进国家现代化、保障人民共同利益的重要力量。国有企业总体上已经同市场经济相融合,必须适应市场化、国际化新形势,以规范经营决策、资产保值增值、公平参与竞争、提高企业效率、增强企业活力、承担社会责任为重点,进一步深化国有企业改革。"习近平总书记则在肯定国有企业改革成就的同时,明确指出:"国有企业也积累了一些问题、存在一些弊端,需要进一步推进改革。"[20]

国家出资公司中中国共产党的组织,按照中国共产党章程的规定发挥领导作用,研究讨论公司重大经营管理事项,支持公司的组织机构依法行使职权。由此,党组织正式融入国家出资公司的治理结构之中。"中国特色社会主义最本质的特征是中国共产党领导,中国特色社会主义制度的最大优势是中国共产党领导,党是最高政治领导力量。"[21]2017年国务院办公厅《关于进一步完善国有企业法人治理结构的指导意见》规定:"要明确党组织在国有企业法人治理结构中的法定地位,将党建工作总体要求纳入国有企业章程,明确党组织在企业决策、执行、监督各环节的权责和工作方式,使党组织成为企业法人治理结构的有机组成部分。要充分发挥党组织的领导核心和政治核心作用,领导企业思想政治工作,支持董事会、监事会、经理层依法履行职责,保证党和国家方针政策的贯彻执行。"2020年6月召开的中央全面深化改革委员会第十四次会议审议通过的《国企改革三年行动方案(2020—2022年)》提出:"把加强党的领导和完善公司治理统一起来,加快建立各司其职、各负其责、协调运作、有效制衡的公司治理机制。国有企业党委(党组)把方向、管大局、促落实,董事会定战略、作决策、防风险,经理层谋经营、抓落实、强管理,各治理主体补缺位、不越位,不相互代替、不各自为政。"2021年3月,中共中央办公厅发布《关于中央企业在完善公司治理中加强党的领导的意见》,明确了党委(党组)在决策、执行、监督各环节的权责和工作方式,明晰了党委(党组)讨论和决定重大事项的职责范围,规范了党委(党组)前置研究讨论重大经营管理事项的要求和程序,进一步厘清了相关主体的权责边界。因此,在国家出资公司中,党组织要充分发挥领导核心和政治核心作用,讨论和决定重大事项,把方向、管大局、促落实。

国有独资公司不设股东会,由履行出资人职责的机构行使股东会职权。这是对我国国有资产管理体制改革成果的确认。为解决国有资产管理体制中政企不分、政资不分问题,我国专门成立了中央和地方国有资产监督管理委员会,且将其职能定位为"管资产和管人、管事相结合",从而避免对国家出资公司过多直接干预。然而,国有资产监督机制尚不健全,国有资产监管中越位、缺位、错位问题依然存在。为此,按照2015年《中共中央、国务院关于深化国有企业改革的指导意见》和2015年国务院《关于改革和完善国有资产管理体制的若干意见》,国务院办公厅于2017年转发的《国务院国资委以管资本为主推进职能转变方案》中明确提出"加快实现以管企业为主向以管资本为主的转变"。基于此,国有独资公司章程由履行出资人职责的机构制定。履行出资人职责的机构可以授权公司董事会行使股东会的部分职权,但公司章程的

---

〔20〕 习近平:《关于〈中共中央关于全面深化改革若干重大问题的决定〉的说明》,载《人民日报》2013年11月16日,第1版。

〔21〕 习近平:《中国共产党领导是中国特色社会主义最本质的特征》,载《求是》2020年第14期。

制定和修改,公司的合并、分立、解散、申请破产,增加或者减少注册资本,分配利润,应当由履行出资人职责的机构决定。

国有独资公司的董事会成员中,应当过半数为外部董事,并应当有公司职工代表。我国国有独资公司外部董事制度在中央政策性文化和国有资产监督管理委员会规章的推动下,通过扩大试点范围的实践,逐渐在国有独资公司获得广泛适用。2015 年《中共中央、国务院关于深化国有企业改革的指导意见》印发后,中央层面的政策性文件大大推动了国有独资公司外部董事制度的实践运用。与中央企业外部董事制度改革一脉相承,地方国有独资公司的外部董事制度改革遵循的是相同的逻辑,即完善董事会结构和功能、推动决策权与执行权分离、强化外部董事对内部董事和经理人的监督和制衡机制。

国有独资公司董事会成员由履行出资人职责的机构委派,但是,董事会成员中的职工代表由公司职工代表大会选举产生。董事会设董事长 1 人,可以设副董事长。董事长、副董事长由履行出资人职责的机构从董事会成员中指定。国有独资公司的经理由董事会聘任或者解聘。经履行出资人职责的机构同意,董事会成员可以兼任经理。

国有独资公司的董事、高级管理人员未经履行出资人职责的机构同意,不得在其他有限责任公司、股份有限公司或者其他经济组织兼职。国有独资公司的董事、高级管理人员实行专任制度。该专任制度较之董事、监事、高级管理人员的竞业禁止义务更为严格,后者只是要求董事、监事、高级管理人员不得自营或者为他人经营与其所任职公司同类的营业或者从事损害本公司利益的活动。

国有独资公司在董事会中设置由董事组成的审计委员会行使本法规定的监事会职权的,不设监事会或者监事。由此可见,基于近年来国有企业监事会改革实践,明确了可以由董事组成的审计委员会行使法定监事会职权,从而可不设监事会或者监事。需要注意的是,根据《公司法》的规定,不仅可以审计委员会替代监事会,而且审计委员会还具有该专业委员会特定的董事会职权,因而应基于国有企业改革实践和公司治理结构的内在要求,尽快确立审计委员会组成规则及运行规则。例如,可明确规定审计委员会全部由外部董事组成,审计委员会的决议应直接作为董事会决议或者直接纳入董事会议案。

国家出资公司应当依法建立健全内部监督管理和风险控制制度,加强内部合规管理。《法治中国建设规划(2020—2025 年)》《法治社会建设实施纲要(2020—2025 年)》等中央文件对企业依法合规经营提出了明确要求。为此,国务院国有资产监督管理委员会于 2022 年发布了《中央企业合规管理办法》,对中央企业进一步深化合规管理作了明确规定。

四、上市公司

(一)上市公司的概念与特征

上市公司,是指其股票在证券交易所上市交易的股份有限公司。上市公司具有以下特征:

1. 上市公司是股份有限公司的一种。根据股份有限公司的股票是否获准上市交易,可以将股份有限公司分为上市公司与非上市公司。各个国家和地区的法律均规定仅股份有限公司能够成为上市公司。上市公司不因其股票上市而改变其股份有限公司的性质,但因其股票上市从而具有了区别于非上市公司的其他股份有限公司的功能与地位。

2. 上市公司的股票在证券交易所公开上市交易。股份有限公司的股票具有流通性,既可以进行店头交易或柜台交易,也可以上市交易。以店头交易或柜台交易方式进行的证券交易也属于公开交易但不属于上市交易。相应地，只有股票在证券交易所进行公开上市交易的股份有限公司才是上市公司，而股票不能在证券交易所进行交易的股份有限公司则不是上市公司，即便股票在其他证券交易场所公开交易的股份有限公司亦为非上市公司。

3. 上市公司的股票上市必须符合法定条件并经有关机关批准。股份有限公司要成为上市公司必须符合法定的条件，且须履行审批程序。在我国，只有经国务院证券监督管理机构核准公开发行股票，并经证券交易所核准上市的股份有限公司，方能成为上市公司。

（二）公司股票上市的功效

公司股票获准上市之后，该公司便成为上市公司。上市公司作为各证券市场的主导力量，对社会具有非常广泛的影响。公司股票上市主要具有以下功效：

1. 增强公司的融资能力。股票作为证券市场的主要交易产品，因其风险性、流动性等特性，往往能为投资者创造较高的利润，历来受到投资者的青睐。公司股票上市往往通过一定水平的溢价发行，在较低成本的前提下筹集到大量资金，从而为公司的后续发展提供资金保证。更为重要的是，除了通过证券市场首次发行股票融资外，上市公司还可以根据自身发展和资金需求情况，通过配股、发行新股或者发行可转换公司债券不断为公司筹集发展资金。尤其是在我国，国家对公司上市的条件从严掌握，上市公司无论质量如何都属于一种较为稀缺的市场资源，在市场相对较高的市盈率条件下，公司上市大多能够筹集到足够的资金。

2. 提高公司的知名度和市场信用。上市公司的股票为广大公众所持有，并作为证券市场上的基本交易产品，从而大大提高了其市场知名度。更为重要的是，上市公司实行严格的信息公开制度，其一切重要事项及基本财务会计信息都要通过法定方式在指定媒体上及时、准确地公布。在现代市场经济条件下，证券市场对社会经济具有举足轻重的作用，受到了广大公众的普遍关注，因而上市公司也相应地受到较高的社会关注。此外，由于上市公司通过了较为严格的上市审查，具有较为雄厚的资本、良好的市场业绩以及较为庞大的经营规模，并且因其上市公司的身份往往会注意维护自身形象，因而上市公司常能够提供相对更好的产品和服务，从而令人更加信赖。这样，公司获准上市就意味着极大地提升了自身的市场信用。

3. 有利于公司规范运作，提高公司的经营绩效。上市公司必须接受来自股东、证券监督机构、证券交易所以及社会公众和媒体等多方面的监督，除受公司法规制之外，还受证券法的规制，因而受到了较之一般公司严格得多的规范和约束。上市公司必须遵循的信息公开制度极大地提高了其经营透明度，使其经营行为很大程度上置于监督与监管之下。这样，上市公司管理层必须考虑到其行为的效果及影响，从而有利于促使其规范公司运作，提高管理水平与经营绩效。其结果不仅有利于维护广大股东的合法权益，而且有利于维护社会交易安全与交易秩序。

4. 提高股东的投资回报。持有上市公司股票即意味着不仅可以获取公司盈余分配的收益，而且可以获取股票交易的增值收益。实际上，股票交易收益是许多投资者购买上市公司股票的主要投资目的。这一点在我国这样的不成熟市场尤其明显。此外，对于公司上市之前的股东而言，公司股票上市如果能够较高幅度地溢价发行，上市即意味着其股票的大幅增值，从而极大地提高了其投资回报。

关于公司股票上市的条件、公司股票上市的程序、暂停其股票上市交易及终止其股票上市交易的规定均已移入《证券法》之中，故在此不予赘述。

五、外商投资企业的公司法适用

依照1979年《中外合资经营企业法》(经1990年、2001年、2016年三次修正,已失效)、1986年《外资企业法》(经2000年、2016年两次修正,已失效)、1988年《中外合作经营企业法》(经2000年、2016年9月、2016年11月、2017年四次修正,已失效)的规定,三资企业可以采取有限责任公司的组织形式。随着跨国公司对华投资进一步系统化,外商投资有限责任公司的组织形式越来越难以满足跨国公司的需要。于是,1995年原对外贸易与经济合作部通过了《关于设立外商投资股份有限公司若干问题的暂行规定》(已失效),确立了外商投资股份有限公司在中国的法律地位。[22] 这样,我国《公司法》规定的两种形态的公司,就都成为外商投资企业可选择的组织形式。除了在资本来源上不同之外,三资企业性质的公司与一般公司并无什么实质区别,因而多数学者都主张应共同适用《公司法》。基于此,2005年《公司法》第218条明确规定:"外商投资的有限责任公司和股份有限公司适用本法;有关外商投资的法律另有规定的,适用其规定。"

历史上,这种三资企业与内资公司分割的做法,实为市场经济体制建设之初按照所有制形式划分市场主体的立法思想使然。在改革开放初期和早期,外商投资企业法固然极大地促进了我国吸引外商直接投资,促进了我国经济的发展,然而在我国现代企业制度已经逐步建立并趋于完善的情况下,这种立法格局的弊端已日益凸显。基于此,社会各界持续呼吁改革主要依据企业类型分别立法的方式,制定一部统一的"外国投资法"。为此,2019年3月15日,十三届全国人大二次会议正式通过了《外商投资法》。该法第31条明确规定:"外商投资企业的组织形式、组织机构及其活动准则,适用《中华人民共和国公司法》、《中华人民共和国合伙企业法》等法律的规定。"依此,采取公司这一组织形式的外商投资企业,除了要适用法律对其作出特别规定的有关规范外,在组织形式与法律适用上均与一般公司无异,完全纳入由《公司法》统一调整的公司范畴。这就意味着《公司法》无须对外商投资企业的公司法适用另作规定。因此,2023年《公司法》删除了关于外商投资公司的规定。

《外商投资法》第42条第2款规定:"本法施行前依照《中华人民共和国中外合资经营企业法》、《中华人民共和国外资企业法》、《中华人民共和国中外合作经营企业法》设立的外商投资企业,在本法施行后五年内可以继续保留原企业组织形式等。具体实施办法由国务院规定。"依此,2020年1月1日以前设立的外商投资企业应在2024年12月31日前,及时依法调整组织形式、组织机构。具体来说,2020年1月1日以前设立的外商投资的公司,在2024年12月31日前调整最高权力机构、法定代表人或者董事产生方式、议事表决机制等与《公司法》强制性规定不符事项的,应当修订公司章程,并依法向登记机关申请办理变更登记、章程备案或者董事备案等手续。不具有法人资格的外商投资企业,应在2024年12月31日前申请改制为合伙制企业,并按照《合伙企业法》等法律法规规定的设立条件,向登记机关申请变更登记,并依法提交有关材料。

---

[22] 1995年《关于设立外商投资股份有限公司若干问题的暂行规定》(已失效)第1条规定:"为进一步扩大国际经济技术合作和交流,引进外资,促进社会主义商品经济的发展,外国的公司、企业和其他经济组织或个人(以下简称外国股东),按照平等互利的原则,可与中国的公司、企业或其他经济组织(以下简称中国股东)在中国境内,共同举办外商投资股份有限公司。"

六、股份合作制企业的公司法适用

股份合作制起源于20世纪80年代初我国的农村，它是在以家庭联产承包责任制和乡镇企业为核心的农村经济体制改革中创造出来的。其雏形出现于20世纪70年代末的温州，大发展于20世纪80年代中期以后。20世纪90年代特别是党的十五大以后，股份合作制逐步引入城镇集体所有制企业和部分国有中小型企业中，并在实践中开始成为一种较为广泛的企业组织形式。1998年8月，由国家统计局、原国家工商行政管理局联合颁布的《关于划分企业登记注册类型的规定》第5条也正式将股份合作制企业作为一种企业类型予以规定："股份合作企业是指以合作制为基础，由企业职工共同出资入股，吸收一定比例的社会资产投资组建，实行自主经营，自负盈亏，共同劳动，民主管理，按劳分配与按股分红相结合的一种集体经济组织。"

然而，关于股份合作制企业，我国目前尚无法律、法规层面的立法规定，仅有的几个法律文件也仅为个别部门与个别省份对较小范围内的企业改制作出的指导性规范，如1990年2月12日农业部第14号令颁布的《农民股份合作企业暂行规定》，1991年1月1日颁布的《辽宁省城镇集体所有制企业实行股份合作制暂行办法》，1993年3月1日颁布的《轻工集体企业股份合作制试行办法》，1994年10月7日，由原劳动部、原国家体改委、国家税务总局、国家国有资产管理局联合颁布的《劳动就业服务企业实行股份合作制规定》，1995年颁布的《贵州省股份合作企业条例》，1997年8月原国家体改委颁布的《关于发展城市股份合作制企业的指导意见》。但这些法律文件并无关于股份合作制企业法律归属的任何规定。

由于缺乏明确的法律规定，各种部门规章与地方法规的规定既缺乏具体规范又存在较大的差异，因而使各地股份合作制企业在实践中的具体构造可谓千差万别。根据国家有关部门的规范意见，规范的股份合作企业应当具有以下特征：(1)企业多数职工投资入股，少数职工暂未入股的可以在以后的增资扩股时入股；(2)职工个人股在总股本中占多数，职工之间持股量差别不太大，某个股东的持股量不应超过总股本的50%；(3)民主管理，实行一人一票的表决方式；(4)区别于合伙企业，符合法人资格的条件。

从产权结构与股权特点看，我国现有各种股份合作制企业大体上可分为六种类型：(1)个人控股型，即某个股东拥有企业一半以上或可以控股的股权，其他职工的股份占少数；(2)乡(镇)村集体控股型，即乡镇企业改制后，由乡(镇)村的集体股占多数，虽然经营者和职工也入股，但其股份只占少数；(3)国有股控股型，即国有中小企业的净资产出售一部分给经营者或职工，或者不出售国有净资产，而吸收经营者或职工入股，但国有股仍占控股地位；(4)企业集体股或联社股控股型，即城镇集体企业改制后，企业净资产部分出售或不出售，而吸收经营者或职工入股，但集体股仍占控股地位；(5)职工均股型，即国有中小企业或集体企业的净资产经剥离后全部出售给经营者和职工个人，但股东之间的持股量差别不大；(6)管理者阶层控股型，即国有中小企业或集体企业的净资产经剥离后出售给经营者和职工，但少数股东处于控股地位，并往往担任企业的领导职务。[23]

实践中存在的各种类型的股份合作制企业显然具有明显的异质性。总体上讲，股份合作制企业既有股份制企业的明显特征，又有合作社的明显特征，但它又不同于真正意义上的股份制，也不是纯粹意义上的合作制。因此，关于股份合作制企业的理论认识也存在较大的差异，

---

〔23〕　参见陈朝阳、林玉妹编著：《中国现代企业制度》，中国发展出版社2002年版，第430～431页。

尤其是在其法律属性上一直存在争议。既有学者称其为我国农民的又一大创造,也有人称其为“非驴非马”的形式。[24] 有学者认为,股份合作制企业是带有合作制特点的股份制企业,从本质上属于股份制范畴;[25] 也有学者认为,股份合作制企业是带有股份制特点的合作制企业;[26] 另有学者认为,股份合作制企业在理论上可谓股份制与合作制的结合,但并不能因此产生一种新的企业形态,它要么归属于股份制,要么归属于合作制,并不能成为一种独立的企业形态;[27] 还有学者认为,股份合作制企业有自己的特征,具有独立的法律属性,是一种新兴的企业组织形式,只要符合企业法人的共同条件,经主管部门审核批准就可以也应当成为法人企业。[28] 就股份合作制企业的具体特征来说,股份合作制企业一方面将企业资产划分为股份,并在按劳分配之外实行按资分配,此为股份制企业之特征;另一方面又实行一人一票的表决制度,此为合作社之特征。实践中,在“股份合作(制)企业”这一名称之下实际包容了合伙企业、合作企业、集体企业、有限责任公司与股份有限公司等多种组织形式。[29] 因此,从表面上看,确实无法界定其法律属性。

事实上,从本质上看,就现状及发展趋势而言,股份合作制企业现已主要表现为按照公司的组织结构组建,将来则明显朝向公司化发展。就基本上依照公司组织结构组建的股份合作制企业而言,由于其在基本构成上与公司相同,它在企业法律形态上应当也只能归属于公司。因此,股份合作制企业的出现并不能改变现行企业法律形态的基本结构。但由于股份合作制企业与有限责任公司、股份有限公司具有不同的特征与功能,因此有人认为它是公司的一个特别种类,是与有限责任公司、股份有限公司相并列的一种公司形态,是独立的亚企业法律形态。[30] 但是,这样一来,必将造成公司分类标准上的困惑,搅乱公司形态的分类标准,不利于公司立法的国际化。

更为重要的是,在较为规范的市场经济制度下,我们不应过多地考虑股份合作制企业是否还有继续存在的可能性,而应当考虑是否还有其存在的必要性。事实上,实践中的股份合作制企业与其规范化的要求相去甚远,以一种企业制度的标准来衡量则显得极不成熟,在财产组织形式、产权关系、分配关系、财产责任与内部治理结构等方面均存在相当程度的混乱。由于股份合作制企业与合作社具有本质的区别,如果要将两者融为一体,则应将其本质性的因素融合在一起。然而这种融合实则很难做到。就按劳分配与按股分红的结合而言,实际上将职工的工资列入成本,应属按劳动力价值分配,并非严格意义上的按劳分配,而按股分红所遵循的正是资本分配原则,因而按劳分配与按股分红的结合实与一般公司的分配原则没有本质差别。就一人一票与按股分红相结合而言,由于其违背了责权利相统一的原则并可能影响正确决策,实则不利于股份合作制企业的发展。从这个意义上讲,股份合作制企业即便在从计划经济向市场经济转轨的过程中发挥了巨大的作用,但就其现状和未来而言,实属一种极不成熟甚至可

---

〔24〕 参见夏利民、包锡妹:《企业法》,人民法院出版社 1999 年版,第 134 页。

〔25〕 参见刘迎秋:《股份制:公有财产的有效实现形式》,载《经济参考报》1997 年 8 月 5 日。

〔26〕 参见胡建生:《略论股份合作制的性质和发展》,载《法学家》1995 年第 3 期。

〔27〕 参见马跃进:《股份合作企业不是独立的企业形态》,载《政法论坛》1997 年第 2 期。

〔28〕 参见夏利民、包锡妹:《企业法》,人民法院出版社 1999 年版,第 139 ~ 140 页。

〔29〕 参见陈朝阳、林玉妹编著:《中国现代企业制度》,中国发展出版社 2002 年版,第 438 页。

〔30〕 参见李友根:《论股份合作企业的法律地位》,载《南京大学学报(哲学 · 人文科学 · 社会科学版)》1998 年第 3 期。

谓畸形的企业组织形式。在其制度命运上,我们当然不必墨守成规,因其不合乎现行企业组织形式一般观念就"判处其死刑",但也同样不应在没有必要的情况下,动辄改变实践证明极具包容性的传统立法与理论体系。因此,我们认为,对于这一产生于特定背景下的企业形态,应区别对待。对于只是较多地或者完全由职工持股的股份合作制企业,应逐渐将其纳入公司范畴,使其受到较为完善的公司法的调整。毕竟在现代公司实践中,早已突破了股东作为公司"所有者"而职工只能是雇佣者的传统认识,职工持股与职工参与决策等多种民主形式也使现代公司与传统立法和理论认识中的公司存在较大的差异。况且,将基本遵循公司的组织制度的股份合作制企业纳入公司范畴,尽管从形式上看有损于职工的利益,但从实质上看则并不至于导致职工利益受到任何实质性损害。在具体操作上,通过实行职工持股计划使原本已经入股及尚未入股的职工得以成为企业职工股东,完全可以解决职工既得利益的维护问题,根本不会存在民意与制度方面的障碍。

我们不妨对这种类型的股份合作制企业依照《公司法》实行规范的公司制改造,使其成为符合《公司法》规定的公司形态。〔31〕 实际上,我国先后几轮企业改制中就有不少由乡镇企业改制而来的股份合作制企业,为适应建设现代企业制度的"形势需要"纷纷改制为有限责任公司或股份有限公司。〔32〕 对于具有明显合作社性质的股份合作制企业,则应逐渐纳入合作社范畴,通过制定并完善我国的合作社法律法规使其得以获得法律的明确规制。

七、合作社的公司法适用

合作社的法律属性问题,在我国也是一个法律上的难题。合作社产生于市场经济,它能够有效抵御市场风险,维护社员利益,具有旺盛的生命力和广泛的适应性。100 多年来合作社不断发展壮大,已成为世界经济发展的一个重要潮流。因此,许多国家都有关于合作社的法律规定。从性质上说,合作社是作为一种农民或一定范围的城市居民间为生活目的而建立的互助组织而存在。

国际合作社运动中有不同的合作流派,不同的理论观点对合作社的定义各有不同,因而不同的合作社组织所遵循的基本原则也有一定的差异。1895 年成立的国际合作社联盟将罗虚代尔的办社原则作为其办社原则列入联盟章程。此后,在 1934 年与 1966 年的国际合作社联盟代表大会上又先后对罗虚代尔原则作了一些修改,现行原则为 6 条,即自愿入社、民主管理、股金报酬适度、盈余返还、合作社教育及合作社之间的合作原则。除了罗虚代尔原则外,还有马克思关于合作社的理论。应当承认两者之间确实存在一定的区别,但也不能将其对立起来,其基本精神实际上是一致的,或者说罗虚代尔原则实际上得到了马克思主义合作社理论的承认。

当然,马克思主义合作社理论在出发点与归宿点上都是不同的。马克思主义将合作社作

---

〔31〕 不过,1999 年 6 月 29 日原国家工商行政管理局颁布的《关于企业登记管理若干问题的执行意见》(已失效)第 2 条第 2 款规定:"股份合作制企业不得称为'公司'、'有限责任公司'。但是,改制企业原名称中含有'公司'字样的,改制为股份合作制企业后可予保留。"该规定显然是为了使股份合作制企业区别于公司而设置的,如果符合公司要求的股份合作制企业严格按照《公司法》的要求改组为《公司法》框架下的公司,则当然可称为公司。

〔32〕 由中共十六大代表蒋锡培掌舵的江苏远东集团便经历了四次改制:1992 年由私营企业改制为乡办集体企业,1995 年改制为股份合作制企业,1997 年改制为混合所有制企业,2001 年将公司彻底改制为规范的民营股份制集团。参见《创新领航"航母"远行——江苏远东集团总裁蒋锡培走过的历程》,载新浪网,http://news.sina.cn/c/2004-07-07/092/3013228s.shtml。

为改造私有制的一种方式并将其作为农民走向共产主义的中间环节。20 世纪 50 年代我国开展的合作化运动,其指导原则便是马克思主义合作社原则。[33] 表现在具体立法上,尽管许多国家都有关于合作社的法律规制,但《法国民法典》《法国商法典》《德国民法典》《德国商法典》《日本民法典》《日本商法典》等主要大陆法系国家民商法典中均无关于合作社的规定。不过,德国专门制定了《合作社法》,《意大利民法典》与《俄罗斯联邦民法典》中则以专章或专节的形式规定了合作社有关制度。具体来说,《意大利民法典》以第五编第六章共计 38 条(第 2511 ~ 2548 条)的篇幅规定了合作社制度。根据该法规定,合作社分有限责任合作社与无限责任合作社两种。在合作社中,严格限制社员的出资额,使其出资高度分散以达到互助目的。该法第 2532 条第 2 款规定:"无论社员的份额价值或股份数额,每一个社员有一票权。"《俄罗斯联邦民法典》则以一节共计 9 条(第 107 ~ 115 条)的篇幅规定了生产合作社制度。该法规定生产合作社社员对合作社债务承担补充责任。在分配问题上一般实行按劳分配,并实行一人一票的表决制度。当代法国大量出现的合作企业,即被公认为非以获得利润为目的,而是为其成员提供服务。[34] 葡萄牙学者则认为,即使是以谋利为宗旨的合作社(如生产合作社、商业合作社等),以及文化、消费、信用、建筑及住房领域的合作社,均不属于私益性私法法人。[35]

新中国成立后,依照马克思主义合作社理论建立起了大量合作社。改革开放以来,我国合作社事业进入了一个新的发展时期,合作社的实力和规模日益扩大,为完善和稳定以家庭承包经营为基础的农村双层经济体制,推动农业产业化经营和助农增收,扩大社会就业,作出了重要贡献。但在立法上,除 1950 年制定了后来未能颁布实施的《合作社法(草案)》外,相当长时期内没有制定一部合作社法,以致各种实践中产生的合作社缺乏明确的指导,显得较为混乱。

需要说明的是,从性质上说,我国曾广泛存在的城市信用合作社与大量存在的农村信用合作社并非传统意义上的合作社。信用合作制度的理论源于国外。新中国成立以后,我国按照苏联模式建立了信用合作社。经过几十年的发展,国内信用社一直扛着合作制的大旗。合作社存在的基础是社员之间互相信任、互相监督,从这一点来说,合作社的规模不能太大。若规模过大,社员之间难以互相了解,此时即应采取市场化的交易方式。然而,我国改制为银行之前以乡镇或者县为单位的信用社规模已经太大,不仅社员之间无法进行有效的了解和监督,甚至社员普遍实质性缺位,这就与严格意义上的信用合作社形成了实质性背离。因此,信用合作社的改革早就引起了社会各界的广泛关注,并逐渐改制为城市商业银行和农村商业银行。按照公司制改制的商业银行已脱离了信用社体制,受银行法与公司法调整。

另外,需要说明的是,我国 2006 年《农民专业合作社法》所确认的农民专业合作社具有明显的合作社特征,不能将其纳入公司法的调整范围。该法第 2 条规定,农民专业合作社是在农村家庭承包经营基础上,农产品的生产经营者或者农业生产经营服务的提供者、利用者,自愿联合、民主管理的互助性经济组织。第 3 条规定,农民专业合作社以其成员为主要服务对象,提供农业生产资料的购买、使用,农产品的生产、销售、加工、运输、贮藏及其他相关服务,农村民间工艺及制品、休闲农业和乡村旅游资源的开发经营等以及与农业生产经营有关的技术、信

---

〔33〕 参见陈朝阳、林玉妹编著:《中国现代企业制度》,中国发展出版社 2002 年版,第 430 ~ 433 页。

〔34〕 参见沈达明编著:《法国商法引论》,对外经济贸易大学出版社 2001 年版,第 21 页。

〔35〕 参见[葡]Paolo Mota Pinto:《民法总论》,澳门翻译公司译,法律翻译办公室、澳门大学法学院出版社 1999 年版,第 155 页。

息等服务。由此可见,与公司以营利为目的的典型企业不同,农民专业合作社是互助性经济组织。此外,与实行股权平等下的资本多数决的公司不同,农民专业合作社的成员地位平等,实行民主管理。具体来说,农民专业合作社成员大会选举和表决,实行一人一票制,成员各享有一票的基本表决权。尽管《农民专业合作社法》允许在章程中规定,出资额或者与本社交易量(额)较大的成员可以享有附加表决权,但同时限定本社的附加表决权总票数,即不得超过本社成员基本表决权总票数的20%。

思考题

1. 如何认识有限责任公司的价值?
2. 如何认识股份有限公司的价值?
3. 如何认识美国式“有限责任公司”的法律属性?
4. 试析我国公司组织形式的特点与优缺点。

第四章　公司的设立

导读

- 设立公司的过程包含了许多法律行为，如确定发起人、制定公司章程、筹集公司资本、确定公司组织机构、办理公司注册登记等。要正确理解公司设立的概念，还必须明确其与公司设立登记、公司成立之间的关系。这三个概念既有区别又有联系，在实践中又经常被混淆，因而有必要对其含义及相互关系加以考察。
- 在经济发展的不同时期，国家对公司设立的干预情况有所不同，即在不同时期对公司设立奉行不同的立法原则。从各个国家和地区设立公司的规定的历史发展来看，一般经历了自由设立—特许设立—核准设立—准则设立的过程。
- 在大陆法系国家和地区，公司设立的方式可分为发起设立和募集设立两种。在英美法系国家和地区，公司设立仅为履行一般性注册手续而已，不存在发起设立和募集设立之别。
- 各个国家和地区公司法大都明确规定公司设立必须具备一定的条件，理论界也从不同的角度归纳出若干要件，主要包括：人的条件，物的条件，行为条件，经营条件，组织条件。
- 设立行为的后果包括三种情形：其一，公司设立完成后，符合法律规定要求，被依法核准登记，获得法律人格；其二，公司设立未能最终完成，导致公司设立失败；其三，公司设立存在瑕疵，导致被责令采取补救措施，或者被宣告已成立的公司无效或被撤销。
- 设立中公司旨在使公司获准成立，发起人、设立中公司必须为此实施一系列行为。这些行为的效果归属，是学习与研究设立中公司时必须解决的核心问题。
- 公司成立时，发起人分别承担着对公司的责任和对第三人的责任。发起人对公司的法律责任主要包括：资本充实责任；损害赔偿责任；承担未经认可的设立费用。发起人虽与第三人无直接的法律关系，但因怠于履行设立公司的义务而对第三人承担损害赔偿责任。各个国家和地区的规定都赋予公司及其他股东特定的救济手段，概括起来有以下几种：行使失权程序，行使追缴出资权，行使损害赔偿请求权，请求支付利息。

第一节　公司设立概述

一、公司设立的概念及比较

（一）公司设立的概念

公司设立（incorporation），是指发起人为组建公司使其取得法人资格，必须采取和完成的多种连续的准备行为。公司设立是动态地、发展地为成立公司而进行的各种行为的概念,对其确切把握具有重要意义。

设立公司的过程包含了许多法律行为,如确定发起人、制定公司章程、筹集公司资本、确定公司组织机构、办理公司注册登记等。公司作为现代企业制度中的法人,其设立有严格的法律规定,在设立条件、方式、程序等方面要比其他形式企业的设立复杂得多。

公司设立制度在各个国家和地区会有不同的规定,即使在同一个国家内,各类公司的设立也有不同的规定,股份有限公司的设立是各种公司中最严格的。这是因为股份有限公司的股东人数较多,其资本的筹集需要经过特定的招股程序,其机关成员往往需召开创立会选任;而其他公司类型的股东、出资及机关成员,在公司设立之初即可在章程中确定,无须履行复杂的招股程序。就各类公司设立行为的共同内容而言,主要包括发起人为筹建公司所进行的协商,订立公司的章程,决定公司种类、名称,确定经营范围及公司资本的总额,选择营业地点,由发起人或股东认股并出资,召开公司的创设会议,推选公司的组织机构成员,以及做好公司登记所需的其他准备工作等。

(二)公司设立与公司设立登记、公司成立

要正确理解公司设立的概念,还必须明确其与公司设立登记、公司成立之间的关系。这三个概念既有区别又有联系,在实践中经常被混淆,因而有必要对其含义及相互关系加以考察。

1. 公司设立与公司设立登记

公司登记包括设立登记、变更登记及注销登记。公司设立登记,是指为了设立公司,依照法定条件和程序,由当事人将登记事项向营业所所在地登记机关提出申请,经登记机关审查核准,将登记事项记载于商事登记簿的综合法律行为。公司设立与公司设立登记具有以下主要区别:

(1)发生时间不同。公司设立和公司设立登记是公司取得法人资格过程中一系列连续行为的不同阶段。公司设立行为实际上包含了从发起人订立发起人协议到公司最终获准设立登记的整个过程,包括一般性设立行为(狭义上的公司设立行为)与申请设立登记行为;公司设立登记则包括申请设立登记和核准设立登记(狭义的公司设立登记行为)两个阶段,前者属于商事行为或民事行为,后者则属于行政行为(在登记机关非行政机关的情况下应属于广义的公法行为)。公司设立人依法将相关材料报请登记机关审核,进入核准设立登记阶段之后,公司设立行为才最终完成。

(2)行为性质不同。公司设立过程中虽然需要向登记机关提交相关材料,但主要发生于发起人之间,从本质上讲,应认为是一种私法行为。公司设立登记既具有明显的私法属性,又具有强烈的公法属性。在行政法学界,一般将公司设立登记界定为行政确认行为,具体为其中之登记行为;也有学者将行政确认与行政登记作为两种并列的行为,而将公司设立登记界定为在实定法意义上包含于行政许可但在学理上又与之有实质区别的行政登记行为。[1] 不管怎样,公司设立登记行为发生于发起人与登记主管机关之间,应将其纳入公法行为的范畴。

(3)法律要求不同。从行为内容和形式要件来看,公司设立行为中既包括要式行为(如制定章程),也包括非要式行为(如订立发起人协议);而公司设立登记行为则一律为要式行为,法

〔1〕 参见崔卓兰、吕艳辉:《行政许可的学理分析》,载《吉林大学社会科学学报》2004 年第 1 期。

律对登记的时间、内容、程序、申请人资格等大都有强制性规定,不需要也不允许当事人协商变更。

(4)法律效力不同。公司设立过程之中,即便已经完成全部设立行为,只要还没有核准登记,就只能称为“设立中公司”,在法律上属于不具有法人人格与独立责任能力的非法人组织;而公司一经核准登记,即获得法人资格,成为具有独立责任能力的法律主体。

2. 公司设立与公司成立

公司成立(corporate formation),是指公司经过设立程序,具备了法律规定的条件,经主管机关核准登记,取得法人资格的一种事实状态。尽管理论界对公司设立与公司设立登记的形式存在争议,但均认可其法律行为的性质,只不过对于究竟是私法行为还是公法行为存在疑义。对于公司成立的法律属性的界定,则分歧较大。有学者将其混同于公司设立登记,认为公司成立主要表现为主管机关的登记和核准,是一种行政行为;[2]也有学者认为,公司成立是能导致申请成立的公司因此取得法律资格的行政行为,[3]其作用相当于民法上的形成权,故又称“设权处分行为”;[4]还有学者将公司成立笼统地视为一种法律事实或法律状态。[5]如上所述,应当将公司设立登记从公司成立中独立出来。依此,公司设立登记被界定为公法行为或行政行为并无多大疑义,但公司成立则不宜称为公法行为或行政行为。而法律上对某一“事实”加以界定的方法,又不外乎“行为”“法律行为”“法律事实”“事件”“状态”等概念,因而无论如何界定都会发生法律概念界定上的悖论。因为公司成立是公司设立及公司设立登记的后果,而上述“行为”等概念都是导致某种后果的原因。事实上,在将公司设立登记独立于公司成立的前提下,完全不必以“行为”等概念来界定公司成立,而直接谓之“法律后果”即可。

我国《公司法》第33条第1款规定:“依法设立的公司,由公司登记机关发给公司营业执照。公司营业执照签发日期为公司成立日期。”依此,我国仍以公司营业执照签发日期为公司成立日期。在企业设立登记制度改革之前,因营业执照签发日期较为滞后,在公司获准登记后往往要经过较长时间才能取得营业执照。对此,2004年原国家工商行政管理总局发布的《企业登记程序规定》第16条规定,“作出准予企业设立登记的,应当出具《准予设立登记通知书》,告知申请人自决定之日起十日内,领取营业执照”。但在优化营商环境改革成效不断突破的背景下,公司设立登记的时间已最大限度地压缩,各地公司登记机关普遍在受理申请材料后半天之内就能完成登记程序,并当场发放营业执照和公司印章。因此,公司成立日期就完全统一,即公司核准登记日期和公司营业执照签发日期。

3. 公司设立、公司设立登记与公司成立之间的关系

从时间上看,公司设立、公司设立登记和公司成立处于前后相续的阶段。从三者之间的关系上看,公司设立是引起公司设立登记的原因;公司设立登记中的申请设立登记行为是公司设立这一连续组合行为中的最后一个环节,构成了公司设立与核准设立登记(狭义的公司设立登记行为)的连接点;公司成立则是公司设立登记的直接法律后果与公司设立的最终后果,也是公司设立获得成功所表现出来的“状态”。简单来说,三者之间的关联就是公司设立导致公司

---

〔2〕 参见张巍编著:《公司法原理》,南开大学出版社1995年版,第40页。

〔3〕 参见冯果:《公司法要论》,武汉大学出版社2003年版,第29页。

〔4〕 参见江平主编:《新编公司法教程》(第2版),法律出版社2003年版,第84页。

〔5〕 参见石少侠主编:《公司法教程》(修订版),中国政法大学出版社2002年版,第38页。

设立登记,而公司设立登记导致公司成立。

二、公司设立的性质

对于公司设立行为的性质,学界的认识不尽一致,主要有以下四种学说:

1. 合伙契约说,又称契约说、契约行为说。该说认为,发起人签订协议,合意组建公司,制定公司章程视为设立人的契约,并进而将设立行为视为合伙契约。由于此说将公司与合伙混为一谈,于法理不合,故附和者甚少。事实上,合伙契约与以制定公司章程为代表的设立行为最主要的区别是二者形成过程不同。契约的成立,需经过要约和承诺两个阶段;而章程的订立并不经过对立的要约和承诺两个阶段,它是发起人平行一致的意思表示过程。公司设立时存在发起人串通实施设立行为的情形,固然会导致设立无效,但公司设立的无效不具有溯及力,从而使第三人利益不因此受到侵害。[6]

2. 单独行为说。该说认为,公司的设立是发起人以组织公司为目的的单独行为。这种理论认为,应将公司设立行为分为两个阶段,即公司设立行为之预约与实现此预约之设立行为。在单独行为说中,因对各个发起人的结合方式的理解不同,又形成了偶合的单独行为说和联合的单独行为说两种理论。偶合的单独行为说认为,公司发起人各有其设立公司的目的,他们之间在没有共同目的的情况下,以各自独立的行为偶然凑合到一起而成立公司。联合的单独行为说认为,各个不同的公司发起人起初各自的意思表示并不同,但在设立公司的共同目的下联合起来,通过共同的意思表示而联合设立公司。[7] 实质上,公司是经全体发起人或在成立大会上由多数股东议决而成立,故将设立行为视为单独行为,与设立行为的性质相悖。无论是偶合的单独行为说还是联合的单独行为说,都忽略了发起人设立公司的共同目的,以及全体或多数发起人平行一致之行为,故单独行为说在理论上说不通,与事实亦不相合。

3. 合并行为说。有支持该说的学者认为,公司设立系共同行为与契约行为之合并行为,即既有共同行为的属性又有契约行为的属性。[8] 或有学者认为,公司设立是契约行为与单独行为的有机结合,即既有契约行为的属性,又有单独行为的属性,是一种混合行为。[9] 多数学者对此持否定态度。

4. 共同行为说,又称公司行为说。由于大陆法系国家和地区传统民法将契约与合同行为区别开来,后者即共同行为,故该说又称合同行为说。该说认为,公司的设立是设立人的共同行为。所谓共同行为,即在同一目的之下,以两人以上的意思所为的共同一致的行为。该说揭示了设立行为的实质。事实上,设立行为无论是一人代表为之,还是发起人或股东共同为之,都是发起人共同一致的意思表示。因此,公司设立行为的性质应解释为共同行为。在大陆法系国家和地区,正如民法上的社团法人设立行为的性质通说认为是共同行为(大陆法系特以合同行为指称),关于商法上的公司设立行为的性质,通说也认为是共同行为。[10] 我国理论界与实务界也以该说为通说。

---

〔6〕 参见《韩国公司法》,吴日焕译,中国政法大学出版社2000年版,第75页。

〔7〕 参见范健、蒋大兴:《公司法论》(上卷),南京大学出版社1997年版,第141页。

〔8〕 参见梁宇贤:《公司法论》,台北,三民书局1980年版,第55页。

〔9〕 参见雷兴虎主编:《公司法新论》,中国法制出版社2001年版,第68页。

〔10〕 参见《韩国公司法》,吴日焕译,中国政法大学出版社2000年版,第72页;梁宇贤:《公司法论》,台北,三民书局1980年版,第55页。

公司设立行为的性质论源于民法上的社团法人设立行为的性质论。大陆法系民法学界通说认为,社团法人的设立行为是全体设立人齐心协力于设立法人这一共同目的的行为,彼此之间不承担债权、债务。[11] 商法学界受此影响,多数学者基于公司设立行为之核心——公司章程之订立与成立大会之决议,而认为公司设立行为是共同行为;但对于股份有限公司设立行为之一部分的股份认购的性质则有分歧。其中基本上认为发起人股份认购的行为是共同行为,而关于认股人的股份认购行为,则有人认为是向设立中公司的入股契约,也有人认为是向未来将成立之公司的入股契约。不过,这种由德国学者基尔克(Gierke)提出,而后为日本、韩国等多数大陆法系国家和地区绝大多数学者所追随的共同行为说,如今已在其发源地——德国几乎彻底失去了市场。《德国股份法》将制定公司章程和公司契约作为同义语使用,从而将其视为契约之一种,大部分学者都将章程制定或股份认购解释为契约。只不过为了说明其组织法性质的特殊性,认为它不是债法上的契约,而是组织法上的契约。[12] 与大陆法系不同,契约说是英美法系的通说。当然,在一人公司设立情形下,两大法系均认为公司设立行为系单独行为。[13]

在这些学说中,共同行为说虽然在其发源地被基本推翻,但相对而言,该说还是更具有合理性。不过,由于公司设立行为本身是由一系列行为组合而成,任何一种谋求统一界定其法律属性的做法,都难免会存在这样那样的缺陷,共同行为说当然也不例外。实际上,共同行为说仅能较好地解释公司章程的制定行为,至于股份认购行为确实难以由该说圆满解释。当然,将公司设立行为界定为共同行为,并无太大的实质意义,仅是为了说明其意思形成方式不同于契约而已。

三、公司设立的类型

在经济发展的不同时期,国家对公司设立的干预情况有所不同,即在不同时期对公司设立奉行不同的原则。从各个国家和地区设立公司的规定的历史发展来看,一般经历了自由设立—特许设立—核准设立—准则设立的过程。

1. 自由设立主义。自由设立主义又称放任主义,是指政府对公司的设立不作任何限制,法律不加任何干预。这种公司设立的原则产生于欧洲中世纪末的自由贸易时代,法国大革命时期对无限公司等人合公司实行过该原则,随着商事公司的发展,这种对公司的设立听任自由、毫无限制导致了投机者滥设公司,危害交易安全。这种公司设立原则已经被普遍废弃。

2. 特许设立主义。特许设立主义指的是公司成立须经国家元首特许或由立法机关制定专门法律。特许原则盛行于17~19世纪的英国,如1600年的英国东印度公司、1694年的英格兰银行以及英国早期的公用事业公司,包括铁路公司、电力公司、煤气公司、自来水公司等,均依特许设立。特许设立方法有两种:其一,经英国国王特别许可,取得从事某种商事活动的许可证而设立"特许公司"(charted companies);其二,由英国国会颁发特别制定法而获授权设立的"制定法上的公司"(statutory companies)。从英国东印度公司时代至18世纪,由于滥设了许多公司,各国纷纷以特许设立主义来规制。由于特许设立主义导致过度管制公司设立的结果,当今各个国家和地区一般仅对特殊的公司才采取特许设立主义。需要说明的是,自由设立主义

---

〔11〕 当然,也有民法学者认为,设立行为是以团体性效果的发生为目的的特殊契约。

〔12〕 参见《韩国公司法》,吴日焕译,中国政法大学出版社2000年版,第72~75页。

〔13〕 参见梁宇贤:《商事法论》(修订新版),中国人民大学出版社2003年版,第54页。

和特许设立主义时期的公司，并非现代股份有限公司与有限责任公司，其时还没有产生这两种公司，所能设立者仅为无限公司等人合公司。

3. 核准设立主义。核准设立主义指的是公司设立除符合公司法规定之外，还必须经国家授权的行政机关审查批准。核准设立原则始创于法国1673年《陆上商事条例》，1807年《法国商法典》对股份有限公司和股份两合公司也采取这种设立原则。该设立原则也为1861年《普通德意志商法》所采取，并逐渐为许多国家所采纳。该设立原则过于严格，行政机关对公司设立进行实质性审查，其实施逐渐构成了公司发展的障碍，在现代各个国家和地区除有限度地予以保留外，已逐渐被准则设立主义所取代。

4. 准则设立主义。准则设立主义指的是公司法预先规定公司的设立条件，只要符合设立条件，公司即可登记成立。准则设立原则对公司设立的要求较为宽松。此设立原则主要是为了适应19世纪末20世纪初资本主义社会经济迅速发展，公司大量产生的实际需要。1862年英国公司法首先采取该原则，随后德国1870年股份法也采取了该原则，后为其他国家所普遍仿效。20世纪后，这一原则已被各个国家和地区公司广泛采用。不过，不少国家和地区为了防止公司设立过滥，现已加强了对公司设立行为的监督，实行了严格准则主义。与此相对应，一般意义上的准则主义被称为单纯准则主义。所谓严格准则设立主义，一是严格公司设立的法定条件，加重设立人的法律责任；二是加强司法机关、行政主管机关对公司设立的监督。这是为了避免单纯准则主义过于放任的缺陷，也避免特许设立主义和核准设立主义过于烦琐的弊端。需要注意的是，这种对于公司设立条件的限制及其法律责任的明确规定，虽然体现为登记机关及法院对公司的监督，但明显不同于公司成立后登记机关及法院对其经营活动的监督。

我国公司设立的基本规定：依我国《公司法》第29条的规定，我国公司的设立一般采用准则设立主义，但法律、行政法规对设立公司规定必须报经批准的，则采用核准设立主义，也有学者认为这也是严格准则主义的体现。目前，在我国从事某些国家设置了特别设立条件的特定行业的有限责任公司与股份有限公司，其设立行为必须先行报经政府主管部门或政府授权部门审查批准，然后依法将设立的主要事项呈报公司登记机关审核备案，并取得企业法人营业执照。这种立法原则应纳入核准设立主义。其他有限责任公司与发起设立的股份有限公司的设立则应纳入严格准则设立主义；[14]而募集设立的股份有限公司的设立仍应采用核准设立主义。

第二节　公司设立的具体制度

一、公司设立的方式

公司设立的方式，可分为发起设立和募集设立两种方式。但这是就大陆法系公司法而言的。在英美法系，公司成立前不要求发起人认购股份，也不允许公开发行股份，只有在公司成立后，才允许以公司名义公开发行股票，筹集公司资本。因此，在英美法系国家和地区，公司设

〔14〕对发起设立的股份有限公司，2005年修订《公司法》时取消了1993年《公司法》中必须由国务院授权的部门或者省级人民政府批准的规定。

立仅履行一般性注册手续而已,不存在发起设立和募集设立之别。[15]

(一)发起设立

发起设立,亦称共同设立或单纯设立,是指由发起人认购公司应发行的全部股份而设立公司。该种设立方式的最大特点在于公司所有资本都来自公司的发起人,公司不能公开向社会募集股份。因无限公司是人合公司,两合公司和有限责任公司也具有人合属性,其资本与公司运作都具有封闭性,故只能采取该设立方式,股份有限公司与股份两合公司则可选择采取该设立方式。一般而言,只有在创立公司时,无须向社会公众募集资金,仅凭发起人的出资即可达到公司资本总额的要求,才采取发起设立方式。如果公司所需资本数额较大,发起人难以认购全部股份,则不宜采取该设立方式。但德国等少数国家公司法,并未规定募集设立方式,仅允许以发起设立方式设立股份有限公司。1998 年 8 月 5 日和 1999 年 2 月 8 日,中国证监会分别以"通知"和"4 号文"的形式,否定了"募集设立"方式,这使发起设立成为实践中股份有限公司的唯一设立方式。对此,现行《公司法》第 91 条第 1 款确立了发起设立与募集设立两种设立方式。

(二)募集设立

募集设立,亦称渐次设立、复杂设立,是指由发起人认购公司应发行股份的一部分,其余股份向社会公开募集或者向特定对象募集而设立公司。在各类公司中,只有股份有限公司与股份两合公司可以采取这种设立方式。

实践中,募集设立曾包括定向募集和社会募集两种方式。采取定向募集方式设立,公司发行的股份除由发起人认购外,其余股份不向社会公开发行,但可以向其他特定法人发行部分股份,经批准也可以向本公司内部职工发行部分股份。采取社会募集方式设立,公司发行的股份除由发起人认购外,其余股份应向社会公众公开发行。采取定向募集方式设立的股份有限公司,称为定向募集公司;采取社会募集方式设立的股份有限公司,称为社会募集公司。定向募集公司在公司成立一年以后增资扩股时,经批准可变更为社会募集公司。

在股票市场尚未充分开放的情况下,定向募集方式可以使公司不受股票发行配额的限制,通过向特定对象发行股份,既达到筹集资金和改变企业单一产权结构的目的,又可以借此获得控制公司股权的主动性,还可以在条件成熟时转换成社会募集公司。然而,定向募集方式也存在许多问题,如股票发行透明度不高,公司内部职工股与社会个人股之间待遇相差悬殊,甚至可能造成我国公司形态和证券市场的混乱,滋生名目繁多的审批权等。因此,1993 年《公司法》未确认该设立方式,原国家体改委则于 1994 年 6 月 19 日发文禁止再批准设立定向募集公司。不过,2005 年修订《公司法》时,确认了定向募集方式,2023 年《公司法》第 91 条也沿用了该规定。

各个国家和地区的公司法对采取募集方式设立公司时发起人认购的股份应占发行资本总数的比例,大都有限制性规定。这对于防止发起人依赖他人资本开办公司,从而降低其财产风险,是非常必要的。依我国 1993 年《公司法》第 83 条的规定,以募集设立方式设立股份有限公司的,发起人认购的股份不得少于公司股份总数的 35%,其余股份应当向社会公开募集。为了减少注册资本特别大的公司发起人的出资压力,增强《公司法》的灵活性,在 2005 年《公司法》修订过程中,《公司法(修订草案)》(一次审议稿)第 96 条在维持原规定的同时,补充了一项但

---

〔15〕 参见王保树主编:《中国公司法修改草案建议稿》,社会科学文献出版社 2004 年版,第 125 页。

书:“但是,法律、行政法规另有规定的,从其规定。”对此,在全国人大常委会对《公司法(修订草案)》进行第三次审议时,有些全国人大常委会委员对是否允许采用募集设立方式有不同意见。全国人大法律委员会、全国人大常委会法制工作委员会会同有关部门反复研究了这个问题。中国证监会提出,为了避免公开募集设立方式的风险和弊端,建议删除公开募集设立方式,但可以采用向机构投资者等对投资风险具有较强的识别、承受能力的特定对象募集股份的定向募集设立方式。国务院法制办、国有资产监督管理委员会、原国家工商行政管理总局、中国人民银行等部门则认为,公司法已经规定了股份有限公司的公开募集设立方式,保留这一方式,有利于拓宽投资渠道,方便公司设立,促进经济发展。全国人大法律委员会经研究认为,允许股份有限公司采用公开募集和定向募集的方式设立,有利于适应投资者选择不同投资方式的需求,鼓励投资创业。同时,应当加强监管,防范风险。据此,提交表决的《公司法(修订草案)》在保留股份有限公司公开募集设立方式的同时,增加了定向募集设立方式。2023 年《公司法》在第 91 条第 1 款的基础上,于同条第 3 款明确规定募集设立包括公开募集与定向募集两种方式。

理论拓展　募集设立制度是否真的不可或缺?

我国法学界一直在呼吁中国证监会对募集设立开禁,认为募集设立是公司设立不可或缺的基本方式。世界上绝大多数国家和地区允许采取募集设立方式。不过,也有国家和地区不采取该设立方式,且理论界仍然认为该规定毫无问题。例如,1937 年《德国股份法》曾经规定了公开募集设立的方式,但现行 1965 年《德国股份法》则仅仅规定了发起设立这一方式。在德国,若公司向社会公众发行股份,则须由一家银行作为发起人,由该银行认购公司发行的股份,然后再向社会公众发行。因该模式存在较大风险,多数银行都不敢充当公司的发起人。德国法学界也认为,募集设立方式其实没有必要,因为公司要在证券市场发行股票,都必须已经存续一定年限。如果考虑将在近期上市,《德国股份法》第 186 条第 5 款规定了一个比较可行的程序:由一个信贷机构收购公司的股份,同时指定由该机构负责销售公司的股份。[16]

二、公司设立的条件

各个国家和地区的公司法大都明确规定公司设立必须具备一定的条件,理论界也从不同的角度归纳出若干要件。我国 2023 年《公司法》删除了关于公司设立条件的明确规定,但该法第三章第一节和第五章第一节的内容蕴含了关于有限责任公司和股份有限公司的设立条件的规定。一般认为,公司设立必须具备以下条件。

(一)人的条件

人的条件,是指公司设立关于公司股东与发起人人数以及发起人资格等方面的要求。

1. 股东与发起人人数的要求

公司设立必须符合关于股东人数的法定要求。各个国家和地区的公司法大多规定了有限

---

〔16〕 参见[德]托马斯·莱塞尔、吕迪格·法伊尔:《德国资合公司法》(第 3 版),高旭军等译,法律出版社 2005 年版,第 87 页。

责任公司和股份有限公司的最低股东人数,这同时构成了发起人人数的下限。

发起人,亦称创办人,是指订立创办公司的协议、提出设立公司申请、向公司出资或认购公司股份并对公司设立承担责任的人。设立任何公司,都必须有发起人或创办人。由于发起人都负有出资或认购公司股份的义务,在公司成立后即成为公司的首批股东。公司发起人一般应具备以下条件:(1)发起人之间具有共同设立公司的意思表示;(2)发起人必须有出资行为;(3)发起人必须是实施了设立行为的人;(4)发起人必须在公司章程上签名、盖章。

公司是社团法人,是人的组合,具有鲜明的股东多元化的特征,世界上除少数国家和地区允许1人发起设立公司外,多数国家和地区的公司法都规定发起人必为2人以上,也有规定为3人以上、5人以上的。不过,在美国、法国、德国等国已允许设立仅有1人的有限责任公司。对股份有限公司的发起人人数则要求更高,一般为5人或7人以上,如德国为5人以上,英国、法国、爱尔兰、卢森堡、比利时、韩国及我国香港特别行政区为7人以上。也有一些国家和地区对股份有限公司的发起人人数下限规定得较低,如挪威、瑞典为3人以上,意大利、瑞士、奥地利为2人以上,《美国商事公司示范法》则将下限定为1人。

由于有限责任公司具有很强的人合性质,有些国家和地区还对有限责任公司股东人数设有上限,一般限定为50人。例如,韩国、爱尔兰、法国均规定,设立有限责任公司不得超过50人;卢森堡则规定有限责任公司股东不得超过40人。我国《公司法》明确规定有限责任公司由1个以上、50个以下股东出资设立。

值得注意的是,与近年来各个国家和地区相继承认一人公司相适应,现在,绝大多数国家和地区已放弃了对股东人数的强制性要求。例如,德国、奥地利、比利时、丹麦、西班牙、芬兰、希腊、意大利、荷兰、葡萄牙、英国、瑞士等均无最高人数限制。2005年《日本公司法典》也取消了关于股份有限公司发起人人数下限的规定。我国2023年《公司法》也适应这一立法潮流,明确规定有限责任公司股东与股份有限公司发起人人数的下限均为1人;不过,为避免股份有限公司发起人过多,仍将其上限规定为200人。

2. 发起人的资格要求

各个国家和地区公司法的规定一般对继受股东的资格限制较少,对公司的发起人则要求较严,但关于股东资格的限制同样适用于公司发起人。这些限制主要表现为:

(1)自然人作为发起人应具有完全民事行为能力,法人作为发起人则应为法律上未受特别限制的法人。我国《公司法》虽然未对自然人作为发起人的条件作出规定,但设立行为属法律行为,应当适用《民法典》关于自然人权利能力与行为能力的规定。

(2)不得为法律、法规禁止从事投资行为的党政机关及其公职人员。这种发起人资格限制基本上为各个国家和地区法律的共性要求,但大多未以公司法的形式作明确规定。我国公司法及相关法律均未对此作明确规定,但相关纪律禁止党政机关及其公职人员经商办企业,自然也禁止党政机关及其公职人员作为公司的发起人。需要说明的是,在我国,国家作为特殊的民事主体也可以成为公司的股东。但为了界定产权关系,明确投资责任,国务院或者地方人民政府可以授权国有资产监督管理机构或者其他部门、机构代表本级人民政府对国家出资公司履行出资人职责,即由履行出资人职责的机构代行国家股权,并向国家出资公司委派股权代表。在这种情况下,实质上的股东虽仍为国家,但形式上的股东则为履行出资人职责的机构。

(3)关于对公司发起人的国籍和居住地的限制。欧美有的国家公司法一般都未对此作限制性规定,本国公民和外国人都可以作为公司的发起人。也有部分国家和地区的公司法虽同样不对有限责任公司的出资人(发起人)的国籍和居住地作限制性规定,但对股份有限公司的发起人作了限制性规定。例如,《瑞典公司法》规定,发起人必须是在瑞典居住的瑞典国民或瑞典法人;《挪威公司法》规定,对发起人原则上无国籍要求,但若公司创办人的招股书是向公众公开发出的,则创办人中起码应有一半人须在挪威居住 2 年以上;《丹麦公司法》规定,发起人中至少有 2 人应在丹麦有住所。我国《公司法》未对有限责任公司的出资人国籍作出特别限制,但该法第 92 条规定:"设立股份有限公司,应当有一人以上二百人以下为发起人,其中应当有半数以上的发起人在中华人民共和国境内有住所。"

(二)物的条件

物的条件,是指设立公司所必须具备的必要物质条件。其中最主要的是资本条件,故物的条件亦称资本条件。

关于公司最低资本额制度,当今世界大体有以下三种模式:

1. 无论有限责任公司还是股份有限公司,均设定强制性最低资本额。绝大多数大陆法系国家和地区皆属此例,如德国、法国、意大利、韩国。例如,《德国有限责任公司法》规定有限责任公司的最低资本额为 2.5 万欧元,[17] 股份有限公司的最低资本额为 5 万欧元;在法国,自 2002 年起,有限责任公司与股份有限公司的最低资本额分别为 0.75 万欧元与 3.7 万欧元,其中公众性股份有限公司为 22.5 万欧元;在意大利,有限责任公司与股份有限公司的最低资本额分别为 1 万欧元与 100 万欧元。[18] 我国 2005 年《公司法》第 26 条第 2 款曾规定,设立有限责任公司的最低注册资本为 3 万元,但法律、行政法规对有限责任公司注册资本的最低限额有较高规定的,从其规定;第 81 条第 3 款规定,设立股份有限公司的最低注册资本为 500 万元。在此模式下,凡不符合公司法规定的资本条件,公司不得成立。这种规定主要是确保公司成立之后的经营规模及对外承担财产责任的能力达到一个起码的底限。不过,2013 年《公司法》原则上取消了公司最低资本额制度,除法律、行政法规以及国务院决定对注册资本最低限额另有规定的外,公司均无最低资本额要求。2023 年《公司法》维持了该规定。

2. 对有限责任公司或相当于有限责任公司的封闭式公司不设最低资本额限制,对开放式公司则设有强制性最低资本额限制。其代表国家为英国、爱尔兰以及阿根廷、智利、印度尼西亚、马来西亚、新加坡等。其中,英国、爱尔兰原本未对封闭式公司设最低资本额限制,是为了与《欧共体第二号公司法指令》第 6 条的规定相协调,而分别对其原公司法进行修订所新增的制度。例如,英国公司法规定,设立公司的最低资本金为 5 万英镑。

3. 无论封闭式公司还是开放式公司,均无强制性最低资本额限制。美国、澳大利亚、加拿

---

〔17〕 在欧盟国家,这一最低资本额属于较高的标准。因此,为降低有限责任公司的设立门槛,提高德国有限责任公司的竞争力,2008 年 10 月 23 日通过的《有限责任公司法改革法》增设了一种新的、没有最低资本额要求的有限责任公司——企业主(有限责任)公司。参见高旭军、白江:《论德国〈有限责任公司法改革法〉》,载《环球法律评论》2009 年第 1 期。

〔18〕 参见[德]托马斯·莱塞尔、吕迪格·法伊尔:《德国资合公司法》(第 3 版),高旭军等译,法律出版社 2005 年版,第 33 页。

大等英美法系国家和地区皆属此例。[19] 2005年《日本公司法典》也在废除了有限责任公司这一公司组织形式的同时,废除了最低资本额的限制。

较为特殊的是,还有一些国家和地区对有限责任公司的最高资本限额作了规定。例如,瑞士规定有限责任公司最高注册资本不得高于200万瑞士法郎。

(三)行为条件

行为条件,是指公司的设立行为必须符合法律要求,这主要包括章程的制定、公司名称的选择、组织机构的确定、股份的发行等。公司法规定公司设立时必须具备的设立条件,都应当符合其要求,否则公司不得设立。

(四)经营条件

经营条件,是指公司设立时应当具备符合法律规定的固定生产经营场所以及必要的生产经营条件。

生产经营场所是公司进行生产经营的空间,如办公场所、营业场所、本厂、分厂、生产车间、销售网点。公司的生产经营活动应当相对集中于一定的场所,但其未必与公司的住所一致。公司设立时必须确定一个固定的场所为住所。国务院2014年2月7日印发的《注册资本登记制度改革方案》确立了简化住所(经营场所)登记手续的改革方案。依其规定,申请人提交场所合法使用证明即可予以登记;对市场主体住所(经营场所)的条件,各省、自治区、直辖市人民政府根据法律法规的规定和本地区管理的实际需要,按照既方便市场主体准入,又有效保障经济社会秩序的原则,可以自行或者授权下级人民政府作出具体规定。

必要的生产经营条件是保证公司经营活动得以正常进行以及其设立目的能够实现的必要条件,是对物的条件、组织条件的具体化要求,主要包括公司生产经营所必需的资金、厂房、设备、运输工具、专业技术人员与经营管理人员等。例如,生产的产品或提供的服务项目应为法律所允许;有能源、原材料、水资源和交通运输条件保证;厂址符合国家建设项目规划、布局和设计技术要求;环境保护、劳动安全、卫生和消防安全设施等符合国家规定标准。[20]

(五)组织条件

组织条件,是指公司作为组织体必须具备符合法律规定的名称、组织机构等。作为一种社团法人,公司必须具有规范的名称以及赖以形成与执行公司意思的组织机构。

三、公司设立的程序

(一)符合法定人数与条件的发起人订立发起人协议

发起人协议又称公司设立协议,是在公司设立过程中,由发起人订立的关于公司设立事项的协议。发起人协议的作用在于确定所设公司的基本性质和结构,协调发起人之间的关系及其权利和义务。发起人协议是不要式法律文件,作为当事人之间的契约,主要根据当事人的意思表示形成,其内容更多地体现了当事人的意志和要求。发起人协议是任意性文件,虽然公司发起人通常都会订立此种协议,但各个国家和地区的公司法对于发起人协议都未作明确的规定,从这个意义上说,订立发起人协议不是设立公司的法定程序。在性质上,一般认为发起人协议

---

〔19〕 参见傅穹:《重思公司资本制原理》,法律出版社2004年版,第135页;冯果:《现代公司资本制度比较研究》,武汉大学出版社2000年版,第81页。

〔20〕 参见赵旭东主编:《公司法学》,高等教育出版社2003年版,第119页。该内容未见于该书第2版,故引用初版。

属于合伙契约。发起人协议一般具有以下内容：(1)发起人的名称，住所，法定代表人的姓名、国籍、住所、职务；(2)组建公司的名称、住所；(3)公司的宗旨、经营范围；(4)公司设立的方式、组织形式；(5)公司注册资本，股份总额、类别，发起人认购股份的数额、形式及期限；(6)发起人的权利和义务；(7)违约责任；(8)适用法律及争议的解决；(9)协议的生效与终止时间；(10)订立协议的时间、地点、发起人签字；(11)其他需要载明的事项。我国《公司法》第43条规定："有限责任公司设立时的股东可以签订设立协议，明确各自在公司设立过程中的权利和义务。"第93条第2款规定："发起人应当签订发起人协议，明确各自在公司设立过程中的权利和义务。"依此，有限责任公司设立时的股东签订发起人协议(设立协议)是任意性规定，股份有限公司发起人签订发起人协议则是强制性规定。

(二)制定公司章程

公司章程是公司经营活动的准则，制定公司章程是设立公司的必经程序。公司章程应由全体股东签字订立，其直接体现了股东之间的权利和义务。有的国家和地区还要求章程必须经过公证手续才能生效，如德国、日本、韩国等。公司章程必须记载法定的绝对必要记载事项，也可以记载法定的全部或部分相对必要记载事项，还可以在不违反强制性规范、公序良俗的前提下，记载一些发起人协商一致的任意事项。无限公司和有限公司的章程一经发起人签署即发生法律效力，股份有限公司与股份两合公司的章程须经创立会议决议通过始生效力。

(三)确定股东

无限公司、有限公司及两合公司的股东，一般在订立章程时予以确定，即在章程中明确记载股东的姓名。股份有限公司的一部分股东可在章程中确定，这主要是公司发起人；另一部分股东需要通过募股程序来确定。

(四)交纳出资及验资

出资是股东基于股东资格对公司所为的一定给付，凡股东均负有出资的义务。公司的资本是由全体股东出资构成的，在公司章程中应有明确的记载。出资是发起人或股东的基本义务，也是股东享有股权的前提。为保证公司资本的真实、可靠和充足，各个国家和地区公司法对股东出资的义务、程序、方式等，都有着十分详尽的规定。

除实行授权资本制的国家和地区外，公司章程中所记载的资本总额，在公司成立时都必须落实到每一股东的名下。尽管有些国家和地区的公司法规定股东可以分期缴付股款，但股东已经认购尚未缴付的股款，也构成对公司债务的确定担保。若股东对其认缴的出资不能实缴或屡催不缴，则构成对出资义务的违反，应承担违反出资义务的法律责任。严格要求股东履行出资义务，目的是保证公司资本的真实可靠，进而保护社会交易的安全。即使是实行授权资本制的国家和地区，股东也必须严格履行出资义务，其区别仅在于：实行授权资本制的公司章程所记载的注册资本并不要求在公司成立时全部发行，只发行一部分且不低于最低资本额的限制，公司亦可成立；其余未发行部分，授权董事会在公司成立后可随时决议发行；对于已发行部分的资本，股东同样必须严格履行其出资义务。需要注意的是，根据我国2023年《公司法》的规定，除有限责任公司实行限期5年实缴的认缴制外，股份有限公司都实行实缴制。

各个国家和地区的公司法一般还就股款的保管人作出明确规定。在日本，由银行、信托公司及其他法务省令规定的类似机构办理股款的缴纳。[21] 我国《公司法》就股份有限公司股款保管机构作了规定。该法第156条第1款规定:“公司向社会公开募集股份,应当同银行签订代收股款协议。”

验资是指法定验资机构对股东全部出资的价值和真实性进行检验并出具验资证明的行为。值得注意的是,验资并非各个国家和地区的公司设立的通常程序。例如,日本就没有专门的验资要求,不过发起人可请求办理股款缴纳的银行、信托公司及其他法务省令规定的类似机构提供缴纳金额的保管证明。[22] 法国则仅要求法令指定的股款保管人出具保管人证书以确认出资,没有规定专门的验资机构。[23] 另外,《法国商法典》第L223—9条对有限责任公司的实物出资的评估制度作了专门规定。[24] 在我国,公司法曾长期要求,股款足额缴纳后,须经法定验资机构验资并出具验资证明。不过,为推行公司注册登记制度改革,我国2013年《公司法》免除了有限责任公司和发起设立的股份有限公司的法定验资义务,但未免除募集设立的股份有限公司的法定验资义务。2023年《公司法》沿用了该规定。

(五)确定公司的组织机构

公司组织机构在公司设立阶段即应予以确定。无限公司的全体股东以及两合公司中的全体无限责任股东,都有代表公司、执行公司业务的权利,但公司章程可以规定其中一人或数人作为执行业务股东。在有限责任公司中,公司设立股东会的,董事一般由股东会选举产生;公司不设立股东会的,董事一般由股东委任。在股份有限公司中,由公司的创立会议选举公司的董事组成董事会,并由董事会选举董事长。在我国,有限责任公司和发起设立的股份有限公司的组织机构在制定公司的章程时,已经对股东会、董事会、监事会作出了规定,并且把董事会成员作为申请登记的一项内容。募集设立股份有限公司,发起人应当自公司设立时应发行股份的股款缴足之日起30日内召开公司成立大会;发起人应当在成立大会召开15日前将会议日期通知各认股人或者予以公告;成立大会应当有持有表决权过半数的认股人出席,方可举行。以发起设立方式设立股份有限公司,成立大会的召开和表决程序由公司章程或者发起人协议规定。

(六)公司设立登记

设立登记是公司取得法人资格的必经程序。在履行法定的设立程序后,无限公司和两合公司的执行董事,以及有限责任公司和股份有限公司的董事会,即可向政府登记主管机关申请登记。我国《公司法》第30条的规定,申请设立公司,应当提交设立登记申请书、公司章程等文件,提交的相关材料应当真实、合法和有效;申请材料不齐全或者不符合法定形式的,公司登记机关应当一次性告知需要补正的材料。

公司登记机关核准登记后,应依法予以公示。对此,我国《公司法》第32条第2款规定:“公司登记机关应当将前款规定的公司登记事项通过国家企业信用信息公示系统向社会公示。”公司登记事项包括公司名称、住所、注册资本、经营范围、法定代表人姓名、有限责任公司

---

〔21〕 参见吴建斌编译:《日本公司法　附经典判例》,法律出版社2017年版,第17页。

〔22〕 参见吴建斌编译:《日本公司法　附经典判例》,法律出版社2017年版,第29页。

〔23〕 参见毛亚敏:《公司法比较研究》,中国法制出版社2001年版,第109页。

〔24〕 参见《法国商法典》(上册),罗结珍译,北京大学出版社2015年版,第216页。

股东、股份有限公司发起人的姓名或者名称。经公示后，公司设立登记程序才告全部完成，公司登记事项始产生对抗善意相对人的效力。

需要说明的是，依我国 1993 年《公司法》，履行行政审批手续为公司设立的一般程序。[25]但依我国 2005 年修订后的《公司法》，设立一般的有限责任公司与发起设立股份有限公司均取消了行政审批前置程序，发起人可以直接向公司登记机关申请设立登记。因此，我们在此未将依法办理行政审批手续列为公司设立程序。当然，与各国公司法规定相同，对于从事特定行业经营的公司须经行政许可或特许，才能依法设立，如金融性公司须经中国人民银行批准，经营食品、餐饮的公司须经卫生防疫部门的审批等。对此，现行《公司法》第 29 条第 2 款规定："法律、行政法规规定设立公司必须报经批准的，应当在公司登记前依法办理批准手续。"此外，募集设立股份有限公司，各国均要求获得证券监管部门注册或核准。

第三节　公司设立的效力

公司设立的效力即公司设立行为的法律后果。设立行为的后果包括三种情形：其一，公司设立完成后，符合法律规定要求，被依法核准登记，获得法律人格；其二，公司设立未能最终完成，导致公司设立失败；其三，公司设立存在瑕疵，导致被责令采取补救措施或被撤销登记，或者被宣告已成立的公司无效或撤销。公司设立完成意味着公司取得法律人格，设立失败则意味着公司未能成立，这两种情形在法律效力方面较为明确。本章在此仅就第三种情形探讨与之相关的公司发起人责任问题。

一、公司设立瑕疵概述

所谓公司设立瑕疵，是指经公司登记机关核准登记并获营业执照而宣告成立的公司，在设立过程中，存在不符合公司法规定的条件和程序而设立公司的情形。公司设立瑕疵不同于公司设立失败。后者有广义和狭义之分。广义的公司设立失败还包括公司设立无效，狭义的公司设立失败仅指设立不能，是指出于种种原因未能完成公司设立行为的情形。公司设立不能的原因既包括发起人因故主动放弃设立活动，也包括被公司登记机关驳回设立申请的情形。显然，公司设立瑕疵发生于公司成立之后，其时公司已取得法律人格；而公司设立失败则发生于公司设立过程之中，其时公司尚属设立中公司，尚未取得独立的法律人格，其内外部法律关系通常按照合伙关系处理。此外，由于公司设立登记并不包含于公司设立之中，因而不能将公司设立登记瑕疵混淆于公司设立瑕疵。向公司登记机关提交虚假材料致使成立后的公司存在瑕疵，因其尚属公司设立阶段——公司设立登记申请阶段，应属于公司设立瑕疵；而公司登记机关错误登记而产生的瑕疵则属于公司设立登记瑕疵。

公司设立瑕疵的原因及表现形式多样，在学理上，可依不同的标准作以下划分：

1. 依其产生的原因不同，可分为主观瑕疵与客观瑕疵。主观瑕疵主要是指设立人存在行

---

〔25〕 我国 1993 年《公司法》第 77 条规定："股份有限公司的设立，必须经过国务院授权的部门或者省级人民政府批准。"该规定较之外国立法例，显然过于严格与烦琐，故被废止。

为能力和意思表示方面的缺陷,如无行为能力人或限制行为能力人充任公司的发起人、认股人因受欺诈而认购股份等。客观瑕疵主要是指设立行为违反法律规定的条件或程序,如公司没有达到公司设立的法定条件、公司章程欠缺绝对必要记载事项、公司设立程序违法等。

2. 依其内容不同,可分为程序瑕疵和实体瑕疵。程序瑕疵是指公司设立违反了程序性规定,如未经有关主管机关审批、股份有限公司成立大会召集程序不合法等。实体瑕疵是指公司设立违反了公司法所规定的实质要件,如股东人数未达法定最低限额、注册资本低于法定数额、出资形式与构成不符合法定要求等。

3. 依其后果的严重程度,可分为可以补救的瑕疵和无法补救的瑕疵。[26] 各个国家和地区往往根据设立瑕疵的严重程度,决定是否可以采取补救的办法,以使该公司获得确定的法律人格。

既然法律明确规定公司设立必须符合特定的条件与程序,公司设立瑕疵自应导致公司设立无效,自始否认其法律人格的存在。然而,这毕竟只是一种消极的做法,已存在的公司法律人格的消灭所造成的资源损失以及对交易安全与社会经济的发展所造成的破坏,确实是一个不容忽视的经济与社会问题。因此,各个国家和地区大多通过相应补救措施,允许存在设立瑕疵的公司继续保留其法律人格,而不简单地使其消灭。

二、英美法系公司设立瑕疵的法律后果

在英美法系国家和地区,对存在设立瑕疵的公司主要有两种法律处理模式,即瑕疵设立原则承认主义模式和瑕疵设立个别承认主义模式。

英国采取的是瑕疵设立(defective incorporation)原则承认主义模式。该模式又称结论性证书规则,是指公司注册机关所颁发的设立证书(亦称注册证书,英文为 certificate of incorporation)具有结论性证据(conclusive evidence)的功能,一旦公司获得设立证书,则无论其在设立过程中是否存在瑕疵,原则上均被视为公司已依法成立。对于已成立的公司,原则上并不存在是否无效的问题,也不存在被公司债权人等利害关系人申请撤销的问题。当然,该规则也有例外:若已注册的公司是一个工会,则注册无效,因为工会不能依公司法注册,故该组织必须重新注册;代表王室的总检察长可通过诉讼取消从事非法目的的公司的注册。采取该模式的还有加拿大、澳大利亚及我国香港特别行政区。只不过,在具体的制度安排上,又各有一些特色。[27]

美国判例法通过事实原则、不容推翻原则(又译为禁止反言或反言禁止)以及修正的法律上的公司规则可以有条件地承认公司人格。但目前已由公司瑕疵设立个别承认主义模式向瑕疵设立原则承认主义模式转变。

事实原则是为了阻止对于未实质性遵守公司设立强制性条件的公司人格的间接否定。依事实原则而被确认法律人格的公司被称为“事实上的公司”(de Facto Corporation)。美国判例法还确立了事实上的公司的三个判断标准:(1)存在允许该公司成立的法律规范;(2)试图善意地遵守该法律设立公司;(3)公司权力已被实际行使。不过,如今这些问题通常是依州公司法的专门规定来解决的。《美国商事公司示范法》及绝大多数州公司法规定,除非由州政府提出诉讼,州务卿接受公司章程或颁发注册证书这一事实,就是公司组建已满足所有条件的确定性

---

〔26〕 参见冯果:《公司法要论》,武汉大学出版社 2003 年版,第 39 页。

〔27〕 参见蒋大兴:《公司法的展开与评判——方法·判例·制度》,法律出版社 2001 年版,第 379~387 页。

证据。依此,美国也确立了设立证书“结论性证据”规则。

依不容推翻原则,在公司设立不合法且缺陷较为严重而不能适用事实原则时,如果具备某些条件或根据,也可阻止对公司法律人格的间接否定。依此被确认的公司称为“不容否认的公司”(corporation by estoppel)。[28]

法律上的公司与事实上的公司相对应,是指依照法定条件和程序而组建的公司。法律上的公司具有完整的法律人格,不受个人、州政府和国家的干预。因此,若公司设立未遵守法定条件和程序,则原则上州政府和当事人可以通过诉讼程序直接或间接地阻止其非法行使法人的权力。然而,严格贯彻该原则将对社会产生不利后果,加之各州关于公司设立的条件和程序不同,因而法院采取了一种折中性做法,使违法设立的公司尽量得到承认。该做法是将法律上的公司所依存的“法定条件和程序”解释为“实质性的条件和程序”,只要公司设立人实质性地遵守了设立公司所要求的所有强制性要件并且也实质性地遵守了所有指导性的要件(directive requirements)的法律,公司即成为修正性的法律上的公司。[29] 通过这种对公司设立条件和程序的实质性修正(实质上是法院的扩张解释),在法律上的公司外延得以扩大的基础上,本来存在设立瑕疵的公司取得了法律上的公司的确定法律人格。

总的来说,在英美法系国家和地区,对于瑕疵设立公司的法律人格的法律确认,原本存在瑕疵设立原则承认主义与瑕疵设立个别承认主义两种模式,现均已采取瑕疵设立原则承认主义模式。这是在调和交易安全和效率原则时,偏重考虑效率原则并贯彻企业维持原则的结果。[30]

三、大陆法系公司设立瑕疵的法律后果

在绝大多数大陆法系国家和地区的公司法中,均对瑕疵设立公司法律人格的法律确认作明确规定。各个国家和地区确立了公司设立无效与(或)撤销制度,因而在制度表层,普遍采取的是公司瑕疵设立法律人格原则否定主义。但在深层次上,一系列限制性制度实际上体现了尽可能对公司法律人格予以承认的立法精神。这些限制性措施主要包括法律明确限定提起诉讼的原因,必须通过诉讼渠道才能否定瑕疵设立公司的法律人格,限定提起诉讼的期限,设置公司瑕疵设立诉讼的阻却与迟延制度。[31] 因此,虽然形式上采取的是公司瑕疵设立法律人格原则否定主义,但“立法者给已登记的公司提供了非常好的生存保护;在公司生存权面前,法律行为的无效和撤销理由以及由此保护的合同当事人的利益都退居次要地位”[32]。因此,各个国家和地区普遍规定,只有在难以弥补或者瑕疵严重时才宣告其设立无效或将其撤销。究其原因便在于公司在社会经济生活中具有非常重要的地位,为保护交易安全、维护社会经济秩序,法律特作尽量维持公司法律人格的处置。

当然,除了有必要维持公司的法律人格外,在公司设立有重大缺陷时,理应允许公司股东、董事、监事等通过诉讼程序对公司法律人格予以间接否定。只有如此,才能体现公司法上的利

[28] 参见孔祥俊:《公司法要论》,人民法院出版社 1997 年版,第 183 页。
[29] 参见张民安:《公司法上的利益平衡》,北京大学出版社 2003 年版,第 33 页。
[30] 参见蒋大兴:《公司法的展开与评判——方法 · 判例 · 制度》,法律出版社 2001 年版,第 399 页。
[31] 参见蒋大兴:《公司法的展开与评判——方法 · 判例 · 制度》,法律出版社 2001 年版,第 417 ~ 419 页。
[32] [德]托马斯 · 莱塞尔、吕迪格 · 法伊尔:《德国资合公司法》(第 3 版),高旭军等译,法律出版社 2005 年版,第 444 页。

益衡平原则。因此,大陆法系国家和地区大多设立了公司设立无效或撤销制度。在具体立法模式上,大陆法系国家和地区公司法关于公司设立瑕疵的法律后果的规定主要有两类:其一,只有关于公司设立无效的规定,如德国、法国、意大利、比利时;其二,既有关于公司设立无效的规定,又有关于公司设立撤销的规定,如日本、韩国及我国澳门特别行政区。

公司设立无效,是指公司经登记机关核准登记颁发企业法人营业执照后,由于公司设立在条件或程序上存在实质性缺陷,由法院宣告该公司的设立行为无效并进行清算的法律制度。由于公司设立无效意在消灭已在形式取得了法律人格的公司的人格,因而其含义实质上指的是公司成立无效。

公司设立撤销的含义与公司设立无效类似,所不同的是,公司设立撤销不是由法院宣告设立行为无效,而是由法院宣告撤销已在形式上成立的公司。

规定了公司设立无效与撤销制度的国家和地区,大多就其原因作明确规定。总的来说,公司设立无效与撤销的原因即为前文所述之公司设立瑕疵,只不过在区别规定公司设立无效与撤销的国家,针对不同情况而作了区别规定。对此,日本、韩国依公司类型及瑕疵类型之不同分别规定了设立无效与撤销制度,而我国澳门特别行政区仅依瑕疵类型之不同分别规定了设立无效与设立撤销制度。例如,《日本公司法典》关于公司设立无效的规定统一适用于股份有限公司与份额公司,公司设立撤销的规定则仅适用于份额公司。《韩国商法典》规定,无限公司、两合公司及有限责任公司等人合公司或具有人合性质的公司,可依具体情形提起公司设立无效或撤销之诉,股份有限公司则只能提起公司设立无效之诉。

各个国家和地区大多就提起公司设立无效与撤销诉讼设置期间限制,其期限大多为公司成立后 3 年(德国、法国)或者 2 年(日本、韩国)。理论界还认为,该诉讼期限不是诉讼时效期间,而是除斥期间,不存在中断与中止的问题。

在公司设立无效诉讼的原告主体资格方面,各个国家和地区基本上规定为股东、董事及监事。确立了公司设立撤销制度的国家和地区,关于公司设立撤销诉讼的起诉权人的规定与公司设立无效诉讼的规定,略有不同。区别主要在于前者一般将公司债权人作为主要的甚至是唯一的诉讼请求权人。例如,《日本公司法典》第 832 条规定,份额公司设立的撤销之诉,原则上由社员提起,但社员明知损害其债权人的利益而设立份额公司的,为该债权人。[33]《韩国商法典》第 184 条则规定民法关于法律行为撤销人的规定,准用于公司设立撤销之撤销权人。[34]诉讼被告方面,各个国家和地区一般限定于公司。在诉讼管辖机关方面,各个国家和地区基本上限定于法院。如果任何人通过任何方式均可随时主张公司设立无效或撤销,将会使社会关系混乱,并妨碍交易安全。因此,各个国家和地区公司法均规定只能通过统一的诉讼方式主张无效或撤销,以便维护社会关系的稳定。依各个国家和地区公司法的规定,由于提起公司设立无效或撤销之诉的判决仅具有个别效力,即便原告败诉,其他诉讼请求权人仍可重新提起诉讼。此外,为了防止相关诉讼请求权滥用诉权,法律一般规定,如果原告有恶意或重大过失而败诉,原告应对公司承担连带损害赔偿责任。

公司设立无效与撤销的原因虽然同样可以适用民法上的法律行为无效与可撤销关于意思

---

〔33〕 参见吴建斌编译:《日本公司法　附经典判例》,法律出版社 2017 年版,第 437 页。

〔34〕 参见《韩国商法》,吴日焕译,中国政法大学出版社 1999 年版,第 40 页。

表示瑕疵的规定，但前者作为商法上的特别制度，还是具有较大的区别的。在法律效果上，公司设立无效与撤销虽导致公司法律人格的消灭，但其判决效力仅具有相对性，不但不具有溯及力，而且股东和公司还不得以之对抗善意第三人。

四、我国公司设立瑕疵的法律后果

我国公司实践中已大量出现了公司设立瑕疵的现象。例如，股东未共同制定公司章程；公司未建立符合要求的组织机构，如股东会、董事会、监事会；公司无固定的生产经营场所和必要的生产经营条件；公司股东提供的实物出资低于公司章程所规定的认缴出资数额；公司注册资本虚假；章程记载事项违反强行性法律规范和社会公共利益；等等。

我国规定撤销公司登记系公司登记机关依职权作出。我国《公司法》第 39 条规定："虚报注册资本、提交虚假材料或者采取其他欺诈手段隐瞒重要事实取得公司设立登记的，公司登记机关应当依照法律、行政法规的规定予以撤销。"该规定明确了登记机关依职权撤销登记的制度，但仍存在以下缺点：

1. 公司瑕疵设立撤销登记的原因规定过窄，仅规定"虚报注册资本、提交虚假材料或者采取其他欺诈手段隐瞒重要事实取得公司设立登记"，这使许多其他公司设立瑕疵事由无法作为公司撤销登记的依据。

2. 未明确规定瑕疵设立公司法律人格否定的阻却机制，尤其是未明确规定瑕疵补正制度，使瑕疵设立公司的法律人格获得承认缺乏法律依据。不过，2021 年《市场主体登记管理条例》第 41 条规定："有下列情形之一的，登记机关可以不予撤销市场主体登记：（一）撤销市场主体登记可能对社会公共利益造成重大损害；（二）撤销市场主体登记后无法恢复到登记前的状态；（三）法律、行政法规规定的其他情形。"该规定一定程度上确立了瑕疵设立公司法律人格否定的阻却机制。

3. 采取绝对化的公司瑕疵设立撤销登记行政职权主义，法院司法裁判权无法介入。这种立法模式固然有利于国家对公司设立条件与程序的有效监管，保证了对于公司设立瑕疵处理的快捷性，并有利于行政效率的提高。然而，将职权绝对化地限定于登记主管机关后，也剥夺了公司利害关系人的撤销请求权与诉讼权，并不利于法院审判权的行使。依现行立法，若法院在诉讼过程中发现存在公司设立撤销原因并经当事人申请时，它无权主动依司法途径否定公司的法人资格，而只能暂时中止审判，并以司法建议书的形式要求公司登记机关撤销登记。但实践中，受各种部门利益因素的影响，此种司法建议常常不受重视，从而降低了司法效率。

4. 法律责任规定不当，忽视对善意相对人的保护。《公司法》关于瑕疵设立的法律责任规定，仅规定了行政责任，缺乏民事责任的规定。并且，依我国行政法规，瑕疵设立公司被撤销时，其法人资格视为自始不具备，依此将使得与该公司发生交易的善意相对人利益受到损害。

实践中，我国公司登记机关及司法机关均采取了变通措施，贯彻了企业维持（在此即为承认瑕疵设立公司的法律人格）及保护善意第三人的理念。仍然存在的遗憾在于未能规定利害关系人的诉讼请求权，没有确立体系化瑕疵公司撤销阻却机制。

基于司法实践，我们认为，我国关于公司设立瑕疵的法律后果，仍有进一步完善的必要，可作以下制度设计：第一，《公司法》第 39 条在关于公司登记机关有权依法撤销瑕疵设立公司登记的基础上，进一步明确公司登记机关撤销公司登记的条件，从而使其与《公司法》第 250 条关于瑕疵设立情形下的责令改正、罚款、吊销营业执照等处罚相衔接;第二,考虑规定法院具有受理公司设立无效诉讼的职权;第三,考虑规定瑕疵设立公司法律人格否定的阻却机制,明确规定瑕疵补正制度,使瑕疵设立公司的法律人格获得承认确定法律依据;第四,明确规定公司无效与撤销登记不具有溯及力并不得对抗善意相对人。

第四节　设立中公司的法律问题

在设立要件与程序方面,由于股份有限公司尤其募集设立的股份有限公司较之无限公司、有限责任公司及两合公司要复杂得多,自订立章程起至设立登记完成前,往往要经历较长时间,因此,设立中公司制度与理论主要对于股份有限公司具有重要意义。其他类型公司则由于其"设立中公司"存在期间很短,对该制度与理论的适用就相对不太重要。[35]

一、设立中公司的概念

从发起人订立发起人协议或设立协议开始公司设立行为,到经公司登记机关最终核准登记而使公司成立,往往要经历一个较长的时期。在此期间,为了创设公司,会出现一个具有一定的财产基础、有一定的组成成员、有一定的意思能力的团体。该团体即为设立中公司(the to-be-formed corporation)。因此,所谓设立中公司,是指自发起人订立发起人协议(含设立协议)或订立公司章程之时起至设立登记完成之前尚未取得法人格的"公司"。就其本质而言,设立中公司并非严格意义上的公司,而是在公司获准登记而成立之前出现的一种过渡性社团。

由于公司设立需要经过一系列程序,究竟设立中公司始于何时,理论界存在认识上的分歧。有学者认为,发起人订立公司章程时即为设立中公司开始存在之时;也有学者认为,发起人订立公司章程并认购一股以上股份时,设立中公司即开始存在;还有人认为,发起人订立公司章程且第一次发行的股份总额已认足,设立中公司才开始存在。[36] 我们认为,由于设立中公司所实施的行为是为设立公司所必需的筹备行为,发起人或出资人之间亦为合伙关系,[37] 因此,设立中公司应从发起人订立发起人协议或订立公司章程之时起算。至于设立中公司的终止时刻,则因设立中公司命运的不同而有差别。公司设立成功而依法成立时,设立中公司演变为具有独立人格的公司,设立中公司自然终止;公司设立失败时,设立中公司依法律规定进行清算,清算结束后设立中公司归于消灭。当然,要对此作具体判断,还必须分析公司设立登记的法律意义。对此,本书下文将专门阐述,在此不赘述。

设立中公司的当事人主要有发起人、认股人、董事和监事等。发起人是公司设立过程中最重要的当事人。认股人是以募集方式设立公司过程中,认购公司股份的人。认股人同样是公司设立过程中重要的当事人。认股人有权出席成立大会,选举公司的董事和监事,并对公司是

---

〔35〕 参见王文宇:《公司法论》,中国政法大学出版社 2004 年版,第 75 页。

〔36〕 参见张龙文:《股份有限公司法实务研究》,台北,汉林出版社 1977 年版,第 35 页。

〔37〕 在相关域外规定中,股份有限公司的发起人与有限责任公司的发起人一般不作概念上的区分,我国理论界及司法解释中则大多分别采用发起人与有限责任公司设立时的股东的概念。为行文简便,本书除在必要情况下予以分别说明外,一般以发起人统称上述两个概念。

否设立行使决定权。按照法律规定，以发起方式设立公司的，在发起人交付全部出资后，选举董事和监事；以募集方式设立公司的，由成立大会选举董事和监事。这表明，在公司设立阶段董事和监事就已经产生，并就公司设立履行着相应的职责。因此，董事和监事也是公司设立过程中的重要当事人。

长期以来，我国《公司法》均未就设立中公司作明确规定，但2023年《公司法》正式确立了设立中公司制度。

二、设立中公司的法律性质

设立中公司实为公司之前身，而逐渐发展成公司实体，并与社会发生多种法律关系。因此，通说认为，设立中公司与完成设立的公司本属一体，犹如胎儿与自然人的关系，不应作截然不同的理解，此即"同一体说"。[38] 关于设立中公司能否作为独立的法律主体，享有特定的权利，承担特定的义务，理论界没有形成统一的、明确的认识。关于设立中公司的法律地位，公司法学界主要有四种学说：[39]

1. 无权利能力社团说。该说认为，设立中公司不具有任何权利能力，不能充任任何法律关系的主体，其属于无权利能力社团，这是传统大陆法理论对设立中公司性质的观点。

2. 合伙说。该说认为，设立中的公司属于合伙，设立登记是赋予其法人格的法定要件。设立登记手续完结后，公司成立，原来的合伙取得法人格。该公司在设立前后并非不相关的两个团体，只是取得了新的资格，设立中取得的权利义务，原封不动地归于成立后的公司，不存在移转问题。

3. 折中说。该说认为，不能武断地说设立中公司属于无权利能力社团或属于合伙，而应区分不同情况，分别界定其法律地位。作为股份有限公司与有限责任公司前身的设立中公司，应为无权利能力的社团；而作为无限公司与两合公司前身的设立中公司，因其本身即系合伙属性，亦应为合伙。

4. 非法人团体说。该说多为我国学者所倡。该说认为，从法律形式上看，虽然设立中公司未进行设立登记，不具有独立的法律人格，但从实际上看，它已具有行为能力、意思能力、责任能力，能够实际实施一定的行为，承担一定的责任，因而它又处于不完全权利能力状态，具有有限的法律人格，即设立中公司在本质上应是一种非法人团体。不过，基于设立中公司与一般的非法人团体在设立程序、财产的独立性、名称、机关和责任上的区别，应认为设立中公司是一种具有自身特性的非法人团体。

无权利能力社团是德国民法上的概念，包含于"非法人团体"概念之内。"无权利能力社团"概念，具有德国法所特有的历史局限性，并不能揭示其本义。[40] 并且，现今德国理论的主流观点已承认，设立中公司拥有暂时性权利能力。[41] 因此，不宜将"无权利能力社团"作为设立中公司的法律性质。合伙说混淆了公司设立中发起人之间的关系与设立中公司的性质。通说认为，公司设立行为具有合伙性质，其为设立公司所订立的发起人协议属于合伙性质的契

---

〔38〕 参见王文宇：《公司法论》，中国政法大学出版社2004年版，第75页。
〔39〕 参见曹顺明：《设立中公司法律问题研究》，载《政法论坛》2001年第5期。
〔40〕 参见范健、王建文：《商法论》，高等教育出版社2003年版，第351页。
〔41〕 参见[德]托马斯·莱塞尔、吕迪格·法伊尔：《德国资合公司法》(第3版)，高旭军等译，法律出版社2005年版，第98页。

约。发起人之间为设立公司而形成的合伙关系被称为发起人合伙。但设立中公司作为一种以设立公司为目标的过渡性组织体,其以发起人为机关,显然不同于纯粹以共同从事某项经营为目的的合伙。因此,合伙说亦不足采。在否定了无权利能力社团说与合伙说之后,折中说也就失去了意义。需要着重分析的是非法人团体说。

我国《民法典》将非法人团体称为非法人组织,指的是不具有法人资格,但是能够依法以自己的名义从事民事活动的组织,包括个人独资企业、合伙企业、不具有法人资格的专业服务机构等。显然,非法人组织是一个内涵确定、外延明确的概念。在我国,判断非法人组织的外在标志之一,是其是否经登记并持有非法人营业执照或非法人社团登记证。而设立中公司虽也有一定的组织机构和财产、具有一定的权利能力和行为能力、不能独立承担民事责任,但其在程序上未经合法登记、未领取营业执照或登记证,因而与非法人组织存在重大差异。此外,非法人组织是一种具有稳定性的组织体,而设立中公司仅为一种具有过渡性的组织体,这也构成了二者的显著区别。因此,不能简单地将设立中公司归入非法人组织范畴。对此,韩国学者李哲松教授也认为,从内部关系与外部来看,民法上的非法人社团不能适用于设立中公司。〔42〕

由此可见,既有的法律主体概念实际上都不能解释设立中公司。这就需要从学理与制度上予以创新。在民法理论中创设"设立中组织"这一概念似乎是一个可行的选择。可以认为,设立中组织与非法人组织有两大区别:其一,前者无须经登记机关登记,实施了一定的设立行为后即可成立;后者则必须经有关登记机关核准登记才能成立。其二,前者系具有过渡性的组织体,后者系为特定目的长期存在的组织体。不过,这一理解实际上是建立在我国非法人组织必须登记才能成立的基础上的。事实上,在绝大多数国家和地区,非法人团体无须登记即可依其事实上的设立行为而成立,即便是具有法人资格的某些公司不经登记亦可成立。并且,非法人团体实际上是包含了无权利能力社团、合伙及设立中社团的上位概念。因此,这种创新意义不大。

我们认为,既不必将设立中公司强行纳入非法人组织,也不必创设"设立中组织"这一新概念,而将设立中公司作为不同于民法主体制度的一种特殊的、具有暂时性权利能力的商主体。虽然未经登记的设立中公司尚不具有法人资格,也不具有独立承担民事责任的能力,但其仍然具有有限的法律人格。这主要表现在以下四个方面:(1)设立中公司可以以自己的名义从事设立公司的活动,在设立公司的过程中是享有权利并在一定范围内承担义务和责任的主体。"其就筹备期间所为之法律行为,诉讼,无论起诉或应诉,应认为有当事人能力。"〔43〕(2)设立中公司拥有与已成立公司相似或相同的组织机构,如董事、监事。(3)设立中公司具有自己独立的财产,享有投资者投资所形成的财产的所有权。(4)设立中公司具有团体性,具有不同于其成员个人利益的团体利益。当然,与成立后的公司相比,设立中公司的权利能力、行为能力及责任能力都不充分,故属于特殊的具有暂时性权利能力的商主体。

三、设立中公司行为的责任归属

(一)设立中公司行为的责任归属的理论基础

设立中公司旨在使公司获准成立,发起人、设立中公司必须为此实施一系列行为。这些行

---

〔42〕 参见《韩国公司法》,吴日焕译,中国政法大学出版社2000年版,第164页。

〔43〕 黄川口:《公司法论》(增订版),台北,三民书局1984年版,第67页。

为的效果归属,是学习与研究设立中公司时必须解决的核心问题。

与设立中公司相关的行为多种多样,就实施的名义而言,有的以设立中公司的名义实施,有的以将来成立公司的名义实施,有的以发起人的名义实施;就行为本身的性质而言,有的是设立公司的必要行为,有的是营业行为。因此,设立中公司行为的责任归属是一个相当复杂的问题。

为了解释设立中公司行为的责任归属,理论界对设立中公司与成立后公司的关系提出了种种学说。具有代表性的学说有无因管理说、第三人利益说、代理说、继承说、归属说、必然延续说、同一体说。在大陆法系主要国家和地区,通说为同一体说。该说认为,设立中公司已具备相当于成立后公司之成员及机关的全部或一部特点,是成立后公司的前身,其与成立后公司超越人格之有无,实质上属于同一体。因此,设立中公司之法律关系即系成立后公司之法律关系。申言之,随着公司的成立,认股人(包括发起人)即成为股东,设立中公司所选任的董事、监事即为公司之机关,且发起人以设立中公司之执行及代表机关所为有关之必要行为的法律后果,由于在公司成立之前业已归属于设立中公司,故在公司成立的同时,形式上也当然归属于公司。在此情形下,并不需特殊的移转行为,也无须权利义务之继受。[44] 如上所述,在组织体性质上,可将设立中公司视为具有特殊的、暂时的权利能力的商主体。依此,将成立后的公司解释为设立中公司的延续,就具备了必要的理论基础。对此,在德国司法实践中,已有大量判例确立了设立中的有限责任公司这种特殊的主体属性,有学者还认为这种规则可适用于股份有限公司。[45] 这种公司法上基于效率与公平原则所作的制度安排,其法理基础与一般民法理论不同,可理解为公司法的一种特殊规定。该说为不少国家和地区的公司法及司法机关所采纳,欧共体理事会于 1968 年 3 月 14 日颁发的《关于公司设立与无效的第一号指令》即采此主张。

不过,需要说明的是,并非设立中公司所实施的一切行为,其法律效果均当然归属于已成立的公司。在此问题上,我国曾长期缺乏明确的法律规范,后来通过司法解释确立了相应裁判规则。为此,2023 年《公司法》对设立中公司行为的责任归属作了明确规定。

(二)发起人为设立公司实施的行为的责任归属

设立中公司行为的责任归属,依公司成立与否而作不同划分。但由于公司未成立情形下的责任归属属于公司设立责任范畴,因而此处不予讨论。除此之外,发起人为设立中公司所实施的公司设立必要行为,其法律后果当然应由成立后的公司承担。[46] 对此,我国《公司法》第 44 条第 1 款明确规定:“有限责任公司设立时的股东为设立公司从事的民事活动,其法律后果由公司承受。”根据《公司法》第 107 条的规定,股份有限公司发起人为设立公司实施的行为的责任归属也适用该规定。依此,我国《公司法》未将“为设立公司从事的民事活动”明确限定为“公司设立必要行为”,但就其语义而言,仍应将其限定在“为设立公司”这一特定目的范围内。因此,设立中公司只能从事设立公司的必要行为,而不能从事与公司设立无关的营业行为。

---

〔44〕 参见柯芳枝:《公司法论》,中国政法大学出版社 2004 年版,第 18、136 页;《韩国公司法》,吴日焕译,中国政法大学出版社 2000 年版,第 164 页。

〔45〕 参见[德]托马斯·莱塞尔、吕迪格·法伊尔:《德国资合公司法》(第 3 版),高旭军等译,法律出版社 2005 年版,第 98 页。

〔46〕 参见柯芳枝:《公司法论》,中国政法大学出版社 2004 年版,第 19 页。

需要说明的是,公司设立必要行为不能仅限于以公司设立为直接目的的行为,为创造《公司法》所规定的公司设立必要条件而进行的法律上、经济上所必要的行为都应包括在内。公司设立必要行为一般包括为公司设立需要的经营场所而签订建设工程承包合同而建造房屋或者签订租赁合同而租赁房屋、为建造房屋而征用土地以取得土地使用权、接受股东出资及注册资本的投入、验资而开立账户、委托验资等。因公司性质及经营范围不同,公司设立必要行为的范围也会略有不同,应结合具体情况认定。〔47〕 总的来说,包括直接以公司成立为目的的设立行为以及为实现公司设立的经营条件而实施的开业准备行为。实际上,在其他国家和地区,也对由公司设立必要行为所产生的"设立费用"持广义理解,认为"设立费用"不限于记载于章程中的动态设立事项所产生的费用,还包括广告费、办公场所租赁费、劳务费用等与设立事务相关而支出的一切费用。〔48〕

在公司设立过程中,发起人为设立公司还可能以自己的名义实施行为。对此,各个国家和地区的公司法基本上不予明确规定,司法实践中一般直接按照合同法的规定处理,即由实施该行为的发起人自己承担相应法律责任。当然,如果公司成立后对该行为予以追认,则应发生对公司的拘束力。但在此情形下,是否能由公司取代实施该行为的发起人承受法律后果,从合同法的角度来说,还需要交易相对人的同意。不过,鉴于直接由公司承受法律后果一般无损于交易相对人的利益,故不妨由立法或司法解释直接对此予以确认,即无须相对人同意。当然,为使交易相对人的权益得到必要保障,法律也不宜剥夺交易相对人要求实际合同法律关系当事人(发起人)承受法律后果的选择权。对此,我国《公司法》第 44 条第 3 款规定:"设立时的股东为设立公司以自己的名义从事民事活动产生的民事责任,第三人有权选择请求公司或者公司设立时的股东承担。"

第五节 公司设立的法律责任

一、公司设立的法律责任概说

公司设立的法律责任,是指在公司设立过程中,由设立行为所引起的法律责任。公司设立的法律责任涉及民事责任、行政责任甚至刑事责任,但其中核心内容为民事责任,且后两者因有明确的法律规定,较少存在认识上的分歧,因而一般所谓公司设立的法律责任是指其民事责任。这种责任包括侵权责任与违约责任,又依其是否设立成功而分为设立失败时的法律责任与公司成立时的法律责任。

公司设立行为主要是由发起人实施的,因而公司设立的法律责任主要指的是发起人的法律责任,有些学者甚至直接称之为发起人的法律责任。不过,设立中公司的董事、监事也可能因违反法定义务而承担一定的义务与责任。此外,股东也可能在违反出资义务的情况下而承担相应的法律责任。在有些国家和地区的公司法中,还明确规定了类似发起人等其他人的责任。

---

〔47〕 参见江苏省高级人民法院民二庭:《公司设立中的民事责任若干问题》,载《人民司法》2003 年第 1 期。

〔48〕 参见《韩国公司法》,吴日焕译,中国政法大学出版社 2000 年版,第 200 页。

二、公司设立失败时发起人的法律责任

公司设立失败，当然不存在由成立后的公司承受设立中公司行为的法律责任问题。在设立失败的情况下，有学者认为发起人应与设立中公司负无限连带责任。实际上，由于公司设立失败，设立中公司作为一种过渡性社团，也随着设立失败而终止了，自然无从与发起人共负无限连带责任。因此，此时所有因公司设立而产生的法律责任只能由发起人来承担。所需研究的是，发起人以何种方式来承担该法律责任。

公司设立过程中，发起人之间为设立公司而形成的关系缺乏明确规定，可称之为发起人合伙，即为设立公司这一特定目的而组建的临时性合伙。因此，发起人之间应当依照合伙关系承担相应的法律责任。在公司设立失败的情况下，法律为保护认股人、债权人，要求充任设立中公司机关的发起人对设立行为所产生的债务和费用负无限连带责任，以代替发起人合伙之解散及清算。在责任性质上，各通说认为应为无过错责任，不要求发起人对公司设立失败有故意、过失。〔49〕至于认股人，则因其并不成为设立中公司之机关成员，亦不属于发起人合伙之合伙人，无须承担因设立行为而产生的法律责任，因而应居于与设立中债权人同一地位，并得向发起人请求所缴之股款。这种观点是现代各个国家和地区理论界之通说，并为立法与司法实践所普遍采纳，如《韩国商法典》第 326 条第 1 款规定："公司未成立时，发起人对有关公司设立的行为承担连带责任。"同条第 2 款规定："在前款情形下，关于公司设立所支付的费用，应由发起人承担。"〔50〕对此，我国曾长期缺乏规范依据，但 2023 年《公司法》第 44 条第 2 款明确规定："公司未成立的，其法律后果由公司设立时的股东承受；设立时的股东为二人以上的，享有连带债权，承担连带债务。"

三、公司成立时发起人的法律责任

公司成立时，发起人分别承担着对公司的责任和对第三人的责任。

（一）发起人对公司的法律责任

1. 资本充实责任

所谓资本充实责任，是指为贯彻资本充实原则，由公司发起人共同承担的相互担保出资义务履行的民事责任。该制度滥觞于西方大陆法系国家，如今已发展成较为成熟的法律制度。它对公司资本制度的完善、推动公司的顺利设立具有十分重要的意义。资本充实责任通常包括认购担保责任、缴纳担保责任及差额填补责任。这是就资本充实责任的总体情形而言的，其中认购担保责任适用于股份有限公司。

认购担保责任，是指为设立股份有限公司而发行股份，其发行股份如未认足或认购后又被撤销时，视为发起人已共同认购该股份，从而责令由发起人共同认足。该制度的宗旨是尊重已进行的设立程序，从企业维持的目的出发，治愈出资瑕疵，促成公司成立。若发行股份未被认购或者认购被宣告无效或被撤销，且其数额巨大，以至于事实上不可能由少数发起人负担全额责任时，本应成为设立无效事由。但是，直到无效诉讼法庭审理辩论终结时为止，若发起人履行认购责任，就不能作出无效判决。即使无效判决已被确定，发起人的认购担保责任并不因此消灭，因为公司设立无效判决不具有溯及力，为了清算自公司设立登记至无效判决作出之时止

---

〔49〕 参见《韩国公司法》，吴日焕译，中国政法大学出版社 2000 年版，第 199 页。

〔50〕 《韩国商法》，吴日焕译，中国政法大学出版社 1999 年版，第 67 页。

存在的事实上的公司,同样也需要资本充实。[51]

缴纳担保责任有广义与狭义之分。广义上的缴纳担保责任可细分为狭义上的缴纳担保责任与交付担保责任。狭义上的缴纳担保责任是指认股人未按招股说明书或公司章程所定期限缴纳股款时,发起人对股款未缴纳部分负连带缴纳义务。交付担保责任是指按实物出资的发起人不按章程规定交付出资实物时,其他发起人应按未交付实物时的价额,承担补交出资的连带义务。显然,该两项责任实际上仅存在标的物的区别,因而一般将其统称为缴纳担保责任。一般所谓缴纳担保责任即就该广义而言。与认购担保责任不同,履行缴纳担保责任的发起人只是代行出资义务,并不能因此当然全部或部分取得履行责任部分的股权,而只能向违反出资义务的股东行使求偿权;当然,在公司履行了认股人失权程序的情况下除外。

差额填补责任,亦称价格补足责任,是指在公司成立时,如果非货币财产出资的实际价额显著低于章程所定价额时,发起人对不足的差额部分承担连带填补责任。履行差额填补责任的发起人可向出资不实的股东行使求偿权。

资本充实责任是公司法上的一种特殊责任,它是公平、秩序、效益等价值观念的综合体现。首先,资本充实责任是平衡发起人权利的直接结果,是公平理念在公司法中的体现。发起人往往能从设立中获取特殊的利益(如获取报酬权、非货币财产出资权、成立大会召集权),还可能利用其特殊地位,以发起人利益为中心,把公司当作发起人的公司甚至是自己获利的工具,而不注重未来公司健全人格的培育。因此,与发起人拥有的特权相适应,有必要对其科以较重责任。其次,资本充实责任是秩序理念的体现。公司资本充实原则以及由此导出的资本充实责任不仅是平衡这些不同利益的产物,更是维护公司债权人利益、确保社会交易秩序的需要。最后,发起人资本充实责任同样蕴含着效益理念。规定发起人连带认缴和价值填补的资本充实责任,既可以避免资本不足而导致公司不能成立或设立无效现象的发生,减少社会资源的无谓浪费,又可以促进公司人格的健全和营运价值的实现,提高社会资源的使用效益,还可以促使发起人尽心尽责,提高设立效率。[52]

作为一种特殊的法律责任,发起人资本充实责任具有以下特点:(1)资本充实责任是公司法上的法定责任,不以当事人的约定为必要,也不能以公司章程或股东会决议来免除;(2)资本充实责任因公司设立行为而产生,承担者一般仅限于公司发起人;(3)资本充实责任是无过错责任,只要存在股东(认购人)出资不足的事实即可构成;(4)资本充实责任是连带责任,全体公司发起人均对股东(认购人)出资不足的事实负全部资本充实责任,应对未获认缴(认购)或缴足的出资承担连带出资责任,先行承担资本充实责任的公司发起人,可向出资不足的股东求偿,也可要求其他公司发起人分担。[53]

大陆法系国家和地区的公司法大多对资本充实责任作明确规定。例如,《德国股份法》第46条第1款、《日本公司法典》第52条、《韩国商法典》第321条、《意大利民法典》第2339条,均对此作了明确规定。相对而言,日本、韩国等国公司法的规定可谓最为详尽和完备。例如,一般国家只对发起人的资本充实责任作出规定,而日本、韩国还规定公司成立当时的董事对公

〔51〕 参见《韩国公司法》,吴日焕译,中国政法大学出版社2000年版,第194页。

〔52〕 参见冯果:《现代公司资本制度比较研究》,武汉大学出版社2000年版,第92~97页;冯果:《论公司股东与发起人的出资责任》,载《法学评论》1999年第3期。

〔53〕 参见陈甦:《公司设立者的出资违约责任与资本充实责任》,载《法学研究》1995年第6期。

司资本之充实负有责任；日本、韩国公司法还对发起人或董事的资本充实责任的类型一一作了规定，这是其他国家和地区的规定中难以看到的。德国法没有规定认购担保责任，而更偏重于强调发起人的缴纳担保责任和损害赔偿责任（《德国股份法》第46条、《德国有限责任公司法》第24条）。在英美法系国家和地区，尽管制定法中不乏关于持有不充分对价或无效对价的股份的股东负债的规定，但对发起人的出资责任很少作明确规定，在实践中更多地基于信义义务理论（fiduciary duty）来追究发起人对公司、受欺诈的股东以及公司债权人的责任，以避免因资本不实而给善意相对人和诚实股东造成损害。[54]

我国1993年《公司法》仅第28条是关于资本充实责任的规定："有限责任公司成立后，发现作为出资的实物、工业产权、非专利技术、土地使用权的实际价额显著低于公司章程所定价额的，应当由交付该出资的股东补交其差额，公司设立时的其他股东对其承担连带责任。"由此可见，我国1993年《公司法》仅规定了有限责任公司设立者（包括发起人）的差额填补责任，而未规定股份有限公司发起人的资本充实责任；而且，关于资本充实责任的规定也仅适用于资本不实的情形，对于出资义务不履行的情形则无法适用。

2005年《公司法》关于有限责任公司与股份有限公司的资本充实责任均作了较为完善的规定。2023年《公司法》又在此基础上作了进一步完善。该法第49条规定："股东应当按期足额缴纳公司章程规定的各自所认缴的出资额。股东以货币出资的，应当将货币出资足额存入有限责任公司在银行开设的账户；以非货币财产出资的，应当依法办理其财产权的转移手续。股东未按期足额缴纳出资的，除应当向公司足额缴纳外，还应当对给公司造成的损失承担赔偿责任。"该条系对有限责任公司股东出资义务不履行的资本充实责任的规定。《公司法》第50条规定："有限责任公司设立时，股东未按照公司章程规定实际缴纳出资，或者实际出资的非货币财产的实际价额显著低于所认缴的出资额的，设立时的其他股东与该股东在出资不足的范围内承担连带责任。"该条系出资不实的资本充实责任的规定。关于股份有限公司发起人的资本充实责任，《公司法》第98条和第107条明确规定适用关于有限责任公司的规定，并于第99条作了补充规定："发起人不按照其认购的股份缴纳股款，或者作为出资的非货币财产的实际价额显著低于所认购的股份的，其他发起人与该发起人在出资不足的范围内承担连带责任。"从字面上看，该规定仅确立了缴纳担保责任及差额填补责任而未明确规定认购担保责任。但该条实际上隐含了认购担保责任，因为发起人认购股份后不缴纳股款的，既包括其他发起人仅仅承担缴纳担保责任的情形，也包括其他发起人基于认购担保责任而认购该股份并缴纳股款的情形。

为进一步强化公司发起人的资本充实责任，2024年7月1日公布的国务院《关于实施〈中华人民共和国公司法〉注册资本登记管理制度的规定》第9条规定："公司的股东或者发起人未按照本规定缴纳认缴的出资额或者股款，或者公司未依法公示有关信息的，依照公司法、《企业信息公示暂行条例》的有关规定予以处罚。"

2. 损害赔偿责任

发起人在公司设立过程中怠于履行其善良管理人之注意义务时，应对公司承担连带损害赔偿责任。我国2005年《公司法》第95条曾对发起人责任作了明确规定，其中第3项即为关

〔54〕　参见冯果：《论公司股东与发起人的出资责任》，载《法学评论》1999年第3期。

于发起人对公司的损害赔偿责任的规定。[55] 2023年《公司法》在整合了发起人责任并将其规定于有限责任公司的设立章节的情况下,删除了该规定,并明确规定关于有限责任公司设立责任的规定适用于股份有限公司。不过,2023年《公司法》关于有限责任公司设立责任的规定中,并未确立发起人(设立时的股东)对公司承担连带损害赔偿责任。因此,未来应通过司法解释对此予以确认。在此之前,司法机关可通过法律解释方法或类推适用公司董事责任方式予以解决。

《德国股份法》第46条第2款规定:"设立通过人出资、实物接受或者设立费用或者出于重大过失而损害公司的,全体设立人作为连带债务人对公司承担损害赔偿责任。"[56]《日本公司法典》第53条第1款规定:"发起人、设立时董事或设立时监事怠于其股份有限公司的设立任务时,对该股份有限公司承担由此产生的损害赔偿责任。"[57] 发起人的损害赔偿责任并非契约责任,亦非民法中的侵权责任,而是公司法或商法所规定的特殊损害赔偿责任。该项责任以发起人怠于履行其义务为要件,因而属于过错责任,须经全体股东同意方可免除。《日本公司法典》第55条对此作了明确规定。在追究此项责任时,各个国家和地区公司法立法或司法实践一般允许提起股东代表诉讼。即使公司设立被宣告无效或被撤销,但由此回溯至公司设立登记之时的期间内,事实上的公司仍然存在,因而发起人的损害赔偿责任并不因此消灭。公司对发起人的该项诉权遵循一般诉讼时效期间的规定。[58]

3. 承担未经认可的设立费用

在公司设立过程中,发起人为公司设立所支付的费用,若经成立大会或设立中公司的执行机构(如董事会)审核后未予承认或予以削减,这些费用应由发起人承担。但多数国家和地区的公司法均未就此作明确规定,我国《公司法》亦如此。

(二)发起人对第三人的法律责任

发起人虽与第三人无直接的法律关系,但因怠于履行设立公司的义务而对第三人承担损害赔偿责任。这是一项特殊的规定,关于其性质的认识以及各个国家和地区的具体规定则多有不同。大陆法系国家和地区的通说认为,这是为了加强对与公司设立有关的第三人的保护而规定的公司法上的特殊责任。其责任要件为发起人因恶意或重大过失对公司懈怠履行任务,并因此致使第三人受到损害。例如,不在公司章程上记载而签订财产认购契约,从而使该行为无效。此所谓第三人,是指公司与发起人之外的所有人,通说认为认股人与股东也包括在内,少数说则认为股东不应包括在内。日本、韩国公司法规定,发起人因恶意或过失而怠于履行其义务时,应对第三人负损害赔偿责任。[59] 例如,《日本公司法典》第53条第2款规定:"发起人、设立时董事或设立时监事对其职务履行有恶意或重大过失的,该发起人、设立时董事或

---

〔55〕 2005年《公司法》第95条规定:"股份有限公司的发起人应当承担下列责任:(一)公司不能成立时,对设立行为所产生的债务和费用负连带责任;(二)公司不能成立时,对认股人已缴纳的股款,负返还股款并加算银行同期存款利息的连带责任;(三)在公司设立过程中,由于发起人的过失致使公司利益受到损害的,应当对公司承担赔偿责任。"

〔56〕《德国商事公司法》,胡晓静、杨代雄译,法律出版社2014年版,第84页。

〔57〕 吴建斌编译:《日本公司法 附经典判例》,法律出版社2017年版,第26页。

〔58〕 参见[日]末永敏和:《现代日本公司法》,金洪玉译,人民法院出版社2000年版,第55~56页;《韩国公司法》,吴日焕译,中国政法大学出版社2000年版,第196~197页;柯芳枝:《公司法论》,中国政法大学出版社2004年版,第157页。

〔59〕 参见《韩国公司法》,吴日焕译,中国政法大学出版社2000年版,第197~198页。

设立时监事对第三人承担由此产生的损害赔偿责任。”〔60〕依此，发起人对第三人的责任也实行过错责任原则，对于无过失造成第三人损害的，应由成立后的公司承担。

我国《公司法》第44条第4款规定：“设立时的股东因履行公司设立职责造成他人损害的，公司或者无过错的股东承担赔偿责任后，可以向有过错的股东追偿。”根据《公司法》第107条的规定，股份有限公司发起人损害赔偿责任也适用该规定。该规定较为简略，但内涵较为丰富。首先，在履行公司设立职责过程中，因过错造成他人损害的，对他人承担损害赔偿责任。其次，因发起人履行公司设立职责的过错行为受到损害的他人，既可向该发起人追究损害赔偿责任，亦可要求公司及全体发起人承担连带赔偿责任。最后，因发起人过错造成他人损害的赔偿责任应归属于该实施过错行为的发起人，故承担赔偿责任的股东和其他无过错的发起人可向有过错的发起人追偿。

四、股东违反出资义务的责任

（一）股东违反出资义务的责任的含义

股东违反出资义务的责任，是指股东不履行其出资义务对公司所应承担的民事法律责任。所谓出资义务，是指股东应当按照其所认缴的出资或认购的股份，足额出资或缴纳股款的义务。股东出资义务是其对公司的基本义务，也是股东资格原始取得的基本依据。因此，各个国家和地区的公司法都对股东出资义务及违反出资义务的责任作明确规定。

我国2005年《公司法》曾采用股东出资违约责任的提法，其所谓“违约”，是指对载明了认缴出资与股份数额的公司章程的违背。尽管股东出资违约责任涵盖了违反出资义务的发起人对公司和应向已按期足额缴纳出资的股东承担的违约责任，但在《公司法》框架下作此规定，不必要地将股东之间基于章程约定或发起人协议或设立协议的违约责任纳入基于法定义务违反的特殊法律责任范畴，导致责任体系出现紊乱。因此，2023年《公司法》对此作了修改，删除了违约责任及相关表述。需要说明的是，股东违反出资义务的责任是在公司设立的法律责任框架下展开，原本应采用“发起人违反出资义务的责任”概念，但因公司成立后同样存在股东违反出资义务的责任的情形，故从股东违反出资义务的责任角度阐释更为妥当。基于此，某项规定仅适用于发起人违反出资义务的责任时，本书予以特别说明。

（二）股东违反出资义务的表现形式

按照行为方式不同，股东违反出资义务可分为出资义务不履行和不适当履行。

1. 出资义务不履行

出资义务不履行，是指股东完全不履行出资义务，具体表现为拒绝出资、不能出资、虚假出资、抽逃出资等。

拒绝出资，是指股东在认缴出资或认购股份后拒绝按照其所认缴的出资额或认购的股份履行出资义务。股东拒绝出资将使公司设立或增资计划受到影响，甚至导致公司无法成立或无法实现既定增资目的。因此，拒绝出资是一种严重的违反出资的行为。

不能出资，是指因客观条件，不能履行出资义务，如出资的建筑物在办理财产权转移手续前毁损或灭失，非专利技术在出资前泄密等。不能出资虽系客观原因，但同样属于出资义务不履行的表现形式，仍应承担违反出资义务的责任。

---

〔60〕　吴建斌编译：《日本公司法　附经典判例》，法律出版社2017年版，第26页。

虚假出资,是指股东并未交付货币、实物或者未转移财产所有权,而与代收股款的银行串通,由银行出具收款证明,或者与资产评估机构、验资机构串通由资产评估机构、验资机构出具财产所有权转移证明、出资证明,骗取公司登记机关办理设立登记或增资变更登记的行为。

抽逃出资,是指在公司完成验资并办理登记手续后,股东将所缴出资暗中撤回,却仍保留股东身份和原有出资数额的行为。2010 年 12 月 6 日通过并于 2014 年、2020 年修正的《关于适用〈中华人民共和国公司法〉若干问题的规定(三)》[以下简称《公司法解释(三)》]第 12 条对抽逃出资的司法判断标准作了明确规定:"公司成立后,公司、股东或者公司债权人以相关股东的行为符合下列情形之一且损害公司权益为由,请求认定该股东抽逃出资的,人民法院应予支持:(一)制作虚假财务会计报表虚增利润进行分配;(二)通过虚构债权债务关系将其出资转出;(三)利用关联交易将出资转出;(四)其他未经法定程序将出资抽回的行为。"实践中,"其他未经法定程序将出资抽回的行为"主要包括以下情形:(1)公司成立后,将货币出资用于偿还股东个人债务或他人个人债务,这常常表现为发起人或股东将借款或贷款作为注册资本,一旦公司设立后,就将借来的出资抽回,归还原主;(2)公司成立后,非因经营或正常业务开支又没有正当理由抽走货币出资;(3)将他人的实物"借"来出资,公司登记手续办理完毕再将其归还原权利人;(4)公司成立后,将已办理产权转移手续的实物、工业产权、专利、非专利技术、土地使用权再无偿或以不合理的低价转让给他人。2002 年 7 月 25 日原国家工商行政管理总局发布的《关于股东借款是否属于抽逃出资行为问题的答复》(已失效)也明确提出,在没有充分证据的情况下,不宜将企业与股东之间的借款认定为抽逃出资。需要说明的是,股东向公司的合法借款不构成抽逃出资,但该合法借款必须是按照公司章程规定履行了相应程序的借款,未履行相应借款程序的以往来款等各种名目向股东支付资金的行为不能被界定为股东借款。

2. 出资义务不适当履行

出资义务不适当履行,是指出资义务履行不当,包括迟延出资、不完全出资、瑕疵给付等情形。

迟延出资,是指股东不按规定的期限缴纳出资或办理财产权转移手续。

不完全出资,是指股东未按公司章程或认购书确定的数额足额缴纳出资。广义上的不完全出资还包括出资不实,即股东出资实物的实际价值显著低于其章程所确定的价值。出资不实违反股东足额缴纳出资的义务,可视为不完全出资的一种特殊形式。[61]

瑕疵给付,是指股东缴付的现物存在品质或权利上的瑕疵。例如,股东所交付的标的物不符合章程约定或国家规定的品质标准,不具备应有的功能或效用。又如,股东所交付的标的存在第三人的合法权益,影响公司对标的物的占有和使用。

(三)股东违反出资义务的责任

1. 归责原则

就股东违反出资义务的责任的归责原则而言,各个国家和地区的司法实践多采用无过错责任原则,即无论股东是主观上不愿履行还是客观上履行不能,只要存在出资义务不履行或不当履行的客观事实,违反出资义务的股东就须承担相应的法律责任。

---

〔61〕 参见冯果:《现代公司资本制度比较研究》,武汉大学出版社 2000 年版,第 88 页。

2. 股东违反出资义务时的救济手段

各个国家和地区的法律都赋予公司及其他股东特定的救济手段,概括起来有以下几种:

(1)行使失权程序,使怠于履行出资义务的认股人丧失权利。大多数国家和地区的公司法规定,对于怠于履行出资义务的认股人,公司(或发起人)可以催告其于一定期限内缴纳,逾期仍不缴纳者即丧失认股人权利,其所认股份可另行募集。例如,《德国有限责任公司法》第 21 条第 1 款规定:"股东迟延缴纳出资的情况下,可以以警告取消相应的营业份额的方式再次要求迟延缴纳的股东在特定宽限期内缴纳出资。催缴以挂号信的方式作出。宽限期必须至少应为一个月。"同条第 2 款规定:"宽限期届满仍未缴纳出资的,为了公司的利益,应声明迟延缴纳的股东丧失其营业份额和已经缴纳的部分出资。声明以挂号信的方式作出。"[62] 失权程序具有便捷的优点,其宗旨是为防范因认股人延欠应缴股款而妨碍公司资本的筹集或使公司设立归于失败的风险。此种失权系当然失权,已失权之认股人嗣后纵为缴款,亦不能回复其地位,因而也有督促认股人及时履行出资义务之功效。[63] 各个国家和地区关于失权程序的适用对象的规定不尽相同。例如,《德国有限责任公司法》与《德国股份法》分别对有限责任公司和股份有限公司的失权程序作了规定;《日本公司法典》第 36 条与第 63 条分别对发起设立与募集设立的股份有限公司的失权程序作了明确规定;《韩国商法典》规定失权程序仅适用于募集设立的股份有限公司,发起设立的股份有限公司及有限责任公司的发起人怠于履行出资义务,则仅可行使追缴出资权或导致公司设立失败。[64] 我国 2023 年修订前的《公司法》及相关法规均未对此作出规定,但《公司法解释(三)》对有限责任公司与股份有限公司均确认了失权程序。2023 年《公司法》第 52 条对此作了详细规定:"股东未按照公司章程规定的出资日期缴纳出资,公司依照前条第一款规定发出书面催缴书催缴出资的,可以载明缴纳出资的宽限期;宽限期自公司发出催缴书之日起,不得少于六十日。宽限期届满,股东仍未履行出资义务的,公司经董事会决议可以向该股东发出失权通知,通知应当以书面形式发出。自通知发出之日起,该股东丧失其未缴纳出资的股权。依照前款规定丧失的股权应当依法转让,或者相应减少注册资本并注销该股权;六个月内未转让或者注销的,由公司其他股东按照其出资比例足额缴纳相应出资。股东对失权有异议的,应当自接到失权通知之日起三十日内,向人民法院提起诉讼。"根据《公司法》第 107 条的规定,上述规定同样适用于股份有限公司。依此,行使失权程序时,无须经股东会决议,经董事会决议后向该股东发出失权通知即可。这就解决实践中争执不下的是否需要经股东会决议及是否可以采取回避表决规则的问题。若被失权股东有异议,其救济方式为向法院提起诉讼。

(2)行使追缴出资权。在股东违反出资义务情形下,公司(或发起人)可要求有履行可能的股东继续履行其出资义务,此即公司(或发起人)对股东的追缴出资权。经公司(或发起人)追缴,股东仍不履行缴纳义务的,公司(或发起人)即可请求法院强制认股人履行缴纳股款的义务。该救济手段在股东以非货币财产出资情形下更为常用。对此,我国《公司法》第 49 条第 3

---

〔62〕《德国商事公司法》,胡晓静、杨代雄译,法律出版社 2014 年版,第 34 ~ 35 页。若未予特别说明,以下德国公司法相关条款均引自该书。

〔63〕参见冯果:《论公司股东与发起人的出资责任》,载《法学评论》1999 年第 3 期。

〔64〕参见吴建斌编译:《日本公司法　附经典判例》,法律出版社 2017 年版,第 17、29 页;《韩国公司法》,吴日焕译,中国政法大学出版社 2000 年版,第 179 页。

款规定:"股东未按期足额缴纳出资的,除应当向公司足额缴纳外,还应当对给公司造成的损失承担赔偿责任。"

(3)行使损害赔偿请求权。损害赔偿,是指违约方不履行或不完全履行合同义务而给合同他方造成损失,依法或根据合同规定应承担的赔偿责任。一般来说,在公司成立的情况下,违反出资义务的股东应向公司承担损害赔偿责任;在因股东违反出资义务而导致公司不能成立或被撤销、解散的情况下,违约股东应向其他足额缴纳股款的股东承担损害赔偿责任,违约损害赔偿应坚持完全赔偿的原则,即违约方的违约使受害人遭受的全部损失都应由违约方负赔偿责任。其他救济手段的行使并不妨碍公司损害赔偿请求权的行使。〔65〕 对此,有的国家和地区的公司法作了明确规定,有的虽未予明确规定,但理论与实务均认为可适用合同法的一般规定而追究违约方的损害赔偿责任。例如,《德国股份法》第63条第2款第2句在第1句所规定的利息罚的基础上,进一步规定:"对其他损害的主张不受排除。"前引我国《公司法》第49条第3款对行使损害赔偿请求权作了规定。有的国家和地区还对损害赔偿请求权行使的时效作了规定,如《德国股份法》第51条第1款、《德国有限责任公司法》第9条第2款规定,公司的赔偿请求权,自公司在商事登记簿登记时起,股份有限公司的消灭时效为5年,有限责任公司的消灭时效为10年。〔66〕 对此,我国《公司法》未予规定,基于损害赔偿请求权的债权性质,应适用《民法典》规定的3年一般诉讼时效。

(4)请求支付利息。例如,《德国股份法》第63条第2款第1句规定:"未及时缴纳已被催缴的出资的股东应自催缴期限届满起,按照5%的年利率支付利息。"〔67〕 我国《公司法》亦未就此作明确规定,但由于利息损失是损害的一部分,因而利息罚则实际上包含于损害赔偿责任之中。

五、公司董事、监事、类似发起人及其他人的设立责任

各个国家和地区的公司法一般规定,董事、监事在募集设立时,有调查公司的设立经过而向成立大会提出报告的义务,若违反此法定义务或作虚伪的报告,应对公司与第三人的损害负赔偿责任。但各个国家和地区关于具体担保责任的规定并不相同。例如,依《日本公司法典》第53、54条的规定,发起人、设立时董事或设立时监事怠于履行职责应对公司之损害负赔偿责任,他们就履行职务有恶意或重大过失的,则应对第三人之损害负赔偿责任;依《韩国商法典》第323条的规定,董事、监事怠于履行法定义务应对公司之损害负赔偿责任,对第三人之损害则与公司负连带赔偿责任;《德国股份法》第48条规定,董事、监事在公司设立时违反法定义务的,应对公司损害负连带赔偿责任。〔68〕 当然,董事在履行职务时,有超越其权限或违反法律规定之情形,则由其独立承担责任。

除了以上责任类型外,日本、韩国、德国公司法还规定了"类似发起人"及其他人在公司设立中的民事责任。

所谓类似发起人,主要指的是虽然形式上未在章程上记载为发起人,但实际上参与了公司设立的人;此外,还包括虽与公司设立无关,但在形式上被作为发起人记载于认股要约书、广

---

〔65〕 参见冯果:《现代公司资本制度比较研究》,武汉大学出版社2000年版,第89~90页。

〔66〕 参见《德国商事公司法》,胡晓静、杨代雄译,法律出版社2014年版,第30、85、91页。

〔67〕 《德国商事公司法》,胡晓静、杨代雄译,法律出版社2014年版,第91页。

〔68〕 参见吴建斌编译:《日本公司法 附经典判例》,法律出版社2017年版,第26页;《韩国商法》,吴日焕译,中国政法大学出版社1999年版,第67页;《德国商事公司法》,胡晓静、杨代雄译,法律出版社2014年版,第84~85页。

告、介绍等用于募集股份的宣传资料中的人。[69] 例如,《韩国商法典》第 327 条规定:“承诺在认股书或者其他有关募集的书面上记载姓名及赞助公司设立之意者,承担与发起人同样的责任。”《日本公司法典》第 103 条第 2 款也有类似规定。《德国股份法》第 47 条以“设立人之外的其他人的责任”为题,对包括类似发起人的其他人的设立责任作了具体规定。[70] 商法或公司法是从形式上理解发起人概念,将发起人限定于制定章程并在章程上记载为发起人者。对于实际参与公司设立但未记载于章程的人,就无法依发起人责任追究其法律责任。此外,为了更容易募集股份,还存在借助与公司设立无关的名人虚张声势的情形,如承诺在认股书及其他有关股份募集的书面文件上记载“赞助设立”之意。“赞助设立”之意,是指明示其支持设立,或者使用设立委员、顾问、咨询委员等头衔间接支持等。这些情形都影响募集股东等利害关系人的判断,诱发错误信赖。因此,应追究类似发起人的法律责任。[71]

董事、监事、类似发起人之外应在公司设立中承担相应民事法律责任的发起人之外的“其他人”,主要是指承担资产评估、验资或者验证的机构或个人。对此,德国、韩国公司法规定了设立审查人(检查人)的设立责任。例如,《韩国商法典》第 325 条规定:“由法院选任的检查人因恶意或者重大过失怠于执行其任务时,应对公司或者第三人承担损害赔偿责任。”[72]

我国《公司法》规定了承担资产评估、验资或者验证的机构的行政责任与民事责任。该法第 257 条第 2 款规定:“承担资产评估、验资或者验证的机构因其出具的评估结果、验资或者验证证明不实,给公司债权人造成损失的,除能够证明自己没有过错的外,在其评估或者证明不实的金额范围内承担赔偿责任。”因此,我国《公司法》部分填补了关于公司董事、监事、类似发起人及其他人的设立责任的制度空白,但仍缺乏公司董事、监事、类似发起人设立责任的规定。为强化公司设立相关人员的法律责任,增强公司设立的质量,参考日本、韩国、德国公司法的规定,引入相应制度应具有一定程度的现实意义。尤其是在未来中国证监会对募集设立开禁之后,类似发起人(尤其是在经济生活中活跃的经济学家)表明“赞助设立”的情形,可能会严重影响一般投资者的正常判断。因此,引入董事、监事、类似发起人的设立责任非常重要。

我国《公司法》未就公司董事、监事、类似发起人设立责任作出规定,但规定了公司成立后董事会的催缴出资义务。对此,该法第 51 条规定:“有限责任公司成立后,董事会应当对股东的出资情况进行核查,发现股东未按期足额缴纳公司章程规定的出资的,应当由公司向该股东发出书面催缴书,催缴出资。未及时履行前款规定的义务,给公司造成损失的,负有责任的董事应当承担赔偿责任。”该规定填补了此前董事会催缴出资的制度缺失,但其本质上不属于公司设立责任,而是公司设立后董事会的持续监督义务。

思考题

1. 我国公司法实践中排斥募集设立的原因是什么?

---

〔69〕 参见《韩国公司法》,吴日焕译,中国政法大学出版社 2000 年版,第 201 页。

〔70〕 参见《韩国商法》,吴日焕译,中国政法大学出版社 1999 年版,第 67 页;吴建斌编译:《日本公司法 附经典判例》,法律出版社 2017 年版,第 43 ~ 44 页;《德国商事公司法》,胡晓静、杨代雄译,法律出版社 2014 年版,第 84 页。

〔71〕 参见《韩国公司法》,吴日焕译,中国政法大学出版社 2000 年版,第 201 页。

〔72〕 《韩国商法》,吴日焕译,中国政法大学出版社 1999 年版,第 67 页。

2. 试析两大法系公司设立瑕疵法律后果的异同点。

3. 试析我国公司设立瑕疵的法律后果的特殊性。

4. 试析股东违反出资义务的责任的救济手段。

第五章　公司的名称和住所

导读

- 与商号选定主要存在两种模式相一致，公司名称的选定也主要有两种模式，即名称真实主义模式和名称自由主义模式。法国、瑞士等国实行公司名称真实主义，即法律对公司名称选定予以严格限制，公司名称必须反映公司的真实状况。美国、英国、日本等绝大多数国家则采名称自由主义，即法律原则上对公司名称的选择不加限制，名称的内容完全由公司任意选定。
- 我国公司法对公司名称选定作了较为严格的要求，但同时又赋予了较为充分的自由权，因而关于类型，基于不同视角可得出不同结论。但就其本质而言，应将其归入名称真实主义模式。
- 各个国家和地区的公司法都对如何确定公司住所作了具体规定，但关于公司住所确定依据的规定则不尽相同，大致有营业中心主义、管理中心主义、公司章程确定三种模式。

第一节　公司的名称

公司名称，是指公司用以经营并区别于其他公司或企业的标志性固定称谓。它是公司章程绝对必要记载事项之一，是公司设立的必备条件。在公司设立以后，公司名称不仅是一个简单的符号，而且代表了公司的商业信誉，是公司的一种无形财产，还可以作为资本直接用于投资。公司的影响固然主要取决于其自身的生产经营活动，但好的公司名称无疑对公司的经营活动也具有重要意义。因此，公司的创办人对于公司名称十分重视。

一、公司名称的选定模式

公司创办人在选定公司名称前，应当首先确定公司的类型，即创办的是有限责任公司还是股份有限公司等。世界各个国家和地区的公司法无一例外地要求在公司名称中附加公司种类，即标明股份有限公司、有限责任公司、两合公司等字样，以便相对人对公司的责任形式一目了然。我国公司法也作出了同样的规定，凡不按公司法要求设立的公司，都不得称为“有限责任公司”或“股份有限公司”。

西方国家和地区的公司选用名称，大致有以下三种方式：一是采取名称与公司经营范围基本一致的方式，如美国的通用汽车公司、通用电气公司、通用食品公司等；二是以一个或几个投资人的姓氏命名，如杜邦公司、坦尼考公司等；三是既用姓名又包括业务内容，如福特汽车公司等。

不过,公司名称的选定并非完全取决于公司或公司发起人。与商号选定主要存在两种模式相一致,公司名称的选定也主要有两种模式,即名称真实主义模式和名称自由主义模式。

法国、瑞士等国实行公司名称真实主义,即法律对公司名称选定予以严格限制,公司名称必须反映公司的真实状况。具体来说,就是公司名称与公司的营业种类、经营范围、投资状况等相一致,不得给公众造成假象或者使其产生迷惑,否则法律将禁止使用。德国商法曾将资合公司与人合公司作绝对的区分,并基于严格的名称真实主义,使本应使公司通过个性化的名称达到相互区分的功能受到严重削弱。例如,某人合公司在确立其商号时,根据 1998 年修订前的《德国商法典》第 18、19 条的规定,就只能以股东姓名或至少包含了一个股东姓名的名称作为公司名称,甚至严格到不允许以股东姓名的缩写取代股东姓名的使用。反过来,股份有限公司与有限责任公司在其相关法律(股份法与有限责任公司法)修订之前,也不能将股东姓名确立为商号。〔1〕

美国、英国、日本等绝大多数国家则采名称自由主义,即法律原则上对公司名称的选择不加限制,名称的内容完全由公司任意选定。例如,美国注册公司时对公司名称没有太多限制,公司可以冠以如"国际""美国"这类字样。不过,采名称自由主义的国家均对公司名称的选定加以一定限制。各国均不允许公司名称中使用红十字会等知名慈善组织的名称。公司名称中也不能包含与成立公司目的不符的字样,或者需要特殊营业许可行业的字样,如医生、律师这类字样。例如,美国绝大多数州对公司名称有以下主要要求:(1)公司名称中包含揭示公司法人性(corporateness)的字样,如"corporation""company""incorporated"等;(2)公司名称中不得包含暗示公司未被允许从事的营业范围的字样,如未经允许的银行与信托业务、存款凭证业务、权利担保业务等;(3)公司名称不得与在同一州设立或获准在该州营业的公司名称相近似。〔2〕

我国理论界还有一些学者认为,在名称真实主义与名称自由主义之外,另存在一种以名称真实主义为主、以名称自由主义为辅的立法模式,并称之为折中主义。这些学者认为,折中主义是法律规定公司成立时的名称应真实反映公司的营业部类、经营范围等,但在转让、继承时不改变原公司名称。〔3〕

事实上,无论是采名称真实主义还是名称自由主义,绝大多数国家和地区都不作绝对化的规定,而是对前者作一定程度的例外规定,〔4〕对后者作一定程度的限制规定。从这个意义上讲,这种非严格意义上的公司名称选定的立法模式,确实不妨称为折中主义。但这种折中主义的含义显然不同于上述学者的界定,并且若将其作为一种独立的立法模式,将导致几乎所有国

〔1〕 经 1998 年修订后的《德国商法典》,因对其名称真实原则作了重大修正,其公司名称的选定,实际上已基本演变成为名称自由主义了。参见范健:《德国商法:传统框架与新规则》,法律出版社 2003 年版,第 258 ~ 261 页。

〔2〕 参见[美]R. W. 汉密尔顿:《公司法》(第 4 版,影印注释本),刘俊海、徐海燕注,中国人民大学出版社 2001 年版,第 49 ~ 50 页。

〔3〕 参见施天涛:《公司法论》(第 2 版),法律出版社 2006 年版,第 146 页;赵旭东主编:《公司法学》(第 2 版),高等教育出版社 2006 年版,第 156 页。

〔4〕 一些采商号真实主义模式的国家所确立的"商号连续原则"即为此种例外性规定。该原则是指当一个人购买或继承其他商人的营业,或者根据租赁契约经营他人的业务,可以在原来业主或其继承人同意的情况下,继续保留和沿用原来的商业名称。通过这种方式,原商业名称的商誉价值可以继续发挥。在此情形下,商业名称连续原则便成为商业名称的真实主义的例外性规定。

家和地区的公司名称选定模式被纳入其中,从而失去了其原有的分类意义。因此,与能够彼此区别的公司资本制度等其他模式的分类不同,在公司名称选定模式上,大可不必在传统的两种分类之外增加一种折中主义,而是就其本质而言作大体划分。

二、我国公司名称的选定规则

依《企业名称登记管理规定》及《企业名称登记管理规定实施办法》的规定,我国公司名称选定具体包括以下规则:

1. 公司只能登记一个名称,公司名称受法律保护。

2. 公司名称应当使用规范汉字。民族自治地方的公司名称可以同时使用本民族自治地方通用的民族文字。公司需将公司名称译成外文使用的,应当依据相关外文翻译原则进行翻译使用,不得违反法律法规规定。

3. 公司名称由行政区划名称、字号、行业或者经营特点、组织形式组成。跨省、自治区、直辖市经营的公司,其名称可以不含行政区划名称;跨行业综合经营的公司,其名称可以不含行业或者经营特点。公司名称中的行政区划名称应当是公司所在地的县级以上地方行政区划名称。根据商业惯例等实际需要,公司名称中的行政区划名称置于字号之后、组织形式之前的,应当加注括号。公司名称中的字号应当具有显著性,由两个以上汉字组成,可以是字、词或者其组合。县级以上地方行政区划名称、行业或者经营特点用语等具有其他含义,且社会公众可以明确识别,不会认为与地名、行业或者经营特点有特定联系的,可以作为字号或者字号的组成部分。公司名称中的行业或者经营特点用语应当根据公司的主营业务和国民经济行业分类标准确定。国民经济行业分类标准中没有规定的,可以参照行业习惯或者专业文献等表述。公司应当在名称中标明"有限责任公司""有限公司"或者"股份有限公司""股份公司"字样。

4. 公司名称不得有下列情形:(1)损害国家尊严或者利益;(2)损害社会公共利益或者妨碍社会公共秩序;(3)使用或者变相使用政党、党政军机关、群团组织名称及其简称、特定称谓和部队番号;(4)使用外国国家(地区)、国际组织名称及其通用简称、特定称谓;(5)含有淫秽、色情、赌博、迷信、恐怖、暴力的内容;(6)含有民族、种族、宗教、性别歧视的内容;(7)违背公序良俗或者可能有其他不良影响;(8)可能使公众受骗或者产生误解;(9)使用与国家重大战略政策相关的文字,使公众误认为与国家出资、政府信用等有关联关系;(10)使用"国家级""最高级""最佳"等带有误导性的文字;(11)使用与同行业在先有一定影响的他人名称(包括简称、字号等)相同或者近似的文字;(12)使用明示或者暗示为非营利性组织的文字;(13)法律、行政法规以及国家规定禁止的其他情形。

5. 公司名称冠以"中国""中华""中央""全国""国家"等字词,应当按照有关规定从严审核,并报国务院批准。国务院市场监督管理部门负责制定具体管理办法。公司名称中间含有"中国""中华""全国""国家"等字词的,该字词应当是行业限定语。外商投资公司名称中含有"(中国)"字样的,其字号应当与公司的外国投资者名称或者字号翻译内容保持一致,并符合法律法规规定。

6. 已经登记的公司人控股3家以上公司的,可以在公司名称的组织形式之前使用"集团"或者"(集团)"字样。公司集团名称应当在集团母公司办理变更登记时一并提出。公司集团名称应当与集团母公司名称的行政区划名称、字号、行业或者经营特点保持一致。经公司集团母公司授权的子公司、参股公司,其名称可以冠以公司集团名称。公司集团母公司应当将公司集团名称以及集团成员信息通过国家企业信用信息公示系统向社会公示。

7. 已经登记的公司,在3个以上省级行政区域内投资设立字号与本公司字号相同且经营1年以上的公司,或者符合法律、行政法规、国家市场监督管理总局规定的其他情形,其名称可以不含行政区划名称。除有投资关系外,该公司名称应当同时与公司所在地设区的市级行政区域内已经登记的或者在保留期内的同行业企业名称字号不相同。

8. 已经登记的跨5个以上国民经济行业门类综合经营的公司,投资设立3个以上与本公司字号相同且经营1年以上的公司,同时各公司的行业或者经营特点分别属于国民经济行业不同门类,其名称可以不含行业或者经营特点。除有投资关系外,该公司名称应当同时与公司所在地同一行政区域内已经登记的或者在保留期内的企业名称字号不相同。该公司名称不含行政区划名称的,除有投资关系外,还应当同时与公司所在地省级行政区域内已经登记的或者在保留期内的企业名称字号不相同。

综上所述,我国公司法对公司名称选定作了较为严格的要求,但又赋予了较为充分自由权,因而应将其归入名称真实主义模式。

三、我国公司名称登记注册与管理制度

(一)公司名称自主申报制度

公司名称由申请人自主申报。申请人可以通过企业名称申报系统或者在公司登记机关服务窗口提交有关信息和材料,包括全体股东确认的公司名称、住所、股东名称或者姓名等。申请人应当对提交材料的真实性、合法性和有效性负责。企业名称申报系统对申请人提交的公司名称进行自动比对,依据公司名称禁限用规则、相同相近比对规则等作出禁限用说明或者风险提示。公司名称不含行政区划名称以及属于上述公司名称不得存在的情形的,申请人应当同时在国家市场监督管理总局企业名称申报系统和企业名称数据库中进行查询、比对和筛选。

申请人根据查询、比对和筛选的结果,选取符合要求的公司名称,并承诺因其公司名称与他人企业名称近似侵犯他人合法权益的,依法承担法律责任。申报公司名称,不得有下列行为:(1)不以自行使用为目的,恶意囤积公司名称,占用名称资源等,损害社会公共利益或者妨碍社会公共秩序;(2)提交虚假材料或者采取其他欺诈手段进行公司名称自主申报;(3)故意申报与他人在先具有一定影响的名称(包括简称、字号等)近似的公司名称;(4)故意申报法律、行政法规和相关规章禁止的公司名称。在公司登记实践中,恶意申报与知名企业相近似的或与国家重大战略政策相关的名称,是申报公司名称的常见违法行为。例如,申报公司名称时,若选用“阿哩巴巴商务有限公司”的名称,则与明显易与阿里巴巴集团控股有限公司名称相近似,因而公司登记机关应予合规指导,要求申请人遵守诚实信用原则,尊重在先合法权利,避免引起混淆。

公司登记机关对通过企业名称申报系统提交完成的企业名称予以保留,保留期为2个月。设立公司依法应当报经批准或者企业经营范围中有在登记前须经批准的项目的,保留期为1年。公司登记机关可以依申请向申请人出具名称保留告知书。申请人应当在保留期届满前办理公司登记。保留期内的公司名称不得用于经营活动。公司登记机关在办理公司登记时,发现保留期内的名称不符合公司名称登记管理相关规定的,不予登记并书面说明理由。

(二)公司名称使用与监督管理制度

使用公司名称应当遵守法律法规规定,不得以模仿、混淆等方式侵犯他人在先合法权益。

公司的印章、银行账户等所使用的公司名称,应当与其营业执照上的公司名称相同。法律文书使用公司名称,应当与该公司营业执照上的公司名称相同。

公司名称可以依法转让。公司名称的转让方与受让方应当签订书面合同,依法向公司登记机关办理公司名称变更登记,并由公司登记机关通过国家企业信用信息公示系统向社会公示企业名称转让信息。

公司授权使用公司名称的,不得损害他人合法权益。公司名称的授权方与使用方应当分别将公司名称授权使用信息通过国家企业信用信息公示系统向社会公示。

公司登记机关发现已经登记的公司名称不符合公司名称登记管理相关规定的,应当依法及时纠正,责令公司变更名称。对不立即变更可能严重损害社会公共利益或者产生不良社会影响的公司名称,经公司登记机关主要负责人批准,可以用统一社会信用代码代替。上级公司登记机关可以纠正下级公司登记机关已经登记的不符合公司名称登记管理相关规定的公司名称。其他单位或者个人认为已经登记的公司名称不符合公司名称登记管理相关规定的,可以请求公司登记机关予以纠正。

公司应当自收到公司登记机关的纠正决定之日起 30 日内办理公司名称变更登记。公司名称变更前,由公司登记机关在国家企业信用信息公示系统和电子营业执照中以统一社会信用代码代替其公司名称。公司逾期未办理变更登记的,公司登记机关将其列入经营异常名录;完成变更登记后,公司可以依法向公司登记机关申请将其移出经营异常名录。

第二节　公司的住所

一、公司住所概述

公司住所(domicile),亦称公司法定住所,在英美法系国家和地区被称为公司注册办事处或公司注册办公室(regestered office),是指公司据以开展业务、进行商事交易活动的中心场所。公司住所与通常所说的经营场所不同。经营场所是公司进行业务活动所必需的一切场地,是公司进行经营的必要条件。公司经营场所可能是住所,也可能是住所之外的各种固定地点和设施,如生产场地、销售网点等。一般来说,公司住所皆为公司经营场所。不过,在英美法系国家和地区,公司注册办事处则可能是公司营业场所,也可能不是营业场所。

各个国家和地区均要求,在设立公司时,必须在章程中载明公司住所,并经公司登记机关核准登记。登记注册的公司住所只有一个,公司住所一经确定,非依法定程序办理变更登记手续,不得擅自变更,否则不得以其变更事项对抗第三人。[5] 各个国家和地区公司法都对如何确定公司住所作了具体规定,但关于公司住所确定依据的规定则不尽相同,大致有以下三种模式:

1. 管理中心主义模式,即以公司登记时常设管理机关所在地为住所。日本、韩国等皆为此

〔5〕 较为特殊的是,《澳门商法典》第 181 条第 2 款规定:“公司行政管理机关得将住所在本地区内自由迁移。”

例。《日本公司法典》第 4 条规定:“公司以其总公司所在地为住所。”[6]《韩国商法典》第 171 条第 2 款也规定:“公司以其总公司所在地为住所。”[7]英国法以公司实际上进行管理的地方为其住所,但公司章程中应说明其注册办事处的具体位置。该模式的主要优点在于容易确定,其缺点主要在于公司容易通过将管理中心迁到海外的办法达到避税、逃避严格的公司监管等目的。

2. 营业中心主义模式,即以公司的业务执行地为住所。该模式的主要优点在于便于控制公司的主要财产收入,缺点则在于若公司有多个营业中心,则不易确定公司住所。

3. 公司章程确定模式。具体又分为两种模式。其一,法律就公司章程关于公司住所的选定作出限制性规定。例如,《德国股份法》第 5 条规定:“公司以章程规定的国内地点为住所。”[8]其二,法律不就公司住所的选定作任何限制,完全由公司章程自由确定。例如,美国《特拉华州普通公司法》第 131 条规定:“每家公司都应在州内有一个并保持一个注册办事处,该办事处可以,但不一定也是营业场所。”[9]不过,由于该注册办事处可能位于公司营业场所之外,因而美国各州公司法及《美国商事公司示范法》均要求,公司必须在其注册办事处保留一名常驻的注册代理人。

由于公司住所与其营业场所联系的复杂性,有些国家和地区的公司法在规定公司住所由章程确定的同时,还允许公司设置一个专用住所,如专门用于接收登记机关文件的住所。对此,《澳门商法典》第 179 条规定“章程必须载有”“公司住所”;在此基础上,第 181 条第 1 款规定:“公司住所应设于确定地点。”由此可见,法律未对公司住所的确定作出硬性规定。此外,该法典第 181 条第 3 款规定:“除公司住所外,公司尚得为特定业务订定专用住所。”

我国《公司法》第 8 条明确规定,公司以其主要办事机构所在地为住所。2021 年公布的《市场主体登记管理条例》第 11 条第 1 款还明确规定:“市场主体只能登记一个住所或者主要经营场所。”在公司无分公司时,以公司的主要办事机构所在地为公司住所;在公司设有分公司时,以总公司的所在地为住所。所谓主要办事机构所在地,是指决定和处理公司事务的经营管理机构(如董事会)所在地或者管辖全部公司组织的中枢机构(如总公司)所在地。我国公司法未明确规定,当公司章程所确定的住所与实际主要办事机构所在地不一致时,应如何确定公司的住所。对此,依照公司住所原理,本应以后者为准。然而,实践中,我国并不依此确定公司住所,而是严格依照公司注册登记地确定,其住所必须在登记地辖区内。因此,至于公司实际主要办事机构所在地,法律在所不问。事实上不少公司选择的法定住所,与其实际业务开展的地域几乎是不相关的。这一点,与自然人实行的住所认定制度显然不同,不存在像自然人那样的以实际居住地为住所的推定制度。

为保障市场主体经营自由权、维护公平竞争的营商环境,《市场主体登记管理条例》第 27 条还规定:“市场主体变更住所或者主要经营场所跨登记机关辖区的,应当在迁入新的住所或者主要经营场所前,向迁入地登记机关申请变更登记。迁出地登记机关无正当理由不得拒绝移交市场主体档案等相关材料。”

---

〔6〕 吴建斌编译:《日本公司法 附经典判例》,法律出版社 2017 年版,第 6 页。

〔7〕 《韩国商法》,吴日焕译,中国政法大学出版社 1999 年版,第 36 页。

〔8〕 《德国商事公司法》,胡晓静、杨代雄译,法律出版社 2014 年版,第 68 页。

〔9〕 卞耀武主编:《特拉华州普通公司法》,左羽译,法律出版社 2001 年版,第 24 页。

二、公司住所的法律意义

公司住所主要具有以下法律意义：

1. 可以据以确定诉讼管辖地。我国《民事诉讼法》第 22 条第 2 款规定："对法人或者其他组织提起的民事诉讼，由被告住所地人民法院管辖。"在其他相关条款中，也有以被告住所地确定法院地域管辖的规定。可见确定公司的住所，是明确地域管辖的重要前提条件。

2. 确定法律文书及其他文书送达的地点。在诉讼程序中诉讼文书应直接送达，直接送达有困难的可邮寄送达。而无论何种方式送达，对公司而言，均以住所地为法律文书收受的处所。

3. 可以据以确定登记、税收等管理机关。我国公司的登记主管机关是各级市场监督管理局，登记主管机关依照法律规定，对企业实行分级登记管理。向省、市、县级市场监督管理机关申请登记，其前提条件是确定公司的住所地。否则，就无法确定公司应向何地登记主管机关申请登记。在申报纳税时，依税法规定，公司所得税等许多税种都实行"属地管理"，应向公司所在地税务机关申报纳税。因此，在我国，即便公司总部发生变动，只要公司注册地不变，仍应向总部之外的注册地税务机关申报纳税。例如，某公司在浙江省温州市注册成立，后将总部迁至上海市，只要其不变更公司注册地，仍应向温州市税务机关申报纳税。

4. 便于公司开展正常的生产经营活动。公司成立后，就要广泛地开展业务活动，与相对人发生种种经济联系。如果公司无住所，其业务活动将难以进行。在合同关系中，如果当事人没有明确指明债务履行地点，公司住所往往是确定其履行地的主要因素。

5. 在涉外经济及民事诉讼中确定适用何国法律。在涉外经济及民事诉讼中，如果当事人没有选择适用何国法律，公司住所可以作为确定适用何国法律的依据。

思考题

1. 我国公司名称的选定规则是怎样的？
2. 试析我国现行公司名称及商号制度的缺陷。
3. 试析我国商号及公司名称的法律保护机制应如何完善。
4. 试析公司住所的法律意义。

第六章　公司登记制度

| 导 读 |

- 根据法律是否强制规定设立公司必须履行登记手续的不同,可将公司登记分为强制登记主义与任意登记主义。在强制登记主义下,设立公司必须依法履行注册登记义务。在任意登记主义下,公司由发起人根据私文书自行设立,并且法律未规定事后必须履行登记义务。
- 根据公司登记是否为公司的成立要件,强制登记主义又可分为公司成立要件主义与公司成立非要件主义。在采取公司成立要件主义的国家和地区,只有依法履行了公司登记程序才能取得公司法律人格;未经公司登记者则不具有权利能力和行为能力,不得从事任何种类的经营活动,否则要受到法律的制裁。
- 各个国家和地区关于公司登记机关的规定很不一样,主要有四种:法院是公司登记的主管机关;法院和行政机关均为公司登记机关;行政机关或专门设立的附属行政机构为公司登记机关;专门注册中心和商会为公司登记机关。
- 各个国家和地区公司法或商法对公司登记的种类及事项的规定不尽相同。我国《公司法》与《市场主体登记管理条例》规定的登记种类包括设立登记、变更登记和注销登记。此外,《企业名称登记管理规定》中还规定了公司名称登记制度。
- 公司登记程序分为申请、审查、核准登记三个阶段。
- 公司登记的效力在法的理论上和司法实践中主要涉及两个方面的内容:其一,未履行公司登记的事项在法律上对第三人具有何种效力;其二,已履行公司登记的事项在法律上对第三人具有何种效力。

第一节　公司登记概述

一、公司登记的概念与特征

(一)公司登记的概念

公司登记,是指为了设立、变更或终止公司,依照法定内容和程序,由当事人将登记事项向登记主管机关提出申请,经登记机关审查核准,将登记事项记载于登记簿的综合法律行为。公司登记属于典型的商事登记,相关商事登记的制度与理论基本上适用于公司登记。在模式上,除了采取各单行公司法规定公司登记的英美法系国家和地区外,采取统一商事登记模式的国家和地区,主要由统一的商事登记法调整,只有公司登记的特殊事项才由公司法具体规定。

公司登记是对公司经营中重要的或与经营的开展有着直接关系的事项的记载，登记内容和范围在法律上往往受到某种程度的限定。

（二）公司登记的特征

尽管各个国家和地区的公司登记规定并不完全统一，但可以认为公司登记法律制度主要有以下法律特征：

1. 公司登记是导致公司设立、变更或终止的法律行为。在绝大多数国家和地区，公司登记都是其取得合法主体资格的必要和唯一的途径，只有少数国家和地区允许公司依其制定章程的私法行为而自行设立公司，但大多要求在其后一定期间内仍须登记。

2. 公司登记是一种要式法律行为，必须按照法定要求将法定事项在法定主管机关办理，其行为的内容与方式都必须符合法定要求。公司登记注册的内容与事项往往由商事登记法或公司法以强制性条款的形式规定并具体列明。公司登记必须严格按照法律规定的有关条件与程序办理，否则不能产生相应的法律效力。在具体形式上，公司登记必须采取规范的书面形式，登记机关不会受理单纯的口头登记申请。公司登记的申请人则必须依照法定程序并采取法定的格式，向法定公司登记机关提出申请。

3. 公司登记在本质上是一种带有公法性质的行为。与一般私法以平等主体之间的财产关系和人身关系为调整对象不同，公司登记法的多数规范并不以平等主体间的权利义务关系为其调整对象。虽然公司登记机关表现为多种形式，但绝大多数国家的公司登记机关都属于国家机关。从公司登记申请人角度来看，其权利和义务并不以平等当事人为相对人，而是以属于国家机关的登记机关作为相对人。对于违反登记义务的公司来说，其违法行为的法律后果并非损害赔偿，而是主要表现为以行政罚款之类的强制措施为主。

二、公司登记立法

（一）公司登记的立法体例

公司登记法，是指规范公司登记行为，确定公司登记机关、登记内容、登记程序等事项，调整公司登记关系的法律规范的总称。当代各个国家和地区的公司登记法的立法体例主要分为以下三类：

1. 由商法典规定统一的商事登记制度并由公司法就公司登记特殊事项作专门规定。德国、韩国皆属此例。采此立法例的国家一般还专门制定具体的登记法规。例如，德国除于《德国商法典》《德国股份法》《德国有限责任公司法》中对公司登记作了规定外，还于1937年制定了《商事登记建立和管理规定》。[1]

2. 由商事登记专门法规定统一的商事登记制度，另在公司法中就公司登记作特殊规定。例如，日本于1963年制定了专门的《日本商业登记法》，对商事登记制度作出详细规定，同时《日本商法典》中关于公司登记的专门规范仍得适用。《日本公司法典》则在适用《日本商业登记法》相关登记规则的同时，以第七编第四章对公司登记制度作了系统性专门规定。[2] 法国在废除了其商法典第一卷第四编中关于商事登记的规定之后，颁布了《商事及公司登记法令》作为商事及公司登记专门法。我国曾长期缺乏统一的商事登记法，2021年4月14日国务院第

---

〔1〕 参见［德］C. W. 卡纳里斯：《德国商法》，杨继译，法律出版社2006年版，第76页。

〔2〕 参见吴建斌编译：《日本公司法　附经典判例》，法律出版社2017年版，第474～493页。

131次常务会议通过的《市场主体登记管理条例》填补了这一空白。该条例自2022年3月1日起施行,《公司登记管理条例》《企业法人登记管理条例》《企业法人法定代表人登记管理规定》同时废止。此外,2023年《公司法》将"公司登记"规范整合为专门的第二章,《企业名称登记管理规定》《企业名称登记管理规定实施办法》等也有关于公司登记的规定。因此,我国实行的也是由商事登记专门法规定统一的商事登记制度,另在公司法中就公司登记作特殊规定的立法例。

3. 由相关公司法规定。在英国与美国,尽管制定法已经占据了很大比重,但并未就商事登记制度作统一的专门立法,而是在相关的公司法中予以规定。

(二)公司登记制度的立法原则:强制登记主义与任意登记主义

按照法律是否强制规定设立公司必须履行登记手续的不同,可将公司登记立法例分为强制登记主义与任意登记主义。在强制登记主义立法例下,设立公司必须依法履行注册登记义务。在任意登记主义立法例下,公司由发起人根据私文书自行设立,并且法律未规定事后必须履行登记义务。在公司设立采取自由设立主义立法原则的时期,公司设立登记的立法原则表现为任意登记主义。如今,虽然仍有极少数大陆法系国家对无限公司等传统公司采取任意登记主义,但对于有限责任公司与股份有限公司,所有国家和地区都废除了任意登记主义,转而改采强制登记主义。例如,《意大利民法典》规定:"从事下列经营活动的企业主,应当履行登记义务:(1)直接从事产品或者服务生产的活动的;(2)从事物的流通的居间活动的;(3)从事陆上、水上或者航空运输的;(4)从事银行业或者保险业的;(5)从事上述行业的其他辅助性活动的。"(第2195条第1款)同时规定,"未按法律规定的方式和期限进行登记的人,将受到10欧元至516欧元罚款的行政处罚"(第2194条)。[3] 《俄罗斯联邦民法典》第51条也规定,法人应依照法人注册法规定的程序在司法机关进行国家注册,法人自国家注册之时起成立。[4] 在英美法系国家和地区,公司设立均实行强制登记主义,而合伙的注册则大多是任意性的。

强制登记主义自20世纪下半叶开始已成为各个国家和地区公司登记立法的通例。随着市场经济的发展和国家对公司干预的加强,为维护市场经济的正常秩序,防止虚设的公司实施诈骗行为,现代国家公司(狭义上的公司)登记立法都已采取了强制登记主义。例如,由于欧共体一些成员国过去没有登记制度,不能提供公司的资金、债务等情况,使其他成员国同该国贸易的交易安全的维护受到影响,因而1968年3月9日发布的《欧共体第一号公司法指令》明确规定了公司登记制度:公司设立文件及公司章程必须强行公开,成员国公司登记机构必须将公司设立文件及公司章程保存于专为该公司开设的文档或者载入登记簿。[5] 瑞士曾对无限公司与两合公司采取任意登记主义,但现行《瑞士债法典》已改采强制登记主义了。该法第554条第1款规定:"无限公司应当在其住所办理商事登记。"[6]

根据公司登记是否为公司的成立要件,强制登记主义可分为公司成立要件主义与公司成立非要件主义。在采取公司成立要件主义的国家和地区,只有依法履行了公司登记程序才能

[3] 参见《意大利民法典》,费安玲等译,中国政法大学出版社2004年版,第512页。
[4] 参见《俄罗斯联邦民法典》,黄道秀等译,中国大百科全书出版社1999年版,第25~26页。
[5] 参见《欧盟公司法指令全译》,刘俊海译,法律出版社2000年版,第8、10页。
[6] 《瑞士债法典》,吴兆祥等译,法律出版社2002年版,第167页。

取得公司法律人格。未经公司登记者则不具有权利能力和行为能力，不得从事任何种类的经营活动，否则就要受到法律的制裁。公司成立要件主义的法律效力表现为公司登记的创设性。

在采取公司成立非要件主义的国家和地区，将公司设立登记视为公司成立后依法履行的义务，奉行先设立后登记原则，即在履行公证和其他一些手续后，公司被视为自动成立，其后再将公司设立文件提交登记机关注册登记。公司成立非要件主义形成于19世纪末和20世纪初，是自由贸易时代的产物。如今，采取公司成立非要件主义的国家和地区已经非常罕见，主要有荷兰、比利时、葡萄牙、意大利及我国澳门特别行政区等少数国家和地区。公司成立非要件主义的法律效力表现为公司登记的公示性。例如，《澳门商法典》第179条第1款规定："公司之设立应以文书为之；除因股东用以出资之财产之性质而采用其他方式外，以私文书为之即可。"该法第187条第1款规定："公司登记之申请，应自其设立之日起十五日内提出。"[7]依此，在澳门特别行政区，未经公司登记虽不具有对抗善意第三人的消极效力，但在公司登记之前并不妨碍公司依其设立协议而成立。英国公司法对"封闭式公司"也不以公司登记为成立要件，但仍须事后履行登记义务。[8]

当今世界，除个别国家和地区仍采用公司成立非要件主义外，多数国家和地区都奉行成立要件主义。这种格局的出现，与现代经济贸易秩序建立的走向有一定的联系。首先，现代公司成立要件主义虽主张登记的强制要求，但其只需设立人提供公司设立的法定文件和证明材料，登记机关对于这些材料仅具记录和存档功能，不行使审批权力，它与传统的核准登记制不同，不易造成对公司设立的妨碍。其次，公司成立非要件主义虽可向设立人提供较为充分的商事活动自由和便捷，但因公司成立前未经审查登记，易导致设立行为落空而损害第三人利益和社会交易安全。最后，在公司成立要件主义下，登记为公司设立的必经程序，通过登记事项公开规则，设立人可以更好地受到法律和公众的监督，进而有利于保护交易相对人的交易安全。

不过，在需要办理营业许可的情况下，营业许可证只发给经过商事登记注册的企业，而没有注册的企业无法从事该特定的经营活动。这使登记注册的创设效力和公示效力在实质上的区别大大降低。

我国《市场主体登记管理条例》第3条第1款规定："市场主体应当依照本条例办理登记。未经登记，不得以市场主体名义从事经营活动。法律、行政法规规定无需办理登记的除外。"由此可见，我国采取的是典型的公司设立强制登记主义模式，即公司成立要件主义。

三、公司登记管理机关

公司登记的管理机关是指按照公司登记法的规定，接受公司登记申请，并具体办理公司登记的国家主管机构。各个国家和地区关于公司登记机关的规定很不一样，主要有四种模式：

1. 法院是公司登记的主管机关。例如，德国、日本、韩国的商法规定，公司登记由地方法院办理。在德国，资合公司的登记具体由地方法院商事登记部门负责。

2. 法院和行政机关均为公司登记机关。其代表为法国。1935年10月，法国命令在"地方商业登记簿"之外增设"中央商业和公司登记簿"，主要用于办理公司登记。关于公司设立，法院应于受理登记后1个月内，另将原申请书件一份，移送全国性的工业所有权局，办理商业

---

[7] 《澳门商法典》，中国人民大学出版社1999年版，第58、61页。

[8] 参见吴越：《中国公司法之构造缺陷及克服》，载《现代法学》2003年第2期。

登记。

3. 行政机关或专门设立的附属行政机构为公司登记机关。美国、英国、澳大利亚、新西兰、新加坡、泰国等国家和地区的商事登记就是如此。在美国，商事登记在州务卿办公室(secretary of state's office)进行;澳大利亚公司登记为联邦财政部下属证券与投资委员会;新西兰的公司登记机关为联邦经济发展部下属的公司注册署。

4. 专门注册中心和商会为公司登记机关。例如，《荷兰商事注册法》规定地方商会负责保管当地商事注册文件。

在我国，公司登记的主管机关是市场监督管理机关。我国《市场主体登记管理条例》第5条明确规定:“国务院市场监督管理部门主管全国市场主体登记管理工作。县级以上地方人民政府市场监督管理部门主管本辖区市场主体登记管理工作，加强统筹指导和监督管理。”依此，我国市场监督管理机关独立行使公司登记管理权，并实行分级登记管理原则，即国家市场监督管理总局和地方的省、自治区、直辖市市场监督管理局及市、县、区市场监督管理局等多级管理。不过，近年来，为优化营商环境，各地纷纷推进行政审批制度改革，由行政审批局统一行使包括公司登记机关职权的行政审批权。当然，这种授权行使的职权仅限于登记，登记主管机关的事中、事后监管权仍由市场监督管理机关行使。

我国关于登记机关管理权的行使和监督所奉行的原则是不同级别的登记机关独立行使职权，但上级登记主管机关有权纠正下级登记主管机关不符合国家法律法规和政策规定的行为。

第二节　公司登记的种类

各个国家和地区的公司法或商法对公司登记的种类及事项的规定不尽相同。我国《公司法》与《市场主体登记管理条例》规定，公司登记包括设立登记、变更登记和注销登记。此外，2020年《企业名称登记管理规定》中则对公司名称登记制度作了专门规定。国家市场监督管理总局于2022年3月1日公布的《市场主体登记管理条例实施细则》还对歇业和撤销登记作了详细规定。

一、设立登记

公司设立登记，是指公司的设立人为设立公司而向登记机关提出申请，并由登记机关办理登记的法律行为。我国《公司法》第29条规定:“设立公司，应当依法向公司登记机关申请设立登记。法律、行政法规规定设立公司必须报经批准的，应当在公司登记前依法办理批准手续。”由此可见，除法律、行政法规另有规定者外，其他任何规范性文件所规定的审批，都不再作为公司设立登记的要件。

申请设立公司，应当提交设立登记申请书、公司章程等文件以及法定代表人、董事、监事和高级管理人员的任职文件和自然人身份证明。募集设立股份有限公司还应当提交依法设立的验资机构出具的验资证明;公开发行股票的，还应当提交国务院证券监督管理机构的核准或者注册文件。涉及发起人首次出资属于非货币财产的，还应当提交已办理财产权转移手续的证明文件。申请人提交的相关材料应当真实、合法和有效。申请材料不齐全或者不符合法定形式的,公司登记机关应当一次性告知需要补正的材料。

申请设立公司,符合《公司法》规定的设立条件的,由公司登记机关分别登记为有限责任公司或者股份有限公司;不符合《公司法》规定的设立条件的,不得登记为有限责任公司或者股份有限公司。

公司登记事项包括:(1)名称;(2)住所;(3)注册资本;(4)经营范围;(5)法定代表人的姓名;(6)有限责任公司股东、股份有限公司发起人的姓名或者名称。公司登记机关应当将该公司登记事项通过国家企业信用信息公示系统向社会公示。

二、变更登记

由于公司登记所具有的特定作用,因此法律规定未经核准变更登记,公司不得擅自改变登记事项。公司登记事项发生变更的,应当依法办理变更登记。公司登记事项未经登记或者未经变更登记,不得对抗善意相对人。

我国《公司法》第 35 条规定,公司申请变更登记,应当向公司登记机关提交公司法定代表人签署的变更登记申请书、依法作出的变更决议或者决定等文件;公司变更登记事项涉及修改公司章程的,应当提交修改后的公司章程;公司变更法定代表人的,变更登记申请书由变更后的法定代表人签署。关于公司法定代表人变更申请书签署人的规定具有重要意义,解决了公司实践中长期困扰公司及公司登记主管机关的难题。

公司变更名称,可以自主申报名称并在保留期届满前申请变更登记,也可以直接申请变更登记。

公司变更住所(主要经营场所),应当在迁入新住所(主要经营场所)前向迁入地登记机关申请变更登记,并提交新的住所(主要经营场所)使用相关文件。迁出地登记机关无正当理由不得拒绝移交市场主体档案等相关材料。

公司变更注册资本,应当办理变更登记。公司增加注册资本,有限责任公司股东认缴新增资本的出资和股份有限公司的股东认购新股的,应当按照设立时缴纳出资和缴纳股款的规定执行。股份有限公司以公开发行新股方式或者上市公司以非公开发行新股方式增加注册资本,还应当提交国务院证券监督管理机构的核准或者注册文件。公司减少注册资本,可以通过国家企业信用信息公示系统公告,公告期 45 日,应当于公告期届满后申请变更登记。法律、行政法规或者国务院决定对公司注册资本有最低限额规定的,减少后的注册资本应当不少于最低限额。外商投资企业注册资本(出资额)币种发生变更,应当向登记机关申请变更登记。

公司变更类型,应当按照拟变更公司类型的设立条件,在规定的期限内申请变更登记,并提交有关材料。

公司营业执照记载的事项发生变更的,公司办理变更登记后,由公司登记机关换发营业执照。

公司变更登记事项属于依法须经批准的,申请人应当在批准文件有效期内向登记机关申请变更登记。公司法定代表人在任职期间发生法定不得担任公司法定代表人情形之一的,应当向登记机关申请变更登记。公司变更经营范围,属于依法须经批准的项目的,应当自批准之日起 30 日内申请变更登记。许可证或者批准文件被吊销、撤销或者有效期届满的,应当自许可证或者批准文件被吊销、撤销或者有效期届满之日起 30 日内向登记机关申请变更登记或者办理注销登记。

公司变更法定备案事项的,应当自作出变更决议、决定或者法定变更事项发生之日起 30 日内向登记机关办理备案。

三、注销登记

公司登记注销的事由较为复杂,一般包括:事件不属于该登记机关所管辖而已在该机构进行登记的;事件属于以登记事项以外的登记为目的时;事项本身有虚伪不实,而由法院作出判决者;营业行为违反法令、公共秩序或善良风俗,受勒令歇业处分者;登记后一定期间未开始营业者,或开业后自行停业一定期间以上者;等等。日本、法国对此都有较为系统的规定。公司注销登记程序有依当事人申请和依职权注销两种模式。前者是根据当事人申请,后者是登记机关发现法定事由而为之。无论依当事人申请还是依职权为注销登记,法律对注销的处理均有法定要求。《日本商业登记法》对此要求登记官允许登记人在一个月期间内提出异议,如无异议则将注销登记通知当事人;如有异议,登记官应以公报的形式公告注销登记。[9]

我国《公司法》第 37 条规定:"公司因解散、被宣告破产或者其他法定事由需要终止的,应当依法向公司登记机关申请注销登记,由公司登记机关公告公司终止。"公司因解散、被宣告破产或者其他法定事由需要终止的,应当依法向登记机关申请注销登记。经登记机关注销登记,公司终止。公司注销依法须经批准的,应当经批准后向登记机关申请注销登记。

公司注销登记前依法应当清算的,清算组应当自成立之日起 10 日内将清算组成员、清算组负责人名单通过国家企业信用信息公示系统公告。清算组可以通过国家企业信用信息公示系统发布债权人公告。清算组应当自清算结束之日起 30 日内向登记机关申请注销登记。公司申请注销登记前,应当依法办理分支机构注销登记。

申请办理注销登记,应当提交下列材料:(1)申请书;(2)依法作出解散、注销的决议或者决定,或者被行政机关吊销营业执照、责令关闭、撤销的文件;(3)清算报告、负责清理债权债务的文件或者清理债务完结的证明;(4)税务部门出具的清税证明。人民法院指定清算人、破产管理人进行清算的,还应当提交人民法院指定证明。

公司未发生债权债务或者已将债权债务清偿完结,未发生或者已结清清偿费用、职工工资、社会保险费用、法定补偿金、应缴纳税款(滞纳金、罚款),并由全体股东书面承诺对上述情况的真实性承担法律责任的,可以按照简易程序办理注销登记。除应满足以上条件外,有下列情形之一的,公司也不得申请办理简易注销登记:(1)在经营异常名录或者市场监督管理严重违法失信名单中的;(2)存在股权被冻结、出质或者动产抵押,或者对其他市场主体存在投资的;(3)正在被立案调查或者采取行政强制措施,正在诉讼或者仲裁程序中的;(4)被吊销营业执照、责令关闭、撤销的;(5)受到罚款等行政处罚尚未执行完毕的;(6)公司注销依法须经批准的。

公司应当将承诺书及注销登记申请通过国家企业信用信息公示系统公示,公示期为 20 日。在公示期内无相关部门、债权人及其他利害关系人提出异议的,公司可以于公示期届满之日起 20 日内向登记机关申请注销登记。

人民法院裁定强制清算或者裁定宣告破产的,有关清算组、破产管理人可以持人民法院终结强制清算程序的裁定或者终结破产程序的裁定,直接向登记机关申请办理注销登记。

---

〔9〕 参见李金泽、刘楠:《商业登记法律制度研究》,载王保树主编:《商事法论集》第 4 卷,法律出版社 2001 年版。

第三节 公司登记的程序

公司登记程序是公司登记法的核心内容，各个国家和地区的公司登记法对此都作出了详尽的规定，关于公司登记的程序大同小异。在我国，一般将企业登记分为申请、审查、核准登记三个阶段。

一、申请

申请是指由公司设立人（incorporators）[10]或公司提出的创设、变更公司或变更公司已登记的有关事项的行为。在申请的相关规范上，各个国家和地区法律主要是从对申请人的要求、提出申请的方式以及申请时应附选的文件等几个方面予以规制。由于多数国家和地区将公司登记作为其从事商事经营的前提，因此不必对申请时间作出要求。不过，有些国家和地区采取先设立后登记的原则，也就是说，法律允许公司先行开展商事经营活动，而后再在一定期限内进行公司登记。《意大利民法典》第 2196 条的规定即如此。在申请的方式上各个国家和地区法律通常都要求采用书面形式，并对书面形式的具体格式作出规范，有的立法甚至要求经过公证。例如，《德国商法典》第 12 条第 1 款规定："登记于商事登记簿的申请，应当以电子和公证方式提交。授权申请的，对于此种授权，需要采取同样的方式。以存在此种可能为限，当事人中一人的权利继受人，应当通过公文书证明权利继受。"[11]

根据我国《市场主体登记管理条例》的规定，申请办理公司登记，应当提交下列材料：(1)申请书；(2)申请人资格文件、自然人身份证明；(3)住所或者主要经营场所相关文件；(4)公司章程；(5)法律、行政法规和国务院市场监督管理部门规定提交的其他材料。国务院市场监督管理部门应当制定公司登记材料清单和文书格式样本，通过政府网站、登记机关服务窗口等向社会公开。登记机关能够通过政务信息共享平台获取的市场主体登记相关信息，不得要求申请人重复提供。申请人应当对提交材料的真实性、合法性和有效性负责。申请人可以委托其他自然人或者中介机构代其办理市场主体登记。受委托的自然人或者中介机构代为办理登记事宜应当遵守有关规定，不得提供虚假信息和材料。

二、审查

在公司登记申请人提交了相关申请材料后，便进入登记机关审查阶段。审查是指受理登记申请的机关，在接到申请者所提交的申请之后，于法定期限内对申请者所提交的申请内容，依法进行审查的活动。从公司登记的历史发展来看，公司登记审查可分为三种模式：

1. 形式审查主义模式，即登记机关仅仅对申请者所提交的申请从是否符合法律要求的角

---

〔10〕 在美国，公司设立行为已日益专业化，设立公司往往委托专业的公司服务机构（corporate service company）代为办理，具体实施该业务的该服务机构工作人员即为公司设立人。由此可见，在此情形下，公司设立人不同于公司发起人（promoter），其除了签署公司设立文件外，不再履行其他职责，也与设立中公司一般无任何实质性联系。参见[美]史蒂文·L. 伊曼纽尔：《公司法》（影印本），中信出版社 2003 年版，第 17 页。不过，在大陆法系及英国等其他英美法系国家和地区，公司设立人一般都是公司发起人。

〔11〕 《德国商法典》，杜景林、卢谌译，法律出版社 2010 年版，第 10 页。

度进行审查,而不对登记事项的真伪进行调查核实。因此,在形式审查之下,公司登记的公信力相对较弱。采此模式的国家有瑞士、比利时等。

2. 实质审查主义模式,即登记机关对申请者所提交的申请不仅从形式上审查其是否合法,而且对申请事项予以调查核实,以保证登记事项的法律效力。在实质审查模式下,如果公司的设立申请不符合法律规定,则登记机关可以拒绝登记。因此,根据此种主张,凡是已经登记的事项,就有证明其真实的效力,具有很强的公信力。德国、法国采此模式。[12]

3. 折中审查主义模式,即登记机关对登记事项有实质审查的权力但无实质审查的义务,一般仅对重要登记事项进行审查,尤其是对有疑问的事项予以审查,如果发现有不符合法律规定,则不予登记。但已登记的事项不能因此而推定为完全真实,其登记事项的真伪最终还由执行机关加以裁定。

我国有关法律曾规定,登记主管机关受理登记申请后,应当审查公司登记申请人提交的文件、证件及填报登记注册的真实性、合法性、有效性,并核实有关登记事项和开办条件。可见,我国曾采取实质审查主义模式。依此,登记主管机关对登记申请进行实质性审查是其义务,申请人也应积极配合提供有关文件与材料。然而,在实践中,登记机关往往对审查流于形式,并不按实质审查的要求进行真正的实质审查。登记机关也一贯主张,应将实质审查义务改为形式审查义务。《市场主体登记管理条例》明确规定,登记机关应当对申请材料进行形式审查。依此,我国也确立了形式审查主义模式。登记机关应对申请材料齐全、符合法定形式的予以确认并当场登记。不能当场登记的,应当在 3 个工作日内予以登记;情形复杂的,经登记机关负责人批准,可以再延长 3 个工作日。申请材料不齐全或者不符合法定形式的,登记机关应当一次性告知申请人需要补正的材料。登记申请不符合法律、行政法规规定,或者可能危害国家安全、社会公共利益的,登记机关不予登记并说明理由。

三、核准登记

在一些域外规定中,大多规定公司在申请登记时只提交公司登记申请书,经登记主管机关审查核准后,方依规定格式将应登记事项登记于商事登记簿或公司登记簿中。也就是说,在这种登记模式之下,经审查核准之后还须经过登记程序。在我国,由于公司在申请登记时已经提交了填报的登记注册书,登记主管机关对这些登记注册的事项内容进行形式审查核实后,直接作出决定是否核准登记。

申请材料齐全、符合法定形式的,登记机关予以确认,并当场登记,出具登记通知书,及时制发营业执照。不予当场登记的,登记机关应当向申请人出具接收申请材料凭证,并在 3 个工作日内对申请材料进行审查;情形复杂的,经登记机关负责人批准,可以延长 3 个工作日,并书面告知申请人。申请材料不齐全或者不符合法定形式的,登记机关应当将申请材料退还申请人,并一次性告知申请人需要补正的材料。申请人补正后,应当重新提交申请材料。

---

〔12〕 在德国,根据《德国股份法》第 38 条第 2 款第 1 句的规定,如果董事会和监事会的设立报告或者审查报告有明显的错误或不完整,或者这些报告不符合法律的规定,则注册法院可以拒绝注册。不过,实质审查主义并不意味着对所有事项均进行实质审查,注册法官通常不进行经济审计,因为他们根本没有这样的时间和能力。根据《德国股份法》第 38 条第 2 款第 2 句的规定,只有在实物出资或者购买实物,而且设立审计员声明,实物的价值和公司付出的对价之间具有明显差别的情况下,注册法院才可以拒绝注册。参见[德]托马斯·莱塞尔、吕迪格·法伊尔:《德国资合公司法》(第 3 版),高旭军等译,法律出版社 2005 年版,第 92 ~ 93 页。

公司登记申请不符合法律、行政法规或者国务院决定规定，或者可能危害国家安全、社会公共利益的，登记机关不予登记，并出具不予登记通知书。利害关系人就申请材料的真实性、合法性、有效性或者其他有关实体权利提起诉讼或者仲裁，对登记机关依法登记造成影响的，申请人应当在诉讼或者仲裁终结后，向登记机关申请办理登记。

公司法定代表人依法受到任职资格限制的，在申请办理其他变更登记时，应当依法及时申请办理法定代表人变更登记。公司因通过登记的住所（主要经营场所）无法取得联系被列入经营异常名录的，在申请办理其他变更登记时，应当依法及时申请办理住所（主要经营场所）变更登记。

法律、行政法规或者国务院决定规定公司申请登记、备案事项前需要审批的，在办理登记、备案时，应当在有效期内提交有关批准文件或者许可证书。有关批准文件或者许可证书未规定有效期限，自批准之日起超过 90 日的，申请人应当报审批机关确认其效力或者另行报批。公司成立后，批准文件或者许可证书内容有变化、被吊销、撤销或者有效期届满的，应当自批准文件、许可证书重新批准之日或者被吊销、撤销、有效期届满之日起 30 日内申请办理变更登记或者注销登记。

依法设立的公司，由公司登记机关发给公司营业执照。公司营业执照签发日期为公司成立日期。公司营业执照应当载明公司的名称、住所、注册资本、经营范围、法定代表人姓名、登记机关、成立日期、统一社会信用代码。营业执照分为正本和副本，具有同等法律效力。公司登记机关可以发给电子营业执照。电子营业执照与纸质营业执照具有同等法律效力，公司可以凭电子营业执照开展经营活动。

公司在办理涉及营业执照记载事项变更登记或者申请注销登记时，需要在提交申请时一并缴回纸质营业执照正本、副本。对于公司营业执照拒不缴回或者无法缴回的，登记机关在完成变更登记或者注销登记后，通过国家企业信用信息公示系统公告营业执照作废。

第四节　公司登记的效力与监督管理

一、公司登记的效力

公司登记作为一项法律行为，其会因登记与否、登记是否真实以及登记的特殊目的而产生不同的法律效力。公司登记的效力在法的理论和司法实践中主要涉及两个方面的内容：其一，未履行公司登记的事项在法律上对第三人具有何种效力；其二，已履行公司登记的事项在法律上对第三人具有何种效力。具体来说，可以从以下两个方面分析。

（一）消极效力

如前文所述，当今世界绝大多数国家和地区都已经将公司登记制度确立为一项强制性规定，因此在商事经营中应登记的事项，如果未经登记或公告，则不能发生使公司设立、变更的法律效果，或者不能以之对抗善意第三人。其应在分公司所在地登记的事项而未经登记或公告者，同样不得对抗善意第三人。对此，我国《公司法》第 34 条第 2 款规定：“公司登记事项未经登记或者未经变更登记,不得对抗善意相对人。”我国《民法典》也对此作了明确规定。[13]《德国商法典》第15条第1款规定:“在应登入商业登记簿的事实尚未登记和公告期间,在其事务上应对此种事实进行登记的人,不得以此种事实对抗第三人,但此种事实为第三人所知的,不在此限。”德国法学界将这种登记效力称为消极公示主义。事实上,在多数国家和地区都有这样的规定。尤其是在德国,“注册的权利存在,不注册的权利不存在”的原则早已确立起来。因此,在绝大多数国家和地区,已登记注册事项有对抗善意第三人的效力,不允许援引应登记而未登记的事项来对抗善意第三人。

(二)积极效力

凡公司登记应登记的事项业已登记或公告后,第三人除基于不可抗力等正当理由而对此尚不知悉外,无论其出于善意还是恶意,均能对其产生对抗效力。学者称其为积极效力,即德国所称之积极公示主义。一般来说,对已经登记、公告的事项,法律就可以推定第三人已经知悉。尤其是在采取登记强制主义和对登记事项采取实质审查主义模式下,凡已登记的事项即具有对抗第三人的普遍效力。就积极效力而言,《德国商法典》第15条第2款第1句明确规定:“已将此种事实进行登记和公告的,第三人必须承受事实的效力。”《瑞士债务法》第933条第1款也有类似规定。[14] 我国和日本等国公司法虽未作明确规定,但从其关于公司登记消极效力的规定,可以推定出积极效力的规定。[15]

二、公司登记的监督管理

(一)公司登记监督管理的含义

各个国家和地区法律对公司登记管理所规定的方法并不完全一样。从广义上讲,公司登记监督管理分为社会公众的监督和登记主管机关的监督管理两种方式。社会公众的监督主要是规定公众享有查阅公司登记簿、查阅与登记相关的各项资料和信息的权利。狭义的公司登记监督管理仅指登记主管机关的监督管理。公司登记监督管理一般是就狭义上而言的,本书亦如此。

尽管公司登记机关并不都是行政机关,但是毫无疑问,即使是由法院或其他组织履行公司登记职能,其作为公司登记机关也具有一定代行行政权的色彩。公司登记本身确实并不纯粹是一种按照申请人自由意志实施的活动,在某种程度上其可以被理解为国家对商主体的管理与控制行为。因此,公司登记管理成为公司登记制度中的一项不可或缺的内容。

公司登记监督管理,是指公司登记机关基于公司登记而对其依法实行的监督管理。登记机关监督公司按照规定办理设立、变更、注销登记;监督公司按照登记注册事项和公司章程从事经营活动;监督公司及其法定代表人或负责人遵守国家法律、法规和政策;制止和查处不法经营行为,保护市场主体的合法权益。

(二)公司登记机关的义务

公司登记机关应依法履行职责,不得对不符合规定条件的登记申请予以登记,包庇违法登记,或以拖延、刁难、推诿、舞弊等行为损害登记申请人或企业的合法权益。公司登记机关处理

---

〔13〕《民法典》第65条规定:“法人的实际情况与登记的事项不一致的,不得对抗善意相对人。”

〔14〕该条款规定:“登记之法律效力开始后,针对第三人的不承认登记的请求不予接受。”

〔15〕参见《日本公司法典》第908条。

登记违法行为,必须查明事实,依法处理,并将处理决定书面通知当事人。否则,将对直接负责的主管人员和其他直接责任人员依法给予行政处分,构成犯罪的,还要依法追究刑事责任。

公司登记机关应当根据公司的信用风险状况实施分级分类监管。公司登记机关应当采取随机抽取检查对象、随机选派执法检查人员的方式,对公司登记事项进行监督检查,并及时向社会公开监督检查结果。

公司登记机关对公司涉嫌存在违法行为进行查处,可以行使下列职权:(1)进入市场主体的经营场所实施现场检查;(2)查阅、复制、收集与市场主体经营活动有关的合同、票据、账簿以及其他资料;(3)向与市场主体经营活动有关的单位和个人调查了解情况;(4)依法责令市场主体停止相关经营活动;(5)依法查询涉嫌违法的市场主体的银行账户;(6)法律、行政法规规定的其他职权。公司登记机关行使以上第4、5项规定的职权的,应当经公司登记机关主要负责人批准。

我国《公司法》第41条还明确规定:"公司登记机关应当优化公司登记办理流程,提高公司登记效率,加强信息化建设,推行网上办理等便捷方式,提升公司登记便利化水平。国务院市场监督管理部门根据本法和有关法律、行政法规的规定,制定公司登记注册的具体办法。"

(三)公司年度报告公示制度

公司年度报告公示制度是我国于2014年正式确立的制度,在此之前实行的是公司年度检验制度。根据公司年度检验制度的相关规定,已经获得合法经营资格的公司在一个年度以后,还必须通过年度检验方能获得继续从事生产经营的权利。

为减轻企业负担,各地开展了不同形式的年检制度改革,但具体做法极不统一。为此,国务院于2014年2月7日发布的《注册资本登记制度改革方案》改革了年度检验验照制度,将企业年度检验制度改为企业年度报告公示制度,主要内容包括:"企业应当按年度在规定的期限内,通过市场主体信用信息公示系统向工商行政管理机关报送年度报告,并向社会公示,任何单位和个人均可查询。企业年度报告的主要内容应包括公司股东(发起人)缴纳出资情况、资产状况等,企业对年度报告的真实性、合法性负责,工商行政管理机关可以对企业年度报告公示内容进行抽查。经检查发现企业年度报告隐瞒真实情况、弄虚作假的,工商行政管理机关依法予以处罚,并将企业法定代表人、负责人等信息通报公安、财政、海关、税务等有关部门。对未按规定期限公示年度报告的企业,工商行政管理机关在市场主体信用信息公示系统上将其载入经营异常名录,提醒其履行年度报告公示义务。企业在三年内履行年度报告公示义务的,可以向工商行政管理机关申请恢复正常记载状态;超过三年未履行的,工商行政管理机关将其永久载入经营异常名录,不得恢复正常记载状态,并列入严重违法企业名单("黑名单")。"据此,原国家工商行政管理总局于2014年2月14日发布《工商总局关于停止企业年度检验工作的通知》,确定自2014年3月1日起停止对领取营业执照的有限责任公司、股份有限公司、非公司企业法人、合伙企业、个人独资企业及其分支机构、来华从事经营活动的外国(地区)企业以及其他经营单位的企业年度检验工作。

《市场主体登记管理条例实施细则》第63条第1款规定:"市场主体应当于每年1月1日至6月30日,通过国家企业信用信息公示系统报送上一年度年度报告,并向社会公示。"

(四)公司证照管理

公司证照主要是指企业法人营业执照和营业执照,有正本、副本之别。公司证照的正本、副本都是市场监督管理机关核发的,其内容和法律效力完全相同。二者的区别在于正本是悬挂式,必须置于公司住所或营业场所的醒目位置;副本则为折叠式,主要是供公司在其活动中提供证明之用。此外,公司证照的正本只有一份,副本则可以有多份,可由公司根据生产经营的业务需要向公司登记机关申请核发。

公司应当将营业执照(含电子营业执照)置于住所(主要经营场所)的醒目位置。从事电子商务经营的公司应当在其首页显著位置持续公示营业执照信息或者其链接标识。营业执照记载的信息发生变更时,公司应当于15日内完成对应信息的更新公示。公司被吊销营业执照的,登记机关应当将吊销情况标注于电子营业执照中。

(五)公司登记档案管理

公司登记档案是登记主管机关对公司登记注册、监督管理过程中形成的有关记录性文字、图表和音像等,主要包括公司申请登记的报告文件、公司申请登记注册书、有关主管机关的批准文件、公司章程、公司股东及董事会等基本情况、公司变更情况、公司年度报告情况、公司资信证明文件、公司违章情况和其他入档材料。

公司登记档案是对各行业及个别公司的动态的真实、客观的反映,它既可以为国家的决策和有关部门开展工作提供可靠的数据和资料,又可以为企事业单位、社会团体和个人提供公司信息和资信的查询服务。

公司登记机关应当对登记注册、行政许可、日常监管、行政执法中的相关信息进行归集,根据公司的信用风险状况实施分级分类监管,并强化信用风险分类结果的综合应用。公司登记机关应当随机抽取检查对象、随机选派执法检查人员,对公司的登记备案事项、公示信息情况等进行抽查,并将抽查、检查结果通过国家企业信用信息公示系统向社会公示。必要时可以委托会计师事务所、税务师事务所、律师事务所等专业机构开展审计、验资、咨询等相关工作,依法使用其他政府部门作出的检查、核查结果或者专业机构作出的专业结论。公司被撤销设立登记、吊销营业执照、责令关闭,6个月内未办理清算组公告或者未申请注销登记的,公司登记机关可以在国家企业信用信息公示系统上对其作出特别标注并予以公示。

思考题

1. 如何认识公司登记的特征?
2. 试析不同公司登记制度立法原则的优缺点。
3. 试析我国公司年检制度的缺点及改革方向。

第七章　公司章程

导读

- 在英美法系国家和地区，章程大纲和章程细则合起来相当于大陆法系国家和地区的公司章程，但英美公司法将公司章程一分为二，并由法律赋予这两种文件不同的订立、修改的主体及程序以及不同的内容、作用与效力，将公司最重要的事项记载在章程大纲中，而将数量众多的其他事项规定于章程细则中。
- 公司章程作为规范组织与活动的基本规则，与一般的公司文件相比，具有以下法律特征：公司章程的法定性；公司章程的公开性；公司章程的自治性。
- 公司章程可以被界定为公司赖以实现公司自治的自治规则。不过，该自治规则不同于法律，仅具有内部的约束力，因而又具有契约性特征。总的来说，公司章程是一种具有契约属性的公司自治规则。
- 依法律有无明确的规定，公司章程的记载事项可分为必要记载事项和任意记载事项。前者是法律明确规定公司章程应该记载的事项，后者是发起人或创办人任意选择记载的事项。按照对章程效力的影响，还可将必要记载事项分为绝对必要记载事项和相对必要记载事项。
- 公司章程的修改除了不得违反法律的强制性规定之外，还必须遵循一定的原则与程序，才能使其特定的法律地位与效力得以维持。因此，各个国家和地区的公司法都在程序与内容上对公司章程的修改加以严格限制。

第一节　公司章程概述

一、公司章程的概念

公司章程，是指公司必备的由公司股东或发起人共同制定并对公司、股东、公司经营管理人员具有约束力的调整公司内部关系和经营行为的自治规则，它是以书面形式固定下来的反映全体股东共同意思表示的基本法律文件。公司章程有实质意义与形式意义之分。实质意义上的公司章程，是指规定公司组织及活动的公司根本规则本身；形式意义上的公司章程，则指记载上述根本规则的书面文件。另外，相对于公司成立后依法变更过的公司章程而言，公司设立时所制定的公司章程称为原始公司章程。

各个国家和地区关于公司章程形式、内容、性质的规定和理解不尽相同，因而理论界基于不同认识对公司章程的定义也不尽相同。这种区别尤其存在于大陆法系和英美法系之间。

在大陆法系国家和地区,公司章程是由一份单一的法律文件构成,德国、法国、日本、意大利、葡萄牙皆然,中国大陆(内地)及中国台湾地区、澳门特别行政区不是如此。

在英美法系国家和地区,公司章程由两个法律文件组成:在英国、新加坡等英联邦国家被称为公司组织大纲(memorandum of association)和公司组织章程(articles of association),在美国被称为公司组织章程(articles of incorporation/charter)和公司章程细则(bylaws/bylaw/by - laws/by - law)。[1] 也可以将具有称谓上细微差异的英美法系公司章程的两个文件笼统地划分为章程大纲和章程细则。章程大纲,亦称公司设立证书(certificate of incorporation),是规定公司对外事务的公开文件,通常要求记载公司的名称(标明"有限"或"公司"字样[2]并置于公司名称末尾)、注册资本及股份的划分、股东责任、公司的营业期限等。在各个国家和地区于20世纪末21世纪初(如我国香港特别行政区为1997年)相继废除公司目的范围记载事项之前,章程大纲还要规定公司的权限,以使投资者、债权人等可以了解公司的活动范围。章程大纲由公司设立人起草,但需经其后成立的股东大会和董事会认可,其修订、废除或重新制定,需经股东会会议通过。章程大纲必须在公司登记机关登记备案,供公众查阅,目的在于使公司的投资者以及与公司交易的第三人能够了解公司的基本情况。因此,章程大纲又被称为公司的"外部章程"(external constitution)。[3]

章程细则,亦称公司细则,有的直接将其译为公司章程,是在章程大纲的基础上制定的、用来调整公司内部事务的内部文件。章程细则规定的是公司内部事务的管理规则,仅对公司内部的事务有约束力。章程细则往往被视为公司与经理人、董事及股东之间以及他们各自之间的合同。章程细则不是公司注册的文件,不必提交登记主管机关备案,也不必向公众公布,故又称内部章程(internal constitution)。不过,在英国及中国香港特别行政区,担保有限公司的章程细则必须与章程大纲一起注册。

从法律效力上说,章程细则只是对章程大纲的补充。因此,在章程细则内容与章程大纲内容发生冲突的情况下,应适用章程大纲,即章程大纲具有优于章程细则的效力。但章程大纲一般仅对公司目的、能力等原则性问题进行规定,大量具体规范仍有待章程细则规定。凡是章程大纲中没有规定的,或者章程大纲虽有规定,但需要重述的都可以在不违背法律和章程大纲规定的前提下,由章程细则予以规范。在实践中,章程大纲甚至制定法中规定的许多重要条款,往往仍然被包含于章程细则之中。[4] 章程细则中一般会包含以下主要条款:授予权力条款;授予代表权的条款;禁止利益冲突条款;表决权条款;股份转让条款;优先购买权条款;股息分配条款;盈余分配条款;权利修改条款;股份发行条款。[5]

总的来说,在英美法系国家和地区,章程大纲和章程细则合起来相当于大陆法系国家和地区的公司章程。但英美公司法将公司章程一分为二,并由法律赋予这两种文件不同的订立、修

---

〔1〕 参见[美]R. W. 汉密尔顿:《公司法》(第4版,影印注释本),刘俊海、徐海燕注,中国人民大学出版社2001年版,第47~62页。这些概念在我国还有多种译法,如将其分别称为设立章程与附属章程,基本章程与章程细则,基本章程与附加章程,等等。因此,应注意结合原文掌握相应概念。

〔2〕 如"limited""company""corporation""incorporated"以及其缩写形式"Ltd.""Co.""Corp.""Inc."。

〔3〕 参见张汉槎:《香港公司法原理与实务》,科学普及出版社1994年版,第22~23页。

〔4〕 参见[美]R. W. 汉密尔顿:《公司法》(第4版,影印注释本),刘俊海、徐海燕注,中国人民大学出版社2001年版,第62页。

〔5〕 参见[马来]罗修章、王鸣峰:《公司法:权力与责任》,杨飞等译,法律出版社2005年版,第59~68页。

改的主体及程序以及不同的内容、作用与效力,将公司最重要的事项记载在章程大纲中,而将数量众多的其他事项规定于章程细则中。章程大纲和章程细则虽共同构成公司章程,但两者具有本质区别。前者规定公司赖以成立的基本条件,这些条件不仅保护股东利益,而且保护债权人和其他社会公众的利益;后者则仅为规定公司内部关系的内部文件,不涉及债权人和社会公众的利益。[6] 相对而言,这种做法较之于大陆法系中笼统的公司章程更为科学,省却了许多关于公司章程具体内容的效力等级、操作程序之争,并较好地区分了外部行政监督与公司内部治理结构。

二、公司章程的特征

公司章程的特征是公司章程这一法律文件区别于其他公司文件的本质属性。公司章程作为规范组织与活动的基本规则,与一般的公司文件相比,具有以下法律特征。

(一)公司章程的法定性

所谓公司章程的法定性,是指公司章程的法律地位、内容、形式、修改程序以及效力均由公司法明确规定。这主要体现在以下五个方面:

1. 法律地位的法定性。公司章程是公司法强制要求的设立公司所不可或缺的法律文件。公司章程的制定也构成了公司设立行为的中心。在有些实行任意登记主义的国家和地区,公司章程的制定还具有直接宣告公司成立的效力。公司作为多个投资主体的集合体,已由原始资本积累时期的共同投资、共同经营演进为当代的资本与经营相分离。于是,公司章程就担负起了沟通与平衡公司、股东、公司经营管理人员以及国家之间利益的重要媒介与工具。公司章程的实质是股东与经营管理人员对国家与利益相关者的一种承诺与法律保证。因此,各个国家和地区的公司法无一例外地明文要求公司在设立时要提交公司章程,或备案或审批。对此,我国《公司法》第5条规定:“设立公司应当依法制定公司章程。公司章程对公司、股东、董事、监事、高级管理人员具有约束力。”基于公司章程在调整公司组织关系中的核心地位,学者们甚至称其为“公司的宪法”。

2. 内容的法定性。由于公司章程在公司法中具有特殊的法律地位,故其内容设置也十分严格、规范,多由法律直接加以规定。无论英美法系还是大陆法系,对有关公司的重大事项都以列举方式予以明确规定,尤其是绝对必要记载事项,更是强制规定公司章程中应予记载,不得遗漏,否则可能导致章程无效。此外,基于国家干预的原则,公司章程不得与强制性规范相抵触。

3. 章程形式的法定性。公司章程作为具有特殊地位与效力的法律文件,各个国家和地区的法律一般规定,必须采用书面形式并履行法定备案或审批手续才生效。

4. 修改程序的法定性。公司章程的修改必须遵照公司法的明确规定进行。各个国家和地区的公司法都规定公司章程内容一经确定,非因法定事由并非经法定程序,不得修改。公司章程经修改变更内容之后,还必须办理相应的变更登记手续。

5. 效力的法定性。基于公司章程所具有的法律地位,公司章程也具有相应的法律效力。如前引我国《公司法》第5条第2句即明确规定:“公司章程对公司、股东、董事、监事、高级管理人员具有约束力。”虽然关于公司章程的效力在理论上颇存争议,如是否可以通过公司章程改

---

〔6〕 参见何美欢:《公众公司及其股权证券》(上册),北京大学出版社1999年版,第190~191页。

变公司法关于公司表决权、公司组织机构及其职权等问题,但这种法律规定上的不明确并不足以否定公司章程效力的法定性。这种法律规定的不明确性,其实只是因为公司法无法对其一一具体规定,而只能作较为抽象的规定。通过对公司章程法律效力的解释,才能具体解决相应认识问题。这一点将在下文关于公司章程的性质中详述。

(二)公司章程的公开性

所谓公司章程的公开性,是指公司章程的内容不仅要对包括股东在内的广大投资者公开,还要对包括债权人在内的社会公众公开。公司章程虽然主要调整的是公司内部组织关系,但其作为公司最基本的法律文件,是投资者及社会公众了解公司基本情况的重要工具,因而不仅需要在设立时将公司章程提交公司登记机关备案或审批,而且还必须由公司及公司登记机关采取适当措施将其公开,使股东、投资者、债权人及一般社会公众能够通过不同方式获悉公司章程的内容。因此,公司章程的公开性决定了其不仅是股东及公司内部的法律文件,还是重要对外法律文件。公司章程的公开性主要具有以下三个方面的法律意义:

1. 有利于股东知悉公司的基本状况,从而行使经营监督权。股东向公司出资以后就丧失了对这部分财产的直接支配权,因而股东需要基于公司章程的规定,考察董事、经理是否依照章程规定行使职权。这种确保股东知情权的规定具有强制力,如果董事、经理违背该规定,使股东知情权受到侵害,将受到法律的制裁。

2. 有利于维护公司交易相对人的利益。公司章程的内容能够反映公司的资本规模、股权结构、股东情况等基本信息,公司交易相对人通过对公司章程的考察,有利于对其交易行为作出判断,从而提高交易安全、维护其利益。

3. 便于社会公众了解公司内部情况,为其是否进行投资提供可靠的决策参考。在股份有限公司中,只要存在公开募集股份的情况,股东经常处在变动之中。公众在股票交易中只有基于对公司的一定了解才能作出正确的交易决策,因此有必要在购入该公司股票前对其章程予以查阅。在有限责任公司、无限公司、两合公司以及不存在公开募集股份的股份有限公司中,由于股东相对稳定,不存在向潜在股东即不特定投资者公开公司章程的必要。但是,如果这些公司申请发行公司债券,则同样需要向社会公众公开章程。

我国《公司法》明确规定了有限责任公司与股份有限公司章程的公开制度。该法第 57 条第 1 款规定:“股东有权查阅、复制公司章程、股东名册、股东会会议记录、董事会会议决议、监事会会议决议和财务会计报告。”该法第 109 条规定:“股份有限公司应当将公司章程、股东名册、股东会会议记录、董事会会议记录、监事会会议记录、财务会计报告、债券持有人名册置备于本公司。”第 110 条第 1 款还进一步规定:“股东有权查阅、复制公司章程、股东名册、股东会会议记录、董事会会议决议、监事会会议决议、财务会计报告,对公司的经营提出建议或者质询。”

在大陆法系国家和地区,公司章程的公开性都得到了确认。在英美法系国家和地区,章程大纲同样需要公开。不过,章程细则因其内部文件的属性,一般不必提交公司登记机关备案或审批,也不必向社会公众公开,但仍需向公司股东公开。因此,章程细则也具有一定程度的公开性。

(三)公司章程的自治性

虽然理论界关于公司章程的性质存在争议,但无论何种观点,均不否认公司章程是公司规范内部组织关系与公司行为的基本文件与规则。公司章程是股东或发起人意思自治的产物，只要其内容不违背法律的强制性规定，均具有法律约束力。公司章程的自治性主要体现在以下三个方面：

1. 公司章程作为一种行为规范，不是由国家而是由公司依法自行制定的。公司法虽然就公司行为准则作出了一系列较为完整的规定，但这只能就公司的普遍问题予以规定，对于公司内部的诸如股权结构、组织机构、资本数额及其分布、经营范围等问题则不可能作统一规定，因而只能留待公司章程具体安排。对于具有人合因素的有限责任公司以及无限公司、两合公司等而言，公司法更是将大量公司内部规范交由公司章程制定。我国现行《公司法》已大幅降低了强制性规定比例，并以授权公司章程另行规定的方式赋予了公司尤其是有限责任公司较充分的章程自治权。

2. 公司章程是一种法律以外的行为规范，由公司自行执行，无须国家强制力来保证实施。出现违反公司章程的行为，只要该行为不违反法律，即可由公司自行解决，而不必借助司法程序。若因此发生诉讼，只要章程条款未违反法律的强制性规定，司法机关也应认可其效力。

3. 公司章程作为公司内部规章，其效力仅及于公司和相关当事人而不具有普遍的约束力。

除了以上三大特征之外，公司章程还具有真实性要求。所谓公司章程的真实性，是指公司章程记载的内容必须是客观存在的、与实际相符的事实。这是公司章程具有核心地位与强制效力的法律基础，也是其最基本的法律要求。在现代公司所有权与经营权相分离的背景下，公司章程成为维持股东、公司及公司管理层利益平衡的最基本也是最重要的工具。因此，公司章程的真实性势必会影响股东权利义务的实现及公司利益的维护。为了防止某些股东恶意串通，订立虚假条款损害其他股东、公司及第三人的利益，各个国家和地区的公司法都要求公司章程的记载必须真实，并分别规定虚假记载的法律后果。从各个国家和地区的规定来看，大体有公司登记机关拒绝登记、责任人承担连带赔偿责任、处以罚款三种处理方式。若虚假记载构成了瑕疵设立公司的瑕疵事由，还会被宣告无效或被撤销。依我国《公司法》第250条的规定，包括虚报注册资本在内的各种瑕疵设立情形，应被处以罚款、撤销公司登记或者吊销营业执照。各个国家和地区的公司法对公司章程的真实性要求固然不容忽视，但是，应当注意的是，真实性其实不宜被列为公司章程的特征。一方面，内容的真实性是一切公司法律文件的基本要求，不唯公司章程如此，因而真实性不足以成为公司章程的特征；另一方面，公司章程的真实性不仅可以而且必须通过公司章程的法定性和公开性来体现，章程的法定性是其真实性的前提和基础，而公开性则是真实性的保障和监督。因此，真实性不仅不必而且不能与法定性、公开性并列为公司章程的特征。

三、公司章程的作用

公司章程对于公司至关重要，既是公司得以成立的基础，又是公司组织与活动最基本与最重要的准则。章程对于公司的作用如宪法对于国家的作用。因此拟定章程应慎之又慎，力求全面反映法律要求，准确表现股东的共同意愿，以避免因章程引起纠纷，动摇公司成立的基础。公司章程的作用可以归纳为以下四点：

1. 公司章程是公司设立的行为要件。无论在大陆法系还是英美法系国家和地区，其公司法都明确规定，设立公司必须提交公司章程。因而制定公司章程是设立公司的必经程序。我国《公司法》第5条明确规定,设立公司应当依法制定公司章程。在英美法系国家和地区,发起人设立公司必须将章程大纲提交公司登记机关注册,公司登记机关接受并予以记录在案,则表明公司依法成立。因此,虽然英美法系国家和地区往往不直接对公司章程的设立行为要件属性作明确规定,但公司章程同样为设立公司的必备要件。

2. 公司章程是全面指导公司行为、活动的基本规范。公司章程是全体股东共同一致的意思表示,反映了股东的共同愿望。因此,公司及股东的全部活动,都要受公司章程的约束,公司只能在章程规定的范围内从事经营活动。由于公司章程的内容涉及公司的组织原则、业务活动的范围等各个方面,是公司最基本的活动准则,它对公司从设立到解散的全过程,始终具有指导的作用和约束的效力。我国《公司法》中存在大量体现公司章程该效力的规定。

3. 公司章程是公司向其成员表明信用并向外表明商誉的证明。公司章程对股东的自益权和共益权都有详尽的规定,表明公司将依照章程的规定,保证股东的权益,这就在公司的内部建立起一种信用关系。同时,公司章程对外是公开的,特别是股份有限公司的章程,其公开性尤为广泛。公司章程向公众公开申明公司的宗旨、营业范围、资本数额及其他内容,便于相对人了解公司的组织和财产状况,这就能使公司向与其发生经济交往的第三人表明其商誉,有利于维护交易活动的安全。

4. 公司章程是政府对公司进行管理的重要依据。公司的发起人以公司章程为公司设立的要件之一,向政府登记主管机关申请登记注册,这就意味着公司向政府作出了书面保证,保证公司将按照章程所定的准则从事组织和经营活动。公司具有一定的社会责任,国家在一定范围内要对公司活动进行干预。公司法中对章程内容设置一些强制性规范,体现了国家意志,而且政府的有关职能部门可以依据章程对公司进行日常的管理和监督。公司违反章程,就应当承担相应的责任和处罚。当然,国家不可能也不必要用行政手段对公司进行直接干预,而是通过干预公司章程实现对公司的微观干预。具体方法主要是通过立法确立章程在公司中的地位,确定章程的内容、修改程序,以及通过司法制度对公司违反章程进行法律制裁,以达到对公司的微观干预。

第二节 公司章程的性质与制定准则

一、公司章程的性质

对于公司章程的法律性质,在理论上存在不同的看法。日本、韩国等多数大陆法系国家和地区通说认为,公司章程是一种自治法规,有的学者干脆视之为公司法的一种渊源;也有学者认为,公司章程是设立中公司机关的发起人所制定的一种社团自治规章,既非契约,亦非自治法规。英美法系的学者则多将公司章程视为公司成员之间、公司成员与公司之间的契约。德国学者传统上大多认为公司章程是股东之间的"合同"。当然,此处所谓"合同"不同于一般契约意义上所指的合同,而是指当事人需求相同的、并行的意思表示。《德国有限责任公司法》与《德国商法典》甚至直接将有限责任公司、无限公司、两合公司的章程称为"公司合同"。在我国公司法学界,关于公司章程的性质虽然研究不多,但受上述观点的影响,也存在公司自治规则

说、契约说及公司“宪章”说三种主要观点。目前通说认为应采自治规则说。[7] 对此,我们可从以下方面加以分析:

1. 公司章程的制定与修改属于共同行为。有限责任公司原始章程的制定主体是全体股东,章程基于全体股东的协商一致的意思表示而产生。股份有限公司的原始章程的制定主体一般为发起人,其他投资者只能对发起人制定的章程表示接受或者拒绝,只有接受该公司章程,加入认股人行列才能成为股东。在公司成立后,关于公司章程的修改,公司法规定了绝对多数股权表决通过原则。因此,公司章程的制定与修改都是一种共同行为,即传统大陆法系法学理论上区别于契约的“合同”,其制定者往往为两个以上的多数主体。

2. 公司章程是体现全体股东共同意志的共同意思表示。首先,虽然公司章程与合同都属于“合意”,但公司章程是同一内容的多个意思表示的一致,而合同则是相对应的意思表示的契合,两者存在明显的意思表示内容与方向上的差异。有限责任公司的初始章程是全体股东在协商一致的基础上,基于共同的意思表示制定;股份有限公司的初始章程虽由发起人制定,但其他投资者只有接受该章程才能加入公司成为股东,故该初始章程也可谓体现了认股人的意志。在公司成立后,公司章程的修改须经代表绝对多数表决权的股东通过。因此,公司章程的制定与修改都是一种共同行为。就此而言,在性质上,与我国合同法意义上的合同对应于传统大陆法系法学理论上的“契约”一样,公司章程对应于传统大陆法系法学理论上的“合同”。其次,公司章程具有明显的涉他性,不仅对公司董事等具有约束力,还会对第三人的权益有影响,如公司债权人有权通过登记机关自行查阅章程,从而把握公司财产状况、资信状况等;[8] 合同则一般仅具有相对性,即便是涉他合同,其所指“他”也往往是特定的第三人,本质上仍然具有相对性。再次,法律对公司章程的记载事项作明确规定并对其形式或实质的合法性加以审查,表现出法律的严格监控;合同则纯属双方当事人意思表示的结果,只要不违背法律的强制性规定与公序良俗,法律一般不予干预,表现出明显的意思自治性。最后,在制定程序上,公司章程需要遵循严格的法定程序并以书面形式进行,还须向公司登记机关申报才能最终生效;合同的订立则一般无严格的程序与形式要求,符合生效要件即可生效,一般无须报经有关主管机关备案或审批。

因此,在性质、特征、内容、程序等各方面,公司章程都与合同相去甚远。将公司章程界定为一种特定的契约与其本质属性相矛盾,而将其界定为德国法上的“公司合同”,则既不符合我国的法律传统,也不能与我国的现有法律体系相协调。

3. 公司章程是一种体现私法自治的特殊协议。公司章程相当于公司与其成员以及成员相互之间的一种协议。公司章程虽然具有公开性与涉他性,但本质上仍属于公司的内部文件,仅对公司的内部事务具有约束力。公司章程作为公司安排内部组织关系与活动的根本准则,在遵循了国家有关法律规定的前提下,更应当充分体现股东及发起人的共同意志。只要公司章程符合公司法的法定要求,其具体内容则应完全由股东及发起人确定,法律不必也不应予以干涉。公司作为独立的法律主体,其独立的法律人格有赖于独立的意思与独立的财产这两大公司法律人格要素的维护与保障。而独立的意思与独立的财产都需要通过公司章程所安排的公

---

〔7〕 参见范健、蒋大兴:《公司法论》(上卷),南京大学出版社 1997 年版,第 218 页;赵旭东主编:《公司法学》(第 2 版),高等教育出版社 2006 年版,第 170 页;冯果:《公司法要论》,武汉大学出版社 2003 年版,第 48 页;董慧凝:《公司章程自由及其法律限制》,法律出版社 2007 年版,第 13 ~ 14 页。

〔8〕 应当注意的是,公司章程的这种涉他性并不意味着其具有约束第三人或对抗第三人的效力。

司治理结构的有效运行来实现。因此,公司章程的制定与实施实际上关系到公司法律人格的实现。各个国家和地区的法律除了对公司章程的绝对必要记载事项予以强制性规定外,对于相对必要记载事项与任意记载事项则主要起着引导作用,可以由公司自行决定其具体内容。对于有限责任公司、无限公司等具有人合性色彩的公司与人合公司,则应赋予公司更大的章程自主制定权,将更多内容交由公司章程自行安排。这些安排,无不体现出法律制定者对公司章程作为一种体现私法自治的特殊协议的认可。

4. 公司章程并非公司法的渊源。公司章程虽然可以称为公司自治规则,但该规则仅具有自我内部约束力,而不能直接约束第三人,因而明显不同于具有普遍约束力的法律。正是在这个意义上,公司章程只能称为自治规则,而不能称为自治规章,以免与属于法律渊源的部门规章相混淆。在日本等国家和地区,虽然不少学者将公司章程称为公司法的渊源之一,但这种观点也仅是学理上的认识。例如,有学者明确将公司章程视为公司法的一种渊源,认为在适用次序上应遵循:公司章程—其他有关公司之特别法规—公司法—民法—商事法规—判例—法理。[9] 绝大多数西方国家法学理论并不像我国这样,将法严格限定于"由国家制定或认可"的社会规范,而是将其扩展至具有实质约束力的规则。公司章程当然可以称为规则,因而在西方法学理论中不妨将其称为一种特殊的法,但在我国则不能。事实上,从效力层次上看,由于公司章程根本不具有普遍约束力,还无法与处于商法渊源边缘的商事交易习惯与商事判例(在我国多数为无任何约束力的商事案例,指导性案例及最高人民法院的公报案例具有某种程度的判例效果,但仍然不同于判例)相比,因而不能成为公司法渊源。公司章程不得违背法律的强制性规定,否则将导致无效;法律则可以在特别法优先于一般法的原则下,以特别法修改一般法的规定,而不管该规定是否为强制性规定。

综上所述,公司章程是在法律规定的范围内由全体股东的意思表示而形成的协议,只对公司的股东及其有关的内部人员有约束力,而不能对抗第三人,对外一般起着提示交易者的作用。公司章程是公司对内管理的依据,公司作出的决议、有关规定等都不得与章程相违背;但公司章程也必须严格遵循公司法的强制性规定。公司章程所确立的内部制度虽然不是法律,但对于公司确实具有约束力,甚至被称为"准法律"。因此,公司章程可以被界定为公司赖以实现公司自治的自治规则。不过,该自治规则不同于法律,仅具有内部的约束力,因而又具有契约性特征。总的来说,公司章程是一种具有契约属性的公司自治规则。

二、公司章程的制定准则

基于对公司法及公司章程性质的理解,应当从以下几个方面把握公司章程的制定准则:

1. 公司章程的内容不必重复规定公司法明确规定的内容。公司法对股东的基本权利、义务等重要内容都作了明确规定,公司章程就不必作重复规定。例如,股东的权利(如分红权、表决权、质询权及诉讼权等),公司法已作了明确规定,章程就不必再记载。《美国商事公司示范法》(2001年)第2.02条(c)即规定:"章程大纲不必记载由本法授予的任何公司权力。"在我国公司实务中,公司章程的制定普遍缺乏针对性的制度设计,而是大量简单照抄照搬《公司法》的规定,没有根据自身的特点和实际情况制定必要而切实可行的章程条款。这说明在我国公司实践中,公司章程的重要性远未受到应有的重视。当然,造成这一不正常现象的主要原因,是

[9] 参见郑玉波:《公司法》,台北,三民书局1980年版,第8页。

我国公司登记机关——市场监督管理部门一般只允许采用其提供的公司章程范本,公司发起人只能简单地填充空白内容,如公司名称、注册资本、股东姓名或名称等与实现个性化治理目标无关的内容。西方国家往往需要专业律师全方位参与公司设立行为,尤其是公司章程的制定,一般都由专业公司法律师予以起草并把关。只有通过有针对性的公司章程条款的设计,才能使公司章程的制度价值得以充分发挥。因此,我国公司登记机关应当进一步改变过多采用章程范本等过于僵化的做法,更多地允许公司发起人按照自身情况与需求制定个性化章程。

2. 公司章程不得与公司法冲突。所谓不冲突,是指章程记载的内容不得与公司法的强制性规范相冲突。如果某种规范属于强制性规范,公司章程就不能以股东意志为由而作出相反规定;对于非强制性规范,公司章程则可以作出不同甚至相反规定。若公司章程作出不同于强制性规范的规定,则该条款无效;若公司作出不同于任意性规范的规定,则章程具有优先适用的效力。公司章程不得与公司法冲突这一问题的具体处理,显然对公司具有极其重要的意义。在我国公司实践中,公司章程条款不符合《公司法》精神,甚至剥夺或变相剥夺股东固有权利的情形仍时有发生。由于法院对此存在认识上分歧,因而法院就该类案件所作判决常常大相径庭,从而降低了新型商事案例的指导作用。

3. 公司章程应注意填补公司法的授权性空白并弥补公司法的遗漏。各个国家和地区的公司法都将许多公司内部权利义务的分配交由公司章程具体规定,对于人合公司或具有人合因素的公司更是如此。我国《公司法》也有大量授权性空白规定。例如,《公司法》第 62 条第 2 款规定,有限责任公司股东会定期会议应当按照公司章程的规定按时召开;《公司法》第 66 条第 1 款、第 73 条第 1 款、第 81 条第 2 款规定,股东会、董事会和监事会的议事方式和表决程序,除《公司法》有规定的以外,由公司章程规定;《公司法》第 68 条第 2 款规定,董事长、副董事长的产生办法由公司章程规定;《公司法》第 74 条第 2 款规定,经理根据公司章程的规定或者董事会的授权行使职权。对于上述情形,若公司章程中不作具体规定,则相应的组织和活动将因无章可循而陷入混乱。因此,公司应当注意根据其自身需要制定相应条款,以填补公司法留下的空白。在这种规定与公司法之间的效力上,若属授权性空白,则公司章程的规定有补充的效力;若法律仅规定了一定的幅度或范围,在该幅度或范围内,股东可以自由选择;若由于立法缺陷而留下非授权性空白,则应根据公司法精神及公司法原理具体确定。在此情形下,可以认为公司章程对公司法有细则性作用。

4. 应注意公司章程的稳定性和可变性。公司章程的稳定性和可变性具体包含两方面内容:一方面,公司章程一经通过,不得随意变更;另一方面,公司章程并非一成不变,应依实际需要按照法定程序作适时修改或变更。公司章程之于公司,犹如宪法之于国家,必须注意一定的稳定性与权威性,不能经常变动;但客观情况发生变化,或者公司章程缺乏适应性时,则应尽快通过法定程序加以修改,从而使其根本性的自治规则功能能够实现。

第三节 公司章程的效力

一、公司章程的时间效力

公司章程的时间效力,是指公司章程的生效时间与失效时间。

(一)公司章程的生效时间

在公司设立过程中,发起人在向公司登记机关申请设立登记之前,已制定公司章程。公司依法成立后,其章程当然生效,问题在于公司设立过程中,章程是否有效及从何时生效?对此,大陆法系国家和地区的公司法大多明确规定,章程依法经公证后生效。例如,《日本公司法典》第30条第1款规定:"第26条第1款的章程,未经公证人公证的不生效。"《韩国商法典》第292条规定:"章程,经公证人的认证而发生效力。"《德国股份法》第23条第1款规定:"公司章程必须通过作成公证书的方式予以确认。代理人需取得经过公证认证的授权书。"〔10〕显然,公司章程在公司依法成立前就已生效。之所以作此规定,是因为在公司成立前,发起人及设立中公司的董事等相关当事人之间的法律关系需要公司章程调整,因为公司法对此仅作了原则性规定,无法调整各种具体法律关系。

我国《公司法》未对公司章程的生效时间作明确规定,理论界主要有四种不同观点。第一种观点认为,公司章程自股东签字时生效。该说将公司章程视为股东或发起人之间的契约,故章程应在当事人同意并签字时生效。第二种观点认为,公司章程自获得登记注册时生效。该说认为,公司章程约束包括公司在内的当事人之间的协议,公司成立前自然无从约束公司和后来加入的投资者及公司的管理者。〔11〕第三种观点认为,应区别对待公司章程的生效时间。该说认为,章程中调整发起设立公司的投资者之间关系的内容,相当于公司设立协议,可以适用合同法的一般规则,故自签字时成立并生效;章程中调整尚未成立的公司、尚未产生的董事、监事、经理以及未来可能加入公司的其他股东的内容,则自公司成立时生效。〔12〕第四种观点认为,公司章程的生效时间因公司的性质和设立方式不同而有所不同。具体来说,在有限责任公司和发起设立的股份有限公司,公司章程应当自全体股东或发起人签名、盖章时生效;在募集设立的股份有限公司,则应在成立大会上通过时生效。〔13〕

我国公司法学界关于公司章程生效时间的上述四种观点,都是在《公司法》对此未作明确规定的情况下所作的学理解释。这些解释实际上仅存在分析视角上的差异。从理论上讲,作为公司最基本的公开法律文件,公司章程不宜在经发起人及其他股东表决通过并签字后就自行生效,而应从其获得具有公信力的第三方认证时生效。德国、日本、韩国等大陆法系国家和地区即明确规定,公司章程经公证后生效。我国《公司法》未规定公司章程的公证程序,实践中一般也不予公证,因而从理论上讲,就应解释为公司章程自获得登记注册时生效。但若采此理论,则将导致设立中公司的法律关系无从解决。发起人协议不能调整发起人之外的设立中公司的董事及其他认股人的权利义务关系,且发起人协议仅为股份有限公司的法定设立文件,股东协议则并非法定设立文件,因而不能依赖发起人协议与股东协议调整设立中公司的法律关系。因此,不能僵化地认为公司章程自登记注册后生效,而应从其正式制定后生效。至于正式制定的时间,在有限责任公司,无疑为全体股东在公司章程上签字之时;在股份有限公司则仍

---

〔10〕 吴建斌编译:《日本公司法　附经典判例》,法律出版社2017年版,第13页;《韩国商法》,吴日焕译,中国政法大学出版社1999年版,第10页;《德国商事公司法》,胡晓静、杨代雄译,法律出版社2014年版,第79页。

〔11〕 参见施天涛:《公司法论》(第2版),法律出版社2006年版,第124页。

〔12〕 参见赵旭东主编:《公司法学》(第2版),高等教育出版社2006年版,第185页;董慧凝:《公司章程自由及其法律限制》,法律出版社2007年版,第216~219页。

〔13〕 参见施天涛:《公司法论》(第2版),法律出版社2006年版,第124页。

需进一步解释。股份有限公司的公司章程由发起人制订。发起设立的股份有限公司的发起人制订的公司章程即为正式制定,但募集设立的股份有限公司的发起人制订的公司章程经成立大会通过后才为正式制定。在募集设立的股份有限公司,公司章程正式制定之前,发起人之间的权利义务关系除了公司法的明确规定外,可由发起人协议具体规定。至于公司章程关于公司治理结构等公司成立后才会发生的问题的规定,从理论上讲,确实在公司成立后才能真正生效。不过,一并认定公司章程从正式制定时起生效并无任何问题,因为此时公司章程所规定的事项既然尚未发生,也就不会导致调整不当的问题。更重要的是,公司章程关于董事、监事等高级管理人员的规定,也可直接适用于设立中公司的相关人员。因此,还是将公司章程的生效时间统一界定为公司章程正式制定之时为宜。

(二)公司章程的失效时间

我国《公司法》同样未对公司章程的失效时间作明确规定。理论界对这一问题的认识较为统一,即认为公司终止则公司章程自动失效。不过,这是就公司章程失效时间的一般状态而言的,若公司未能依法成立,则其失效时间应为公司设立失败之时。

理论拓展　发起人协议的失效时间

发起人协议,又称公司设立协议(preincorporating agreement/agreement to form cororations),在有限责任公司中还称为股东协议,是指在公司设立过程中,由发起人订立的关于公司设立事项的协议。其作用主要在于确定所设公司的基本性质和结构,协调发起人之间的关系及其权利和义务。从理论上讲,发起人协议仅应规定公司设立事项,公司成立后股东之间的权利义务关系及公司本身的治理结构安排等内容均应由公司章程规定。因此,理论界不少人认为,发起人协议的效力始于发起人签订协议之时,止于公司成立之日。但事实上,出于各种原因,发起人协议中仍存在大量调整公司成立后股东之间、公司与股东之间权利义务关系的内容,以及公司治理结构的内容,而其中许多内容并未被纳入公司章程之中。这就引起实践中关于发起人协议的失效时间的争论。

公司章程有时确实不便载入某些发起人协议中的内容,在我国,公司登记机关往往要求按照其公司章程统一样本起草公司章程,许多个性化的安排无法载入公司章程之中。在此情形下,发起人协议就承担了公司章程补充文件的功能,类似于英美法系国家和地区公司法中的章程细则。因此,在公司成立后,以成立后的公司法律关系为调整对象的发起人协议,就不应被简单地认定为已失效。其理论依据类似于公司章程适用于设立中公司的原因,因为发起人协议既然是发起人之间对其权利、义务的安排,只要未违反法律的强制性规定以及公司章程的规定,就应认可其效力。也就是说,发起人协议在公司成立后虽继续有效,但不得与公司章程相冲突。

为确保发起人协议的内容获得承认,有学者提出,最好的办法就是让公司明示承认发起人协议,或者由公司与股东签订单独的协议,就发起人协议中的有关问题进行规定。[14] 这虽然有利于解决发起人协议的时间效力问题,但这本身已超越了发起人协议的效力,且不能解决所有发起人协议的效力问题。例如,发起人协议中关于公司成立后原发起人之间权利义务关系的规定,就无法通过公司予以确认。因此,治本之计,还在于明确规定发起人协议在公司成立后的法律效力。

---

〔14〕　参见施天涛:《公司法论》(第2版),法律出版社2006年版,第116页。

二、公司章程对人的效力

公司章程对人的效力是指其发生效力的对象,可以分为对内效力和对外效力两个方面。对此,各个国家和地区的公司法的规定不尽相同。我国《公司法》第 5 条明确规定:“设立公司应当依法制定公司章程。公司章程对公司、股东、董事、监事、高级管理人员具有约束力。”《上市公司章程指引》第 10 条则明确规定:“本公司章程自生效之日起,即成为规范公司的组织与行为、公司与股东、股东与股东之间权利义务关系的具有法律约束力的文件,对公司、股东、董事、监事、高级管理人员具有法律约束力的文件。依据本章程,股东可以起诉股东,股东可以起诉公司董事、监事、经理和其他高级管理人员,股东可以起诉公司,公司可以起诉股东、董事、监事、经理和其他高级管理人员。”以下据此加以分析。

(一)公司章程对公司的效力

公司章程既然为公司的根本性自治规则,自然应成为公司的根本性行为准则,公司的一切内部组织安排与活动均应受公司章程的约束。如果公司在董事会主导下实施了有损于部分中小股东利益的行为,则该股东可以依公司章程的规定,对公司提起诉讼。公司章程中确定的公司组织机构等关系到股东利益平衡的重大安排,应当严格遵照其规定落实,否则相关当事人亦可提出请求。公司依章程对社会负有义务。公司章程被视为对社会和国家所作的承诺,公司应履行其承诺的义务,如公司应当使用章程所规定的公司名称等。

(二)公司章程对股东的效力

公司章程是股东共同意志的体现,对股东具有约束力。公司章程对股东的效力不仅及于制定章程时的原始股东以及参与修改公司章程的股东,而且还包括公司成立后加入公司的其他股东。公司章程对股东的效力,主要表现为股东依章程规定享有权利和承担义务,此外,股东之间因公司章程的规定,具有可依公司章程得直接请求的权利义务关系。例如,上引《上市公司章程指引》第 10 条即明确规定股东可以依据公司章程起诉股东;又如,依《公司法》第 21 条第 1 款规定,公司股东应当遵守法律、行政法规和公司章程,依法行使股东权利,不得滥用股东权利损害公司或者其他股东的利益。

(三)公司章程对董事、监事、高级管理人员的效力

公司章程是实现公司独立法律人格的根本依据,章程通常会就公司的组织机构及其职权作出规定。因此,公司董事、监事、高级管理人员应当严格依照公司章程规定行使职权。如果他们实施了有悖于公司章程规定并损害了股东、公司利益的行为,则应依公司章程规定承担相应的法律责任。对此,我国《公司法》第 188 条规定:“董事、监事、高级管理人员执行职务违反法律、行政法规或者公司章程的规定,给公司造成损失的,应当承担赔偿责任。”该法第 190 条规定:“董事、高级管理人员违反法律、行政法规或者公司章程的规定,损害股东利益的,股东可以向人民法院提起诉讼。”上引《上市公司章程指引》第 10 条则明确规定了公司与股东都可以依据公司章程起诉股东、董事、监事、经理和其他高级管理人员。

除了以上效力外,公司章程记载事项一经登记,还具有对抗第三人的效力。各个国家和地区通常对此不作直接规定,而通过公司设立登记的效力体现。当然,这种对抗效力应作必要限制——限定于非善意的第三人,对于善意第三人则不具有对抗效力。对此,我国《公司法》第 34 条第 2 款规定:“公司登记事项未经登记或者未经变更登记,不得对抗善意相对人。”

第四节　公司章程的制定和修改

一、公司章程的制定

鉴于公司章程所具有的地位与作用,各个国家和地区的公司法大多对公司章程的制定作严格规定。即便是在无须向登记机关提交公司章程的国家和地区,法律也对其制定方法与内容作明确规定。因而公司章程虽然属于公司自治规则,但并不能完全由股东或发起人依自主意思而自由制定,而必须严格遵循公司法关于公司章程制定的规定。各个国家和地区的公司法都要求公司章程必须以书面形式制定;有些国家如德国、日本,还要求办理公证登记手续。

就公司章程的制定方法而言,各个国家和地区的公司法所确定的公司章程制定方法主要有共同制定和部分制定两种。所谓共同制定,是指由全体股东或发起人共同起草、协商制定公司章程的制定方式。共同制定便于股东或发起人之间就公司设立事项充分协商,所形成的章程能较好地反映股东和发起人的共同意志,也有助于其贯彻实施。所谓部分制定,是指由股东或发起人中的部分成员负责起草、制定公司章程,形成初始文本后,再经其他股东、发起人签字同意,形成正式文本的制定方式。在股东、发起人人数众多,会议召开不便并难以统一意见的情况下,部分制定有利于提高章程制定效率,加快公司设立进程,并能够充分发挥股东、发起人中的专业人士及特殊人才的作用,从而确保章程制定的质量。不过,所谓共同制定与部分制定,均是就公司章程草案的制定而言的,真正意义上的公司章程的制定,实际上采取的都是共同制定的方式。人合公司及有限责任公司的章程无疑需要全体股东一致同意并签字才能最终制定;股份有限公司发起设立时章程也须经全体发起人共同制定;股份有限公司募集设立时,虽然仅由部分或全部发起人制定章程,但仍须在发起人制定的公司章程(从性质上讲仍为章程草案)的基础上,由成立大会予以确认通过。

依我国《公司法》第45、94、104条的规定,有限责任公司章程由全体股东共同制定,并签字、盖章;股份有限公司章程由发起人制订,采用募集方式设立的经公司成立大会通过。显然,我国公司章程制定方式与各个国家和地区的规定完全相同。

二、公司章程的内容

公司章程的内容即指公司章程记载的事项。世界各个国家和地区的规定都对公司章程的内容作了具体规定。由于英美法系国家和地区将公司章程分为章程大纲和章程细则两种,其关于公司章程的内容,也与大陆法系国家和地区不同。不过,尽管各个国家和地区的规定存在较大差别,但对章程记载事项的要求则基本一致。

依法律对公司章程记载的事项有无明确的规定,公司章程的记载事项可分为必要记载事项和任意记载事项。前者是法律明确规定公司章程应该记载的事项,后者是发起人或创办人任意选择记载的事项。按照法定的必要记载事项对章程效力的影响,还可将必要记载事项分为绝对必要记载事项和相对必要记载事项。

(一)绝对必要记载事项

所谓绝对必要记载事项,是指公司法规定的公司章程必须记载的事项,缺少其中任何一项或任何一项记载不合法都将导致章程效力不获认定。由于章程是公司设立的必要条件,章程无效会导致设立中的公司不能成立或已成立的公司被宣告无效或被撤销。对于章程的绝对必要记载事项,各个国家和地区的公司法都明文予以规定,虽然针对不同的公司类型,列举的必要记载事项不尽一致,但对绝对必要记载事项的规定基本相同,都是基于各类公司的性质所要求的章程必备条款,如公司的名称和住所、公司的经营范围、公司的资本数额、公司组织机构、公司的代表人等。[15] 例如,《日本公司法典》第 27 条规定:"股份有限公司的章程,须记载或记录下列事项:1. 目的;2. 商号;3. 总公司所在地;4. 设立时出资的财产价额或其最低额;5. 发起人的姓名或名称及住所。"[16]

我国《公司法》第 46 条第 1 款规定:"有限责任公司章程应当载明下列事项:(一)公司名称和住所;(二)公司经营范围;(三)公司注册资本;(四)股东的姓名或者名称;(五)股东的出资额、出资方式和出资日期;(六)公司的机构及其产生办法、职权、议事规则;(七)公司法定代表人的产生、变更办法;(八)股东会认为需要规定的其他事项。"从规定使用了"应当"这一通常表明强制性规范的措辞看,似乎这些内容都属于绝对必要记载事项,但从具体内容来看,又显然包含了相对必要记载事项与任意记载事项。

我国《公司法》第 95 条规定:"股份有限公司章程应当载明下列事项:(一)公司名称和住所;(二)公司经营范围;(三)公司设立方式;(四)公司注册资本、已发行的股份数和设立时发行的股份数,面额股的每股金额;(五)发行类别股的,每一类别股的股份数及其权利和义务;(六)发起人的姓名或者名称、认购的股份数、出资方式;(七)董事会的组成、职权和议事规则;(八)公司法定代表人的产生、变更办法;(九)监事会的组成、职权和议事规则;(十)公司利润分配办法;(十一)公司的解散事由与清算办法;(十二)公司的通知和公告办法;(十三)股东会认为需要规定的其他事项。"该规定对绝对必要记载事项、相对必要记载事项与任意记载事项仍然未予区别,除最后一项外,在明确列举的记载事项中亦包含了相对必要记载事项与任意记载事项的内容。

(二)相对必要记载事项

所谓相对必要记载事项,是指由法律列举,但公司章程可以选择是否记载的事项。如予以记载,则发生效力;如不予记载,也不影响整个章程的效力;如所记载的事项不合法,则仅该部分无效,并不导致整个章程无效。在法律没有明文规定的情况下,当事人可以根据需要在法律范围内任意选择记载事项,这些事项一旦记载于章程中,就与必要记载事项的效力相同。各个国家和地区的公司法均对该事项的记载持较为宽松的态度。

在大陆法系国家和地区,公司章程的相对必要记载事项通常包括:发起人所能获取的特别利益;设立费用及发起人的报酬;公司存续期限;分公司的设立等。例如,《日本公司法典》第 28 条规定:"设立股份有限公司的,下列事项未经记载或记录于第 26 条第 1 款章程的不生效:(一)金钱以外财产出资人的姓名或名称,该财产及其价额、对出资人分配的设立时发行股份的数量(拟设立股份有限公司为类别股份发行公司的,为设立时发行股份的类别及各类的数量。

---

〔15〕 参见[美]Lewis D. Solomon、Alan R. Palmiter:《公司法》(第 3 版)(注译本),任志毅、张焱注,中国方正出版社 2004 年版,第 40 ~ 41 页。

〔16〕 吴建斌编译:《日本公司法 附经典判例》,法律出版社 2017 年版,第 12 页。

第32条第1款第1项中相同）。（二）约定股份有限公司成立后受让的财产、其价额及转让人的姓名或名称。（三）发起人因股份有限公司成立而取得的报酬及其他特别利益、该发起人的姓名或名称。（四）股份有限公司承担的设立费用（章程公证费及其他法务省令规定的不可能损害股份有限公司的费用除外）。"[17]

在英美法系国家和地区，通常不区分绝对必要记载事项与相对必要记载事项，但《美国商事公司示范法》及其各州公司法（如《特拉华州普通公司法》）则对此作了明确规定。在措辞上，其所使用的是与"must set forth"相对的"may set forth"。依《美国商事公司示范法》（2001年）第2.02条（b）的规定，章程大纲相对必要记载事项主要包括：（1）初始董事的姓名、住址；（2）公司目的，经营公司业务和管理公司事务的方法；（3）董事会、股东的权利的定义、限制和调节；（4）授权发行的股票和各类股票的票面值；（5）在规定范围内和规定条件下关于公司债务加于各个股东的个人责任；（6）根据本法要求或本法允许开列在细则上任何条款；（7）消除或限制董事对公司或对公司股东责任的条款。《特拉华州普通公司法》第1.02条（b）也对相对必要记载事项作了七项规定。[18]

我国《公司法》仅笼统地规定了公司章程"应当载明"的事项，将相对必要记载事项包含于其中而未作区分。因此，在审查章程效力时，应注意针对不同性质的记载事项确定其缺乏记载或记载不合法时的效力。

（三）任意记载事项

任意记载事项，是指除绝对必要记载事项和相对必要记载事项外，在不违反法律和公序良俗的前提下，发起人或创办人认为有必要记入章程，作为共同遵守的行为规则的事项。这种事项虽可由发起人任意选择，但一经载入被核准的章程，该事项即发生法律效力，全体股东也要一体遵行，不能任意变更，如需变更，应修改章程，并办理变更登记。我国《公司法》所规定的"股东会认为需要规定的其他事项"就是任意性规定，即股东会可以在章程中规定《公司法》列举事项以外的内容。《日本公司法典》第29条还对任意记载事项作了明确规定："除第27条各项及前条各项所列事项外，股份有限公司的章程可依本法规定记载或记录不在章程中规定不生效的事项，以及其他不违反本法规定的事项。"[19] 在英美法系国家和地区，章程细则所记载的内容在性质上也属于任意记载事项。任意记载事项是纯粹调整公司内部关系的条款，与社会公众基本没有实质性关联，因而可以完全放任公司自行制定。也正因如此，英美法系国家和地区一般不要求将该事项提交公司登记机关登记。

三、公司章程的修改

公司章程的修改，即公司章程的变更，是指在公司章程经登记生效之后，增加、删减或改变公司章程内容的行为。公司章程既然具有"公司宪章"的地位，自然应当保持相当的稳定性，不应随意修改，否则将有损于公司的经营活动并危及社会交易秩序。不过，若社会环境及公司自身情况发生变更，客观上要求公司在治理结构、资本结构等方面作相应调整，公司章程就必须适时修改。因此，各个国家和地区的公司法均无一例外地允许公司章程修改。《美国商事公司

---

[17] 吴建斌编译：《日本公司法　附经典判例》，法律出版社2017年版，第13页。

[18] 参见卞耀武主编：《特拉华州普通公司法》，左羽译，法律出版社2001年版，第4～6页。

[19] 吴建斌编译：《日本公司法　附经典判例》，法律出版社2017年版，第13页。

示范法》第十章还就公司章程的修改作了专章规定。依该法第 10.01 条(a)的规定,公司成立后,公司章程可以随时修改。当然,公司章程的修改除了不得违反法律的强制性规定之外,还必须遵循一定的原则与程序,才能使其特定的法律地位与效力得以维持。因此,各个国家和地区的公司法都对公司章程的修改在程序与内容上加以严格限制。

(一)公司章程修改的程序限制

公司章程必须由拥有修改权限的法定机关依照法定程序进行修改。公司章程修改的程序一般包括以下三个环节。

1. 修改公司章程提案。这是指由有提案权的组织机构或人员提出关于修改公司章程的事项。各个国家和地区的公司法基本上不对修改公司章程的提案权作明确规定,我国《公司法》亦然。不过,由于股东会定期会议与临时会议均可依法修改公司章程,因而有权召开或请求董事会召开股东会会议的组织机构或人员均为修改公司章程的提案权人。依我国《公司法》相关规定,修改公司章程的提案权人包括:(1)有限责任公司的董事会、代表 1/10 以上表决权的股东、1/3 以上董事或者监事;(2)股份有限公司的董事会、单独或者合计持有公司股份 10% 以上的股东、监事会。此外,股份有限公司中单独或者合计持有公司 1% 以上股份的股东也可书面向董事会提出修改公司章程的临时提案。我国《公司法》还规定特定情形下,监事会及单独或者合计持有公司 10% 以上股份的股东可以自行召集和主持股东会,从而使监事(会)、股东修改公司章程的提案权获得了法律保障。

2. 修改公司章程议决。在大陆法系国家和地区,修订公司章程的权限均被赋予公司股东会。在英美法系国家和地区,章程大纲同样需要由股东大会修改,章程细则则除非章程大纲有相反规定,概由董事会修改。依我国《公司法》第 59、112 条规定,股东会拥有修改公司章程的专属职权,这就是对修改公司章程的组织机构限制。

各个国家和地区的公司法均将修改公司章程作为特别决议事项加以规定,因而提高了通过修改公司章程提案所需要的表决权比例。该绝对多数的表决权比例一般为 2/3,如法国、日本、韩国;也有一些国家和地区规定为 3/4,如德国。我国《公司法》第 66 条第 3 款规定,有限责任公司股东会作出修改公司章程的决议,应当经代表 2/3 以上表决权的股东通过;《公司法》第 116 条第 3 款规定,股份有限公司股东会作出修改公司章程的决议,应当经出席会议的股东所持表决权的 2/3 以上通过。基于公司章程的根本“自治规则”属性,大陆法系国家和地区公司法大多明确规定,在公司发行有类别股的情况下,公司章程的修改,除须召开股东会作出特别决议外,还须经类别股东会通过。类别股东会的决议只是为股东会决议生效而附加的要件,其本身并非股东会,也不是公司机关。[20] 英美法系国家和地区公司法则普遍赋予了无表决权的类别股股东以最低限度的表决权,修改公司章程都包含于最低表决权之中。[21] 这些规定构成了对股东会修改公司章程议决程序的限制。我国《公司法》未就此作明确规定,但应可作同样解释。

3. 公司章程变更登记。公司章程修改方案经股东会通过后,由公司向公司登记机关申请

---

〔20〕 参见《韩国公司法》,吴日焕译,中国政法大学出版社 2000 年版,第 434 页;吴建斌编译:《日本公司法　附经典判例》,法律出版社 2017 年版,第 171 ~ 174 页。

〔21〕 参见何美欢:《公众公司及其股权证券》(中册),北京大学出版社 1999 年版,第 812 页。

进行章程变更登记。申请时，必须提交关于修改章程的股东会会议记录、修改后章程及修改条文对照表等文件。经公司登记机关核准登记后，修改后的章程才告正式生效；在实行公司登记非成立要件主义的国家和地区，虽然修改章程一经股东会表决通过即生效，但其不具有对抗善意相对人的效力。

（二）公司章程修改的内容限制

公司章程的修改不仅受到上述程序限制，而且还受到实体内容限制，即公司章程的内容与条款作出增加、删减、改变等书面变更必须受到约束。具体表现为以下几个方面：

1. 公司章程的修改不得删除绝对必要记载事项。绝对必要记载事项属于公司法的强制性规定，当然不允许删除；对该事项的修改也必须符合法律规定。其标准便是，如果将其作为初始章程提交登记机关登记，必须能够获得通过。对此，虽然大多数国家和地区都未作明确规定，但立法精神中都隐含了此内容。《美国商事公司示范法》（1984 年）第 10.01 条（a）还曾对此作明确规定。[22]

2. 非经股东同意，公司章程的修改不得变更该股东的既得权。例如，设立股份有限公司时，公司章程中如果载明了发起人在优先认购新股、剩余资产分配等方面享有确定的特别利益，则非经发起人签署书面同意书，不得以修改章程的方式侵害该权益。对此，各个国家和地区公司法大多有明确规定。我国《公司法》第 146 条第 1 款规定："发行类别股的公司，有本法第一百一十六条第三款规定的事项等可能影响类别股股东权利的，除应当依照第一百一十六条第三款的规定经股东会决议外，还应当经出席类别股股东会议的股东所持表决权的三分之二以上通过。"

3. 非经股东同意，公司章程的修改不得为股东设定新义务。除非股东签署书面同意书，否则不得以修改章程的方式为股东设定新义务。与前一规则不同，只有少数国家和地区的公司法对此作出明确规定。不过，作为与前一规则的对应规则，这一规则完全可以推定出来。

4. 非经股东一致同意，公司章程的修改不得为部分股东设定新权利。若为部分股东设定新权利，则与"同股同权"原则相悖。因此，除非股东一致签署书面同意书，否则不得以修改公司章程的方式为部分股东设定新权利。对此，各个国家和地区公司法也大多不作明确规定，而依公司法原则推出这一规则。但《美国商事公司示范法》（2001 年）第 10.04 条（a）则对本项及前两项规则均作了明确规定。

思考题

1. 如何理解公司章程的特征？
2. 如何理解"公司章程是一种体现私法自治的特殊协议"？
3. 试析公司章程的制定准则。
4. 试析公司章程与发起人协议的生效与失效时间。
5. 试析公司章程修改的内容限制。

---

〔22〕 参见［美］史蒂文·L. 伊曼纽尔：《公司法》（影印本），中信出版社 2003 年版，第 19 页。

第八章　公司的人格制度

| 导 读 |

- 公司与自然人在性质上的差异以及公司法对公司的特殊要求,决定了公司的权利能力在性质上、法律上受限制,并由此形成了公司权利能力区别于自然人权利能力的种种特征。公司法对公司权利能力的限制主要表现在时间上的限制、公司转投资对象的限制、公司转投资额的限制、公司对外担保行为的限制、公司对外贷款行为的限制。
- 我国事实上已废除了严格的经营范围的限制。在审判实践中,公司超越经营范围所签订的合同已经不被认为无效。由此,公司经营范围之于公司能力的影响,已发展成为公司机关的内部责任条款。
- 公司法律人格要素,是指公司得以取得抽象法律人格的基本构成要素,包括财产独立与意思独立。被许多学者认为是公司法律人格基石的独立责任并非公司法律人格要素,而是公司成立后所表现出的区别于合伙的特征。公司独立的意思是公司法律人格的本质要素。
- 西方世界对一人公司的态度经历了从传统公司理论全面统治时期的完全禁止,到有条件的承认,直至立法上的确认和保护的过程。现在,主要西方国家和地区已建立了一套相对完整的一人公司法律制度。
- 我国公司法学界多数学者主张顺应世界承认一人公司的立法潮流,明确规定一人有限责任公司制度,同时对其设置相应的规范,从而使实际存在的一人公司得以受到有效的法律规制。最终,我国2005年《公司法》确立了一人有限责任公司制度,2023年《公司法》则进一步确立了一人公司制度。
- 公司法人格否认作为在特定情形下对股东有限责任的修正和维护,是对公司、股东与债权人的一种风险与权利的平衡,实现了"矫正的公平"。实践中应适用公司法人格否认的典型形式包括人格混同、过度支配与控制、资本显著不足。
- 根据适用对象不同,公司法人格反向否认分为两种类型:一种是公司特定股东(内部人)提起的反向否认,即"内部人反向否认";另一种是公司特定股东的债权人(外部人)提起的反向否认,即"外部人反向否认"。

作为具有独立法律地位的权利主体,公司无疑拥有独立的法律人格。此外,公司(指狭义上的公司)作为具有独立责任能力的法人,与合伙企业等非法人组织相比,其权利能力与行为能力更为完备,在对外投资、提供担保等问题上所受限制也更为严格。作为具有独立责任能力的法人,还应具备赖以构造其独立人格的法律人格要素。该法律人格要素是公司独立法律人格生成与维持的基础,若缺失将导致设立瑕疵或公司法人格否认制度的适用。在以公司法律人格要素为基础的公司法律人格理论体系中，一人公司构成了一大挑战，如何从理论上对此进行解释，将是公司法理论发展中的一大难题。

第一节　公司的能力

一、公司的权利能力

公司的权利能力，是指公司具有的享受权利和承担义务的法律资格。公司的权利能力问题，是一个颇具争议性的较为复杂的问题，在历史上其内涵发生过很大变化。公司与自然人在性质上的差异以及公司法对公司的特殊要求，决定了公司的权利能力在性质上、法律上受到限制，并由此形成了公司权利能力区别于自然人权利能力的种种特征。

（一）公司权利能力受性质上的限制

公司是独立于自然人而存在的主体，是法律所拟制的人，其人格与自然人的人格不同。专属于自然人的权利，公司不能享有，如生命权、健康权、自由权、亲权、受抚养权等。专属于自然人的义务，如私法上的扶养义务、公法上的服兵役义务，公司也当然不能负担；但各种财产权（包括受遗赠权）以及一部分人格权（商事人格权），如名称权（商号权）、名誉权（商誉权）等，公司均能享有。需要注意的是，现代各个国家和地区的法学理论已基本上确认，除了受到自然性质及法律规定的限制外，公司权利能力与自然人一样，并不受其他限制。

（二）公司权利能力因法律规定受到的限制

法人的权利能力要受到法律的限制。公司的权利能力不仅要受到法律对法人所作的一般限制，还要受到公司法的特别限制。公司法对公司权利能力的限制主要表现在以下几方面：

1. 时间上的限制。公司的权利能力始于公司成立而终于公司终止，因此，公司的权利能力仅存在于其存续期间。不过，各个国家和地区的公司法对公司成立与终止的具体时间认定上并不完全一致。有的国家和地区以公司依法获准登记之时为公司成立时间，有的则以公司依法获准登记并公告之时为公司成立时间。不管怎样，设立中的公司都不享有法人的权利能力。从发起设立到正式成立期间的公司，被称为设立中的公司或未完成的公司，是一种没有权利能力的社团，只能以非法人团体的身份进行民事活动，其内部、外部关系应适用有关合伙的法律规定。但设立中公司是一种不完全独立的商主体，享有有限法律人格，它可以从事一定范围内的行为，从而享有权利并承担义务，并具有一定的民事责任能力，其地位具有不确定性和特定性。解散后的公司只能在清算范围内享有权利和承担义务。解散后的公司，在依法进行清算的阶段，其权利能力虽仍然存在，但仅限于清算范围内的活动，不得从事清算范围外的活动。自清算完毕之日起，公司的权利能力归于消灭。

2. 公司转投资对象的限制。一些大陆法系国家和地区的公司法规定，公司不得作为其他公司的无限责任股东或合伙企业的合伙人。例如，《韩国商法典》第 173 条规定，公司不能成为其他公司的无限责任股东。一般认为，该限制的宗旨在于若公司成为其他公司的无限责任股东会将自己的命运寄托于其他公司之下，便与以各个公司独立运营为前提的公司的本质背道而驰。同时，由于无限责任股东原则上是公司的业务执行机关，不允许公司成为无限责任股东,也包含着禁止公司成为其他公司机关的意思。[1] 作此规定,是由于无限责任股东或合伙人对于公司或合伙的债务应负无限连带的清偿责任。如公司成为其他公司的无限责任股东或合伙企业的合伙人,他公司或合伙企业破产倒闭,则公司势必受其牵连,加重公司债务责任,故一些国家和地区的公司法对此加以限制。不过,这种限制性规定并非世界通例,不仅德国、法国等多数大陆法系国家和地区以及多数英美法系国家和地区均无此限制,而且一些原本采行该规定的国家和地区也相继废止了该限制。例如,《日本商法典》第55条规定:"公司不得成为其他公司的无限责任股东。"但2005年《日本公司法典》则未对此予以规定,且从其立法体系来看,《日本商法典》第55条相应失效。基于此,我国《公司法》改变了绝对禁止的立法态度,该法第14条第2款规定:"法律规定公司不得成为对所投资企业的债务承担连带责任的出资人的,从其规定。"[2] 依此,立法机关可以通过另行制定法律改变该项法律限制。2006年8月27日修订的我国《合伙企业法》第3条规定:"国有独资公司、国有企业、上市公司以及公益性的事业单位、社会团体不得成为普通合伙人。"依此,一般公司显然可成为普通合伙人。此外,各个国家和地区的公司法普遍禁止或限制子公司或从属公司持有母公司或控股公司的股份,或者限制公司相互持股的数额。这也是对公司投资对象的一种特殊限制。

理论拓展 公司转投资的含义

公司转投资(reinvestment),又称公司对外投资,是指公司作为投资主体,按照法律的规定投资于其他企业,从而成为其他企业的股东或合伙人的法律行为。公司转投资是公司重要的资本运营方式。从投资的方式来看,公司转投资可以分为股权转投资和债权转投资两种类型。前者是指公司取得他企业的股份或出资额,后者是指公司通过购买他公司的债券进行的转投资。公司法意义上的公司转投资是指股权转投资。从转投资是不是相互行为方面看,转投资分为单向转投资与双向转投资。单向转投资,指由公司向他企业投资的单向行为。单向转投资又可以分为两种:一种为设立全资子公司;另一种是取得他企业的股份或出资额。这两种形式均为我国《公司法》所确认。双向转投资,又称相互持股或交叉持股,即两个公司相互向对方投资或取得对方公司股份的双向行为。

公司转投资对分散经营风险、调整产业结构、节约交易成本具有重要意义。公司转投资是资本流通的主渠道,公司通过转投资使资本在市场中流动,发挥资本的活性,使技术、资金等各种生产要素不断优化组合,促进市场资源的优化配置。因此,公司转投资是公司规模化、集团化发展的必要途径,是企业之间实现相互联合的重要工具。

3. 公司转投资额的限制。传统公司法一般规定,公司向其他企业的投资总额不得超过本公司资本的一定比例。公司可以成为他公司的有限责任股东,对此并无疑义。但当公司作为他公司的有限责任股东时,为保证公司资本的充实与确定,许多国家和地区的公司法就公司对他公司的投资总额所占公司资本的比例都作出了限制性规定。不过,英美法系国家和地区并未对公司转投

---

〔1〕 参见《韩国公司法》,吴日焕译,中国政法大学出版社2000年版,第57页。

〔2〕 此处采用的是"连带责任"而非"无限责任"的措辞,但在企业责任方面,二者是并存的,故无论称连带责任还是无限责任,均意味着无限连带责任。

资额作限制性规定，大陆法系国家和地区对公司转投资的限制也趋于弱化。鉴于此，我国《公司法》第15条第1款明确规定："公司向其他企业投资或者为他人提供担保，按照公司章程的规定，由董事会或者股东会决议；公司章程对投资或者担保的总额及单项投资或者担保的数额有限额规定的，不得超过规定的限额。"由此，我国将公司转投资额的限制完全交由公司意思自治。

理论拓展　公司转投资的消极作用与风险防范

尽管公司转投资具有重要作用，应受到法律的肯定，但它也具有相应的消极作用。从公司法的角度来说，公司转投资具有以下消极作用：

1. 公司转投资导致虚增资本并使资本空洞化。无论公司相互转投资还是单向转投资，都会产生虚增资本及资本空洞化的问题。在单向转投资的情况下，假设A公司资本为1200万元，将其中1000万元等份转投资设立B、C两家公司（两家公司的各自资本为500万元）。B、C两家公司再将其各自资本的60%（300万元）等份转投资设立D、E公司和F、G公司（D、E、F、G公司的资本均为150万元）。至此，A公司以1200万元转投资设立的六家子公司、孙公司，账面上资本累计2800万元（A1200万元+B500万元+C500万元+D150万元+E150万元+F150万元+G150万元），虚增资本达1600万元。在相互转投资的情况下，资本虚增的现象更为严重。假设A、B两公司各有资本1200万元，A、B两公司相互向对方转投资1000万元，此时两家公司在账面上各有1000万元的新增资本，则虚增资本达2000万元。若A、B公司再各自设立子公司、孙公司，且子公司、孙公司相互转投资，则虚增资本将呈几何级增加。除了虚增资本外，在取消了转投资额限制的背景下，公司转投资还将使公司资本空洞化。在虚增资本与资本空洞化的共同作用下，公司资本严重背离资本真实原则，使公司交易相对人误以为该公司资本雄厚，却实际上处于资本空洞的状态，从而严重危害交易安全。

2. 公司转投资可能导致管理层控制公司股东会。现代公司治理结构的立法目的在于借助相互制衡的股东会、董事会、监事会等组织机构形成并实践公司的独立意思。在此结构中，董事、监事均由股东会产生并向股东会负责，从而使作为出资人的股东能够行使公司实质上的公司控制权。但是，通过公司转投资，尤其是在交叉持股中，若两个公司的管理层达成协议，各自按照对方公司的管理层的意愿行使作为对方公司股东的表决权，则可能使公司的股东会实际上被管理层控制。这样，原本处于受股东会支配状态的管理层可能反过来架空公司股东，形成对公司实质性控制的局面。

3. 公司转投资所形成的子公司常被母公司用来作为实现不当目的的工具。在公司转投资持有被投资公司股权超过50%时，即构成母子公司关系。此时，形式上两公司皆为独立主体，但实质上子公司已全部或部分丧失了自主性，其经营决策都由母公司决定，从而沦为母公司的工具。例如，母公司无视子公司的独立人格，构成对公司独立人格的滥用；母公司和子公司资产混同，并以此占有子公司的资产；母公司从子公司大量借款而不归还；使子公司为母公司提供高额担保；等等。

基于公司转投资所固有的负面作用，公司法必须制定相应的防范制度。为此，许多国家和地区采取了两方面的措施：一是投资状态的公开化；二是限制股权的行使。

1. 投资状态的公开化主要有三个方面的作用：其一，保护中小股东和作为潜在股东的投资者的权益，防止公司受主要股东或者对公司管理有重要影响力的股东的进一步控制；其二，使利害关系人了解公司资本结构的真相，而不为虚增资本的假象所蒙蔽；其三，间接防止公司被企业集团收购。依《德国股份法》第20、21条的规定,一个企业获得另一家在德国注册的股份有限公司25%以上的表决权股或多数股份,就必须立即以书面形式通知该公司;除应向公司履行通知义务外,还应立即在公司公报上进行公告;而且在以上持股情况消除时也应履行通知和公告义务。[3]

尽管各个国家和地区的公司法未普遍对投资状态的公开化予以规定,但证券法则普遍对上市公司收购规定了持股预警披露制度。持股预警披露制度(early warning disclosure system),是指投资者及其一致行动人拥有权益的股份达到一个上市公司已发行股份的法定比例或达到此比例后,拥有权益的股份发生法定的增减变化时,必须依法将其拥有权益的股份予以披露并在继续收购时遵循"爬坡规则"的制度。"爬坡规则"的核心为披露点,即拥有权益的股份占上市公司已发行股份的比例每增加或者减少的法定比例。对此,各个国家和地区的规定不尽一致,如日本及我国香港地区规定为1%,加拿大规定为2%。[4]《德国有价证券交易法》第21条则将披露点规定为固定的不同的表决权比例,分别为5%、10%、25%、75%。[5] 我国《证券法》规定的披露点为5%。该法第63条第2款规定:"投资者持有或者通过协议、其他安排与他人共同持有一个上市公司已发行的有表决权股份达到百分之五后,其所持该上市公司已发行的有表决权股份比例每增加或者减少百分之五,应当依照前款规定进行报告和公告,在该事实发生之日起至公告后三日内,不得再行买卖该上市公司的股票,但国务院证券监督管理机构规定的情形除外。"

2. 限制股权行使的目的在于防止经营者借相互投资控制本公司股东会,以便矫正公司经营者无责任经营。根据《德国股份法》的规定,公司对其他公司所持有的股份,其股权的行使不得超过其他公司股份总额的1/4。但该规则有两项例外:一是由公积金转增资本而获得的新增股份;二是公司已依规定将其在他公司的投资额通知该公司,而未从他公司获得类似通知前或通知有相互投资的事实前。在相互投资公司中,如一公司对其他公司持有50%以上股份或以其他方式控制他公司经营者,他公司为子公司,子公司持有母公司的股份,其股权不能行使。此所谓股权行使之限制,包括表决权及股息分配权。[6]

4. 公司担保行为的限制。为维持公司资本的确定与充实,维护公司股东尤其是中小股东以及债权人的利益,各个国家和地区的公司法往往对公司的担保行为加以限制。我国《公司法》未对公司担保予以限制,但法律为此规定了较为严格的表决程序。前引《公司法》第15条第1款的规定对公司提供担保的决定程序作了较为严格的限定。该条第2、3款还分别规定:"公司为公司股东或者实际控制人提供担保的,应当经股东会决议。""前款规定的股东或者受前款规定的实际控制人支配的股东,不得参加前款规定事项的表决。该项表决由出席会议的其他股东所持表决权的过半数通过。"这是我国《公司法》对公司担保的程序所作出的一般规定。此外,此外,《公司法》第135条还对上市公司担保的表决程序作了特别规定:"上市公司在一年内购买、出售重大资产或者向他人提供担保的金额超过公司资产总额百分之三十的,应当由股东会作出决议,并经出席会议的股东所持表决权的三分之二以上通过。"依此,我国《公司法》确认了公司担保的权利能力。

---

〔3〕 参见《德国商事公司法》,胡晓静、杨代雄译,法律出版社2014年版,第71~72页;[德]托马斯·莱塞尔、吕迪格·法伊尔:《德国资合公司法》(第3版),高旭军等译,法律出版社2005年版,第70、75~76页。

〔4〕 参见齐斌:《证券市场信息披露法律监管》,法律出版社2000年版,第234页。

〔5〕 参见《德国证券交易法律》,郑冲、贾红梅译,法律出版社1999年版,第26页。

〔6〕 参见《德国股份法》第136、328条。

我国公司法学界多数学者逐渐放弃了基于《公司法》规范性质识别的进路，转而基于代表权限制角度理解公司代表越权担保合同效力，并从相对人审查义务履行状况的角度认定其是否构成善意相对人。在司法实践方面，公司代表越权担保的法律适用也曾颇为混乱，如今裁判规则已基本统一。《民法典》关于越权代表的法律效果改变了有效与无效两分的安排，确立了合同是否对法人或者非法人组织发生效力的法律效果安排。基于此，在公司代表越权担保情形下，若相对人非善意，则相关担保合同对公司"不发生效力"。

理论拓展　公司代表越权担保裁判规则的解释论

关于公司担保的表决程序是否为强制性规定，以及违反该规定签订的担保合同的效力，法学界及实务部门曾长期存在认识分歧〔7〕，主要有以下四种观点：第一种观点认为，该条款是效力性强制性规定，违反该条款将导致公司担保合同无效；〔8〕第二种观点认为，该条款仅系管理性强制性规定，而并非效力性强制性规定，违反该规定不会直接导致公司担保合同无效；〔9〕第三种观点认为，该条的规范性质属于效力性强制性规定，即使将其认定为管理性强制性规定，对其违反亦导致无效后果，但作此认定没有实际意义，应立足于越权担保规则确定担保行为的法律效果；〔10〕第四种观点认定，该条调整的是公司内部法律关系，其本质上是公司内部的决策形成机制或者公司意思形成机制，不能直接成为认定公司担保合同效力的裁判依据，只是基于行为人的越权行为而对公司担保合同的效力产生了间接影响。〔11〕显然，上述观点中，早期观点基本上立足于公司法规范性质的区分，而对公司代表越权担保的法律效力作截然不同的判断；后期观点不以公司法规范性质的判断为中心，而立足于越权担保作法律效力的认定。事实上，效力性强制性规定与管理性强制性规定并非非此即彼的关系，强制性规定的二分法并不周延，不能涵盖所有的强制性规定。《公司法》规定的是公司担保的法定权限，并不在效力性强制性规定与管理性强制性规定的涵摄领域内。〔12〕因此，我国公司法学界多数学者放弃了从《公司法》规范性质识别的进路，转而从代表权限制角度理解公司代表越权担保合同效力。〔13〕

---

〔7〕不过，理论界与实务界基于上市公司担保表决程序的特殊性，普遍认为该规范系效力性强制性规定。

〔8〕参见赵旭东主编：《商法学》，高等教育出版社年版2007年版，第222页；甘培忠：《企业与公司法学》，北京大学出版社2007年版，第245页；刘俊海：《新公司法的制度创新：立法争点与解释难点》，法律出版社2006年版，第108页。需要说明的是，这些观点都是相关学者在2005年《公司法》生效后面对公司对外担保法律效力难题时提出的阶段性论断，不代表相关学者一直持该观点。

〔9〕参见刘贵祥：《公司担保与合同效力》，载《法律适用》2012年第7期；王保树、崔勤之：《中国公司法原理》（最新修订第3版），社会科学文献出版社2006年版，第42页。

〔10〕参见高圣平：《公司担保相关法律问题研究》，载《中国法学》2013年第2期。

〔11〕参见钱玉林：《寻找公司担保的裁判规范》，载《法学》2013年第3期；梁上上：《公司担保合同的相对人审查义务》，载《法学》2013年第3期；钱玉林：《公司法第16条的规范意义》，载《法学研究》2011年第6期。

〔12〕参见高圣平、范佳慧：《公司法定代表人越权担保效力判断的解释基础——基于最高人民法院裁判分歧的分析和展开》，载《比较法研究》2019年第1期。

〔13〕参见邹海林：《公司代表越权担保的制度逻辑解析——以公司法第16条第1款为中心》，载《法学研究》2019年第5期；施天涛：《〈公司法〉第16条的规范目的：如何解读、如何适用?》，载《现代法学》2019年第3期；高圣平、范佳慧：《公司法定代表人越权担保效力判断的解释基础——基于最高人民法院裁判分歧的分析和展开》，载《比较法研究》2019年第1期；周伦军：《公司对外提供担保的合同效力判断规则》，载《法律适用》2014年第8期；梁上上：《公司担保合同的相对人审查义务》，载《法学》2013年第3期。

在司法实践中,不同法院对此也持不同观点,最高人民法院不同时期的判决也持不同态度。2000年,最高人民法院在上诉人福建省中福实业股份有限公司与被上诉人中国工商银行福州市闽都支行及原审被告中国福建国际经济技术合作公司、福建九州集团股份有限公司借款担保案中认为,董事、经理违反1993年《公司法》第60条第3款的禁止性规定,以公司资产为本公司的股东或者其他债务人提供担保,应适用最高人民法院《关于适用〈中华人民共和国担保法〉若干问题的解释》(已失效)第4条的规定,认定担保合同无效。[14] 2006年,最高人民法院在中国进出口银行与光彩事业投资集团有限公司、四通集团公司借款担保合同纠纷案中认为:"经公司股东会、董事会批准,以公司资产为本公司股东或其他个人债务提供的担保的,可以认定有效。"[15]此后,在依照2005年《公司法》审理公司担保案件时,司法机关逐渐达成了不将《公司法》第16条(2023年《公司法》第15条)视为效力性强制性规定的共识,即不因违反该条规定的决议程序而直接导致公司提供担保的合同无效。例如,在招商银行股份有限公司大连东港支行与大连振邦氟涂料股份有限公司、大连振邦集团有限公司借款合同纠纷案中,最高人民法院认为:《公司法》第16条明确了其立法本意在于限制公司主体行为,防止公司的实际控制人或者高级管理人员损害公司、小股东或其他债权人的利益,故其实质是内部控制程序,不能以其约束交易相对人,故宜将其理解为管理性强制性规范,对违反该规范的,原则上不宜认定合同无效。[16] 在高远控股有限公司、上海高远置业(集团)有限公司、毛钰萍与邹蕴玉、上海录润置业有限公司与李林福民间借贷纠纷案中,最高人民法院认为:《公司法》第16条属于效力性规范还是管理性规范实践中存有争议;维护公司利益的义务在于公司本身,不在于相对人,只要相对人没有与担保人的相关人员恶意串通,或有明显的证据证明相对人达到了可以明知的程度,担保责任则不能免除,这也是维护交易安全的需要;该条文的规定只能作为公司内部管理的规定并作为被法律所要求的管理性规范理解更为合理。[17] 在周亚与青海贤成矿业股份有限公司、西宁市国新投资控股有限公司等民间借贷纠纷案中,最高人民法院认为:《公司法》第16条的规定属于公司对内的程序性规定,其并未规定公司以外的第三人对此负有审查义务,公司对外提供担保是否经股东会或者股东大会决议,并不影响其对外签订的合同效力。[18] 但随着公司法学界逐渐转向越权代表规则和代表权限制角度理解公司代表越权担保合同效力,司法裁判也转而基于越权代表规则审查相对人是否尽到必要的审查义务,从而判断担保权人是否构成善意相对人。

关于上市公司提供担保的合同效力,司法机关则普遍认为仅凭加盖公章的担保书并不能认定为有效,必须由股东会依法作出决议,否则应认定担保合同对上市公司不发生效力。对此,2020年12月31日最高人民法院发布的《关于适用〈中华人民共和国民法典〉有关担保制度的解释》(以下简称《民法典担保解释》)第9条第2款规定:"相对人未根据上市公司公开披露的关于担保事项已经董事会或者股东大会决议通过的信息,与上市公司订立担保合同,上市公司主张担保合同对其不发生效力,且不承担担保责任或者赔偿责任的,人民法院应予支持。"

我国《民法典》第504条规定:"法人的法定代表人或者非法人组织的负责人超越权限订立

---

[14] 参见最高人民法院(2000)经终字第186号民事判决书。
[15] 参见最高人民法院(2006)民二终字第49号民事判决书。
[16] 参见最高人民法院(2012)民提字第156号民事判决书。
[17] 参见最高人民法院(2014)民一终字第109号民事判决书。
[18] 参见最高人民法院(2014)民一终字第270号民事判决书。

的合同，除相对人知道或者应当知道其超越权限外，该代表行为有效，订立的合同对法人或者非法人组织发生效力。”因此，与原《合同法》第50条关于越权代表的法律效果采取合同有效与无效的安排不同，《民法典》采取的是合同是否对法人或者非法人组织发生效力的法律效果安排。基于此，在公司越权担保情形下，若相对人知道或者应当知道其超越权限，则相关担保合同对公司“不发生效力”。《民法典担保解释》第7条明确规定：公司的法定代表人违反公司法关于公司对外担保决议程序的规定，超越权限代表公司与相对人订立担保合同时，相对人善意的，担保合同对公司发生效力，相对人可请求公司承担担保责任；相对人非善意的，担保合同对公司不发生效力，相对人请求公司承担赔偿责任的，人民法院应根据《民法典担保解释》第17条〔19〕的规定，区分不同情形确定担保人的赔偿责任。由此可见，相对人非善意情形下，我国公司越权担保从“无效”转向了“不生效”。〔20〕基于此，可以认为，公司违反《公司法》规定的表决程序提供担保，除非借款人知道或应当知道这一情形，否则不应认为该担保行为对公司不发生效力。因此，担保权人知道或应当知道公司法定代表人越权担保的判断标准，乃该类问题法律适用的关键。易言之，担保权人应对公司决议负审查义务，才能构成善意相对人，从而使担保合同对公司发生效力。在此方面，法学界尚未达成共识，存在肯定说和否定说两种截然相反的观点，但随着法学界对《公司法》关于对外担保规范认识的深入，如今多数学者都持肯定说。〔21〕在相当长一段时期内，司法裁判亦未就此形成统一意见。例如，在最高人民法院在(2014)民申字第1876号民事裁定书中认为：《公司法》第16条第2款明确规定，公司为股东或者实际控制人提供担保的，必须经股东会或者股东大会决议；法律具有公示作用，债权人应当知晓，却未要求担保人公司代表出具股东会决议，显然具有过错，因而不应被认定为善意第三人。〔22〕在最高人民法院(2013)民申字第2275号民事裁定书中，最高人民法院则认为：有限责任公司的章程不具有对世效力，故在再审申请人不能举证证明担保权人存在恶意的情形下，应当认定担保权人已经尽到合理的审查义务，为善意第三人。〔23〕

当然，担保权人的审查义务指的是形式审查义务，相对人仅对材料的形式要件进行审查，即

---

〔19〕《民法典担保解释》第17条第1款规定：“主合同有效而第三人提供的担保合同无效，人民法院应当区分不同情形确定担保人的赔偿责任：(一)债权人与担保人均有过错的，担保人承担的赔偿责任不应超过债务人不能清偿部分的二分之一；(二)担保人有过错而债权人无过错的，担保人对债务人不能清偿的部分承担赔偿责任；(三)债权人有过错而担保人无过错的，担保人不承担赔偿责任。”第2款规定：“主合同无效导致第三人提供的担保合同无效，担保人无过错的，不承担赔偿责任；担保人有过错的，其承担的赔偿责任不应超过债务人不能清偿部分的三分之一。”

〔20〕不过，令人遗憾的是，《民法典担保解释》仍在确定相对人非善意情形下担保合同对公司不发生效力的前提下，确认了公司的赔偿责任。参见蒋大兴：《超越商事交易裁判中的“普通民法逻辑”》，载《国家检察官学院学报》2021年第2期。

〔21〕参见高圣平：《公司担保中相对人的审查义务——基于最高人民法院裁判分歧的分析和展开》，载《政法论坛》2017年第5期；梁上上：《公司担保合同的相对人审查义务》，载《法学》2013年第3期。

〔22〕以下裁判文书也认为相对人有审查义务：最高人民法院(2016)民申字第2633号民事裁定书；最高人民法院(2014)民申字第1876号民事裁定书；最高人民法院(2012)民提字第208号民事判决书；最高人民法院(2012)民提字第156号民事判决书；最高人民法院(2007)民二终字第184号民事判决书。

〔23〕以下裁判文书也认为相对人无须承担审查义务：最高人民法院(2017)最高法民申1475号民事裁定书；最高人民法院(2015)民申字第2086号民事裁定书；最高人民法院(2014)民一终字第270号民事判决书；最高人民法院(2015)民一终字第72号民事判决书；最高人民法院(2016)民申字第1006号民事裁定书；最高人民法院(2016)民再字第194号民事判决书；最高人民法院(2014)民一终字第109号民事判决书；最高人民法院(2014)民一终字第270号民事判决书；最高人民法院(2012)民提字第156号民事判决书。

审查材料是否齐全、是否符合法定形式,对于材料的真实性、有效性则不作审查。对此,最高人民法院在湖南省翔宇食品有限责任公司、湖南天行健置业有限公司与中国建设银行股份有限公司湖南省分行营业部其他借款合同纠纷案中认为:根据公司法的相关规定,担保权人对保证人提供的股东会决议文件仅负有形式审查义务,担保权人只需审查股东会决议的形式要件是否符合法律规定,即已尽到合理的注意义务。本案中,湖南省天行健置业有限公司的股东会决议符合公司章程的规定,且加盖了其股东湖南博兴创业投资有限公司与岳阳岳泰集团有限公司的公章,并由其法定代表人签名,形式要件合法,应当认定中国建设银行股份有限公司湖南省分行营业部已尽到了应尽的审查义务。中国建设银行股份有限公司湖南省分行营业部没有审查担保人公司股东会决议上股东签章是否真实的法定义务,也不具备审查其签章真伪的能力。〔24〕 不过,《民法典担保解释》第7条第3款规定,"相对人有证据证明已对公司决议进行了合理审查,人民法院应当认定其构成善意,但是公司有证据证明相对人知道或者应当知道决议系伪造、变造的除外"。由此可见,相对人的审查义务由形式审查调整为合理审查,即不仅需要满足形式审查的要求,而且应结合相对人的判断能力、交易习惯、相关文件的完备性等综合判断相对人是否妥善履行了审慎的注意义务。

在相对人是否善尽注意义务的判断方面,尽管不能因相对人为自然人而降低判断标准,但仍应根据相对人的商主体属性而区别对待。具体来说,若相对人为普通商主体,则应履行比普通民事主体更为严格的注意义务;若相对人为作为特殊商主体的企业和职业经营者,则应履行比一般商主体更为严格的注意义务;若相对人为银行等金融机构,则应履行比一般企业更为严格的注意义务。因此,在银行等金融机构作为公司担保的相对人时,若作为担保人的公司未依法或按章程规定作出相应决议,则应基于银行等金融机构所应履行的尽职调查义务判断其是否构成"应当知道"公司代表人越权担保。基于此,若银行等金融机构未妥善履行尽职调查义务,则应承担公司代表人越权提供担保时该担保行为对公司不发生效力的法律后果。对此,最高人民法院在中国工商银行股份有限公司祥云支行与云南世晟农业科技有限公司保证合同纠纷再审案中认为:担保行为不是法定代表人所能单独决定的事项,而必须以公司股东会、董事会等公司机关的决议作为授权的基础和来源;本案中,没有证据证明云南世晟农业科技有限公司(以下简称世晟公司)为金秋公司向中国工商银行股份有限公司祥云支行(以下简称祥云支行)的借款提供担保时履行了上述决议程序;世晟公司的法定代表人直接控制了该公司的公章,不能仅以保证合同上加盖世晟公司的公章而直接推断出该公司对法定代表人的越权担保行为进行了追认;在世晟公司未提交公司权力机关决议的情况下,根据原《合同法》第50条关于法定代表人越权代表的规定,人民法院应当审查订立合同时债权人是否善意;作为专业金融机构的祥云支行并未提交证据证明订立担保合同时对世晟公司的相应决议进行了审查,故该行不能构成善意第三人。〔25〕 应当说,因该案相对人根本未对提供担保的公司的决议进行审查,更遑论基于其金融机构的特殊商主体属性而提出更高注意义务判断标准,故该裁定书关于相对人审查义务的论述并未超出一般民事主体的注意义务标准。不过,该裁定书明确将公司对外担保行为界定为非法定代表人所能单独决定的事项,而是须以公司股东(大)会、董事会等公司机关决议作为其授权基础,从而将

〔24〕 参见最高人民法院(2014)民二终字第51号民事判决书。

〔25〕 参见最高人民法院(2019)最高法民申5029号民事裁定书。

公司对外担保界定为须履行公司决议程序的特殊行为。因此,在相对人对公司代表越权担保是否履行合理审查义务的判断标准方面,即可基于其是否为商主体属性而区分对待。

5. 公司贷款行为的限制。各个国家和地区对公司贷款能力的规定不尽相同,有的持严格限制态度,有的则不予限制。前引《法国商事公司法》第106条即作了限制性规定。而我国台湾地区"公司法"第15条规定,除公司间或与行号间有业务往来者,以及公司间或与行号间有短期融通资金之必要者外(此时,融资金额不得超过贷与企业净值的40%),公司之资金,不得贷与股东或任何他人;公司负责人违反前项规定时,应与借用人连带负返还责任;如公司受有损害者,亦应由其负损害赔偿责任。德国、日本、韩国及英美法系国家和地区公司法则基本上不对公司贷款能力予以限制。《美国商事公司示范法》第3.02条第8项甚至明确规定,公司权力包括"贷款、以其基金投资或者再投资,以及接受和持有不动产和动产作为还款的担保"。[26]不过,2002年美国颁布的《萨班斯—奥克斯利法案》(SOX Act)第402条规定:上市公司不得直接或通过其子公司向其董事或者高级管理人员提供任何形式的新的贷款或者信用支持;法律生效之前已经提供的贷款可以宽限一次,但是,不得对已有的信贷或者信用支持进行任何修改或者延展。[27] 这体现了在维护上市公司资本安全问题上从严规制的一种立法动向。

我国1993年《公司法》第60条第1款规定:"董事、经理不得挪用公司资金或者将公司资金借贷给他人。"该规定同样存在上述1993年《公司法》第60条第3款认识上的分歧。2005年《公司法》为解决1993年《公司法》的模糊性问题,于第149条第1款第3项规定,董事、高级管理人员不得"违反公司章程的规定,未经股东会、股东大会或者董事会同意,将公司资金借贷给他人或者以公司财产为他人提供担保"。针对股份有限公司,2005年《公司法》第116条还特别规定:"公司不得直接或者通过子公司向董事、监事、高级管理人员提供借款。"依此,我国2005年《公司法》禁止董事、高级管理人员私自对外贷款,并特别禁止公司直接或者通过子公司向董事、监事、高级管理人员提供借款。不过,为进一步放松管制,2023年《公司法》删除以上规定,放弃了对此予以法律限制的立场。

二、公司的行为能力

公司的行为能力,是指公司基于自己的意思,以自己的名义从事活动,取得权利并承担义务的资格。就民法理论而言,行为能力以意思能力为前提。由于理论上对法人的本质存在不同认识,因而对公司是否具有行为能力也存在认识上的分歧。一般来说,法人拟制说否认公司具有行为能力,以代理理论解释公司的责任归属;法人实在说则认为公司具有行为能力,以代表理论解释公司的责任归属。实际上,这种区别主要表现于学理之中,在立法上则不存在实质性区别。而且由于代表理论还很不完善,而将代表人或代理人的行为效果归属于公司的法律处理基本相似,故在代表理论下,往往类推适用民法有关代理的规定。[28]

我国立法与理论界皆采法人实在说,故承认公司具有行为能力。公司与自然人不同,不发

---

〔26〕 沈四宝编译:《最新美国标准公司法》,法律出版社2006年版,第31页。

〔27〕 参见施天涛:《公司法论》(第2版),法律出版社2006年版,第138页,"注释"。

〔28〕 参见《韩国公司法》,吴日焕译,中国政法大学出版社2000年版,第62页;王文宇:《公司法论》,中国政法大学出版社2004年版,第96页。

生无行为能力、限制行为能力和剥夺行为能力的问题。公司的行为能力只以其权利能力为前提,所以在范围上也没有更多的限制。与自然人的行为能力相比,公司的行为能力有其特殊性:

1. 公司权利能力与行为能力取得时间上具有一致性。自然人的行为能力不是与生俱来的,而是受到年龄、智力因素的制约。自然人的行为能力可被区分为完全民事行为能力、限制民事行为能力和无民事行为能力。公司设立的效力是法律赋予的,其民事权利能力与行为能力的取得和终止在时间上是一致的。公司作为法人的行为能力主要受到公司法以及公司章程的约束。

2. 公司的行为能力通过公司的机关而实现。公司的意思表现为团体意思,具体由公司的代表机关依法律和公司章程规定的程序作出。公司设立的过程中必须确定代表公司的法定代表人,其职务行为无须特别授权即为公司的行为。其他公司管理人员或者雇员在公司授权范围内从事的活动,也是公司的民事行为。公司必须对这些职务行为承担民事责任。

三、公司的责任能力与诉讼能力

公司有侵权行为能力。公司机关对外代表公司所为的行为如构成侵权,即为公司的侵权行为。在此情形下,公司当然应负侵权行为的责任。公司的侵权行为以公司机关代表公司的行为为限。公司一般雇用人员的行为即非公司的行为,对于这些人员的侵权行为,公司是否负责,应依公司与他们的雇佣关系决定。公司对于其机关或其他人员从事职务活动或以公司名义从事活动所应依法承担的法律责任,不仅包括民事责任,而且包括行政责任与刑事责任。从法律责任关系的角度看,公司的行为能力表现为民事责任能力、行政责任能力、刑事责任能力和诉讼能力。

公司的民事责任能力,是指公司承担违约责任、侵权责任和不履行法定义务所应承担的民事责任的能力。公司的行政责任能力,是指公司违反法律的规定而应受行政处罚的能力。关于公司的刑事责任能力或犯罪能力,在法理上颇具争议,各个国家和地区法律的规定也不尽相同。[29]

我国法律认为公司可以犯罪,这一点在公司法、刑法、海关法上已有体现。我们认为,这一做法是合适的。公司犯罪具有以下特点:一是只能对其处以罚金刑,不能处以人身自由刑和生命刑;二是要同时追究造成犯罪的直接主管人员和其他责任人员的刑事责任。

与公司的民事、行政和刑事责任能力相对应,公司可以作为民事诉讼的当事人,充当原告或被告,也可以作为行政诉讼的原告和刑事诉讼的被告人。

四、公司的目的(经营范围)之于公司能力的影响

公司在成立时都有一定的目的,这种目的载明于章程中,章程所定的公司目的是否能够构成对公司权利能力或行为能力的限制,公司行为如超出此范围是否会因此无效?对此,一些大陆法系国家和地区的民法典原则上规定,法人的权利能力应受其目的限制,商法或公司法则未

---

〔29〕 在古罗马法上,有“社团无犯罪能力”的原则。自19世纪中期以后,英美法上开始规定公司或法人可以犯罪,并处以刑罚。美国纽约州的刑法(1909年)明文规定法人犯罪应处徒刑时,应处罚金。大陆法系国家和地区,如法国、德国,在法律上一般不认为公司或法人可以犯罪,但学说上也提出了法人具有犯罪能力的主张,并且19世纪以后也逐渐承认公司可以犯罪而承受之制裁。日本在20世纪初不承认法人有犯罪能力。1923年其大审院开始承认法人可以犯罪。现在各个国家和地区对于重大的经济犯罪都明文规定对公司(法人)可以处以刑罚(罚金)。

作同样规定。例如,《日本民法典》第43条规定:“法人依法令规定,于章程所定目的范围内,享有权利,负担义务。”[30]《韩国民法典》第34条也有类似规定。但《日本商法典》《日本公司法典》《韩国商法典》均未对公司目的范围的能力限制予以规定。这就导致理论上存在权利能力限制说与否定限制说两种截然不同的认识。理论界早期的通说为权利能力限制说。这种认识也延伸到司法实践之中,日本早期判例一直维持权利能力限制说的立场。不过,理论界逐渐认识到将公司目的范围界定为其权利能力的限制缺乏合理依据,并严重妨碍了交易安全的实现。于是,理论界逐渐改变了僵化的认识,主张对目的范围作扩大解释,从而使公司能力得以扩张。在理论界的影响下,判例也逐渐接受了对公司目的作扩大解释的观点。[31]

韩国因存在与日本法同样的问题,其理论界也存在两种截然不同的认识。不过,由于民法典与商法典均制定于20世纪中叶之后,故理论界与实务界关于公司目的范围的性质的认识与日本不同。在韩国,权利能力限制说为少数说,否定限制说则为通说。权利能力限制说认为,对公司应类推适用民法规定,从而认定限制。其依据包括:第一,民法的规定是普遍适用于一般法人的一般原则;第二,公司股东期望出资财产按设立目的使用,若使用于目的之外的用途,就与对股东的保护背道而驰;第三,公司是为了一定目的而被赋予法人格的,当然在其目的范围内具有权利能力;第四,若不加限制,则意味着公司亦可进行非营利行为,这就违反了民法上关于非营利法人的设立采取许可主义的立法原则;第五,关于限制权利能力而产生的交易安全问题,则因公司目的是根据章程和登记而公示的,不会对第三人产生不可预测的损害。否定限制说认为,公司目的不构成对公司权利能力的限制,其理由有:第一,商法未明确规定准用民法关于目的范围限制的规定;第二,从比较法的角度来看,废止依目的的限制可为当前趋势;第三,虽然公司的目的记载于章程并应登记,但第三人不易确认,即使确认了也很难判断其具体目的范围,很容易产生纷争。因此,否定限制说认为,为了保护交易安全,应否定依公司目的的限制,除了已经宣布解散的公司,均可以不受其目的的限制,而可以作出任何行为。韩国的判例一直从形式上维持权利能力限制说的立场,但采取了对目的范围作扩大解释的方法。判例认为,“目的范围内”的行为并非局限于明示在章程上的目的本身,而是包含为履行目的而直接、间接所必要的行为。判例还认为,在判断有争议行为是不是履行目的所必要的行为时,并不考虑行为人的主观意思是否在目的范围之内以及在实际履行目的中是否需要,而是按照行为的客观性质抽象地进行判断。这些措施使那些可能被认为超越公司目的范围而被认定为无效的行为大为减少。[32]

我国台湾地区“民法”对法人目的事业范围限制的性质并无规定,但其“公司法”经2001年11月12日修订时于第18条第2款规定:“公司所营事业除许可业务应载明于章程外,其余不受限制。”而该“法”在修订之前第15条第1款原本规定:“公司不得经营登记范围以外之业

---

〔30〕《日本民法典》,王书江译,中国法制出版社2000年版,第11页。

〔31〕例如,日本1903年的最高法院判例就对“目的”加以严格解释,认为公司董事长因某人对公司有功而赠与金钱是超出“目的”的行为,因而无效。到1912年,判例改变为承认凡为完成章程中所规定的目的所必要的行为,都在权利能力之内。以后日本最高法院一直遵循这个判例,而且越来越从宽解释。1970年该院在一判例中提出,所谓目的范围内的行为,不能局限于章程所规定的目的本身,凡是为直接或间接完成目的所必要的行为,都应该认为是包括在其目的的范围之中。至此,可以说已经完全否定了公司章程中目的范围的限制了。

〔32〕参见《韩国公司法》,吴日焕译,中国政法大学出版社2000年版,第58~59页。

务。”在删除了该款规定之外,我国台湾地区也正式确认了公司章程所规定的目的范围并不构成对公司权利能力或行为能力的限制;当然,必须经行政许可方可经营的业务除外。[33]

《德国股份法》曾持权利能力限制说,但自1993年修订后,这类规定已了无痕迹。意大利、瑞士、土耳其、泰国等大陆法系国家和地区的民法典中则明确规定,除专属于自然人的权利法人不得享有外,法人的权利能力完全与自然人相同,法人目的事业范围根本不构成对法人权利能力的限制。在民法对此作出一般性规定的背景下,公司的目的范围当然也不构成对其权利能力的限制了。

在英美法系国家和地区,公司法曾普遍确立了越权行为原则,认为公司只能在其章程所规定的经营目的范围内活动,如超出此范围(如订立合同),其行为无效(无权利能力)。该原则的创设有两方面原因:其一,在特许设立时期,公司营业经特殊授权始能进行,授权公司设立的令状或法令明确将公司的经营范围限定于特定事项,受此影响,后世公司章程均明令公司目的为绝对必要记载事项;其二,从现实方面考虑,则是为了公司股东和债权人的合法权益不受公司越权行为的损害。[34] 但是随着经济的发展,这种严格限制公司能力的办法已不能适应时代的需要,对这种理论的解释也逐渐放宽,到现在更是已经完全放弃了该理论。因此,公司章程中所定的公司目的和营业范围,不能认为是对公司权利能力的限制。基于此,英美法系国家和地区通过立法,相继废止了公司章程的目的条款。《美国商事公司示范法》(1984年)及绝大多数州公司法也都早已明确规定,章程大纲中所记载的公司目的可以规定为从事“任何合法的经营活动”,而不再要求公司只能将其业务范围限定于某个或某些特定的行业范围之内。在传统上,通常将公司目的限定得非常狭窄,如将其规定为“经营铁路”。在放宽限制之后,几乎所有的公司都将其公司目的表述得尽可能宽泛,如“一般商事目的”或“从事任何合法经营活动”,因而使作为公司章程必要记载事项的该条款失去了其原有的意义。[35] 鉴于此,《美国商事公司示范法》(2001年)已将公司目的条款排除于公司章程绝对必要记载事项之外了。1989年《英国公司法》则通过增加条款明确规定了越权行为的有效性。该法第35条第1款规定:“公司实施的行为的合法性不应取决于公司依据章程大纲的规定不具有实施这些行为的能力。”依此,公司及与公司进行交易的公司外人员均不得将越权行为原则作为抗辩。[36] 这样,即便公司章程中就目的条款作了限制性规定,该目的条款也不能成为公司能力的限制。我国香港地区已于1997年废止了将公司目的条款作为公司章程的必要记载事项。

在检讨权利能力限制说的过程中,有些学者在指出权利能力限制说的种种不足的同时,提出应采取行为能力限制说。在法人目的外行为的效力上,相应地赋予其效力未定的地位,而适用追认及准用表见代理等法理予以处置。日本法学界提出了内部责任说并成为其主导学说。依该说,法人的目的事业范围限制在性质上仅属法人内部关系,公司的目的外行为为绝对有效。例如,公司董事长超越公司目的进行某项交易,而该交易为公司及公司股东所不愿为之,公司股东或公司董事会对该项交易依法明确表示反对,而且有证据表明该反对意见是为交易相对方所明知或所应知的,若依内部责任说则该公司仍不得对该项违背自己真实意愿的目的

---

〔33〕 参见柯芳枝:《公司法论》,中国政法大学出版社2004年版,第21页。
〔34〕 参见张民安:《公司法上的利益平衡》,北京大学出版社2003年版,第169页。
〔35〕 参见[美]史蒂文·L.伊曼纽尔:《公司法》(影印本),中信出版社2003年版,第17页。
〔36〕 参见[英]斯蒂芬·加奇:《商法》(第2版),屈广清、陈小云译,中国政法大学出版社2004年版,第250页。

外交易承担不利后果，显然，这对保护股东和公司的利益是十分不利的。世界各个国家和地区的规定鲜有采纳内部责任说的。在实践中，各个国家和地区已普遍采纳了代表权限制说。该说认为，公司目的的事业范围只不过是对公司机关的对外代表权的限制，不应对第三人发生拘束力。不过，董事或执行业务股东应受其拘束。因此，法人的目的外行为并非无效，而一般应作有效解释。各个国家和地区晚近民商法大多以该说作为公司目的事业范围限制的指导，并有一整套法律机制加以调整。公司章程中的规定只是公司内部关系的准则，是对公司机关权利的限制。公司机关如违反该规定实施行为，除对方明知者外，应确认其有效，但发生公司机关对公司的损害赔偿义务。[37]

我国1993年《公司法》对公司经营范围作为公司登记的绝对必要事项作了明确规定，但未就其法律属性予以界定。该法第11条第2款规定："公司的经营范围由公司章程规定，并依法登记。公司的经营范围中属于法律、行政法规限制的项目，应当依法经过批准。"同条第3款规定："公司应当在登记的经营范围内从事经营活动。公司依照法定程序修改公司章程并经公司登记机关变更登记，可以变更其经营范围。"由于该规定的模糊性以及受公司目的范围性质传统认识的影响，我国理论界长期认为，经营范围是公司章程的法定绝对必要记载事项，而公司的权利能力受到章程中的目的条款所确定的经营范围的严格限制。我国原《民法通则》第42条规定："企业法人应当在核准登记的经营范围内从事经营。"据此，在实践中曾长期认为，凡公司超出登记机关核准登记的经营范围从事经营的，都应被确认为无效行为。这是由于我国的各类企业法人都是按照一定的社会职能成立的，每个法人成立的目的不同，其经营范围和业务活动范围也不相同，因此它们都享有不同的民事权利能力。

在我国市场经济实践中，近些年来对企业确定经营范围有所放宽，允许一业为主、兼营他业，特别是鼓励企业为获取更大的经济效益，根据市场预测和自身条件，可以主动实行转产，但经营范围仍需核定，转产亦需履行变更登记程序。因此，我国公司的权利能力仍受目的条款的限制。但由于这种限制明显不符合市场经济发展的要求，因而最高人民法院通过司法解释放松了这一限制。1993年5月最高人民法院在《全国经济审判工作座谈会纪要》(已失效)中，要求不应把法人超越经营范围签订的合同一律认定为无效，而应区别对待。合同法立法时终于明确采纳了代表权限制说。原《合同法》第50条规定："法人或者其他组织的法定代表人、负责人超越权限订立的合同，除相对人知道或者应当知道其超越权限的以外，该代表行为有效。"该规定实际上已经从立法上承认了表见代表制度的独立存在，已为代表权限制说的适用加上了一个极好的注脚。同年，最高人民法院《关于适用〈中华人民共和国合同法〉若干问题的解释(一)》(已失效)第10条进一步作出明确规定："当事人超越经营范围订立合同，人民法院不因此认定合同无效。但违反国家限制经营、特许经营以及法律、行政法规禁止经营规定的除外。"因此，我国已事实上废除了严格的经营范围的限制。在审判实践中，公司超越经营范围所签订的合同也已经不被认定无效。至此，在我国，公司经营范围之于公司能力的影响，已发展成为公司机关的内部责任的规范。

顺应放松公司经营范围对公司能力限制的潮流，原国家工商行政管理总局于2004年6月14日颁布并于当年7月1日实施的《企业经营范围登记管理规定》(已失效)已经大大放宽了

[37] 参见[英]斯蒂芬·加奇:《商法》(第2版)，屈广清、陈小云译，中国政法大学出版社2004年版，第250~252页。

对企业经营范围的限制。依该规定第 4 条,经营范围分为许可经营项目和一般经营项目,前者是指企业在申请登记前依据法律、行政法规、国务院决定应当报经有关部门批准的项目;后者是指不需批准,企业可以自主申请的项目。显然,除依法需要审批的"许可经营项目"外,企业可以自主决定其经营项目。

最终,2005 年修订《公司法》时删除了 1993 年《公司法》第 11 条第 3 款"公司应当在登记的经营范围内从事经营活动"的限制性规定。2023 年《公司法》第 9 条规定:"公司的经营范围由公司章程规定。公司可以修改公司章程,变更经营范围。公司的经营范围中属于法律、行政法规规定须经批准的项目,应当依法经过批准。"依此,我国《公司法》明确抛弃了公司经营范围构成公司权利能力与行为能力限制的观念。

第二节 公司法律人格要素

一、公司法律人格要素的概念与意义

(一)公司法律人格要素的概念

公司法律人格要素,是指公司得以取得抽象法律人格的基本构成要素。当然,在我国,关于公司法律人格要素并无法律界定,因而这也只能是学理上的理解。需要说明的是,公司法律人格要素不同于公司的成立要件。公司成立要件分为实质要件和形式要件。前者为公司获得法律上的确认,从而成为独立的法律人格所必不可少的条件;后者即获得法律承认所必须依法向有关主管机关履行的注册登记与申领营业执照等程序。公司法律人格要素也不同于公司法律人格的具体表现形式,如公司具有独立的名称、住所、组织机构。这些法律人格的具体表现形式实际上属于公司人格权范畴的人格要素,即作为人格权客体意义的人格要素。当然公司作为法律人格,必然具备这些要素,但不是本书所指的法律人格意义上的要素。

(二)公司法律人格要素的意义

公司法律人格要素是公司形成与维持其独立法律人格的内在依据,公司法中的许多制度,如公司资本制度、公司治理结构、公司法人格否认制度等,也正是以此为基点而设计。本节提出,财产独立与意思独立为公司法律人格要素,其中后者为公司法律人格的本质要求。财产独立主要依赖公司资本制度来实现,意思独立主要依赖公司治理结构制度来实现。若公司设立时就未能实现财产独立,公司将面临设立瑕疵的法律处置;若意思独立被击破,则公司法律人格的基础将被动摇甚至彻底丧失。为此,法律设计了公司法人格否认制度,使财产独立或意思独立被击破的公司与其股东共同承担法律责任。总之,公司法律人格要素在公司法制度中起着极为关键的连接作用,是相关制度设计的基础,因而也是相关理论学习的基础。

二、公司法律人格要素的构成

尽管现代各个国家和地区对公司本质的认识已趋于一致,但由于传统、法律习惯等诸多因素的差异,在公司法律人格要素构成上还是存有差异。正因如此,要确定我国公司法律人格的要素,就应立足于我国现行法律规定及一般学理认识来得出结论。对此,学界从不同角度分析,并得出不同结论。有学者认为,财产独立、团体意思与独立责任构成了公司法律人格的确

认标准和条件。[38] 另有学者认为,团体是否具有独立的人格,完全取决于它是否独立地承担责任。独立名称、独立意思、独立财产、独立负责任是团体独立人格的四个要素。[39] 还有学者认为,公司人格独立的内涵为公司财产独立、公司责任独立、股东责任有限。[40] 关于公司法律人格要素,尽管还有其他观点,但其所提出的要素内容大抵如此。因此,为确定公司法律人格要素的确切内容,以下将对这些要素进行逐项分析。

(一)关于公司财产独立

从公司以其独立财产取得法律人格的角度出发,可以把公司财产分为两类:一是公司成立时的财产;二是公司成立后的财产。公司登记机关在判断应否赋予设立中的公司法律人格时,基于公司的最低资本要求,必须考察该组织是否具备符合规定要求的、作为其运营基础的财产。这时的公司财产显然还只是由股东出资形成,并未得到任何形式的增值。因此,公司法律人格要素所要研究的财产,首先是公司成立时的财产,即公司设立时的实缴资本或认缴资本,属于静态的财产;其次才是公司存续期间的财产,即公司的资产,属于动态的财产。公司成立时的财产独立关系到公司法律人格的生成,公司存续期间的财产独立则关系到公司法律人格的维系。公司法律人格确立之后,发生损害公司独立人格的情况时,各个国家和地区的法律基于企业维持的原则,并不因此真正否定公司的法律人格甚至令其解散,而只是透过公司独立人格向公司股东直接追究连带赔偿责任,此即公司法人格否认制度。该制度的实施并未对公司存续期间的人格独立造成损害并导致公司法律人格的丧失,只是暂时性地忽略公司的独立人格,而令滥用公司独立人格的股东承担法律责任。因此,公司财产独立之于公司法律人格的影响首先在于其成立之时,成立后的问题则由公司法人格否认制度调整。基于此,本书在公司法律人格要素意义上所称谓的财产独立主要是指公司设立时的实缴资本或认缴资本的独立。公司成立后以公司资产为内涵的公司财产独立,实质上也构成公司法律人格的要素,[41] 但该问题不在本节讨论范围之内。

由于市场经济的实质是市场主体在平等和自愿的基础上追求效用函数效用最大化的产权交易,因此,要成为真正的市场主体,就必须拥有独立的财产,也就是说,市场主体必须是财产所有者。市场交易是财产权的交易,市场活动是财产性的活动。因此,只有拥有独立的财产,经济主体才能进入市场用自己的财产去同别人的财产相交换,经济主体才能取得市场主体的法律资格,才能真正有资格和权利签订契约,参与市场交换活动和借贷活动。[42] 这是经济学界对公司财产独立意义的理解。

从法律上来说,公司作为独立的法律主体,必须具备一定的财产作为其生产经营活动的物质基础。法律赋予公司(狭义上的公司)股东以有限责任的特权,从而使公司成为独立的责任承担者,因而公司必须具备履行其债务的责任财产,作为其债务的一般担保。从理论上讲,独立的法律主体或者说成为独立的法律人格者,本不应有财产的要求,因为民商事主体制度所要

〔38〕 参见李庆:《论公司的法律人格》,载《现代法学》1998 年第 6 期。

〔39〕 参见宋才发:《法人主体资格认定的法律探讨》,载《华中师范大学学报(人文社会科学版)》1998 年第 4 期。

〔40〕 参见刘静、张振亮:《论公司法人人格否认制度》,载《社科纵横》1997 年第 2 期。

〔41〕 参见王建文、范健:《论公司财产独立的价值及其法律维护——以公司资本制度的内在逻辑与变革取向为中心》,载《南京大学学报(哲学·人文科学·社会科学版)》2006 年第 5 期。

〔42〕 参见江春:《产权改革、市场主体与市场规则》,载《经济评论》1999 年第 4 期。

解决的只是谁能成为权利的享有者问题,至于其义务或责任的承担,则另有制度安排。从此意义上讲,民商事主体应称为权利主体,称为义务主体或权利义务主体均有不妥之处。对于民商事主体的义务或责任的承担,就自然人而言,无行为能力与限制行为能力人可通过监护制度使监护人承担相应责任,完全行为能力人而无履行义务与承担责任的财产者,理论上可令其无限期承担财产责任,尽管即使如此也可能仍无债务履行能力,但并不妨碍其作为民商事主体而存在;就团体(组织体)而言,尤其是就企业这种团体而言,由于团体存在本身即为一定财产与人的集合,[43]也就是说,不管是持"资本雇佣劳动"还是"劳动雇佣(占有)资本"的主张,企业都是从一开始就有得由其自由支配的财产。但这种财产只是作为其经营活动的物质基础而存在,并不作为其债务履行的担保,其财产不足以履行义务时,可令团体成员承担连带责任或补充的连带责任,以解决其债务履行能力。因此,一般来说,对企业并无太高的财产要求。公司则由于法律使其成为独立责任者,公司的一切行为均须由公司自身承担相应责任,因此,公司必须具备较为坚实与稳定的责任财产,作为其债务履行的一般担保。

正是为维护债权人的交易安全,确保公司资本的独立,传统大陆法系国家和地区多以事先审查为出发点,实行法定资本制,确定公司的最低资本限额,并将"资本三原则"作为公司资本制度的基石加以规定。我国现行《公司法》仍部分保留了法定最低资本,并基本维持了体现"资本三原则"的相关规定。这种规定是刚性的,若公司设立时通过虚假验资等手段,未能达到其相应注册资本限额,即使获准注册登记并领取营业执照,从事了生产经营,从理论上讲,也应属无效设立行为,应否定公司独立法律人格的存在。我国公司法对此仅规定,虚假出资情节严重的,才由公司登记机关撤销公司登记或者吊销营业执照。

据此,财产对于公司的意义确实远胜于财产对于自然人的意义。个人是否具有人格并不以财产为条件,没有任何财产的自然人仍然是独立的民事权利主体,而团体具有人格则是要以拥有财产为绝对要件,没有财产的团体不可能具有独立人格,财产是法人人格不可缺少的要素。[44] 对于公司而言,真正可谓"没有财产就没有人格"。因此,财产独立为公司法律人格要素当无疑义。

(二)关于公司团体意思

为辨析团体意思含义,我们先考察一下法律意义上团体的含义。团体者,集合体也,任何一个团体必须包含两个要素:人和财产。可以说,团体是财产和人的有机集合体。基于团体与其成员的关系构成情况,有学者将团体分为三种形态:(1)成员显现型,如家族公司、合伙、现代意义上的公司;(2)成员隐现型,如财团法人;(3)成员不现型,如国家、国家机关等公法人。以此为基础,该学者进一步指出,团体的组成离不开人,而人与团体的关系则是多样的:人(或国家)可以是团体财产的设立人、共同出资人、管理人、受益人、使用人或劳作人。[45] 略有遗憾的是,该学者在行文中,一方面,将人与成员概念等同使用,据此财团法人的管理人、受益人、使用人或劳作人不应成为团体构成要素的人;另一方面,又指出"财团法人无成员可言,在这个意义上可以说,团体成员是不明显的"。该学者在这里肯定了管理人与受益人不应作为财团法人的

---

〔43〕 参见江平主编:《法人制度论》,中国政法大学出版社 1994 年版,第 7 页。

〔44〕 参见江平主编:《法人制度论》,中国政法大学出版社 1994 年版,第 7 页。

〔45〕 参见江平主编:《法人制度论》,中国政法大学出版社 1994 年版,第 7~12 页。

成员,同时又似乎是将财团法人的管理人与受益人作为非严格意义上的成员,或者说将其视为非成员意义上的人,因而未能确定团体中人的确切外延。不过,仔细分析该文句,社团法人中"人"的要素实际上被界定为享有社员权的人。我们认为,公司作为团体,当然包含人与财产的要素,其中"人"指的是构成团体的成员即股东或出资人,公司中的职工(包括高级管理人员)只是公司经营过程中雇佣的劳动者而已,并不具有使公司作为一个组织得以持续存在的性质,因而不能成为公司要素意义上的"人"。

受经济学界关于人力资本理论的影响,近年来我国法学界也有许多学者认为,资本只限于物质资本的传统观念已经不能适应新的形势尤其是知识经济的需要,资本应包括人力资本和物质资本,因而必须明确人力资本所有者的公司"所有人"地位。基于此,公司团体意思必须包括职工的意思,公司治理结构中必须体现职工的意志与利益,并以此为依据提出职工持股与职工参与计划。我们认为,这种观点结论本身是正确的,但这应属于经济民主体现优化治理结构的产物,不应以人力资本理论为依据。目前公司成员仍应限于物质资本投资者,即股东或出资人。因此,公司系由股东作为其成员而以其独立财产为物质基础的团体。

但公司何以成为民商事主体,则有待进一步分析。从公司的发展史可以发现,法律之所以赋予公司以人格,是因为随着商品经济的发展,公司基于股东出资形成的独立财产能够摆脱单个股东进入与撤出对其存在的影响而获得持续存在的"生命",具有了区别于单个股东的利益要求,应当作为独立的法律上的人看待,从而有利于经济与社会秩序的维护。可以说,尽管法学界关于法人的本质问题历来有法人拟制说、法人否定说与法人实在说之争,但公司得以成为民商事主体,是法律出于现实经济生活的需要而构造或拟制或确认而成的,当无疑义。此为公司成为独立民商事主体的经济原因。从民法哲学角度上说,人的资格表面上是行为资格,实际上则是意志资格。要成为法律上的人,尽管不必具有意思能力以直接表达其意志,因为无意思能力者可以通过代理人以践行其意志,但作为私法主体,具备独立的意志则是必不可少的。公司被赋予法律人格,正因为其拥有由全体股东的意志形成的共同意志,确切地说,应是股东共同意志转化为单独存在的、已经不再是各个股东单个意志集合(尽管非简单集合)的独立的意志。至于公司作为法律上的实体如何实践自己的意志,则由公司机关具体完成。因此,公司机关的使命在于充当公司这一由法律拟制而成的抽象主体的表意器官。公司借公司机关所表示出来的意思,理应是超脱于股东或经营者的个人意志而单独生成的。

但是,由于其意志形成机制的特殊性,公司的意志很容易受到股东的干涉。在股东投资设立公司后,股东并不完全脱离公司,股东和公司的分离只是在人格上的分离,股东仍作为公司的投资者和公司财产的终极所有者,在不同程度上控制着公司,公司的意志从根本上来看,仍是股东意志的体现。但这种体现了股东意志的公司意志并不等同于股东意志,法律也通过一系列制度特别是公司的组织制度,企图以理想化的公司治理结构来保证公司的意志和股东的意志有所区别。如果公司的意志实际上直接代表了股东的意志,即公司的意志和股东的意志发生混同,那么公司的行为就不能单纯地被视为公司自己的行为,对该行为的责任,也就不能由公司单独承担。在西方国家"刺破公司面纱"(piercing the corporation's veil)的司法实践中,这种股东意志与公司意志混同的情况即被作为人格混同的表现形式,而通过公司的独立责任让站在背后的股东承担连带责任。作为公司法律人格要素意义上的团体意思,指的是公司在设立时必须具备区别于股东与管理者个人意志或其意志的简单集合的、独立存在的意志。为彰显这种意志的属性,我们将其称为独立的意志,从其对公司法律人格影响的角度出发,则可将其表现出的特征称为意思独立。至此,意思独立作为公司法律人格要素的推论也就可以完成了。

(三)关于公司责任独立与股东有限责任

公司责任独立是指公司以其全部法人财产独立承担责任。股东有限责任则指的是股东仅以其股份或出资为限对公司债务承担责任,而不必对公司债务承担连带责任。由此可见,公司独立责任与股东有限责任实际上是一个问题的两个方面。从本质上讲,公司独立责任才具有实质意义,因为股东有限责任实际上只是一种间接责任,并非严格意义上的对于公司债务的责任。那种基于股东作为出资人而承担有限责任的公司责任承担方式的特殊性而将公司责任类型称为承担有限责任的说法,并不严谨,公司责任的特殊性在于其独立责任。因此,只研究公司独立责任即可,而不必重复研究股东有限责任,或者相反。

我国学术界也将有限责任作为公司概念的应有之义来理解:"团体之是否具有独立人格最终取决于它是否独立承担责任,或者更准确些说,最终表现为它是否独立承担责任。独立财产与独立责任是法人独立人格的两根基本支柱,而独立责任是独立财产的最终体现。"[46]这种理解在国内法学界极具代表性,可谓一时之通说。但公司产生的历史和功能都表明,公司并非天然地含有有限责任的内容,公司有限责任、法人制度在其产生背景、功能上各有其个性。股东得以承担有限责任并不是公司法人人格的必然结果,起决定作用的是作为对股东或出资人所享有的特权的有限责任形式的衡平性制度安排。股东或出资人须履行或遵守某些法律义务,并且,这些义务的切实履行或遵守才是股东获得有限责任权利的自足条件。

为了说明这个问题,我们可以将合伙与公司作一简单比较。在当今世界,各个国家和地区基本上已明确通过立法或司法判例间接地确立了合伙的法律人格。[47] 而作为组织体,也必然具备一定的财产作为其物质基础。但法律不对合伙财产的最初来源——注册资本作严格要求,这使合伙不能获得较为可靠的责任财产;在合伙利润的分配上,法律也未予以严格限制,从而难以形成坚实的积累,使合伙财产得以增长。在合伙事务执行方面,法律也采取了高度灵活的态度,合伙意思的形成方式,只要确系合伙人的自愿安排,法律就不予干涉,从而未能通过严格的法定合伙治理结构,防止合伙责任财产的不当减少。这样,由于法律对合伙的宽松态度,合伙财产很难作为合伙债务的一般担保。因此,尽管在理论上合伙人作为投资人承担有限责任没有障碍,但合伙人在合伙企业中所享有的上述权利置交易相对人于十分危险的境地,作为对此衡平的救济,合伙人承担无限责任便成为合伙人不愿为但必须为的制度安排。[48] 不然,即使合伙企业制度存在,也因其在制度上不能衡平保护交易相对人利益,而无法促成交易以实现其经济目的。由此可以看出,公司作为独立责任者,其股东得以承担有限责任,实为公司与合伙间的本质区别所在,但这种区别并非由于公司系独立承担责任的法人(实际上合伙也可以成为法人,并且在许多国家和地区也确实如此),而在于公司具有合伙所没有的严格的财产制度

---

〔46〕 江平主编:《法人制度论》,中国政法大学出版社 1994 年版,第 32 页。

〔47〕 参见范健、王建文:《商法论》,高等教育出版社 2003 年版,第 348 ~ 364 页。

〔48〕 英美法系国家和地区及我国《合伙企业法》所规定的有限合伙及大陆法系国家和地区与有限合伙极为类似的两合公司中,均须存在一个以上的承担无限责任的合伙人或股东。

与治理结构的制度安排，从而使其具有了合伙难以形成和发展的责任财产。从这个意义上说，不管是否承认合伙成为法人，合伙作为民商事主体即法律人格者是可以肯定的，因此也应有独立的财产与独立的意思。

但合伙的独立的财产、独立的意思与作为公司法律人格要素的独立的财产、独立的意思在含义上并不一致。在合伙，独立的财产、独立的意思只是其作为法律人格者的一般要求或表现；在公司，独立的财产、独立的意思还在于基于公司的独立责任，以保证公司的责任财产的稳定，维护交易安全为其根本目的。由此不难理解，大陆法系国家和地区多将在英美法系被视为合伙的无限公司与两合公司归入公司范畴，并赋予其法人资格（德国在立法上仍属例外）。也就是说，公司与合伙在法律人格上并无本质性区别，只不过由于法律赋予股东以有限责任的特权使公司成为独立责任者，因而必须在财产制度与形成独立意思的公司法人治理结构上做出特别安排，其目的无非使公司具备充裕的责任财产以维护交易安全。因此，公司的独立责任或股东有限责任不能成为其法律人格要素。事实上，独立责任或有限责任只是（狭义上的）公司成立后的一种特征（区别于合伙）。

（四）关于公司独立的名称

主张公司具有独立的名称作为公司法律人格要素者不多。这种观点源于原《民法通则》第37条的规定。该条将“有自己的名称、组织机构和场所”作为法人的成立要件。事实上，公司的成立要件，即使是实质性要件也并不同于公司的法律人格要素。公司作为商主体，当然需要具备独立的名称，以便在对外从事商事交易中区别于其他主体。因此，公司注册登记时，必须同时将其名称予以登记。如果没有独立的名称供登记，公司登记机关将拒绝登记，其法人营业执照当然也不能签发，公司将不能获得其法律人格的法律认可。但是，尽管如此，公司名称仍只是其法律人格的一个外在标志。从性质上讲，公司在具备了独立财产与独立意思后，就理应获得法律人格，至于注册登记以及签发营业执照的行为，只不过是法律的一种控制手段而已，并不能影响其法律人格的内在属性。公司的设立，最初通行的是自由设立主义模式，此时公司设立无须经过法定程序，一经成立便获得法人资格，后来，为了加强对公司的监管，逐渐产生了特许设立主义、核准设立主义、准则设立主义与严格准则设立主义等模式。这种演变过程证实了登记的法律确认性质。另外，公司独立的名称是公司独立财产与独立意思的载体，应属于独立财产与独立意思的法律确认上的模式要求。因此，公司独立的名称不能作为公司法律人格要素存在。

基于上述分析，可以清楚地看到，公司法律人格要素只能是独立的财产与独立的意思。而这两个要素实际上也是法人的法律人格要素，只不过在具体的要求上，合伙不如公司严格而已。而合伙与公司间的区别实质在于公司必须具备与其独立责任相称的严格的独立财产与独立意思借以实现的公司法人治理结构。事实上，公司的法律人格要素也正是商主体的法律人格要素，只是公司作为商主体中要求最为严格的一种类型，在法律人格要素的具体要求上相较其他商主体更为严格。而之所以要求更加严格，是因为公司是独立责任的承担者。

三、公司法律人格的实质要素

如前文所述，被许多学者认为是公司法律人格基石的独立责任并非公司法律人格要素，而是公司成立后所表现出的区别于合伙的特征。一些认同此观点的学者则认为，公司之所以成为区别于合伙的法人，是因为其拥有独立的财产。据此，公司法律人格的实质要素当属独立的财产。但我们提出,独立的财产与独立的意思实际上是作为公司的人格要素而存在的,如此,则公司法律人格的实质要素并不能当然得出。因此,我们将分别分析公司法律人格的这两个要素,以期得出合理的结论。

(一)独立的财产分析

为体现资本信用理念,确立公司最基本的初始财产,传统公司法大多确立了法定最低资本额制度。法定最低资本额制度为投资者设定了市场准入的最低门槛,防止公司滥设并防止股东滥用公司人格和股东有限责任。由于公司交易相对人调查公司的实际资产非常困难且须付出过高代价,而通过公司法定最低资本额的限定所确认的注册资本处于公开状态,因而人们倾向于通过限定法定最低资本额来达到保护债权人利益的目的,并由此形成提高法定最低资本额的偏好。[49] 然而,基于资本信用的相对性,法定最低资本额制度的实际价值非常有限。美国一些学者明确主张,关于最低资本额的规定无太大意义。[50] 首先,公司法规定的法定最低资本额一般不考虑公司行业的多样性及公司规模的大小,因而实践中经营性质复杂程度不同的各种行业及规模不一的各个公司,均以统一的法定最低资本额为保护债权人利益的标准,其现实意义和实质功能值得怀疑;其次,具有一定程度稳定性的法定最低资本额制度势必无法适应快速发展的经济实践的要求;最后,货币贬值也导致法定最低资本额制度无法适应现实需要。例如,就美国而言,1000 美元的资本额要求在 20 世纪 50 年代和 60 年代起过一定作用,但到了 20 世纪 80 年代,由于通货膨胀就变得毫无意义了。[51] 因此,当今世界,各个国家和地区的公司法已普遍放松了原本较为严格的公司最低资本制度的要求,许多国家和地区甚至放弃了对有限责任公司(封闭式公司)最低资本额的要求。我国顺应这一潮流,在 2005 年《公司法》将公司的注册资本最低限额作了大幅度下调的基础上,又于 2013 年修正《公司法》时原则上取消了法定最低注册资本限额(法律、行政法规以及国务院决定对特定行业注册资本最低限额另有规定的除外)。2023 年《公司法》维持了这一改革成果。

公司资本是公司偿还债务的物质基础,是对公司债权人的信用保证。但是严格来说,在法律上,公司是以全部资产而非资本对公司债务负责,公司资本仅仅是形成公司资产的基础,是公司设立时股东认缴或认购的股本(出资额),或公司设立后增减注册资本而在公司登记机关登记的资本额,是一个相对静态的概念;而公司资产既包括股东出资形成的财产(资本),也包括公司负债形成的财产,它每时每刻都在发生变化,是个动态的概念。一般而言,公司资产总是大于公司资本;但若公司经营不善、亏损过大,则可能会耗竭公司资产,此时,公司资产则少于资本。显然,公司资本并不能表明公司资产的价值,当公司资不抵债时,公司债权人的利益就会严重受损;并且,公司资产独立必须以其财务、账簿以及财产计算方法的独立为前提。从这个角度出发,公司资本对公司债权人而言是虚幻的,没有多大实际意义。[52] 因此,我国不少学者近年来普遍主张公司法应由资本信用向资产信用转变。[53] 对此,韩国学者李哲松认为,公

〔49〕 参见朱慈蕴:《公司资本制度缓和化趋势与债权人利益保护》,载王保树主编:《转型中的公司法的现代化》,社会科学文献出版社 2006 年版,第 219 ~ 220 页。
〔50〕 参见胡果威:《美国公司法》,法律出版社 1999 年版,第 43 页。
〔51〕 参见[美]罗伯特 · W. 汉密尔顿:《公司法概要》,李存捧译,中国社会科学出版社 1999 年版,第 37 ~ 38 页。
〔52〕 参见徐燕:《公司法原理》,法律出版社 1997 年版,第 310 页。
〔53〕 参见赵旭东等:《公司资本制度改革研究》,法律出版社 2004 年版,第 37 页。

司资本对于公司债权人起公示公司信用度的作用。由于公司资本在依法增资、减资之前是不变的,乃公司应持有的基础财产,因而交易相对人可以基于公司资本额大致估计出该公司的信用。[54] 该论断在强调了资本功能的同时,还隐含了一种判断:真正成为公司信用基础的并非公司资本,而是公司实际财产,因而该学者也似乎可算作资产信用论的支持者。

我们还可以通过对公司资本制度的价值考察来分析公司资本制度应如何定位。如上所述,为确保公司资本的独立,大陆法系国家和地区的公司法均将"资本三原则"作为公司资本制度的基石加以规定。然而作为一个私法上的自治组织,公司是由股东组成并且为其赚取利润的工具。因此,股东投资所形成的资本本身就是为了获利。[55] 就资本本身来说,其本质属性是追求价值增值。[56] 这是公司资本在经济学意义上的原本含义。可见,资本从经济领域进入法律领域后,其内涵已发生严重异化,资本增值功能在法律上已退居次要位置,甚至被根本忽略,而维护交易安全的这一公司资本原本无力承受的功能则被强化到极致。应该说,在法律上,公司资本制度的功能应包含两个方面:方便股东设立公司和投资获利;为债权人提供交易安全保障。[57] 但公司资本维护交易安全的功能实际上只是虚幻的,传统大陆法系国家和地区的公司法为维护交易安全,而在公司设立阶段即通过严格的资本制度,试图以事前审查机制实现其初衷,但实践证明,此种思维常常是失效的。[58] 在方便股东设立公司和投资获利方面,正是由于认识到了公司资本在执行公司债务履行的一般担保功能方面的脆弱性,各大陆法系国家和地区才纷纷改变其传统的法定资本制,向折中授权资本制或认许资本制转变,近年来还有不少国家和地区通过修改公司法直接确立了授权资本制,从而使过于严格的公司资本制不至于成为公司设立的障碍,影响经济的发展。我国 2023 年《公司法》在股份有限公司吸收授权资本制中授权股份发行的制度因素,确立了授权股份发行制;在有限责任公司确立了限期 5 年实缴的认缴制,从而使传统上的严格法定资本制的刚性得以大力缓和。

事实上,现代公司的最典型形态是股份有限公司,而股份有限公司自其登上历史舞台伊始便以其资本社会化显示于世。资本社会化在以美国为代表的西方国家主要就是社会公众的广泛持股。[59] 在大型股份有限公司中,即使是控股股东也往往只持有公司全部股份很少的一部分,公司财产作为一个整体已经与其成员财产完全区别开来。当然这只是公司发展所出现的自然结果,是就一般意义上而言的,并不排除控股股东将公司财产与个人财产混同的情形。在控股股东将公司财产与个人财产混同的情形下,往往会导致公司法人格否认制度。这只说明公司财产独立是公司独立人格的要素,但不能说明是实质要素。而且,发生这种财产混同的情形的根本原因在于公司人格被股东滥用,公司在丧失独立意志的前提下丧失了独立财产。这又说明了独立意思对公司独立人格的关键作用。退一步说,即使公司财产与其成员财产完全区别开来,在内部人控制广泛存在的情况下,公司经营者(包括股东与非股东)也完全可能将公司变成其牟利工具,从而使公司丧失其独立人格。因此,公司得以作为一个独立的抽象人格存

〔54〕 参见《韩国公司法》,吴日焕译,中国政法大学出版社 2000 年版,第 149 页。
〔55〕 参见张开平:《英美公司董事法律制度研究》,法律出版社 1998 年版,第 36 页。
〔56〕 参见梅慎实:《现代公司机关权力构造论》,中国政法大学出版社 2000 年版,第 127 页。
〔57〕 参见蒋大兴:《公司法的展开与评判——方法 · 判例 · 制度》,法律出版社 2001 年版,第 133 页。
〔58〕 参见蒋大兴:《公司法的展开与评判——方法 · 判例 · 制度》,法律出版社 2001 年版,第 133 页。
〔59〕 参见江平:《现代企业的核心是资本企业》,载《中国法学》1997 年第 6 期。

在,其根本原因不在于公司是否具有独立于其成员的财产。

(二)独立的意思分析

对公司法律人格来说,尽管财产独立不能成为本质性要素,但系公司存在的物质基础。正是因为有了独立的财产,公司才能以其财产为载体,在股东共同意志的基础上形成有异于股东共同意志的抽象的单个意志,即公司独立的意思,从而具备了作为法律人格所必须具备的独立意志。所谓公司独立的意思,并非股东意志的简单集合,而是体现股东共同意志又不同于股东共同意志的、作为独立的法律人格而独立生成的自主意志。因此,必须有一套机制确保公司独立意思的产生,不受股东的个人意志或管理者的个人意志的不当影响或干涉。这种机制便是公司的组织制度或者说公司法人治理结构。对于公司来说,以严谨的公司法人治理结构来确保意思的真正独立,还具有更加重要的意义:由于公司须独立承担责任,公司在经营过程中保持稳定的、一定数量的财产作为公司债务的一般担保,就显得极为重要。要做到这一点,就必须保证公司不为股东或管理者利用,能够独立形成不受外界影响的意思。然而,公司作为法律的拟制物,其意思必然要借助于公司机关形成,而公司机关又由自然人组成或担任,因而受到他人的不当影响就在所难免。这样,按照相互制衡的原理架构起来的公司法人治理结构,就担负起了维持公司意思独立生成的使命。

至此,似乎仍然不能得出公司独立的意思就是公司法律人格的本质要素的结论,因此,我们仍然结合合伙予以比较分析。应该说,合伙作为人合组织,是建立在合伙人相互信任的基础上的,因此,法律基于私法自治原则,允许合伙人通过公司章程对合伙的具体经营与决策作出自由的规定。而公司的意思形成、决策程序、执行方式、监督模式等都有严格的规定,即公司法人治理结构的安排。这并不是因为合伙是基于合伙人间"松散"的契约运转的,而公司则是基于章程运转的。事实上,在大陆法系的德国与法国,属于合伙性质的无限公司与两合公司都是有公司章程的,并且其团体性明显,并非"松散的组织"。在独立意思的形成方面,公司通过公司法人治理结构的法律架构努力维护其绝对的独立性(尽管这只是一种理想状态),确保公司不被少数股东或管理者利用,使公司法人财产独立得以维护,从而在公司独立责任即股东有限责任的制度下,债权人的交易安全得以维护。另外,基于利益相关者理论,债权人之外的公司职工、经理人员的利益也能因此受到保护。当然在内部人控制普遍存在的情况下,股东利益也要借此维护。对于合伙来说,意思独立指的是合伙作为一个组织体,其意思不应是某一个或某几个合伙人或者合伙人任命的其他经理人的个人意思,而应是全体合伙人完全一致的共同意思。这就意味着在合伙企业的经营管理决策中必须坚持共同决定原则,即对合伙企业的经营管理事务作出决策时,必须有全体合伙人的共同参与,不能排除任何一个合伙人就合伙企业的经营管理事务参与决策的权利。我国《合伙企业法》也确立了这一原则。该法第 31 条规定:"除合伙协议另有约定外,合伙企业的下列事项应当经全体合伙人一致同意:(一)改变合伙企业的名称;(二)改变合伙企业的经营范围、主要经营场所的地点;(三)处分合伙企业的不动产;(四)转让或者处分合伙企业的知识产权和其他财产权利;(五)以合伙企业名义为他人提供担保;(六)聘任合伙人以外的人担任合伙企业的经营管理人员。"《合伙企业法》对于日常合伙经营事务实际上也坚持了共同决定原则。该法第 26 条第 1 款规定:"合伙人对执行合伙事务享有同等的权利。"同条第 2 款规定:"按照合伙协议的约定或者经全体合伙人决定,可以委托一个或者数个合伙人对外代表合伙企业,执行合伙事务。"尽管这两种合伙企业经营管理决策方法存在一定的差异,但都强调合伙人共同决定的原则。对于前者不应存在认识上的问题;对于后者,虽然从表面上看,并非所有合伙人都拥有"共同"的决策权,但是合伙事务执行人的"特权"实际上正是经全体合伙人一致同意而被赋予的。[60]

综上所述,公司的独立意思与合伙的独立意思,在要求的严格程度与制度的目的方面都是不同的。因此,可以说,公司与合伙都具有法律人格,甚至都可为法人。两者的区别在于公司是独立责任者,股东承担有限责任,而合伙人(有限合伙的有限合伙人除外)则要对合伙债务承担无限责任(法国、日本为分担主义,德国、瑞士为连带主义[61])。从另一个角度来看,两者的区别可以理解为:公司为维护债权人及其他利益相关者的利益,通过严格的公司法人治理结构而形成与实践其独立意思;合伙则因合伙人承担无限责任,债权人的利益可以保障,在一般是由合伙人亲自经营的情况下没有内部人控制问题,或者虽委托了合伙事务执行人,但合伙人能够完全加以控制,合伙人的利益也能得到保障,故其独立意思由合伙人共同产生即可,没有严格的独立意思形成与实践的制度要求。由此可以得出结论:公司独立的意思是公司法律人格的本质要素。

第三节 一人公司制度

一、一人公司概述

(一)一人公司的概念

一人公司(one-men company,one-member company),亦称独资公司或独股公司,它有狭义和广义之分。狭义的一人公司指股东只有一人,全部股份或出资由一人拥有的公司,又称形式意义上的一人公司;广义的一人公司,不仅包括形式意义上的一人公司,还包括实质意义上的一人公司,即公司的真实股东只有一人,其余股东仅是为了真实股东一人的利益而持有股份的非实有股份权益者的公司。一般所谓一人公司是就狭义而言。

在当今世界,已有越来越多的国家和地区通过修改相关规定,允许形式意义上的一人公司设立或存在,并且这不仅成为一种趋势,而且还有许多国家和地区将一人公司扩大到一人股份有限公司。例如,我国台湾地区的"公司法"原本规定,无论是有限责任公司还是股份有限公司,当股东人数变动仅剩一人时,则必须解散该公司。[62] 经 2001 年修订后,该"法"第 98 条规定:"有限公司由一人以上股东所组成。"因此,我国台湾地区也遵循确认一人公司的潮流,承认了一人有限公司之设立。[63]

至于实质意义上的一人公司,则在各个国家和地区普遍存在。尤其是各个国家和地区家族公司普遍属于实质意义上的一人公司。各个国家和地区基本上不对此作禁止性规定,从而

---

〔60〕 当然,随着团体性的加强,合伙也不追求所有合伙事务均采取一致通过的原则,在有些问题上,也实行多数决定的制度。

〔61〕 参见任先行、周林彬编著:《比较商法导论》,北京大学出版社 2000 年版,第 310 页。

〔62〕 参见林国全:《一人公司》,载《月旦法学杂志》2009 年第 22 期。

〔63〕 参见柯芳枝:《公司法论》,中国政法大学出版社 2004 年版,第 547 页。

使实质意义上的一人公司获得了存在空间。由于实质意义上的一人公司缺乏法律的明文规定,关于真实股东的最低持股比例也缺乏法律规定。对此,理论界提出了多种界定标准,有的将该比例确定为90%以上,有的确定为95%以上。但这些都只是从便利司法实践的角度,借助"形式标准"提出的参考值,并不否认低于该比例的实质意义上的一人公司的存在。〔64〕

从法律调整上看,实质意义上的一人公司一般情况下都不受法律的特别规制,只是在涉及公司法人格否认时才会考虑特定公司的性质。因此,实质意义上的一人公司应属于公司法人格否认制度的范畴,而公司法关于一人公司部分仅就形式意义上的一人公司加以规范即可。基于此,除非特别说明,本节下文所谓一人公司皆系就形式意义上的一人公司而言。

(二)一人公司的特征

与传统公司及独资企业相比,一人公司主要有以下特征:

1. 股东的唯一性。无论是一人发起设立的一人公司,还是有限公司的出资或股份公司的股份全部转归一人持有而形成的一人公司,在其成立或存续期间,公司股东仅为一人。此处所谓"一人"包括一个自然人或一个法人。

2. 资本的单一性。一人公司中,不同于一般公司资本由两个以上股东出资形成,公司的全部资本均由单一股东出资形成。

3. 责任的有限性。一般公司股东虽然都承担有限责任,但独资企业的企业主则要承担无限责任。在一人公司中,虽然股东仅有一人,股权结构上类似于独资企业,但其股东仍得与一般公司股东一样,仅以其出资为限对公司债务承担有限责任,而公司以其全部资产为限对公司债务独立承担责任。

(三)一人公司的种类

一人公司依不同标准有不同的分类。

1. 根据一人公司股东的法律地位,可将一人公司分为以下三种类型:(1)自然人投资的一人公司(自然人独资公司)。这是最古老也是最典型的一人公司形式。(2)法人投资的一人公司(法人独资公司)。法人独资公司特别是公司法人独资公司的出现是比较晚近的事情,它出现于"股份占有法人化"的过程,该过程肇始于1889年《新泽西州公司法》,时值美国公司法律自由化时期,它规定公司法人可以购买并拥有其他公司的股份。因为此项崭新的规定,美国出现设立持股公司的热潮,法人独资公司及以产权为纽带的公司集团亦随之出现。因此,在现代经济生活中,法人独资公司与公司集团存在密切联系,法人独资公司是公司集团的重要组织形式。(3)国家投资的一人公司(国家独资公司),即国有独资公司。

2. 根据一人公司的产生形式,可将一人公司分为以下两种类型:(1)原生型一人公司。由一位发起人成立的一人公司,股东自其成立时起就是一人。(2)衍生型一人公司。公司在成立时不是一人公司,但在公司成立后,随着公司股权或股份的转让,当公司股权或股份全部集中于一人时,公司即由多股东的公司嬗变为一人公司。

二、一人公司的产生与发展

在本书第一章第三节关于"公司的发展与沿革"中,我们已阐述了公司产生的原因在于资本联合及有限责任的驱动。同时,我们也通过对不同公司形态的考察,明确了不同组织形式的

---

〔64〕 参见王天鸿:《一人公司制度比较研究》,法律出版社2003年版,第2~3页。

公司所固有的缺陷。因此,当资本联合的功能不再构成公司的主要功能时,如果一名股东设立的公司能够同样享受有限责任的“优惠”,那么让其他人分享公司的经营管理权及利润就不是投资者所不得不接受的代价,也就是说,此时一人公司便成为一种理想选择。这样,通过规避法律或通过股权转让,一人公司便以一种事实上的而非法定的公司形态出现了。

现代一人公司法律制度源于英国1897年萨洛姆诉萨洛姆公司案(Salomon v. Salomon & Co. Ltd.)。

萨洛姆长期从事皮靴生意,1892年成立了萨洛姆公司。该公司仅有7位股东,分别为萨洛姆及其妻子和5个儿子。公司董事由萨洛姆及其两个儿子担任。公司成立后,萨洛姆便将其制靴营业所作价38,782英镑转移于该公司,公司付给萨洛姆现金8782英镑,另外10,000英镑为公司欠萨洛姆的债款,由公司发行给萨洛姆10,000英镑有担保的公司债,其余则作为萨洛姆认购公司的股份的价款。公司实际上发行了20,007股,萨洛姆自己持有20,001股,另外6股由其家属各持一股以符合英国公司法必须7位发起人的规定。由于制靴业持续的罢工风潮的影响,公司成立一年后被迫解散,经清算,公司债务超过公司资产7773英镑。这样,若萨洛姆的10,000英镑债权获得清偿,则其他没有担保的公司债权人将无法获得任何清偿。公司清算人主张公司的事业实际上是萨洛姆自己的事业,公司组织不过是萨洛姆预计事业不顺利,为逃避债务而设。因此请求萨洛姆自己清偿公司债务,否认萨洛姆对公司之有担保债权的求偿。这一请求得到了第一审法院的认可。一审法院认为,萨洛姆公司只是萨洛姆的代理人,萨洛姆应承担萨洛姆公司的损失。该案经巡回法院审理后,亦判决萨洛姆败诉。但是,该案上诉至英国上议院(house of lords),则被驳回了该请求。上议院全体法官一致认为,萨洛姆公司一经注册,就成为一个独立于萨洛姆的法律人格,萨洛姆对于公司及公司债权并不负任何责任,并且其所持有的有担保的公司债应优先于公司的无担保债权受清偿。虽然萨洛姆是为享受有限责任的优惠而设立公司,公司股东除萨洛姆外均名不副实,但是股东负有限责任,只要符合公司设立条件,公司便与他的股东成为分别独立的法律主体,股东与公司间的权利、义务关系同一般人与公司间的关系并无二致。

该判例确立了这样一个原则:只要依照法律规定设立公司,该公司便依法取得独立人格,即使公司的控股权操纵于一位或少数股东手中,其余股东对公司仅具有象征性利益,亦不影响公司的独立地位。[65]

该案不仅说明与以多元化股东为特征的传统公司针锋相对的一人公司事实上的存在,而且其最终判决也标志着一人公司开始获得法律上的肯定。此后,英国普通法便开始肯定一人公司的法律地位。不过,该判例遭到了一些学者的反对。1948年《英国公司法》则明确否定了一人公司的法律地位,从而导致了英国公司法对公司设立长期持保守的态度。

以成文立法的形式肯定一人公司的法律地位的开先河者是列支敦士登。其1925年制定的《自然人和公司法》规定,股份有限公司和有限责任公司都可由一人设立,并可由一个股东维

---

〔65〕 See L. C. B. Gower, *Gower's Principles of Modern Company Law*, 4th edition, Stevens & Sons, 1979, p. 97 – 98.

持公司的存续,而股东不承担个人责任。自此以后,许多国家和地区的公司成文法陆续认可了一人公司。

由于法律的认可和保障,在20世纪70年代,一人公司在西方国家发展迅速。例如,根据美国学者的统计,在美国密歇根州,30%的公司只有一个股东,其股东或者是自然人或者是母公司。美国的跨国公司也十分青睐一人公司的形式。又据美国学者的"追踪跨国公司"调查,1975年美国189个主要跨国公司在全世界范围内共建立11,198个子公司,其中8058个是一人公司即全资子公司,占子公司总数的72%。[66]

三、西方国家和地区的一人公司立法

西方国家和地区对一人公司的态度经历了从完全禁止,到有条件的承认,直至立法上的确认和保护这样一个过程。现在,西方主要国家和地区均已建立一套相对完整的一人公司法律制度。现对两大法系主要国家和地区的一人公司制度作简要考察。

(一)英美法系一人公司立法

在1948年《英国公司法》颁布之后,一人公司就丧失了在英国的合法地位。依该法第1条第1款的规定,公司设立时,在章程大纲上署名的股东应为7名或7名以上,在所设立的公司属封闭式公司的情况下,也要求2名或2名以上的署名股东。[67] 1985年《英国公司法》第1条的规定仍与1948年《英国公司法》相同,但依该法第24条的规定,在公司股东仅余一人而继续营业6个月以上的情况下,并不导致公司注销的效果,但知悉该事实的股东应承担此期间的全部公司债务。[68] 1989年12月21日,欧洲议会主席克雷森(Cresson)颁布了欧共体理事会《关于一人公司的第十二号公司法指令》。该指令第2条第1款规定,公司在设立时,可以仅有一名股东;当公司的全部股份转归一人单独持有时,也可以仅有一名股东(一人公司)。[69] 当时的英国作为欧洲共同体成员国,有义务通过立法或修订立法的方式,对此作相应规定。因此,英国于1992年制定了《(一人)有限责任公司法》。从此,一人公司制度在英国通过立法的形式得到正式确立。[70]

属于英国公司法系的爱尔兰、澳大利亚、新西兰、加拿大、以色列、尼日利亚、马来西亚等都继受了《英国公司法》,对一人公司的规定都比较保守。但这些国家在英国1992年确认了一人公司后,也陆续通过立法或修订法律确立了一人公司制度。[71]

美国的公司立法权属于各州,而宪法及联邦法律并未限制一人公司的设立,因而州公司法可以规定设立一人公司。但传统上,各州公司法均要求公司发起人须具备最低人数(一般为3人)。如果立法未作明确规定,则依各州判例法,应将该最低人数解释为2人以上。据1936年的统计,当时大多数州公司法都要求,设立公司时最少应有3个以上的发起人,有6个州规定为5名,有若干州规定为2名,规定为1名的仅艾奥瓦州的公司法。20世纪40年代末以来,各州针对封闭式公司对原有公司法进行了多方面的修正,为少数股东甚至一人股东参加支配和经

〔66〕 参见王天鸿:《一人公司制度比较研究》,法律出版社2003年版,第17~18页。
〔67〕 参见虞政平主编:《英国公司法规汇编》,法律出版社2000年版,第698页。
〔68〕 参见虞政平主编:《英国公司法规汇编》,法律出版社2000年版,第1248页。
〔69〕 参见《欧盟公司法指令全译》,刘俊海译,法律出版社2000年版,第220页。
〔70〕 参见邵景春:《欧洲联盟的法律与制度》,人民法院出版社1999年版,第384页。
〔71〕 参见王天鸿:《一人公司制度比较研究》,法律出版社2003年版,第92页。

营提供了途径。1954年《艾奥瓦州州法》明确规定,若无其他法律限制,承认单一个人(single person)得依公司法规定设立一人公司;1953年《威斯康星州公司法》、1960年《肯塔基州公司法》等相继允许设立一人公司或允许一人存续。20世纪60年代以后,对一人公司予以明确确认的州迅速增加,至《美国商事公司示范法》(1984年)修订本通过时,绝大多数州的公司法已确立了一人公司制度。而《美国商事公司示范法》(1984年)不仅于第2.01条明确规定了一人公司制度,而且早在1971年修订该法时,即已顺应各州承认一人公司的立法趋势,明确规定了"单一个人或法人亦得成为公司发起人"。[72]《美国商事公司示范法》(2002年)第2.01条仍维持了该规定:"一人或者多人可以作为公司发起人向州务卿提交公司章程以备案。"[73]

针对一人公司的弊病,英美法系国家和地区通过了大量判例建立了一套完备的"揭开公司的面纱"制度。具体内容见本章第四节。

(二)大陆法系一人公司立法

《德国股份法》曾长期规定,股份有限公司的发起人必须为5人以上才能获准设立;并且在司法实践中,如果经股份转让仅余一名股东,将导致公司解散。因此,德国传统上不承认一人股份有限公司。但学术界和司法判例上很早就有了与此相左的倾向。1972年,德国曾就承认衍生型一人股份有限公司提出了修正案,但未获国会通过。不过,因《德国股份法》第262条所规定的公司解散事由中未规定股东人数减少至一人时的情形,故在理论界的推动下,实践中认可了存续一人股份有限公司。为便于中小型股份有限公司的设立,德国于1994年修订股份法时将发起人人数下限变更为"一人或数人"。此即《德国股份法》题为"发起人数"的第2条的规定:"公司合同(章程)必须由以出资认缴股份的一人或者数人确认。"[74]由此,德国明确确认了一人股份有限公司。1892年4月20日颁布的《德国有限责任公司法》对于因股份转让而使股东减少为一人的情形并未被规定为公司解散事由,而法院判例又承认该类公司法人仍得存续,可见对于衍生型一人有限责任公司,德国一直未予禁止。1980年修改后的《德国有限责任公司法》第1条明确规定:"有限责任公司可以按照本法规定为任何法律允许的目的由一人或者数人设立。"[75]由此德国正式通过立法确认了一人股份有限公司与一人有限责任公司的法律地位。

1990年以前,日本规定其股份有限公司在设立时必须有7个以上的发起人,而且各发起人必须购买该公司的股票。此外,如果有限责任公司的股东只有一人,就构成了该公司的解散事由。这实际上完全禁止了一人公司的存在。然而,在实践中,所谓"傀儡设立"(dummy incorporation,日语称为人形设立)现象不断发生,7人股东的下限往往成为空文。于是,为顺应确认一人公司的立法潮流,日本于1990年修改《日本商法典》和《日本有限公司法》时,删除了关于股份公司必须有7个以上发起人的要求和关于一人有限公司必须解散的规定,采取了不设立发起人数下限的方法,使原生型和衍生型一人有限公司得到了法律确认。[76] 显然,发起人

---

[72] 参见赵德枢:《一人公司详论》,中国人民大学出版社2004年版,第37~39页。
[73] 沈四宝编译:《最新美国标准公司法》,法律出版社2006年版,第24页。
[74] 《德国商事公司法》,胡晓静、杨代雄译,法律出版社2014年版,第67页。
[75] 《德国商事公司法》,胡晓静、杨代雄译,法律出版社2014年版,第25页。
[76] 参见吴建斌主编:《日本公司法规范》,法律出版社2003年版,第39、283、308页。

的最低人数已不再是设立公司的法定条件。由此,一人公司制度也在日本得以正式确立。现行2005年《日本公司法典》也未规定股份有限公司的发起人的人数下限,同样允许一人公司设立和存续。

在德国之外的欧盟国家中,在欧共体理事会《关于一人公司的第十二号公司法指令》颁布之前,即已确立或初步确立一人公司制度的国家还有丹麦、比利时、法国及意大利等国。丹麦于1973年6月13日颁布的《有限责任公司法》明确肯定了一人公司的合法地位;法国于1985年7月11日修改了《法国商事公司法》,允许设立一人有限责任公司;意大利法律虽不允许设立一人公司,但允许衍生型一人公司存续,同时,令股东对公司债务承担无限责任。

除了两大法系不同国家和地区通过法律确立了一人公司外,上述欧共体理事会《关于一人公司的第十二号公司法指令》还对尚未确立一人公司制度的国家建立一人有限责任公司起到了强制性的推动作用。依该指令,原本未确立一人公司制度的欧盟国家,必须通过立法或修订法律,确立一人有限责任公司制度。因此,在此之前尚未确立一人公司制度的国家,如当时的英国、希腊、爱尔兰、意大利、卢森堡、葡萄牙、西班牙等多数欧盟国家相继修订其公司法,正式确立了一人公司(基本上是一人有限责任公司)制度。其中荷兰还于1986年确立了一人股份有限公司制度。

在大陆法系国家和地区,关于无限公司能否设立与存续一人公司,有的作了明确规定,即不仅不允许设立一人无限公司,而且当仅余1名股东时公司还必须解散,如日本;有的未作明确规定,但从其相关规定可以判定同样不允许一人公司的设立与存续,如德国。两合公司则由于其无限股东与有限股东的两合性,当然不允许设立与存续一人公司。

总的来说,就目前世界各个国家和地区对一人公司的规定来看,大约有八种类型:(1)允许设立及存续一人有限责任公司和一人股份有限公司,如美国(多数州)、德国、欧盟、日本、列支敦士登、荷兰、奥地利、马来西亚等,该类国家和地区的绝对数虽然不多,但最早和最近承认一人公司的国家和地区多属此类;(2)同时允许一人有限责任公司及一人股份有限公司,但仅限于存续一人公司,如瑞士、挪威、意大利、厄瓜多尔、印度等;(3)仅承认存续一人股份有限公司,如瑞典、丹麦、墨西哥、韩国、巴拿马、哥斯达黎加、委内瑞拉、秘鲁、巴西、英国、爱尔兰、马耳他〔77〕等;(4)仅承认存续一人有限责任公司,如希腊,但采此模式者甚少;(5)承认设立一人有限责任公司,如比利时,采此模式者亦甚少;(6)承认设立(除西班牙外,限于登记机关登记错误)及存续一人股份有限公司,如西班牙、澳大利亚、加拿大、以色列、新西兰、尼日利亚等;(7)承认设立一人有限责任公司及存续一人股份有限公司,如法国,采此模式者亦甚少;〔78〕(8)不仅不准许设立一人公司,而且公司设立后若公司股份全归一人持有时,该公司必须立即解散或要求该股东承担连带责任,目前采该模式的已很少见。

四、中国一人公司的制度沿革

(一)2005年《公司法》实施前中国的一人公司制度

在我国,2005年《公司法》修订前,法律未就一人公司作明确规定,但法律所明确规定的国有独资公司以及由单独的外国组织或个人开办的有限责任公司形式的外商独资企业,实际上

---

〔77〕 马耳他并未完全承认存续一人股份有限公司,其要求须于6个月犹豫期内补足股东不足之数,否则公司应解散。

〔78〕 参见赵德枢:《一人公司详论》,中国人民大学出版社2004年版,第130~132页。

都属于形式意义上的一人公司。同时,1993 年《公司法》并未将有限责任公司与股份有限公司仅剩一名股东的情况作为公司解散的法定事由。这表明,尽管我国不允许设立非国有独资公司性质的一人公司,但设立后的一人公司则并未被禁止。

至于实质意义上的一人公司,不仅家族企业性质的公司大多属于此类,而且通过设置"挂名股东"方式成立的有限责任公司,更是在经济生活中大量存在。事实上,在我国经济生活实践中,早已存在大量的一人公司。1993 年《公司法》和公司登记机关都没有规定,当因转让而产生一人股东情形时公司必须解散,可见公司法与公司登记机关都默认衍生型一人公司的存续。

此外,在经济生活实践中,我国还存在大量的实质意义上的一人公司。在进行公司设立登记时,为了应付法定要件,不少人将家庭成员或未出资的亲戚、朋友列为名义股东,但不向该名义股东签发出资证明书;有些企业则干脆与其具有法人资格的下属部门共同投资,设立实质意义上的一人公司。

(二)2005 年《公司法》关于一人公司制度的确立

我国公司法学界多数学者主张顺应世界承认一人公司的潮流,明确规定一人有限责任公司制度,同时对其设置相应的规范,从而使实际存在的一人公司受到有效的法律规制。基于此,2005 年《公司法》修订过程中,《公司法(修订草案)》三个文件均就一人有限责任公司作了特别规定。但在《公司法(修订草案)》征求意见时,也有不少学者坚决反对设立一人公司制度。

原全国人大法律委员会、全国人大常委会法制工作委员会会同原国务院法制工作办公室、原国家工商行政管理总局、国有资产监督管理委员会、中国人民银行和最高人民法院反复研究认为,从实际情况来看,一个股东的出资额占公司资本的绝大多数而其他股东只占象征性的极少数,或者一个股东拉上自己的亲朋好友作挂名股东的有限责任公司,即实质上的一人公司,已是客观存在,也很难禁止。根据我国的实际情况,并研究、参考国外的通行做法,应当允许一个自然人投资设立有限责任公司,将其纳入公司法的调整范围。

十届全国人大常委会第十八次会议分组审议《公司法(修订草案)》(三次审议稿)时,关于应否确立一人公司制度,委员们仍存在较大的分歧。有委员提出,一个自然人设立一个有限责任公司,所有权、经营权、决策权集中于一人,不可能形成公司治理结构。此外,现行的《个人独资企业法》规定,个人独资企业要承担无限责任,如果公司法又规定一人可以设立有限责任公司,似乎在道理上讲不通。多数委员则认为,根据我国实际情况,并通过研究国外通行做法,应当允许一个自然人投资设立有限责任公司,将其纳入《公司法》的调整范围,但应通过国务院制定有关条例严格控制。最终,修订后的 2005 年《公司法》以第二章第三节共计 7 个条文(第 58 ~64 条)的篇幅就一人有限责任公司作了特别规定,从而使一人公司得到了部分承认。其基本内容如下:

1. 我国《公司法》所称一人有限责任公司,是指只有一个自然人股东或者一个法人股东的有限责任公司。其具体规范除由《公司法》作特别规定者外,皆适用《公司法》的相关规定。

2. 为避免自然人滥用一人有限责任公司的法律人格,《公司法》规定一个自然人只能投资设立一个一人有限责任公司,并且该一人有限责任公司不能投资设立新的一人有限责任公司。鉴于作为一人有限责任公司唯一股东的自然人与法人在运作及承担连带责任情形下偿债能力不同,《公司法》规定一人有限责任公司应当在公司登记中注明自然人独资或者法人独资,并在公司营业执照中载明。

3. 在公司治理结构方面,一人有限责任公司不设股东会。股东作出应由股东会决议事项的决定时,应当采用书面形式,并由股东签名后置备于公司。

4. 一人有限责任公司应当在每一会计年度终了时编制财务会计报告,并经会计师事务所审计。此即一人有限公司的强制审计制度。通过强制审计制度,一人有限责任公司被赋予了高于其他有限责任公司的信息披露义务,从而有利于维护债权人及交易相对人的利益。

5. 一人有限责任公司的股东不能证明公司财产独立于股东自己的财产的,应当对公司债务承担连带责任。此即一人有限责任公司法人格滥用推定制度。该规定的实质在于确立了一人有限责任公司法人格滥用的举证责任倒置制度。有学者对该规定给予了高度评价,认为其作为我国的制度创新,不仅是我国一人公司制度走在世界前沿的标志,也是我国对公司法人格否认制度的一大创新。〔79〕当然,一人有限责任公司毕竟是独立法人,除非具备法人格否认的法定要件,否则不应轻易认定存在公司法人格滥用。对此,在上海第一屋百货礼品有限公司诉董迪昇股东损害债权人利益责任案中,上海市虹桥区人民法院及上海市第二中级人民法院均认为,一人有限责任公司股东只有与公司在财产、业务、人事或场所上存在广泛、持续意义上混同的情形,方能认定股东与公司人格高度混同。在该案中,尽管存在一人有限责任公司财务管理记载瑕疵问题,但并未危害到债权人的利益,故不构成财务混同。〔80〕

(三)2023 年《公司法》关于一人公司制度的规定

在 2005 年《公司法》确立了一人有限责任公司制度的基础上,2023 年《公司法》进一步确立了一人公司制度,从而使一人股份有限公司也能设立。不过,2023 年《公司法》改变此前对一人有限责任公司设专节规定的模式,仅通过降低股东人数下限,并补充一人公司法人格否认制度的特别规定,完成了对一人公司制度的重大调整。对此,该法第 42 条规定:"有限责任公司由一个以上五十个以下股东出资设立。"第 92 条规定:"设立股份有限公司,应当有一人以上二百人以下为发起人,其中应当有半数以上的发起人在中华人民共和国境内有住所。"这两条规定表明,有限责任公司和股份有限公司都可仅一个股东,即得为一人公司。此外,该法第 23 条第 3 款对一人公司法人格滥用推定制度作了规定:"只有一个股东的公司,股东不能证明公司财产独立于股东自己的财产的,应当对公司债务承担连带责任。"该规定是对 2018 年《公司法》第 63 条的沿用,只是将"一人有限责任公司"替换为"只有一个股东的公司"。2023 年《公司法》将该规定置于关于公司法人格否认制度规定的同一条之中,确定了其作为公司法人格否认制度的特别规定的地位,即一人公司在适用《公司法》第 23 条第 1、2 款规定的同时,还适用第 3 款特别规定。这就化解了司法实践中关于 2018 年《公司法》第 63 条究竟是一人有限责任公司法人格否认制度的补充规定还是唯一规定的认识分歧。

五、一人公司对传统公司法律人格理论的挑战与解释

(一)一人公司对传统公司法律人格理论的挑战

一人公司之所以会超越传统公司法制度与理论而产生并获得普遍认可,是因为它是基于市场经济需要的时代产物。根据公司的本质为社团法人或契约关系的传统理论,股东人数必须为复数,公司才能成立与存续。因此,长期以来,各个国家和地区的公司法均规定设立公司

〔79〕　参见赵德枢:《一人公司详论》,中国人民大学出版社 2004 年版,第 136 页。

〔80〕　参见上海市第二中级人民法院民事判决书,(2012)沪中二民四(商)终字第 910 号。

时股东最少须有二人以上，且在股东仅余一人时还往往要求公司解散。但这种规定实际上并不符合实践要求，因而早在一人公司获得法律承认之前，就存在以规避法律的形式而成立的实质意义上的一人公司。这种需要不仅存在于民间，有时连政府也存在这种需要。例如，我国1993年《公司法》在未承认一人公司的情况下，就明确规定了国有独资公司这一特殊的一人公司形态。在此背景下，立法者注意到，对一人公司的设立，堵不如疏，明确承认一人公司，一则有利于促进中小企业的发展；二则能将一人公司置于法律的控制之下，使实际存在的一人公司股东不至于利用该公司的独立责任诈害债权人。因此，在强烈的实践需求推动下，各个国家和地区的公司法不同程度地相继承认了一人公司，只有智利、巴拉圭、乌拉圭、阿根廷、哥伦比亚、洪都拉斯及危地马拉等少数国家还未承认一人公司。[81]

一人公司的出现对传统的公司法律人格理论产生了强烈的冲击，它引发两大法系的学者重新思考公司法律人格的本质问题。尤其是大陆法系国家和地区，传统上将社团性作为公司的特征，因而一人公司对传统公司法理论造成了严重冲击。关于一人公司究竟能否被纳入社团法人范畴，理论界产生了较大分歧。从形式上看，一人公司的组织结构与个人独资企业基本相同，只不过其成立目的是使中小企业的成员得以享受有限责任的优惠而已。因此，形成一人公司的基础原因，不同于传统社团法人理论之为“处理事务有共同合作需求”。一人公司并不需求与他人共同合作甚至还特别排斥与他人合作。显然，一人公司与社团法人理论形成之基础原因相去甚远，若将二者强加联系，当然会发生格格不入的情形。因此，在解释一人公司时，不能仅以社团法人理论为指导，而应从理论上重新检讨。[82] 事实上，传统团体法理论架构早已存在许多漏洞。不仅一人公司存在社团性的悖论，公司型基金更对公司的社团性构成了强大冲击。若从大陆法系的传统团体法人理论出发，公司型基金既具有社团法人的特征，又具有财团法人的特征，甚至更类似于财团法人，但又不具备传统财团法人所固有的公益性。因此，一人公司等现代公司组织形式的产生背景原本就与传统团体法理论产生的时代背景差异巨大，当然不可避免地要对传统理论产生巨大冲击。这些都需要对传统公司法理论进行反思。

（二）对一人公司法律人格的理论解释

尽管一人公司如今已得到多数国家和地区的承认，但在其尚未获得承认之前，各个国家和地区的理论界都存在否认一人公司的合法性的学说。日本理论界曾对此展开了长期争论，并形成了否定说、肯定说与折中说三种学说。否定说的核心理由是一人公司不符合股东人数为复数的社团特征，欠缺社团性。就是否必须以社团法理论解释一人公司而言，肯定说分为两种学说：一是肯定一人公司仍具有社团性；二是否认一人公司必须以具有社团性为承认该类公司具有法人格之理论基础。以上从不同角度所作理论说明，均未能形成足以服人的影响力，实际上不同学说均存在致命的缺陷，未能为一人公司获得法人地位提供圆满解释。根本原因就在于一人公司的组织完全与传统社团法人理论背道而驰，不论持肯定说的学者如何以各种说辞设法淡化一人公司与传统公司法基本理论的冲突，都无法完全解决其与冲突理论格格不入的事实。因此，肯定说所持理由在持否定说者看来，根本就是似是而非、强词夺理。从一人公司

---

〔81〕 参见赵德枢：《一人公司详论》，中国人民大学出版社2004年版，第17、72、130页。

〔82〕 参见赵德枢：《一人公司详论》，中国人民大学出版社2004年版，第240～241页。

的产生背景来看,该类经济组织体原本系为因应近代市场经济需求而产生的崭新体制,当然无法以专为传统法人理论量身定做的传统理论框架加以解释。[83]

理论拓展 日本法学界关于一人公司社团性的理论解释

根据解释社团性存在的理论依据的不同,肯定一人公司仍具有社团性的学说分为两种:(1)潜在社团说。该说认为,一人公司的形成,有因继承、转让、遗赠等偶发性、一时性因素形成的,有刻意性、计划性使公司股份集中为一人所有等不同情况。对于前者,股份集中于一人是由特殊原因引起,待其日后再转让时又可恢复为复数股东,在恢复为复数股东前属于社团性的暂时丧失,而非永久丧失。因此,在此情形下形成的一人公司因具有"潜在性社团"性质,仍应予以承认。至于刻意性、计划性造成的股份集中于一人,其社团性丧失具有永久性可能,故可不予承认。(2)股份复数说及股份分割说。该说认为,股份有限公司的股东资格应予以"物化"。该类公司的"股东资格"构造上不应限定为以"人"为构成基础,而应以各股东出资后公司据以转换的"股份"作为股东资格之构成基础。易言之,公司股东系指股东资格物化后的"股份",而非指"人"。依此,公司只要发行股份为复数,则意味着多数股东及多数股份,该多数股份不论由一人持有或二人以上持有,不影响该公司的社团性。因此,纵使设立股东仅为一人,该公司仍属社团法人。

认为一人公司无须具有社团性而同样具有法人格的学说又可分为以下四种:(1)特别财产说。该说认为,一人公司系以营业组织而被承认作为法律主体的特别财产,与社团并无关联性。因其得以存在的理论基础系破产财团可为独立法人的法理,因而主张一人公司得以比照此项理论将其财产作为权利义务的主体。(2)目的财产说及营利财团法人说。该说认为,资合公司的基本性质并非社团,而是以股东出资所形成的目的财产为主的团体,其性质在基本意义上较为接近财团法人,而与社团法人完全不同。该理论源自德国,与民法学界关于法人本质的法人否认说(具体为目的财产说)相适应,19世纪前期在德国法学界具有重要影响。依该说,一人公司不属于社团,而仅为目的财产的组合或营利财团法人,故股东人数并非承认该类公司的必要条件,而应以是否具有一定财产为主要考虑要件。因此,一人公司既然具有具体且独立的财产,其法人资格就不受其股东人数影响。(3)一人公司为公司法上的特例或性质上为有限责任个人企业(限制性法人)。由于一人公司在事实上存在,又无法以现行理论解释,故解决方法不外乎两种:其一,将一人公司作为公司种类的特例,将其解释为特殊公司或法人,通过制定特别法予以全面承认;其二,基于一人公司仅有一人股东及有限责任的特质,将其解释为有限责任个人企业,制定专门的有限责任个人企业法予以规范。(4)团体能力的取得未必以社团组织为要件。该说认为,即使法律规定社团组织作为团体人格的构成要件,该规定也属于不当规定,资合公司的法人格不应为其股东人数变更所左右。因此,股东仅余一人时,其法人资格仍不受影响。[84]

我国学者近年来也加强了对一人公司法人格问题的研究。在一人公司与公司的法律属性的关系上,我国绝大多数学者仍坚持社团性是公司的本质特性,一人公司仅是其例外。同时,也有一

[83] 参见赵德枢:《一人公司详论》,中国人民大学出版社2004年版,第214、239~244页。
[84] 参见赵德枢:《一人公司详论》,中国人民大学出版社2004年版,第214~239页。

些学者认为,应当否定公司的社团性,从而为一人公司取得名正言顺的理论空间。有学者还进一步表示,用“例外现象”来解释一人公司说明理论范式的虚弱。由于传统的公司法人格理论是以“社团性”为核心概念的范式体系,因而一人公司的出现宣告了这一范式体系的危机,亦预示公司理论面临变革。[85] 应当说,这种判断是非常合理的,并且,如果能够因此使公司理论获得实质性变革,也可谓理论界的一大贡献。然而,我们必须明白,在传统私法理论体系的内在和谐性与完美性正日益出现裂缝的今天,早已有太多理论无法对大量的“例外”自圆其说,而只能以“例外”来勉强解释,其实例外非常多,如股权对传统所有权的冲击。因此,在此“有些无奈”的背景下,更现实的做法应该是,积极寻求在现实理论与制度背景下,对某一现象予以尽可能合理的解释。

如前所述,公司法律人格要素包括公司的意思独立与财产独立,而公司的独立法律人格的维护,必须借助于能够实现权力制约与利益平衡的良好的治理结构。在公司仅有一名股东的情况下,要想说明完全由一名股东控制的公司能够形成一个抽象的、独立于股东个人意志与利益的意思,未免给人以自欺欺人之感。由于现代公司治理结构理论已经强化了职工参与公司治理,并且或重或轻地是一种强制性的规范,因而公司的意思形成机制必须考虑职工的意志。许多国家和地区还同时强调了公司债权人等其他“利益相关者”对公司治理的作用。因此,在此背景下,如果将公司的“社团性”拓展至股东与职工之间,或许是一种比较合理的选择。但是,在该所谓理论创新中同样存在重大理论缺陷,并且在法律制度与法学理论普遍存在“例外”的情况下,还是应当坚持认为一人公司是具有“社团性”的公司的例外。事实上,由于法律特设了维护一人公司独立法律人格的相应制度规定,因此,同样能够促使公司形成独立的意思与独立的财产。例如,欧共体理事会《关于一人公司的第十二号公司法指令》第 4 条第 2 款规定:“一人公司的唯一股东在行使股东大会权力、作出相应决策时,应当记载于会议记录或者以书面形式起草。”第 5 条第 1 款规定:“一人公司的唯一股东在代表公司与自己订立合同时,应当载于会议记录或者以书面形式起草。”[86] 这两款规定即为保障公司意思的独立而设。《德国股份法》第 42 条亦规定:“全部股票单独或者除公司本身外属于一个股东所有的,应不迟延地向商事登记部发出相应的通知,并说明该唯一股东的姓氏、名字、出生日期和住所。”[87] 该规定意在通过商业登记的公示方式,将一人股份有限公司的事实彰显于社会公众,从而客观上起到了监督一人股份有限公司、自觉维护其独立人格的作用。对此,前引我国《公司法》第 23 条第 3 款亦有明确规定。

第四节　公司法人格否认制度

一、公司法人格否认制度的概念与特征

(一)公司法人格否认制度的概念

公司法人格否认(disregard of the corporate entity),是指公司依法成立后,在特定事件中

〔85〕 参见王涌:《一人公司导论》,载《法律科学》1997 年第 4 期。
〔86〕《欧盟公司法指令全译》,刘俊海译,法律出版社 2000 年版,第 221 页。
〔87〕《德国商事公司法》,胡晓静、杨代雄译,法律出版社 2014 年版,第 83 页。

(如子公司与母公司之间或股东与公司之间)有滥用公司法人格之情事时,若仍承认该公司具有形式上的独立人格,将违反公平正义原则或侵害第三人的交易安全,则在该特定事件中暂时性地否认公司与其背后的股东各自独立的人格及股东的有限责任,责令公司的股东(包括自然人股东和法人股东)对公司债权人或公共利益直接负责的一种法律措施。公司法人格否认的目的在于防止或制裁滥用公司独立法人格,以保护社会公共利益、维护公平交易及保护公司债权人。[88] 其所直接维护的主体是公司债权人,其所直接指向的对象是公司背后之股东的其所间接指向的对象是社会公共利益,其所要达到的最终目的是为排除股东有限责任的法律适用。

在概念上,公司法人格否认并非法定术语,各个国家和地区的理论与实践中所采概念也不尽相同。在美国,该概念一般称为“刺破公司面纱”;在英国,该概念一般称为“揭开公司面纱”(lifting the corporation's veil/lifting the veil of the corporation);[89] 在德国,该概念一般称为公司“直索责任”(Durchgriff);日本及我国多数学者则采用“公司法人格否认”“公司法人人格否认”概念。严格来说,日本所用概念与公司法人格否认的含义并不相符,而我国学者又大多从日本引入该概念,从某种意义上讲,可谓以讹传讹了。“公司法人格否认”会给人以“这是对公司法人人格本身的否认”的错觉,容易造成不必要的误解。在英美法系国家和地区,“刺破公司的面纱”实际上是对公司作为法人的独立责任的暂时性否认,并不影响该公司的法人资格。并且,在英美法系国家和地区,公司皆为具有独立法律人格且承担独立法律责任的法人,并不存在具有法人资格却不承担独立法律责任的公司类型。因此,在英美法系国家和地区,“公司法人格否认”的概念并不存在概念上的不周延性。但在大陆法系国家和地区,公司并不限于股东承担有限责任的有限责任公司与股份有限公司,还包括公司本身不具有独立承担法律责任能力的无限公司与两合公司,而这些公司都具有法人资格(德国是例外)。因此,在大陆法系国家和地区,公司法人格否认所否认的并不是公司的法人资格,而是对其作为独立责任主体资格的否认。基于此,德国理论界将该概念称为公司“直索责任”(或译为“穿透责任”)。其含义为,在特定情况下,法院可忽视公司与股东这两个权利主体之间的分离,使债权人得以穿透作为债务人的公司的独立人格,径直向公司法人背后的股东追索责任。尽管有德国学者认为,该概念仍容易引人误解,应将其区分为“归责穿透”与“责任穿透”;[90] 但与日本及我国所采用的概念相比,德国的公司“直索责任”(“穿透责任”)还是更为贴切。该概念与英美法系的“刺破公司面纱”概念的内涵基本一致,本应为我国理论界所采纳。事实上,自“公司法人格否认”概念引入我国以来,也不断有学者提出种种建议。[91] 但理论界为保持概念上的统一性,大多抛开基于“公司法人格否认”真实含义的概念,而采用了相因成习的“传统”概念。不过,我国《公司法》并未确立无限公司与两合公司制度,公司法人人格与公司独立责任之间具有一致性,因而在此背景下,将公司“直索责任”称为公司法人格否认倒也无妨。基于此,本书仍采用了我国理论界

---

〔88〕 参见赵德枢:《一人公司详论》,中国人民大学出版社 2004 年版,第 137 页;朱慈蕴:《公司法人格否认法理研究》,法律出版社 1998 年版,第 75 页。

〔89〕 此外,以下概念也常被采用:lifting the corporation's mask, disregard of the corporate entity, disregard of corporateness, disregard of corporate fiction, disregard of corporate personality。

〔90〕 参见[德]托马斯·莱塞尔、吕迪格·法伊尔:《德国资合公司法》(第 3 版),高旭军等译,法律出版社 2005 年版,第 480 页。

〔91〕 参见虞政平:《质疑“公司人格否认”之说》,载《人民法院报》2003 年 6 月 9 日。

惯用的概念。

公司法人格否认"制度"究竟起源于英国还是美国,理论界还存在分歧。总的来说,它发端于英美的判例,由法官在司法实践中创制并不断丰富。有学者认为,公司法人格否认理论同样最早发轫于英国1897年萨洛姆诉萨洛姆公司案。[92] 但一般认为,就公司法人格否认理论较为系统地提出时间而言,该理论起源于19世纪末的美国,流传于20世纪初的英国和德国,日本也于20世纪50年代开始施行。在各个国家和地区的司法实践及法学理论中,公司法人格否认制度已具有日益广泛的影响。不过,在绝大多数国家和地区,该"制度"实际上尚未完全上升到由法律所正式确认的制度层面,而主要是以法理或判例的方式予以确认和适用的。目前,仅有英国、法国、意大利及我国等少数国家,通过立法确立了公司法人格否认制度。因此,在日本,该"制度"又被称为公司法人格否认法理。

(二)公司法人格否认制度的特征

公司法人格否认制度作为在特定情形下对股东有限责任的修正和维护,是对公司、股东与债权人的一种风险与权利的平衡,以实现"矫正的公平"。它具有以下特征:

1. 公司已取得独立法律人格,具有独立承担法律责任的能力。这是适用公司法人格否认制度的前提。至于公司法律人格的取得是否具有合法性,则不作要求。这一点使其与公司的无效或撤销区别开来。公司法人格否认制度具有个案性忽略公司法律人格而直索股东责任的功能,其针对的是具有独立人格且人格被滥用的公司。若一公司未取得合法独立人格,则不存在适用公司法人格否认制度的必要,因为只有具有独立人格的公司才存在法律人格被滥用的情况。因此,公司法人格否认制度既不是对公司法律人格独立原则的否认,也不是对公司独立责任的否认(因其仅具有个案效力),而恰恰是对公司法律人格独立与责任独立原则的恪守,是对实际上已经丧失独立人格的公司的一种揭示和确认。

2. 公司法人格否认制度的法律效力只适用于个案中的特定法律关系,而不具有普适性。它不是对公司法律人格与独立责任能力的全盘否定,不影响该公司作为一个独立实体合法的继续存在,而是在具体个案中忽略公司的独立法律人格,对公司独立责任予以个案性否认。

3. 公司法人格否认制度是对公司法人格被滥用后的一种事后规制。它通过追究公司法人格滥用者的责任,为因滥用而无法在传统的公司独立责任制度框架内维护其合法权益者提供一种救济,使滥用公司人格者对公司债务负无限连带责任,以体现法律将利益和负担公平、合理地分配于当事人的要求。

二、公司法人格否认制度实践考察

(一)美国公司法人格否认制度实践

美国是最早创设并广泛适用公司法人格否认理论的国家。1905年美国诉密尔沃基冷藏运输公司铁路运送回扣案(U. S. v. Milmaukee Refrigerator Transit Co.),开创了公司法人格否认制度的先河。审理该案的法官桑伯恩(Sanborn)指出:"就一般规则而言,公司应该被看作法人而具有独立的人格,除非有足够的相反的理由出现;然而公司的法人特性如被作为损害公共利益,使非法行为合法化、保护欺诈或为犯罪抗辩的工具,那么,法律上则应将公司视为无权利能

---

〔92〕 参见赵德枢:《一人公司详论》,中国人民大学出版社2004年版,第138页。

力的数人组合体。"[93]这一论断被学者和法院奉为圭臬,常常在学说和判例中加以引用。但"刺破公司面纱"的概念是在1912年发表的一篇论文中才明确提出。自此,"刺破公司面纱"的概念就被广泛接受,并被作为加强控制股东承担公司债务的责任方式加以使用。

美国对公司法人格否认的适用大致可分为三个发展阶段。第一阶段为19世纪末至1910年以前。这一时期,美国的公司法人格否认判例集中于三种类型:一是利用公司形式规避法律义务;二是利用公司回避合同义务;三是利用公司侵害第三人。特别是第一种类型中,大量的托拉斯利用母子公司的关系来规避法律,在当时是很严重的社会问题。但这些判例中很多以命令违法的公司解体而告终。这说明,在这一时期美国还未完全形成"刺破公司面纱"的理论。第二阶段为1910年至1939年左右"形骸化"(工具理论)的时期。在这一时期,为解决原则上承认法人独立性与保护公司债权人利益之间的矛盾,美国各法院对股东利用公司人格侵害债权人利益的错综复杂的各类情形,以"形骸化"理论寻求一致的依据。这一时期的公司法人格否认制度问题"仍被包裹于比喻的迷雾中",并且不同法院的判决经常大相径庭。第三阶段为1939年至今,以1939年泰勒诉标准石油电气公司案(Taylor v. Stardard Gas & Electric Co.)为标志。该案开创了"深石"原则,即子公司如果资本不足,又为母公司的利益而不按正常方式经营业务,则子公司破产或重整时,母公司对子公司的债权地位应次于优先股东与一般债权人的权益。这一阶段人们侧重于解决母子公司之间、母子公司各自债权人之间的利益关系失衡问题,目的在于制止控制公司滥用对从属公司的控制权利。

但这三个阶段均未形成令人信服的理论和较为一致的实践。据统计,美国法院在审理这类案件时所提到的否认公司人格的理由多达85个,这反映了法院在试图为其审判结论提供尽可能宽泛的理由,也说明了公司法人格否认法理适用的范围、标准长期以来无法统一的事实。[94] 这就使成功适用公司法人格否认制度的比例并不高。需要注意的是,美国自19世纪发展而来的公司法人格否认理论,只是综合各个时期的理论去芜存菁后的暂时性结论而已。若以目前的暂时性结论作为解决滥用法人格问题的方法,以当前阶段而言还可以应对个体权利受侵害的情形,但若以同一认定标准适用于日后不同时期所发展的不同情事,则必将无法解决问题或者产生误导结论。[95]

(二)英国公司法人格否认制度实践

虽然在1897年萨洛姆诉萨洛姆公司案中,英国就确立了公司法人格否认制度的运用原则,[96]甚至早在17世纪的判例(Edmunds v. Brown and Tillard)中就引用了法人格否认的概念,但日后并无进一步发展。其理论探讨也较少。这或许与英国的保守性格以及较重视公司法人格独立的"实体法则"有相当关系,在英国司法实践中也表现出了对公司已取得法人格的尊重。在美国"刺破公司面纱"理论的影响下,英国开始了直接适用公司法人格否认制度的实践,但这大约在20世纪60年代才出现。英国法院认为,若公司成立的目的是实现不法利益、行使欺诈等违法行为或成立关联企业为各种不当行为,则在适当情形下刻意否认该公司的法人

---

[93] 参见朱慈蕴:《公司法人格否认法理研究》,法律出版社1998年版,第78~79页。

[94] 参见朱慈蕴:《公司法人格否认法理研究》,法律出版社1998年版,第78~84、138页。

[95] 参见赵德枢:《一人公司详论》,中国人民大学出版社2004年版,第156页。

[96] 实际上是从反面确立,因为该案确立的是对一人公司法人格的认定准则。该判例所确立的准则已为世界各个国家和地区所普遍接受,目前英国仍有不少学者强烈支持该规则应处于公司制度的基本原理地位。

格。这种法人格否认规则被认为是1897年萨洛姆诉萨洛姆公司案所确立规则的例外。但英国没有像美国那样,大规模地适用公司法人格否认,实践中并不轻易授予公司债权人直接追究公司股东责任的权利。[97] 此外,英国对司法审判权的滥用向来持有戒备,这也是公司法人格否认制度案例较为少见的重要原因。

(三)德国公司法人格否认制度实践

德国公司法人格否认理论形成于1920年至第二次世界大战结束。德国于1920年6月22日出现了第一个此类案例,德国最高法院将单独股东与公司视为一体,开创了"穿透责任"理论的先河。随着公司法人格否认判例的增加,关于其适用要件的探讨逐渐深入。虽然各个案例都是依据诚实信用原则,考虑经济必要、生活现实以及实际效力来确定是否进行直索(责任穿透),但适用的具体标准并不清晰。直到1937年最高法院的一项判决,才明确了资本过少的公司中股东以贷款方式向公司投资,在公司破产时将以滥用有限责任原则为由,否定该股东对公司破产债权的行使。该案判决的法律依据是《德国民法典》第826条关于权利滥用禁止的规定,即将主观权利滥用说作为其"法人穿透说"(或译为"透视理论")的法理基础。该判例虽然仅适用于公司破产时,但它意味着排除股东有限责任的判例已经出现。[98] 在这一时期,主观权利滥用说成为德国的通说。依该说,法人格否认适用于公司股东在设立公司时就有滥用公司法人格的主观意思的情形。也就是说,若公司股东设立公司时并无滥用公司法人格的主观意思,即使日后发生应实施公司法人格否认的事由,也不能据此适用。显然,该说适用范围过于狭窄,且存在证明法人设立公司时即有主观恶意的举证困难。[99] 因此,后来德国法人穿透说及判例都转而采取客观滥用说,即主要考虑法人格的利用是否符合"法秩序的目的",或者说是否构成"制度滥用"。这种理论被称为"责任穿透理论"(或译为"责任透视理论"),它很快成为德国民商法理论体系的重要组成部分,并对日本的法人格否定法理产生了很大影响。[100]

德国理论界对此问题学说纷呈,除上述滥用说外,还有法规适用说、分离说等。法规适用说主张,对于公司法人格否认,不应以是否违反应适当运用公司制度的规定为认定标准,而应从客观上判断该公司是否已适当运用公司外部法规范。例如,某公司在具体案例中未遵守与他人签订的契约或既有法律规定,则应否认该公司有限责任的适用,因为规范其行为的契约或法规既已存在,而该公司也应有必须遵守的内在认知。这就是法规适用说的理论重点。分离说则主张,若存在公司法人格与股东混合为一而无从区别、资本过少及完全控制等因素,即可认为公司法人格与股东人格未能实现分离,从而得以适用公司法人格否认。[101]

与活跃的学术观点相比,德国法院对该制度的适用始终保持审慎的态度,没有任意扩大严格责任的适用范围。即使在有关严格责任的一系列判决中,德国联邦最高法院也反复强调必须坚持有限责任的基本原则,即公司法人格否认制度的产生"不应该使我们轻率地和毫无限制地忽略有限责任公司是一个独立的法人"[102]。在最高法院看来,股东的行为只有在同时违反了善良

---

[97] 参见赵德枢:《一人公司详论》,中国人民大学出版社2004年版,第138~143页。
[98] 参见朱慈蕴:《公司法人格否认法理研究》,法律出版社1998年版,第90页。
[99] 参见赵德枢:《一人公司详论》,中国人民大学出版社2004年版,第163页。
[100] 参见朱慈蕴:《公司法人格否认法理研究》,法律出版社1998年版,第91页。
[101] 参见赵德枢:《一人公司详论》,中国人民大学出版社2004年版,第164页。
[102] 范健、赵敏:《论公司法中的严格责任制度》,载《中国法学》1995年第4期。

风俗原则和诚实信用原则这两个一般条款并滥用了法人的法律性质时,法律才有必要追究股东个人的财产责任。而且,只要能依据相关法律处理这类问题,法院就很少进行直索。[103] 这种做法对滥用法人人格的行为与股东利用法人制度避免经济风险的正常经营行为严加区别,不至于过度制约经济自由。因而就有限责任制度的稳定性、连续性的保护,德国法院做出了重要贡献。

(四)日本公司法人格否认实践

日本公司法人格否认理论是由该国学者大隅健一郎和松田二郎参考美国"刺破公司面纱"理论及德国法人穿透理论,于1950年前后正式引入该国的。但该理论起初并未被理论界及法院普遍接受,各界对其态度颇为消极。法院面临相关案例时,也大多仅在形式上审查公司与股东之间人格区别是否清晰,或通过事实认定或以法规解释对公司法人格的否认,而尽可能不适用法人格否认理论解决问题。但其后大量中小型公司涌现,出现了母子公司之间以及关联企业的法律人格被滥用的问题,因而实践中也产生了适用公司法人格否认理论的必要性。在此背景下,法院从20世纪60年代开始在判例中引用公司法人格否认理论。其中,最具代表性的是日本最高法院于1969年2月27日所作出的判例,该案明确肯定了公司法人格否认理论适用的必要性。该判例得到了日本理论界的多数赞同。该案不仅打破了对公司法人格否认理论认同的僵局,还对公司法理论、民法理论、民事裁判实务及交易法理论产生了深远且重大的影响。此后,日本各级法院均以该判例所确立的理论为指导,作出了不少类似判决。因此,该判例可谓开启适用公司法人格否认理论的钥匙。但也有学者持反对态度或持保留看法。时至今日,无论是学理界还是实务界,日本仍未对法人格否认理论的适用范围、实体法依据形成一致看法。例如,在后来主张适用公司法人格否认理论的东京水俣病诉讼[104]中,东京地方法院并未采纳。[105]

(五)中国公司法人格否认实践与立法

我国1993年《公司法》没有规定公司法人格否认制度,并且严格来说,我国至今尚未出现真正意义上的公司法人格否认实践。但我国审判机关已经在运用法律手段制止滥用公司法人格行为,保护债权人和社会公共利益方面进行了积极的探索,积累了一些经验。最高人民法院于1994年3月30日颁布的《关于企业开办的其他企业被撤销或者歇业后民事责任承担问题的批复》(已失效)第一部分第2项规定:"企业开办的其他企业已经领取了企业法人营业执照,其实际投入的自有资金虽与注册资金不符,但达到了《中华人民共和国企业法人登记管理条例实施细则》第十五条第(七)项或者其他有关法规规定的数额,并且具备了企业法人其他条件的,应当认定其具备法人资格,以其财产独立承担民事责任。但如果该企业被撤销或者歇业后,其财产不足以清偿债务的,开办企业应当在该企业实际投入的自有资金与注册资金差额范围内承担民事责任。"第一部分第3项规定:"企业开办的其他企业虽然领取了企业法人营业执照,

---

[103] 参见朱慈蕴:《公司法人格否认法理研究》,法律出版社1998年版,第91页。

[104] 日本奇索碳素公司(以下简称奇索公司)于20世纪60年代先后设立了三家子公司,奇索公司拥有子公司的股份达到或接近100%。由于奇索公司的水俣工厂排放废水污染了环境,对水俣病被害者的生命和健康造成损害。共有水俣病患者及死者家属433人向日本国、熊本县、奇索公司及其三家子公司提起诉讼,要求每人得到1980万日元的损害赔偿。1992年2月7日,东京地方法院只认定加害企业奇索公司的责任,判决该公司对42名原告每人赔偿400万日元。

[105] 参见赵德枢:《一人公司详论》,中国人民大学出版社2004年版,第170~176页。

但实际没有投入自有资金,或者投入的自有资金达不到《中华人民共和国企业法人登记管理条例实施细则》第十五条第(七)项或其他有关法规规定的数额,或者不具备企业法人其他条件的,应当认定其不具备法人资格,其民事责任由开办该企业的企业法人承担。”虽然该司法解释严格来说并不能适用于追究公司股东的责任,但实践中及理论界多数学者都将其作为追究股东责任的依据。然而,应当注意的是,即便该规定适用于公司,也显然不属于公司法人格否认制度的内容,而是对公司法律人格的根本性否定。不过,该规定毕竟突破了股东的有限责任,为公司法人格否认制度的适用提供了积极探索。

此外,在最高人民法院审理债务纠纷、房屋买卖纠纷、其他合同纠纷等各类案件中,都有不少突破公司股东承担有限责任,判决公司出资人、股东对债务承担连带清偿责任的案例。在执行实践中还存在变更被执行主体的做法。在法院判决时没有发现或没有涉及设立时出资不实,而在进入执行程序后,因被执行人没有偿付能力才发现出资不实的,法院用执行裁定的方式变更被执行人为投资人或股东,直接执行投资人或股东的财产。虽然这一做法存在侵害变更后的被执行人的诉权的问题,但也显示了司法实践中已注意运用司法手段,即执行力的扩张,制止股东滥用法人格侵害债权人利益的倾向,实际上也突破了股东有限责任。这些措施的广泛存在,表明我国确实存在大量的公司法律人格被滥用的情形,客观上具有确立公司法人格否认制度的制度需求。

2005 年《公司法》第 20 条规定:“公司股东应当遵守法律、行政法规和公司章程,依法行使股东权利,不得滥用股东权利损害公司或者其他股东的利益;不得滥用公司法人独立地位和股东有限责任损害公司债权人的利益。公司股东滥用股东权利给公司或者其他股东造成损失的,应当依法承担赔偿责任。公司股东滥用公司法人独立地位和股东有限责任,逃避债务,严重损害公司债权人利益的,应当对公司债务承担连带责任。”这些规定与一般意义上的公司法人格否认制度不完全相同,还包含了股东因滥用股东权利而对公司及其他股东的赔偿责任。这种立法模式其实有其特殊价值:通过强化股东对公司所负责任,进一步强化对公司债权人利益的保护。

因 2005 年《公司法》关于公司法人格否认制度仅规定了公司股东对公司债务的连带责任,但司法实践中还存在需要由公司对股东债务承担责任以及关联公司之间承担责任的情形。在此方面,已有指导案例作了突破。在徐工集团工程机械股份有限公司诉成都川交工贸有限责任公司等买卖合同纠纷案(指导案例 15 号)中,最高人民法院梳理了以下裁判要点:关联公司的人员、业务、财务等方面交叉或混同,导致各自财产无法区分,丧失独立人格的,构成人格混同;关联公司人格混同,严重损害债权人利益的,关联公司相互之间对外部债务承担连带责任。

在吸收关联公司人格混同下法人格否认司法实践经验的基础上,2023 年《公司法》第 23 条对公司法人格否认制度作了完整规定:“公司股东滥用公司法人独立地位和股东有限责任,逃避债务,严重损害公司债权人利益的,应当对公司债务承担连带责任。股东利用其控制的两个以上公司实施前款规定行为的,各公司应当对任一公司的债务承担连带责任。只有一个股东的公司,股东不能证明公司财产独立于股东自己的财产的,应当对公司债务承担连带责任。”

三、我国公司法人格否认制度的裁判规则

由于实行公司法人格否认制度的国家和地区数量有限,并且大多缺乏明确的法律规定,各个国家和地区关于公司法人格否认制度的认定,无论是理论上还是司法实践中,都存在较大的

分歧。最高人民法院2019年11月8日发布的《全国法院民商事审判工作会议纪要》[106](以下简称《九民纪要》)对公司法人格否认的法律适用作了详细的理论阐释并提供了具体的裁判规则。尽管《九民纪要》制定于2023年《公司法》之前,但鉴于2023年《公司法》关于公司法人格否认制度的规定基本上沿用了《九民纪要》的内容,只不过有所补充和完善,且《九民纪要》的相关规定确实颇为经典,故本书仍采用该论述。当然,相关法律条款替换为2023年《公司法》表述。

(一)公司法人格否认制度的立法精神

公司人格独立和股东有限责任是公司法的基本原则。否认公司独立人格,由滥用公司法人独立地位和股东有限责任的股东对公司债务承担连带责任,是股东有限责任的例外情形,旨在矫正有限责任制度在特定法律事实发生时对债权人保护的失衡现象。在审判实践中,要准确把握《公司法》第23条规定的精神。

1. 只有在股东实施了滥用公司法人独立地位及股东有限责任的行为,且该行为严重损害了公司债权人利益的情况下,才能适用。损害债权人利益,主要是指股东滥用权利使公司财产不足以清偿公司债权人的债权。

2. 只有实施了滥用法人独立地位和股东有限责任行为的股东才对公司债务承担连带清偿责任,而其他股东不应承担此责任。

3. 公司人格否认不是全面、彻底、永久地否定公司的法人资格,而只是在具体案件中依据特定的法律事实、法律关系,突破股东对公司债务不承担责任的一般规则,例外地判令其承担连带责任。人民法院在个案中否认公司人格的判决的既判力仅仅约束该诉讼的各方当事人,不当然适用于涉及该公司的其他诉讼,不影响公司独立法人资格的存续。如果其他债权人提起公司人格否认诉讼,已生效判决认定的事实可以作为证据使用。

4.《公司法》第23条规定的滥用行为,实践中常见的情形有人格混同、过度支配与控制、资本显著不足等。在审理案件时,需要根据查明的案件事实进行综合判断,既审慎适用,又当用则用。实践中存在标准把握不严而滥用这一例外制度的现象,同时也存在因法律规定较为原则、抽象,适用难度大,而不善于适用、不敢于适用的现象,均应当引起高度重视。

(二)适用公司法人格否认制度的典型形式:人格混同

认定公司人格与股东人格是否存在混同,最根本的判断标准是公司是否具有独立意思和

---

[106] 因该会议纪要是第九次全国法院民商事审判工作会议的纪要,故通常将其简称为《九民纪要》。2019年7月3日至4日,全国法院民商事审判工作会议在黑龙江省哈尔滨市召开,会议讨论了《全国法院民商事审判工作会议纪要(稿)》,并向全社会公开征求意见,社会反响热烈。《九民纪要》从2019年2月开始起草到11月出台,历时8个多月。期间多次专门调研,征求专家学者意见,书面征求有关部门和单位意见,同时向全社会公开征求意见。《九民纪要》中所涉及的法律适用问题在理论界、实务界素有争议或分歧,通过广泛征求意见,对这些问题的解决尽可能准确把握现行法律规定的精神,符合基本法理,贴近中国经济社会的现实情况,力求公平公正地处理纠纷,平衡各方面的利益,对各方面的意见争取最大公约数。《九民纪要》的公布对于统一裁判思路,规范法官自由裁量权,增强民商事审判的公开性、透明度以及可预期性,提高司法公信力具有重要意义。尽管最高人民法院《关于印发〈全国法院民商事审判工作会议纪要〉的通知》中明确说明,纪要不是司法解释,不能作为裁判依据进行援引;《九民纪要》发布后,人民法院尚未审结的一审、二审案件,在裁判文书"本院认为"部分具体分析法律适用的理由时,可以根据《九民纪要》的相关规定进行说理。依此,《九民纪要》具有准司法解释或者事实上的司法解释的功能,至少可以作为辅助裁判规则。参见《统一裁判思路　稳定社会合理预期〈全国法院民商事审判工作会议纪要〉发布》,载最高人民法院网2019年11月14日,https://www.court.gov.cn/zixun/xiangqing/199671.html。

独立财产,最主要的表现是公司的财产与股东的财产是否混同且无法区分。在认定是否构成人格混同时,应当综合考虑以下因素:(1)股东无偿使用公司资金或者财产,不作财务记载的;(2)股东用公司的资金偿还股东的债务,或者将公司的资金供关联公司无偿使用,不作财务记载的;(3)公司账簿与股东账簿不分,致使公司财产与股东财产无法区分的;(4)股东自身收益与公司盈利不加区分,致使双方利益不清的;(5)公司的财产记载于股东名下,由股东占有、使用的;(6)人格混同的其他情形。

在出现人格混同的情况下,往往同时出现以下混同:公司业务和股东业务混同;公司员工与股东员工混同,特别是财务人员混同;公司住所与股东住所混同。人民法院在审理案件时,关键要审查是否构成人格混同,而不要求同时具备其他方面的混同,其他方面的混同往往只是人格混同的补强。

(三)适用公司法人格否认制度的典型形式:过度支配与控制

公司控制股东对公司过度支配与控制,操纵公司的决策过程,使公司完全丧失独立性,沦为控制股东的工具或躯壳,严重损害公司债权人利益,应当否认公司人格,由滥用控制权的股东对公司债务承担连带责任。实践中常见的情形包括:(1)母子公司之间或者子公司之间进行利益输送的;(2)母子公司或者子公司之间进行交易,收益归一方,损失却由另一方承担的;(3)先从原公司抽走资金,然后再成立经营目的相同或者类似的公司,逃避原公司债务的;(4)先解散公司,再以原公司场所、设备、人员及相同或者相似的经营目的另设公司,逃避原公司债务的;(5)过度支配与控制的其他情形。

控制股东或实际控制人控制多个子公司或者关联公司,滥用控制权使多个子公司或者关联公司财产边界不清、财务混同,利益相互输送,丧失人格独立性,沦为控制股东逃避债务、非法经营,甚至违法犯罪工具的,可以综合案件事实,否认子公司或者关联公司法人人格,判令承担连带责任。

(四)适用公司法人格否认制度的典型形式:资本显著不足

资本显著不足指的是,公司设立后在经营过程中,股东实际投入公司的资本数额与公司经营所隐含的风险相比明显不匹配。股东利用较少资本从事力所不及的经营,表明其没有从事公司经营的诚意,实质是恶意利用公司独立人格和股东有限责任把投资风险转嫁给债权人。由于资本显著不足的判断标准有很大的模糊性,特别是要与公司采取"以小博大"的正常经营方式相区分,因此在适用时要十分谨慎,应当与其他因素结合起来综合判断。

(五)公司法人格否认的当事人诉讼地位

人民法院在审理公司人格否认纠纷案件时,应当根据不同情形确定当事人的诉讼地位:

1. 债权人对债务人公司享有的债权已经由生效裁判确认,其另行提起公司人格否认诉讼,请求股东对公司债务承担连带责任的,列股东为被告,公司为第三人。

2. 债权人对债务人公司享有的债权提起诉讼的同时,一并提起公司人格否认诉讼,请求股东对公司债务承担连带责任的,列公司和股东为共同被告。

3. 债权人对债务人公司享有的债权尚未经生效裁判确认,直接提起公司人格否认诉讼,请求公司股东对公司债务承担连带责任的,人民法院应当向债权人释明,告知其追加公司为共同被告。债权人拒绝追加的,人民法院应当裁定驳回起诉。

四、公司法人格否认制度的特殊情形:反向否认

在经济实践中,公司特定股东的债权人可能希望将特定股东与公司视为一体,从而迫使公司对该股东个人债务承担责任;公司股东出于种种考虑,有时也会主动要求无视公司独立人格,将公司与该股东视为一体,从而使公司得以享受到本来只能由该股东享受的豁免或保护。易言之,在某些情形下,公司法人格否认制度可能会用于以下目的:公司特定股东的债权人以公司财产清偿股东债务;由公司享受股东专享的特权或豁免。由于法律适用的方向与传统公司法人格否认制度正好相反,上述特殊情形被称为公司法人格反向否认(reverse piercing of the corporate veil)。

根据适用对象的不同,公司法人格反向否认分为两种类型:一种是公司特定股东(内部人)提起的反向否认,即"内部人反向否认"(insider reverse piercing);另一种是公司特定股东的债权人(外部人)提起的反向否认,即"外部人反向否认"(outsider reverse piercing)。

内部人反向否认制度产生于美国判例法,其中以明尼苏达州为典型代表。通过自 1981 年以来的数个标志性案件的判决,明尼苏达州法院对内部人反向否认的理由、标准和条件进行了阐释,从而确立了明尼苏达州在这一领域的领先地位。佛罗里达、伊利诺伊、密歇根、蒙大拿和新泽西等州都有支持内部人反向否认的判例,案情涉及禁止高利贷法的适用、不动产租赁限制、不动产转让限制、关联公司相互间的债务承担、确认母公司对其子公司员工的雇主身份等。虽然法院在这些案例中支持内部人反向否认请求的理由不尽相同,并且大多缺乏系统化的表述,但一般都将股东同公司间的同一程度及重要的政策或法律目的的实现作为主要立论依据。肯塔基、路易斯安那、纽约、俄克拉何马、田纳西、得克萨斯和犹他等州的判例则普遍否认内部人反向否认请求。与州法院处理内部人反向否认时的意见相对多元化相比,联邦法院基本上对内部人反向否认持否定态度。

从支持内部人反向否认请求的各州案例来看,其制度取向是维护公共利益,其目的是促使特定政策目标、立法目的得以实现。因此,在内部人反向否认问题上,必须有一个基本的利益及政策衡量:支持公司债权人和义务人对于公司独立人格的合理预期和利益的价值,同通过反向否认公司法人格所维护、实现或促进的公共利益(政策目标、立法目的)之间的权衡。这样,在处理内部人反向否认案件时,上述两种利益及价值的平衡就成为最基本的标准。此外,与公司法人格否认的一般情形不同,反向否认不仅不要求公司法人格被滥用,而且在此情形下还不允许适用反向否认。这是因为在此情形下适用公司法人格反向否认将违反"任何人不得从自己的错误中获利"这一最基本的衡平法准则。

外部人反向否认存在于两种情形:一是股东的债权人在对股东提起诉讼时,试图将公司的财产置于其对股东享有的请求权之下;二是股东的债权人在对公司提起诉讼时,试图将其对股东享有的请求权向公司一并主张。外部人反向否认与公司法人格否认一样,都要求存在公司法人格被滥用的情形,两者的适用原理完全相同。在美国,与内部人反向否认制度已被广泛实践不同,外部人反向否认的实践还相对薄弱,既没有像明尼苏达州那样的代表性法域,也缺乏以代表性案例为基础和标志的较为完备的规则框架。无论在联邦法院还是州法院,对外部人反向否认的适用都非常审慎。但总体而言,美国法院在对于外部人反向否认适用条件的把握上,已表现出从极其严格到有所放松的态度。[107]

---

〔107〕 参见廖凡:《美国反向刺破公司面纱的理论与实践——基于案例的考察》,载《北大法律评论》编辑委员会编:《北大法律评论》第 8 卷·第 2 辑,北京大学出版社 2007 年版。

我国《公司法》未对公司法人格反向否认作明确规定，一般来说应认为未对此提供法律依据。但基于实践需要，也不妨以司法解释的方式确立该项制度。

思考题

1. 如何理解公司权利能力的限制？
2. 如何认识公司的目的（经营范围）对公司能力的影响？
3. 试析公司法律人格的实质要素。
4. 试析一人公司对传统公司法律人格理论的挑战。
5. 试析公司法人格否认制度的特征与价值。

第九章　公司的资本制度

导 读

- 由于文化背景、司法制度以及社会伦理观念的差异,大陆法系形成了法定资本制,英美法系则形成了授权资本制。为克服法定资本制的缺陷,大陆法系国家和地区通过吸收授权资本制的合理因素,又形成了一种介于两者之间的新的公司资本制度——折中资本制。由此,国际上形成了三种公司资本制度,即法定资本制、授权资本制和折中资本制。
- 我国现行公司法所确立的限期5年实缴的认缴制与授权股份发行制颇为特殊,与现有三大资本制均有实质区别。
- 公司资本原则形成于大陆法系传统意义上的法定资本制时期,构成了大陆法系公司资本制度的核心。在法定资本制下,公司“资本三原则”得到了最充分的体现。随着大陆法系国家和地区由传统的法定资本制向折中资本制及授权资本制转变,传统意义上的公司资本原则也相应弱化,但总的来说,仍充分体现了维护交易安全和保护债权人利益的社会本位的立法思想。
- 出资是公司设立的必要条件之一,出资制度则是资本制度的组成部分。股东出资的典型形式包括货币出资、实物出资、知识产权出资、土地使用权出资。
- 依照法律规定,独立、公正地验证公司资本,出具验资报告,是验资机构应尽的义务。如果验资机构提供的是虚假验资报告,则不仅涉及行政责任甚至刑事责任,而且还会涉及对第三人的民事赔偿责任。一般认为,验资机构的责任属于补充责任与有限责任。
- 公司法确立了资本确定、资本维持、资本不变的原则,但事实上,公司需要根据客观需要适时调整公司的资本结构。因此,各个国家和地区的公司法都对公司资本的增加和减少作了系统规定。

第一节　公司资本制度概述

一、公司资本的概念

公司资本(corporate capital),是指记载于公司章程的、由股东出资构成的公司财产。

“资本”(capital)一词虽然在各种场合被人们频繁使用,但是,公司资本在不同学科、不同领域有着不同的含义。

广义上的公司资本,除股本外,还包括借贷资本(loan capital),即凡可供公司长期支配或使用的资产均可视为公司的资本,而不管其真正所有人是谁,它相当于公司资金的概念。在公司法领域,人们在三种意义上使用"公司资本"这一词语。其一,认为公司资本是指公司的股权资本(equity capital),又称注册资本(registered capital),是指公司通过发行股份所取得的、由公司章程所确定并经公司登记机构注册的资金。其二,认为公司资本是指公司的股权资本和借贷资本,而不仅指公司的股权资本。该说认为,公司资本除了包括公司股东的出资以外,还包括公司向其债权人借贷而来的那部分金钱,它们共同构成公司资本的有机组成部分。其三,认为公司资本除了股权资本、借贷资本以外,还包括公司的收益。这是一种最广义的资本理论。[1]公司法上的资本,通常是指公司的股权资本,即第一种含义上的资本。根据公司资本形成时间的不同,可将公司资本分为初始资本(initial capital)与新增资本。初始资本,是指公司成立时由公司章程所确认的资本;新增资本,是指公司成立后根据需要通过增资程序重新募集所获得的资本。要正确理解公司资本的含义,还必须正确辨析公司资本、资产、净资产及注册资本、发行资本、实缴资本等概念的含义及其相互关系。

公司资产(asset)是指公司可以支配的全部财产。我国有限责任公司和股份有限公司的概念中都提到"公司以其全部资产对公司的债务承担责任",这里的公司资产指的是公司用以清偿自身债务的全部财产。公司资产的价值若以货币形式表示则称为资金。公司资金是公司资产的主要存在方式。但公司资产不仅包括金钱、财物等有形财产,还包括知识产权、债权等无形财产;既包括金钱、财物、民事权利等积极财产,又包括债务之类的消极财产。在资产负债表中,资产表示为负债与所有者权益之和,其中,所有者权益包括股本、资本公积金、未分配利润等。因此,公司资本是公司资产的构成部分。公司资产在外延上要比公司资本宽泛得多。由于公司的资产始终处于动态的变化之中,公司资产可能多于也可能少于公司资本。

公司净资产是会计学上的概念,是反映公司经营状况的重要指标。公司净资产是指公司资产减去负债后的净额,包括资本金、资本公积金、盈余公积金和未分配的利润。

注册资本,又称名义资本或核定资本,是指公司成立时由公司章程记载并在公司登记机构注册登记的资本总额。确定注册资本的目的,一是在政府部门登记注册;二是让公众了解公司的目前状况和今后可能达到的规模。注册资本是公司法上的重要概念,是一个相对静态的范畴,它是股东出资的货币体现,并不随公司的经营而随时处于变化之中。注册资本不包含会计学上的公积金和未分配利润,也不包括公司的借贷资本,它仅仅是其中的股权资本部分。

发行资本(issued capital),是指公司已经发行在外的资本总额。在法定资本制下,由于注册资本须由股东全部认购或认缴,故公司注册资本即为发行资本。在授权资本制及折中授权资本制下,发行资本为公司实际发行的资本,其范围一般低于授权资本,而股东权利义务的确定依据亦为其认缴资本与发行资本的比例,因而在此情形下发行资本才具有实际意义。

实缴资本(paid - up capital),又称实收资本,是指公司实际收到的、股东作为投资而依法实际缴付的资本。在法定资本制及认缴资本制下,股东实际缴付的出资或股本与注册资本是一致的。当然,在股东未实际缴付出资额的情况下,两者就不一致了。股东未实际缴付出资额的,由股东承担填补资本的责任;但在授权资本制及折中资本制下,注册资本则表现为认缴资

---

〔1〕 参见张民安:《公司资本主义原则与我国公司法》,载《南京大学学报(哲学·人文科学·社会科学版)》2003年第2期。

本与认购股本,即在公司登记机关登记的全体股东认缴的出资额或认购的股本总额。

授权资本(authorized capital),又称名义资本(nominal capital),是指公司设立记载于公司章程、授予公司自由发行的资本总额。授权资本存在于授权资本制与折中资本制中;认缴资本制下,授予董事会在注册资本一定比例内发行的资本总额也可谓授权资本;在法定资本制下则不存在授权资本。

待缴资本(uncalled capital/uncollected capital),又称催缴资本(called – up capital),是指股东已认购但尚未缴纳股款,公司可以随时向股东催缴的资本。因此,待缴资本实际上已成为公司应得到的财产,构成股东对公司债务的担保。

随着公司实践的发展,公司法理论界已普遍认识到,不宜迷信公司资本的功能;公司的信用基础,已由传统公司法与理论所主张的资本发展为公司资产。[2] 但毫无疑问,在反思的同时,也不能矫枉过正,由对公司资本功能绝对迷信转而对公司资本功能彻底否定。如果说公司资本不可信赖,那么公司资产更是难以监控。在绝大多数国家和地区,公司资本仍是公司赖以存在的物质基础,既是公司得以正常运营的物质保障,也是反映公司资信能力的显著标志。尤其是在信用体系尚未建立、社会信用还有待提升的社会背景下,资本的功能仍应被充分肯定。在有限责任公司和股份有限公司中,股东仅承担有限责任,公司以其全部资产承担债务。当公司资不抵债时,超出公司偿债能力的债务则无法受到清偿。因此,为保护债权人利益和社会交易安全,必须确保公司资本的真实、可靠,维护公司资产与资本的平衡。正是由于公司资本具有如此重要的意义,各个国家和地区的公司法无一例外地将公司资本制度作为一项重要内容加以规定。

二、公司资本制度的类型

公司资本制度是公司法的基本制度之一,它贯穿于公司设立、运营和终止的全过程。狭义上的公司资本制度,是指公司资本形成、维持和退出等方面的制度安排;广义上的公司资本制度,则是围绕股东的股权投资而形成的关于公司资本运营的一系列规则和制度的配套体系。公司法理论一般是在狭义上使用公司资本制度的概念,本书亦然。

由于文化背景、司法制度以及社会伦理观念的差异,大陆法系形成了法定资本制,英美法系则形成了授权资本制。为克服法定资本制的缺陷,大陆法系国家和地区通过吸收授权资本制的合理因素,又形成了一种介于两者之间的新的公司资本制度——折中资本制。因此,国际上形成了三种公司资本制度,即法定资本制、授权资本制和折中资本制。

(一)法定资本制

法定资本制(statutory capital system),又称确定资本制或实缴资本制,是指公司在设立时,必须在公司章程中明确记载公司资本总额,由股东全部认足并予实缴、实收的一种公司资本制度。法定资本制为法国所首创,后来为其他大陆法系国家和地区所普遍采用。法定资本制的核心是资本确定原则。在传统的法定资本制下,既不允许授权董事会发行部分股份,也不允许认股人分期缴纳股款。法定资本制具有以下特征:

1. 公司设立时,必须在公司章程中明确记载公司的资本总额。公司的交易相对人通过查

---

〔2〕 参见赵旭东等:《公司资本制度改革研究》,法律出版社 2004 年版,第 37 ~ 43 页;傅穹:《重思公司资本制原理》,法律出版社 2004 年版,第 80 ~ 90 页;范健、王建文:《商法论》,高等教育出版社 2003 年版,第 322 页。

阅公司章程即可了解公司的资本状况，从而确定是否与之进行交易以及交易规模。

2. 公司设立时必须将资本总额一次性全部发行完毕，由股东或认股人全部认缴。

3. 股东认足资本或股份后，需要实际缴纳股款。有学者认为，在实行法定资本制的大陆法系国家和地区，股款缴纳有全额缴纳主义和分期缴纳主义两种方式。[3] 前者是指股东对其应缴纳的股款必须一次性全额缴清，不允许分期缴纳；后者是指股东对其应缴纳的股款可分两期以上缴纳，不必一次全额缴足，其余部分由公司另行通知股东缴纳。还有不少人据此认为，法定资本制并不排除分期缴纳制，故我国2005年《公司法》所确立的分期缴纳制仍属于法定资本制。[4] 但实际上，如下文所述（折中资本制部分），允许采取分期缴纳模式的大陆法系国家和地区的公司资本制度，已不再属于严格意义上的法定资本制，而属于折中资本制了。因此，作为法定资本制的本质特性的一次发行、实际缴纳，仍属于法定资本制的特质；背离了该特征，也就意味着背离了法定资本制。当然，若采取法定资本制与授权资本制二分的划分方式，则分期缴纳制虽部分背离法定资本制特征，但因保留了一次发行这一法定资本制的本质特征，故仍可将其纳入法定资本制范畴。这也正是我国一些学者认为我国2013年《公司法》确立的认缴制仍属于法定资本制的原因。

4. 公司成立后非经履行修改章程、发行新股等程序，不得增加资本。公司资本总额已明确记载于章程且已全部发行完毕，若需增加资本，则须经股东会决议修改章程并增加资本或发行新股，还要履行变更登记手续。这种规定较为明显地表现出公司资本确定的特征，法律并未赋予公司章程规定授权资本的权限。

5. 对无形资产出资额占全部出资额的比例作了相当严格、保守的限制。这一限制是在传统的法定资本制下，体现公司资本确定的结果。但随着公司资本信用迷信的逐渐破除，即使仍维持了法定资本制，各个国家和地区的公司法也大大放宽了对无形资产出资额占全部出资额比例的严格要求。

法定资本制有利于巩固公司的资本结构，能有效地维护交易安全和保护债权人利益，并能在一定程度上遏制公司的滥设。因此，法定资本制仍为一些国家和地区所采用或部分采用（限定于有限责任公司）。应当注意的是，在改采折中资本制或授权资本制的国家和地区，并未将折中资本制或授权资本制统一适用于所有资合公司，对有限责任公司仍大多维持传统的法定资本制。对此，韩国、制定2005年《日本公司法典》前的日本以及我国台湾地区都作了区分规定。例如，我国台湾地区"公司法"（2013年修订）在对股份有限公司确立了授权资本制的情况下，仍对有限责任公司继续规定了法定资本制。[5] 但法定资本制也具有以下缺陷：(1)极大地限制了公司参与者的自主性，无法根据公司的实际需要设定注册资本及其结构。(2)不利于公司尽快成立。法定资本制要求在公司设立时一次性地筹足资本，而发起人和股东一般不易一

---

〔3〕 参见孔祥俊：《公司法要论》，人民法院出版社1997年版，第220页。

〔4〕 参见周友苏：《新公司法论》，法律出版社2006年版，第180页；雷兴虎主编：《公司法学》，北京大学出版社2006年版，第132页。

〔5〕 我国台湾地区"公司法"（2013年修订）第130条第1款第1项、第131条第1款、第132条第1款的规定表明，股份有限公司已采纳了授权资本制，公司设立时仅须发行第一次发行之股份，公司章程可对股份发行总额予以确定，但若未予确定，则可由公司董事会自行决定。显然，我国台湾地区"公司法"所确立的授权资本制仍带有一定的法定资本制的色彩，公司章程仍可对股份发行总额作事先确定。其第100条第1款则对有限责任公司明确规定了法定资本制："公司资本总额，应由各股东全部缴足，不得分期缴款或向外招募。"

次性认足和缴清,这势必影响公司的成立时间。高额的最低资本额及其一次性缴纳制度剥夺了财力相对贫乏者的投资机会。(3)一次缴足的规定导致了资金的低效占用。公司成立之初,经营活动尚未全面展开,已筹到的大量的注册资本往往积压和闲置,因缺乏足够的灵活性而不能适应实际的需要。(4)不利于公司资本的变更。在法定资本制下,公司注册资本的确定,使公司变更注册资本(增资或减资)极为不便。这些缺陷对于资本要求较高的最典型的资合公司——股份有限公司来说,就表现得非常明显。

鉴于法定资本制所固有的缺陷,大陆法系国家和地区纷纷寻求对法定资本制的改造,其主要途径就是吸收授权资本制的优点,采取分期发行或授权发行的方式,使这一古老、僵化的资本制度显示出一定的灵活性。但这种改造实质上构成对传统的法定资本制的根本性修正,使其发展成为折中资本制。如今,在大陆法系国家和地区,仍完全坚持法定资本制的已较为少见,即使在那些对有限责任公司仍坚持实行法定资本制的国家和地区,股份有限公司也基本上改采折中资本制或授权资本制了。

(二)授权资本制

授权资本制(authorized capital system),是指公司在设立时将公司资本总额记载于公司章程,但不必将资本总额全部发行,法律对具体发行比例与数额也不进行严格限制,未认购部分,由董事会在公司成立后随时一次或分次发行或募集的一种公司资本制度。授权资本制起源于英美法系,原指国家授予发行权利的公司在其章程中所确定的资本总额。在公司设立采特许主义的时代,资本或股份的发行皆依国家的授权,在改采准则主义后,仍遗留着国家对公司赋予发行股份特权的授权思想。因此,对公司发行其章程所确定的股份资本,依然沿用传统的"授权资本"一词。

因授权资本并非实际发行的资本,故又被称为"名义资本"(nominal capital)。授权资本制具有以下特征:

1. 公司设立时,必须在公司章程中明确记载公司拟发行的资本总额,即授权资本总额。在法定资本制下,公司章程也要记载注册资本总额,但该资本总额必须是一次发行完毕的实缴资本,而授权资本制下,公司注册记载的资本总额还包括未发行资本。例如,《美国商事公司示范法》第6.01条(a)第1句规定:"公司章程必须规定授权公司发行的股票的类别、同一类别中股票的系列以及每一类别和每一系列股票的数量。"[6]

2. 公司章程确定的资本总额在公司设立时不必一次性发行完毕。公司仅发行资本总额的一部分,并由股东认足,公司即可成立。从理论上讲,授权资本制下,公司设立时仅发行一股并实际缴纳后,公司即可成立。

3. 股东认足股份后,原则上应实际缴纳,但允许分期缴纳。美国多数州及其他实行授权资本制的国家和地区的公司法都允许分期缴纳股款。不过,在授权资本制下,公司股份可以分次发行,公司发起人及股东应根据其实际缴纳股款的实力来确定发行额,因而分期缴纳并非必须。实践中,以全额缴付的方式发行股份也较为常见。[7]

4. 公司成立后如需增加资本,仅需在授权范围内,由董事会自行决定发行新股,而无须经

---

〔6〕 沈四宝编译:《最新美国标准公司法》,法律出版社2006年版,第44页。

〔7〕 参见[英]艾利斯·费伦:《公司金融法律原理》,罗培新译,北京大学出版社2012年版,第105页。

股东会决议变更公司章程。在授权资本范围内,由董事会自行决定发行新股,是授权资本制区别于法定资本制的一大特征。折中授权资本制与认许资本制也都具有这种授权,但在公司设立阶段,折中授权资本制与认许资本制都设有较为严格的实际发行或实际缴纳的最低限制,从而使其在一定程度上带有法定资本制下资本确定的特征。

授权资本制的优点是筹集资金灵活方便,资本利用率高,有利于公司的设立及最大限度地发挥资本的效用;并且,公司成立后增资时程序简单、方便快捷,有利于公司规模的迅速扩大及公司决策的迅速作出,加强了公司董事会的核心地位,并可以有效地预防公司被收购的危险。但是,授权资本制也存在以下缺陷:(1)公司设立中容易滋生欺诈和投机等非法行为。授权资本制既未规定公司首次发行股份的最低限额,也未规定公司实收资本应与公司的生产经营规模相适应,这就容易产生公司设立中的欺诈和投机行为。(2)不利于保护债权人的利益。因为在授权资本制下,公司章程中规定的公司资本仅仅是一种名义资本,公司的实收资本可能微乎其微,这对公司的债权人来说,具有较大的风险性。(3)不利于维护交易安全。公司成立之初所发行的资本十分有限,公司的财产基础缺乏稳固性,这就削减了公司的信用担保范围,从而不利于维护交易的安全。

对于授权资本制所固有的法律风险,各个国家和地区的公司法及司法实践确立了相应的配套制度。这种配套制度借助于公司资本制度及公司治理结构等一系列制度,来实现维护交易安全与社会公共利益的目的。这种配套制度主要表现为,通过资本充实原则与公司法人格否认制度的运用,在股东和债权人之间建立了相互制约、相互平衡的利益保护体系,从而维护双方合理的利益均衡。此外,为防止公司发起人无限制设定公司授权资本数额,各个国家和地区的政府还采取各种措施,迫使公司设定的授权资本保持在一个合理的限度内,并使公司交易相对人获得真实的公司资本状况。对此,美国的配套制度最具代表性也最为健全。例如,美国许多州都规定,以授权资本为依据征收特许经营税或股份税。此举客观上迫使公司在确定授权资本过程中,慎重考虑公司的发展方向及可能达到的规模,制定一个相对合理的授权资本数额,防止公司毫无根据地制定授权资本数额,从而误导交易相对人。另外,美国的部分州还要求在公司营业资信证书或授权证书中载明公司的实收资本,而不是注册资本或发行资本,以利于相对人辨清该公司资本的真实面目。

为彻底解决授权资本与实际发行资本不一致的问题,英美法系国家和地区纷纷在授权资本制基础上确立了以声明资本(statement of capital)为公司章程载明资本的新的公司资本制度。黄辉教授将其称为“声明资本制”,本书亦采用该概念。在声明资本制下,公司章程不再规定无实质意义的授权资本额,而是载明其实际发行资本的情况。董事会可在公司运营过程中自主决定发行新股,而不像以前那样受授权资本额的限制。例如,《澳大利亚公司法》第120条规定:在公司设立登记时,公司股份推定为已经向股东发行;在公司成立后,公司可自由决定股份的发行条件以及股份对应的权利、义务等。除澳大利亚外,2006年《英国公司法》也确立了声明资本制,美国绝大多数州公司法也相继确立了声明资本制。[8] 不过,本书认为,从公司资本制类型界定角度来说,可将声明资本制视为克服传统的授权资本制授权资本不确定弊端的特

〔8〕 关于声明资本制的论述,详见黄辉:《现代公司法比较研究——国际经验及对中国的启示》,清华大学出版社2011年版,第75~77页。

殊形态,尽管可以声明资本制概念使其区别于传统的授权资本制,但仍应基于其本质属性而将其归入授权资本制。

(三)折中资本制

折中资本制是在法定资本制和授权资本制的基础上,以其中一种公司资本制为基础,兼采另一资本制的优点,创建出的一种新的公司资本制度。折中资本制是由 1937 年《德国股份法》所首创,此后为其他大陆法系国家和地区相继借鉴,在 20 世纪 60 年代之后,大陆法系国家和地区均在一定程度上吸收了授权资本制的合理因素。如今,尚未彻底改采授权资本制的大陆法系国家和地区,基本上已改采折中资本制了。

由于改采折中资本制时,保留法定资本制与接受授权资本制上的程度不同,因而不同国家和地区所实行的折中资本制的表现形式及具体内容不尽相同。总的来说,可将折中资本制分为两种主要类型:一是折中授权资本制;二是认许资本制。

折中授权资本制,是指公司设立时,章程中应明确记载公司的资本总额,股东只需认足第一次发行的资本,公司即可成立,但公司第一次发行的资本不得低于资本总额的一定比例,并须一次性全部缴足;未认足部分,授权董事会随时发行新股募集。例如,《韩国商法典》第 289 条第 2 款规定:"设立公司时所发行的股份总数,不得低于公司拟发行的股份总数的 1/4。"第 305 条第 1 款规定:"公司设立时所发行的股份已被全部认购时,发起人应毫不迟延地让认购人缴纳自己认购的全部认购价款。"第 416 条还规定,在公司成立之后发行股份的情形下,若在章程中另无规定,则由董事会对公司发行新股相关事宜自行决定;但是,该法另有规定或者章程规定应由股东大会决定的情形除外。[9]

认许资本制,又称许可资本制,是指公司设立时,章程中应明确记载公司的资本总额,并由股东全部认足,公司方得成立;但公司章程可以授权董事会于公司成立后一定年限内,在授权之时公司资本额的一定比例范围内,发行新股,增加资本,而无须经股东会决议。认许资本制改变了法定资本制要求一次发行、一次缴足的严厉规定,允许分期缴纳出资,但对分期缴纳又设有严格限制。此举既缓和了公司设立时的股东的资本压力,又使公司能够获得必要的实缴资本。例如,《德国股份法》第 36a 条第 1 款规定:"对于现金出资,催缴金额(第 36 条第 2 款)必须至少包括最低发行价格的四分之一,并在以高于此价格发行股票时也包括溢价。"同条第 2 款规定:"实物出资应全部缴纳。以向公司移转一项财产标的之义务作为实物出资的,该义务,必须于公司在商事登记簿登记后 5 年内履行。其价值必须符合最低发行价格,以高于此价格发行股票的,也必须与溢价相符。"该法第 202 ~ 206 条还规定公司章程可以授权董事会于公司成立后 5 年内,在授权时公司资本额之半数范围内,只需经监事会同意,即可发行新股,增加资本。[10]

除了以上两种得到了较为普遍认同的折中资本制外,还有一些国家所实行的公司资本制度很难进行归类,因为从形式上看,其既较大程度地保留了原有公司资本制度的特征,又在一定程度上背离了原有公司资本制度的本质特征。法国公司资本制度就是这种难以定性的典型代表。对此,《法国商法典》第 L223—7 条第 1 款对有限责任公司的出资规定:"公司的所有股

---

〔9〕 参见《韩国商法》,吴日焕译,中国政法大学出版社 1999 年版,第 58 ~ 59、62、98 页。

〔10〕 参见《德国商事公司法》,胡晓静、杨代雄译,法律出版社 2014 年版,第 79、163 ~ 165 页。

份必须得到股东全额认购。代表实物出资的股份，应当全数缴清；代表货币出资的股份，至少应当缴纳其数额的1/5，其余部分，应自公司于‘商事及公司注册登记簿’上注册登记起不超过5年期限内，按照公司经理的决定，一次或者分数次缴清。但是，在应当用金钱出资的新股份开始任何认购之前，公司资本必须已全额缴清，否则，新股份认购活动无效。”第L225—3条对股份有限公司的出资作了与此大体相似的规定，但将货币出资首次实缴比例提高到1/2以上。[11]依此，公司资本必须被全部认购，且未赋予董事会根据章程在特定范围内的授权资本发行权。但《法国商法典》又规定，股份有限公司的货币出资可分期缴纳。这种规定实际上也是对法定资本制与授权资本制进行折中后的产物，但其对授权资本制的吸收程度较低，未确认授权资本，且不允许公司分次发行。从这个角度看，《法国商法典》规定的资本制度仍应属于法定资本制，或者如我国大多公司法学者界定我国2005年《公司法》公司资本制度时所谓属于“分期缴纳制下的法定资本制”。然而，需要说明的是，法定资本制的本质属性为资本法定或资本确定，具体表现为公司成立时公司资本必须一次发行并全部缴纳，分期缴纳则必然导致公司资本表现出不确定性，从而就违反了公司资本确定的基本要求。法国所创设的一次发行、分期缴纳的模式，事实上是吸收了授权资本制下与分次发行所必然伴随的分次缴纳的结果。由此可见，《法国商法典》确立的资本制度，是以变通的方式吸收了授权资本制的优点而确立的分期缴纳的模式，这种折中模式明显是以法定资本制为主要特征，但又背离了传统的法定资本制一次发行并全部缴纳的基本要求。从学理上来看，可将这种资本制度称为“折中的法定资本制”。这一称谓是相对于“折中的授权资本制”而言的。但“折中的授权资本制”毕竟与授权资本制仍存在本质差异，还不能称为授权资本制，而只能作为一种介于法定资本制与授权资本制之间的中间形态，故被称为“折中授权资本制”。保留了绝大多数法定资本制特征的所谓“折中的法定资本制”，因其一定程度上背离了法定资本制的本质特征，也不宜继续纳入法定资本制的范畴。因此，不妨参考“折中授权资本制”的概念，将其界定为“折中法定资本制”。该公司资本制度类型也与认许资本制不同，后者对授权资本制的吸收程度较高，不仅允许分期缴纳出资，而且允许公司章程规定董事会可自行发行一定限度内的授权资本。这样，“折中授权资本制”、“折中法定资本制”与认许资本制共同构成了折中资本制的基本形态。

折中资本制是对法定资本制和授权资本制的修正，扬其长，避其短。这种新的公司资本制度，既有利于公司的设立，又在一定程度上避免了设立欺诈行为，将法定资本制的严格性与授权制的灵活性有机地结合在一起。无论是对于公司还是对于公司债权人利益的保护及交易安全的维护，折中资本制都不失为一种较为理想的公司资本制度。[12] 可以说，折中资本制代表着现代公司资本制度的发展趋势。[13] 从实际情况来看，在当今世界，公司资本制度类型已由传统的法定资本制与授权资本制平分秋色，发展成为授权资本制、折中资本制与法定资本制三足鼎立的局面，在股份有限公司领域则基本上表现为授权资本制与折中资本制平分秋色。

---

〔11〕　参见《法国商法典》（上册），罗结珍译，北京大学出版社2015年版，第214、229页。

〔12〕　参见范健主编：《商法》（第4版），高等教育出版社2011年版，第149页。

〔13〕　参见冯果：《现代公司资本制度比较研究》，武汉大学出版社2000年版，第25页。

三、我国公司资本制类型的界定

(一)1993 年《公司法》确立的公司资本制类型

我国 1993 年《公司法》确立的公司资本制是“以事先形式安排为特色的严格的法定资本制”[14],明确要求注册资本与实缴资本完全一致。我国的公司资本制度之所以如此严格,是因为资本不实是长期困扰我国经济秩序的一大难题。1993 年《公司法》颁布之前,由于法律规定不完善,主管部门对股东的出资、验资审查不严,导致了公司的滥设和“皮包公司”的大量出现,严重干扰了社会经济秩序。公司经营中抽逃资本及债务拖欠现象也极为严重,对债权人缺乏应有的保护,造成了社会经济生活的混乱和无序。这一资本制度的采纳,表明了以此来保证公司的偿债能力及社会交易秩序的立法目的。然而,这种严格的法定资本制显得较为粗略、简单和僵化。考察各国公司资本制度的历史发展过程,可以发现,任何国家最初均采用一种较严格的公司资本制度;但随着市场经济的发展,日益显示出僵化的公司资本制度已严重阻碍了该国公司的发展。因此,我国理论界与实务部门普遍认为,应顺应公司立法的国际发展趋势,结合我国的国情,对公司资本制度进行修正,为公司的设立创造一个较为宽松的环境,以适应市场经济发展的要求。这在关于公司法修订的讨论中始终属于热点问题。

(二)2005 年《公司法》确立的公司资本制类型界定

在我国 2005 年《公司法》修订之前,学者对公司法应当采取的资本制度类型并无统一的意见。第一种观点认为,我国公司法应当坚持严格意义上的法定资本制,因为此种资本制度使公司资本确定、真实,对于公司债权人的保护是强而有力的;第二种观点认为,我国公司法应当废除严格意义上的法定资本制而采取英美法系公司法的授权资本制,因为此种资本制度使公司可以最大限度地适应市场经济发展的要求,刺激公司投资人的投资积极性;第三种观点认为,我国公司法应当采取折中授权资本制,认为此种资本主义原则吸收了资本法定主义原则和资本授权主义原则的优点,克服了两种资本主义原则的缺点,代表着公司资本制度发展的方向。第三种观点得到了多数人的支持。

在 2005 年《公司法》修订过程中,我国理论界仍大多主张应采折中授权资本制;但最终,2005 年《公司法》没有确立折中授权资本制,而是部分实行了更偏向法定资本制的“分期缴纳制”。依该法第 26 条第 1 款及第 81 条第 1、2 款的规定,有限责任公司及发起设立的股份有限公司股东或发起人首次出资额(缴资数额)不得低于公司注册资本的 20%,其余部分由股东或发起人自公司成立之日起 2 年内缴足,投资公司性质的股份有限公司则可在 5 年内缴足,在此之前股份有限公司不得向社会公开募集股份;募集设立之股份有限公司则实行传统的法定资本制,即注册资本等同于实收资本。对此,我国不少学者将“分期缴纳制”界定为分期缴纳制下的法定资本制,也有学者将其界定为缓和的法定资本制,还有学者回避对公司资本制度类型的定性而直接称之为分期缴纳制。应当说,在对世界主要公司资本制度类型进行深入分析之前,确实很难将我国公司法所规定的新的公司资本制度进行准确归类。通过上述对法国股份有限公司资本制度类型的分析,可以发现,实际上我国 2005 年《公司法》所确立的“分期缴纳制”基本类似于法国股份有限公司的资本制度。基于此,应将我国 2005 年《公司法》所确立的适用于有限责任公司与发起设立的股份有限公司的“分期缴纳制”界定为折中法定资本制。如果有人

---

〔14〕 赵旭东等:《公司资本制度改革研究》,法律出版社 2004 年版,第 5 页。

认为,这种称谓不太合适,也可回避其具体定性,将其笼统称为折中资本制。但鉴于所谓认许资本制也是理论界所作概括,因而不妨将"分期缴纳制"明确界定为折中法定资本制。

(三)2013 年《公司法》确立的公司资本制类型界定

尽管我国 2005 年《公司法》已就公司资本制度作了明确规定,但因我国公司制度及实践还不够成熟,相关理论还不够完善,在具体的制度选择上,理论界大多参考其他国家和地区的规定,并考虑公司资本制度的发展方向,以期能确立一个真正适应经济发展需要的资本制度。2001 年《日本商法典》对原绝对化的设立时发行股份比例(1/4)作了例外性规定:"但在章程中规定转让股份须经董事会同意意旨的情形下,不在此限。"(第 166 条第 4 款)〔15〕2005 年《日本公司法典》完全取消了公司设立时最低发行比例限制的规定,该法第 32 条第 1 款规定:"在股份有限公司设立之际决定下列事项(章程有规定的事项除外)的,须经全体发起人的同意:(一)发起人取得设立时发行股份分配的数量。(二)与前项设立时发行股份相应的支付金额。(三)有关成立后股份有限公司资本金及资本公积金的事项。"〔16〕在改变原有法定资本制而确立折中授权资本制的基础上,经 2005 年 6 月 22 日修订,我国台湾地区"公司法"第 156 条第 2 款也删除了第一次发行股份不得少于股份总数 1/4 的限制。〔17〕

2013 年《公司法》修订是为了及时落实国务院关于改革注册资本登记制度的部署,故仅针对公司资本制度与登记制度作了修订。关于公司资本制度修改的内容包括两点:其一,公司注册资本由分期缴纳制改为认缴制,〔18〕取消了公司全体股东的首次出资额不得低于注册资本的 20% 的规定,并取消了关于公司股东(发起人)应自公司成立之日起 2 年内缴足出资、投资公司在 5 年内缴足出资的规定,并取消了一人有限责任公司股东应一次足额缴纳出资的规定;其二,原则上取消了法定注册资本最低限额,除法律、行政法规以及国务院决定对特定行业注册资本最低限额另有规定的外,原有注册资本最低限额的规定均予以取消。不过,鉴于一些特殊公司或特定行业自身和政府管理的特殊性,对其实缴注册资本的要求较高,特别是从国际上看,世界各个国家和地区普遍对金融机构实施审慎监管,要求金融机构具备相当数量的实缴资本,以维护金融稳定,故该类公司或行业暂不实行注册资本认缴登记制。这些公司或行业包括:(1)《公司法》规定的采取募集方式设立的股份有限公司;(2)现行法律、行政法规规定的银行业金融机构(包括商业银行、外资银行、金融资产管理公司、信托公司、财务公司、金融租赁公司、消费金融公司、货币经纪公司、村镇银行、贷款公司、农村信用合作联社、农村资金互助社)、证券公司、期货公司、基金管理公司、保险公司、保险专业代理机构、保险经纪人、外资保险公司、直销企业、对外劳务合作企业、融资性担保公司;(3)2013 年 10 月 25 日国务院第 28 次常务会议决定的劳务派遣企业、典当行、保险资产管理公司、小额贷款公司。

显然,2013 年《公司法》确立的认缴制与 2005 年《公司法》确立的分期缴纳制有本质区别。

---

〔15〕 参见吴建斌主编:《日本公司法规范》,法律出版社 2003 年版,第 40 页。

〔16〕 吴建斌编译:《日本公司法　附经典判例》,法律出版社 2017 年版,第 14 页。

〔17〕 我国台湾地区"公司法"(2001 年 11 月 12 日修订)第 156 条第 2 款规定:"前项股份总数,得分次发行。但第一次应发行之股份,不得少于股份总数四分之一。"2005 年修订后,该款变更为:"前项股份总数,得分次发行。"

〔18〕 在我国 2013 年推行的公司注册资本登记制度改革中,将注册资本实缴登记制修改为认缴登记制。但需要注意的是,此处所谓注册资本实缴登记制与认缴登记制,系从公司注册资本登记制度而言,不能将其混同于公司资本制度意义上的实缴制与认缴制。

从公司资本制度类型界定角度来说,认缴制因取消了首次出资额限额、足额缴纳期限以及法定注册资本最低限额的规定,已根本性地背离了法定资本制,而更接近于授权资本制。不过,认缴制下,公司成立时虽无实缴资本的刚性规定,但仍应认缴全部出资,且董事会无权自行作出增资决定,因而也不符合授权资本制的本质特征。因此,认缴制仍属于兼具法定资本制与授权资本制特征的一种折中模式。若要对其作明确界定,则因其明显背离了法定资本制的基本特征,而不能界定为折中法定资本制,似应基于其更接近于授权资本制而界定为折中授权资本制。

然而,我国2013年《公司法》确立的认缴制与上述折中授权资本制存在实质性差异,除董事会无权自行决定发行股份外,其他方面均与授权资本制基本相同。事实上,认缴制与声明资本制非常类似,都具有明显的授权资本制特征,但又略有不同。认缴制是排除了授权董事会自行发行股份的权利,故授权成分不及授权资本制;声明资本制则不仅允许董事会自行发行股份,而且彻底排除了以章程形式对授权资本总额所作限制,完全由董事会自行决定资本发行,故授权成分更高于授权资本制。因此,尽管声明资本制由授权资本制演进而来,且比传统的授权资本制更为进步,但将其归入授权资本制并无不妥;而认缴制因不具备董事会自行决定资本发行的授权要素,将其归入授权资本制则稍显不妥。由此可见,认缴制与传统意义上的法定资本制、授权资本制及折中资本制均有明显区别,无论将其归入哪一种类型均不完全妥当。就此而言,正如可将声明资本制视为一种独立于授权资本制的新型公司资本制类型一样,不妨将我国2013年《公司法》确立的认缴制也视为一种新的类型。不过,鉴于所谓法定资本制、授权资本制及折中资本制也都是一种学理概括,随着各个国家和地区的法律的修订,客观上早已不能完全概括法律所确认的公司资本制模式,故仍可基于认缴制的本质特征而将其界定为授权资本制的一种特殊形态。当然,认缴制下的"授权"不同于传统授权资本制下的"授权",不是授权董事会自行发行股份,而是授权董事会根据公司经营需要自行决定何时要求股东实缴其所认缴的股款。因此,认缴制虽可勉强归入授权资本制,但其实属于不严格意义上的授权资本制。

(四)2023年《公司法》确立的公司资本制类型界定

2013年《公司法》确立的认缴制客观上具有促进投资创业的积极作用,且与放松出资管制的世界资本制度改革潮流相适应,故其价值应予肯定。不过,因该制度的推出较为仓促,未同步规定加速到期等必要的配套性规范,且登记主管机关未采取必要配套举措(如在企业信用信息公示系统公示实缴额),导致司法实践中面临法律适用难题,并形成维护法律确认的认缴出资的"期限利益"和维护债权人利益之间的激烈冲突,理论界也为此众说纷纭。为此,《九民纪要》在继续强调原则上不认可加速到期(因缺乏规范依据)的同时,又确认了两种例外情形下适用加速到期制度。

为彻底解决配套规范不健全背景下确立的认缴制问题,2023年《公司法》在确立了出资义务加速到期制度的同时,在有限责任公司确立了限期5年实缴的认缴制,并在股份有限公司中吸收了授权资本制中授权股份发行的制度因素,确立了授权股份发行制。由此,我国公司资本制的类型又一次实现了大幅变革。此番修改后,有限责任公司和股份有限公司实行不同的公司资本制,即前者实行限期5年实缴的认缴制,后者实行授权股份发行制。

2023年《公司法》第47条规定:"有限责任公司的注册资本为在公司登记机关登记的全体股东认缴的出资额。全体股东认缴的出资额由股东按照公司章程的规定自公司成立之日起五年内缴足。法律、行政法规以及国务院决定对有限责任公司注册资本实缴、注册资本最低限额、股东出资期限另有规定的,从其规定。”[19] 与 2013 年《公司法》相关规定相比,2023 年《公司法》新增内容为认缴后限期 5 年实缴。其本质仍属于一次发行、分期缴纳,只不过明确将实缴期限设定为 5 年。这样做,公司可以根据实际经营需要灵活安排股东实缴时间,从而节约股东资金成本,避免多次增资。为此,就需要赋予公司根据客观需要要求股东提前缴纳认缴出资的权利。因此,2023 年《公司法》新增第 54 条规定:“公司不能清偿到期债务的,公司或者已到期债权的债权人有权要求已认缴出资但未届出资期限的股东提前缴纳出资。”此即股东出资加速到期制度。该制度将要求股东提前缴纳认缴出资的权利赋予公司和债权人,使加速到期制度成为认缴制的配套规范。这就解决了认缴制下债权人利益无法基于公司资本信用而获妥善保护的问题。综上所述,2023 年《公司法》确立的限期 5 年实缴的认缴制,既与传统意义上的法定资本制、授权资本制及折中资本制均有明显区别,也与 2005 年《公司法》确立的分期缴纳制和 2013 年《公司法》确立的认缴制有实质性区别,因而应重新界定其所应归属的公司资本制类型。不少学者在对 2023 年《公司法》进行解读时,将其所确立的 5 年实缴的认缴制归入法定资本制。如前文所述,法定资本制的本质特性为一次发行、实际缴纳,而限期 5 年实缴的认缴制虽然具有一次发行的特征,但与实际缴纳的特征不完全契合。该出资模式不仅不具备董事会自行决定资本发行的授权要素,而且与授权资本制下允许分期缴纳的灵活出资缴纳方式相背离,因而更不宜将其纳入授权资本制范畴。因此,可基于其一次发行但有限度分期缴纳的本质特征,仍将其归入折中的法定资本制范畴。

在 2023 年《公司法》修订过程中,我国立法机关及法学界基本上都赞同在股份有限公司中引入授权资本制。不过,该法第 98 条第 1 款规定:“发起人应当在公司成立前按照其认购的股份全额缴纳股款。”第 96 条规定:“股份有限公司的注册资本为在公司登记机关登记的已发行股份的股本总额。在发起人认购的股份缴足前,不得向他人募集股份。”第 152 条第 1 款规定:“公司章程或者股东会可以授权董事会在三年内决定发行不超过已发行股份百分之五十的股份。但以非货币财产作价出资的应当经股东会决议。”依此,我国在授权资本制中授权股份发行的制度因素的同时,未采取多数采授权资本制国家和地区所实行的允许分期缴纳的灵活出资缴纳方式。因此,我国在股份有限公司实行的授权股份发行制与当代各个国家和地区实行的授权资本制仍存在较大区别:其一,当代各个国家和地区实行的授权资本制多数允许分期缴纳,而我国实行实缴制;其二,当代各个国家和地区实行的授权资本制普遍以授权发行的股份

---

〔19〕 为解决存量公司的实缴期限问题,《公司法》第 266 条第 2 款规定:“本法施行前已登记设立的公司,出资期限超过本法规定的期限的,除法律、行政法规或者国务院另有规定外,应当逐步调整至本法规定的期限以内;对于出资期限、出资额明显异常的,公司登记机关可以依法要求其及时调整。具体实施办法由国务院规定。”对此,2024 年 7 月 1 日公布的国务院《关于实〈中华人民共和国公司法〉注册资本登记管理制度的规定》第 2 条规定:“2024 年 6 月 30 日前登记设立的公司,有限责任公司剩余认缴出资期限自 2027 年 7 月 1 日起超过 5 年的,应当在 2027 年 6 月 30 日前将其剩余认缴出资期限调整至 5 年内并记载于公司章程,股东应当在调整后的认缴出资期限内足额缴纳认缴的出资额;股份有限公司的发起人应当在 2027 年 6 月 30 日前按照其认购的股份全额缴纳股款。公司生产经营涉及国家利益或者重大公共利益,国务院有关主管部门或者省级人民政府提出意见的,国务院市场监督管理部门可以同意其按原出资期限出资。”第 3 条规定:“公司出资期限、注册资本明显异常的,公司登记机关可以结合公司的经营范围、经营状况以及股东的出资能力、主营项目、资产规模等进行研判,认定违背真实性、合理性原则的,可以依法要求其及时调整。”

数为注册资本,该授权股份亦为登记事项,而我国实行的授权股份发行制下注册资本为在公司登记机关登记的已发行股份的股本总额,章程规定授权发行的股份并非发行资本和注册资本。就此而言,我国确立的授权股份发行制具有鲜明的中国特色,与传统授权资本制存在明显差异。申言之,我国2023年《公司法》确立的授权股份发行制与认许资本制相似;与同样存在授权股份发行制度安排的折中授权资本制也存在明显差异;与授权资本制则存在实质性差异,故本书将其称为授权股份发行制。就其本质属性而言,可将其归入认许资本制。此外,我国确立的授权股份发行制与前述英国、澳大利亚等国实行的声明资本制〔20〕也有根本差异。在声明资本制下,彻底放弃了授权资本的限制,公司章程不规定授权资本额,而仅载明发行资本,从而董事会自主决定发行新股时不再受授权资本额的限制。显然,声明资本制在授权资本制下进一步放松了资本管制。与此不同,我国确立的授权股份发行制不仅设定了授权资本限制,而且对授权董事会自主发行的数额和年限都作了严格限定,因而与进一步放松授权资本制下资本管制的声明资本制存在实质性差异。

四、公司资本原则

公司资本原则形成于大陆法系国家和地区传统意义上的法定资本制时期,构成了大陆法系公司资本制度的核心。〔21〕确立公司资本原则的根本原因是现代公司法人制度的成熟和完善,是公司独立的财产责任和股东有限责任的必然要求,其目的是保护债权人利益,保证公司本身的正常发展,维护交易安全和社会经济秩序的稳定。在法定资本制下,公司资本三原则得到了最充分的体现。随着大陆法系国家和地区由传统的法定资本制向折中资本制及授权资本制转变,传统意义上的公司资本原则也相应弱化,但总的来说,仍充分体现了维护交易安全和保护债权人利益的社会本位的立法思想。因此,大陆法系国家和地区仍在一定程度上保留了资本三原则,即使在改采授权资本制后,不仅多数国家和地区仍对有限责任公司维持了法定资本制,而且关于股份有限公司的资本制度设计,也在一定程度上体现了资本三原则。在英美法系国家和地区,虽因实行授权资本制而未形成严格的资本三原则,但基于大陆法系公司资本制度的同样目的,也在一定程度上吸收和采纳了公司资本原则的合理因素。不过,因法律文化、法律传统及公司资本制度类型上的巨大差异,两大法系的公司资本原则具有较大差异。大陆法系国家和地区强调的是资本确定、资本维持和资本不变三原则;而英美法系国家和地区则强调资本授权、资本维持和资本不变三原则。但随着越来越多的大陆法系国家和地区转采折中资本制与授权资本制,这种传统上存在的差异已逐渐模糊。我国的公司立法仍比较严格地遵循了大陆法系国家和地区传统上的公司资本三原则。

(一)资本确定原则

资本确定原则,是指公司章程必须确定符合法定资本最低限额的注册资本总额,且应由发起人全部认足或募足;否则,公司便不能成立。资本确定原则能有效保证公司资本的真实性,防止公司设立中的欺诈行为,有效维护交易安全和债权人利益。因此,这一资本原则迄今仍为一些大陆法系国家和地区的公司法所确认,折中资本制仍然保留了资本确定原则的基本要求。

---

〔20〕 参见黄辉:《现代公司法比较研究——国际经验及对中国的启示》,清华大学出版社2011年版,第75~77页。

〔21〕 从本质上讲,一般所谓公司资本制度仅为公司资本形成制度,公司资本原则等关于公司资本的相关制度均包含于公司资本制度之中。

但资本确定原则表明,公司资本总额不是在公司成立后根据实际需要确定的,而是在公司成立之前由发起人凭其主观预测而定的,因而就可能产生预测过高与过低两种不利情况。预测过高时,造成所定的资本总额不易尽快或按时认足,从而影响公司的设立。在此情形下,还易在公司运营过程中产生资本沉淀、积压闲置而导致公司资本利用率降低,进而影响公司利润率的提高。预测过低时,则造成公司在未来经营中如需增加资本时,又要经过烦琐的增资程序。因此,随着对传统法定资本制的修正,现代大陆法系国家和地区公司法已大多修正了传统意义上过于刚性的资本确定原则的内涵,并在一定程度上表现出资本授权的特征。

我国1993年《公司法》实行的是严格的资本确定原则,在2005年部分改采分期缴纳制、2013年部分改采认缴制并于2023年改采限期5年实缴的认缴制和授权股份发行制后,我国《公司法》仍保留了体现资本确定原则的许多规定:(1)有限责任公司股东虽不必在公司设立时实际缴纳其所认缴的全部出资额,但必须全部认缴,且5年内必须完成实缴;(2)股份有限公司虽可在章程中规定一个授权股份总额而不实际发行,但须在公司设立时一次性发行全部注册资本并予实际缴纳股款,且对授权董事会自主发行新股的数额和时间有严格限制;(3)股东对非货币财产出资必须承担出资差额的填补责任。

（二）资本维持原则

资本维持原则,又称资本充实原则,是指公司在其存续过程中,应维持与其资本额相当的实有财产。公司的注册资本仅仅表现为公司章程中一个被股东认缴或认购数字,在公司成立时的实有资产仅为股东实际缴纳的股款,而在公司成立后真正作为公司偿债担保的则是公司的自有资产。在公司成立后的存续过程中,公司的财产会因盈余、亏损、无形损耗等在价值上发生变动,从而使公司的资产成为一个变量,使作为公司真正信用的公司资产与公司资本及实缴资本脱节。因此,为使公司资本具有实际意义,使公司资本与公司资产基本相当,切实维护交易安全和保护债权人的利益,防止公司经营中的欺诈行为,各个国家和地区的公司法普遍作出相关规定,以体现资本维持原则。资本维持原则不仅是大陆法系普遍适用的资本原则,也在英美法系的公司法中得到体现。

为了体现这一原则,我国《公司法》明确规定:(1)公司成立后,股东不得抽回向公司的投资;(2)发起人用于抵作股款的财产的作价不得高估;(3)股票的发行价格不得低于股票的票面金额;(4)公司原则上不得收购自己所发行的股票,[22]也不得接受本公司的股票作为抵押权的标的;(5)公司分配当年税后利润时,应当提取利润的10%列入公司法定公积金,公司法定公积金累计额为公司注册资本的50%以上的,才不必提取;(6)在公司弥补亏损之前,不得向股东分配股利。

（三）资本不变原则

资本不变原则,是指公司的资本一经确定,非依法定程序,不得随意改变。资本不变原则是为配合资本维持原则而设立的一项法定原则。它们二者的立法宗旨是一致的,都是为了防止公司注册资本的减少,保护债权人的权益。但二者的角度则有所不同:资本维持原则是从公

---

〔22〕 依《公司法》第162条之规定,在下列情形下公司可以收购自己所发行的股票:(1)减少公司注册资本;(2)与持有本公司股份的其他公司合并;(3)将股份用于员工持股计划或股权激励;(4)股东因对股东会作出的公司合并、分立决议持异议,要求公司收购其股份的;(5)将股份用于转换上市公司发行的可转换为股票的公司债券;(6)上市公司为维护公司价值及股东权益所必需。同时,上述情形下,所购股票还应在一定期限内依该条规定方式处理。

司实有资本与注册资本数额的相互吻合方面来防止公司资本的实质性减少;而资本不变原则是仅从注册资本数额本身来防止公司资本在形式上的减少。资本维持原则与资本不变原则相辅相成,缺一不可,只有二者相互配合,才能维持资本的真正充实,并防止形式资本额的减少,以保护债权人的利益。如果只有资本维持原则而没有资本不变原则,公司的注册资本就可能随时变更,一旦公司财产减少时,公司即可相应减少其注册资本额,那么,资本维持原则也失去了实际意义;同样,如果只有资本不变原则,而没有资本维持原则,公司的注册资本从形式上虽不能变化、减少,但可以使公司实有资本与注册资本不相吻合,造成公司财产的实际减少。

为了体现这一原则,我国《公司法》对于公司资本的减少作出了严格的限制:(1)须有资本过剩或亏损严重的事实存在;(2)公司需要减少注册资本时,应当编制资产负债表和财产清单;(3)对于有最低注册资本限额的公司,减少资本后的注册资本不得低于法定最低限额;(4)公司减少注册资本必须由股东会作出决议;(5)公司减资应当在法定期限内通知债权人并在报纸上或者国家企业信用信息公示系统公告;(6)债权人在法定期限内有权请求公司清偿债务或者提供相应的担保;(7)公司减资必须向公司登记机关办理变更登记手续。

第二节　股东出资制度

一、出资制度概述

出资是公司设立的必要条件之一,出资制度则是资本制度的组成部分。良好、完善的出资制度,从微观上讲,可以促进公司更好地进行资本运营,为企业内部激励提供更广阔的空间。从宏观上讲,出资形式和出资额度的宽紧度对于促进投资、转化民间储蓄资本、鼓励中小企业的发展、保持经济的稳定和繁荣有着极为重要的作用。

从最为狭隘的意义上来理解,出资制度属于公司设立的范畴,主要的法律规则由出资形式、出资限额、出资验证、审查核准等构成。这种意义上的出资制度,仅仅是对于公司的成立行为作出规定而已。然而,只要存在股东以及股东资格的丧失、取得、转让等行为,出资就在更大的范围内涉及股东资格的变更、丧失,出资转让制度,股份制度等。因此,广义的出资制度应当包括在公司的任何存续期间,资本或其所有权进入公司或变化的过程。由此,除了公司成立时的出资问题之外,还包括在公司存续期间的资本变动、出让、增资、减资、分立、新股发行等。

在股东出资制度上,各个国家和地区的公司法大多实行严格的出资形式法定主义。各个国家和地区的公司法普遍规定,股东可以货币出资,也可以实物、工业产权、土地使用权、商誉等作价出资,无限公司和两合公司的无限责任股东还可以劳务和信用出资。

与其他国家和地区的公司法不同,我国 1993 年《公司法》对公司出资制度采用了列举方式,仅允许采用货币、实物、工业产权、非专利技术、土地使用权五种方式。为了贯彻资本三原则,这种列举方式意味着,不允许股权、劳务等作为出资,并且严格地按照出资额来衡量股权大小,不允许通过合同方式对股东出资额的大小进行约定。此外,为了贯彻资本确定原则,股东权利与股东出资一一对应,股东的出资必须经过公司登记机关的审查,非货币形式的出资必须经过相应的评估。无论是资产重组、二次融资还是吸纳新股东,都不允许股东通过约定来限制其在公司中所享有的权利比例。这种僵化规定的弊端早已在实践中显露，并且也早为实践所突破，从而导致了出资形式“不合法”但经公司登记机关审查而“合法”设立的不合理现象时有发生。这就使我国既有的出资制度不仅在原始立法目的上落空了，而且事实上，对出资形式的规定和严格的资本审查制度，对于中小企业的发展、企业二次融资、公司的合并分立造成了诸多不便。[23]

2005年《公司法》顺应扩大出资形式的实践需求，改变了僵化的列举式立法模式。该法第27条第1款规定：“股东可以用货币出资，也可以用实物、知识产权、土地使用权等可以用货币估价并可以依法转让的非货币财产作价出资；但是，法律、行政法规规定不得作为出资的财产除外。”2023年《公司法》仍采用例示主义的立法模式，但进一步放松了出资形式的限制。该法第48条第1款规定：“股东可以用货币出资，也可以用实物、知识产权、土地使用权、股权、债权等可以用货币估价并可以依法转让的非货币财产作价出资；但是，法律、行政法规规定不得作为出资的财产除外。”依此，法定出资形式并不限定于明确列举的六种形式，而是将“可以用货币估价并可以依法转让的非货币财产”作为非货币出资的实质要件，从而使出资形式处于开放状态。在传统的公司资本信用理念指导下，公司股东的出资必须具有财产价值的确定性、相对稳定性和可转让性。也就是说，可以作为股东出资的财产，应当是公司生产经营所需要、可以用货币评估作价并可以独立转让的财产。我国《公司法》规定的“可以用货币估价并可以依法转让的非货币财产”这一股东出资的实质要件，实际上正是出资财产要素的体现。这不仅实质性地扩大了股东出资财产的范围，而且充分地利用各种投资资源和社会财富，最大限度地满足了股东和公司的投资需求。当然，为了保证公司资本的确定性，防止以价值不确定的财产向公司出资可能产生的风险，法律、行政法规可以根据实际情况，对不得作为出资的财产作出规定。

二、股东出资的典型形式

在例示主义立法模式下，法律明确规定的法定出资形式无疑应为典型的股东出资形式。

（一）货币出资

货币是公司资本中最基本的构成形式，各类型的公司都离不开货币资本。公司进行生产经营活动，货币是必不可少的。股东以货币出资，既可以准确计算出资额，也可以直接使用，具有方便快捷的优点。

为了保证公司资本中有足够的货币用以满足公司的经营需要，许多国家和地区的公司法，特别是大陆法系国家和地区的公司法，都对货币应占公司资本的比例作出了明确规定。例如，法国、德国、奥地利等国都规定股份有限公司的货币出资应占公司总资本的25%以上；意大利规定货币出资为公司资本的30%；比利时、瑞士、卢森堡规定为20%。

我国1993年《公司法》对股东货币出资应占资本总额的比例未作明确规定，2005年《公司法》第27、83条则明确规定货币出资金额不得低于公司注册资本的30%。法律作此限制，目的在于保证公司资本的实有性及可应用性。[24] 但货币出资比例的强制性规定可能会导致公司资

---

〔23〕 参见邓峰：《论公司的出资形式和出资监管》，载王先林主编：《安徽大学法律评论》第2卷第1期，安徽大学出版社2002年版。

〔24〕 《公司法（草案）》（2004年8月稿）原本规定货币出资金额不得低于公司注册资本的10%，后来这一货币出资的限额被认为过低，因而在《公司法（修订草案）》（一次审议稿）中即已被修订为30%。

本的低效占用问题并对高新技术企业的孵化造成困难,因此,2013 年《公司法》取消了这一规定,2023 年《公司法》维持了这一改革成果。

有限责任公司股东以货币出资的,应当将货币出资足额存入有限责任公司在银行开设的账户;不按照规定缴纳出资的,除应当向公司足额缴纳外,还应当对给公司造成的损失承担赔偿责任。股份有限公司发起人应当在公司成立前按照其认购的股份全额缴纳股款。关于贷款获得的现金是否可以作为出资的问题,我国《公司法》没有明确规定。从法律性质上讲,借贷得到的钱款当然属于借款人自有资金,因而理应允许作为出资。依此,投资人只要求系以自己的名义出资,至于其用于出资的资金是否借贷而来,则在所不问。

在我国司法实践中,曾对以违法犯罪所得出资的法律性质及法律效果存在认识分歧:第一种意见认为,出资行为本身有效,但股权作为违法所得应予收缴;第二种意见认为,出资行为本身无效,但不影响公司设立的效力,同时应直接对出资标的物予以追缴;第三种意见认为,不仅出资行为本身无效,而且公司设立无效;第四种意见认为,不仅出资行为本身有效,而且出资人还得以保留股权,只需对其财产另外予以追缴即可。第四种意见基本上未获司法裁判支持,但前三种意见都有不同程度的实践。因此,迫切需要以权威解释实现统一认识。为此,《公司法解释(三)》第 7 条第 2 款明确规定:“以贪污、受贿、侵占、挪用等违法犯罪所得的货币出资后取得股权的,对违法犯罪行为予以追究、处罚时,应当采取拍卖或者变卖的方式处置其股权。”依此,以违法犯罪所得出资,应认为出资行为本身有效,但出资人因此取得的股权属于违法犯罪所得,应予追缴。还需说明的是,尽管司法解释未作进一步规定,以违法犯罪所得出资的法律性质及法律效果从理论上应可作以下解释:如果违法犯罪所得出资构成了公司注册资本的主要来源,或者其他股东明知违法犯罪所得出资的资金来源,或者以违法犯罪所得出资系全体发起人的共谋行为,都应认定构成登记主管机关撤销公司设立登记的事由。

(二)实物出资

实物主要是指建筑物、厂房、机器设备等有形财产。股东的实物形态的出资是公司资本中不可或缺的重要组成部分。因此,世界各个国家和地区的公司法都允许股东将实物作为出资。但能够作为出资的实物财产,应当是能够直接用于该公司生产经营所需的物品,否则公司登记机关将不予核准。公司章程应当就作为出资的实物转移的方式、期限等作具体规定。股东对其用以出资的实物财产还必须拥有所有权,并应出具有效证明。关于已经设定担保的财产出资的效力,应当符合我国现行担保法律制度的相关规定,如抵押人处分抵押物以通知为法定条件,否则抵押物的处分无效。实物出资,必须由股东各方按照有关规定确定实物财产的价值,或者委托专门的评估机构对其价值进行评估,并经股东会或成立大会审核。对于股东或发起人高估作价的,应由其补交差额,公司设立时的其他股东或发起人对此承担连带责任。实物须办理过户手续的,公司应当于成立后半年内办理,并报公司登记机关备案。

许多国家和地区的公司法都允许股东分期缴纳出资,但对于实物出资,各个国家和地区的公司法都规定必须一次缴清。对此,我国《公司法》第 49 条第 2 款规定:“股东以货币出资的,应当将货币出资足额存入有限责任公司在银行开设的账户;以非货币财产出资的,应当依法办理其财产权的转移手续。”针对股份有限公司,该法第 98 条第 2 款规定:“发起人的出资,适用本法第四十八条、第四十九条第二款关于有限责任公司股东出资的规定。”显然,我国《公司法》不仅要求实物出资应一次性缴纳,而且要求所有“非货币财产出资”都必须一次性缴纳。其所谓“依法办理其财产权的转移手续”，即为将相关财产按照权属变更的要求移转于公司并实际交付给公司。

（三）知识产权出资

所谓知识产权，包括专利权、商标权、著作权及非专利技术等所有知识产权能够涵盖的内容。专利技术不仅代表着科学技术的创新和进步，而且它在社会生产中的应用会带来巨大的经济价值。商标可以表明商品的质量和信誉，尤其是驰名商标，因其代表知名商品特有的质量和信誉而具有巨大的经济价值。用于出资的著作权无特定限制，一般多为适用著作权保护的计算机程序，但并不排除其他著作权类型。非专利技术又称非专有技术，是指未申请专利或未获得专利权的技术秘密，其客观存在的价值往往对公司具有重大价值。投资者以知识产权出资时，应当提供专利证书等有关证明材料，确定其先进性和实用性，并依法评估作价。

2005 年《公司法》将不周延的“工业产权、非专利技术”替换为“知识产权”，并取消了关于知识产权出资的比例限制，从而扫除了知识产权出资制度对高新技术企业发展的障碍。知识产权出资必须评估，评估时应依据客观、真实、全面的评估资料，选择科学合理的评估方法和专业评估机构，为知识产权出资的真实性奠定基础。

（四）土地使用权出资

土地使用权，是指非土地所有人依法对土地加以利用和取得收益的权利。在我国，土地归国家所有和集体所有，公民、法人只能通过出让或转让方式取得土地使用权。作为一项重要的生产资料，土地在生产经营中是不可或缺的资产，当然可以作价入股。土地使用权的价格由县级以上人民政府的土地管理部门组织评估，并报县级以上人民政府审核批准后，作为核定的出资金额。

（五）股权出资

所谓股权出资，是指发起人以其对外投资（在其他公司的权益）出资。股权能否作为出资的问题非常复杂，它涉及公司法上的主体的分立、资本制度中转投资、证券法上的公司收购和股份转让、内部组织管理制度中的决策权分配以及小股东保护等问题。我国 2023 年《公司法》明确将股权确定为典型出资形式。从法理上来说，股权出资可被视为货币、实物和无形财产等出资方式的结合体。从会计角度看，长期股权投资作为一项长期资产，由投资人拥有并且预计会给企业带来经济利益，这项资产既然可以单独转让，因而也没有理由认为其不能作为出资形式。从实务角度看，股权则经常用于出资。例如，2003 年曾经引发中国第一例上市公司要约收购案的南京钢铁联合有限公司，即为复星集团出资 16.5 亿元和南钢集团以所持的南钢股份 70.95% 股权出资共同组建而成。从上市公司公开披露的信息也可以看出，在实践中，股权出资确实并不少见。

股东将其对某个企业的股权作为出资，而不是将其变现（通过将股份质押或者直接出让来实现），其目的包括：（1）将对股权未来的预期收益及出资股权所属公司的成长性计算在内，从而使股权的价值得到综合利用。（2）股权出资并不必然丧失股东对该股权的权利，股权上附着的控制权等超越股权财产权属性的权利可能继续保留，从而使股东扩大了其基于股权的控制权或影响力。

认为需要禁止股权作为出资的理由在于股权的价值变动性较大，容易对其他股东的资本安全和债权人的安全造成威胁。对于不同性质的公司以及不同性质的股权而言，股权出资的威胁性和是否加以规制的必要性是不同的。股份有限公司的股权价值在市场价值上比较容易体现,并且在实缴制下,在股权进入公司时也比较容易确定其价值;而有限责任公司的股权的价值则难以确定,并具有相当的变动性。因此,在实践中,如果确实需要以股权出资,对于有限责任公司,应当得到其他股东的同意;对于股份有限公司,则应征得其他发起人的同意。对于用以出资的股权所属的公司而言,由于其股东发生变化,必须按照公司法规定履行相关程序。

股权出资,注册会计师在验资时应进行以下审验程序:(1)检查出资人以股权出资是否征得其他股东或发起人的同意,并评估作价,折合成股份。(2)查阅评估报告,了解评估的目的、评估基准日、评估假设等有关限定条件是否满足验资的要求;关注评估报告的特别事项说明和评估基准日至验资报告日期间发生的重大事项对验资结论产生的重大影响;检查投入股权的价值是否获得了各出资者的认可。(3)检查股权是否存在争议及潜在纠纷,发起人或股东是否能够完全控制该争议或纠纷。(4)检查股权交接手续,明确评估基准日至股权交接日产生的利润归属。(5)检查股权所属公司是否召开了董事会和股东会,通过决议同意该发起人以股权出资,如果是有限责任公司,其他股东是否放弃优先购买权。(6)取得被审验单位、出资者和股权所在公司签署的在规定期限内办妥股权所在公司变更登记手续的承诺函。

为规范股权出资问题,《公司法解释(三)》第11条第1款明确规定:"出资人以其他公司股权出资,符合下列条件的,人民法院应当认定出资人已履行出资义务:(一)出资的股权由出资人合法持有并依法可以转让;(二)出资的股权无权利瑕疵或者权利负担;(三)出资人已履行关于股权转让的法定手续;(四)出资的股权已依法进行了价值评估。"根据《公司法》第48条的规定,股权出资应履行评估作价程序。

(六)债权出资

所谓债权出资,又称以债作股,是指投资人以其对公司或第三人的债权向公司出资,抵缴股款。在我国经济实践中,债权出资较为普遍。债权出资的效力问题,因其缺乏明确的规范依据,曾在相当长时期内成为投资人选择出资形式、法院裁判案件、工商行政部门进行商业登记管理、立法机构修订立法乃至社会各界关注的焦点,我国2023年《公司法》的确认终于彻底解决了这一问题。

债权出资遇到的法律问题与股权出资相似。与其他资产相比,债权具有很大的不稳定性。在我国现阶段,因社会信用体系还不够健全,允许债权作为出资,显然会造成公司资产的不稳定,从而某种程度上有悖于公司的资本安全宗旨。债权出资可分为一般性债权出资和证券化债权出资。后者的确定性和稳定性相对较高,且已为不少国家和地区所确认,因而争议较小;前者则争议较大。而一般所谓债权出资,系指前者而言的。在国外立法中,英美法系国家和地区对债权出资未作任何限制,均将其视为股权的适当对价而予以认可;在大陆法系国家和地区中,德国、日本等多数国家都不予认可,也有国家明文认可,如意大利允许以经评估作价的债权出资。[25] 不过,大陆法系国家和地区近期对债权出资的政策取向上明显有从宽的趋势,尤其是对公司重整时的"债转股"。由于以债作股可抵消公司的负债,从而使公司的净资产增多,也便于公司融资,因而在大陆法系国家和地区主张解除债权出资禁令的呼声也越来越高。例如,在日本,虽然在正常公司经营时不允许以债权出资,但根据《日本公司更生法》第222条的规定,

---

〔25〕 参见《意大利民法典》第2343条;《意大利民法典》,费安玲等译,中国政法大学出版社2004年版,第549页。

公司进入重整更生时,重整债权人或股东可根据重整计划无须另外缴纳出资而取得新股。[26]该规定意味着允许债权出资。在德国司法实践中,在股份公司或有限公司破产时,可由破产债务人将公司全部财产提供给全体破产债权人设立一个新公司,将原破产债权作为股东出资,使全体破产债权人成为公司股东,以满足债权清偿的要求。此种方法为德国法院判例和学说所承认。实践中,以此种方法进行和解的颇多。

在我国公司法律实践中,在一些由国有企业改制组建的上市公司中,国有企业将原有的债权作为出资的现象较为多见。在商业银行改革与资产重组过程中所实行的"债转股",也是债权出资的一种形式。除此之外,实践中还出现了不少一般债权人以其对公司所享有的债权冲抵其认缴股款的现象。尽管这种缺乏公司法明确规定的出资方式往往会引发争议,且司法实践中也缺乏统一的做法,但确实已产生了不少对此予以认可的判例,并产生了较为广泛的影响。当然,因债权所固有的不确定性与不稳定性,以其出资,在公司设立阶段,为保护有限责任公司其他股东或股份有限公司其他发起人的权利,应获得其他股东或发起人的认可;公司存续期间,则应获得公司董事会的认可。为解决合理估值问题,债权出资作为非货币财产出资形式的一种,当然也应履行《公司法》第 48 条规定的评估作价程序。

三、股东出资非典型形式

在许多国家和地区,除以上出资形式外,还包括较为灵活的多种出资形式。尤其是在实行授权资本制的国家,股东出资形式非常丰富。例如,《美国商事公司示范法》(2002 年)第 6.21 条(b)规定:"董事会可以授权就拟发行的股票收取的对价为任何有形或者无形的财产或者公司获得的利益,包括现金、本票、已提供的劳务、待履行的服务合同或者公司的其他证券。"[27]显然,依其规定,几乎一切有形、无形财产均得为出资标的。依学者的看法,还包括债务之减免、诉讼权之放弃,甚至给予慈善事业股份所获得之名誉都可以作为出资标的。

在大陆法系国家和地区,对于资合公司的出资方式,仍大多未予扩张,有的甚至明文规定了禁止事项。不过,随着传统的法定资本制向折中资本制的变革,以及公司资产信用理念的普遍确立,许多国家和地区已放宽了对资合公司出资形式的限制。对此,我国有学者认为,在知识经济的时代背景下,多样化、无体化的财产形式越来越多,以发行股票的"对价"的观点来看,只要是任何公司营业所需要的财产与权利而具有一定实际经济价值者,皆应可以作为出资标的。因此,应尽量减少对出资方式的限制,将出资种类适度放宽。因为只要董事会能够严格把关,并且验资机制能够运作良好,通过健全董事权责机制,此举不仅不会害及虚假出资之防范,而且有利于公司筹集资金。[28] 而 2001 年我国台湾地区"公司法"第 156 条第 5 款[29]亦明确规定,"股东之出资除现金外,得以对公司所有之货币债权,或公司所需之技术、商誉抵充之"。2005 年《日本公司法典》则未对股东出资形式作任何限制,该法第 34 条第 1 款第 1 句规定:"发起人认购设立时发行的股份后,须及时就其认购的设立时发行股份,全额支付作为出资的金钱或交付作为出资的金钱以外的财产。"[30]

---

[26] 参见《日本商法典》,王书江、殷建平译,中国法制出版社 2000 年版,第 427 页。

[27] 沈四宝编译:《最新美国标准公司法》,法律出版社 2006 年版,第 49 ~ 50 页。

[28] 参见王文宇:《公司法论》,中国政法大学出版社 2004 年版,第 219 页。

[29] 该款修订前规定:"股东之出资,除发起人之出资及本法另有规定外,以现金为限。"

[30] 吴建斌编译:《日本公司法　附经典判例》,法律出版社 2017 年版,第 16 页。

虽然我国1993年《公司法》规定了极为严格的出资限制,但在我国公司实践中,早已出现了多种超越该法规定的出资形式。2023年《公司法》规定的"可以用货币估价并可以依法转让的非货币财产"的具体内涵与外延,究竟应如何完善,还有待于进一步研究。结合我国公司实践,可以认为我国《公司法》规定的"可以用货币估价并可以依法转让的非货币财产",除已获确认的股权和债权外,理论上应包括商誉、公路经营权以及探矿权、采矿权等财产权。至于劳务能否作为非典型的法定出资形式,则仍存理论上的疑问。

(一)商誉出资问题

商誉(goodwill/reputation of business)即商业信誉与声誉,是商品经济发展到一定阶段的产物,是特定主体商业文化的一种特殊价值形态。[31] 这一概念在经济学与法学中都得到了广泛运用,但存在较大差异。在经济学界,一般认为,商誉是企业在产品质量、经营管理、财务状况、资金信誉,以及职工的素质和工作效率等方面,处于同行业中较优越的地位,因而在消费者心目中拥有较高的声誉,可望在同样条件下获得高于一般盈利水平的能力。[32] 作为法律概念的商誉,源自英美法系国家和地区。法学界从经济学界接受了商誉的概念,同时也基本上接受了经济学界关于商誉是无形资产的理解。然而,法律上关于商誉的界定因其特定的法律视角而又明显区别于经济学上的界定。据《布莱克法律词典》的解释,商誉指的是"从社会公众那里赢得的关于商事经营的美好声誉"[33]。大陆法系国家和地区基本上只是将商誉作为一个经济概念看待,而不在立法与法学上使用该概念。但商誉的法律保护还是存在的,只不过没有赋予"商誉权"这一概念而已。我国法学界接受了商誉的概念,并有许多学者关注,相关研究成果也不少。但在立法上,我国也未明确使用商誉或商誉权的概念。[34] 不过,这些并不妨碍我们讨论乃至确认商誉出资问题。

商誉与其所隶属的企业不可分离,是广大消费者对企业的良好评价,这种评价主要来源于质量上乘的产品、良好的购物环境及售后服务等。这种评价会对消费者产生购买吸引力,并由此产生巨大的社会效应,从而给企业带来丰厚的经济利益。在我国,企业的商誉不能成为资产负债表中的所有者权益,而只能作为资本溢出来处理。这使那些商誉价值高的企业再投资时,不能将其良好的商誉转化为新的投资,显然不利其发展。因此拥有商誉的企业应当可以将其商誉用于出资。事实上,我国与有关国家签订的有关投资保护的双边协定已承认了商誉出资的合法性。例如,1982年我国与瑞典签订的《关于相互保护投资的协定》第1条规定,"投资"应包括缔约一方投资者在缔约另一方境内,依照其法律和规章用于投资的各种形式的资产,尤其是……版权、工业产权、工艺流程、商号和商誉。1984年我国与法国签订的《关于相互促进和保护投资的协定》,对投资范围的解释亦将商誉包括在内。不过,由于商誉处于变动之中,对商誉进行价值评估非常困难。为了拓宽投资渠道,并激发企业的良好经营,在实践中,应设立专

〔31〕 参见吴汉东、胡开忠:《无形财产权制度研究》,法律出版社2001年版,第523页。

〔32〕 参见于长春:《无形资产会计》,立信会计出版社1999年版,第62页。

〔33〕 See Henry Campbell Black M. A., *Black's Law Dictionary*, 5th edition, West Publishing Co., 1979, p. 625. 该书第7版已作了修订,其内容修订为一项具体而详细的解释,但基本精神未变,故仍引用其更为简洁的第5版。See Bryan A. Garner, *Black's Law Dictionary*, 7th edition, West Publishing Co., 1999, p. 703.

〔34〕 财政部颁布的《企业会计准则》(已失效)中关于商誉的界定仅仅具有经济学或者更严格地说是会计学上的意义,不能视为商誉的立法界定。

门的商誉评估机构，建立一套科学的商誉评估制度。此外，考虑到商誉的可变化性，可适当进行相关规制。例如，为强化商誉出资者的责任，应禁止商誉出资股份的流通，设置对商誉出资者的赔偿责任，并将商誉出资予以突出公示。

（二）公路经营权出资问题

随着高等级收费公路的出现，收费公路在一定期限内的经营权也随之形成。经营性公路通过收费，虽然可能逐步收回投资，且部分项目还有望取得合理回报，但收回投资需要较长的时间，在一定的期限内建设资金仍然沉淀在项目之中，无法快速循环再用于新的建设。这样，用于公路建设（包括用于经营性公路）的资金不断地大量沉淀，但筹资的压力又在日益加大。如何盘活不断沉淀下来的资金，缓解筹资压力，加快交通基础设施的建设步伐，就成为一个重要的课题。于是，原交通部于1996年规定了一种新型权利——公路经营权，并将其界定为无形资产。原交通部于1996年颁布的《公路经营权有偿转让管理办法》（已失效）第5条规定："公路经营权是依托在公路实物资产上的无形资产，是指经省级以上人民政府批准，对已建成通车公路设施允许收取车辆通行费的收费权和由交通部门投资建成的公路沿线规定区域内服务设施的经营权。"依此，公路经营权作为可以转让的无形资产，当然可以用于出资。在会计上，也已明确将其作为无形资产纳入资本公积金的范畴。当然，如果国家通过相应措施，将所有公路均作为免费产品向社会无偿提供，使公路经营权不复存在，则公路经营权出资问题也将不复存在。

（三）探矿权、采矿权出资问题

探矿权、采矿权出资，是指探矿权人和采矿权人将其依法取得的探矿权、采矿权转让给设立中公司或已成立公司作为出资。探矿权、采矿权转让，是指探矿权人和采矿权人依法转移探矿权和采矿权的行为。探矿权，是指在依法取得的勘查许可证规定的范围内，勘查矿产资源的权利。采矿权，是指在依法取得的采矿许可证规定的范围内，开采矿产资源和获得所开采的矿产品的权利。在西方国家，矿产资源探矿权和采矿权由探矿权人和采矿权人出售、转让、作价出资（包括合资、合营、矿业股票上市等）的情况比较广泛。在我国计划经济时期和市场经济初期，"探矿权人"和"采矿权人"的合法称谓尚未确立。随着市场经济的深入发展，外商投资企业逐渐增多，矿业产权交易渐渐成为国家和社会十分关注及重点研究的问题。如今，在资源受到高度重视、其价值不断提高的背景下，在矿山企业，探矿权、采矿权出资将日益普遍。探矿权、采矿权所包含的价值具有公司出资财产"可以用货币估价并可以依法转让的非货币财产"的本质要求，因而应当属于公司出资非典型形式。

探矿权、采矿权转让适用1998年2月12日国务院令第242号发布、2014年7月29日修订的《探矿权采矿权转让管理办法》。依其规定，除按照下列规定可以转让外，探矿权、采矿权不得转让：（1）探矿权人在完成规定的最低勘查投入后，经依法批准，可以将探矿权转让他人；（2）已经取得采矿权的矿山企业，因企业合并、分立，与他人合资、合作经营，或者因企业资产出售以及有其他变更企业资产产权的情形，需要变更采矿权主体的，经依法批准，可以将采矿权转让他人采矿。转让探矿权，应当具备下列条件：（1）自颁发勘查许可证之日起满2年，或者在勘查作业区内发现可供进一步勘查或者开采的矿产资源；（2）完成规定的最低勘查投入；（3）探矿权属无争议；（4）按照国家有关规定已经缴纳探矿权使用费、探矿权价款；（5）国务院地质矿产主管部门规定的其他条件。转让采矿权，应当具备下列条件：（1）矿山企业投入采矿生产满1

年;(2)采矿权属无争议;(3)按照国家有关规定已经缴纳采矿权使用费、采矿权价款、矿产资源补偿费和资源税;(4)国务院地质矿产主管部门规定的其他条件。国有矿山企业在申请转让采矿权前,应当征得矿山企业主管部门的同意。转让国家出资勘查所形成的探矿权、采矿权的,必须进行评估。探矿权、采矿权转让的评估工作,由国务院地质矿产主管部门会同国务院国有资产管理部门认定的评估机构进行;评估结果由国务院地质矿产主管部门确认。

(四)劳务出资问题

《辞海》将劳务归属于"服务"词条内,认为它是指不以实物形式而以提供活劳动的形式满足他人某种需要的活动。《现代汉语词典》的解释也基本相同。在法学界,关于劳务的含义的理解则不尽相同。有人认为,劳务是以活劳动的形式为人们提供的某种服务,具有能够满足人们某种需要的基本属性,就其法律性质而言,属于行为的一种,不属于民法中的有体物或财产权利。〔35〕 也有人认为,劳务是指以体力劳动或智力劳动的形式为他人提供某种效用的活动;法学意义上的劳务表现为某种行为,而这种行为的结果通常是有形的、可视的、便于评价的。〔36〕 还有人认为,劳务是劳动力使用的结果,它的范畴广泛,既包括简单的体力劳动,也包括复杂的、高级的脑力劳动,还包括技术性、管理性强的劳动;作为出资标的的劳务,无论具体表现为何种形式,都必须能够创造特殊的价值。〔37〕 对此,不必追求精确的概念界定,而作类似于《辞海》所下定义的理解即可。当然,在我国,在出资形式意义上所讨论的劳务,必须具备"可以用货币估价并可以依法转让"的非货币财产的本质属性。而对该问题的回答及相关解决方案,将成为能否将劳务作为出资形式的决定性依据。

大陆法系国家和地区都允许对无限公司和两合公司中负无限责任的股东以劳务出资,但绝大多数国家和地区对有限责任公司和股份有限公司则不允许。例如,《德国股份法》第27条第2款规定:"实物出资或实物承受的财产只能是可以确定经济价值财产;提供劳务的义务不得作为实物出资或实物承受的标的。"〔38〕《意大利民法典》第2342条第5款规定:"劳务或服务不得作为出资的标的。"〔39〕不过,随着公司资产信用理念的逐步确立,已有不少国家和地区明确规定,有限度地允许以劳务出资。例如,法国也自1982年以后,从完全允许劳务出资改为有条件地允许。《法国商法典》第L223—7条第2款规定:"相应情况下,公司章程得确定以劳务技艺出资的公司股份的认购方式。"但该法关于股份有限公司出资制度的第L225—3条第4款规定:"公司股份不得表示劳务技艺出资。"〔40〕《德国有限责任公司法》第5条第4款在对实物出资进行规定时,也未对劳务出资作禁止性规定。〔41〕 从理论上讲,似可解释为该法并不禁止劳务出资。但在德国学者所作出的较为详细的解释性列举中,并未将劳务纳入实物出资的范围内,〔42〕可见,在德国理论界与实务部门尚未对有限责任公司股东可以劳务出资达成共识。2005

〔35〕 参见卞耀武:《合伙企业法》,中国财政经济出版社1997年版,第61页。
〔36〕 参见蒋大兴:《人力资本出资观念障碍检讨及其立法政策》,载《法学》2001年第3期。
〔37〕 参见薄燕娜:《股东出资形式多元化趋势下的劳务出资》,载《政法论坛》2005年第1期。
〔38〕 《德国商事公司法》,胡晓静、杨代雄译,法律出版社2014年版,第26页。
〔39〕 《意大利民法典》,费安玲等译,中国政法大学出版社2004年版,第549页。
〔40〕 《法国商法典》(上册),罗结珍译,北京大学出版社2015年版,第215、230页。
〔41〕 参见《德国商事公司法》,胡晓静、杨代雄译,法律出版社2014年版,第26页
〔42〕 参见[德]托马斯·莱塞尔、吕迪格·法伊尔:《德国资合公司法》(第3版),高旭军等译,法律出版社2005年版,第419页。

年《日本公司法典》也未对股份有限公司的出资形式作任何明确限定，从而为劳务出资留下了制度空间。

英美法系国家和地区大多确认了劳务出资形式的合法性。美国早期很多州的公司法规都明确禁止用未来服务取得发行的股票。但《美国商事公司示范法》(1984 年)以及许多州都承认以已履行的劳务出资。[43] 如上引《美国商事公司示范法》(2002 年)第 6.21 条(b)即对此作了明确规定。英国对劳务出资的态度最为宽松。在英国，1893 年一项判例确立允许股东以劳务出资的规则，并被一直沿用至今。[44]

我国《合伙企业法》确认了劳务出资形式，但《公司法》则未予确认。劳务是任何公司所必不可少的，具有明显的经营功能。对有些公司而言，其生产经营不仅有赖于资金和实物，更有赖于必要的人才及其管理能力和技术。禁止劳务作为出资，其理由包括：(1)防止公司成立时资本不实，造成对于债权人利益和社会公众利益的损害；(2)劳务作为出资的对价，容易造成对其他股东的损害，因为其他股东难以对劳务的价值作出测定；(3)不允许劳务作为出资，实际上是禁止非财产因素作为企业资本，从而达到制止腐败、防止贪污的目的。

在我国公司实践中，许多地区的公司登记机关实际上也允许劳务作为出资，只不过没有直接采用劳务出资的说法，而采取了所谓技术出资的名义，有些地区还对此作了明确规定。[45] 例如，2005 年 8 月 5 日颁布、实施的青海省人民政府《关于鼓励支持和引导个体私营等非公有制经济加快发展的若干政策措施》明确规定："非公有制企业注册资金，可用知识产权、非专利技术等无形资产出资，也可以用人力资本(管理才能、技术专长)、有转化潜能的智力成果(专利发明、技术成果、注册商标)、高新技术出资入股，由各出资人约定出资比例。"因此，作为一种具有普遍实践需求的出资方式，实践中应当予以考虑。不过，在我国《公司法》关于可用于出资的无形财产"可以用货币估价并可以依法转让的"的本质要求被修改之前，因劳务不符合该规定，仍不应将其纳入公司出资的非典型形式。

四、验资机构的法律责任

(一)验资机构法律责任概述

各个国家和地区的公司法关于出资的验资要求及验资机构的法律责任的规定均不尽相同。总体而言，各个国家和地区大多规定，公司登记机关有权选任检查人对出资予以检查，有权要求相关金融机构出具缴款证明，对于实物或债权出资，还可要求经登记机关指定或具有认可资质的人员出具证明或鉴定意见。[46] 与我国规定不同的是，对于现金出资验资，仅需金融机构出具缴款证明；对于实物或债权出资验资，若无法定验资机构，则可以是经选任或认可的专家及律师事务所、会计师事务所、审计事务所、税务事务所等机构予以验资。在验资责任方面，

---

〔43〕 据美国学者统计，美国至少有 16 个州宪法及另外的至少 13 个州的公司法中，明确规定股份可以用已履行的劳务或者服务来支付。参见[美]R. W. 汉密尔顿：《公司法》(第 4 版，影印注释本)，刘俊海、徐海燕注，中国人民大学出版社 2001 年版，第 136 页。

〔44〕 参见冯果：《现代公司资本制度比较研究》，武汉大学出版社 2000 年版，第 68 页。

〔45〕 理论界认为，劳务出资不同于人力资本出资。劳务只表现为某种行为，以劳务出资必然转化为出资人的某种行为，这与未转化为某种行为的静态化的人力资本出资明显不同。但就各个国家和地区的法律、实践及我国实践而言，实际上未将两者予以区分。

〔46〕《日本公司法典》第 33 条、《韩国商法典》第 318 条、《德国股份法》第 37 条、《意大利民法典》第 2464 条。

有的国家作了明确规定,如《日本公司法典》第52条第3款就对出具虚假证明的证明人、鉴定评估人的差额填补责任及损害赔偿责任作了明确规定。[47] 有的国家作了简单规定,如意大利。有的国家则未予规定,如韩国。

我国《公司法》明确规定,向社会公开募集股份的股款缴足后,应当经依法设立的验资机构验资并出具证明。在法律效力上,验资机构执行验资业务出具的验资报告在办理公司登记时具有法定证明效力,能合理地保证报告使用人确定投资者出资的到位情况。[48] 因此,验证证明应具有相当高的可信赖度。然而在司法实践中,验资机构对公司的注册资金出具虚假验证证明的情况时有发生,在被撤销和注销的公司中,这种情况尤为普遍。[49]

依照法律规定,独立、公正地验证公司资本,出具验证证明,是验资机构应尽的义务。如果验资机构提供的是虚假验证证明,则不仅涉及行政责任甚至刑事责任,而且还会涉及对第三人的民事赔偿责任。我国《公司法》明确规定了验资机构的民事法律责任。该法第257条第2款规定:"承担资产评估、验资或者验证的机构因其出具的评估结果、验资或者验证证明不实,给公司债权人造成损失的,除能够证明自己没有过错的外,在其评估或者证明不实的金额范围内承担赔偿责任。"

验资机构未与第三人形成直接的法律关系,却为何因其出具虚假验证证明而对第三人承担民事赔偿责任呢?这是因为验证证明是登记机关审查公司是否符合注册条件及发放企业法人营业执照的基本依据。虚假验证证明会使本来不具备条件的公司得以成立,或者使第三人基于对公司注册资本额的信赖而误认为其有足够的经济实力履行合同,并因此与其进行交易。在该公司资不抵债的情况下,第三人的债权就因此受损。验资机构因过错出具虚假验证证明,并对第三人造成损失的,自应承担民事赔偿责任。对此,许多国家和地区的司法实践都予以认可,但法理依据并不相同。德国等大陆法系国家和地区持契约责任说,认为这种责任属于纯粹财产损害的契约责任效力扩及第三人的结果;而英美法系国家和地区则基于侵权责任理论处理。

在我国,验资单位虚假验资之于第三人的民事赔偿责任通常被界定为侵权责任,最高人民法院的有关司法解释都是持的这种观点。尽管基于验资机构责任的特殊性,无论是界定为契约责任还是侵权责任都存在与传统理论的冲突,但基于侵权责任理论确实总体上有利于第三人的保护,因而不妨采用侵权责任说。事实上,从我国《公司法》采取的"除能够证明自己没有过错的外"这一措辞来看,该法也采纳了以过错推定为归责原则的侵权责任说,而没有采取以严格责任为一般归责原则的合同责任。

毫无疑问,《公司法》对验资机构出具虚假验证证明的民事赔偿责任所作明确规定,既有利于正确指引相关当事人,也有利于法院正确界定争讼问题的法律性质,从而正确适用法律。

(二)验资机构法律责任的构成要件

基于侵权行为构成要件理论,可认为验资机构法律责任的构成要件包括以下几个方面:

---

〔47〕 吴建斌编译:《日本公司法 附经典判例》,法律出版社2017年版,第25页。

〔48〕 参见财政部于1999年7月12日发布的《关于明确注册会计师验资报告作用的通知》。

〔49〕 此处所谓虚假验证证明,系就狭义而言,是指验资机构违反验资程序,故意作弊或疏于查实验资范围、验资依据而出具的内容与事实不相符的验资报告。显然,它不包括验资机构并无过错,但内容或结论与事实不符的验证证明。

1. 有损害事实的存在。债权人因基于对验资报告的信赖而与被验资公司发生了交易，并因此导致其债权未能获得清偿。这种损害系基于合法有效的合同而产生。对此，2002 年 2 月最高人民法院颁布的《关于金融机构为企业出具不实或者虚假验资报告资金证明如何承担民事责任问题的通知》规定，“债权人索赔所依据的合同无效的，免除验资金融机构的赔偿责任”。依此，对于无效合同的损失，即使验资机构出具了虚假验证证明，债权人也不得就无效合同损失追索，验资机构也不承担无效合同的赔偿责任。

2. 有违法行为的存在。验资机构审验活动应严格按验资时的验资规则执行，其所出具的验证证明应具有真实性和合法性。因此，验资机构接受委托后没有遵循执业准则、规则开展执业活动，出具了虚假验证证明，便是一种违法行为。

3. 验资机构对出具虚假验证证明存在过错。该过错要件应包括故意和过失两种情形。具体来说，验资机构的过错包括两种情形：其一，验资机构与被验资公司之间存在恶意串通蓄意虚假验资行为，此即共同故意行为，具有共同过错。其二，被验资公司单方欺骗。验资机构在接受委托后，由于工作失误没有严格按验资规则进行审验而出具了虚假的验证证明，此即被验资公司故意而验资机构过失的情形。如果被验资公司提供虚假申请材料，而验资机构严格按照验资规则进行了认真的审验，仍未发现虚假情况并由此出具了验证证明，则不能认定验资机构有过错。这是因为验资机构因其职权所限，对作为验资结论的基础性证据材料的真实性无法作出保证，其经过正当程序（如就银行进账单向有关银行进行了函证）予以审验后只能作出合理的保证，验资机构未违反职业注意义务则无过错，不应承担任何责任。在判断验资机构有无过失时，应注意以当时的验资规范性文件为依据，否则会不合理地加重验资机构的注意义务。此外，在过错的认定上，由于验资行为的技术性，验资不实的危险性完全控制在验资机构一方，这就决定了举证责任应该倒置，并适用过错推定归责原则，实为公平原则的必然要求。当然，若投资者恶意作弊或与有关机构串通作弊，提供注册会计师不能识别的虚假验资凭证，注册会计师根据行业规范操作仍无法揭示被验资事项中的错误的，则应认定验资机构没有过错。

4. 损害事实与出具不实验资报告的违法行为之间具有因果关系。在这些构成要件中，争议最大的问题是，被验资公司债权人的债权不能清偿的损失，与验资机构出具虚假验证证明的行为之间有无因果关系。易言之，虚假验资行为受害人中的其他利害关系人能否扩张到被验资公司的债权人。事实上，即使验资单位出具了虚假的验证证明，也并不必然对被验资公司的债权人造成影响。只有当债权人基于对被验资公司注册资金的信任而与之发生业务往来，虚假验证证明又使债权人对验资企业经济实力信赖落空的情形下，债权人的损失与虚假验资行为之间才具有间接的因果关系。对此，上引《关于金融机构为企业出具不实或者虚假验资报告资金证明如何承担民事责任问题的通知》也明确规定，验资机构承担责任的条件之一是，“相关当事人使用该报告或者证明，与该企业进行经济往来而受到损失的”。因此，必须强调“信赖”这一判定因果关系的基础，否则会将正常商业风险造成的损失不合理地转嫁于验资机构。当然，也可能存在这样的情形：公司设立时实际出资严重不足，根本达不到公司法规定的最低注册资本要求，因而没有虚假验证证明，被验资公司根本不能获准成立。在此情形下，债权人并非直接基于对不实验证证明的信赖，而是基于对公司登记的信赖而与该公司发生交易。但由于没有该不实验证证明，公司根本无法成立，因而对公司登记的信赖，实质上建立在对验证证明信赖的基础之上。因此，其间也可谓存在间接的因果关系。

总的来说,验资机构为公司出具虚假验证证明,是一个间接侵害债权的行为,侵害了相对人的信赖利益,致使其权利不能实现。究其实质,可认为是验资机构在出具虚假验证证明时,通过注册资金不实的公司预设了一个侵害债权的行为。

第三节　增加资本与减少资本

公司法确立了资本确定、资本维持、资本不变的原则,但事实上,公司需要根据客观需要适时调整公司的资本结构。因此,各个国家和地区的公司法都对公司资本的增加和减少作了系统规定。

一、增加资本

增加资本,简称增资,是指公司在成立后基于筹集资金、扩大经营规模等目的,依照法定条件和程序增加公司的资本总额。公司增加注册资本,主要有两条途径:一是吸收外来新资本,包括增加新股东和老股东追加投资;二是分配性增资,即用公积金扩充资本或将未分配利润转为股本。

(一)有限责任公司增资的限制与方式

各个国家和地区对有限责任公司增资的条件通常不作强制性规定,而交由公司自行决定。我国《公司法》规定,有限责任公司增资,应由董事会制订增加注册资本的方案,然后提交股东会决议,并必须经代表2/3以上表决权的股东通过。国有独资公司由履行出资人职责的机构决定是否增加资本。

有限责任公司的增资方式比较简便,主要有以下三种:(1)外部增资,即增加新的股东,为公司注入新的资本,但增加后的股东人数不得超过《公司法》规定的股东人数上限(50人)。这一增资方式不仅改变了公司的注册资本数额,还使公司的股东构成发生了变化,股东的出资比例也可能因此改变。由于有限责任公司人合性的特点,股东人数的增加不可能经常发生,因而该增资方式不可能经常采用。(2)内部增资,即不增加新的股东,但增加现有股东认缴的出资数额。内部增资既可同比增资也可不同比增资,即既可以按股东原实际出资比例相应增加各股东的出资,也可以不按原实际出资比例相应增加各股东的出资,还可以依股东意愿仅由部分股东增加出资。内部增资还包括分配性增资,即将公司的法定公积金转增为公司资本,增加每股金额,或将应分配的股息、红利的价值按比例分摊入原有股权之中。内部增资仅在原股东范围内增资,仍能保持公司的内部稳定,只是在不同比增资情况下改变了股东的原有出资比例。(3)混合增资,即外部增资与内部增资的结合,指的是既增加新的股东,又增加股东的出资数额。

根据我国《公司法》第227条第1款的规定,有限责任公司增加注册资本时,股东在同等条件下有权优先按照实缴的出资比例认缴出资;但是,全体股东约定不按照出资比例优先认缴出资的除外。依此,我国《公司法》基于有限责任公司一定程度上存在的人合属性,放弃了股东对新增资本优先认缴权的强制性,从而使公司章程或股东会决议可以另行决定新增资本优先认缴的方案甚至剥夺股东的优先认缴权。

(二)股份有限公司增资的限制与方式

因股份有限公司的公众性特点,各个国家和地区的法律对其增资均予以特别限制。在授权资本制或认许资本制下,如系分期发行股份,法律通常规定在章程所定股份总数发行完毕之前，一般不能增加资本；在获准增资情况下，增资后第一次发行的股份不得低于新增股份的一定比例。在其他情形下，股份有限公司增资也必须获得公司股东会绝对多数通过，并经证券监督管理机构核准。我国《公司法》规定，股份有限公司的增资也应由董事会制订增加注册资本的方案，提交股东会决议，并经出席股东会会议的股东所持表决权的2/3以上通过。

股份有限公司增加注册资本可以采用以下三种方式：(1)增加公司的股份数额，但不改变单位股份的金额。股份有限公司可以在原有股份总数的基础上发行新的股份，使股份总数扩大，而每股代表的资本额并不改变。发行新的股份，既可以让原股东优先认购，也可以向社会公开募集，还可以将公司发行的可转换债券转变为公司的股份，但需征得债权人的同意。如果是由原股东认购，既可以由股东另外缴纳认购股份金额，也可以将应付的股息和红利转换为股份。(2)增加单位股份的金额，但不改变公司的股份总数。股份有限公司可以采取多种方式使其股份增值，如将公司的法定公积金转增为公司资本，增加每股面值；将应分配的股息、红利的价值并入股份；将股东新缴的股款并入原股份中。(3)既增加公司的股份数额，又增加单位股份的金额。各公司可以根据自身情况选择增加注册资本的方式。[50]

根据我国《公司法》第227条第2款的规定，股份有限公司为增加注册资本发行新股时，股东不享有优先认购权，公司章程另有规定或者股东会决议决定股东享有优先认购权的除外。依此，我国《公司法》基于股份有限公司的资合属性，原则上否认了股东对新增资本的优先认购权。

(三)公司增资后章程记载事项的变更

无论是有限责任公司还是股份有限公司，注册资本增加以后要相应修改公司章程记载的资本数额，以及变化了的股东出资数额等事项，并到公司登记机关办理变更登记。依《市场主体登记管理条例实施细则》第31、36条的规定，公司增加注册资本的，应当自变更决议或者决定作出之日起30日内申请变更登记；公司增加注册资本，有限责任公司股东认缴新增资本的出资和股份有限公司的股东认购新股的，应当按照设立时缴纳出资和缴纳股款的规定执行；股份有限公司以公开发行新股方式或者上市公司以非公开发行新股方式增加注册资本，还应当提交国务院证券监督管理机构的核准或者注册文件。

二、减少资本

减少资本，简称减资，是指公司在存续过程中，因资本过剩或亏损严重或基于某种需要，依照法定条件和程序减少公司资本总额。公司的资本很大程度上代表着公司的资信及偿债能力，因此基于资本确定、资本不变原则，为确保交易安全、保护股东和债权人利益，法律对减资作了严格控制。但在公司资本过剩或认缴出资过高、严重亏损、公司派生分立等情形下，都存在公司减资的客观需求。在资本过剩情形下，公司的经营范围或经营规模发生变化，可能会使资本的实际需求量少于公司的注册资本数额；而维持过量的资本，势必会造成资本的凝滞，不利于发挥公司资本的使用效益，造成资本的闲置和浪费，适当减少公司资本会使公司和股东均能受益。我国自2013年《公司法》确立注册资本完全认缴制以来，因缺乏加速到期制度和国家企业信用信息公示系统标注注册资本实缴情况的配套措施，实践中有限责任公司注册资本虚高的现象广泛存在。在2023年《公司法》确立了加速到期制度且规定限期实缴注册资本的背景下，不少注册资本虚高的公司则面临减资需求。这种减资称为实质性减资。形式上减资包

---

〔50〕　参见范健主编：《商法》(第3版)，高等教育出版社2007年版，第148页。

括以下两种情形:在严重亏损情形下,公司的过度亏损会使公司的注册资本数额与实有资产严重不符,若仍维持原注册资本,就有违资本维持原则,不仅会对债权人造成误导和欺骗,而且将使股东长期得不到股利分配。因此,为了使公司资本与资产相当并保证股东利益,需要减资。在公司派生分立情形下,原公司主体地位不变,但资产减少后一般也要求资本相应减少。

有限责任公司的减资既可同比减资,也可不同比减资。同比减资,是按股东的出资比例减少各股东的出资数额的方式,减资后各股东股权比例不变。不同比减资,是各股东不按原出资比例而减少出资,或者部分股东减少出资、部分股东则不减少出资。依我国《公司法》第224条第3款的规定,除法律另有规定、有限责任公司全体股东另有约定或者股份有限公司章程另有规定的外,公司减资应采取同比减资方式。无论是同比减资还是不同比减资,按是否影响公司资产的性质和结构,减资可具体分为返还出资的减资、免除出资义务的减资与销除股权的减资等形式。返还出资的减资,是指对已缴足认缴出资额的股东返还部分出资款的减资方式。该减资方式既减少了公司的资本,也减少了公司的资产,构成实质性减资。免除出资义务的减资,是指对尚未按其认缴出资额缴足出资的股东全部或部分免除其缴纳出资义务的减资方式。销除股权的减资,是指因公司亏损或派生分立而减资时,直接取消部分股权或者直接减少每股金额的减资方式。后两种减资方式仅改变了公司资产的性质和结构而未改变公司资产总额,构成形式上减资。[51]

股份有限公司的减资主要有以下三种方式:(1)减少股份数额,但不改变单位股份金额。股份有限公司可以注销公司的一部分或特定股份,也可以将原来的几股合并为一股。(2)减少单位股份金额,但不改变股份数额。(3)既减少股份数额,又减少单位股份金额。[52]

公司注册资本的减少将直接影响公司债权人的利益,也会直接影响股东的利益,因此,基于资本不变原则,各个国家和地区的公司法均对公司减资规定了比较严格的程序。依我国《公司法》及《市场主体登记管理条例实施细则》的相关规定,公司减资应遵循以下程序:(1)由董事会通过决议,制订公司减少注册资本的方案。法律、行政法规或者国务院决定对公司注册资本有最低限额规定的,减少后的注册资本应当不少于最低限额。(2)编制资产负债表及财产清单。公司在减资前,首先应清理资产,明确公司的资产、负债和股东权益的现状,为制订减资方案提供依据。(3)召开股东会,对减资方案进行审议并表决。有限责任公司减少资本的决议须由代表公司2/3以上表决权的股东通过;股份有限公司减少资本的决议必须经出席股东大会的股东所持表决权的2/3以上通过。(4)通知及公告债权人。公司应当自股东会作出减少注册资本决议之日起10日内通知债权人,并于30日内在报纸上或者国家企业信用信息公示系统公告。(5)处理公司债务。债权人自接到通知之日起30日内,未接到通知的自公告之日起45日内,有权要求公司清偿债务或者提供相应的担保。如果对于债权人在法定期限内提出的要求,公司不予满足,则不得进行减资。(6)办理变更登记。公司减少注册资本的,应当自公告之日起45日后申请变更登记。

鉴于瑕疵减资的法律效力和法律后果长期缺乏明确规范,2023年《公司法》第226条规定:"违反本法规定减少注册资本的,股东应当退还其收到的资金,减免股东出资的应当恢复原状;

〔51〕 参见赵旭东主编:《公司法学》(第2版),高等教育出版社2006年版,第254页。

〔52〕 参见范健主编:《商法》(第3版),高等教育出版社2007年版,第150页。

给公司造成损失的，股东及负有责任的董事、监事、高级管理人员应当承担赔偿责任。”依此，尽管未直接认定瑕疵减资无效，但明确了经瑕疵减资的公司注册资金应恢复原状，因而事实上是按照减资无效设定的法律后果。不过，因公司减资是涉及民事行为、行政行为等多种行为的混合行为，故不宜简单地按照民事法律行为无效后果对待。

思考题

1. 试析法定资本制的优点与缺点。
2. 如何理解我国公司资本制类型的界定？
3. 如何认识非典型出资形式？
4. 试析验资机构法律责任的构成要件。

第十章　股东及其权利与义务

导读

- 股东资格的原始取得，是指直接向公司认购股份，包括设立取得和增资取得。股东资格的继受取得，又称传来取得或派生取得，包括转让取得、继承取得、赠与取得和因公司合并而取得股东资格。
- 股东资格的认定问题主要发生于有限责任公司。股份有限公司股东资格以是否持有公司发行的股票为认定标准，一般不存在疑义。因此，此处股东资格的认定特就有限责任公司而言。
- 公司登记机关对公司股东的登记、公司章程和股东名册的记载属于形式特征，向公司实际出资或依法继受股权、取得出资证明书及实际享有股东权利属于实质特征。形式特征的功能主要是对外的，是为使相对人易于判断和辨识，它在与公司以外的第三人的争议中对于股东资格的认定方面一般比实质特征更有意义。实质特征的功能主要是对内的，用于确定股东之间的权利义务，在解决股东之间的争议时其意义一般优于形式特征。
- 对股东权不同学理分类的理解，是正确认识股东权性质及有效行使股东权的前提条件。在不同公司或同一公司的不同股东中，股东权的内容及其表现形式有所差异。
- 各个国家和地区的公司法所确认的股东一般权利主要有以下内容：出席或委托代理人出席股东会并行使表决权；依公司法及公司章程的规定转让出资或股份；股东知情权；利润分配权；股权优先受让权；新股优先认购权；对公司的经营提出建议或质询的权利；提议召开临时股东会的权利；公司剩余财产分配请求权；股东诉权。
- 股东代表诉讼源于英美普通法，是在19世纪作为一种衡平措施发展起来的，属于普通法国家和地区公司法领域一项重大的制度创新。美国制定法所规定的股东代表诉讼制度先后为世界各个国家和地区所普遍继受。我国现行《公司法》与《证券法》也正式确立了股东代表诉讼制度。

第一节　股　　东

一、股东的概念

股东，是指基于对公司的出资或其他合法原因，持有公司资本一定份额，依法享有股东权利并承担相应义务的人。具体而言，有限责任公司的股东是指在公司成立时向公司投入资金或在公司存续期间依法继受取得股权而享有权利和承担义务的人;股份有限公司的股东是指在公司成立时或在公司成立后合法取得公司股份并对公司享有权利和承担义务的人。

在多数国家和地区,凡是向公司出资而取得股份,不论何种公司类型,均统称为股东;在个别国家和地区则将出资者统称为公司成员,而仅将股份有限公司的出资者称为股东。我国公司法在有关股份有限公司的规定中,使用了发起人的概念,而在有关有限责任公司的规定中则统一使用了股东概念。实际上,发起人与股东是两个既有联系又有区别的概念。公司的发起人,是指参加订立发起人协议、提出设立公司的申请、认购公司股份并对公司设立承担责任者。发起人是公司当然的股东,但公司的股东并不以发起人为限。除发起人外,任何在公司设立阶段和公司成立后认购或受让公司股份的人都可以成为公司的股东。在有限责任公司,未采用发起人概念,但公司设立时的股东被视为发起人。

二、股东资格的取得

就取得股东资格的时间及原因而论,股东资格的取得可分为原始取得和继受取得两种。

(一)股东资格的原始取得

股东资格的原始取得,是指直接向公司认购股份,包括设立取得和增资取得。凡在公司成立时就因创办公司或认购公司首次发行的股份而成为股东的,属原始取得之设立取得,这些股东即为原始股东。在有限责任公司与发起设立的股份有限公司中,原始股东包括公司的创办人与发起人;在募集设立的股份有限公司中,还包括公司设立时即已认购了公司股份的非发起人的认股人。此外,在公司成立后认购公司新增资本而取得股东资格的,属于股东资格原始取得之增资取得。

(二)股东资格的继受取得

股东资格的继受取得,又称传来取得或派生取得,包括转让取得、继承取得、赠与取得和因公司合并而取得股东资格。其中转让取得是最常见的一种继受取得方式。无论何种类型的公司,股东的出资均可转让,但因公司的性质不同,法律对股东转让出资的限制也宽严有别。依此取得股东资格者即为继受股东。

三、股东资格的认定

(一)股东资格认定概述

股东资格的认定问题主要发生于有限责任公司,股份有限公司的股东资格以是否持有公司发行的股票为认定标准,一般不存在疑义。因此,此处股东资格的认定特指有限责任公司而言。

只要存在有限责任公司,就必然存在股东资格认定问题。股东资格的认定是我国公司法案件审理中经常涉及的问题,如在股权确认纠纷、股权转让纠纷、其他股东权纠纷以及债权人追究股东瑕疵出资责任的诉讼中,当事人都可能因此发生争议,而正确认定股东资格正是解决这类纠纷的前提条件。然而,由于我国长期以来公司法律制度不够完善,公司法理论研究上对此又不够深入,对如何认定公司股东资格仍缺乏较为统一、明确的认识。加之我国公司的设立和运作极不规范,这就进一步加大了审判实践中认定股东资格的难度,导致各地法院处理这类纠纷缺乏统一标准,甚至形成法院对相似案件作出相互矛盾的判决的混乱局面。[1]

---

〔1〕 参见蒋大兴:《公司法的展开与评判——方法·判例·制度》,法律出版社 2001 年版,第 449~473 页。

我国公司设立和转让出资的不规范行为导致的后果是,股东资格的实质要件与形式要件相互分离,公司法上的外观与实质相互分离,从而使司法实践中往往基于某一角度对相似案件作出相互矛盾的判决。总体来说,审判实践中对股东资格的认定,主要存在以下标准:(1)以是否具有真实意思表示为认定标准;(2)以是否实际履行股东义务为认定标准;(3)以外观上是否具有股东的名义为认定标准;(4)区分公司内部关系与外部关系,分别适用实质要件主义与形式要件主义。这些标准有时单独使用,有时混合使用。应当说,每种标准都有一定的合理性,但问题是当这些标准发生冲突时,法院究竟该如何取舍呢?尤其在牵涉到股东对公司债权人承担责任时,有关公司的内外法律关系交织在一起,谁是股东的问题就变得更为复杂。对此,理论界也提出了一些原则性的指导意见。[2] 除了这些论著中相对简略的论述外,还有学者以专题形式细致、深入地研究了这一问题,并提出了颇具可操作性的若干认定准则。[3] 但在司法实践中,法官因缺乏统一的股东资格认定的基本理念与原则,往往基于细致却相互重叠的多种标准中的某一标准进行司法裁决,因而难以避免出现相互冲突的混乱局面。

我国2023年《公司法》关于股东资格认定的规定非常简略,故后续制定或修订公司法司法解释时应当会作适当规定。目前而言,《公司法解释(三)》的相关原则性规定仍有参考价值。不过,因这些问题非常复杂,即使有相关法律规范或裁判规则,仍需借助法理具体分析、确认股东资格。

(二)股东资格认定中的形式特征与实质特征

无论是依原始取得还是依继受取得,从理论上讲,取得股东资格的有限责任公司股东大体上应具备以下特征:(1)公司章程对股东的记载或变更记载;(2)依法出资、认缴出资或者依法继受股权;(3)公司登记机关对公司股东的登记或变更登记;(4)取得出资证明书;(5)股东名册对股东的记载或变更记载;(6)实际享有股东权利。完全具备上述特征的股东取得股东资格当然毫无疑义,但实践中不完全具备上述特征的有限责任公司股东较为多见。要确定具体的股东资格认定规则,必须对这些特征在认定股东资格中的意义进行分析。

1.公司章程对股东的记载或变更记载。公司章程载明的股东签署章程的行为,说明行为人有作为公司股东的真实意思表示。经公司登记机关登记的公司章程,对内是确定股东及其权利义务的主要根据,对外具有公示的效力,是公司交易相对人据以判断公司股东的重要依据。在有限责任公司,章程中关于股东身份的记载,乃股东资格认定的重要形式要件,除非与其他股东资格的特征相冲突,均应确认公司章程中载明股东的股东资格。由此可见,公司章程的记载虽具有认定股东资格的功能,但不能将该特征的认定功能作绝对化理解。例如,尽管公司章程记载与公司登记机关对公司股东的登记一般是一致的,因为在公司股东变更时应进行相应的变更登记,但如果公司登记机关对公司股东的登记与章程记载不一致,在对外关系上则应以效力更高的公司登记机关登记为准。又如,实践中存在的隐名投资者也可能被法院确认为股东,在此情形下,原本具有直接认定股东资格效力的公司章程记载也将失去相应的认定效

---

〔2〕 参见施天涛:《公司法论》(第2版),法律出版社2006年版,第227~231页;周友苏:《新公司法论》,法律出版社2006年版,第226~231页;赵旭东主编:《公司法学》(第2版),高等教育出版社2006年版,第313~314页;刘俊海:《新公司法的制度创新:立法争点与解释难点》,法律出版社2006年版,第163~170页。

〔3〕 参见蒋大兴:《公司法的展开与评判——方法·判例·制度》,法律出版社2001年版,第444~498页。

力。再如,对于实际出资或依法受让股权并载入股东名册但未经公司办理修改章程、变更登记手续的“股东”,在公司内部关系上应以股东名册记载确认股东资格。对此,我国《公司法》第86条第2款明确规定:“股权转让的,受让人自记载于股东名册时起可以向公司主张行使股东权利。”

2. 依法出资、认缴出资或者依法继受股权。实际出资乃股东的基本义务,否则将承担出资不实的法律责任。在确立了失权制度的情况下,还可剥夺拒不履行出资义务的股东的股东资格。对此,我国《公司法》第52条第1款明确规定:“股东未按照公司章程规定的出资日期缴纳出资,公司依照前条第一款规定发出书面催缴书催缴出资的,可以载明缴纳出资的宽限期;宽限期自公司发出催缴书之日起,不得少于六十日。宽限期届满,股东仍未履行出资义务的,公司经董事会决议可以向该股东发出失权通知,通知应当以书面形式发出。自通知发出之日起,该股东丧失其未缴纳出资的股权。”不过,尽管未实际出资将导致承担出资不实的法律责任,但在公司内部关系中,未实际出资并不必然决定股东资格的有无,只是公司可对未实际出资的股东行使抗辩权,或由公司及时进行股权结构的调整,或者依法取消未出资股东的股东资格。从公司外部关系的角度看,是否实际出资并不影响公司债权人对股东资格的认定及由此产生的信赖利益。显然,是否实际出资不是确认股东资格的决定性条件,不能仅以其未出资为由就直接否定其股东资格。在我国理论界,对于未实际出资“股东”是否能取得股东资格,曾有肯定说[4]与否定说[5]两种对立的观点,并在相当长一段时期内以否定说为通说。进入21世纪以来,理论界已大多接受了肯定说。[6] 受这两种对立学说的影响,我国司法实践中也存在两种相互对立的观点与判例。我国市场监管实践中,则未采否定说。[7] 2023年《公司法》明确规定的股东失权制度从立法层面正式确认了肯定说。在继受取得股东资格的情况下,其股东资格主要依赖于股权转让人或死亡股东的股东资格,至于在股权转让情况下,受让人是否已履行其交付转让款的义务,则仅涉及当事人之间的合同义务,与股东资格无关。

3. 公司登记机关对公司股东的登记或变更登记。公司登记机关对公司股东的登记本身并无创设股东资格的效力,其本质上属于证权性登记,仅具有对善意相对人宣示股东资格的证权功能。公司登记机关对公司股东的登记材料可以作为证明股东资格并对抗善意相对人的表面证据。善意相对人也有理由信赖登记材料的真实性,如果登记有瑕疵,按照商法公示主义与外观主义原则,善意相对人仍可认为登记是真实的,并要求所登记的股东按登记的内容对外承担责任。因此,公司登记机关对公司股东的登记或变更登记,在股东资格认定时,具有相对优先的效力,但不具有决定性的效力。对此,我国《公司法》第34条第2款规定:“公司登记事项未经登记或者未经变更登记,不得对抗善意相对人。”由此可见,虽未将实际股东在登记机关作登记或变更登记,但并不影响实际股东的股东地位,只不过这种未经登记的事实不具有对抗善意相对人的效力。公司章程上记载的股东认缴出资的比例可通过公司登记表现出来,故不必另行分析其意义。

---

〔4〕 参见刘瑞复:《中国公司法》,法律出版社1998年版,第116~117页。
〔5〕 参见孔祥俊:《公司法要论》,人民法院出版社1997年版,第189页。
〔6〕 参见周友苏:《新公司法论》,法律出版社2006年版,第227页;蒋大兴:《公司法的展开与评判——方法·判例·制度》,法律出版社2001年版,第448页。
〔7〕 参见蒋大兴:《公司法的展开与评判——方法·判例·制度》,法律出版社2001年版,第449~461页。

4. 取得出资证明书。有限责任公司成立后，应当向股东签发出资证明书。对此，我国《公司法》第55条规定："有限责任公司成立后，应当向股东签发出资证明书，记载下列事项：(一)公司名称；(二)公司成立日期；(三)公司注册资本；(四)股东的姓名或者名称、认缴和实缴的出资额、出资方式和出资日期；(五)出资证明书的编号和核发日期。出资证明书由法定代表人签名，并由公司盖章。"在依法继受取得股东资格后，公司也应向其换发新的出资证明书。出资证明书只是一种物权性凭证，其功能主要是证明股东已向公司真实出资，本身并无设权性效力。只要股东持有出资证明书就应当认定其已合法出资，但不能仅以出资证明书为据即认定持有人具有股东资格。当然，若无相反证据，持有出资证明书即意味着股东已认缴或实缴出资，在公司内部关系上应认定其股东资格。总之，持有出资证明书不是认定股东资格的必要条件；未持有出资证明书的人也可能被认定为股东。因此，出资证明书在认定股东资格中也无决定性的效力。

5. 股东名册对股东的记载或变更记载。股东名册在处理各股东关系上应具有三方面的效力：(1)确定的效力，即实质上的权利人在尚未完成股东名册登记或者股东名册上的股东名义变更前，不能对抗公司，只有完成股东名册的登记或者名义变更后，才能成为对公司行使股东权利的人；(2)推定的效力，即公司可以仅以股东名册上现记载的股东推定为本公司的股东，给予股东待遇；(3)免责的效力，即公司依法对股东名册上记载的股东履行了通知、公告等必须履行的义务后，即可免除责任。[8] 对此，我国《公司法》第56条规定，"出资日期""取得和丧失股东资格的日期"均为股东名册的记载事项，且记载于股东名册的股东可以依股东名册主张行使股东权利；此外，《公司法》第86条规定"股东转让股权的应当书面通知公司，请求变更股东名册"。这些规定，使股东名册在确认股东资格中的作用显著增加。当然，对于公司外部债权人来说，股东名册属于公司内部文件，即使公司将其上传到国家企业信用信息公示系统，既不能当然作为判断交易相对人是否构成善意相对人的标准，也不当然形成对抗效力，尤其是不能构成优于登记的对抗效力。股东名册未记载的股东也不必然没有股东资格，因为公司拒不作股东登记或登记错误，属于履行义务不当，不能产生剥夺股东资格的效力。

6. 实际享有股东权利。享有股东权利是取得股东资格的结果，而不是取得股东资格的条件或原因。由此观之，以享有股东权利为由主张股东资格不能获得支持。但从维护公司的稳定性出发，如果当事人已实际享有股东权利，就应当尽量认可其股东资格；如果否定其股东资格，必将导致其在公司中的行为无效，使许多已确定的公司法律关系发生改变，影响交易安全和社会稳定。权衡各方利益，对实际享有股东权利的当事人原则上应当认定其股东资格，但应责令补办相关手续。在经依法变更登记及公司章程记载前，仅能认定其可以取得股东资格，且可以享受股东权利，但不能获得对抗善意相对人的效力。还应说明的是，不能认为没有实际享有股东权利的人就不是股东，毕竟被公司不当剥夺或限制股东权利的股东，以及不召开股东会、不分配利润的公司，实践中确实不乏其例。

(三)股东资格认定中形式特征与实质特征的效力

通过对股东特征的分析可以发现，其大致可分为两类：公司登记机关对公司股东的登记、公司章程和股东名册的记载属于形式特征；向公司实际出资或依法继受股权、取得出资证明书

---

〔8〕 参见施天涛：《公司法论》(第2版)，法律出版社2006年版，第232~233页。

及实际享有股东权利属于实质特征。形式特征的功能主要是对外的，是为使相对人易于判断和辨识，它在与公司以外的第三人的争议中对于股东资格的认定方面一般比实质特征更有意义。实质特征的功能主要是对内的，用于确定股东之间的权利义务，在解决股东之间的争议时其意义一般优于形式特征。

在个案的法律适用方面，可以抽象地说，当在案件中发现与股东上述特征相关的证据相互之间发生矛盾和冲突时，应当按照争议当事人的具体构成，优先选择适用相应的证据对股东资格进行认定。〔9〕然而，在复杂的商事司法实践中，对各种因素的综合考虑往往因人而异，因而常常导致法律适用上存在偏差，并在不同法院出现法律适用结果的不统一问题。例如，实践中基于种种原因，常常存在实际出资人与名义股东不一致的情形，导致股东资格的认定较为困难，在涉及内外部关系的纠纷并存的情况下，这种困境将更加明显。对此，我国司法实践中曾有截然相反的两种认识与裁决：一是实质要件说，即无论投资者以谁的名义出资，均将实际出资人认定为股东；二是形式要件说，即无论实际出资人是谁，均将名义股东认定为股东。〔10〕我国商法学界对此问题的认识也存在较大分歧。有学者明确主张应采形式要件说，但有一个例外，即如果公司明知名义股东的身份，并已认可其以股东身份行使股东权利的，除非存在违反强行法规定的情形，否则应认定其为股东。〔11〕另有学者认为，名义股东不具备法律上的股东资格，其与实际出资人之间构成合同关系，与第三人则不产生直接关系。〔12〕还有学者认为，我国《公司法》已采纳了形式要件主义，即当处理公司内部股东资格确认纠纷时，以公司股东名册为确认股权的依据，股东名册变更是股权变动的生效要件；当与公司之外第三人发生纠纷涉及股东资格确认时，以公司登记为确认股权的依据，公司登记变更是股权变动的对抗要件。但该学者同时认为，公司法以股东名册、公司登记确认股东资格解决的只是股权形式认定问题，并不妨碍对股东作实质性认定。也就是说，实际出资人可以根据协议等证据来证明自己的股东身份，从而要求法院对其股东身份作实质认定，推翻法律形式上的推定，变更股东名册，行使股东权利。〔13〕

在我国公司法司法解释起草过程中，以上认识分歧曾导致较大争议，并使相关条款的制定出现反复。最终《公司法解释（三）》第 22 条规定："当事人之间对股权归属发生争议，一方请求人民法院确认其享有股权的，应当证明以下事实之一：（一）已经依法向公司出资或者认缴出资，且不违反法律法规强制性规定；（二）已经受让或者以其他形式继受公司股权，且不违反法律法规强制性规定。"依此，该规定明确将"已经依法向公司出资或者认缴出资""已经受让或者以其他形式继受公司股权"作为提起股东资格确认之诉的基本证据，同时为确定最低限度的合法性，附加了"不违反法律法规强制性规定"的要求。

在实际出资人与名义股东不一致时的内部关系处理方面，《公司法解释（三）》最终采纳了实质要件说。该解释第 24 条第 1 款明确规定："有限责任公司的实际出资人与名义出资人订立合同，约定由实际出资人出资并享有投资权益，以名义出资人为名义股东，实际出资人与名

〔9〕参见蒋大兴：《公司法的展开与评判——方法·判例·制度》，法律出版社 2001 年版，第 444～498 页。

〔10〕参见赵旭东主编：《公司法学》，高等教育出版社 2003 年版，第 280 页。

〔11〕参见施天涛：《公司法论》（第 2 版），法律出版社 2006 年版，第 230 页。

〔12〕参见周友苏：《新公司法论》，法律出版社 2006 年版，第 230 页。

〔13〕参见赵旭东主编：《公司法学》（第 2 版），高等教育出版社 2006 年版，第 314 页。

义股东对该合同效力发生争议的,如无法律规定的无效情形,人民法院应当认定该合同有效。”依此,只要不存在法律规定的合同无效事由,法院虽不直接确认实际出资人的股东资格,但确认其与名义出资人之间的合同效力,从而使实际出资人既可享受根据合同约定的投资权益,又可据此请求直接确认股东资格。该解释第24条第2款规定:“前款规定的实际出资人与名义股东因投资权益的归属发生争议,实际出资人以其实际履行了出资义务为由向名义股东主张权利的,人民法院应予支持。名义股东以公司股东名册记载、公司登记机关登记为由否认实际出资人权利的,人民法院不予支持。”依此,在实际出资人与名义股东因投资权益的归属发生争议时,因仅涉及公司内部关系,故采纳了严格的实质要件说,以保护实际出资人的利益为基本立场。

在实际出资人与名义股东不一致时的外部关系处理方面,《公司法解释(三)》最终采纳了形式要件说。该解释第25条第1款规定:“名义股东将登记于其名下的股权转让、质押或者以其他方式处分,实际出资人以其对于股权享有实际权利为由,请求认定处分股权行为无效的,人民法院可以参照民法典第三百一十一条的规定处理。”〔14〕依此,在名义股东对其名义股权作股权处分时,因涉及善意第三人利益的保护,应按照物权无权处分及善意取得制度处理。当然,在实际出资人因此受到损失向名义股东提起损害赔偿诉讼时,因仅涉及内部关系,仍应确认实际出资人获得赔偿的权利。对此,该解释第25条第2款明确规定:“名义股东处分股权造成实际出资人损失,实际出资人请求名义股东承担赔偿责任的,人民法院应予支持。”

为了体现公司登记的公信力,名义股东应对外承担股东义务与责任。对此,《公司法解释(三)》第26条第1款明确规定:“公司债权人以登记于公司登记机关的股东未履行出资义务为由,请求其对公司债务不能清偿的部分在未出资本息范围内承担补充赔偿责任,股东以其仅为名义股东而非实际出资人为由进行抗辩的,人民法院不予支持。”这种外部责任的承担同样不影响名义股东与实际出资人之间的内部关系,因此,该条第2款规定:“名义股东根据前款规定承担赔偿责任后,向实际出资人追偿的,人民法院应予支持。”此外,若名义股东实际行使了公司控制权并滥用了公司法律人格,仍应在公司法人格否认诉讼中追究其连带赔偿责任。

股权转让后尚未向公司登记机关办理变更登记,原股东将仍登记于其名下的股权转让、质押或者以其他方式处分,受让股东以其对于股权享有实际权利为由,请求认定处分股权行为无效的,法院应按照无权处分及善意取得制度处理。原股东处分股权造成受让股东损失,受让股东请求原股东承担赔偿责任、未及时办理变更登记有过错的董事、高级管理人员或者实际控制人也应承担相应责任。但受让股东对于未及时办理变更登记也有过错的,可以适当减轻上述董事、高级管理人员或者实际控制人的责任。〔15〕

---

〔14〕 我国《民法典》第311条规定:“无处分权人将不动产或者动产转让给受让人的,所有权人有权追回;除法律另有规定外,符合下列情形的,受让人取得该不动产或者动产的所有权:(一)受让人受让该不动产或者动产时是善意;(二)以合理的价格转让;(三)转让的不动产或者动产依照法律规定应当登记的已经登记,不需要登记的已经交付给受让人。受让人依据前款规定取得不动产或者动产的所有权的,原所有权人有权向无处分权人请求损害赔偿。当事人善意取得其他物权的,参照适用前两款规定。”

〔15〕 参见《公司法解释(三)》第27条。

冒用他人名义出资并将该他人作为股东在公司登记机关登记的,冒名登记行为人应当承担相应责任。在此情形下,公司、其他股东或者公司债权人无权以未履行出资义务为由,请求被冒名登记为股东的人承担补足出资责任或者对公司债务不能清偿部分的赔偿责任。[16]

四、股东的法律地位

从出资人的动机而言,理论上可将股东分为三类,即投资股东、经营股东和投机股东。投资股东取得公司股份的目的在于投入资本赚取股息及红利等收益;经营股东投资的目的主要是取得经营企业的权利;投机股东一般都是短线投资,其目的是伺机牟取暴利。尽管股东因出资动机不同,其股权内容有所差异(如投资股东多为优先股股东、经营股东多为普通股股东),但各类股东的法律地位一律平等。股东的法律地位既表现在股东与公司的法律关系中,又表现在股东相互之间的法律关系中。因此,应通过具体的公司法律关系的分析,确认股东的法律地位。基于此,股东的法律地位可从以下两个方面分析:

1. 股东享有股东权。这是股东与公司之间的法律关系和股东法律地位的集中表现。股东正是在行使股东权时,彰显其在公司中的法律地位,并揭示其与公司间的法律关系。股东权既是股东法律地位的具体化,又是对股东具体权利义务的抽象概括。各个国家和地区的公司法都有股东权内容的明确规定。在不同的公司类型中,股东权的内容不尽一致,股东权与所有权联系的紧密程度也有较大差异。

2. 股东平等原则。法律基于股东的资格对其权利义务给予平等的对待,这就是公司法所确认的股东平等原则。各股东按其所持有的股份比例或拥有的出资额享有权利、承担义务,不得对任何股东予以歧视。股东平等原则是各个国家和地区的公司法的共同基石,它对于维护股东权益,防止大股东的专横和独断,都具有重要的意义。应当说明的是,股东平等原则并不排除股权内容的不同,也不意味着所有股东都享有同样的权利和义务。恰恰相反,股权不仅有普通股与优先股之分,股东所拥有的出资额和所持有的股份也有多寡之别。享有不同股权的股东和持有不同股份的股东,不可能享有同样的权利和义务。但这绝不是对股东平等原则的违背,更不是对股东平等原则的否定。因为在公司法中的股东平等,从来都是在资本平等基础上的平等,是同股同权,一股一票表决权。

第二节 股东的权利与义务

一、股东的权利的概念和种类

股东的权利,即股东权(shareholders right),分为广义和狭义两种含义。广义的股东权,泛指股东得以向公司主张的各种权利,股东依据合同、侵权行为、不当得利和无因管理等事由而对公司享有的债权也包括在内。狭义的股东权,特指股东基于股东资格而享有的、从公司获取收益并参与公司经营管理的权利。[17] 一般所谓股东权都是从狭义上而言的,本书亦然。

---

〔16〕 参见《公司法解释(三)》第28条。

〔17〕 参见刘俊海:《股份有限公司股东权的保护》(第2版,修订本),法律出版社2004年版,第45页。

股东权是任何公司类型中的股东都普遍享有的权利。股东之所以向公司出资,无非是通过取得股东权实现其经济目的。因此,股东权是公司法的核心问题之一。

对股东权不同学理分类的理解,是正确认识股东权的性质及有效行使股东权的前提条件。在不同公司或同一公司的不同股东中,股东权的内容及其表现形式会存在差异。各个国家和地区的公司法理论通常确认的股东权分类主要有以下几种。

(一)自益权与共益权

这是依股东权行使的目的和内容标准所作的划分,是公司法理对股东权所作出的最基本的分类,也是在公司实践中最常见的股东权分类。此种分类方法为日本、韩国、中国学界的通说所采用。

股东的自益权,是指股东为从公司获取财产利益而享有的一系列权利。股东的自益权主要包括发给出资证明或股票的请求权、股份转让过户的请求权、新股认购优先权、分配股息红利的请求权以及分配公司剩余财产的请求权等。股东自益权的标的为经济利益,但不限于直接接受金钱的形式。

股东的共益权,是指股东为参与公司决策、经营、管理、监督和控制而享有的一系列权利。凡股东以自己的利益并兼以公司的利益为目的而行使的权利都是共益权,主要包括出席股东会的表决权、任免董事等公司管理人员的选择权、查阅公司章程及簿册的知情权、要求法院宣告股东会决议无效的诉权、新股发行停止请求权以及对公司董事、监事提起诉讼权等。

就自益权与共益权的性质而言,前者主要是财产权,后者则主要是公司事务的参与权,二者相辅相成,共同构成了股东所享有的完整股东权。当然,自益权与共益权的划分并不是绝对的,因为股东的个人利益集中体现为经济利益;而股东对公司经营的参与则集中体现为股东个人利益与公司利益的有机结合。某些共益权(如财务信息知情权、新股发行停止请求权)可以作为自益权而行使,从而使其兼具两种权利的属性。

(二)固有权与非固有权

这是依股东权性质标准所作的划分。所谓固有权,又称法定股东权,是指未经股东的个别同意,即使以章程或股东会决议也不得剥夺或限制的权利;所谓非固有权,又称非法定股东权,是指可由章程或股东会多数决予以剥夺或限制的权利。将股东权分为固有权与非固有权的意义在于让公司发起人和股东明确哪些权利是可依章程或决议予以限制的、哪些权利是不得以章程或决议予以限制的,从而增强其权利意识。凡对固有权加以限制的行为,均为违法行为,股东可依法主张其权利,并采取相应的补救措施。关于如何界定固有权的范围,理论界提出过各种不同的观点,如特权说、共益权说、自益权说、关于股东本质利益的权利说等。[18] 事实上,赋予股东权的规范大多属于强制性规范,故多数股东权都属于固有权。可由公司章程或股东会决议剥夺或限制的股东权则属于非固有权。例如,有限责任公司的股权转让权,就可以由公司章程作出禁止性或限制性规定,故其属于非固有权。

(三)单独股东权与少数股东权

这是依权利行使方法标准所作的划分。所谓单独股东权,是指不问股东的持股数额多寡,仅持有一股的股东即可单独行使的权利;所谓少数股东权,是指持有股份占公司已发行股份总

〔18〕 参见《韩国公司法》,吴日焕译,中国政法大学出版社 2000 年版,第 222 页。

数一定百分比的股东才能行使的权利。行使少数股东权的股东既可以是持股数额之和达一定百分比的数个股东,也可以是持股达一定百分比的单个股东。股东的自益权从性质上讲均属单独股东权;而共益权中既有单独股东权(如表决权),也有少数股东权(如股东会召集请求权)。就股东权保护的基本理念而言,股东的共益权原则上应为单独股东权。但为预防股东权滥用、维护公司整体利益和其余广大股东的利益,法律确立了少数股东权。另外,为使股东共益权的行使利于或至少不害及公司利益和其余广大股东的利益,不少国家和地区的公司法除对少数股东权的持股比例予以规定外,还对少数股东权甚至单独股东权的持股期间予以规定,我国《公司法》也有相应规定。

(四)一般股东权与特别股东权

这是依行使主体标准所作的划分。所谓一般股东权,是指公司的普通股东即可行使的权利;而特别股东权则是指专属于股东中特定人的权利,如公司发起人和类别股股东所享有的股东权。特别股东权似乎有违股东平等原则,但实则不然。这是因为:其一,特别股东的权利与义务是对等的,在某些方面的利益虽优于其他股东,但在其他方面的利益逊于其他股东;反之亦然,如无表决权的优先股股东权。其二,类别股由公司章程明确规定,合乎公司自治原则;其三,属于同一类型的类别股股东之间仍适用股东平等原则。

(五)法定股东权与章定股东权

这是依股东权产生的法律依据标准所作的划分。所谓法定股东权,是指由相关法律、法规所确定和赋予的权利;章定股东权则指由公司章程所确定和赋予的权利。一般来说,股东权都由法律、法规进行确认和赋予,但在特殊情况下,公司章程也可能例外规定其他股东权,此即章定股东权。

(六)比例性权利与非比例性权利

这是依股东权行使的计算依据标准所作的划分。在股东权中,有的权利内容按其所持股权或股份数的比例计算,也有的权利不管其所持股权或股份数量,只要持有股权或股份或者持有一定数量的股份,即可平等享有。前者称为比例性权利;后者称为非比例性权利。多数股东权都属于比例性权利,各种股东诉讼权则都属于非比例性权利。[19]

二、股东权的法律性质

尽管各个国家和地区对股东权内容的规定几乎一致,但在理论界对于股东权性质的认识存在颇多分歧。大陆法系早期的公司法理论对股东权性质的认识通常是,股东权既非物权,也非债权,更非专用权,而是基于股东的地位所获得的多数权利与义务的集合体。到了近代,才出现了股东地位说和新债权说等种种不同的认识。我国法学界在对股东权性质研讨的过程中较有影响的观点主要有以下四种:

1. 股东权所有权说。该说认为,股东权的性质属于物权中的所有权,股东权就是股东的财产所有权,或者说出资者所有权,是股东对其投入公司的财产享有的支配权,股东权的所有权性质可进一步定性为财产所有权中的按份共有(也有认为是共同共有的),公司财产属于全体股东按份共有,各个股东都是公司财产的按份共有人,各自按照自己的份额对公司财产享有所

---

〔19〕 参见《韩国公司法》,吴日焕译,中国政法大学出版社 2000 年版,第 222 页。

有权。持这一观点的人同时也指出,作为所有权性质的股东权与民法中典型的所有权相比,有自己的特点,可谓传统所有权的变态。还有人认为,在公司中并存着两个所有权,即股东享有所有权,公司法人也享有所有权,并称之为"所有权的二重结构"。公司法人所有权并不是对股东所有权的否定,只是使股东所有权表现为收益权及处分权。所有权的二重结构并不破坏"一物一权"规则,也不意味着国家所有权的丧失。[20] 股东权所有权说在民法学界具有较大的影响,赞成这一观点的人不在少数,但在商法学界则未得到多数认同。

2. 股东权债权说。该说认为,股东权的实质为民法中的债权,股东与公司的关系是债权人与债务人之间的关系。这样股东所有权实现了向债权的转化。特别是自20世纪后期以来,随着公司所有权与经营管理权的分离,股东的所有权逐渐被削弱,主要表现为处分权基本上丧失殆尽。股票已纯粹变成了反映债的关系,成为债的凭证。就发展趋势看,股票与公司债券的区别也正在缩小,股东的收益权已成为一种债务请求权。[21]

3. 股东权社员权说。该说主张股东权为民事权利中社员权之一种。所谓社员权,又称成员权,是指社团法人的构成成员即社员对社团法人所享有的一种独特的民事权利。无论是营利社团法人还是公益社团法人,其社员均享有社员权。社员权与物权有别,这是由于社员对社团法人出资、取得社员资格后,即对其出资丧失了所有权,而作为独立民事主体的社团法人,则对社员的全部出资及其孳息享有实定法上的所有权;社员权亦非债权,这是由于债权是由交易法或行为法规定的,而社员权是由团体法或组织法规定的。自德国学者瑞纳德(Renaud)1875年首倡股东权为一种独特的社员权以来,该说已逐渐成为德国、日本的通说。不过,社员权在法律上缺乏明确的定义,在社员权本身的性质尚需从法律上明确的情况下,不可能用其来说明其他权利的属性,即使按照社员权说学者的阐释,社员权是一种综合性的,包括人格权、财产权、管理权等多种内容的资格权,但这也没有揭示该权利的真正内涵。

4. 独立民事权利说。该说在对股东权的传统学说及本质特征进行深入分析的基础上,对股东权进行了重新界定,认为股东权是一种自成一体的独立权利类型。作为独立民事权利的股东权,具有目的权利和手段权利有机结合、团体权利和个体权利辩证统一的特征,兼有请求权和支配权的属性,具有资本性和流转性。股东权是由特定的法律行为创设的,即分别由出资合同行为及转让行为等创设,创设行为是产生股东权的法律事实。股东权与公司财产所有权是相伴而生的孪生兄弟。只有股东权独立化才可能产生公司所有权,而公司所有权的产生必然要求股东权同时独立化。[22] 目前,我国公司法学界已普遍接受了独立民事权利说,[23] 本书亦然。

关于股东权性质的界定,在我国具有特殊的意义。关于股东权作为独立的民事权利的认定,意味着公司享有法人财产所有权,股东享有股东权,而股东权是不同于所有权的独立的民

---

〔20〕 参见王利明:《论股份制企业所有权的二重结构——与郭锋同志商榷》,载《中国法学》1989年第1期。

〔21〕 参见郭锋:《股份制企业所有权问题的探讨》,载《中国法学》1988年第3期。

〔22〕 参见江平、孔祥俊:《论股权》,载《中国法学》1994年第1期。

〔23〕 参见范健、王建文:《商法学》,法律出版社2007年版,第161~162页;范健主编:《商法》(第3版),高等教育出版社2007年版,第162~163页;赵旭东主编:《公司法学》(第2版),高等教育出版社2006年版,第319页;周友苏:《新公司法论》,法律出版社2006年版,第232页。

事权利。这一认识对于国家股东而言,具有划时代的历史意义,有利于权利行使方式的转变;对于公司而言,则有利于排除股东尤其是控制股东对公司的非法干预与控制,使公司独立意思的形式获得法律保障,从而使公司法律人格的独立性得以充分实现。

三、股东权的具体内容

各个国家和地区的公司法所确认的股东的一般权利主要有以下内容。

(一)出席或委托代理人出席股东会并行使表决权

股东会是由全体股东组成的,因此,不论股东大小都有权参加股东会,并依章程行使表决权。股东表决权,又称股东议决权、投票权,是指股东基于其股东地位而享有的、就股东会决议事项作出赞成、反对或弃权的意思表示,从而形成公司意思的权利。股东表决权具有固有权、共益权、单独股东权等属性。如果股东本人因故不能参加股东会会议,有权委托他人代为参加并代为行使表决权。股东在股东会的职权范围内拥有了表决权,也就相应地拥有了对董事、监事的任免权,以及对公司重大事项的决策权,如公司资本的增减、公司的合并分立等。不过,公司可发行无表决权的特别股,公司章程还可对股份转让作其他限制性规定。

(二)依公司法及公司章程的规定转让出资或股份

依公司资本维持原则,股东在向公司出资并因此获得股东权后,法律禁止股东抽逃出资。但股东为了转移投资的风险或者收回本金,可以转让其出资或股份。在有限责任公司,基于公司所具有的一定程度上的人合性,不仅公司法规定股东向股东以外的人转让股东权须经其他股东过半数同意,而且公司章程还可以规定更为严格的限制,甚至在特定情况下剥夺股权转让的自由。在股份有限公司,则因其最为典型的资合性质,除因特定原因受到限制外,股份可以比较自由地转让。不过,就股东人数较少的非上市股份有限公司而言,在股东之间的关系方面,其与有限责任公司并无实质性区别,故应认可该类公司一定程度上存在的人合属性。因此,该类公司也有通过章程限制股份转让的需求。基于此,我国 2023 年《公司法》第 157 条规定:"股份有限公司的股东持有的股份可以向其他股东转让,也可以向股东以外的人转让;公司章程对股份转让有限制的,其转让按照公司章程的规定进行。"

(三)股东知情权

股东要参与公司重大事项的决策,其前提是掌握公司的经营状况。因此各个国家和地区的公司法普遍规定了股东对公司经营状况和财务状况的知情权,而且该权利不能以章程加以限制或剥夺。

我国《公司法》第 57 条第 1 款规定:"股东有权查阅、复制公司章程、股东名册、股东会会议记录、董事会会议决议、监事会会议决议和财务会计报告。"同条第 2 款还规定:"股东可以要求查阅公司会计账簿、会计凭证。股东要求查阅公司会计账簿、会计凭证的,应当向公司提出书面请求,说明目的。公司有合理根据认为股东查阅会计账簿、会计凭证有不正当目的,可能损害公司合法利益的,可以拒绝提供查阅,并应当自股东提出书面请求之日起十五日内书面答复股东并说明理由。公司拒绝提供查阅的,股东可以向人民法院提起诉讼。"该法第 110 条也对股份有限公司的股东知情权作了具体规定,并于第 2 款规定:"连续一百八十日以上单独或者合计持有公司百分之三以上股份的股东要求查阅公司的会计账簿、会计凭证的,适用本法第五十七条第二款、第三款、第四款的规定。公司章程对持股比例有较低规定的,从其规定。"依此,股东有权自由查阅公司会计账簿、会计凭证之外的公司信息,除非被认为有不正当目的,股东也有权自由查阅会计账簿、会计凭证。

2017 年 8 月公布并于 2020 年 12 月修正的最高人民法院《关于适用〈中华人民共和国公司法〉若干问题的规定(四)》[以下简称《公司法解释(四)》]对此作了较为详细的补充规定。尽管该司法解释因《公司法》的修订而需要修订,但其内容系司法实践中裁判规则的经验总结,并不当然失效,故在被废止或修订前仍具有参考价值。《公司法解释(四)》第 7 条第 2 款规定:“公司有证据证明前款规定的原告在起诉时不具有公司股东资格的,人民法院应当驳回起诉,但原告有初步证据证明在持股期间其合法权益受到损害,请求依法查阅或者复制其持股期间的公司特定文件材料的除外。”其第 8 条还对“不正当目的”的情形作了明确规定:“有限责任公司有证据证明股东存在下列情形之一的,人民法院应当认定股东有公司法第三十三条第二款规定的‘不正当目的’:(一)股东自营或者为他人经营与公司主营业务有实质性竞争关系业务的,但公司章程另有规定或者全体股东另有约定的除外;(二)股东为了向他人通报有关信息查阅公司会计账簿,可能损害公司合法利益的;(三)股东在向公司提出查阅请求之日前的三年内,曾通过查阅公司会计账簿,向他人通报有关信息损害公司合法利益的;(四)股东有不正当目的的其他情形。”为避免公司事先剥夺股东知情权,《公司法解释(四)》第 9 条规定:“公司章程、股东之间的协议等实质性剥夺股东依据公司法第三十三条、第九十七条规定查阅或者复制公司文件材料的权利,公司以此为由拒绝股东查阅或者复制的,人民法院不予支持。”

鉴于实践中不少股东需要依赖专业机构或人员实现股东知情权,我国《公司法》第 57 条第 3 款规定:“股东查阅前款规定的材料,可以委托会计师事务所、律师事务所等中介机构进行。”

为切实维护公司利益,股东行使知情权还应履行保守商业秘密的义务,该保密义务还及于辅助股东查阅公司文件材料的会计师、律师等专业人员。对此,我国《公司法》第 57 条第 4 款规定:“股东及其委托的会计师事务所、律师事务所等中介机构查阅、复制有关材料,应当遵守有关保护国家秘密、商业秘密、个人隐私、个人信息等法律、行政法规的规定。”

《公司法解释(四)》第 11 条规定:“股东行使知情权后泄露公司商业秘密导致公司合法利益受到损害,公司请求该股东赔偿相关损失的,人民法院应当予以支持。根据本规定第十条辅助股东查阅公司文件材料的会计师、律师等泄露公司商业秘密导致公司合法利益受到损害,公司请求其赔偿相关损失的,人民法院应当予以支持。”

在一些财务制度不完备的公司,有时会存在档案材料不健全的问题。在此情形下,股东知情权当然无法有效行使。因此,为奠定股东知情权的行使基础,并维护公司的财务会计制度,有必要追究对此负有责任的董事、高级管理人员的法律责任。对此,《公司法解释(四)》第 12 条规定:“公司董事、高级管理人员等未依法履行职责,导致公司未依法制作或者保存公司法第三十三条、第九十七条规定的公司文件材料,给股东造成损失,股东依法请求负有相应责任的公司董事、高级管理人员承担民事赔偿责任的,人民法院应当予以支持。”

鉴于母公司股东对子公司经营状况和财务状况有知情的合理需求,司法实践中该类诉讼已为数不少[24],且在缺乏规范依据的背景下仍有支持该项诉讼请求的判决[25],我国2023年《公司法》对股东知情权的穿越行使作了明确规定。该法第57条第5款规定:"股东要求查阅、复制公司全资子公司相关材料的,适用前四款的规定。"其第110条第3款也规定:"股东要求查阅、复制公司全资子公司相关材料的,适用前两款的规定。"依此,我国正式确认了知情权的穿越制度,并明确将适用范围限定于全资子公司,从而未实质性改变我国《公司法》建立于单一法律主体的立法框架。[26]

(四)利润分配权

利润分配权,是指股东按照出资或股份比例分配公司利润的权利。投资者向公司出资的主要目的即为获取收益,因而利润分配权无疑是股东的核心权利。各个国家和地区的公司法对利润的分配都作出了严格的限制。我国《公司法》第210、211条对此作了明确规定。依其规定,公司分配当年税后利润时,应当提取公司法定公积金;公司的法定公积金不足以弥补以前年度公司亏损的,在提取法定公积金之前,还应当先用当年利润弥补亏损。公司弥补亏损和提取公积金后所余税后利润,有限责任公司按照股东实缴的出资比例分配利润,全体股东约定不按照出资比例分配利润的除外;股份有限公司按照股东所持有的股份比例分配利润,公司章程另有规定的除外。此外,公司持有的本公司股份不得分配利润。公司违反《公司法》规定向股东分配利润的,股东应当将违反规定分配的利润退还公司;给公司造成损失的,股东及负有责任的董事、监事、高级管理人员应当承担赔偿责任。

关于公司利润分配问题的立法与司法对策,体现了私法自治理念的扩张与限缩政策。放任公司自行决定是否分配利润,是对私法自治维护的结果;干预公司长期拒绝分配利润的做法,则是对私法自治进行必要限制的结果。就此而言,在公司利润分配问题上,无论是作出放任还是必要限制的选择,都有其合理性。但由于利润分配本质上属于私法自治范畴,因而即便在特殊情况下进行必要的司法干预,也应当予以严格控制,只有在确实需要进行司法干预且穷

---

〔24〕 尽管实践需求颇为强烈,但由于缺乏明确的法律依据,一些法院受理该类案件后,大多基于现行《公司法》的规定,驳回了该诉讼请求。例如,在卢伟与宜昌山水投资有限公司、宜昌山水房地产开发有限公司股东知情权纠纷判决书中,湖北省宜昌市中级人民法院(二审法院)认为:"卢伟是否具有对山水投资公司和山水开发公司的股东知情权。从现有证据来看,卢伟系山水投资公司股东,山水投资公司全额出资设立山水开发公司,山水开发公司在法律上具有独立的法人资格并独立承担民事责任。卢伟作为山水投资公司的股东仅对该公司具有知情权,可以查阅、复制公司章程、股东会会议记录、董事会会议决议、监事会会议决议和财务会计报告等,但对山水开发公司不具备上述权利。"显然,湖北省宜昌市中级人民法院根据《公司法》关于股东知情权的规定,否定了母公司股东知情权穿越行使的诉求。参见湖北省宜昌市中级人民法院(2016)鄂05民终1927号民事判决书。

〔25〕 也有极个别案件通过发散性解释的方式,在一定程度上为母公司股东向子公司行使知情权打开了口子。如在郭某与某投资控股集团有限公司股东知情权纠纷执行异议裁定书中,江苏省高级人民法院通过对合并财务报表内涵及投资性控股公司特殊性的解释,认为母公司股东知情权范围应延伸至形成合并报表的基础会计资料。该执行裁定书载明:"对于投资性控股公司而言,其成员企业的经营管理状况对于控股公司的股东具有重大利益,成员企业的账簿记录对母公司股东而言尤其重要。惟其如此,郭某通知函中要求查阅某集团投资及再投资企业的财务状况。如果仅将其知情权局限于某集团或其合并报表层面而不延伸至形成该合并报表的基础会计资料,郭某仍然无法判断公司编制的合并报表是否客观真实,也必然导致其诉讼目的从根本上无法实现,也不符合双方在诉讼中达成的调解协议初衷。"当然,该案有其特殊背景,即以合并财务报表的企业集团股东主张知情权为前提,且据以申请强制执行的鼓楼法院(2015)鼓商初字第222号民事调解书约定的查账范围载明了"其他相关会计资料"字样,因而存在解释空间。参见江苏省高级人民法院(2017)苏执监648号执行裁定书。

〔26〕 参见王建文:《论我国股东知情权穿越的制度构造》,载《法律科学》2019年第4期。

尽了其他救济的情况下才能作出某种司法干预。在此问题上,理论界与司法机关都存在较大的认识分歧,因此,《公司法解释(四)》第13~15条对此作了详细规定。

关于当事人诉讼地位,《公司法解释(四)》第13条规定:"股东请求分配利润公司纠纷案件,应当列公司为被告。"(第1款)"一审法庭辩论终结前,其他股东基于同一分配方案请求分配利润并申请参加诉讼的,应当列为共同原告。"(第2款)

关于是否应提交股东会或者股东大会分配方案决议,《公司法解释(四)》第14条规定:"股东提交载明具体分配方案的股东会或者股东大会的有效决议,请求公司分配利润,公司拒绝分配利润且其关于无法执行决议的抗辩理由不成立的,人民法院应当判决公司按照决议载明的具体分配方案向股东分配利润。"第15条规定:"股东未提交载明具体分配方案的股东会或者股东大会决议,请求公司分配利润的,人民法院应当驳回其诉讼请求,但违反法律规定滥用股东权利导致公司不分配利润,给其他股东造成损失的除外。"

公司大股东违反同股同权原则和股东权利不得滥用原则,排挤、压榨小股东,导致公司不分配利润,损害小股东利润分配权的现象时有发生。例如,一些公司长期不分配利润,但董事、高级管理人员领取过高薪酬,或者由控股股东操纵公司购买与经营无关的财物或者服务,用于其自身使用或者消费,或者隐瞒或转移利润。因此,客观上需要积极探索完善对股东利润分配权的司法救济,规定公司股东滥用权利,导致公司不分配利润给其他股东造成损失的,司法可以适当干预,以实现对公司自治失灵的矫正。为此,《公司法解释(四)》第15条确立了一项例外规则,即在违反法律规定滥用股东权利导致公司不分配利润,给其他股东造成损失的情形下,即使股东未提交载明具体分配方案的股东会决议,人民法院仍可支持股东请求公司分配利润的诉讼请求。该规定以股东违反法律规定滥用股东权利为前提,对公司不分配利润做有限司法干预,其现实合理性毋庸置疑,但司法实践中如何具体适用,将使法官和当事人面临考验。

关于公司利润分配裁判规则的上述认识分歧,在司法实践中确实客观存在。例如,在山东汉诺集团有限公司与山西寿阳段王集团平安煤业有限公司、山西寿阳段王煤业集团公司其他合同纠纷案件二审民事裁定书中,关于汉诺集团起诉主张分配公司利润的诉讼请求应否受理的问题,最高人民法院提出了与一审法院山西省高级人民法院完全不同的观点。该案上诉人山东汉诺集团有限公司(以下简称汉诺集团)认为其提出该项主张的依据为其与山西寿阳段王煤业集团公司(以下简称段王集团)所签的股权转让协议,该协议第3条第1款约定段王集团给予汉诺集团2010年基建期的全部收益权。山西省高级人民法院认为,公司是否分配利润以及分配利润的数额,属于公司和股东自治范畴,公司决定分配利润的权利在股东会,而非个别股东。《公司法》第33条仅规定股东有权按照实缴的出资比例分配红利,但在股东会作出利润分配方案之前,并未赋予股东越过股东会直接提起分配利润诉讼的请求权,也并未将分配利润作为对公司的强制性规范,一审法院据此裁定驳回汉诺集团要求分配利润的起诉。[27] 最高人民法院认为,对于当事人提起的某项诉讼请求应否受理的判断,并非要求该项诉讼请求需获得实体法上的支持,而是应以民事诉讼法关于案件受理标准的一般法律规定并结合与该具体诉请相关的具体法律规定进行综合认定。本案中,汉诺集团依据股权转让协议的有关约定起诉请求分配公司利润,根据《民事诉讼法》、《公司法》以及相关司法解释的规定,该诉请的受理标

---

〔27〕 参见山西省高级人民法院(2012)晋商初字第8号民事裁定书。

准和条件法律均无要求公司内部先行决议的特别前置性规定。因此，一审裁定驳回汉诺集团的该项诉请，属于适用法律错误，人民法院应当受理该项诉讼请求。至于案件受理以后，当事人的该项诉讼请求能否获得实体法上的支持，需待案件实体审理以后，由人民法院以实体判决的方式予以处理。[28] 不过，该裁定作出时间是在《公司法解释（四）》公布之前，其裁判观点未获司法解释确认，只能说明司法实践中曾经存在认识分歧。

尽管通过诉讼可确认股东拥有利润分配权，但若公司长期怠于履行具体分配义务，仍可能导致股东利润分配权难以实现。为解决公司过分长期不分配利润问题，2023 年《公司法》第 212 条规定："股东会作出分配利润的决议的，董事会应当在股东会决议作出之日起六个月内进行分配。"依此，如果具体分配方案中载明的分配时间超过了 6 个月，则可认定公司决议中关于分配时间的内容因违反《公司法》规定而无效。

（五）股权优先购买权

有限责任公司具有一定程度上的人合性，因此，《公司法》第 84 条第 2 款规定："股东向股东以外的人转让股权的，应当将股权转让的数量、价格、支付方式和期限等事项书面通知其他股东，其他股东在同等条件下有优先购买权。股东自接到书面通知之日起三十日内未答复的，视为放弃优先购买权。两个以上股东行使优先购买权的，协商确定各自的购买比例；协商不成的，按照转让时各自的出资比例行使优先购买权。"但同条第 3 款规定："公司章程对股权转让另有规定的，从其规定。"依此，有限责任公司股东向股东以外的人转让股权时，其他股东原则上有优先购买权，但公司章程可限制或禁止该权利的行使。股份有限公司作为最典型的资合公司，股份的转让原则上不受限制，因而法律不赋予其他股东优先购买权，否则将危害股份的流动性。不过，鉴于非上市股份有限公司（非公众公司）客观上与有限责任公司无本质区别，故法律允许股份有限公司通过章程对股份转让进行限制。对此，《公司法》第 157 条规定："股份有限公司的股东持有的股份可以向其他股东转让，也可以向股东以外的人转让；公司章程对股份转让有限制的，其转让按照公司章程的规定进行。"

有限责任公司股东优先购买权涉及行使通知、行使方式、行使期限、损害救济等问题，因公司法未作具体规定，司法实践中在具体法律适用方面存在认识分歧，故《公司法解释（四）》对此作了详细规定。关于"同等条件"的判断标准，《公司法解释（四）》第 18 条规定："人民法院在判断是否符合公司法第七十一条第三款及本规定所称的'同等条件'时，应当考虑转让股权的数量、价格、支付方式及期限等因素。"为稳定股权转让的法律关系，维护股权转让受让人的合法权益，《公司法解释（四）》第 19 条对股东优先购买权的行使期间作了明确规定："有限责任公司的股东主张优先购买转让股权的，应当在收到通知后，在公司章程规定的行使期间内提出购买请求。公司章程没有规定行使期间或者规定不明确的，以通知确定的期间为准，通知确定的期间短于三十日或者未明确行使期间的，行使期间为三十日。"为确定拟转让股权的股东在其他股东行使优先购买权后又反悔的裁判规则，《公司法解释（四）》第 20 条规定："有限责任公司的转让股东，在其他股东主张优先购买后又不同意转让股权的，对其他股东优先购买的主张，人民法院不予支持，但公司章程另有规定或者全体股东另有约定的除外。其他股东主张转让股东赔偿其损失合理的，人民法院应当予以支持。"股东优先购买权是法定权利，关于损害股

---

〔28〕　参见最高人民法院（2014）民二终字第 74 号民事裁定书。

东优先购买权的股权转让合同的效力问题,《公司法》未作明确规定,理论界与实务界也存在认识分歧。最终,《公司法解释(四)》未对此作直接规定,而是采取原则上不否定该类合同的效力,但明确了优先购买权应予支持的裁判规则。对此,《公司法解释(四)》第 21 条第 1 款规定:"有限责任公司的股东向股东以外的人转让股权,未就其股权转让事项征求其他股东意见,或者以欺诈、恶意串通等手段,损害其他股东优先购买权,其他股东主张按照同等条件购买该转让股权的,人民法院应当予以支持,但其他股东自知道或者应当知道行使优先购买权的同等条件之日起三十日内没有主张,或者自股权变更登记之日起超过一年的除外。"因此,股东优先购买权固然应受到维护,但为维护股权转让法律关系的稳定,《公司法解释(四)》对该优先购买权设定了除斥期间。

与股东优先购买权相对应的是股东受限制的股权转让权。尽管有限责任公司股东股权转让权受到其他股东优先购买权的限制,但该项权利仍客观存在,且章程不能在未提供合适救济措施的情况下绝对禁止股东对外转让股权。因此,我国 2023 年《公司法》新增了股权转让相关主体的程序性义务及受让人主张行使股东权的依据。该法第 86 条规定:"股东转让股权的,应当书面通知公司,请求变更股东名册;需要办理变更登记的,并请求公司向公司登记机关办理变更登记。公司拒绝或者在合理期限内不予答复的,转让人、受让人可以依法向人民法院提起诉讼。股权转让的,受让人自记载于股东名册时起可以向公司主张行使股东权利。"

(六)新股优先认购权

依我国 2018 年《公司法》第 34 条的规定,公司新增资本时,股东有权优先按照实缴的出资比例认缴出资;但是,全体股东约定不按照出资比例优先认缴出资的除外。该规定赋予了有限责任公司股东的新股优先认购权,且要求全体股东约定不按照出资比例优先认缴出资的,才能否定该新股优先认购权。显然,这种强制性规定过度介入了公司自治,导致新股优先认购权甚至远远超越了股权优先购买权的强度,因而妨碍了公司经营自主权。基于此,2023 年《公司法》删除了该规定。当然,公司章程仍可对此作出相关规定,但法定的新股优先认购权已不复存在。基于股份有限公司的资合性,公司法自始未赋予其股东新股优先认购权,公司发行新股时,原有股东应按照一般发行与认购程序认购。不过,股份有限公司可以向原股东以其持股比例配送或配售新股。

(七)对公司的经营提出建议或质询的权利

该项权利是就股份有限公司股东而言的,有限责任公司股东能充分介入公司经营管理,因而不必特设对公司的经营提出建议或质询的权利。建议权,是指股东有权就其认为有利于公司经营的决策或措施向公司提出意见或建议。不过,我国《公司法》规定的建议权在实践中形同虚设,股东向何人提起建议,其建议又如何处理,都缺乏明确的规定。质询权,是指股东对公司的某些行为存在疑问,或认为公司经营不善时,有权以口头或书面形式向公司机关提出疑问,并要求其予以解答。质询是一件非常严肃的事情,质询的权利、义务主体以及质询的场所与范围,都应在相关法规中作相应规定。对此,我国 1993 年《公司法》未作规定,但 2023 年《公司法》第 187 条明确规定:"股东会要求董事、监事、高级管理人员列席会议的,董事、监事、高级管理人员应当列席并接受股东的质询。"这表明我国《公司法》将发动质询程序的权利主体规定为股东会,将义务主体规定为董事、监事、高级管理人员,而质询的场所为股东会会议,具体质询内容未予限定,应理解为董事、监事、高级管理人员职务范围内的一切事项。由于股东会可以通过行使质询权而将其建议融于其中,因而该规定也基本解决了建议权的行使问题。

(八)提议召开临时股东会会议的权利

各个国家和地区的公司法均规定,达到法定比例人数的有表决权的股东可以提议召开临时股东会会议。依我国《公司法》第62条和第113条的规定,在有限责任公司中,代表1/10以上表决权的股东,可以提议召开临时股东会会议;在股份有限公司中,单独或者合计持有公司股份10%以上的股东提出请求时,应在2个月内召开临时股东会会议。

(九)公司剩余财产分配权

如果公司依法终止清算后,还有剩余的财产,股东可以按照出资比例或持股比例分配剩余财产。公司终止后依法取得公司的剩余财产,即剩余财产的分配权。

(十)股东诉权

为切实保障股东的合法权利,各个国家和地区的公司法普遍确立了股东诉权,即股东基于股东权被侵害而享有的提起诉讼的权利。依股东诉权原理,当董事、监事、高级管理人员对公司应负责任而公司未予追究时,可由股东为公司提起追究其责任的诉讼;当股东会的召集程序及其决议内容或方法违法或违反章程时,股东亦可就此提起诉讼。

股东直接诉讼,是指股东为维护自身利益而以自己的名义直接提起的诉讼。公司法所规定的法定股东权及公司章程所赋予的章定股东权被侵害,股东均可依法提起直接诉讼。因侵害股东权的主体不同,股东直接诉讼的被告既可能是公司本身,也可能是公司的董事、高级管理人员。对此,我国《公司法》第190条作了一般规定:"董事、高级管理人员违反法律、行政法规或者公司章程的规定,损害股东利益的,股东可以向人民法院提起诉讼。"此外,《公司法》还对撤销决议之诉、公司解散之诉等股东直接诉讼作了明确规定。例如,《公司法》第26条第1款规定:"公司股东会、董事会的会议召集程序、表决方式违反法律、行政法规或者公司章程,或者决议内容违反公司章程的,股东自决议作出之日起六十日内,可以请求人民法院撤销。但是,股东会、董事会的会议召集程序或者表决方式仅有轻微瑕疵,对决议未产生实质影响的除外。"该法第231条规定:"公司经营管理发生严重困难,继续存续会使股东利益受到重大损失,通过其他途径不能解决的,持有公司百分之十以上表决权的股东,可以请求人民法院解散公司。"

为保障股东权的行使,公司法既规定了股东直接诉讼权,又规定了股东代表诉讼权。鉴于股东代表诉讼制度内容较为丰富,本书将于下节对其作专门论述。

四、股东权的行使条件与计算依据

股东权以股东资格的取得与存续为前提条件,因而股东权的行使也应以此为前提。因此,此处所讨论的股东权的行使条件,不涉及前文所述隐名股东的股东资格认定问题,而以实际取得或形式上取得股东资格为前提。无论采取何种公司资本制度,股东的实缴出资与认缴出资之间都可能存在差异,因而究竟以何种出资额来行使股东权,就成为一项实务问题。对此,各个国家和地区的公司法大多未作明确规定。不过,在股东权的具体计算方面,基于股东的权利义务相一致的原则,从解释上,应认为除章程另有规定外,原则上以股东的实缴出资为计算依据。

《公司法》第65条规定:"股东会会议由股东按照出资比例行使表决权;但是,公司章程另有规定的除外。"从该规定的措辞来看,在有限责任公司,股东表决权的计算依据并未从原则上限定为股东实缴出资,而是采用了较为笼统的"出资比例"的措辞,从解释上应理解为将股东的认缴出资作为其表决权的计算依据。当然,公司法允许公司章程对此作另外规定。不过,鉴于股东可能在认缴出资后,不按照规定履行后续的出资义务,从而将危害公司独立财产的形成,并对其他依约出资的股东构成违约,因此有必要赋予公司对该股东的股东权的行使进行相应限制的权利。对此,《公司法解释(三)》第16条则明确规定:"股东未履行或者未全面履行出资义务或者抽逃出资,公司根据公司章程或者股东会决议对其利润分配请求权、新股优先认购权、剩余财产分配请求权等股东权利作出相应的合理限制,该股东请求认定该限制无效的,人民法院不予支持。"

我国《公司法》及司法解释均未对股份有限公司股东权的计算依据作明确规定,从解释上可认为,依公司自治原则,允许公司章程自行约定;若章程未对股东权的计算标准作明确规定,从《公司法》第65条所体现的立法精神看,则应当理解为按认缴资本的比例行使股东权中的比例性权利。

五、股东的义务

各个国家和地区的公司法对股东义务的规定大同小异,基本上确认了股东应承担多项义务。

(一)遵守公司章程

公司章程对全体股东都有约束力,股东应依照公司章程的规定行使权利并履行义务。遵守公司章程应是股东最基本的义务。

(二)向公司缴纳股款的义务

该义务又称出资义务,即股东应按其所认缴的出资额或所认购的股份金额,按照约定期限向公司缴纳股款。这一义务的履行,是发起人与认股人取得股东资格的前提条件。由于认股人在尚未履行这一义务前,还不能被称为公司股东,因而严格来说,尚未取得股东资格前缴纳股款的义务还不能称为股东义务。不过,习惯上也将该义务纳入股东义务的范畴之中。根据我国《公司法》的相关规定,有限责任公司实行限定期限认缴制,故股东只要认缴了出资,即可取得股东资格,其此后所负出资义务,则为严格意义上的股东义务;股份有限公司实行实缴制,发起人与认股人认购股份后,若无正当理由不履行缴纳股款的义务,则应对公司承担违反出资义务的法律责任。

(三)对公司所负债务的义务

股东对公司所负债务的义务,因公司类型不同而不同。无限公司的股东及两合公司中的无限责任股东,对公司所负的债务承担无限连带责任。有限责任公司及股份有限公司的股东则对公司的债务仅以其出资额或认缴的股款为限,不负其他财产责任。因此,严格来说,该项义务实际上仅适用于无限公司的股东及两合公司中的无限责任股东。由于我国《公司法》仅确立了有限责任公司与股份有限公司,因而该项股东义务并不存在于我国。

(四)不得抽逃出资

我国《公司法》规定,在公司登记后,股东、发起人、认股人不得抽回出资或股本。该法第53条规定:"公司成立后,股东不得抽逃出资。违反前款规定的,股东应当返还抽逃的出资;给公司造成损失的,负有责任的董事、监事、高级管理人员应当与该股东承担连带赔偿责任。"第253

条还规定："公司的发起人、股东在公司成立后，抽逃其出资的，由公司登记机关责令改正，处以所抽逃出资金额百分之五以上百分之十五以下的罚款；对直接负责的主管人员和其他直接责任人员处以三万元以上三十万元以下的罚款。"《公司法解释（三）》还对此作了详细规定。该司法解释第 14 条第 1 款规定："股东抽逃出资，公司或者其他股东请求其向公司返还出资本息、协助抽逃出资的其他股东、董事、高级管理人员或者实际控制人对此承担连带责任的，人民法院应予支持。"同条第 2 款规定："公司债权人请求抽逃出资的股东在抽逃出资本息范围内对公司债务不能清偿的部分承担补充赔偿责任、协助抽逃出资的其他股东、董事、高级管理人员或者实际控制人对此承担连带责任的，人民法院应予支持；抽逃出资的股东已经承担上述责任，其他债权人提出相同请求的，人民法院不予支持。"

（五）出资差额填补义务

股东要承担出资差额填补义务。对此，我国《公司法》分别规定了有限责任公司设立时的股东及股份有限公司发起人的出资差额填补义务。该内容已于本书第四章第五节第三部分"公司成立时发起人的法律责任"部分详细阐述，此处不赘。应当注意的是，出资差额填补义务并非统一适用于所有股东的义务，而是专门为公司发起人所规定的特殊股东义务。

第三节 股东代表诉讼制度

一、股东代表诉讼概述

（一）股东代表诉讼的概念

股东代表诉讼（shareholders representative action），又称股东派生诉讼或股东衍生诉讼（shareholders derivative suit），是指当公司的合法权益受到不法侵害而公司怠于起诉时，符合法定条件的股东有权为了公司的利益，以自己的名义直接向人民法院提起的诉讼。

从理论上讲，拥有独立法律人格的公司具有独立的意思与独立的财产，在其权益受到侵害时，会采取相应法律措施保护自己的利益。但是，这只是一种理想状态，事实上公司的独立意思往往会受到控股股东、实际控制人或董事会的控制，因而在公司利益被他们侵害时，这些侵权人就不可能促使公司形成追究其自身法律责任的公司独立意思。因此，各个国家和地区的法律都强化了对控股股东、实际控制人、董事、监事、高级管理人员的监督与制约，并赋予其较为严格的义务与责任。但对以上人员履行义务与责任的监督与追究，仍然需要公司作出决议，在公司本身的独立意思形成机制被破坏的情况下，这一公司决议实际上难以形成。为此，公司法上发展出了一种替代救济措施，此即股东代表诉讼。通过股东代表诉讼，股东可以在维护公司权益的同时实现间接维护股东权益的目的。因此，与股东直接以个人名义行使股东诉权的股东直接诉讼相对而言，股东代表诉讼又被称为股东间接诉讼。

（二）股东代表诉讼的历史沿革

股东代表诉讼源于英美普通法，是在 19 世纪作为一种衡平措施发展起来的，属于普通法公司法领域一项重大的制度创新。

1843 年，英国发生的 Foss vs. Harbottle 一案揭开了股东派生诉讼制度的序幕。在该案中，一公司的两名股东以自己和除两名被告之外的其他全体股东的名义向公司两名董事提起诉讼,认为公司董事将其自己的土地高价卖给公司,使公司遭受损失,从而损害了股东的利益,故请求法院判令董事对公司承担赔偿责任。但法官认为这两名股东不是适格原告,适格原告应为公司,故否定了其诉讼请求。该案所确立的"Harbottle 规则"实际上否定了股东代表诉讼的合法性。由于"Harbottle 规则"过于严格和机械,因而在随后的一些判例中,该规则的适用逐渐出现了一些例外。在这些例外情形下,股东都有权代表公司提起诉讼,从而使股东代表诉讼得以发展并最终确立起来。[29]

股东代表诉讼制度在美国发展得较为顺利。美国也曾通过判例确立了类似于英国"Harbottle 规则"的规则,但该判例同时确认了在符合严厉要求的情况下股东有权提起股东代表诉讼的规则。以此为基础,美国于 1881 年确立了关于股东代表诉讼的衡平规则 94(Equity Rule 94)。[30] 此后,股东代表诉讼在美国取得了较大规模的发展,成为小股东监督公司经营活动、预防大股东滥权的重要的法律手段。到 19 世纪末期,股东代表诉讼在美国联邦法院被大量受理,大股东对公司以及小股东的诚信义务被法院稳固地确立,大股东的多数投票权被限定在不得抢夺公司的商业机会、不得与公司的利益相冲突、禁止关联交易的区间。同时,股东代表诉讼体制也形成了自身运行的规则,与股东直接诉讼逐渐划清了理论和实践的界限。长期以来,股东代表诉讼作为一项依据衡平法发展起来的诉讼制度,其规则散存于浩如烟海的案例之中。进入 20 世纪后,美国的一些州已在其公司法中规定了派生诉讼程序。《美国商事公司示范法》(2002 年)第七章第四分章(第 7.40～7.47 条)对"派生诉讼程序"作了专门规定。[31] 1966 年美国联邦政府在修订《联邦民事诉讼法》时也新增了一条,对股东派生诉讼作出专门规定。

美国制定法所规定的股东代表诉讼制度先后为世界各个国家和地区所普遍参考。例如,法国法院于 1893 年即准许股东行使代表诉讼提起权,日本于 1950 年修改其商法典时就明确规定了股东代表诉讼制度。如今,世界各个国家和地区的公司法已大多规定了股东代表诉讼制度。我国《公司法》与《证券法》也正式确立了股东代表诉讼制度。不过,在大陆法系国家和地区,关于股东代表诉讼制度的适用对象的规定不尽相同,有的仅适用于股份有限公司,如德国;有的则同时适用于股份有限公司与有限责任公司,如法国、韩国。[32] 我国《公司法》第 189 条规定的股东代表诉讼制度也同时适用于有限责任公司与股份有限公司。

(三)股东代表诉讼提起权的性质

在采用股东派生诉讼概念时,股东派生诉讼提起权可简称为股东派生诉权。但股东代表诉讼提起权,则一般不被简称为股东代表诉权,以免产生误解。在将股东权利划分为自益权与共益权的日本、韩国和中国,关于股东代表诉讼提起权的性质究竟是属于共益权还是自益权,法学界存在不同认识。对此,各个国家和地区的通说采共益权说,但也有少数主张股东权属于

---

〔29〕 参见施天涛:《公司法论》(第 2 版),法律出版社 2006 年版,第 433～434 页。

〔30〕 参见张民安:《现代英美董事法律地位研究》,法律出版社 2000 年版,第 496～497 页。

〔31〕 参见沈四宝编译:《最新美国标准公司法》,法律出版社 2006 年版,第 83～87 页。

〔32〕 参见《德国股份法》第 147 条,我国台湾地区"公司法"第 214、215 条,《法国商法典》第 R223－31、R225－167 条,《韩国商法典》第 403、565 条,《日本公司法典》第 847 条。由于 2005 年《日本公司法典》取消了有限责任公司形式,故其股东代表诉讼制度自然无法适用于该类公司。

债权的学者采自益权说,我国学者则基本上采共益权说。自益权说认为:股东因股份(股权)之持有而享有股利分配请求权,从而成为公司的债权人,股东为保全其债权,有权代位行使公司对董事的损害赔偿请求权及其他广义的公司债权;股东代表诉讼是公司在内部关系上对董事享有的请求权的行使,公司法无非加以变相规定而已,故股东代表诉讼提起权属于自益权。将股东权界定为债权的学说已为绝大多数学者所否认,故日本部分学者所主张的股东代表诉讼提起权系自益权说,自然也就失去了其存在基础。从股东代表诉讼判决的结果来看,原告胜诉的利益归属于公司而不归于提起诉讼的股东。因此,股东代表诉讼是一种典型的、通过维护公司利益而维护股东共同利益的行为,故应将股东代表诉讼提起权界定为股东共益权。当然,共益权的行使可作为股东实现自益权的一种方法。

至于股东代表诉讼提起权是属于共益权中的单独股东权还是少数股东权,则因各个国家和地区政策的不同,而在公司法有不同规定。对此,有的国家和地区采单独股东权说,如美国、日本、法国;有的国家和地区则采少数股东权说,如德国、韩国。将股东代表诉讼提起权界定为单独股东权,可鼓励小股东监督公司正常运营、维护公司整体利益,但若其他配套制度出现空缺,则可能导致个别股东出于不良动机而滥用诉权。将股东代表诉讼提起权界定为少数股东权,有利于防止个别股东滥用该权利,但客观上又限制了股东行使该权利。[33] 我国《公司法》第189条对有限责任公司规定的是单一股东权,对股份有限公司则规定的是少数股东权。

(四)股东代表诉讼与股东直接诉讼的区别

综合各个国家和地区的股东代表诉讼制度,股东代表诉讼与股东直接诉讼具有以下主要区别:

1. 产生根据不同。股东代表诉讼提起权既源于股东作为投资者的地位,也源于股东在特定情形下作为公司代表人的地位,故其产生根据具有二元性。股东直接诉讼的根据则仅具有一元性,即股东作为投资者的地位。

2. 行使目的与法律后果不同。在股东代表诉讼中,原告股东不是为了自己的个人利益,而是为了公司的利益而代表公司提起诉讼。在该诉讼中,真正的利益当事人为公司,原告股东提起诉讼的目的或者是阻止正在对公司发生的侵害行为,或者是使已经受到侵害的公司获得法律救济。股东直接诉讼则是为了维护股东个人利益与股东共同利益,但本质上均为维护股东利益,而不以公司利益为目的。与股东提起诉讼的目的相适应,股东代表诉讼的既判力及于公司和全体股东,股东直接诉讼的既判力则仅及于股东个人。

3. 行使方式不同。在股东代表诉讼中,原告股东仅享有形式意义上的诉权,实质意义上的诉权则归属于公司。因此,若原告股东胜诉,胜诉利益归于公司,而非原告股东;若原告股东败诉,则不仅原告股东要负担诉讼费用,而且该判决还对公司本身及其他股东都产生拘束力,使公司及其他股东不得再以同一理由提起诉讼。在股东直接诉讼中,原告股东享有合而为一的形式意义上的诉权与实质意义上的诉权,其诉讼结果均归属于原告股东,且不对公司及其他股东产生拘束力。

4. 适用范围不同。各个国家和地区关于股东代表诉讼适用范围规定的不同,主要表现为对股东代表诉讼被告的规定的不同。在公司权益受到侵害的具体事由方面,各个国家和地区

〔33〕 参见刘俊海:《股份有限公司股东权的保护》(第2版,修订本),法律出版社2004年版,第315页。

的公司法基本上不作明确规定。一般来说,凡是公司依法所享有的诉权,只要公司有关机关无正当理由而拒绝或怠于行使,具备法定条件的股东即可提起股东代表诉讼。股东直接诉讼的适用范围则围绕股东权展开,其被告可以是公司本身或公司机关及其成员,但不得为公司外的第三人。

5. 提起诉讼的程序不同。为防止股东滥用诉权,各个国家和地区的公司法都为股东代表诉讼设置了特定的前置程序。一般来说,股东只有在请求公司机关提起诉讼或采取其他补救措施而仍未获满足后,才能提起股东代表诉讼。股东直接诉讼则可在股东权受到侵害时,直接向有关被告提起诉讼,而不存在该类前置程序。

二、股东代表诉讼的当事人

(一)股东代表诉讼的原告

顾名思义,股东代表诉讼的原告应为股东,包括普通股股东与类别股股东。在股东提起诉讼之后,其他股东可以参加该诉讼,从而成为共同原告,但作为被告的股东则应排除在外。在股东代表诉讼中,各个国家和地区公司法大多规定,股东要成为适格的原告,还必须具备一定资格。

各个国家和地区由于法律传统不同,对股东代表诉讼原告的资格限制也有所不同。但总的来说,各个国家和地区公司法对原告资格的限制主要表现在两个方面:一是持股时间要求;二是持股数量要求。

在持股时间要求方面,英美法系国家和地区采用“当时股份持有规则”,即要求股东代表诉讼的原告必须在其起诉的侵害公司利益的行为发生时拥有公司股份,而不得对其成为公司股东之前,公司所受到的侵害提起股东代表诉讼。例如,《美国商事公司示范法》(2002 年)第7.41条规定:“股东不能启动或者继续一项派生程序,除非该股东:(1)在被控诉的作为或者不作为发生时为该公司股东或者通过合法的转让从一名当时股东手中受让股票而成为公司的股东;且(2)在行使公司权利时公正、充分地代表了公司的利益。”[34]不过,在美国,“当时股份持有规则”的稳固基础已被动摇,一些州公司法已对该规则明确规定了若干项例外。[35]大陆法系国家和地区对持股时间要求采用“持股期限原则”,即要求提起股东代表诉讼的原告必须在起诉之前持有公司股份达到法定期限。例如,关于该期限,德国规定为3个月;日本规定为6个月,但非开放式公司无此期限限制。不过,韩国、法国等国则均未规定持股时间。我国《公司法》第189条对有限责任公司与股份有限公司作了区分规定:前者未规定持股时间;后者则规定股东持股时间应为连续180日以上。持股时间要求的作用主要在于抑制无价值的诉讼,并有助于防止“购买诉讼”。例如,某人虽然不是公司的股东,但其可通过临时购买少量股份的方式来达到提起代表诉讼的目的。这一严格的限制对有价值的诉讼也构成某种抑制。不过,对连续持股期间的限制虽存在抑制股东发动代表诉讼的负面作用,但总体上还是合理的,只是该期限不宜过长。我国目前对股份有限公司所规定的180日的期限还是较为合理的。

在持股数量要求方面,英美法系国家和地区基本上不加限制,但大多设置了善意规则(good faith),要求股东在通过提起股东代表诉讼强制行使公司的权利时必须公正和充分地代

---

〔34〕　沈四宝编译:《最新美国标准公司法》,法律出版社2006年版,第84页。

〔35〕　参见[美]罗伯特·C. 克拉克:《公司法则》,胡平等译,工商出版社1999年版,第539~540页。

表公司的利益。美国、英国、加拿大和日本都在法律中作了相类似的规定。例如,上引《美国商事公司示范法》(2002 年)第 7.41 条第 2 项的规定,即要求提起股东代表诉讼的股东必须“公正、充分地代表了公司的利益”。通过判例法,这一抽象原则可起到防范小股东滥用股东代表诉讼制度的作用。一般来说,实践中,在以下情形下,原告股东将不被认定为“公正、充分地代表了公司的利益”:(1)原告股东提起股东代表诉讼,是为了谋取与自己持股比例不成正比的私利,或为了谋取其所在公司的竞争对手的利益。(2)原告股东曾参与、批准或默许所诉不正当行为;原告股东以损害公司或者其他股东的利益为代价谋取自身利益。〔36〕 大陆法系国家和地区则大多要求提起股东代表诉讼的股东必须持有一定数额的公司股份。例如,关于该持股数量,德国规定为 10%;韩国对股份有限公司规定为 1%,对有限责任公司规定为 5%。在股东代表诉讼提起权采单一股东权说的国家如日本、法国则未规定持股数量要求,但均设置了相应的防范制度。例如,2005 年《日本公司法典》第 847 条第 1 款在对关于股东代表诉讼的规定之后,专门以但书形式作了防范性规定:“但责任追究等之诉为以谋取该股东或第三人的不正当利益或加害于该股份有限公司为目的的除外。”〔37〕 我国《公司法》第 189 条同样对有限责任公司与股份有限公司的持股数量作了区分规定:前者无数量要求;后者则要求“单独或者合计持有公司”1% 以上股份。〔38〕 我国对股份有限公司股东提起股东代表诉讼的持股数量的要求并不算严格,总体上符合我国当前的实践要求。

在提起诉讼之后的整个审理过程中,股东是否必须持续持有符合起诉条件的公司股份,各个国家和地区的公司法大多未作明确规定。美国学者一般认为,原告的股东资格不仅应在提起诉讼时具备,而且应当贯穿于整个诉讼过程,〔39〕 此即原告股东资格维持原则。若股东提起股东代表诉讼后将其股份转让出去,除非由其他适格股东作为原告承继该股东代表诉讼,则法院应当裁定终结诉讼。美国许多州公司法及公司法判例均肯定了原告股东资格维持原则。〔40〕 我国《公司法》及《公司法解释(四)》均未对此作出规定,我国学者基本上也未作出明确阐述。从理论上讲,由于享有股东权是股东提起股东代表诉讼的前提条件,而提起该诉讼的股东应能够代表公司利益,因此在诉讼期间,原告股东仍应符合其起诉的持股时间与持股数量要求,否则应终止其发动的股东代表诉讼。

尽管绝大多数国家和地区都对股东代表诉讼股东原告的资格作了较为严格的限定,但也有少数国家和地区对此仅作了极为宽松的限定甚至不作任何限定。例如,英国和澳大利亚公司法仅规定,股东代表诉讼的原告必须为公司股东名簿上记载的股东;加拿大公司法则对股东

---

〔36〕 刘俊海:《股份有限公司股东权的保护》(第 2 版,修订本),法律出版社 2004 年版,第 331～332 页。

〔37〕 吴建斌编译:《日本公司法　附经典判例》,法律出版社 2017 年版,第 446 页。

〔38〕 不过,2019 年《证券法》第 44 条规定了特定情形下所有股东均享有的派生诉权——短线交易归入权。该条第 1 款规定:“上市公司、股票在国务院批准的其他全国性证券交易场所交易的公司持有百分之五以上股份的股东、董事、监事、高级管理人员,将其持有的该公司的股票或者其他具有股权性质的证券在买入后六个月内卖出,或者在卖出后六个月内又买入,由此所得收益归该公司所有,公司董事会应当收回其所得收益。但是,证券公司因购入包销售后剩余股票而持有百分之五以上股份,以及有国务院证券监督管理机构规定的其他情形的除外。”同条第 3 款规定:“公司董事会不按照第一款规定执行的,股东有权要求董事会在三十日内执行。公司董事会未在上述期限内执行的,股东有权为了公司的利益以自己的名义直接向人民法院提起诉讼。”

〔39〕 参见[美]罗伯特·C. 克拉克:《公司法则》,胡平等译,工商出版社 1999 年版,第 540 页。

〔40〕 参见刘俊海:《新公司法的制度创新:立法争点与解释难点》,法律出版社 2006 年版,第 260 页。

的条件和范围未作任何规定,甚至还规定公司债权人及其他被法庭裁量为“适当的人”,均可为股东代表诉讼的原告。

鉴于母子公司框架下,全资子公司的利益与母公司具有高度的一致性,故有必要确立双重股东代表诉讼,从而使股东代表诉讼的原告扩大到全资子公司的母公司的股东。对此,我国《公司法》第 189 条第 4 款规定:“公司全资子公司的董事、监事、高级管理人员有前条规定情形,或者他人侵犯公司全资子公司合法权益造成损失的,有限责任公司的股东、股份有限公司连续一百八十日以上单独或者合计持有公司百分之一以上股份的股东,可以依照前三款规定书面请求全资子公司的监事会、董事会向人民法院提起诉讼或者以自己的名义直接向人民法院提起诉讼。”

(二)股东代表诉讼的被告

从股东代表诉讼制度产生的背景以及建立股东代表诉讼机制的根本目的来看,股东代表诉讼的被告主要是公司的董事、控制股东及其他内部人,如高级管理人员、监事。因为他们是公司事务和公司经营的执行人和监管人或者实际支配者。不过,各个国家和地区公司法对此规定不尽相同。例如,美国对股东代表诉讼的真正被告不加限制,凡是侵害公司利益的人均可作为真正被告,而不限于公司内部人员。《美国商事公司示范法》(2002 年)即未设置这方面的任何限制。不过,在美国及英国的司法实践中,作为真正被告的致害人一般不被列为名义被告,而是作为第三人处理。德国对股东代表诉讼的被告作了非常宽泛的规定。依其规定,发起人、发起人之外的其他人、设立审查人、董事、监事、公司的实际控制人以及其他损害公司利益的人,均可成为股东代表诉讼的被告。〔41〕 2005 年《日本公司法典》第 847 条也对此作了非常宽泛的规定。依其规定,发起人、设立时董事、设立时监事、高级管理人员、清算人以及非法占有公司财产的其他人,均可成为股东代表诉讼的被告。

依我国《公司法》第 189 条第 1、2 款的规定,公司董事、监事、高级管理人员均可成为股东代表诉讼的被告。此外,该条第 3 款还明确规定:“他人侵犯公司合法权益,给公司造成损失的,本条第一款规定的股东可以依照前两款的规定向人民法院提起诉讼。”依此,我国公司法对股东代表诉讼的被告未作限制,凡是侵害了公司权益的人,均可能成为股东代表诉讼的被告。因此,其他股东、控股股东、实际控制人以及公司外部人员均可成为股东代表诉讼的被告。

(三)公司在股东代表诉讼中的地位

股东代表诉讼的显著特征之一在于股东是以自己的名义,为了公司的利益而提起诉讼,并且法院最终的裁判结果对公司具有拘束力。因此,公司在股东代表诉讼中处于极为特殊的地位。不过,各个国家和地区公司法对公司在诉讼中的法律地位的规定不尽相同。

在英美法系国家和地区,公司在股东代表诉讼中居于双重地位。因公司机关拒绝作出追究侵害公司利益的人的决定,使公司无法以原告的名义提起诉讼。但由于公司是股东代表诉讼中的真正原告,拥有实质上的诉权,并在原告股东胜诉后承受相应法律后果,故应当作为股东代表诉讼的当事人。如果按照大陆法系的一般规定与法理,在此情形下,公司应作为第三人或共同被告。但在英美法系国家和地区习惯上非常特别地将公司作为名义被告(nominal party defendant),并允许其对诉讼提出各种反对意见,属于真正被告的致害人(董事、高级管理人员

---

〔41〕《德国股份法》第 46 ~ 49、117、147 条。

等）则作为第三人参加诉讼。[42] 之所以将公司作为被告，是因为法律要求股东在提起股东代表诉讼之前须向公司提出由公司提起损害赔偿诉讼的请求，而公司拒绝了这一请求，因而法院须对公司所作出的拒绝决定进行审查。由于这种审查的对象是公司，故只能将公司列为被告。[43]

在大陆法系国家和地区，公司在股东代表诉讼中不被作为被告，但可自愿参加到诉讼之中。对此，各个国家和地区公司法大多未对公司的具体当事人地位作明确规定。例如，《韩国商法》第404条第1款规定："公司可以参加前条第3款及第4款中的诉讼。"[44] 不过，也有的公司法对此作了较为明确的规定。例如，2005年《日本公司法典》第849条第1款规定："股东或股份有限公司可作为共同诉讼人，或为辅助一方当事人，参加到有关责任追究等之诉中。但导致诉讼程序不当迟延或对法院造成过重负担的除外。"[45] 依此，在股东代表诉讼中，公司既可作为共同原告，也可作为第三人参加到原告股东的诉讼之中，还可作为第三人参加到被告股东的诉讼之中。

我国《公司法》虽对股东代表诉讼制度作了明确规定，但未规定公司在该诉讼中的当事人地位。《公司法解释（四）》第24条第1款则明确规定："符合公司法第一百五十一条第一款规定条件的股东，依据公司法第一百五十一条第二款、第三款规定，直接对董事、监事、高级管理人员或者他人提起诉讼的，应当列公司为第三人参加诉讼。"该规定与日本、韩国公司法的规定有显著差异：其一，公司被明确限定为第三人，而不能作为共同原告；其二，公司必须作为第三人参加诉讼，而不能自愿选择，法院也不得拒绝公司作为第三人参加诉讼。应当说，将公司界定为第三人还是合理的。从本质上讲，公司在股东代表诉讼中确实是英美法意义上的"真正原告"，应当处于当事人地位，但因其拒绝提起诉讼，故不宜将其列为原告。而公司作为"真正原告"，在大陆法系法律制度环境下，当然也不能将其列为被告。因此，在股东代表诉讼中，公司只能作为且必须作为第三人参加到原告一方的诉讼之中。至于公司应作为有独立请求权的第三人还是无独立请求权的第三人，《公司法解释（四）》未予明确。有独立请求权的第三人是以本诉的双方当事人为被告，而在股东代表诉讼中，公司显然不以本诉的原告为被告，故不能作为有独立请求权的第三人。无独立请求权的第三人与诉讼的结果有必然关系，并与某一方当事人利益一致，参加进诉讼中表达其诉讼的主张，承担法院要求的义务。因此，公司是与原告利益一致的无独立请求权的第三人。

（四）其他股东在股东代表诉讼中的地位

在原告股东提起股东代表诉讼后，并不剥夺其他股东对同一事件也提起股东代表诉讼的权利。但在具体的操作中，各个国家和地区有着不同的实践。当数个股东分别就同一事实提起股东代表诉讼时，若无其他限定因素，美国法院一般允许先立案的诉讼继续进行，其他诉讼则会被中止、驳回或合并到已立案的诉讼中去。当诉讼开始后，通常允许并鼓励其他股东加入原告的队伍中，当原告股东人数众多时要指定代表人，按集团诉讼的要求来处理。依前引2005

---

〔42〕 参见［美］罗伯特·C.克拉克：《公司法则》，胡平等译，工商出版社1999年版，第531页。

〔43〕 参见施天涛：《公司法论》（第2版），法律出版社2006年版，第447页。

〔44〕 《韩国商法》，吴日焕译，中国政法大学出版社1999年版，第90页。

〔45〕 吴建斌编译：《日本公司法　附经典判例》，法律出版社2017年版，第451页。

年《日本公司法典》第849条第1款的规定,其他股东不得就同一标的再行起诉,但可作为共同诉讼当事人或无独立请求权的第三人参加诉讼。为保障其他股东的诉权,有些国家和地区的公司法还对公司的通知义务作了明确规定。例如,《日本公司法典》第849条第4、5款还特别规定,公司在收到股东代表诉讼的告知后,须及时向股东公告或通知该意旨。[46]

我国《公司法》明确规定,提起股东代表诉讼的股东可单独提起,也可由数名股东共同提起,但未规定在股东提起股东代表诉讼之后,其他股东是否可以参加到诉讼之中或提起同样的诉讼。对此,《公司法解释(四)》第24条第2款明确规定:"一审法庭辩论终结前,符合公司法第一百五十一条第一款规定条件的其他股东,以相同的诉讼请求申请参加诉讼的,应当列为共同原告。"

三、股东代表诉讼的特殊程序

(一)股东代表诉讼的前置程序

股东代表诉讼所要维护的实体权利属于公司,故各个国家和地区均要求股东在起诉前首先应向公司董事会或监事会以公司名义对侵害人提起诉讼,在遭受拒绝后方可向法院提起股东代表诉讼。此即股东代表诉讼的前置程序,英美公司法上称之为"竭尽公司内部救济"(exhaustion of internal remedies)原则。不过,各个国家和地区对此规定不尽相同。例如,《美国商事公司示范法》(2002年)第7.42条规定:"只有具备下列条件,股东才能启动一项派生程序:(1)已向公司书面要求采取恰当的行为;并且(2)该要求提出后已经过90日,除非在此之前公司已经通知股东其要求被拒绝,或者等待90日期限结束将会使公司遭受难以弥补的损失。"[47]2005年《日本公司法典》第847条第3款规定:"股份有限公司自依第1款规定的请求之日起的60日内,未提起责任追究等之诉的,提出该请求的股东,可为股份有限公司提起责任追究等之诉。"[48]依此,只有在符合条件的股东依法向公司提出追究公司发起人、董事等致害人的责任的请求后60日内,公司未提起该诉讼的,提出该请求的股东才能提起股东代表诉讼。我国台湾地区"公司法"第214条则规定,股东提起股东代表诉讼前的等候期间为30日。

股东代表诉讼设置前置程序的主要原因在于该诉权原本属于公司,自然应首先提请公司行使,只有在公司拒绝股东的请求后,才能发动股东代表诉讼。不过,如果情况紧急,等到发动期限届满将导致公司利益遭受无法挽回的损害,不少国家和地区的公司法也例外地允许股东不经过发动等候期限而直接提起股东代表诉讼。例如,上引《美国商事公司示范法》(2002年)第7.42条在规定前置程序后,又补充规定,"除非在此之前公司已经通知股东其要求被拒绝,或者等待90日期限结束将会使公司遭受难以弥补的损失"。2005年《日本公司法典》第847条第5款第1句规定:"尽管有第1款及第3款的规定,因同款期间届满有可能对股份有限公司造成无法恢复的损害之虞的,第1款的股东可及时为股份有限公司提起责任追究等之诉。"[49]《韩国商法典》第403条第4款也作了类似规定。[50]

我国《公司法》第189条第1~3款对股东代表诉讼的条件与前置程序作了明确规定:"董

[46] 参见吴建斌编译:《日本公司法　附经典判例》,法律出版社2017年版,第452页。
[47] 沈四宝编译:《最新美国标准公司法》,法律出版社2006年版,第84页。
[48] 吴建斌编译:《日本公司法　附经典判例》,法律出版社2017年版,第446页。
[49] 吴建斌编译:《日本公司法　附经典判例》,法律出版社2017年版,第446页。
[50] 参见《韩国商法》,吴日焕译,中国政法大学出版社1999年版,第90页。

事、高级管理人员有前条规定的情形的,有限责任公司的股东、股份有限公司连续一百八十日以上单独或者合计持有公司百分之一以上股份的股东,可以书面请求监事会向人民法院提起诉讼;监事有前条规定的情形的,前述股东可以书面请求董事会向人民法院提起诉讼。监事会或者董事会收到前款规定的股东书面请求后拒绝提起诉讼,或者自收到请求之日起三十日内未提起诉讼,或者情况紧急、不立即提起诉讼将会使公司利益受到难以弥补的损害的,前款规定的股东有权为公司利益以自己的名义直接向人民法院提起诉讼。他人侵犯公司合法权益,给公司造成损失的,本条第一款规定的股东可以依照前两款的规定向人民法院提起诉讼。"依此,我国公司法对股东代表诉讼的前置程序规定得较为具体,将向公司提起追究相关致害人责任的请求细化为不同的公司机关,从而有利于该前置程序发挥实质性作用。此外,我国《公司法》第 189 条第 2 款后半句也明确规定,在紧急情况下股东可不经前置程序所规定的等候期限而直接提起股东代表诉讼。

按照前置程序的规定,股东代表诉讼无疑需要经法院审查合格后才会被受理。但 2005 年修改的《德国股份法》对此作了更为严格的限制性规定,即规定了具有实质审查内容的诉讼许可程序。所谓诉讼许可程序,是指符合法定条件的股东不能直接向法院以个人名义主张公司的损害赔偿请求权,而应首先向法院提出"允许以自己名义主张公司损害赔偿请求权"的申请,然后再由法院根据法律规定对其申请进行审查,决定是否允许其起诉。2005 年《德国股份法》第 148 条规定,单独或合计持有公司 1% 或 10 万欧元以上股份的股东可向法院申请,要求许可其以自己的名义诉讼主张公司对发起人、董事、监事和控股股东等享有的赔偿请求权。满足以下条件的,法院许可其申请:(1)股东证明,在其基于公开信息知悉发起人、董事、监事和控股股东等存在违反法定义务或造成公司损失之前已取得公司股份;(2)股东证明,曾徒劳地要求过公司在合理期限内自己提起诉讼;(3)有事实表明,公司有可能因为不诚实或严重违反法律、公司章程的行为而遭受损失;(4)公司赔偿请求权的主张不与公司重要利益相抵触。〔51〕

(二)股东代表诉讼的管辖

在股东代表诉讼中,作为被告的致害人(在英美法系为作为真正被告的致害人)可能处于极为分散的状态,而在该诉讼中,公司本身又处于极为关键的地位,因此从便利诉讼的考虑出发,应将股东代表诉讼的管辖界定为专属管辖。各个国家和地区的公司法作为实体法大多不对此作明确规定,而将其作为程序法问题处理。例如,《美国商事公司示范法》《法国商法典》《韩国商法典》均未对此予以规定。不过,也有一些国家和地区的公司法对此作了明确规定。例如,2005 年《日本公司法典》第 848 条规定:"责任追究等之诉,由管辖股份有限公司或股份交换全资子公司(本节以下称为股份有限公司等)总公司所在地的地方法院专属管辖。"〔52〕依《德国股份法》第 148 条第 2 款的规定,股东代表诉讼由公司住所地的州地方法院的民事或者商事审判庭专属管辖。〔53〕

我国《公司法》基于实体法中不就诉讼管辖这一程序问题作出规定的惯例,未对股东代表诉讼的管辖作明确规定。

---

〔51〕 参见胡晓静:《德国股东派生诉讼制度评析》,载《当代法学》2007 年第 2 期。

〔52〕 吴建斌编译:《日本公司法 附经典判例》,法律出版社 2017 年版,第 451 页。

〔53〕 参见胡晓静:《德国股东派生诉讼制度评析》,载《当代法学》2007 年第 2 期。

(三)诉讼费用担保制度

为防止股东滥用股东代表诉讼制度,减少对公司董事、监事等被追诉对象以及公司本身的不必要的干扰,不少国家和地区的公司法为该制度设置了防范性制度,即诉讼费用担保制度。诉讼费用担保制度,是指法院认定原告股东提起股东代表诉讼缺乏合理理由时,法院可责令原告股东向被告提供一定的担保,以便在原告股东败诉时,对被告承担的合理诉讼费用给予补偿。这就意味着,只有当法院认定该诉讼明显不具有合理性,或者明显不具有实质意义时,才要求其提供担保,否则原告股东无须提供担保。诉讼费用担保制度始于 1944 年《纽约州公司法》。受其影响,美国不少州(约 1/3)的公司法都明确规定了该制度。《美国商事公司示范法》(1969 年)也对此作了明确规定。各州公司法对此规定不尽相同,大多数是根据原告的持股比例来确定,也可由法院根据公司可能承担的责任来确定。担保金的形式通常表现为债券,也可能是其他流通证券、现金或其他财产。[54] 不过,该制度主要用于防范小股东滥用诉权,故不少州的公司法对此作了严格限制。例如,《纽约州公司法》规定,只有原告股东单独或共同持有股份不超过 5%,或者其持有的股票的市场价值不超过 5 万美元时,被告才能请求法院适用诉讼费用担保制度;《加利福尼亚州公司法》则规定,动议方必须证明,原告股东没有"合理的可能性"表明诉讼会使公司或其他股东受益,或者动议方没有参与涉嫌的交易行为,才能请求适用诉讼费用担保制度。[55]

在美国影响下,各个国家和地区的公司法纷纷确立了诉讼费用担保制度。例如,《日本公司法典》第 847 条之四第 2 款规定:"股东等(指股东、适格原股东或最终全资母公司等的股东。本节以下相同)提起责任追究等之诉的,法院可依被告的请求,命令该股东等提供相应的担保。"同时,为防止该防范性制度反过来被致害人滥用,《日本公司法典》又于第 847 条之四第 3 款规定:"被告提出前款请求,须阐明提起责任追究等之诉出于恶意。"[56] 关于"恶意"的认定标准,日本法学界有两种观点:一种观点认为,"恶意"是指原告不仅知道其起诉行为有害于被告,而且具有明显的有意损害被告的意思,此即"害意说";另一种观点认为,"恶意"为原告明知不存在侵害公司利益的行为而提起诉讼,此即"知情说"。前者为少数说,后者为通说。在关于"恶意"的举证要求方面,"害意说"认为应该对原告股东的加害意图进行举证;"知情说"认为应该对原告股东知道被告没有责任进行举证。日本法院对"恶意"的认定也存在不同的看法。

鉴于诉讼费用担保制度客观上阻碍了股东代表诉讼制度价值的实现,美国不少学者从一开始就对该制度予以严厉批判。在司法实践中,法院也往往通过采取变通措施,使原告股东得以免除提供诉讼费用担保。原告股东还可依联邦担保法条款的要求,提出诉讼费用担保违法的请求,并向联邦法院起诉,从而免除费用担保要求。此外,原告还可以在未确立诉讼费用担保制度的州起诉,以回避担保要求。例如,在美国拥有最多公司注册地的特拉华州,就从未通过诉讼费用担保法令。[57] 在此背景下,最早确立该制度的美国公司法已表现出摒弃该制度的趋势。例如,对美国各州公司法影响巨大的《美国商事公司示范法》已于 1984 年修订时废除了

---

〔54〕 参见施天涛:《公司法论》(第 2 版),法律出版社 2006 年版,第 462 页。

〔55〕 参见[美]罗伯特·C. 克拉克:《公司法则》,胡平等译,工商出版社 1999 年版,第 540 ~ 541 页。

〔56〕 吴建斌编译:《日本公司法　附经典判例》,法律出版社 2017 年版,第 451 页。

〔57〕 参见[美]罗伯特·C. 克拉克:《公司法则》,胡平等译,工商出版社 1999 年版,第 541 ~ 542 页。

诉讼费用担保制度。

我国《公司法》在导入股东代表诉讼制度时未明确规定诉讼费用担保制度。但理论界与司法部门普遍认为，应确立诉讼费用担保制度以防范股东代表诉讼制度被滥用。

（四）对原告股东诉讼权利的限制

原告股东提起诉讼属代行诉权，其对公司的实体权利不具有处分权，最终实体权利仍归属于公司，且股东代表诉讼牵涉到其他股东的间接权利，故应对原告股东的诉讼权利予以必要限制。这种限制主要表现为对原告股东处分权的限制。在民事诉讼中，基于处分原则，原告拥有调解、和解以及放弃、变更诉讼请求等诉讼中的处分权；但在股东代表诉讼中，因原告股东不具有实体法上的处分权，故其程序法上的处分权也应受到相应限制。美国、日本、韩国等国公司法均对原告股东处分权的限制作了不同程度的规定。例如，《美国商事公司示范法》（2002 年）第 7.45 条规定："非经法院同意，派生诉讼程序不可以停止或者调解。如果法院决定派生诉讼程序的停止或者调解将实质性地影响公司股东或者某一类别股东的利益，则法院应指示向将受影响的股东发出通知。"[58]在美国司法实践中，法院基于诉讼经济的立场，对于股东代表诉讼以诉讼上和解之方式解决实体问题，一向持肯定态度。《日本公司法典》第 850 条第 1 款规定："股份有限公司非为有关责任追究等之诉中的和解当事人的，对该诉讼中的诉讼标的，不适用民事诉讼法第 267 条的规定。但该股份有限公司等同意的情形除外。"[59]《韩国商法典》则对原告股东的处分权作了最为严格的限制，该法第 403 条第 6 款规定："在提起第 3 款及第 4 款之诉的情形下，未经法院许可，当事人不得撤诉，放弃、接受请求，进行和解。"[60]

我国《公司法》未对股东代表诉讼中原告股东的处分权作明确规定。

四、股东代表诉讼的法律后果与费用负担

（一）股东代表诉讼的法律后果

股东代表诉讼的裁决（包括法院作出的调解书与经法院批准的和解协议）的法律效力不仅及于原被告双方，而且及于公司与其他股东（包括开始为原告但后来退出诉讼的股东）。因此，在该裁决生效后，其他股东不得就同一理由再次提起股东代表诉讼。在原告股东胜诉的情形下，胜诉的利益归于公司。对此，我国《公司法》未作明确规定，但《公司法解释（四）》第 25 条明确规定："股东依据公司法第一百五十一条第二款、第三款规定直接提起诉讼的案件，胜诉利益归属于公司。股东请求被告直接向其承担民事责任的，人民法院不予支持。"[61]

在原告败诉的情形下，原告股东不仅将承担相应的诉讼费用，而且还可能被责令对被告及公司因此所受损失承担赔偿责任。对此，《日本公司法典》第 852 条第 2 款规定："即使提起责任追究等之诉的股东败诉的，除有恶意之外，该股东对该股份有限公司等不承担由此产生的损害赔偿义务。"[62]因此，在原告败诉时，只有其所提起的诉讼被确认为具有恶意，原告才对公司因此所受的损害承担赔偿责任。但该法未对原告败诉时，原告对被告所受损害的赔偿责任作出特别规定，似应解释为法律未排除其赔偿责任，故法院可责令原告承担该项责任。《美国商

---

〔58〕 沈四宝编译：《最新美国标准公司法》，法律出版社 2006 年版，第 86 页。

〔59〕 吴建斌编译：《日本公司法　附经典判例》，法律出版社 2017 年版，第 453 页。

〔60〕 《韩国商法》，吴日焕译，中国政法大学出版社 1999 年版，第 90 页。

〔61〕 该条所涉"公司法第一百五十一条"为现行《公司法》第 189 条。——编者注

〔62〕 吴建斌编译：《日本公司法　附经典判例》，法律出版社 2017 年版，第 455 页。

事公司示范法》(2002 年)第 7.46 条第 2 款规定:“可以命令原告支付被告为在该程序中进行辩护而发生的任何合理费用(包括律师费),如果法院认为该程序的启动或者继续没有合理的诉因或者是出于不正当的目的。”[63] 由于美国将股东代表诉讼的名义被告确定为公司,故该规定所指被告应为公司。我国台湾地区“公司法”对原告股东败诉时对被告及公司的赔偿责任均作了明确规定,其第 214 条第 2 款规定:“如因败诉,致公司受有损害,起诉之股东,对于公司负赔偿之责。”第 215 条第 1 款还规定:“提起前条第二项诉讼所依据之事实,显属虚构,经终局判决确定时,提起此项诉讼之股东,对于被诉之董事,因此诉讼所受之损害,负赔偿责任。”依此,在我国台湾地区股东代表诉讼中,原告股东败诉时,均须无条件对公司因此所受损害负赔偿责任;对于作为被告的董事因此所受损害,则仅在股东所依据之事实显属虚构时,即在股东恶意提起股东代表诉讼情形下,才对此承担赔偿责任。我国《公司法》未对原告股东败诉时对公司及被告的赔偿责任作明确规定。

(二)股东代表诉讼的案件性质与诉讼费用的交纳

关于股东代表诉讼的案件性质,各个国家和地区的公司法基本上不作明确规定,而由法院统一规定或统一确定。对此,各个国家和地区实践不尽相同,有的将其确定为财产案件,按照诉讼标的额收取诉讼费;有的将其确定为非财产案件,按照非财产案件的一般标准来收取诉讼费用。我国目前司法实践中仍将其确定为财产案件,按照诉讼标的额收取诉讼费。日本等一些国家和地区则将其确定为非财产案件,从而大大降低了原告进行诉讼的成本。对此,《日本公司法典》第 847 条之四第 1 款规定:“第 847 条第 3 款或第 5 款、第 847 条之二第 6 款或第 8 款或前条第 7 款或第 9 款的责任追究等之诉,有关诉讼标的价额的计算确定,视为有关非财产权请求之诉。”[64] 事实上,在股东代表诉讼中,原告股东并无直接的利益,而且在败诉时还至少要承担自身的诉讼成本。因此,按照财产案件诉讼标的额收取诉讼费的方法,不利于股东派生诉讼的展开。为平衡原告股东胜诉所得利益与败诉所承担责任的不对称性,我国不妨将股东派生诉讼案件按非财产案件标准收取诉讼费用。由于法律已对存在提起恶意诉讼可能的股东设置了诉讼费用担保制度,故按非财产案件标准收取诉讼费用不会导致股东代表诉讼制度被滥用。而根据 2007 年 4 月 1 日起实施的国务院《诉讼费用交纳办法》第 13 条的规定,股东代表诉讼若被作为非财产案件,则仅须按照“其他非财产案件每件交纳 50 元至 100 元”的标准交纳诉讼费。这无疑将大大降低原告股东的诉讼成本,从而有利于发挥股东代表诉讼制度所特有的监督作用。

(三)诉讼费用补偿制度

在股东代表诉讼中,原告股东为公司利益进行诉讼,胜诉利益归属于公司,但要由个人承担诉讼费用。在败诉情形下,原告股东还可能要额外承担对被告及公司所受损害的赔偿责任。因此,各个国家和地区的公司法大多确立了原告胜诉后的诉讼费用补偿制度。各个国家和地区的公司法一般规定,给予原告股东诉讼费用补偿的义务主体为获得胜诉利益的公司,但也有将该义务主体规定为股东代表诉讼被告的规定。例如,《美国商事公司示范法》(2002 年)第 7.46 条第 1 款规定:“可以命令公司向原告支付在程序中发生的合理费用(包括律师费),如果法院认

---

[63]　沈四宝编译:《最新美国标准公司法》,法律出版社 2006 年版,第 86 页。

[64]　吴建斌编译:《日本公司法　附经典判例》,法律出版社 2017 年版,第 451 页。

为该程序使公司获得实质性的利益。”[65]基于权利义务相一致的原则，股东代表诉讼胜诉情形下，获得胜诉利益的公司应承担股东为此支出的必要费用。对此，《日本公司法典》第 852 条第 1 款明确规定：“提起责任追究等之诉的股东胜诉（含部分胜诉）的，对有关该责任追究等之诉的诉讼支出的必要费用（诉讼费用除外），或应向律师、律师法人支付报酬时，可在该费用数额范围内或该报酬范围内，请求该股份有限公司等支付被认为适当的金额。”[66]我国台湾地区“公司法”第 215 条第 2 款则规定：“提起前条第二项诉讼所依据之事实，显属实在，经终局判决确定时，被诉之董事，对于起诉之股东，因此诉讼所受之损害，负赔偿责任。”我国《公司法》及基于 2023 年修订前的《公司法》所作司法解释对此未作明确规定。

思考题

1. 试析股东资格认定中形式特征与实质特征的效力。
2. 试析股东权的具体内容及其在我国《公司法》中的表现。
3. 试析股东代表诉讼与股东直接诉讼的区别。
4. 试析公司在股东代表诉讼中的法律地位。

---

〔65〕 沈四宝编译：《最新美国标准公司法》，法律出版社 2006 年版，第 86 页。
〔66〕 吴建斌编译：《日本公司法　附经典判例》，法律出版社 2017 年版，第 455 页。

第十一章　股东的出资与股份

——| 导 读 |——

- 有限责任公司股东内部的股权转让，仅对公司内部股东的股权结构产生影响，故各个国家和地区的公司法都不予限制。但为了保证有限责任公司的内部稳定，绝大多数国家和地区的公司法都对股东向股东以外的人转让股权作了严格限制。
- 有限责任公司的出资与股份有限公司的股份性质上类似，都是组成各自公司资本的单位，但两者存在明显区别。股份区别于其他出资额表现出以下特点：股份的平等性；股份的不可分性；股份的可转让性；股份表现为股票，具有可自由转让性；股份具有不可撤回性。
- 股份发行主要包括以下分类模式：公募发行与私募发行；设立发行与增资发行；直接发行与间接发行；平价发行、溢价发行与折价发行。
- 股份转让可能影响公司财产的稳定，某一部分股东对股份的处分也有可能损害另一部分股东的利益，股份转让还会带来股票投机。因此，为了保护公司和股东的利益，各个国家和地区的公司法都对股份转让作了必要的限制，以便将股份转让可能产生的弊端限制在尽可能小的范围内。

第一节　有限责任公司股东的出资

我国公司法中对出资概念的使用较为混乱，通常有广义、狭义之别。广义的出资泛指各种公司的股东对公司资本的直接投资及因此形成的相应资本份额；狭义的出资则特指有限责任公司股东或出资人对公司资本所作的直接投资及因此形成的相应资本份额。本节所称出资系从狭义而言。

一、股东出资方式

根据各个国家和地区的传统做法与实践，有限责任公司的出资方式主要形成了以下三种制度。

（一）出资平等制

出资平等制，又称复数出资制，是指将公司资本划分为均等的份额，每个股东可以认购一份，也可以认购数份，各股东拥有与其出资数额相对应的份额。出资平等制下股东的出资份额，与股份有限公司的股份在形式上是相同的。它们最大的区别是，有限责任公司股东的出资证明书（股单）不能作为流通的标的，股份有限公司股东的出资证明书（股票）则是一种可以流通的有价证券。原《日本有限公司法》、《韩国商法典》及《法国商法典》均采用的是出资平等制。例如,《韩国商法典》第546条第2款规定:"每份出资的金额,应为5000元以上且均等。"[1]出资平等制有利于股东之间权利的平衡与计算。

(二)出资不平等制

出资不平等制,又称单一出资制,是指每个股东只能认购一份出资,但每一份出资的数额可以不同。出资不平等制的优点在于股东可以灵活掌握自己的出资数额,简便易行;缺点是这种出资方式不利于股东之间权利的平衡和计算。在我国的中外合资经营企业中,合营各方采用的即为出资不平等制。我国《公司法》未对有限责任公司股东的出资方式作限制性规定,但其相关内容隐含了出资不平等制;实践中,有限责任公司股东的出资基本上采用的是出资不平等制。

(三)基本出资制

基本出资制,是指每个股东只能认购一份出资,每一份出资的数额可以不同,但必须是某一固定数额的整倍数。例如,《德国有限责任公司法》第5条第2款规定,在公司设立时,每一个营业份额的面值必须为整数欧元;每个股东在公司设立时可以认购多个营业份额。[2] 基本出资制是出资平等制与出资不平等制的有机结合,其科学性在于既利于股东出资,又利于股东权利的平衡与计算。

二、出资证明书

出资证明书是证明投资人已经依法履行缴付出资义务,成为有限责任公司股东的法律文件,是股东对公司享有权利、承担义务的重要依据。在有限责任公司,股东所拥有出资数额一般不称为股份,而称为出资额;记载股东出资的法律文书也不称为股票,而称为出资证明书,也有学者称其为"股单"。

出资证明书具有以下特征:(1)出资证明书为非股权证券。股东所享有的股东权并非由出资证明书创设,股东所享有的股东权来源于股东的出资,出资证明书只是记载和反映股东出资的客观状况,因此,它与设定权利的股权证券不同。(2)出资证明书为要式证券。出资证明书的制作和记载事项必须按照法定的方式进行。(3)出资证明书为有价证券。出资证明书是股东享有股东权的重要凭证。但是,出资证明书与股票不同,股票是可流通的有价证券,而出资证明书则为不流通的有价证券或者是称为流通受到严格限制的有价证券。(4)出资证明书为有限责任公司所特有。该特有是相对于股份有限公司而言的,股份有限公司表现股东权益的凭证称为股票,而不称为出资证明书。(5)出资证明书是有限责任公司成立后签发的证明股东权益的凭证。公司成立之前不能向公司的出资人签发。

依我国《公司法》第55条第1款的规定,出资证明书必须记载下列事项:(1)公司名称;(2)公司成立日期;(3)公司注册资本;(4)股东的姓名或者名称、认缴和实缴的出资额、出资方式和出资日期;(5)出资证明书的编号和核发日期。无论从事何种行业、规模如何的有限责任公司,都应当按照上述五项内容向股东签发出资证明书。出资证明书应当由法定代表人签名并由公司盖章,否则不产生法律效力。

---

〔1〕《韩国商法》,吴日焕译,中国政法大学出版社1999年版,第147页。

〔2〕参见《德国商事公司法》,胡晓静、杨代雄译,法律出版社2014年版,第26页。

三、股东名册

股东名册是记载股东姓名、名称和股东出资额、出资证明书编号等事项的重要法律文件，是表明股东地位，确定公司与股东关系，确认股东对公司的权利义务的凭证，是公司必备的文件之一。股东名册的格式虽无明文规定，但每页上必须连续编号。股东名册一般应在公司申请设立登记前完成。有限责任公司应该在本公司置备股东名册，以便于工作中查阅及通知发放文件等有关事情。如果股东发生变化，应当及时变更股东名册的有关内容，否则将影响真正的股东的权益。

依我国《公司法》第56条第1款的规定，股东名册必须记载下列事项：(1)股东的姓名或者名称及住所；(2)股东认缴和实缴的出资额、出资方式和出资日期；(3)出资证明书编号；(4)取得和丧失股东资格的日期。如果公司不编制股东名册或者在股东名册中作虚假记载，公司负责人将受到处罚。公司置备股东名册，在出现股东转让其出资的情形时，可依股东名册的记载来确定谁是对公司享有权利并承担义务的股东。

第二节 有限责任公司的股权转让

在我国，公司法立法、相关司法解释与判决均将有限责任公司股东出资的转让称为股权转让。为概念表述上的统一及方便起见，本书从之。

一、股权转让的方式与限制

(一)股东之间股权转让

股东之间的股权转让，因其属于内部转让，仅对公司内部股东的股权结构产生影响，故各个国家和地区的都不予限制。不过，我国台湾地区“公司法”第111条第1款规定：“股东非得其他全体股东过半数之同意，不得以其出资之全部或一部，转让于他人。”该规定的字面含义似应解释为，无论受让人是否为股东，股东转让出资都必须取得全体股东表决权过半数的同意。但我国台湾地区学界普遍认为，股东之间转让出资应自由为之，而无获得其他股东同意之必要。[3]

我国《公司法》第84条第1款明确规定“有限责任公司的股东之间可以相互转让其全部或者部分股权”。依此，股东之间可以自由转让其全部出资或部分出资，即股东之间的转让不受限制，也无须股东会表决通过。但根据我国的产业政策，国有股必须控股或相对控股领域的有限责任公司，股东之间的股权转让不能使国有股丧失控股或相对控股的地位，若依公司具体情况确需非国有资本控股，则须报国家有关部门审批。

此外，尽管公司法原则上不对股东之间的股权转让予以限制，但基于章程自治原则，各个国家和地区的公司法大多允许公司通过公司章程对股东之间的股权转让予以特别限制。其具体内容详见本节第三部分。

---

〔3〕 参见柯芳枝：《公司法论》，中国政法大学出版社2004年版，第552~553页。

（二）股东向股东以外的人转让股权

有限责任公司虽然在本质上属于资合性公司，但又在一定程度上兼具人合性特点，一般股东人数较少，股东之间的信赖程度较高，股东内部关系的稳定对公司具有至关重要的意义。当股东将其股权转让给公司外第三人时，虽然股东之间的股权结构没有发生改变，但股东之间和谐稳定、相互信赖的关系遭到了破坏。因此，为了保证有限责任公司的内部稳定，绝大多数国家和地区的公司法都对股东向股东以外的人转让股权作了严格限制。

我国《公司法》第 84 条第 2 款规定："股东向股东以外的人转让股权的，应当将股权转让的数量、价格、支付方式和期限等事项书面通知其他股东，其他股东在同等条件下有优先购买权。股东自接到书面通知之日起三十日内未答复的，视为放弃优先购买权。两个以上股东行使优先购买权的，协商确定各自的购买比例；协商不成的，按照转让时各自的出资比例行使优先购买权。"依此，股东向股东以外的人转让股权，仅需履行按照法定要求书面通知其他股东的程序即可，其他股东仅可行使同等条件下的优先购买权。由此可见，我国 2023 年《公司法》废除了 2018 年《公司法》第 71 条规定的"经其他股东过半数同意"的要求，但保留了其他股东的优先购买权。

（三）担任董事、监事的股东的股权转让问题

有限责任公司中出任董事、监事的股东必然比其他普通股东具有更加特殊的地位和作用，这就决定了他们会比普通股东享有更多的权利（力）。正是基于此，我国台湾地区"公司法"第 111 条第 1、3 款对有限责任公司股东出资的转让实行"双轨制"，即一般股东转让出资时，必须经其他全体股东过半数同意，而公司董事须经其他全体股东同意方得以其出资之全部或一部分转让于他人。显然，该规定对出任董事的股东限制更为严格。基于世界各个国家和地区基本上未就有限责任公司董事、监事转让出资作特殊限制，我国台湾地区学者普遍认为该规定对董事过于苛刻，应当修正。在针对董事之特殊地位的规制上，我国台湾地区学者建议，可以规定董事若转让其出资超过其当选时出资之半数，则当然解任，由此保护公司利益。[4] 我们认为，公司法不必就担任董事、监事的股东转让出资设置特别限制，但可以规定董事若转让其出资超过其当选时出资之半数，则当然解任。我国《公司法》亦未就此作明确规定，不过，由于我国《公司法》明确规定公司章程可对股权转让作特别规定，并且对担任董事、监事的股东转让出资设置特别限制，并不违反强制性规定，因而完全可以在公司章程中对此作"须经其他全体股东同意"的限制性规定。此外，也不妨在章程中规定《公司法》未予确认的"董事若转让其出资超过其当选时出资之半数，则当然解任"。

二、股权转让的特殊方式

（一）因强制执行程序而发生的股权转让

我国 1993 年《公司法》对因法院强制执行而发生的股权转让问题未予规定，其他国家和地区也基本上未予规定。我国台湾地区"公司法"第 111 条第 4 款明确规定："法院依强制执行程序，将股东之出资转让于他人时，应通知公司及其他全体股东，于二十日内，依第一项或第三项之方式，指定受让人；逾期未指定或指定之受让人不依同一条件受让时，视为同意转让，并同意

---

〔4〕 参见柯芳枝：《公司法论》，中国政法大学出版社 2004 年版，第 552～553 页。

修改章程有关股东及其出资额事项。”该规定的实际价值仅在于为在此情形下其他股东行使优先购买权设置了一个明确的期限。因此,即便不在公司法中作此明确规定,也完全可依法院裁决解决该问题,通过司法裁决甚至能更灵活地解决该问题。我国2023年《公司法》第85条亦明确规定:“人民法院依照法律规定的强制执行程序转让股东的股权时,应当通知公司及全体股东,其他股东在同等条件下有优先购买权。其他股东自人民法院通知之日起满二十日不行使优先购买权的,视为放弃优先购买权。”实践中,关于同等条件的具体含义尚存在不同认识,需要根据交易实践和“经验法则”具体确定。

(二)因继承、夫妻共有财产分割而发生的股权转让

股东的出资转让给股东以外第三人也可能因继承、夫妻共有财产分割而发生。与一般转让不同的是,这两种行为导致的出资转让并非基于当事人之间的协议而发生。因这两种情况发生的出资转让,是否会使受让人当然取得股东的身份呢?各个国家和地区的公司法大多未就此作具体规定,因而应适用关于股东向股东以外的人转让出资时的一般规定。我国《公司法》第90条明确规定:“自然人股东死亡后,其合法继承人可以继承股东资格;但是,公司章程另有规定的除外。”这表明只要公司章程未另作规定,自然人股东死亡后,合法继承人无须其他股东同意即可继承股东资格,且排除了此情形下其他股东的优先购买权。

我国2023年《公司法》仍未就因夫妻共有财产分割而发生的股权转让问题作特别规定,故应适用关于股权转让的一般规定,但司法实践中对此历来存在争议。2020年12月发布的最高人民法院《关于适用〈中华人民共和国民法典〉婚姻家庭编的解释(一)》第73条第1款规定:“人民法院审理离婚案件,涉及分割夫妻共同财产中以一方名义在有限责任公司的出资额,另一方不是该公司股东的,按以下情形分别处理:(一)夫妻双方协商一致将出资额部分或者全部转让给该股东的配偶,其他股东过半数同意,并且其他股东均明确表示放弃优先购买权的,该股东的配偶可以成为该公司股东;(二)夫妻双方就出资额转让份额和转让价格等事项协商一致后,其他股东半数以上不同意转让,但愿意以同等条件购买该出资额的,人民法院可以对转让出资所得财产进行分割。其他股东半数以上不同意转让,也不愿意以同等条件购买该出资额的,视为其同意转让,该股东的配偶可以成为该公司股东。”显然,该司法解释虽作了具体规定,但实际上并未超出《公司法》关于股权转让的一般规则,因而无法达到为因夫妻共有财产分割而发生的股权转让问题定分止争的目的。此外,因2023年《公司法》已取消了经其他股东同意的规定,故该司法解释关于“其他股东过半数同意”的规则相应失效。

(三)股权回购

股权回购是指有限责任公司按照法定条件和程序,将特定股东所持股权予以回购的行为。股权回购是基于有限责任公司的人合属性,为实现股东退出公司而确立的特殊制度安排。股权回购是资本不变原则的例外性制度。作此规定,既是为了方便反对股东退出公司,也是为了避免因公司僵局而导致公司解散。

我国《公司法》第89条第1~3款规定:“有下列情形之一的,对股东会该项决议投反对票的股东可以请求公司按照合理的价格收购其股权:(一)公司连续五年不向股东分配利润,而公司该五年连续盈利,并且符合本法规定的分配利润条件;(二)公司合并、分立、转让主要财产;(三)公司章程规定的营业期限届满或者章程规定的其他解散事由出现,股东会通过决议修改章程使公司存续。自股东会决议作出之日起六十日内,股东与公司不能达成股权收购协议的,

股东可以自股东会决议作出之日起九十日内向人民法院提起诉讼。公司的控股股东滥用股东权利，严重损害公司或者其他股东利益的，其他股东有权请求公司按照合理的价格收购其股权。”

股权回购仅因反对股东行使股权回购请求权而启动。为解决股东分歧导致的公司僵局，最高人民法院《关于适用〈中华人民共和国公司法〉若干问题的规定（五）》对反对股东股权回购请求权作了扩张解释。根据该解释第5条的规定，人民法院审理涉及有限责任公司股东重大分歧案件时，若当事人协商一致以公司回购部分股东股权方式解决分歧，且不违反法律、行政法规的强制性规定的，人民法院应予支持。

上述股权回购仅限于特定情形下的反对股东股权回购请求权，不能涵盖通常情况下的股东退股制度。所谓退股，是指有限责任公司股东非因法定事由，请求公司购买其所持股权，从而完全退出公司的一种特殊的股权转让方式。在大陆法系公司法中，无限公司、两合公司都明确规定了股东退股制度。但在有限责任公司及股份有限公司，则基于资本三原则及公司资本信用理念，大多不设股东退股制度。若股东欲退出公司投资人行列，则可以转让其股权于其他股东或股东以外的人，以达到实质退股之目的。但在形式上各个国家和地区大多未确立股东退股制度，仅德国等少数国家和地区以有限责任公司股权回购的方式间接确立股东退股制度。例如，《德国有限责任公司法》第34条第1款规定：“只有在公司章程规定允许的情况下，才可以收回营业份额。”[5]这样，得以减资的方式解决股东退股问题。这些规定为股东退股提供了一条间接的渠道，但都必须依赖公司的同意才能进行，不同于股权回购情形下股东的强制购买请求权。较为特殊的是，《俄罗斯联邦民法典》明确规定了股东自由退股制度，该法第94条规定：“有限责任公司的股东有权随时退出公司，而不论公司其他股东是否同意。在这种情况下，应按照有限责任公司法和公司设立文件规定的程序、方式和期限向他支付相当于他在公司注册资本中股份的那部分财产的价值。”[6]与仍相当注重资本三原则及资本信用的大陆法系不同，英美法系赋予了公司极高的自治权限，对公司的管制较少，且奉行股东本位，视公司为投资人的工具，因而只要不损害债权人的利益，法律对股东退股不予强制干预。其中尤以美国最为宽松。[7]

三、公司章程对股权转让的限制

（一）公司章程对股权转让予以限制的实践问题

我国《公司法》第84～90条的规定，使原本难以解决的问题大多获得了较为明确的解决途径及法律依据。为贯彻公司章程自治原则，该法第84条第3款及第90条但书部分还分别补充规定，“公司章程对股权转让另有规定的，从其规定”，“但是，公司章程另有规定的除外”。依此，公司章程可对股权转让作不同于《公司法》的特别规定。但在公司章程对股权转让作了限制或强制性规定的某些情况下，股权是否可以以及如何转让，仍无明确规定。这种限制或强制性规定主要包括以下几种类型：（1）规定所有股东转让出资时只能转让给其他股东，即股权转让限于内部转让；（2）规定员工离开公司时必须退股或者向其他股东转让出资，即规定员工离

---

〔5〕《德国商事公司法》，胡晓静、杨代雄译，法律出版社2014年版，第39页。

〔6〕《俄罗斯联邦民法典》，黄道秀等译，中国大百科全书出版社1999年版，第49页。

〔7〕参见赵旭东等：《公司资本制度改革研究》，法律出版社2004年版，第281页。

开公司时的退股或股权转让的强制;(3)规定公司董事离任时必须退股或者向其他股东转让出资,即公司董事离任时退股或股权转让的强制;(4)规定在股东存在违反法律、法规或公司章程的重大事由时,公司经股东会决议可以将股东除名;(5)规定自然人股东死亡后,其合法继承人不能继承股东资格,即限制股权的可继承性;(6)规定股东在任何情形下都不得转让股权,即绝对禁止股权转让。在实践中,除以公司章程形式作股权转让的限制或强制性规定外,还存在公司章程对该限制或强制性股权转让的价格作不合理规定的问题。例如,有些公司章程中规定,在股东必须退股或向其他股东转让股权的情形下,股权转让价格为出让股东的原实际缴纳的出资额。这就在公司净资产已极大提高或公司发展前景极佳的情况下,被迫退股或转股的股东会因蒙受重大损失而极为不满。对此,法律界未能提供较为统一、明确的解决方法。《公司法解释(四)》也同样未作明确规定。因此,迫切需要从理论上对公司章程股权转让的限制与强制问题展开深入研究,以提供较为明确的解决思路与基本方案。

(二)股权转让的章程限制与强制的法律依据

为明确上引《公司法》第 84 条第 3 款及第 90 条但书的规定,必须通过法律解释予以确认。在相关立法解释、司法解释等出台之前,则应借助于学理解释以明确其内涵。为此,有必要对境外规定进行考察。例如,《德国有限责任公司法》第 15 条在前四款关于股权转让规定的基础上,于第 5 款规定:“公司章程可以对营业份额转让规定其他条件,特别是可以规定,营业份额的转让需经公司同意。”[8]该规定授权公司章程对股权转让规定不同条件,并特别规定公司章程还可规定股权转让需经公司同意。这种未加特别限制地授权公司章程另行规定股权转让条件的规定,使公司章程完全可以超越该条前四款对股权转让的一般性规定,而采取非常严格或非常宽松的规定,既可完全禁止股权转让,[9]也可自由转让。依《意大利民法典》第 2469 条关于有限责任公司股权转让的规定,除公司章程另有规定外,股权可自由转让,也可因死亡而继承;若章程禁止股权转让,或者要求得到公司机构、股东或第三人同意等条件,则按照法定退出权转让股权或退出公司。[10]《韩国商法典》第 556 条第 1 款规定:“社员,只有在依第 585 条(特别决议)规定的社员大会的决议时,方可以将其持有的持份的全部或者一部分转让给他人。但是,可以依章程规定更严格其转让的限制条件。”同条第 3 款规定:“关于社员之间的持份转让,不拘于第 1 款规定,可以在章程中另行规定。”[11]依此,韩国对股权外部转让的限制表现出极强的刚性,章程只能加重而不能缓和该限制;公司章程对股权内部转让,既可作加重限制,也可缓和其限制。[12] 在美国,传统上法院对封闭式公司股份转让限制表现出犹豫不决的态度,但是最近几十年来法院已更多地接受了这种限制,而且立法机关已明确允许某些种类的限制。[13]《美国商事公司示范法》(2002 年)第 6.27 条(a)也对此作了明确规定:“公司章程、内部细则、股东协议或者股东与公司之间的协议可以对公司股票的转让或者转让登记加以限制。该限制

---

〔8〕《德国商事公司法》,胡晓静、杨代雄译,法律出版社 2014 年版,第 32 页。

〔9〕参见[德]托马斯·莱塞尔、吕迪格·法伊尔:《德国资合公司法》(第 3 版),高旭军等译,法律出版社 2005 年版,第 493 页。

〔10〕《意大利民法典》,费安玲等译,中国政法大学出版社 2004 年版,第 629 页。

〔11〕《韩国商法》,吴日焕译,中国政法大学出版社 1999 年版,第 150 页。

〔12〕参见《韩国公司法》,吴日焕译,中国政法大学出版社 2000 年版,第 753 页。

〔13〕参见[美]罗伯特·C. 克拉克:《公司法则》,胡平等译,工商出版社 1999 年版,第 635 页。

对被通过之前已发行的股票不产生影响,除非股票持有者是限制协议的当事人或者投票赞成此种限制。"[14]依此,在美国,对相当于有限责任公司的封闭式公司的股份转让,法律不仅赋予公司章程充分的限制权,而且还允许以股东协议或者股东与公司之间的协议加以限制。但应注意的是,该规定实际隐含了这样一种立法意图:除非通过公司章程等形式作出限制性规定,封闭式公司的股份可以自由转让。

通过对以上规定的考察可以发现,各个国家和地区都允许公司章程对股权转让作严于法律规定的限制,也大多允许放松法定限制,但该规定本身的性质则不尽相同,有的纯属任意性规范,有的则属于强制性规范,前者赋予章程充分的自主权,后者则因具强烈的刚性而不得放松限制。从前述我国《公司法》第84~90条的内容看,该法第84条第3款及第90条但书的规定应理解为完全授权性规范。也就是说,该法第84条前3款及第90条前半句纯属任意性规范,得由公司章程予以改变。依该法第84条第3款的规定,公司章程可以超越该条前两款作出不同规定。具体来说,这种不同规定可包括以下内容:(1)限制甚至禁止股权内部转让自由权,可规定股权内部转让需特定比例的股东同意才能进行,亦可规定禁止股权内部转让;(2)改变股权外部转让时须经其他股东过半数同意的规定,可规定更加严格的限制,甚至规定股权外部转让可取消该限制;(3)改变甚至取消股权外部转让时其他股东同等条件下的优先购买权规定。由此可见,在借助比较研究及学理解释的情况下,《公司法》第84条仍只能解决前述实践中迫切需要解决的问题中的一项,即公司章程可绝对禁止股权转让。在被绝对禁止转让之后,股东的其他股东权皆可正常行使,若无法正常行使,则可依《公司法》第89条关于公司僵局的规定,向公司或其他股东行使强制购买请求权。

《公司法》第90条的但书,则应理解为公司章程可以规定,自然人股东死亡后,其合法继承人不能继承股东资格。至于在不能继承的情况下,该死亡股东的股权能否转让,则应理解为可按照股权转让的一般规定处理。易言之,若公司章程未就股权的内部转让及外部转让设置特别限制,则死亡股东的股权应依《公司法》第84条第1~2款的规定处理;相反,若公司章程对此作了特别限制,则应依《公司法》第84条第3款的上述解释处理。可见,因继承引起的股权转让纠纷的解决,已获得了明确的法律依据。其未明确者,仅为在被强制转让时应如何确定转让价格。对此,在公司章程未作特别限定时,依一般规则确定;在章程作了特别限定时,则应基于该限定的法律效力确定。

总之,除绝对禁止转让股权及因继承引起的股权转让纠纷外,对《公司法》第84、90条的解释仍无法解决前述实践中迫切需要解决的问题。因此,这些问题只能依赖于公司章程条款的合法性来解决。基于《公司法》本质上的私法属性,可以认为,在法律未作相应规定的情况下,公司章程均可依公司自治原则作出各种具体制度安排,但不能违反法律的强制性规定及公司法的基本精神、原则。上述股权转让的章程限制与强制,除因继承引起的股权转让纠纷外,均属于公司法未予规定的情形。而要确定公司章程是否违反法律的强制性规定及公司法的基本精神、原则,则有赖于对有限责任公司及其章程特性的解释。

(三)股权转让的章程限制与强制的制度空间

如前文所述,通过对《公司法》第84条第3款的学理解释,仍无法解决实践中的前述疑难

---

〔14〕 沈四宝编译:《最新美国标准公司法》,法律出版社2006年版,第54~55页。

问题。这就需要通过对有限责任公司及其公司章程的特殊性质的分析,才能明确公司章程股权转让的限制与强制是否存在法律依据及其制度空间,从而为其构建法律解决路径。

有限责任公司虽属资合公司,但具有浓厚的人合色彩,即股东之间具有较为浓厚的人身信赖因素。有限责任公司的人合性,就内部关系而言,主要表现为法律通过大量任意性规范与授权性规范,赋予股东较大限度地自由安排公司治理结构的权限;就外部关系而言,主要表现为法律对股权外部转让时的限制态度。从公司实践来看,有限责任公司大多采取股东直接担任经营管理人员且基于相互信赖而不设置较为复杂的权力制衡模式的治理结构。因此,一般来说,股权变动势必会影响公司治理结构及经营管理模式的稳定性与可持续性。正因为如此,各个国家和地区的法律大多表现出对股权外部转让的一般性限制态度;而股权内部转让则因未改变原股东之间的信赖关系,故大多持允许自由转让的态度。但有限责任公司的人合性因素,决定了法律基于股权转让自由及适当限制的理念都不能过于绝对,而应依公司自治理念允许公司通过章程,自主决定对股权转让是否设限及如何设限。

在基于有限责任公司所具人合性因素得出上述结论的同时,我们更应注意到,有限责任公司的本质属性为资合公司。资合公司的最大特征在于股东拥有股权转让自由权。其中,在最纯粹的资合公司——股份有限公司,股东拥有完全自由的股份转让权;在不完全意义上的资合公司——有限责任公司,股东则拥有受到限制的股权转让权。对此,有学者认为:“股权自由转让是现代各国公司法所普遍遵循的基本原则,也是公司制度独领风骚的根本原因。”〔15〕因此,在强调基于有限责任公司的人合性而限制其股权转让自由权的同时,还应注意到,股权具有天然的可转让性,这一可转让性正是其价值所在,且流通性越强,其价值体现就越高。〔16〕这就意味着绝对禁止股权转让也将有悖于有限责任公司的本质属性。但若将公司章程的股权转让禁止规定理解为股东自愿放弃其股权转让自由权,则又存在某种合理性。除非认为公司章程的这种规定除涉及股东利益外,还涉及债权人及其他社会公众的利益,否则确实没有依据认定股东无权放弃其基本股东权——股权转让自由权。由此,问题延伸到公司章程的属性及制定准则上来。

公司章程是在法律规定的范围内,由全体股东的意思表示形成的决议,是公司对内管理的依据。公司章程所确立的内部制度虽非法律,但对于公司本身来说,则具有约束力,甚至被称为“准法律”。因此,公司章程乃公司赖以实现公司自治的自治规则。不过,该自治规则不同于法律,仅具有内部的约束力,因而又具有契约性特征。总的来说,公司章程是一种具有契约属性的公司自治规则。但公司章程不得与公司法的强制性规范及公司法的基本精神、原则相冲突,违反该制定准则的条款无效。

那么,通过公司章程作出前述待解之股权转让限制与强制性规定,是否违反了公司法的强制性规范及公司法的基本精神、原则呢?公司章程虽具有涉他性,〔17〕但有限责任公司章程关于股权转让的规定,则纯属股东之间基于契约自由的制度安排,并不涉及他人利益维护问题。因而只要这种制度安排没有触犯公共政策,即应认可其法律效力。若相关当事人无法接受这种

---

〔15〕 冯果:《现代公司资本制度比较研究》,武汉大学出版社2000年版,第204页。

〔16〕 参见施天涛:《公司法论》(第2版),法律出版社2006年版,第262页。

〔17〕 参见蒋大兴:《公司法的展开与评判——方法·判例·制度》,法律出版社2001年版,第284~286页。

预先放弃基本股东权的规定,则可以在公司成立之前选择退出设立中的公司。若当时未选择退出,则可推定其已接受这种不利益。即使其事后以根本未能明白该规定的含义或显失公平自由为由,也不能主张该规定无效或可撤销,因为这种设立公司的投资行为属于典型的商行为,应依商法之外观主义原则处理。[18] 因此,依前述德国、韩国、美国公司法及我国《公司法》的解释,均可确认可禁止股权转让。这种禁止显然属于典型的排除股权转让自由权的行为。既然这种禁止性规定合法,则强制股东在特定情形下向其他股东转让股权的规定也应合法。基于此,在我国,前述待解之股权转让的公司章程限制与强制,应认定为基于股东契约自由的自愿性制度安排,并未违反相关强制性规范及公司法的基本精神、原则。

公司章程中员工或董事离职时须退股的规定,因直接违反了除法定事由外股东不得退股的强制性规定,[19] 应归于无效。不过,这种退股指的是直接退股,即非经法定减资程序而由公司直接退还股东出资的行为。若仅要求离职股东将其股权转让于职工持股会或公司指定的其他股东,或者虽由公司回购股权但随后转让于其他股东,则应界定为股权转让(间接退股)而非一般意义上的退股。因此,司法实践中往往对公司章程中员工或董事离职时须退股的规定持较为宽容的态度,不会轻易认定无效。例如,在董海凤与河南天海电器有限公司股东权确认纠纷案中,[20] 董海凤申请再审时称"河南天海电器集团有限公司章程"中关于"在职持股,退职退股"的规定无效。最高人民法院认为,"'河南天海电器集团有限公司章程'中约定的'在职持股,退职转股、退股',是基于天海公司进行企业改制的特殊背景而形成的意思自治约定,该规定已经经过股东代表会议一致通过且实施,是全体股东意思自治的结果,也是全体股东真实意思表示。董海凤选择缴纳股金的行为亦表明其接受'河南天海电器集团有限公司章程'的约定。此外,二审判决已经查明,具备天海集团在职职工身份,是获得改制后公司股权的前提条件,同时,天海集团的改制架构和募集资金的方式,也决定了其在公司章程中作出'在职持股,退职退股'的约定。故二审判决基于天海集团改制的特殊背景,认定'在职持股,退职退股'的约定不违反法律规定,并无不当,也未侵犯董海凤的财产权,故董海凤的该项再审理由不能成立[21]"。

此外,公司章程关于在特定情况下得由公司股东会决定将股东除名的规定,其含义应界定为强制该股东向其他股东转让股权,而不应界定为可以退股。对此,《德国有限责任公司法》第22条第1款的规定隐含这一立法精神。《意大利民法典》第2473条Ⅱ则明确规定:"设立文件可以规定因正当理由将股东除名的特殊情况。在该情况下,适用第2473条的规定,[22] 排除通过公司减资以返还股份的可能。"

应当注意的是,股权转让的公司章程限制与强制,一般应限于公司设立时的章程,若通过修改公司章程作此规定,则需要取得全体股东的一致同意。这是因为公司成立后的章程修改与股东会决议及股东协议,未必能体现全体股东的意志,若允许借此作股权转让的章程限制与强

---

〔18〕 参见范健、王建文:《商法基础理论专题研究》,高等教育出版社2005年版,第76、362页。

〔19〕 《公司法》第53条明确规定:"公司成立后,股东不得抽逃出资。"但依《公司法》第84条和第224条之规定,异议股东向公司行使股权强制购买请求权时,以及公司依法减资时,均可导致股东合法退股。

〔20〕 参见河南省高级人民法院(2013)豫法民二终字第188号民事判决书。

〔21〕 最高人民法院(2015)民申字第710号民事裁定书。

〔22〕 该法第2473条系关于股东退出及该股权如何转让的规定。

制,将可能导致给股东设定新义务。而依公司法原理,非经股东同意,公司章程的修改不得给股东设定新义务。除非股东签署书面同意书,否则不得以修改章程的方式给股东设定新义务。虽然只有少数国家和地区公司法对此作明确规定,我国《公司法》则未予规定,但依公司法一般原理,应能推出这一规则。不仅如此,对于既已设立的章程限制与强制的修改,也不能依修改公司章程的一般程序进行,而应得到全体股东的一致同意。对此,有学者认为,对股权转让进行限制,也可能是有利于个别股东或所有股东的特别权利。依此,取消该限制也应得到相关股东的同意。[23]

至此,还有一个问题有待解决:在被强令向其他股东转让股权时,公司章程关于转让价格的规定是否有效?对此,各个国家和地区的法律均未作明确规定。因此,还应从法律解释的角度寻求解决方案。我们认为,从公平的角度讲,似应认定该规定"显失公平",从而应认定其可撤销。但在不存在欺诈、胁迫、乘人之危等导致结果系显失公平的情况下,[24]不应认定关于股权转让价格的强制性规定显失公平。其根本原因为商法应遵循外观主义原则。此外,这种所谓不公平也具有相对性,因为在公司净资产已大为降低时,则可能使转让股权的股东或其继承人受益。需要说明的是,在章程确定的股权转让价值显著偏低的情况下,若法院不予干预,确实有可能造成当事人之间权利保护失衡的后果,此时法院是否应干预以及应如何干预实际上都是一个难以决断的问题。可以说,无论是否干预及如何干预,都无法在对当事人利益进行实质性调整时实现严格意义上的法律正义。因此,若维护公司章程的规定,使被强令向其他股东转让股权的股东承受其本应预料到的损失也未尝不可。若公司章程未就被强令转让股权时的价格作出规定,则应执行合理的价格。该合理的价格当以公司的净资产为基本依据。对此,《意大利民法典》第 2473 条第 3 款作了明确规定:"退出公司的股东,有权按照公司资产的比例得到自己参股的还款。还款额依照宣布退出时的市场价格确定;有异议的,应坚持主张一方的要求,由法院指定的一名专家的报告确定其价值,有关费用的承担由法院裁决;在该情况下,适用第 1349 条第 1 款的规定。"而该法第 1349 条第 1 款规定:"契约载明给付标的由第三人确定的,在没有发生契约当事人希望的完全符合其意愿的情况时,第三人应当公平处理给付标的的确定。第三人未确定或者其确定显失公平或是错误的,法官可以进行确定。"我国司法实践中不妨参照该规则处理。事实上,我国司法实践中,不少法院所采取的做法与本书所持观点基本一致。例如,山东省高级人民法院《关于审理公司纠纷案件若干问题的意见(试行)》第 53 条规定:"公司章程规定股东因退休、解聘、调动等原因离开公司时应将股权转让给其他股东,但未规定具体受让人,且当事人无法协商一致的,股东会确定的股东有权受让该股权。公司章程对股权转让价格未作规定,且当事人不能协商一致时,一方请求以评估方式确定股权转让价格的,人民法院应予支持。"依此,若公司章程对股权转让价格作了规定,则应适用该规定;若公司章程对股权转让价格未作规定,且当事人不能协商一致的,原则上应以评估方式确定股权转让价格。在适用公司章程关于股权转让价格约定条款的情形下,固然可能存在股权转让价格明显偏低的问题,但由于该项约定原本就是被强令转让股权的股东共同签署的文件,因而股东作为经营者即应承担由此产生的不利后果。

---

〔23〕 参见[德]托马斯·莱塞尔、吕迪格·法伊尔:《德国资合公司法》(第 3 版),高旭军等译,法律出版社 2005 年版,第 497 页。

〔24〕 这些属于法定合同无效或可撤销事由,不属于我国民法所特设之"显失公平"范畴。

四、股权转让中的其他相关问题

(一)股权转让的程序

我国《公司法》未对股权转让的程序作明确规定,根据《公司法》及相关法律、法规的规定,我国有限责任公司的股权转让一般要经过以下程序:

1. 欲转让股权的股东就股权转让事项书面通知其他股东。依我国《公司法》第 84 条第 2 款的规定,欲转让股权的股东可不必提请股东会就股权转让予以表决,也不必请求其他股东予以同意,而仅需"将股权转让的数量、价格、支付方式和期限等事项书面通知其他股东"即可。

2. 转让出资中对涉及的国有资产和土地使用权、知识产权、股权、债权等无形资产进行资产评估。

3. 签订转让出资的协议。转让出资的股东与受让出资的股东或股东以外的人,按法律的规定,并以股东会的表决结果为依据,签订转让出资的协议;其中对双方转让出资的数额、转让的程序、双方的权利义务等事项作出约定,使其作为有效的法律文书来约束双方,规范双方的行为。

4. 转让股权的原股东书面通知公司,公司收回原股东的出资证明书,给受让人换发新的出资证明书,并变更股东名册。受让人自记载于股东名册时起可以向公司主张行使股东权利。

5. 召开股东会会议,表决修改公司章程;根据股东的提议,必要时变更公司董事会和监事会成员。公司章程对股东的名称及其出资额都有记载,股东转让出资必然引起股东结构及出资发生变化,因此需要召开股东会会议,修改公司章程。对原股东出任或委派的董事或监事,受让人作为新股东可提议要求股东会予以更换,可由其出任或委派新的董事或监事。

6. 就公司章程修改、股东及其出资变更、董事会和监事会的变更等向公司登记机关申请变更登记。

(二)股权转让纠纷案件的当事人

股权转让纠纷可表现为不同股权出让人、股权受让人、公司以及其他股东等不同主体之间的纠纷,在不同情形下,股权转让纠纷案件的当事人不尽相同。在不同诉讼中,公司与股权受让人都仅在自己作为原告或被告的情形下,才必须作为狭义诉讼当事人参加诉讼。公司与股权受让人的参与,是股权转让纠纷案件正确审理的基本要求。因此,有必要在公司或股权受让人未作为狭义当事人的情形下,将其确定为第三人,使其作为广义当事人参加诉讼。

(三)股权转让的法律效果

1. 股权转让后股东出资义务的履行

股东出资义务是股东必须履行的法定义务,即使在依法转让股权后,也应继续履行该义务。在未履行出资义务的股东转让股权后,若因公司无法清偿债务,债权人仍可依法追究其法律责任。不过,在股权转让后,债权人追究原瑕疵出资股东的法律责任可能有一定难度,且股权受让人对股权的受让属于对权利、义务的整体受让,因此,让股权受让人承担连带责任具有合理性。我国《公司法》第 88 条第 2 款规定:"未按照公司章程规定的出资日期缴纳出资或者作为出资的非货币财产的实际价额显著低于所认缴的出资额的股东转让股权的,转让人与受让人在出资不足的范围内承担连带责任;受让人不知道且不应当知道存在上述情形的,由转让人承担责任。"由此可见,瑕疵股权转让后的出资责任原则上由转让人与授权人承担连带责任,但受让人不知道且不应当知道存在瑕疵出资情形的,由转让人承担责任。

然而,瑕疵出资与未届期出资有本质区别。前者属于违反出资义务,后者可以法定期限利益为抗辩事由;前者的瑕疵具有隐蔽性,而后者在信息披露和登记公示制度健全情况下容易查询。因此,2023年《公司法》第88条第1款规定:“股东转让已认缴出资但未届出资期限的股权的,由受让人承担缴纳该出资的义务;受让人未按期足额缴纳出资的,转让人对受让人未按期缴纳的出资承担补充责任。”该规定为长期存在法律适用争议的未届期股权转让的出资责任提供了明确的法律规范,在一定程度上弥补了出资责任漏洞。不过,出资责任制度所涉法律关系及利益平衡机制较为复杂,“一刀切”的规则显然可能导致相关主体的利益失衡。应当看到,在多数的股权交易中,出让股东可能并不具有逃避出资义务的恶意。股东出资能力发生变化而无法实缴资本的风险是客观存在的,在公司法实施认缴制并允许较长认缴期限的前提下,若要求出让股东对这一超出其控制范围内的风险无条件承担补充责任,始终担保受让股东能够在出资义务到期时全面履行,实则是对善意的出让股东的过分苛责。尤其是对于2023年《公司法》实施之前已完成的股权转让,应在“遵循法的溯及力”与“合理地参照适用新法”之间做好协调。在法不溯及既往的法治原则未获突破的情况下,2023年《公司法》第88条第1款不宜不加区分地一概适用于其生效之前的未届期股权转让。长期以来,理论界与实务界一直尝试在股东利益与债权人利益中寻求平衡,未届期股权转让后的出资责任并不明确,且司法实践中存在大量否认未届期股权转让后出让股东承担连带责任或补充责任的裁判,故转让人并不当然存在转让后继续承担出资责任的预期。就此而言,除非有证据表明双方存在恶意规避出资的情形,原则上不宜简单地参照适用2023年《公司法》第88条第1款的规定。

2. 股权转让后股东权的归属

股权转让后,出让人即丧失了股东资格,相应股东权自应转归受让人行使。不过,在办理股东名册变更登记之前,公司仍应以股东名册登记这一股东资格的形式要件,将股权出让人确认为股东,从而使其继续行使股东权。但是,依实质要件,股权受让人此时已实际取得股东资格,因此,除出让人与受让人另有约定外,股权出让人依形式要件所获得的股东权益属于不当得利,应依法予以返还。

3. 股权转让后修改记载和变更登记

股权转让后,受让人依实质要件,应取得股东资格,但在形式要件变更之前,还不能依法取得股东资格。因此,股权转让后,公司应及时给受让人换发新的出资证明书,并变更股东名册,办理变更登记。公司拒绝或者在合理期限内不予答复的,转让人、受让人可以依法向人民法院提起诉讼。为解决公司内部权利义务关系的确认标准问题,《公司法》第86条第2款明确规定:“股权转让的,受让人自记载于股东名册时起可以向公司主张行使股东权利。”

4. 股权转让后其他股东购买请求权的法律处置

在股权转让中,其他股东可依法行使购买权或优先购买权,但该权利的行使必须按照法律规定的程序、条件和期间进行,否则该请求权将依法灭失。对此,《公司法解释(四)》第19条明确规定:“有限责任公司的股东主张优先购买转让股权的,应当在收到通知后,在公司章程规定的行使期间内提出购买请求。公司章程没有规定行使期间或者规定不明确的,以通知确定的期间为准,通知确定的期间短于三十日或者未明确行使期间的,行使期间为三十日。”

第三节　股份有限公司的股份和股票

一、股份的概念和特点

从广义上讲，各类公司的出资人对公司的出资构成了公司的注册资本，这种出资均可以称为股份。例如，英美法系国家和地区对股东的出资一律称为股份。狭义上的股份特指股份有限公司资本的构成单位，即以股票为表现形式的、体现股东权利义务、等额划分的公司资本构成单位。我国公司法从狭义上使用股份概念，使其成为股份有限公司的一个特定概念。股份具有两种含义：第一，股份是股份有限公司资本的构成单位，即公司的全部资本划分为等额股份，全部股份金额的总和即为公司资本的总额；第二，股份是股东权的基础和计量单位，即股东权的享有以持有一定数额的股份为前提，股东权的大小与持有的股份数额成正比，股份是股东在公司中的法律地位的象征。

有限责任公司的出资与股份有限公司的股份性质上类似，都是组成各自公司资本的单位，但两者存在明显区别。股份具有以下几个特点：

1. 股份的平等性。股份的基本含义就是公司资本的基本计算单位。所谓的股份平等性，一是体现在股份所代表的资本额相等，同次发行的同种类股份的发行条件及价格相同，即每股票面金额一律相等，无面额股也体现了在资本金中所占的比例相等；二是体现了同一种类的股份每股所包含的股东权利义务的一律平等，即同股同权。

2. 股份的不可分性。股份有限公司的资本划分为等额股份，因此股份是公司资本的最小计算单位，不可以对其再进行分割。尽管最小单位的股份理论上可以为数人“共有”，但这只是其内部合同关系，就外部关系而言，该股份仅由一人持有，且不能将该股份进行再次分割后由各“共有”人分别持有。

3. 股份的可转让性。股份有限公司的股份原则上可以自由转让，除非法律有特别规定。股份的自由转让权是公司法赋予股份有限公司股东的一项固有权利，除法律的特别限制外，公司不得以章程或股东会决议予以限制。股份的自由转让使股东可以随时调整自己的投资方向，这是股份有限公司与有限责任公司的主要区别之一。

二、股票的概念和特点

股票是股份有限公司签发的证明股东所持股份的凭证，是股份的表现形式。[25] 股东通过购买股份有限公司发行的股份向公司投资，表现为持有一定数额的股票。股东依其持有的股票行使股东权，因此，股票也是股东在公司中的法律地位的证明。股票与股份是形式与内容的关系，股票不能脱离股份而独立存在。不过，股票还代表着股份的价值运动方式，本身具有相

---

〔25〕 在词源上，据学者考证，“股票”一词来源于英国。迟至1834年，如果你借钱给英国银行，那么他们将在一块木雕的小牌子的两侧边缘刻下钱数，然后把小木牌劈成两半，银行保存一半，债权人拿走另一半，这就是“木块”（stock），也就是股票。股票到期支付时，两块“木块”必须严丝合缝地对起来才行。参见［美］詹姆斯 · W. 汤普逊：《中世纪晚期欧洲经济社会史》，徐家玲等译，商务印书馆1992年版，第301页。

对独立于股份的性质。股票具有以下特点:

1. 股票是证明股东权的证权证券。所谓证权证券,是指证券所代表的权利原已存在,证券只是起一种权利证书的作用。股票是股份的表现形式,因而也是股东权的表现形式;但股东权的产生并不是因为股票的制作,而是由于股东向公司出资而持有公司的股份,因此,股票仅仅是股东权存在的证明及股东行使权利的凭证。

2. 股票是有价证券。所谓有价证券,是指证券所代表的权利是一种具有财产价值的权利,而且证券与权利不可分割。股票所代表的股东权是可以用财产价值来衡量的权利,这是股票得以流通的原因。同时,无记名股票所代表的权利与股票本身不可分离,股票的持有者即为股东权的享有者,股票的转让即为股东权的转让,股票可以自由流通。当然,对记名股票而言,其权利的享有与股票的持有并不完全一致。

3. 股票是流通证券。由于股票代表着一定的财产价值,因而股票可以作为买卖的标的,在证券市场上流通;而且,股东对公司的投资具有永久性,只要公司存在,它所发行的股票就会存在。股票的流通性使投资者可以随时调整投资方向,也能使社会资源得到优化配置。

4. 股票是要式证券。所谓要式证券,是指证券的制作及记载事项必须严格按法律规定进行,否则将导致证券的无效。《公司法》对股票的形式、内容均有严格规定,同时股票制作还必须经国家证券管理部门的批准,任何个人或团体不得擅自印发股票。违反法律规定,或股票记载的内容欠缺或不真实,股票即为无效,公司或责任人将承担相应的法律责任。依我国《公司法》第 149 条的规定,股票采用纸面形式或者国务院证券监督管理机构规定的其他形式。股票采用纸面形式的,应当载明下列主要事项:(1)公司名称;(2)公司成立日期或者股票发行的时间;(3)股票种类、票面金额及代表的股份数,发行无面额股的,股票代表的股份数。股票采用纸面形式的,还应当载明股票的编号,由法定代表人签名,公司盖章。发起人股票采用纸面形式的,应当标明发起人股票字样。从实践中看,我国上市公司上市流通的股票均采用无纸化股票形式,由证券托管机构托管,通过证券交易所进行交易。

5. 股票是风险证券。任何一种投资都具有风险性,而股票投资的风险是各种投资方式中最大的。主要原因在于不仅公司有经营风险,股票还有市场风险。股东购买了公司的股票后,不得要求公司返还本金,而只能通过股票转让收回投资。股东的投资收益与公司的经营状况密切相关。此外,股票价格还受经济、政治、社会等多种因素的影响,经常处于变动状态,投资者一旦选择错误,则可能损失惨重。

由于股票是股份有限公司签发的证明股东所持股份的凭证,公司只有登记注册后才能具有签发股票的主体资格。因此,我国《公司法》第 150 条规定,股份有限公司成立后,即向股东正式交付股票。公司成立前不得向股东交付股票。

三、股份的分类

各个国家和地区的公司法对于股份分类的规定大多较为灵活,会根据实际需要而不断设计新的类型。大体而言,依据不同的标准,可以将股份划分为不同的种类。

(一)普通股和特别股

这是以股东所享有的权益及承担的风险大小的标准所作的划分。

普通股,是指股东权一律平等,无任何差别待遇的股份。普通股是股份有限公司发行的最重要和最基本的股份。普通股的股息一般不固定,视公司的盈利情况而定。而且,普通股的股利分配和破产清算时剩余财产分配都在优先股之后。因此,普通股是股份有限公司中风险最大的股份。正因为普通股与公司的经营状况密切相关,各个国家和地区的公司法都赋予普通股股东以全面的股东权,既包括股利分配请求权等自益权,也包括在股东会上行使表决权、参与公司管理等共益权。

特别股,是指法律和章程对股东权作出区别于普通股股权的特殊规定的股份。特别股在股利分配、剩余财产分配、表决权行使方面不同于普通股。特别股依其内容又可以分为优先股与后配股。

优先股,是指股东享有优先权的股份。优先股的内容包括股利分配的优先、剩余财产分配的优先、表决权的优先等。优先股的股息一般是固定的,不受公司经营状况的影响,具有债权的性质。按照权利与义务相一致的原则,优先股在某些方面享有特别权利的同时,其他方面的权利则会受到限制。一般来说,若优先股股东在股利分配、剩余财产分配方面享有优先权,则其表决权会受到限制或不享有表决权;若优先股股东在表决权方面享有优先权,则其在股利分配、剩余财产分配方面的权利就会受到一定限制。根据优先权内容的不同,优先股还可以分为盈余分配优先股、剩余财产分配优先股。在盈余分配优先股中,又有两大类:一是累积优先股和非累积优先股。累积优先股是指公司在本年度未付足红利股息的,应在以后年度分配普通股红利股息前予以补足的股份;非累积优先股则不具有补足的优先权。二是参加分配优先股和不参加分配优先股。参加分配优先股是指在优先取得既定红利股息后,仍能同普通股股东一样参加公司盈余分配的股份;不参加分配优先股则只能取得既定的红利股息。

后配股,又称劣后股,是指在普通股之后参与公司盈余分配和剩余财产分配的股份。由于该类股份地位较低,若公开发行通常乏人问津,因而其多由发起人自认,所以又被不甚确切地称为发起人股。在公司经营状况良好、盈余较多时,多发行此种股份。[26]

在各个国家和地区的法律中还有一种被称为混合股的特别股。该种股份,其一部分股东权优于普通股,另一部分劣于普通股。如在盈余分配方面先于优先股受分配,但在剩余财产分配方面,则后于普通股的股份即属于混合股。[27] 此外,还有一种可赎回的特别股。一般的股份在发行之后即不得赎回,但公司可以发行可赎回的特别股。英国公司法即有可赎回股的规定。[28]

从各个国家和地区的公司法对股份有限公司股份种类的规定看,一般在原则上都允许发行普通股和特别股,但一般以普通股为公司的基本股份,特别股的设置是一种例外情况。我国《公司法》已明确规定了特别股制度。该法第 144 条第 1 款规定:“公司可以按照公司章程的规定发行下列与普通股权利不同的类别股:(一)优先或者劣后分配利润或者剩余财产的股份;(二)每一股的表决权数多于或者少于普通股的股份;(三)转让须经公司同意等转让受限的股份;(四)国务院规定的其他类别股。”同条第 2 款规定:“公开发行股份的公司不得发行前款第二项、第三项规定的类别股;公开发行前已发行的除外。”

(二)记名股和无记名股

这是以股东名册和股票对股东的姓名或名称的记载状况为标准所作的划分。

---

〔26〕 参见柯芳枝:《公司法论》,中国政法大学出版社 2004 年版,第 175 页;郑玉波:《公司法》,台北,三民书局 1980 年版,第 109 页。

〔27〕 参见柯芳枝:《公司法论》,中国政法大学出版社 2004 年版,第 175 页。

〔28〕 参见赵旭东主编:《公司法学》(第 2 版),高等教育出版社 2006 年版,第 346 页。

记名股,是指将股东的姓名或名称记载于股东名册和股票的股份。记名股的权利只能由记名股东本人行使。记名股有利于公司掌握股东状况,及时了解股票的流通情况,有效防止股票投机行为。我国《公司法》第147条第2款规定:“公司发行的股票,应当为记名股票。”依此,我国根据股票发行实践,确立了强制性的记名股制度。

无记名股,是指无须将股东姓名或者名称记载于股东名册和股票的股份。无记名股便于流通,但不易控制。无记名股与股票不可分离,依法持有股票的人即为股东。无记名股的转让,由股东在依法设立的证券交易场所将该股票交付给受让人后即发生转让的效力。多数国家和地区的公司法都规定股份有限公司既可以发行记名股份,也可以发行无记名股份,实践中多采用无记名股份。我国在1993年《公司法》颁布之前一律采用无记名股票形式,2023年《公司法》修订之前,一直都规定了记名股票与无记名股票两种形式。不过,鉴于证券无纸化在我国已具有成熟的经验,实践中也很少采用无记名股形式,故2023年《公司法》仅规定了记名股制度。

(三)表决权股和无表决权股

这是以是否存在表决权为标准所作的划分。

表决权股,是指享有表决权的股份。普通股都为表决权股。表决权股的股东可以通过在股东会上行使表决权,参与公司重大问题的决策。表决权股还可以进一步细分为普通表决权股、多数表决权股、限制表决权股三种。普通表决权股,是指每股享有一票表决权的股份。多数表决权股,是指给予特定股东以超过其股份数的表决权的股份,如一股享有两票或十票表决权等,这种特定股东一般都是公司董事或监事会成员。多数表决权股设置的目的是使公司保持对自身的控制权,防止外部的股权控制;但由于其扩大了少数股东的特权,不仅限制其他股东的权利,还易造成少数股东不正当操纵公司,故已较少采用。限制表决权股,是指表决权受到公司章程限制的股份。例如,股东持有的股份数额超过公司资本一定比例时,对其表决权加以限制。设置限制表决权股的目的是防止拥有大量股份的股东享有的表决权过多,从而控制公司事务。我国《公司法》第116条第1款规定:“股东出席股东会会议,所持每一股份有一表决权,类别股股东除外。公司持有的本公司股份没有表决权。”此外,根据我国《公司法》第144条第1款的规定,公司可以按照公司章程的规定发行“每一股的表决权数多于或者少于普通股的股份”。由此,我国《公司法》对表决权股作了明确规定,并正式确认了特别表决权股。

无表决权股,是指不享有表决权的股份。依据法律或章程,可以剥夺某些股份的表决权。依法被剥夺表决权的股份主要是公司的自有股份。上引《公司法》第116条第1款第2句规定即属此。各个国家和地区的公司法大都原则上禁止公司取得自有股份,但同时规定了若干例外情形。我国1993年《公司法》规定,公司为减少资本而注销股份或者与持有本公司股票的其他公司合并时可以收购本公司的股票,但必须在10日内注销该部分股份。2023年《公司法》第162条第1款将公司得收购本公司股份的情形扩大为六种(本章第四节将详述)。在上述情况下,虽然公司可以拥有自有股份,但为了防止公司经营管理者借机控制公司,损害公司利益或其他股东利益,法律明确规定剥夺公司自有股份的表决权。依据章程被剥夺表决权的股份主要是优先股。以优先分配股利、优先分配剩余财产为内容的优先股,公司章程对其作出无表决权的规定,实际上正是其优先权的一种代价。[29]

(四)面额股和无面额股

这是以股份是否用金额表示为标准所作的划分。

面额(par value)股,是指在股票上记载一定金额的股份。面额股的每股金额必须相同,每股金额与股份总数的乘积即为公司的资本总额。各个国家和地区的公司法均对每股金额的最低限额作了限制。例如,德国规定股票的最低票面价值为5马克(自1999年1月1日起改为1欧元)。我国《公司法》没有对面额股每股金额的最低限额作出规定,实践中基本上采取一股1元的方式,不过也有公司将每股金额规定为0.1元(如2008年在上海证券交易所首次公开发行股票的"紫金矿业")。面额股的发行价格可以按票面金额,也可以超过票面金额,但不得低于票面金额。

无面额(no par)股,是指并不在股票上记载一定金额,而只是注明其占公司资本总额一定比例的股份。无面额股能清楚表明股东出资在公司资本总额中所占比例,进而表明股东在公司中的法律地位。当公司增加资本时,无须发行新的股份,只在实际上增加每股所代表的资本额即可。无面额股票没有票面金额,不受不得低于票面金额发行的限制,故有很强的流通性。

我国2023年《公司法》第142条分三款规定:"公司的资本划分为股份。公司的全部股份,根据公司章程的规定择一采用面额股或者无面额股。采用面额股的,每一股的金额相等。公司可以根据公司章程的规定将已发行的面额股全部转换为无面额股或者将无面额股全部转换为面额股。采用无面额股的,应当将发行股份所得股款的二分之一以上计入注册资本。"依此,我国《公司法》正式确立了无面额股制度。

(五)我国特有的股份类型

我国股份有限公司发行的股份分为国有股和非国有股。国有股,是指国有资产股,包括国家股和国有法人股。国家股,是指有权代表国家履行出资人职责的机构向股份有限公司出资或依据法定程序取得的股份;国有法人股,是指国有法人单位,包括国有资产比例超过50%的国有控股企业,以其依法占有的法人资产,向股份有限公司出资形成或者依据法定程序取得的股份。另外,国有企业、国有控股公司和国家设立的事业团体法人,以其依法占有的资产向公司出资或依法取得的股份,称为国有法人股,这也被列入国有股的范围。

非国有股包括社会法人股和社会公众股。社会法人股,是指非国有法人资产投资于上市公司形成的股份,具体包括民营企业法人股、外商法人股。社会公众股是指社会个人投资者所认购的股份。在我国公司法实践中,社会公众股包括一般社会公众股和内部职工股。内部职工股是本公司内部职工以个人合法财产投入公司而取得的股份。这是1992年我国企业股份制改造的方式之一,但后来1993年《公司法》没有规定这种内部职工股。1994年6月19日原国家体改委发布了《关于立即停止审批定向募集股份有限公司并重申停止审批和发行内部职工股的通知》。此后,这些改制的企业经过批准转变为社会公开募集公司,内部职工股在新股发行满3年后得以上市流通。但是,还是有一些公司遗留了大量的问题至今未解决。

我国还依认购股份的货币标准将股份划分为A股与B股。社会公众股和法人股等作为人民币普通股,限于境内自然人、法人及"合格境外机构投资者"(Qualified Foreign Institutional

〔29〕 参见范健主编:《商法》(第3版),高等教育出版社2007年版,第151页。

Investor,QFII)买卖,被称为 A 股。B 股,即人民币特种股,是指以人民币标明股票面值,在境内发行和上市,以外汇认购或进行交易的股份。B 股市场于 1992 年建立,2001 年 2 月 19 日前仅限外国投资者买卖。2001 年 2 月 19 日后,B 股市场对国内投资者开放。

此外,还存在一种外资股,即经批准可以向境外特定或非特定的投资者募集的股份。这是在境外发行并上市,以人民币标明面值,以外币认购和买卖的股份,如 H 股(指在香港首次发行的股票)、N 股(指在纽约首次发行的股票)、S 股(指在新加坡首次发行的股票)等。

在我国,股权分置改革完成之前,上市公司股票被分为流通股与非流通股。流通股通过证券交易所集中竞价系统交易,非流通股则只能通过协议转让实现交易。非流通股协议转让的典型形式为协议收购,但未达到协议收购标准的协议转让也大量存在。但 2005 年 4 月 29 日,经过国务院批准,中国证监会发布了《关于上市公司股权分置改革试点有关问题的通知》,宣布启动股权分置改革试点工作。同年 5 月 9 日,正式启动了股权分置改革试点,使试点上市公司非流通的国有股转变为流通股。同年 8 月 23 日,中国证监会、国有资产监督管理委员会、财政部、中国人民银行、商务部五部门联合发布了《关于上市公司股权分置改革的指导意见》,针对下一步改革可能触及的各类复杂情况,对试点阶段的制度安排作了相应的完善。同年 9 月 5 日,中国证监会颁布了《上市公司股权分置改革管理办法》,对相关具体操作作了详细规定。该办法同时也废止了《关于上市公司股权分置改革试点有关问题的通知》。进入 2007 年后,股权分置改革已基本完成。随着股权分置改革的完成,我国流通股与非流通股的划分不复存在,所有股票均为流通股。

第四节　股份有限公司股份的发行和转让

一、股份发行概述

(一)股份发行的概念

股份发行,是指股份有限公司为募集资金或调整股权结构,依法向投资者以同一条件招募和出售股份的一系列行为。股份发行,包括股份募集、股份分派、缴纳资金及交付股票等一系列相互关联的完整过程。在此过程中,股份募集是股份发行的起点,是股份发行的重要组成部分。股份发行是证券发行的最基本类型,证券发行制度也以此为中心展开。

由于股份以股票为外在表现形式,所以股份的发行也就是股票的发行。股份发行是证券市场中极为重要的活动,具有基础性作用。由股份发行而形成的市场即为股票发行市场,即股票一级市场或股票初级市场。

(二)股份发行的规制模式

从法律规范的角度看,各个国家和地区一般都同时用公司法和证券法对股份的发行进行规范。我国 1993 年《公司法》对不同阶段的股票发行条件作出了明确的规定,但是许多具体的发行方面的规范仍由《证券法》调整。2005 年《公司法》《证券法》同时修订后,股份发行的具体规范已移入《证券法》之中,《公司法》仅就股份发行作了以下原则性规定:(1)公司的资本划分为股份。公司的全部股份,根据公司章程的规定择一采用面额股或者无面额股。采用面额股的,每一股的金额相等。(2)公司的股份采取股票的形式。公司发行的股票,应当为记名股票。(3)股票是公司签发的证明股东所持股份的凭证。(4)股份的发行,实行公平、公正的原则,同类别的每一股份应当具有同等权利。同次发行的同类别股份,每股的发行条件和价格应当相同;认购人所认购的股份,每股应当支付相同价额。(5)公司可以按照公司章程的规定发行与普通股权利不同的类别股。

二、股份发行的种类

按照不同标准,可将股份发行作不同分类。

(一)公募发行与私募发行

按照发行对象范围的不同,可将股份发行分为公募发行与私募发行。我国采公开发行和非公开发行的概念,也有法律文件将其划分为公开发行与定向发行。

公募发行,又称公开发行,是指发行人通过中介机构向不特定的社会公众公开募集发行股份的发行方式。在公募发行情况下,所有合法的社会投资者都可以参加认购。为了保障广大投资者的利益,各个国家和地区对公募发行都有严格的要求,如发行人要有较高的信用,并符合证券主管部门规定的各项发行条件,经批准后方可发行。采用公募方式发行股份的优点主要有:(1)公募发行以众多的投资者为发行对象,筹集资金潜力大,适合于股票发行数量较多,筹资额较大的发行人;(2)公募发行投资者范围大、可避免囤积股票或被少数人操纵;(3)只有公开发行的股票方可申请在证券交易所上市,因此这种发行方式可增强股票的流动性,并有利于提高发行人的社会信誉。不过,公募方式也存在某些缺点,如发行过程比较复杂、注册所需时间较长、发行费用较高等。

私募发行,又称不公开发行、内部发行、定向发行或“私人配售”,是指面向少数特定的投资者发行股份的发行方式。私募发行的“特定对象”主要是自我保护能力较强的投资者,大致有两类:一类是个人投资者,如公司内部董事、监事及高级管理人员与具备相当财经专业知识、投资经验的个人投资者;另一类是机构投资者,如大的金融机构、产业投资基金以及与发行人关系密切的企业等。私募发行的主要优点为,有确定的投资者,发行手续简单,可以节省发行时间和费用。它是引入战略投资者、实现整体上市以及上市公司重组的有效方法。私募发行的主要缺点为投资者数量有限、股票受到转售方面的法律限制、流通性较差、不利于提高发行人的社会信誉等。

总体而言,公募发行和私募发行各有优缺点。一般来说,公募发行是股份发行中最基本、最常用的方式。然而在西方成熟的证券市场中,随着养老基金、共同基金和保险公司等机构投资者的迅速增长,私募发行近年来呈现出日益增长的趋势,私募发行市场已成为股票市场的重要组成部分。国际上发售股票往往采用部分全球私募与部分上市地公募相结合的方式进行,尤其是在发行规模庞大的情况下,必须如此运作才能顺利实现发行目标。目前,我国境内上市外资股(B股)的发行几乎全部采用私募方式进行;A股再次发行市场中,私募发行(定向增发新股)也多有实践。在2006年A股市场重启融资功能后,私募发行占据了再融资的绝对主导地位。我国2019年《证券法》明确将证券发行分为公开发行与非公开发行,从而确立了私募发行制度。中国证监会2023年2月发布的《上市公司证券发行注册管理办法》对上市公司非公开发行股票作了明确规定,从而使上市公司私募发行证券获得了明确而具体的依据。

(二)设立发行与增资发行

按照发行目的的不同,可将股份发行分为设立发行与增资发行。在证券法上,对于股票发行而言,初次发行、再次发行的分类与设立发行、增资发行的分类是一致的。对于债券发行而言,不同时间的发行,其分类则表现为前者而非后者。

设立发行,是指公司在设立过程中,为筹集股本而首次发行股份的发行方式。它分为发起设立发行与募集设立发行两种。

增资发行,又称增资扩股,是指已成立的股份有限公司为追加资本而发行股份的发行方式。它分为有偿增资发行、无偿增资发行("送红股")及有偿无偿混合增资发行三种。

由于各个国家和地区公司法资本制度不同,有的实行法定资本制,有的实行授权资本制,还有的实行折中资本制,因而在设立发行和增资发行方式上有较大差异。

(三)直接发行与间接发行

按照发行是否借助证券中介机构的不同,可将股份发行分为直接发行与间接发行。

直接发行,是指股份有限公司不通过证券承销机构,而是由自己承担发行风险,直接与证券投资者签订认购合同,自行办理发行事宜的发行方式。

间接发行,是指股份有限公司并不直接与投资者发生关系,而是委托证券承销机构发行证券的发行方式。间接发行包括代销、余额包销和包销三种形式。

按照我国 1998 年《证券法》的规定,股票发行必须采取间接发行的方式。2019 年《证券法》在确认了非公开发行方式的背景下,也确认了股票直接发行方式,该法第 26 条第 1 款规定:"发行人向不特定对象发行的证券,法律、行政法规规定应当由证券公司承销的,发行人应当同证券公司签订承销协议。证券承销业务采取代销或者包销方式。"

(四)平价发行、溢价发行与折价发行

根据发行价格与股票票面金额或贴现金额的关系,可将股份发行分为平价发行、溢价发行与折价发行。股票有许多不同的价值表现形式,票面金额和发行价格是其中最主要的两种。票面金额是印刷在股票票面上的金额,表示每一单位股份所代表的资本额;发行价格则是公司发行股票时向投资者收取的价格。股票的发行价格与票面金额通常是不相等的。发行价格的制定要考虑多种因素,如发行人业绩增长性、股票的股利分配、市场利率以及证券市场的供求关系等。

平价发行,又称面值发行(面额发行)、等价发行(等额发行),是指股份发行价格与票面金额相同的发行方式。例如,某公司股票面额为 1 元,若采用平价发行方式,那么该公司发行股票时的售价也是 1 元。由于股票上市后的交易价格通常要高于面额,平价发行能使投资者得到交易价幅高于发行价格时所产生的额外收益,因此绝大多数投资者都乐于认购。平价发行方式较为简单易行,但其主要缺陷是发行人筹集资金量较少。目前,平价发行在发达证券市场中用得很少,多在证券市场不发达的国家和地区采用。我国最初发行股票时,就曾采用过平价发行,如 1987 年深圳发展银行发行股票时,每股面额为 20 元,发行价也为每股 20 元。

溢价发行,是指证券发行价格高于票面金额的发行方式。溢价发行可使公司用较少的股份筹集到较多的资金,同时还可降低筹资成本。溢价发行又可分为时价发行和中间价发行两种方式。时价发行,也称市价发行,是以同种或同类股票的流通价格为基准来确定股票发行价格的方式。股票发行通常采取这种方式。公司首次发行股票时通常会根据同类公司(产业相同,经营状况相似)股票在流通市场上的价格表现来确定自己的发行价格;而当一家公司增发新股时,则会按已发行股票在流通市场上的价格水平来确定发行价格。中间价发行,是以介于面额和时价之间的价格来发行股票的方式。我国股份有限公司对老股东配股时,基本上采用中间价发行的方式。

折价发行,是指证券发行价格低于票面金额的发行方式。折扣的大小主要取决于发行公司的业绩和承销商的能力。例如,某种股票的面额为 1 元,如果发行公司与承销商之间达成的协议折扣率为 5%,那么该股票的发行价格就为每股 0.95 元。西方国家大多不禁止折价发行方式,不过目前西方国家的股份公司很少有按折价方式发行股票的。我国《证券法》未对证券发行的折价发行方式作禁止性规定,但《公司法》仍维持了禁止股票折价发行的规定。《公司法》第 148 条规定:"面额股股票的发行价格可以按票面金额,也可以超过票面金额,但不得低于票面金额。"不过,因 2023 年《公司法》确立了无面额股制度,故无面额股不适用折价发行的禁止性规定。

三、股票发行的程序

(一)公开募集设立发行股票的程序与报送的文件

1. 公开募集设立发行股票的程序

以募集方式设立股份有限公司,除由发起人认购部分股票外,需要依法定程序向社会公开发行部分股票。该程序仅为股票发行程序,未包含股票上市程序。依据《公司法》《证券法》的有关规定,公开募集设立发行股票的程序为:

(1)股票发行前的准备工作。股票发行是一项非常复杂的工作,所以在正式发行股票之前,发行公司必须进行充分的准备。这些准备工作包括制定资金使用计划、拟定股票发行计划、制作有关的文件资料等。股票的发行,要求有资产评估机构、承销商、律师事务所、会计师事务所等中介机构参与。在我国,公开发行股票必须聘请具有保荐资格的机构担任保荐人。编制招股说明书是发行准备阶段的基本任务。

(2)发起人认购不少于公司章程规定的公司设立时应发行股份总数的35%的股票。对此,《公司法》第 97 条第 2 款规定:"以募集设立方式设立股份有限公司的,发起人认购的股份不得少于公司章程规定的公司设立时应发行股份总数的百分之三十五;但是,法律、行政法规另有规定的,从其规定。"

(3)股票发行申请。在审核制下,发行人将依法需提交的申报材料呈报国务院证券监督管理机构;在注册制下,发行人将申请文件提交证券交易所。继科创板、创业板和北京产权交易所试点注册制后,2023 年 2 月,我国正式启动全面实行股票发行注册制改革,审核制已退出历史舞台。

(4)预先披露。发行人申请首次公开发行股票的,在提交申请文件后,应当按照国务院证券监督管理机构的规定预先披露有关申请文件。实行预先披露制度的目的是要让投资者能够在发行公司刊登募集说明书之前,提早了解发行公司的情况,及时发现问题,有较充裕的时间作出投资决策。

(5)发行注册。在核准制下,国务院证券监督管理机构设股票发行审核委员会,依法审核股票发行申请。国务院证券监督管理机构或者国务院授权的部门应当自受理证券发行申请文件之日起 3 个月内,依照法定条件和法定程序作出予以核准或者不予核准的决定,发行人根据要求补充、修改发行申请文件的时间不计算在内;不予核准的,应当说明理由。2023 年改采全面注册制后,中国证监会发行与审核委员会不复存在,改由证券交易所审核部门行使审核职能。对此,2019 年《证券法》第 21 条第 2 款规定:“按照国务院的规定,证券交易所等可以审核公开发行证券申请,判断发行人是否符合发行条件、信息披露要求,督促发行人完善信息披露内容。”第 22 条规定:“国务院证券监督管理机构或者国务院授权的部门应当自受理证券发行申请文件之日起三个月内,依照法定条件和法定程序作出予以注册或者不予注册的决定,发行人根据要求补充、修改发行申请文件的时间不计算在内。不予注册的,应当说明理由。”2023 年《上市公司证券发行注册管理办法》对发行注册制度作了具体规定。

(6)公告招股说明书并制作认股书。招股说明书旨在公示本次股票发行情况。认股书由认股人填写所认股数、金额、住所,并签名、盖章。认股书应当载明法定事项,由认股人填写认购股数、金额、住所,并签名、盖章。

(7)正式发行股票。在公告公开发行募集文件,并将该文件置备于指定场所供公众查阅后,可以正式发行股票。但应由依法设立的证券公司承销,签订承销协议,并同银行签订代收股款协议。

(8)缴纳股款。在招股说明书规定的期限内,认股人应按其认购的股票数缴纳股款。代收股款的银行应当按照协议代收和保存股款,向缴纳股款的认股人出具收款单据,并负有向有关部门出具收款证明的义务。发行股票的股款缴足后,必须经法定的验资机构验资并出具证明。对此,《公司法》第 101 条规定:“向社会公开募集股份的股款缴足后,应当经依法设立的验资机构验资并出具证明。”

(9)召开成立大会并申请设立登记。发起人发行股份的股款缴足之日起 30 日内召开公司成立大会。发起人应当在成立大会召开 15 日前将会议日期通知各认股人或者予以公告。成立大会应当有持有表决权过半数的认股人出席,方可举行。董事会在成立大会结束后 30 日内向公司登记机关申请设立登记。对此,《公司法》第 106 条规定:“董事会应当授权代表,于公司成立大会结束后三十日内向公司登记机关申请设立登记。”

(10)交付股票。在获准公开发行股票、股份有限公司登记成立后,即应向股东正式交付股票,但公司成立前不得向股东交付股票。发行公司发行的股票为实物券时,股票交割表现为经签字的股票之交付;在无纸化发行的情况下,股票交割表现为将认股人持股情况载入股东名册。该交付方式适用于所有股票发行方式。

2. 公开募集设立发行股票报送的文件

设立股份有限公司公开发行股票,应当向国务院证券监督管理机构报送募股申请和下列文件:(1)公司章程;(2)发起人协议;(3)发起人姓名或者名称,发起人认购的股份数、出资种类及验资证明;(4)招股说明书;(5)代收股款银行的名称及地址;(6)承销机构名称及有关的协议;(7)报送保荐人出具的发行保荐书。此外,法律、行政法规规定设立公司必须报经批准的,还应当提交相应的批准文件。

(二)公司公开发行新股的程序与报送的文件

公司公开发行新股包括非上市一般股份有限公司与非上市公众公司公开发行新股以及上市公司公开发行新股三种情形。在此,我们仅就《证券法》关于公司公开发行新股的程序与报送的文件的一般规定予以阐述。

1. 公司公开发行新股的程序

依《公司法》及《证券法》的相关规定，股份有限公司成立后公开发行新股，须经过下列程序：

(1)依照公司章程的规定由股东会或者董事会作出决议。决议事项包括新股种类及数额、新股发行价格、新股发行的起止日期、向原有股东发行新股的种类及数额。

(2)准备发行文件。股东会或者董事会作出发行新股的决议后，公司应聘请审计师事务所、会计师事务所、律师事务所、资产评估机构等中介机构，对公司的资信、资产、财务、盈利状况进行审定、审计、评估、预测，完成审计报告、评估报告，并就有关事项出具法律意见书。在我国，公开发行股票必须聘请具有保荐资格的机构担任保荐人。编制招股说明书是发行准备阶段的基本任务。

(3)股票发行申请。在核准制下，发行人将依法需提交的申报材料呈报国务院证券监督管理机构；在注册制下，发行人将申请文件提交证券交易所。

(4)预先披露。发行人申请首次公开发行股票的，在提交申请文件后，应当按照国务院证券监督管理机构的规定预先披露有关申请文件。由于非上市公司、公众公司已公开发行过股票，故预先披露程序不适用于其发行新股的情形。

(5)发行注册。其内容与上述公开募集设立发行股票的相关规定相同。

(6)公告新股招股说明书和财务会计报告，并制作认股书。公司经国务院证券监督管理机构核准公开发行新股时，必须公告新股招股说明书和财务会计报告，并制作认股书。在我国证券发行实践中，招股说明书在上市公司增发新股时常被称为公募增发招股说明书(意向书)，在配股时常被称为配股说明书。

(7)正式发行股票。在公告公开发行募集文件，并将该文件置备于指定场所供公众查阅后，可以正式发行股票。但应由依法设立的证券公司承销，签订承销协议，并同银行签订代收股款协议。

(8)缴纳股款。其内容与上述公开募集设立发行股票的相关规定相同。

(9)交付股票。在获准公开发行股票后，即应向股东正式交付股票。

(10)公司发行新股募足股款后，必须向公司登记机关办理变更登记，并公告。

2. 公司公开发行新股报送的文件

公司公开发行新股，应当向国务院证券监督管理机构报送募股申请和下列文件：(1)公司营业执照；(2)公司章程；(3)股东会决议；(4)招股说明书或者其他公开发行募集文件；(5)财务会计报告；(6)代收股款银行的名称及地址；(7)承销机构名称及有关的协议；(8)报送保荐人出具的发行保荐书。[30]

四、股份发行价格的确定原则

(一)市场定价原则

所谓市场定价，是指基于市场机制，由发行人、承销商及投资者共同参与确定股份发行价格。在市场经济体制下，除少数商品上仍存在政府定价或政府指导价外，市场定价乃一般商品定价的基本原则。在我国，长期以来，由于证券市场尚不成熟，证券监管机构会向证券发行人

〔30〕　参见范健、王建文：《证券法》，法律出版社2007年版，第93～98页。

和承销商提出证券发行价格的指导性意见。中国证监会的意见必然受到发行人及承销商的高度重视,故股份发行价格的确定实质上会受到证券监管机构的影响。这就使股份发行价格的确定,不仅无法全面体现投资者的意见,而且也难以体现发行人与承销商的意见,而是表现出监管机构实际定价的特征。对此,1998 年《证券法》第 28 条规定:"股票发行采取溢价发行的,其发行价格由发行人与承销的证券公司协商确定,报国务院证券监督管理机构核准。"但随着证券发行方式市场化程度的提高,证券发行价格受政府干预的弊端日益凸显,迫切需要将证券发行定价权归还市场。因此,为配合《行政许可法》的实施,2004 年修订《证券法》时,将"报国务院证券监督管理机构核准"的规定予以删除。现行《证券法》第 32 条也沿用了该规定,从而使市场定价原则获得了明确的法律依据。在 2004 年后开始实施的向机构投资者询价的定价方法,即为市场定价原则的体现,使证券发行人、承销商、投资者共同参与确定证券发行价格。但就我国目前而言,作为询价对象的机构投资者尚不够成熟,还不能有效代表广大投资者,从而使投资者的意见未能得到充分体现。在全流通环境下,随着证券市场及机构投资者的日益成熟,市场定价原则将日益健全、完善。

(二)依法定价原则

在证券发行市场中,证券发行人、承销商、投资者均对证券发行价格有不同的期望,其期望甚至是相互冲突的。因此,股份发行价格在遵循市场定价原则的同时,还应遵循依法定价原则,以平衡各方当事人的利益。对此,我国《公司法》确立了禁止股票折价发行与"同次发行、同股同价"原则。

1. 禁止股票折价发行原则

股票折价发行,是指以低于面额的价格出售新股,即按面额打一定折扣后发行股票。折价发行时折扣的大小主要取决于发行公司的业绩和承销商的能力。例如,某种股票的面额为 1 元,如果发行公司与承销商之间达成的协议折扣率为 5%,那么该股票的发行价格为每股 0.95 元。目前,西方国家对股票折价发行已大多不予禁止,但实践中则很少有折价发行的实例。我国《公司法》第 148 条明确规定:"股票发行价格可以按票面金额,也可以超过票面金额,但不得低于票面金额。"依此,我国严禁股票折价发行。

我国禁止股票折价发行的主要原因在于折价发行与我国募集设立股份有限公司所奉行的严格法定资本制相冲突。在严格的法定资本制下,若允许股票折价发行将导致公司注册资本低于实缴资本。

2. "同次发行、同股同价"原则

同股同权、同股同利作为股份有限公司的基石,体现在股票发行价格上,就是要同股同价。因此,各个国家和地区均在法律或实践中确立了"同次发行、同股同价"原则。对此,我国《公司法》第 143 条第 2 款明确规定:"同次发行的同类别股份,每股的发行条件和价格应当相同;认购人所认购的股份,每股应当支付相同价额。"依此,只要是同次发行的同种类股份,无论是国家、地方政府还是有关机构及发行股份的公司经营管理人员,均应以相同价额购买该股份。应当注意的是,该规定包含的前提——同次发行的同种类股份,离开了该前提,则不适用"同次发行、同股同价"原则。"同次"应理解为"同一次发行期间"。因此,非"同次"发行的股份,其"发行条件和价格"就完全可能不同。"同种类股份"则应理解为股东权完全相同的股份。依此,同次发行的普通股与特别股可以不同价格发行。在国外实践中,对这种同次发行的不同类型股份,也普遍采取不同价格发行。

在我国股权分置时期的股份发行实践中,实际上普遍采取了与“同次发行、同股同价”原则相悖的做法,即异价发行。所谓异价发行,是指在同一次发行股份时,有两个以上的发行价格。其基本做法是,发起人(主要是国有股,也包括非国有股)以资产按股票面额折股,即面额发行;而法人股和公开发行的个人股则以高于股票面额的价格认购,即溢价发行。其中,面额发行的为非流通股,溢价发行的为流通股。因此,有人以两种股票分属非流通股与流通股为由,认为这并未违反“同次发行、同股同价”原则。但持有两种股票者享有同样的股东权,因而这种做法至少违背了公平、公正原则。在股权分置改革完成之后,已不存在流通股与非流通股的区分,“同次发行、同股同价”原则获切实维护。

五、股份的转让

股份的转让,即以法律行为移转股份。股份的转让发生股东权移转的效力。股份有限公司的股东原则上可以依法自由转让其持有的股份,此谓股份转让自由原则。各个国家和地区的公司法大多有此规定或虽未明确规定,但并未作任何限制,故可推定其可自由转让。我国《公司法》第157条规定:“股份有限公司的股东持有的股份可以向其他股东转让,也可以向股东以外的人转让;公司章程对股份转让有限制的,其转让按照公司章程的规定进行。”依此,公司章程可以对股份转让作法律规定之外的限制性规定。

(一)股份转让的法律限制

股份转让可能影响公司财产的稳定,某一部分股东对股份的处分也有可能损害另一部分股东的利益,股份转让还会带来股票投机。因此,为了保护公司和股东的利益,各个国家和地区的公司法都对股份转让作了必要的限制,以便将股份转让可能产生的弊端限制在尽可能小的范围内。我国《公司法》对股份转让作出了以下限制:

1. 对公司公开发行股份前已发行的股份的转让限制。在募集设立情形下,公司公开发行股份前已发行的股份即为发起人持有的股份;在发起设立情形下,公司公开发行股份前已发行的股份则较为广泛,股份持有人不限于发起人。这些股东对公司的成立及成立初期的财产稳定和组织管理有重要影响。为了避免公司公开发行股份前已发行的股份持有人借设立公司投机牟利、损害其他股东及社会公众的利益,保证公司成立后的一段时期能顺利经营,《公司法》第160条第1款规定:“公司公开发行股份前已发行的股份,自公司股票在证券交易所上市交易之日起一年内不得转让。法律、行政法规或者国务院证券监督管理机构对上市公司的股东、实际控制人转让其所持有的本公司股份另有规定的,从其规定。”依此,法律不仅对公司公开发行股份前已发行的股份的转让进行限制,而且授权法律、行政法规或者国务院证券监督管理机构对上市公司的股东、实际控制人转让其所持有的本公司股份另作规定。尽管另作规定一般指向的是更严格的规定,但从文义解释出发,也不排除作更宽松的规定。

2. 对公司董事、监事、高级管理人员持有本公司股份的转让限制。随着公司制度的进一步发展,各个国家和地区的公司法逐渐取消了董事必须是股东的传统原则,允许非股东进入董事会与监事会,并将加重董事、监事、高级管理人员在经营中的个人责任作为对其行为的制约。但是,如果董事、经理持有本公司的股票,为了防止其利用内幕消息炒作本公司股票牟利,法律须对董事、监事及高级管理人员选任当时所持有的股份在其任期内的转让进行必要限制。对此,1993年《公司法》第147条第2款规定:“公司董事、监事、经理应当向公司申报所持有的本公司的股份,并在任职期间内不得转让。”由于该规定过于严格,2023 年《公司法》第 160 条第 2 款将其调整为:“公司董事、监事、高级管理人员应当向公司申报所持有的本公司的股份及其变动情况,在就任时确定的任职期间每年转让的股份不得超过其所持有本公司股份总数的百分之二十五;所持本公司股份自公司股票上市交易之日起一年内不得转让。上述人员离职后半年内,不得转让其所持有的本公司股份。公司章程可以对公司董事、监事、高级管理人员转让其所持有的本公司股份作出其他限制性规定。”

为防止股份转让受限的特定股东通过质权变相转让股份,我国《公司法》第 160 条第 3 款规定:“股份在法律、行政法规规定的限制转让期限内出质的,质权人不得在限制转让期限内行使质权。”

(二)股份转让的方式

依据我国《公司法》第 158 条的规定,股东转让其股份,应当在依法设立的证券交易场所进行或者按照国务院规定的其他方式进行。为使柜台交易等其他证券交易方式获得制度空间,2005 年修订《公司法》时增加了“或者按照国务院规定的其他方式进行”的规定,2023 年《公司法》沿用了该规定。

依我国《公司法》第 159 条的规定,股票的转让,由股东以背书方式或者法律、行政法规规定的其他方式进行;转让后由公司将受让人的姓名或者名称及住所记载于股东名册。同时,《公司法》规定,股东会会议召开前 20 日内或者公司决定分配股利的基准日前 5 日内,不得变更股东名册;但是,法律、行政法规或者国务院证券监督管理机构对上市公司股东名册变更另有规定的,从其规定。

六、特殊的股份转让——股份回购

股份回购是指股份有限公司按照法定条件和程序购回发行或流通在外的本公司股份的行为。股份回购是国际通行的公司实施并购重组、优化治理结构、稳定股价的重要手段,是资本市场的一项基础性制度安排和金融活动。除资本市场中主动实施的股份回购外,股份回购还可因异议股东行使股份回购请求而启动。

(一)股份回购制度概况

我国 2005 年《公司法》第 143 条规定了公司可以收购本公司股份的四种情形:减少公司注册资本;与持有本公司股份的其他公司合并;将股份奖励给本公司职工;股东因股东大会作出的公司合并、分立决议持异议,要求公司收购其股份。除异议股东行使股份回购请求权外,公司在其他情形下回购股份均应经股东大会决议。公司回购股份用于减资的,应当自收购之日起 10 日内注销;用于公司合并或基于股东异议收购的,应当在 6 个月内转让或者注销;用于奖励职工的,回购股份不得超过本公司已发行股份总额的 5%,且应在 1 年内转让给职工。

上述规定未能充分考虑上市公司回购股份的市场需求,将回购的合法事由限定于四种特定情形,决策程序不够简便,库存股制度缺失,不能有效发挥股份回购的市场功能,无法适应资本市场的发展需要。为回应我国股份回购制度改革的实践需求,2018 年中国证监会会同财政部、中国人民银行、国有资产监督管理委员会、原中国银保监会等有关部门研究起草了公司法修正案草案,提出了修改《公司法》第 142 条股份回购有关规定的建议。2018 年 10 月 26 日,全国人大常委会审议通过了《关于修改〈中华人民共和国公司法〉的决定》,对《公司法》第 142 条有关公司股份回购制度作了重大修改。2023 年《公司法》第 162 条沿用了该规定,主要包括以下内容：

1. 明确规定了适用股份回购的六种情形：(1)减少公司注册资本；(2)与持有本公司股份的其他公司合并；(3)将股份用于员工持股计划或者股权激励；(4)股东因对股东会作出的公司合并、分立决议持异议，要求公司收购其股份；(5)将股份用于转换公司发行的可转换为股票的公司债券；(6)上市公司为维护公司价值及股东权益所必需。

2. 明确规定了股份回购的决策程序，确定了公司持有本公司股份的数额上限和公司持有所回购股份的期限。《公司法》第 162 条第 2 款规定："公司因前款第一项、第二项规定的情形收购本公司股份的，应当经股东会决议；公司因前款第三项、第五项、第六项规定的情形收购本公司股份的，可以按照公司章程或者股东会的授权，经三分之二以上董事出席的董事会会议决议。"

3. 明确规定了回购股份的数额上限，确定了公司持有所回购股份的期限。《公司法》第 162 条第 3 款规定："公司依照本条第一款规定收购本公司股份后，属于第一项情形的，应当自收购之日起十日内注销；属于第二项、第四项情形的，应当在六个月内转让或者注销；属于第三项、第五项、第六项情形的，公司合计持有的本公司股份数不得超过本公司已发行股份总数的百分之十，并应当在三年内转让或者注销。"

4. 明确规定了上市公司股份回购的规范要求。为防止上市公司滥用股份回购制度，引发操纵市场、内幕交易等利益输送行为，《公司法》第 162 条第 4 款规定："上市公司收购本公司股份的，应当依照《中华人民共和国证券法》的规定履行信息披露义务。上市公司因本条第一款第三项、第五项、第六项规定的情形收购本公司股份的，应当通过公开的集中交易方式进行。"

5. 明确规定公司不得接受本公司的股份作为质权的标的。若公司接受本公司的股份作为质权的标的，在债务人不能履行其债务，公司作为债权人就该股份优先受偿或进行变卖时，则与公司原则上禁止持有本公司股份的规定相违背。

(二)特殊的股份回购——异议股东股份回购请求权

异议股东股份回购请求权(the appraisal right of dissenters)，是指对于提交股东会表决的公司重大变化事项表示异议的股东，在该事项经股东会通过时有依法定程序要求公司以公平价格回购股票从而退出公司的权利。公司的重大变化事项通常是指公司的合并、资产收购、章程变更和股份交换等。异议股东股份回购请求权是少数股东退出公司的一种机制，对股东而言是一种重要的保护机制，其目的不在于使多数股东承担责任，而是少数股东以公平的价值退出公司。

异议股东股份回购请求权制度源于美国俄亥俄州 1851 年的法律，其产生与公司表决机制的演变密切相关。在 19 世纪，美国各州制定公司法或商法典之前，对公司发生重大变化的表决采用全体一致性原则。但随着公司数量增多和规模的膨胀，全体一致性原则大大阻碍了经济的发展。于是，美国各州创造了资本多数决原则取而代之。资本多数决原则构成了公司形成决策的基本原则，但资本多数决极易被滥用，导致股东的地位趋于实质的不平等。在西方国家中，多数股东往往滥用资本多数决，对少数股东进行压迫或侵害，使得资本多数决的先天不足暴露无遗。因此，为保障股东权益的平等实现，各个国家和地区纷纷对其予以修正。其结果便是被作为资本多数决原则的救济措施而作为"全体一致性"原则替代制度的异议股东股份回购请求权制度。该制度在美国绝大多数州确立以后，逐步被英国、加拿大、意大利、德国、日本、韩国以及欧盟等国家、地区及国际性组织采纳。如今,多数国家和地区公司法中均有异议股东股份回购请求权制度或类似制度。我国1993年《公司法》未设异议股东股份回购请求权制度,仅在《上市公司章程指引》和《到境外上市公司章程必备条款》两个文件中对其作了笼统规定。

我国公司实践中股东权益保护仍存在很多问题,股东权益面临着来自政府部门、大股东、公司经营者、中介机构等其他各方主体的侵害。董事和经理在公司治理中的透明度、负责性和诚信度普遍较差,大股东滥用其一股独大的控制股东地位侵害公司财产、侵犯中小股东利益的现象更是屡见不鲜。因此,与其他国家和地区相比,我国确立异议股东股份回购请求权制度,具有更重要的现实意义。基于此,我国现行《公司法》第162条确立了异议股东股份回购请求权制度。但该法仅将重大变化事项限定于公司合并、分立,而不包括其他重大事项。

思考题

1. 试析股权转让的章程限制与强制的法律依据。
2. 试析股权转让的法律效果。
3. 试析异议股东股份回购请求权。

第十二章　公司治理结构

导读

- 各个国家和地区的公司治理结构的具体模式各有特点，其间“所有者”、经营者及其监督者的角色定位存在一定差异，反映了不同的管理理念。根据公司机关内部分权与制衡模式的不同，可将各个国家和地区的公司治理结构模式大体上划分为单层委员会制、双层委员会制、单层二元委员会制、限定范围任选制四种。
- 各个国家和地区的公司法一般规定，无论是定期还是特别会议，股东会会议的召集人原则上都是董事会。定期股东会会议原则上由董事会召集；临时股东会会议则可由董事会主动召集或应股东、监事会请求而被动召集。董事会召集股东会会议，应以书面形式于会议召开的一定期限之前通知全体股东。
- 表决权是股东基于股东资格而享有的、在股东会会议上就议决事项予以表决的权利。申言之，表决权系对股东会的议决事项为表决的意思表示，借以形成公司意思的权利。行使表决权是股东权实现的基本方式。
- 累积投票制起源于英国，但在美国得到了重大发展。如今，该制度已为发达国家公司法所普遍采用。我国采取的累积投票制是一项选择性制度，具体为许可主义“选入式”。
- 根据决议事项和多数标准的不同，股东会决议可分为普通决议和特别决议。公司法依瑕疵的性质，将有瑕疵的股东会决议分为无效的决议和可撤销的决议，由此产生的法律后果即为股东会决议的无效和撤销。
- 现代各个国家和地区的公司法都赋予了董事会十分广泛的职权。这些职权可分为两类，即对内的经营管理权和对外的业务代表权。各个国家和地区的法律还从积极资格与消极资格两个方面来规范董事的任职资格。
- 关于经理的法律地位，在大陆法系国家和地区，经理一般为依章程任意设定的辅助业务执行机关，在英美法系国家和地区，则将公司的经营管理权完全委诸董事会，故不存在公司机关意义上的经理。关于监事会的设置问题，各个国家和地区的公司法的规定也具有较大差异，且因公司类型而异。
- 近年来，日本、韩国等大陆法系国家相继引入了董事忠实义务制度，并受到越来越多的大陆法系国家和地区的重视。我国《公司法》亦对此作了明确规定。在对高级管理人员勤勉义务有明确规定的各个国家和地区的公司法中，很少对勤勉义务的判断标准作具体界定。即使是在对勤勉义务作了较为具体界定的英美法系国家和地区，其具体判断标准仍主要是判例法中发展出的具体规则，而很难由制定法作出完整界定。

第一节　公司治理结构概述

一、公司治理结构的概念

从我国1993年《公司法》实施以来,有关公司内部组织机构的概念逐渐为人们所熟悉。但是,人们对于这些概念的法律特征、在公司法中的地位以及在公司实践中的作用等并不十分清楚。在深化改革的过程中,1999年9月《中共中央关于国有企业改革和发展若干重大问题的决定》明确提出了公司治理结构的法律问题,认为:"公司法人治理结构是公司制的核心。要明确股东会、董事会、监事会和经理层的职责,形成各负其责、协调运转、有效制衡的公司法人治理结构。"由此,公司治理结构的研究逐渐成为经久不衰的热点课题。

公司治理结构的英文是"corporate governance",有的将其译为公司管制、法人治理结构或公司治理。所谓"结构"应理解为兼具"机构"、"体系"和"控制机制"的多重含义。[1] 公司治理结构概念最早于20世纪80年代初期出现在经济学文献中。在20世纪70年代中期已有学者提出了与其较为接近的"治理结构"(governance structure)概念。公司治理结构的含义有狭义和广义之分。狭义的公司治理解决的是因所有权和控制权相分离而产生的代理问题,它要处理的是公司股东与公司高层管理人员之间的关系问题;广义的公司治理可以理解为关于企业组织方式、控制机制、利益分配的一系列法律、机构、文化和制度安排,它界定的不仅是企业与其所有者之间的关系,而且包括企业与其所有利益相关者之间的关系。狭义的公司治理强调解决两权分离情况下股东和经营之间的代理问题;而广义的公司治理强调公司利益相关者之间的关系问题。当今较有影响的经济学家从不同的角度提出了制度安排说、相互作用说、组织结构说、决策机制说等不同的界说。[2] 从法学角度讲,公司治理结构就是为维护股东、公司债权人以及社会公共利益,保证公司正常有效的运营,由法律和公司章程规定的有关公司组织机构之间权力分配与制衡的制度体系。可见,公司治理结构是牵涉到公司的股东及相关利益者的利益能否实现和公司能否正常运作的重大问题,不仅是公司制度的核心,而且对于公司和整个社会的经济健康都具有至关重要的作用。

实际上自公司产生以来就存在公司治理结构的问题。在1932年出版的《现代公司与私有财产》一书中,已经就公司治理结构的核心问题——"两权分离"所引发的代理——作了较为系统的分析。不过,虽然现代公司治理结构的理论、政策和实践是一个逐渐演变的过程,但世界各个国家和地区特别是发达国家的政府和企业,从来没有像现在这样如此重视公司治理结构问题。

二、公司法律人格与公司治理结构

对公司法律人格来说,确保其人格独立的要素除了独立的财产之外,还包括独立的意思。财产独立无疑是公司存在的物质基础,正因为有了独立的财产,公司才能以其财产为载体,在

---

〔1〕 参见梁能主编:《公司治理结构:中国的实践与美国的经验》,中国人民大学出版社2000年版,第4页。

〔2〕 参见彭群、何玉长:《公司治理结构简论》,载《南昌大学学报(社会科学版)》1998年第2期。

股东共同意志的基础上形成有异于股东共同意志的、抽象的单个意志，即公司独立的意思，从而具备了作为法律人格所必须具备的独立意志。所谓公司独立的意思，并非股东意志的简单集合，而是体现股东共同意志又不同于股东共同意志的、作为独立的法律人格而独立生成的自主意志。因此，必须有一套机制确保公司独立意思的产生，不受股东的个人意志或管理者的个人意志的不当影响或干涉。这种机制便是公司的组织制度或者说公司治理结构。对于公司来说，以严谨而科学的公司治理结构来确保意思的真正独立，还具有更加重要的意义：由于法律赋予公司以独立责任，即股东享有有限责任，公司经营过程中保持稳定的、一定数量的财产作为公司债务的一般担保，就显得极为重要。需要说明的是，此处所谓财产，指的是公司所拥有的包括股东出资与公司经营过程中积累的全部法人财产。要做到这一点，就必须保证公司不被股东或管理者所利用，能够独立形成不受外界影响的意思。然而，公司作为法律的拟制物，其意思必然要借助于公司机关形成，而公司机关又由自然人组成或担任，因而受到他人的不当影响就难以避免。按照相互制衡的原理架构起来的公司法人治理结构，就担负起了维持公司意思独立生成的使命。

我国学者将公司治理结构分为两种不同的理论模型：一是以股东主权为基础的单边治理理论，即股东拥有对公司最高的直接控制权，股东与董事之间是一种信托关系，董事会与公司高级管理人员之间是委托代理关系；二是以利益相关者为基础的多边治理理论，即公司的股东、债权人、职工等利害关系人之间有关公司经营与权利的配置机制。

传统的公司治理结构所要解决的主要问题是所有权和经营权分离条件下的“代理问题”，即通过建立一套既分权又相互制衡的制度来降低代理成本和代理风险，防止经营者对“所有者”的利益的背离，从而达到保护“所有者”的目的。这一制度主要由公司股东会、董事会、监事会等公司机关构成，其建立的基础是公司的权力配置，侧重于公司的内部治理结构方面。但从科学决策的角度来看，公司治理结构远不能解决公司治理的所有问题，建立在决策科学观念上的公司治理，不仅需要一套完备有效的公司治理结构，更需要若干具体的超越公司治理结构的治理机制。公司的有效运行和科学决策不仅需要通过股东会、董事会和监事会发挥作用的内部监控机制，也需要一系列通过证券市场、产品市场和经理市场来发挥作用的外部治理机制，如公司法、证券法、信息披露、会计准则、社会审计和社会舆论等。1999 年发布并于 2004 年、2015 年两次修订的《经济合作和发展组织公司治理原则》（以下简称《OECD 公司治理原则》）中，不仅强调公司治理结构的概念和内容，而且涉及许多具体的治理机制。该原则主要包括以下六个方面的内容：(1)确保有效公司治理框架的基础；(2)股东权利和平等待遇及关键所有权功能；(3)机构投资者、证券交易所和其他中介机构的角色；(4)利益相关者在公司治理中的作用；(5)信息披露和透明度；(6)董事会责任。《OECD 公司治理原则》主要适用于上市公司，亦可作为非上市公司完善公司治理的有效工具。另外，《OECD 公司治理原则》也关注利益相关者、环境及社会责任，引导企业致力于长期发展目标。

我国在全面推进现代企业制度建设的进程之中一直以公司治理结构理论为指导，构建我国的公司治理结构制度。〔3〕

---

〔3〕 参见王建文、范健：《论公司独立人格的内在依据与制度需求》，载《当代法学》2006 年第 5 期。

三、公司治理结构的主要模式

由于法律、哲学、历史传统、政治制度及其他条件的不同,适应外在环境的不同,各个国家和地区的公司治理结构的具体模式各有特点,其间"所有者"、经营者及其监督者的角色定位存在一定差异,反映了不同的管理理念。根据公司机关内部分权与制衡模式的不同,可将各个国家和地区的公司治理结构大体上划分为以下四种模式。

(一)单层委员会制

在英美法系国家和地区,公司治理结构实行单层委员会制(单层制),其特征在于公司的权力集中于资方,强调在资本的流动中提高效率。该模式以美国与英国为代表,故又称英美模式。在此模式下,公司只设有股东会与董事会,后者由前者产生并向前者负责。除股东会为公司的权力机关外,公司重大事项的决策权由股东推选的董事会行使,公司高级管理人员也由董事会聘任,公司通常不设专门的监事会或监察人。

从公司法理论上讲,股东会是公司的权力机关,是公司利益的唯一享有者。依此,公司治理结构的首要特点是股东本位,董事会是股东选任的经营者。然而,股东会的权力事实上仅限于公司法与章程明文列举的部分,未予列举的则全部由董事会行使。因此,在公司治理结构中,董事会事实上处于核心地位。董事会是公司的经营决策机关,对公司日常的经营活动作出决策;同时董事会任命公司的高级管理人员(如总裁、副总裁、董事会秘书、财务总监等)执行公司的业务。在董事会中还可以设立各种委员会,其中重要的就是由外部董事组成的审计委员会,代表董事会行使公司业务、财务的监督权。由此可见,这种模式是在董事会内部实行经营权与监督权的分离。就其实质而言,英美模式属于"董事会中心主义"。

(二)双层委员会制

在德国、奥地利、荷兰等大陆法系国家和地区,公司制度实行双层委员会制(双层制),即公司设立具有上下级关系的股东会、监事会和董事会,其特征在于吸收劳方(职工)参与公司管理,强调公司的稳定发展。该模式源于荷兰的东印度公司,但以德国为代表,故又称德国模式。在监事会与董事会的关系上,该模式为双层型,由监事会推选董事组成董事会,负责公司的具体经营管理。在监事会与董事会构成的双层结构中,体现民主管理的监事会居于负责经营管理的董事会之上。股东会下设监事会,监事会向股东会负责并报告工作;监事会下设董事会,董事会向监事会负责并报告工作。

双层委员会制体现了两个方面的含义:一是劳方与资方(资本所有者)对公司共同治理;二是监督职责与经营职责的分离。这种结构本质上也属于"董事会中心主义",股东会的权力大为削弱。但是,该模式下的监事会拥有制约董事会的极大权力,其不仅行使监督权,还有任免董事及其报酬的决策权,以及重大业务批准权。另外,进入现代社会以后,职工参与公司管理的制度已日益展现出重要的现实意义。

(三)单层二元委员会制

日本公司法曾在双层委员会制的基础上,创设了董事会与监事会处于并列地位的折中模式。该模式由日本首创,故曾被称为日本模式。[4] 在该模式下,监事会(或监察人)和董事会

---

〔4〕 在日本公司法已舍弃了该模式的情况下,就不宜再将该模式称为日本模式,否则会引人误解。

同由股东会选举产生,二者相互独立并处于并列地位。因此,有学者将该模式称为并列型双层委员会制。[5] 不过,鉴于该模式实际上并未形成监事会与董事会相互隶属的双层结构,而是两者在股东会下处于并列地位,故不能被纳入双层委员会制范畴。为此,我们基于其仅具有单层结构而董事会与监事会又处于并列地位的特征,称其为单层二元委员会制。

我国在建立现代企业制度的过程中,在公司制度中引进了法人治理结构的概念,其基本内容是对企业的所有者、支配者、管理者和监督者之间的权责利关系进行规范,从而解决企业的不同利益主体之间的利益与风险、激励与约束等问题。在2023年《公司法》实施之前,我国《公司法》规定的公司治理结构采取的都是公司的股东会是权力机构和决策机构,董事会是执行机构和经营机构,监事会是监督机构的模式。显然,该模式属于单层二元委员会制,即三个机构之间相互独立、相互制衡,确保公司各方利益的均衡和合理目标的实现。

(四)限定范围任选制

为使传统的德国式治理结构与美国式治理结构的制度价值都能得到运用,法国公司法开创性地规定了可任选的公司治理结构模式。在有限责任公司,仍实行单一的治理结构模式,即采取经理管理人与会计监察人相结合的模式,由其分别行使董事会与监事会的职能。在股份有限公司,可由公司章程自由选择不同模式:其一为单层委员会制,即仅设置董事会,而不设置监事会,由董事会中的会计监察人行使监事会的职能;其二为双层委员会制,即分别设置监事会与董事会,并且后者由前者产生、向前者负责。

第二次世界大战以后,日本借鉴英美的董事会制度,在董事会内部实行经营决策与业务执行的分离。此举削弱了监事会的职权,使其监督职权仅剩下财务监督权。1993年《日本关于股份公司监察的商法典特例法》还借鉴独立董事制度,引入了独立监事制度,要求大股份公司的监事应为3人以上,并组成监事会,其中1人为外部监事。不过,经2001年及2002年修订《日本商法典》,日本公司治理结构已发生了重大变化,转而借鉴《法国商事公司法》(当时尚未被编入《法国商法典》)的规定,由法律设置两套方案供企业自主选择。其一,沿用监事会制度,但规定监事会中1人须为外部独立监事。其二,选择美国式董事会下设专门委员会制度,允许公司以章程规定不设监事会,而在董事会下分设由3人以上董事组成的审计委员会、提名委员会及薪酬委员会,其中外部独立董事须占各委员会人数的半数以上,原监事会职能由审计委员会承担。[6] 2005年《日本公司法典》也维持了该公司治理结构模式。

法国、日本公司法所实行的治理结构模式,都是在限定范围内,由公司通过公司章程自由选择,故可称为限定范围内的任选制。这一模式增加了公司治理结构模式的种类,从而加强了公司治理结构制度的灵活性,值得其他国家和地区借鉴。

应当说明的是,不管各个国家和地区的公司法对公司治理结构作何具体规定,公司法的规定相对于丰富多彩的公司实践而言,都只是提供了最基本的原则性规定,只能确定公司治理结构的基本架构,规范公司治理结构中的普遍性问题,而不可能概括出统一的、最佳的治理模式。基于此,《OECD公司治理原则》即立足于为政策制定者和市场参与者提供一个参照体系,在良

---

[5] 参见范健主编:《商法》(第3版),高等教育出版社2007年版,第171页。

[6] 参见吴建斌:《日本引进独立董事制度的经验及启示》,载《南京大学学报(哲学·人文科学·社会科学版)》2003年第2期。

好的公司治理所具有的共同要素之上,力图包容不同治理模式,并推动公司在具有多样性的优秀实践的指引下,根据公司法规定,结合市场情况和公司实际,建立适合自身的有效治理框架。我国《公司法》在2005年作较大修订时,未奢求制定出一个完美的公司治理结构范式,而是将许多具体架构交由公司章程确定,这也体现了公司法的私法自治原则。2023年《公司法》则进一步增强了公司自治空间,确立了限定范围任选制。该法第69条规定:“有限责任公司可以按照公司章程的规定在董事会中设置由董事组成的审计委员会,行使本法规定的监事会的职权,不设监事会或者监事。公司董事会成员中的职工代表可以成为审计委员会成员。”第83条规定:“规模较小或者股东人数较少的有限责任公司,可以不设监事会,设一名监事,行使本法规定的监事会的职权;经全体股东一致同意,也可以不设监事。”第121条第1款规定:“股份有限公司可以按照公司章程的规定在董事会中设置由董事组成的审计委员会,行使本法规定的监事会的职权,不设监事会或者监事。”依此,我国正式确立了限定范围任选制的公司治理模式。

第二节　股　东　会

一、股东会的概念和职权

(一)股东会的概念

股东会,是指由公司全体股东组成的公司最高权力机构,是股东在公司内部行使股东权的法定组织。

在公司的治理结构中,股东会作为一种不可或缺的组织机构,具有以下特征:

1. 股东会由全体股东组成。持有任何数额与性质股份的股东均为公司股东会的当然成员,都有权依法出席股东会会议。股东主权原则因此得到了充分体现。自然人和法人均可成为股东,法人股东需要委派自然人作为股东代表行使股东权。实践中,我国一些公司尤其是股份有限公司,在股东会之外设立股东代表会(股东代表根据股东拥有股份的数量及股东分布情况确定),作为公司的最高权力机构,并在事实上取代股东会。这种做法虽未必违背股东真实意志,但无疑违反了我国《公司法》的规定与公司法精神,客观上构成了对部分股东权利的侵犯。

2. 股东会是公司的意思形成机构和最高权力机构。这体现了股东会在公司治理结构中的法律地位。公司的意志只能是全体股东的共同意志,而股东会则是股东表达意愿并将分散的意愿汇集起来形成股东集体意志的机构。这就决定了股东会本身虽非公司对外的代表机构和业务执行机构,但在公司内部拥有最高的权力。不过,随着经营管理的专门化,为保证经营管理层对公司事务的高效决策,公司董事会的权利逐渐加强并相对独立,股东会的权利则相应地受到了一定限制,使公司治理结构由股东会中心主义向董事会中心主义转变。当代公司法对股东会的权利都明文加以框定,股东会须在法定范围内行使职权,从而为董事会行使权利预留了较大的空间。

3. 股东会是公司法定必备但非常设机构。各个国家和地区的公司法普遍规定,股东会是公司的必设机构。我国《公司法》明确规定股东会原则上是有限责任公司和股份有限公司的必设机构，但只有一个股东的有限责任公司和股份有限公司不设股东会，股东作出股东会法定职权所列事项的决定时，应当采用书面形式，并由股东签名或者盖章后置备于公司。关于股东会是否属于常设机关，我国学者多存歧见。[7] 我们认为，由于股东会权力的行使，必须以召集会议方式方可进行，因而其并非常设机构。

（二）股东会的职权

股东会的职权，是指依法必须经股东会决定的事项。它通常与股东会的地位和作用相适应。从理论上讲，股东会对公司的一切重要事务均有决定权。但股东会决议程序复杂，加上绝大多数股东都基于"搭便车"与投机的心理，对于公司事务并无兴趣，因此现在各个国家和地区通行的做法是，仅在公司法中明确列举必须由股东会行使和可以由公司章程规定须经股东会决议的事项，其他均由董事会行使。当然，尽管多数国家和地区已奉行董事会中心主义，使股东会的职权有所削弱，但无论如何，公司法都必然会为股东会保留对涉及股东利益或公司生存与发展的重大问题的决定权。因此，当代各个国家和地区的公司法对股东会职权的规定大同小异。当然，在公司实践中，股东会实际行使的职权会因公司的规模、股权结构以及股东偏好而有所不同。一般来说，就实际行使的职权而言，有限责任公司比股份有限公司大，股权集中的公司比股权分散的公司大。[8]

在我国，股东会的法定权利依然比较广泛。依《公司法》第59、112条的规定，有限责任公司和股份有限公司股东会的职权完全一致，具体包括以下内容：(1)选举和更换董事、监事，决定有关董事、监事的报酬事项；(2)审议批准董事会的报告；(3)审议批准监事会的报告；(4)审议批准公司的利润分配方案和弥补亏损方案；(5)对公司增加或者减少注册资本作出决议；(6)对发行公司债券作出决议；(7)对公司合并、分立、解散、清算或者变更公司形式作出决议；(8)修改公司章程；(9)公司章程规定的其他职权。为增强董事会的经营自主权，股东会可以授权董事会对发行公司债券作出决议。只有一个股东的公司不设股东会，但股东作出上述事项的决定时，应当采用书面形式，并由股东签名或者盖章后置备于公司。

二、股东会会议

股东会会议是指股东会的工作方式，是股东为行使股东会的职权，就股东会职权范围内的公司待决事项作出决议，而依照法律或公司章程召开的定期或临时会议。

（一）股东会会议的种类

1. 定期股东会会议与临时股东会会议

这是以股东会会议召集的时间为标准所作的划分。两者区别的作用在于股东会会议召集权人及召集程序不同。

定期股东会会议，性质上属于例会，又称股东常会、股东年会，是指公司按照法律或章程规定必须定期召集的全体股东会议。定期股东会会议主要决定股东会职权范围内的例行重大事项。定期股东会会议通常是一年一次，有些公司也以章程规定一年召开两次。普通年会一般在上一会计年度结束之后的一定期限内召开。两次定期股东会会议的最长间隔期限一般在13～15个月。例如，英国公司法规定为15个月，美国许多州的公司法规定为13个月。

---

〔7〕 参见柯芳枝：《公司法论》，中国政法大学出版社2004年版，第206页。

〔8〕 参见范健主编：《商法》（第3版），高等教育出版社2007年版，第174页。

临时股东会会议,又称特别股东会会议,是指遇有特定情形,在两次普通年会之间不定期召开的全体股东会会议。临时股东会会议一般为处置公司的突发重大变故而召开。各个国家和地区的公司法通常规定遇有以下情形应当召开临时股东会会议:(1)董事会或监事会按照公司章程的规定,认为必要时决定召开;(2)持有法定比例以上股份(出资)的股东提议或请求召开;(3)法院责令召开。

按照我国《公司法》的规定,有限责任公司召开临时股东会会议的法定事由为:代表1/10以上表决权的股东提议;1/3以上董事或者监事会提议。股份有限公司召开临时股东会会议的法定事由为:董事人数不足法定人数或公司章程所定人数的2/3;公司未弥补的亏损达股本总额的1/3;单独或者合计持有公司10%以上股份的股东请求;董事会认为有必要;监事会提议召开;公司章程规定的其他情形。

2. 一般股东会会议与特别股股东会会议

这是以组成股东会会议的股东范围为标准所作的划分。

一般股东会会议由包括普通股股东及特别股股东在内的全体股东所组成;特别股股东会会议则专由特别股股东组成。后者在修订公司章程会有损于特别股股东利益时召集。显然,此处所谓特别股股东会会议并不同于我国学者所使用的"特别股东会会议"概念。我国《公司法》对此未作规定。

(二)股东会会议的召集

1. 股东会会议召集人

各个国家和地区的一般规定,无论是定期还是特别会议,股东会会议的召集人原则上都是董事会。定期股东会会议原则上由董事会召集。临时股东会会议则可由董事会主动召集或应股东、监事会请求而被动召集。在法定情形下,少数股东、监事会及重整人、清算人亦得召集临时股东会会议。我国台湾地区"公司法"第173、220、245、310、326条对此作了明确规定。

我国1993年《公司法》规定,有限责任公司股东会的首次会议由出资最多的股东召集和主持,其后则由董事会召集,董事长主持。董事长因特殊原因不能履行职务时,由董事长指定的副董事长或者其他董事主持。股份有限公司的股东大会由董事会依法负责召集,由董事长主持。董事长因特殊原因不能履行职务时,由其指定的副董事长或者其他董事主持。因此,股东会会议的召集权为董事会所专有。但董事会若不履行义务,只能由提议人诉请法院强制其履行。在此种情形下,许多国家和地区相关规定赋予监事会或少数股东直接召集股东会会议的权利,以制衡董事会的专权。我国台湾地区"公司法"第173条规定:"继续一年以上,持有已发行股份总数百分之三以上股份之股东,得以书面记明提议事项及理由,请求董事会召集股东临时会。"(第1款)"前项请求提出后十五日内,董事会不为召集之通知时,股东得报经主管机关许可,自行召集。"(第2款)"董事因股份转让或其它理由,致董事会不为召集或不能召集股东会时,得由持有已发行股份总数百分之三以上股份之股东,报经主管机关许可,自行召集。"(第4款)《日本公司法典》第297条也有类似规定,但将自行召集的许可机关,由"主管机关"变更为法院。〔9〕

我国2023年《公司法》完善了股东会召集制度。该法第61条规定:"首次股东会会议由出

〔9〕 参见吴建斌编译:《日本公司法　附经典判例》,法律出版社2017年版,第159页。

资最多的股东召集和主持，依照本法规定行使职权。”第 63 条规定：“股东会会议由董事会召集，董事长主持；董事长不能履行职务或者不履行职务的，由副董事长主持；副董事长不能履行职务或者不履行职务的，由过半数的董事共同推举一名董事主持。董事会不能履行或者不履行召集股东会会议职责的，由监事会召集和主持；监事会不召集和主持的，代表十分之一以上表决权的股东可以自行召集和主持。”该法第 114 条规定：“股东会会议由董事会召集，董事长主持；董事长不能履行职务或者不履行职务的，由副董事长主持；副董事长不能履行职务或者不履行职务的，由过半数的董事共同推举一名董事主持。董事会不能履行或者不履行召集股东会会议职责的，监事会应当及时召集和主持；监事会不召集和主持的，连续九十日以上单独或者合计持有公司百分之十以上股份的股东可以自行召集和主持。单独或者合计持有公司百分之十以上股份的股东请求召开临时股东会会议的，董事会、监事会应当在收到请求之日起十日内作出是否召开临时股东会会议的决定，并书面答复股东。”这些规定使通过股东会行使的股东权获得了法律保障。这些内容基本沿用了 2005 年《公司法》的相关规定，但 2023 年《公司法》第 114 条第 3 款系新增规定。依其规定，股份有限公司单独或者合计持有公司 10% 以上股份的股东行使临时股东会会议召集请求权时，为避免董事会、监事会拖延时间，且避免该股东自行召集权的行使时间缺乏明确的计算依据，《公司法》专门规定董事会、监事会应当在收到请求之日起 10 日内作出是否召开临时股东会会议的决定，并书面答复股东。该规定仅针对股份有限公司而设，有限责任公司通常股东人数有限，股东自行召集权的行使时间一般不会导致过大负面影响，故法律不予明确规定。就解释而言，这就意味着法律未设置明确时间限制，只要请求召集临时股东会会议的股东未获响应，即可自行召集。至于自行召集临时股东会会议是否须经主管机关或法院批准，鉴于我国《公司法》未作规定，应理解为无须特定机关批准。当然，若相关股东行使自行召集权受到阻碍，则可诉请法院予以救济。

2. 股东会会议的召集程序

董事会召集股东会会议，应以书面形式于会议召开的一定期限之前通知全体股东。关于通知的期限，各个国家和地区的公司法的规定不尽相同。由于股份有限公司的股东比较分散，法律对其要求相对严格，通知的期限一般不能迟于会前 20 日，对于持有无记名股票者，还应于一定期限前予以公告。有限责任公司的股东相对集中，相应地，通知的期限则可灵活掌握，多为会前 10 日左右。在有些国家和地区，法律对通知的期限以任意性规范加以规定，有限责任公司还可以依章程缩短通知期限，甚至在全体股东同意或全体股东参加的场合，可以不经召集程序而径行开会。

通知及公告中应载明会议的日期、地点、议程和提请审议表决的议案。如有特别议案，还需载明议案的要点。对于通知及公告中未载明的议案，虽可临时动议提出，但不应交付表决。

我国《公司法》规定，有限责任公司股东会定期会议按章程的规定时间召开；临时会议应法定人员提议而召开，但未规定具体时间。有限责任公司召开股东会会议应当于会议召开 15 日前通知全体股东；但是，公司章程另有规定或者全体股东另有约定的除外。此外，《公司法》第 59 条第 3 款规定：“对本条第一款所列事项股东以书面形式一致表示同意的，可以不召开股东会会议，直接作出决定，并由全体股东在决定文件上签名或者盖章。”该规定将有限责任公司股东会的决议程序要件予以简化，使股东会决策可以更便捷地作出。股份有限公司股东会定期会议按章程规定时间召开，但临时会议应在法定事由发生后 2 个月内召开。股份有限公司召开股东会会议,应当将会议召开的时间、地点和审议的事项于会议召开20日前通知各股东;临时股东会会议应当于会议召开15日前通知各股东。公开发行股份的公司,应当以公告方式作出通知。股东会不得对通知中未列明的事项作出决议。显然,我国《公司法》针对有限责任公司的股东会召集程序的规定,属于任意性规定,允许公司章程另作规定或者全体股东另作约定,甚至股东以书面形式一致表示同意的,还可以不召开股东会会议,直接作出决定。至于我国《公司法》针对股份有限公司的股东会召集程序的规定,从立法技术及语词使用上看,应将其界定为强制性规定,即排除股份有限公司通过章程对股东会召集程序另作规定或者全体股东对其另作约定,也排除股东可以书面形式一致表示同意的情形下,可以不召开股东会会议,直接作出决定。之所以作出如此差异化立法安排,应当是立法者基于有限责任公司所具有的人合性色彩而对例外性程序予以特别强调,从而避免过于刚性的股东会召集程序影响公司决策的灵活性;至于股份有限公司,则因其典型的资合性及不同程度存在的公开性而无须设置例外性程序。尽管非上市股份有限公司往往与有限责任公司无实质性差异,但仍应严格遵循股份有限公司关于股东会召集程序的规定。《公司法》中的程序性规定往往蕴含了维护中小股东权利的立法精神,若法律未将其设定为任意性规范,皆应将其推定为强制性规范予以严格遵守。当然,关于股份有限公司股东会召集程序乃强制性规定的判断并非不可推翻,只是在缺乏明确的立法解释或司法解释的情况下,不应否定这种特意安排的程序价值。[10]

在股东会会议的召集程序中,股东提案权也是需要特别强调的内容。从形式上讲,任何股东都有权向股东会会议召集人提出议案,但是否获采纳并列入股东会会议议案,则完全取决于股东会会议召集人。因此,这种基于股东身份提出议案的权利本质上属于建议权,不属于可行使救济权的法定权利。《公司法》明确规定的提案权是指特定股东在股东会会议召开前,向董事会提出临时提案,且董事会应当按照法定程序提交股东会审议的权利。显然,该项权利具有实质意义,与所有股东都具有的仅具有形式意义的建议权具有本质差异。对此,我国2023年《公司法》第115条第2款规定:"单独或者合计持有公司百分之一以上股份的股东,可以在股东会会议召开十日前提出临时提案并书面提交董事会。临时提案应当有明确议题和具体决议事项。董事会应当在收到提案后二日内通知其他股东,并将该临时提案提交股东会审议;但临时提案违反法律、行政法规或者公司章程的规定,或者不属于股东会职权范围的除外。公司不得提高提出临时提案股东的持股比例。"该规定将2018年《公司法》规定的"单独或者合计持有公司百分之三以上股份的股东"修改为"单独或者合计持有公司百分之一以上股份的股东",从而大大降低了中小股东行使临时提案权的门槛,强化了中小股东参与公司治理的权利。不过,各个国家和地区的公司法普遍仅就股份有限公司设置临时提案权,有限责任公司则因其封闭性,法律未将股东提出议案的建议权设定为法定权利,我国亦然。

3. 股东会召集的地点

股东参加股东会有利于其股东权的有效行使,因此,股东会召集地点的选择,无疑应体现有利于多数股东参会的原则。对于有限责任公司而言,由于股东人数相对较少且股东之间往

---

〔10〕　事实上,确有不同立法例存在,如《日本公司法典》在第299条对股东会的召集通知作明确规定的基础上,于第300条规定:"尽管有前条的规定,全体股东同意的,可不经召集程序召开股东大会。但决定第288条第1款第3项或第4项所列事项的情形除外。"参见吴建斌编译:《日本公司法　附经典判例》,法律出版社2017年版,第160~161页。

往具有信任关系,因而对其股东会召集地点法律不必作限制性规定,而应由股东自行决定。各个国家和地区的公司法基本上不作规定。对于股份有限公司而言,由于股东人数众多,则应在股东会召集地点上作必要限制。不过,鉴于现代股份有限公司的股东往往较为分散,上市公司则更是处于股权高度分散的状态,法律难以对有利于多数股东参会的股东会召集地点作过于刚性的规定,故各个国家和地区的公司法对此表现出不同的态度。《美国商事公司示范法》(2002 年)、《德国股份法》、《韩国商法典》及原《日本商法典》均对股东会(有的限于年会)的召集地点作了原则性规定。例如,《美国商事公司示范法》(2002 年)第 7.01 条(b)款规定:"股东年会可以在内部细则规定的或者确定的本州内或者州外的地点召开。如内部细则未规定或者确定会议地点的,年会在公司主要办公地召开。"[11]《韩国商法典》第 364 条规定:"股东大会,若章程中另无规定,则应在总公司所在地或者近临地点召集。"[12]这种模式的优点在于使股东会的召集地点的选择有了明确的法律约束;缺点则在于召集地点的规定过于刚性,未必能便于多数股东参加会议。

不过,也有不少国家和地区的公司法对此未作任何规定,且有一些原本作了明确规定的国家和地区删除了该规定。例如,原《日本商法典》第 233 条规定:"除章程另有规定的情形之外,股东大会须在总公司所在地或其邻接地召集。"[13]但《日本公司法典》则未对股东会的召集地点作任何规定。[14] 我国台湾地区"公司法"也未就股东会的召集地点作明确规定。这一模式正好与上述明确规定股东会召集地点的模式的优缺点相反,因而客观上原本就有其合理性。此外,在各个国家和地区的公司法或公司实践中纷纷确立通讯投票及网络投票(电子投票)制度的背景下,公司控制股东或董事会已无法通过选择不合理的会议地点而达到回避股东参与表决的目的,因而法律对股东会召集地点作刚性规定的制度价值已大大弱化。但应当注意的是,股东参加股东会的意义不仅在于可以亲自投票,而且在于可以现场行使知情权、质询权等其他股东权,因而通讯投票及网络投票制度仅能解决股东不参加股东会情形下表决权的行使问题,并不能取代股东参加股东会的功能。

我国《公司法》未就股东会的召集地点作明确规定,但一些部门规章及规范性意见对上市公司股东会的召集地点作了原则性规定。例如,中国证监会与原国家经贸委于 2002 年 1 月 7 日联合发布的《上市公司治理准则》(2018 年修订)第 8 条规定:"上市公司应在保证股东大会合法、有效的前提下,通过各种方式和途径,包括充分运用现代信息技术手段,扩大股东参与股东大会的比例。股东大会时间、地点的选择应有利于让尽可能多的股东参加会议。"中国证监会《上市公司股东大会规则》(2022 年修订)第 20 条规定,公司应当在公司住所地或公司章程规定的地点召开股东会。这就解决了实践中一些上市公司故意将股东会的召开地点定在公司住所地或公司章程规定的地点之外的地区的问题。在被证监会严格规范之前,有些公司甚至基于其业绩来决定股东会召集地点:在经营业绩较好时,因能顺利召开,故选择在股东比较方便的地方召开股东会;而在公司业绩不佳时,则选择在多数股东不便且与会成本较高的某一偏僻处召开股东会。公司经营业绩不佳时,股东往往更希望了解公司的前景,赴会的内在要求也

---

〔11〕 沈四宝编译:《最新美国标准公司法》,法律出版社 2006 年版,第 62 页。
〔12〕《韩国商法》,吴日焕译,中国政法大学出版社 1999 年版,第 79 页。
〔13〕 吴建斌主编:《日本公司法规范》,法律出版社 2003 年版,第 86 页。
〔14〕 参见吴建斌编译:《日本公司法 附经典判例》,法律出版社 2017 年版,第 159 页。

较高。这种做法极为不妥,故《上市公司股东大会规则》对股东会召开地点作了明确规定。

三、股东表决权的行使

表决权是股东基于股东资格而享有的、在股东会会议上就议决事项予以表决的权利。申言之,表决权系对股东会的议决事项为表决的意思表示,借以形成公司意思的权利。行使表决权是股东权实现的基本方式。

(一)股东表决权行使的一般原则

股东行使表决权的一般原则可以概括为"一股一票"和"资本多数决"。资本是公司的基础,按照资本平等原则,公司必须以出资为依据在股东间分配权利,实行权利按资分配的平等。因此,在股份有限公司,股份作为资本的计量单位,同时成为计量股东权利的基本单位。对表决权的行使,则实行同股同权、一股一票。在有限责任公司,一般按出资单位或出资比例行使表决权。有些国家和地区的公司法还规定,若公司章程无特别规定,原则上,有限责任公司股东不问出资多少,每一股东均有一表决权。[15]

我国《公司法》规定,股份有限公司股东出席股东会会议,所持每一股份有一表决权,类别股股东除外,且公司持有的本公司股份没有表决权。上市公司控股子公司不得取得该上市公司的股份;即使上市公司控股子公司因公司合并、质权行使等持有上市公司股份的,也不得行使所持股份对应的表决权,并应当及时处分相关上市公司股份。有限责任公司股东会会议由股东按照出资比例行使表决权。

(二)股东表决权行使的特别规定

出席股东会会议,行使表决权对股东权的实现具有决定意义。股东完全按照"一股一票"和"资本多数决"原则行使表决权,虽能使股东会决议反映多数股东的意志,但也可能导致大股东操纵股东会,压制小股东,使小股东的权利形同虚设。在坚持"一股一票"和"资本多数决"原则的同时,各个国家和地区的公司法普遍设立了股东表决权行使的限制性规定,或者基于对科创公司创始股东控制权的保护而设置特别表决权。股东表决权行使的特别规定通常有以下几类:

1. 特别表决权。特别表决权是一种特殊的股权结构形态,也被称为"表决权差异安排""双重股权结构""AB 股"。采用特别表决权制度的公司在普通股之外发行表决权数多于或者少于普通股的类别股,通常是将公司股份分为次级投票权股份(subordinate voting share,通常称为 A 类股)和超级投票权股份(super voting share,通常称为 B 类股)。特别表决权一般由创始团队持有,实质是投资者与创始团队之间基于信赖关系形成的一种权利安排。在我国,适用特别表决权制度的股份有限公司的股份分为两种类型:遵循"一股一权"原则的 A 类股,即普通股;享有多倍表决权(10 倍以内)的 B 类股,即特别表决权股。2018 年 9 月 18 日发布的国务院《关于推动创新创业高质量发展打造"双创"升级版的意见》明确规定,"允许科技企业实行'同股不同权'治理结构"。2019 年,在参考香港联交所经验的基础上,中国证监会先后发布的《关于在上海证券交易所设立科创板并试点注册制的实施意见》、《科创板首次公开发行股票注册管理办法(试行)》(已失效)等规定,允许设置特别表决权的公司在科创板上市。2023 年 2 月 17 日,全面注册制改革推行,包括主板市场在内的境内资本市场均允许设置特别表决权的公司上

---

〔15〕 参见柯芳枝:《公司法论》,中国政法大学出版社 2004 年版,第 559 页。

市。上市后,交易所将在该股票或存托凭证的简称后增加“W”特殊标识,直至不再有表决权差异安排才会取消。

2. 对表决权代理的限制。一个受托人代理的表决权不得超过公司股份总数表决权的一定比例,如3%,超过部分无效。我国台湾地区“公司法”第177条第2款规定:“除信托事业或经证券主管机关核准之股务代理机构外,一人同时受二人以上股东委托时,其代理之表决权不得超过已发行股份总数表决权之百分之三,超过时其超过之表决权,不予计算。”

3. 公司依法自己持有的股份,其股东权处于停止状态,故无表决权。各个国家和地区的公司法仅允许公司在例外情况下购买自己的股份,并规定不得就该自有股份行使表决权。对此,我国《公司法》第116条第1款规定:“股东出席股东会会议,所持每一股份有一表决权,类别股股东除外。公司持有的本公司股份没有表决权。”

4. 相互投资公司行使表决权的限制。公司之间相互持有股份,有些国家和地区明令禁止,有些国家和地区虽不予禁止,但多数规定不享有表决权,如日本、意大利、法国、丹麦。

5. 表决权行使的回避。股东在表决事项上与公司存在利益冲突时,应予回避而不参与表决,以免表决结果损害公司的利益。我国台湾地区“公司法”第178条规定:“股东对于会议之事项,有自身利害关系致有害于公司利益之虞时,不得加入表决,并不得代理他股东行使其表决权。”不过,我国台湾地区理论界不少人认为应废除或修正该条规定。因为其他国家和地区多无此规定,原本有此规定的日本也已于1981年删除。我国《公司法》未对此予以规定,但《上市公司股东大会规则》(2022年修订)第31条第1款规定:“股东与股东大会拟审议事项有关联关系时,应当回避表决,其所持有表决权的股份不计入出席股东大会有表决权的股份总数。”

6. 类别表决。提请股东会表决的特定议案必须经特定类别股东同意,方能获得通过。纵使多数表决权同意该议案,只要特定类别股东不同意,则该议案仍不能获得通过。对此,我国《公司法》第146条第1款规定:“发行类别股的公司,有本法第一百一十六条第三款规定的事项等可能影响类别股股东权利的,除应当依照第一百一十六条第三款的规定经股东会决议外,还应当经出席类别股股东会议的股东所持表决权的三分之二以上通过。”

此外,为维护小股东的利益,增强小股东对公司的控制力,美国公司法创设了累积投票(cumulative voting)制,即在选举董事或监事场合,每一股拥有与待选董事或监事数目相当的多个表决权时,允许股东把其表决票集中投于一人名下。采用这种投票方法,当中小股东将其表决票集中使用时,就能形成足够的影响力,选出自己满意的董事。该表决权行使方法逐渐为各个国家和地区的公司法所继受。

(三)股东表决权的行使方式

1. 本人投票制与委托投票制

从各个国家和地区的公司法来看,股东行使表决权的方式主要有亲自行使、书面行使及代理行使三种。前两种为本人投票制,第三种为委托投票制。

本人投票制,是指股东亲自出席股东会会议并进行投票。委托投票制,是指股东委托代理人出席股东会会议并进行投票。代理行使表决权已成为股东行使其股东权的重要方式。尤其在股权分散的股份有限公司中,委托代理人出席股东会会议、行使表决权,已成为股东参与公司决策的主要方式。

关于代理人的资格问题,存在两种基本模式:一是英美法系模式,即股东委托公司的经营者或其他股东为代理人。实践中,多以公司的董事会等“内部人”为代理人。二是大陆法系模式,即股东将表决权委托给银行等有组织的中间人行使。这种模式的前提是银行、证券、企业融合,银行与公司的关系密切,如银行可为公司的借款人,甚至实行股本参与、直接控制。

关于代理行使表决权的控制,实践中,各个国家和地区一般从两方面控制表决权代理行使制度的异化。一是对委托的效力期限实施限制。不少国家和地区的公司法均要求股东委托代理人行使表决权,必须在每次股东会会议召开之前单独进行,概括地委托代理人行使表决权无效。我国《公司法》第 118 条规定:“股东委托代理人出席股东会会议的,应当明确代理人代理的事项、权限和期限;代理人应当向公司提交股东授权委托书,并在授权范围内行使表决权。”《日本公司法典》第 310 条第 2 款规定:“前款代理权的授与,须在每次股东大会上分别进行。”[16]二是对代理人代理的表决权总量实施限制。有些国家和地区的规定对受委托的表决权占股份总数表决权的比例加以限制,对于超过规定比例的表决权表决时不予计算。我国台湾地区“公司法”第 177 条第 1 款规定:“股东得于每次股东会,出具公司印发之委托书,载明授权范围,委托代理人,出席股东会。”同条第 2 款规定:“除信托事业或经证券主管机关核准之股务代理机构外,一人同时受二人以上股东委托时,其代理之表决权不得超过已发行股份总数表决权之百分之三,超过时其超过之表决权,不予计算。”

对于代理权的招揽,多数国家和地区都予以严格限制,因为与其让有偿取得其他股东委托的小股东决定公司前途和命运,还不如让持有公司绝大多数股份的股东握有公司的实权。

2. 现场投票制与非现场投票制

传统公司法所确立的股东行使表决权的方式为现场投票制,但随着现代通讯技术的发展,许多国家和地区都承认了利用现代通讯工具进行投票的法律效力。这使股东既可以现场投票,也可以通过通讯投票(书面投票)以及网络投票等新的方式行使表决权。例如,《日本公司法典》第 311 条第 1 款规定:“通过书面形式行使表决权,指在行使表决权的表决票上记载必要的事项,并在法务省令规定的时间前向股份有限公司提交已作该记载的行使表决权的表决票。”该法第 312 条第 1 款规定:“依数据电文方式行使表决权,指依政令规定,经股份有限公司的同意,在法务省令规定的时间前通过数据电文方式向该股份有限公司提供行使表决权的表决票应记载的事项。”[17]我国台湾地区“公司法”第 177—1 条第 1 款也规定:“公司召开股东会时,得实行以书面或电子方式行使其表决权;其以书面或电子方式行使表决权时,其行使方法应载明于股东会召集通知。”

我国《公司法》未对非现场投票制作明确规定,但如前所述,《上市公司治理准则》(2018 年修订)已确立了网络投票制,《上市公司章程指引》(2023 年修订)则确立了网络投票制等多种投票途径,从而完善了我国上市公司的非现场投票方式。

3. 直接投票制与累积投票制

大股东往往通过其所选举的董事对公司意思的形成实施过度控制和干预,为避免公司董事会成为大股东代言人,并避免简单的资本多数决为大股东所滥用,有必要对大股东的表决权予以限制。限制的方式既可以是直接限制大股东的投票权,也可以是实施累积投票制。

---

〔16〕 吴建斌编译:《日本公司法 附经典判例》,法律出版社 2017 年版,第 167 页。
〔17〕 吴建斌编译:《日本公司法 附经典判例》,法律出版社 2017 年版,第 168 页。

所谓直接投票制,是指在行使表决权时,针对一项议案,股东只能将其表决票数一次性直接投在该议案上。

所谓累积投票制,是指公司股东会选举董事或者监事时,有表决权的每一股份拥有与所选出的董事或者监事人数相同的表决权,股东拥有的表决权可以集中使用。累积投票制起源于英国,但在美国得到了重大发展。如今,该制度已为发达国家公司法所普遍采用。

19 世纪 60 年代,美国伊利诺伊州报界披露了本州某些铁路经营者欺诈小股东的行为,该州遂于 1870 年宪法赋予小股东累积投票权。1870 年《伊利诺伊州宪法》第 11 条规定,任何股东在公司选举董事或经理的任何场合,均得亲自或通过代理人行使累积投票权,而且此类董事或经理不得以任何其他方式选举。随后,该州《公司法》第 28 条也规定了累积投票制。到 1955 年,美国已有 20 个州在其宪法或制定法中规定了累积投票制。不过,美国各州的累积投票制度有所差异,主要分为两种类型:一是强制型累积投票(mandatory cumulative voting)制,如阿肯色、加利福尼亚、夏威夷、伊利诺伊等州;二是许可型累积投票(permissive cumulative voting)制。许可型累积投票制又分为两种:一是选出式(opt – out election),即除非公司章程作出相反规定,就应实行累积投票制度,如阿拉斯加、明尼苏达、北卡罗来纳、华盛顿等州;二是选入式(opt – in election),即除非公司章程规定了累积投票制度,否则不实行,如密歇根、新泽西、纽约等州。尽管目前在美国有些州还对累积投票制度实行强制主义,但大多数州的公司法已改采许可主义。1950 年《美国商事公司示范法》"序言"曾要求实行强制主义;1955 年版将强制主义与许可主义作为两种平行的选择性模式;1959 年版则限定于许可主义中的选出式或选入式两种选择;1984 年修订之后该法即明确改采选入式了。〔18〕

受美国立法态度的影响,日本对累积投票制也经历了由强制主义向许可主义的选入式的转变。我国台湾地区"公司法"对累积投票制也经历了由强制主义向许可主义的转变,其在经 2001 年修订前第 198 条规定:"股东会选任董事时,每一股份有与应选出董事人数相同的选举权,得集中选举一人,或分配选举数人,由所得选票代表选举较多者,当选为董事。"但 2001 年修订时,在"股东会选任董事时"之后增列了"除公司章程另有规定外"文句,从而使该制度成为一项可供选择的表决制度。

我国 1993 年《公司法》未规定累积投票制。但《上市公司治理准则》(2018 年修订)规定,股东大会在董事选举中应积极推行累积投票制度,控股股东控股比例在 30% 以上的上市公司,则必须采取累积投票制。由此,我国对存在控股股东的上市公司实行强制性累积投票制,对一般上市公司则实行许可累积投票制。事实上,在实践中,各上市公司大多在公司章程中明确规定了累积投票制。2023 年《公司法》对累积投票制作了明确规定,该法第 117 条第 1 款规定:"股东会选举董事、监事,可以按照公司章程的规定或者股东会的决议,实行累积投票制。"同条第 2 款规定:"本法所称累积投票制,是指股东会选举董事或者监事时,每一股份拥有与应选董事或者监事人数相同的表决权,股东拥有的表决权可以集中使用。"由此可见,我国采取的累积投票制是一项选择性制度,具体为许可主义的选入式。

累积投票制的目的在于防止控制股东利用表决权优势操纵董事或监事的选举,矫正"一股

---

〔18〕 参见刘俊海:《新公司法的制度创新:立法争点与解释难点》,法律出版社 2006 年版,第 280 ~ 281 页;刘俊海:《股份有限公司股东权的保护》(第 2 版,修订本),法律出版社 2004 年版,第 374 ~ 375 页。

一票"表决制度存在的弊端。在累积投票制下,选举董事或监事时,每一股份代表的表决权数不止一个,而是与待选董事或监事的人数相同。股东在选举董事或监事时拥有的表决权总数,等于其所持有的股份数与待选董事或监事人数的乘积。投票时,股东可以将其表决权集中投给一个或几个董事或监事候选人,通过这种局部集中的投票方法,能够使中小股东选出代表自己利益的董事或监事,避免大股东垄断全部董事或监事的选任。累积投票制度的优点是更加民主化,使少数股东选举出自己心目中的董事或监事成为可能;但其缺点也显而易见,正如学者评论的那样,累积投票"增加了董事会的派系和分歧,对股东来说,更为复杂"[19]。另外,累积投票制度使股东获得了与其剩余索取权(包括利润分配权和公司清算或破产后剩余财产分配权)不相称的表决权重,会引发高昂的代理成本。[20] 因此,因累积投票制度存在缺陷,各个国家和地区的公司法一般不对累积投票制度的选用进行强制规定,而是授权公司章程选择是否采纳累积投票制度。

四、股东会决议

股东会决议是股东会就提请股东会会议审议的事项依法律或章程规定的程序表决形成的决议,是股东会意思表示的唯一法定形式。

(一)股东会决议的种类

基于股东会决议事项的重要程度不同,法律规定的通过决议的法定多数也有所不同。根据决议事项和多数标准不同,股东会决议可分为普通决议和特别决议。

1. 普通决议。股东会在决议公司的普通事项时,获得简单多数赞成即可通过的决议,为普通决议。所谓"简单多数",在有限责任公司,是指代表过半数表决权的股东;在股份有限公司,是指代表出席的股东所持表决权过半数。对于普通决议适用的事项,法律一般不作强制性规定。在我国除法律明文规定应以特别决议决定的事项外,其他事项多属普通决议。

2. 特别决议。股东会在议决公司的特别事项时,获得绝对多数赞成方可通过的决议,为特别决议。对于何为"绝对多数",各个国家和地区有不同的理解,有的指2/3以上的表决权(如法国),有的则指3/4以上的表决权(如德国)。特别决议适用的范围,各个国家和地区均以强制性规定加以框定,内容上大同小异。我国《公司法》规定,有限责任公司股东会作出修改公司章程、增加或者减少注册资本的决议,以及公司合并、分立、解散或者变更公司形式的决议,应当经代表2/3以上表决权的股东通过。股份有限公司股东会作出修改公司章程、增加或者减少注册资本的决议,以及公司合并、分立、解散或者变更公司形式的决议,应当经出席会议的股东所持表决权的2/3以上通过。

(二)股东会决议的无效、撤销和不成立

股东会决议必须在股东会依法召集的情况下,依照法定表决方法通过且其内容不违法,才具有法律效力。非依法形成、具有特定瑕疵的股东会决议,即使同样经股东会议决形成,其效力也不为法律所确认。公司法依瑕疵的性质,将有瑕疵的股东会决议分为无效的决议和可撤销的决议。由此产生的法律后果即为股东会决议的无效、撤销和不成立。

1. 股东会决议的无效。股东会决议内容违反法律、行政法规,即属无效决议。此种无效属

---

〔19〕 施天涛:《公司法论》(第2版),法律出版社2006年版,第323页。

〔20〕 参见罗培新等:《公司法的法律经济学研究》,北京大学出版社2008年版,第110~111页。

于绝对无效、确定无效、自始无效、当然无效。

2. 股东会决议的撤销。公司股东会的会议召集程序、表决方式违反法律、行政法规或者公司章程,或者决议内容违反公司章程的,股东在一定期限内,有权请求法院判决撤销因此形成的决议。若属召集程序违反法律、行政法规或者公司章程,通常是撤销该次股东会会议所作出的全部决议。若属表决方式违反法律、行政法规或者公司章程,则分两种情形:其一,全部事项的表决方式违反法律、行政法规或者公司章程,应撤销该次股东会会议所作出的全部决议;其二,仅特定事项的表决方式违反法律、行政法规或者公司章程,则只撤销该特定事项的决议。若决议内容违反公司章程,则撤销就该内容所作决议。

3. 股东会决议不成立。股东会决议无效和撤销都以股东会决议客观存在为前提,实践中还有股东会决议根本不存在或不具备成立要件的情形,此即股东会决议不成立。股东会决议不成立意味着该决议自始不成立,故根本不存在法律效力的判断问题。

理论拓展　股东会决议不成立的制度流变及我国的实践

多数国家和地区公司法都是将股东决议瑕疵的后果分为无效与可撤销。这一分类方法在法律适用上可谓简单明了,但其缺陷在于决议的撤销或无效都是以决议成立为前提的,若根本无股东会决议存在,则无从讨论其是否有效或可撤销。若将本未成立的股东会决议归入股东会决议无效或撤销的范畴,势必产生矛盾。因此,德国学说和判例普遍认为,应将股东会决议不成立确立为一种股东会决议瑕疵的独立后果,从而与民法上法律行为不成立概念相协调。该学说被日本、韩国等国商法判例所采纳,从而逐渐成为一项被各个国家和地区广泛确认的制度。1981 年《日本商法典》将学说与判例的见解成文化,在第 252 条增列确认股东会决议不存在的诉讼,从而承认股东会决议不存在为股东会决议瑕疵法律后果的独立类型。在《日本商法典》的影响下,1984 年《韩国商法典》修正时,也在第 380 条明文规定确认股东大会决议不存在之诉。[21] 2005 年《日本公司法典》仍对股东会决议不存在之诉作了明确规定。在我国司法实践中,曾有人以股东会决议根本未成立为由提起股东会决议不存在之诉。因我国公司法未对此作明确规定,司法机关往往难以适用法律。在此问题上,完全可运用民事诉讼中的确认之诉制度,对确实未成立的所谓股东会决议确认为不存在。

我国 2005 年《公司法》虽未明确规定股东会决议不成立制度,但在 2007 年,作为最高人民法院公报案例的股权转让纠纷裁判文书中,虚构的股东会决议就被确认为不成立,[22] 从而确立了股东会决议不存在制度。在该案中,南京市玄武区人民法院(一审法院,当事人未上诉)认为:“有限责任公司的股东会会议,应当由符合法律规定的召集人依照法律或公司章程规定的程序,召集全体股东出席,并由符合法律规定的主持人主持会议。股东会会议需要对相关事项作出决议时,应由股东依照法律、公司章程规定的议事方式、表决程序进行议决,达到法律、公司章程规定的表决权比例时方可形成股东会决议。有限责任公司通过股东会对变更公司章程内容、决定股权转让等事项作出决议,其实质是公司股东通过参加股东会会议行使股东权利、决定变更其自

---

〔21〕 参见钱玉林:《股东大会决议瑕疵研究》,法律出版社 2005 年版,第 274 ~ 276 页。

〔22〕 参见张艳娟诉江苏万华工贸发展有限公司、万华、吴亮亮、毛建伟股东权纠纷案,载《最高人民法院公报》2007 年第 9 期。

身与公司的民事法律关系的过程,因此公司股东实际参与股东会会议并作出真实意思表示,是股东会会议及其决议有效的必要条件。本案中,虽然被告万华享有被告万华工贸公司的绝对多数的表决权,但并不意味着万华个人利用控制公司的便利作出的个人决策过程就等同于召开了公司股东会会议,也不意味着万华个人的意志即可代替股东会决议的效力。根据本案事实,不能认定2004年4月6日万华工贸公司实际召开了股东会,更不能认定就该次会议形成了真实有效的股东会决议。万华工贸公司据以决定办理公司变更登记、股权转让等事项的所谓'股东会决议',是当时该公司的控制人万华所虚构,实际上并不存在,因而当然不能产生法律效力。"此后,不少法院陆续作出了假冒股东签名的股东会决议被确认不成立或无效的判决。例如,北京市第二中级人民法院在(2008)二中民终字第17655号民事判决书中认为:"夏长山、张世安、夏长琴于2007年8月25日签署的《北京福路酒楼有限公司第5届第4次股东会决议》并非夏长山本人签署,张世安、夏长琴对此亦予以认可,故此份股东会决议缺少夏长山的真实意思表示,该协议违反了我国法律的强制性规定,应属无效。"又如,上海市第一中级人民法院在(2013)沪一中民四(商)终字第1210号民事判决书中认为:"该次股东会的召集程序不合法,朱某某未出席、未行使其表决权,印某某代朱某某在决议上的签字未得到朱某某的授权和追认,不能代表朱某某的真实意思,该决议并未成立。未成立的股东会决议当然不发生法律效力。现朱某某起诉要求确认该决议无效,系朱某某以行动表示不再追认该决议,故该决议自始无效。"显然,尽管2007年最高人民法院公报案例明确采用了股东会决议不成立的概念,且将其作为判断内容,但多数法院仍是从股东会决议无效的角度作出判决。

当然,也有法院明确区分了股东会决议不成立与无效。例如,浙江省杭州市江干区人民法院在(2015)杭江商初字第271号民事判决书中认为:"原告诉请以被告提供虚假决议变更工商登记,故要求确认股东会于2014年6月11日作出的《杭州中哲投资管理有限公司股东会决议——关于选举公司法定代表人(执行董事)、监事的决定》决议无效。经查明,原告毛成荣与第三人严桂华以委托中介之方式办理工商注册登记,虽实际均未出资,但事后在经营过程中,双方均认可双方各自的股东身份,故原告毛成荣与第三人严桂华的股东身份可以确立,也即双方可按各自登记的股份比例行使股东权。对于实际尚未出资的,可按公司法及相关司法解释的规定承担义务及责任。对于原告以虚假决议为由要求确认无效之请求,因原告主张《关于选举公司法定代表人(执行董事)、监事的决定》决议虚假,该决议中原告签名也非本人签字,被告也未履行通知程序,故股东会决议并未成立,但不属无效范畴。考虑到公司股东在原先办理工商登记及股东身份确认时也未以本人签字的材料向工商部门提供,且事后股东也认可了原先代签的文件签署方式,对工商部门而言,无法核实股东会决议是否均系股东本人签署,因上述股东会决议不成立,故依据事实情形,杭州中哲投资管理有限公司可另行向工商部门办理相关手续。对于原告在庭审中提及公章刻制的问题,因该公章的刻制使用涉及公司股东内部关于公司经营权的争议,事后刻制公章是否可对外使用可由公司股东会决议后由公司作出决定,人民法院对股东内部的具体争议不作判断。同时,原告要求确认公司股东会决议无效,实则要求法院对股东会决议作出司法判断,故本院依法认定上述股东会决议不成立。"

(三)我国公司法关于股东会决议无效、撤销和不成立制度的规定

我国1993年《公司法》第111条规定:"股东大会、董事会的决议违反法律、行政法规,侵犯

股东合法权益的,股东有权向人民法院提起要求停止该违法行为和侵害行为的诉讼。”该条文未明确规定股东会决议的无效和撤销制度,但隐含了其内容;此外,该条文未将违反公司章程作为提起股东会决议无效与撤销诉讼的事由。

2005 年《公司法》关于股东会决议的无效和撤销制度已作了较为完善的规定。该法对股东会决议瑕疵法律后果采取了两分法,即仅确立了决议无效和撤销制度。

我国《民法典》将决议行为确定为民事法律行为的一种,并在第 134 条第 2 款专门针对“决议行为”的成立要件作了明确规定:“法人、非法人组织依照法律或者章程规定的议事方式和表决程序作出决议的,该决议行为成立。”依此,决议行为不符合成立要件的,将构成决议行为不成立。《公司法解释(四)》也确立了股东会决议不成立制度。由此,我国公司法对股东会决议瑕疵法律后果由两分法调整为三分法,正式确认了股东会决议不成立制度。

2023 年《公司法》在《公司法解释(四)》的基础上,确立了完整的股东会决议无效、撤销和不成立制度。该法第 25 条规定:“公司股东会、董事会的决议内容违反法律、行政法规的无效。”第 26 条规定:“公司股东会、董事会的会议召集程序、表决方式违反法律、行政法规或者公司章程,或者决议内容违反公司章程的,股东自决议作出之日起六十日内,可以请求人民法院撤销。但是,股东会、董事会的会议召集程序或者表决方式仅有轻微瑕疵,对决议未产生实质影响的除外。未被通知参加股东会会议的股东自知道或者应当知道股东会决议作出之日起六十日内,可以请求人民法院撤销;自决议作出之日起一年内没有行使撤销权的,撤销权消灭。”第 27 条规定:“有下列情形之一的,公司股东会、董事会的决议不成立:(一)未召开股东会、董事会会议作出决议;(二)股东会、董事会会议未对决议事项进行表决;(三)出席会议的人数或者所持表决权数未达到本法或者公司章程规定的人数或者所持表决权数;(四)同意决议事项的人数或者所持表决权数未达到本法或者公司章程规定的人数或者所持表决权数。”

总的来说,我国《公司法》关于股东会决议无效、撤销和不成立制度的规定具有以下特点:

1. 我国《公司法》将股东会决议瑕疵与董事会决议瑕疵作一并规定,并赋予完全相同的法律效力与救济措施。其他国家和地区则一般仅确立股东会决议的无效与撤销制度,而未规定董事会决议的无效与撤销制度。对董事会决议瑕疵作出了特别规定的我国台湾地区“公司法”,也仅于第 194 条规定:“董事会决议,为违反法令或章程之行为时,继续一年以上持有股份之股东,得请求董事会停止其行为。”显然,董事会决议即便构成实体违法也不能提起无效与撤销之诉,而只能请求停止其行为。其他国家和地区则大多不作任何规定。究其原因,便在于董事会决议瑕疵可通过股东代表诉讼制度寻求救济。我国明确规定了董事会决议的无效、撤销和不成立制度使董事会决议瑕疵获得更为坚实的救济制度。由于我国对股东会与董事会决议的无效与撤销制度所作规定完全相同,故本书对于董事会决议的无效、撤销和不成立不作专门论述,需要作特别说明的则在本节特别阐述。

2. 我国《公司法》将股东会决议瑕疵的性质作为决议无效与可撤销的划分依据。具体来说,决议内容违反法律、行政法规的,系违反实体性规范,属于决议实质瑕疵,被赋予无效的法律后果;决议内容违反公司章程的,系对公司内部自治规则的违背,未被纳入决议实质瑕疵范畴,被赋予可撤销的法律后果;会议召集程序、表决方式违反法律、行政法规或者公司章程,系违反程序性规范,属于决议程序瑕疵,被赋予可撤销的法律后果。由此可见,我国《公司法》将决议内容违反公司章程与法律、行政法规作了绝对化的区分处理。这一模式与《韩国商法典》

第376、380条关于股东会决议撤销、无效和不存在制度的规定基本相同。[23]《日本公司法典》第830、831条也对此作了类似但更为细致的规定。[24] 我国台湾地区"公司法"第189、191条则分别规定:"股东会之召集程序或其决议方法,违反法令或章程时,股东得自决议之日起三十日内,诉请法院撤销其决议。""股东会决议之内容,违反法令或章程者无效。"显然,我国台湾地区"公司法"将决议内容违反公司章程赋予违反法令相同的效力而未予区分。

3. 针对股东会决议的严重程序瑕疵,明确规定了股东会决议不成立制度。这种严重程序瑕疵不同于导致决议可撤销的程序瑕疵,之所以决议不成立,是因为该严重程序瑕疵不符合"依照法律或者章程规定的议事方式和表决程序作出决议"的决议行为成立要件。程序瑕疵既可导致决议不成立,亦可导致决议可撤销,故在司法实践中如何区分程序瑕疵的严重程度将面临考验。为避免股东会轻微的程序瑕疵即导致决议可撤销,《公司法》第26条第1款第2句规定:"但是,股东会、董事会的会议召集程序或者表决方式仅有轻微瑕疵,对决议未产生实质影响的除外。"不过,如何认定轻微瑕疵,尚需通过司法实践的长期积累,才能确定具有可操作性的裁判规则。

(四)股东会决议无效、撤销和不成立之诉

除《公司法》关于股东会决议无效和撤销制度的相关规定外,《公司法解释(四)》还对股东会决议的无效、撤销和不成立之诉作了详细规定。

1. 股东会决议无效、撤销和不成立之诉的原告

我国《公司法》将提起股东会决议撤销之诉的主体限定为股东,但未对提起股东会决议无效之诉的主体作出规定。对此,英美法系大多国家和地区均将股东会决议无效、撤销和不成立之诉的原告限定为股东,德国、日本、韩国等大陆法系国家则大多将原告规定为股东、董事及监事。我国《公司法解释(四)》第1条明确规定:"公司股东、董事、监事等请求确认股东会或者股东大会、董事会决议无效或者不成立的,人民法院应当依法予以受理。"第2条规定:"依据民法典第八十五条、公司法第二十二条第二款请求撤销股东会或者股东大会、董事会决议的原告,应当在起诉时具有公司股东资格。"[25] 因此,股东会决议无效和不成立之诉的原告包括与股东会决议内容有利害关系的公司股东、董事、监事等人员,股东会决议撤销之诉的原告则仅限于股东,并且该股东应在起诉时具有公司股东资格。

关于何种股东得为适格原告,在股东会决议无效和不成立之诉中,因无效事由是违反法律、行政法规,属于绝对无效、确定无效,不成立则自始不产生法律效力,故理论与司法实践中对此都不存在疑义,即认为所有股东皆适格。但在撤销之诉中,各个国家和地区的法律、学说、判例均对原告股东的资格存在分歧。通说认为,缺席股东会的股东、无表决权的股东、决议后取得股东资格的股东均为适格原告。对于出席股东会会议但未对股东会的瑕疵决议提出异议的股东是否享有撤销请求权则存在较大的分歧。《德国股份法》第245条第1项规定,出席股东会会议的股东享有撤销权须"对决议表示反对并记录在案"[26]。《美国商事公司示范法》

---

〔23〕 参见《韩国商法》,吴日焕译,中国政法大学出版社1999年版,第82、83页。

〔24〕 参见吴建斌编译:《日本公司法　附经典判例》,法律出版社2017年版,第435～436页。

〔25〕 本条所涉的"公司法第二十二条第二款"为现行《公司法》第26条第1款。——编者注

〔26〕《德国商事公司法》,胡晓静、杨代雄译,法律出版社2014年版,第179页。

(2002年)第7.06条[27]也有类似规定。理论界认为,该类股东的默示行为可以被推定为放弃撤销请求权。在作出股东会决议时尚不具有股东资格的股东,其前手(出让该股份的股东)在股东会决议时具有股东资格且未放弃撤销请求权,其诉权不因股份的转让而消灭;但如果前手默示放弃撤销请求权,则继受该股份的股东也不能享有撤销请求权。[28] 我国《公司法》及《公司法解释(四)》均未对此作明确规定,故仍有待司法解释或通过司法实践确定。我们认为,可作如下处理:只要存在股东会决议撤销的事由,则所有未出席股东会会议的股东均得为适格原告;但若股东出席了股东会会议,则只有其已对决议表示异议并作成笔录才得为适格原告。

2. 股东会决议无效、撤销和不成立之诉的被告

各个国家和地区的公司法大多不对股东会决议的无效、撤销和不成立之诉的被告作明确规定,我国《公司法》亦然;但也有一些国家和地区对此作了明确规定。例如,《日本公司法典》第834条明确规定,股东会等决议无效、不存在和撤销之诉,其被告为公司。[29] 《德国股份法》第246条第2款规定:"诉讼以公司为被告。由董事会和监事会代表公司。董事会或者董事会起诉的,由监事会代表公司;监事起诉的,由董事会代表公司。"[30] 不过,在未对股东会决议的无效和撤销之诉的被告作明确规定的国家和地区,在司法实践及解释中,均将被告确定为公司。[31] 有学者认为,从理论上来说,被提起无效或撤销之诉的决议系公司股东会所为,而股东会乃公司的权力机关,故只有公司才能成为股东会决议的无效和撤销之诉的适格被告。[32] 为明确该类诉讼的被告,《公司法解释(四)》第3条第1款明确规定:"原告请求确认股东会或者股东大会、董事会决议不成立、无效或者撤销决议的案件,应当列公司为被告。对决议涉及的其他利害关系人,可以依法列为第三人。"依此,股东会决议无效、撤销和不成立之诉的被告原则上为公司,但决议涉及的相对利害关系人,可以被列为共同被告或者第三人。

3. 股东会决议无效、撤销和不成立之诉的诉讼费用担保制度

为防止股东恶意提起股东会决议的无效、撤销和不成立之诉,有些国家和地区的公司法确立了诉讼费用担保制度。例如,依《韩国商法典》第377条第1款及第380条的规定,股东提起股东会决议的无效和撤销之诉时,根据公司的请求,法院可以命令其提供相应的担保;但是,该股东为董事或者监事时除外。[33] 依《日本公司法典》第836条第1、3款的规定,公司认为股东提起股东会决议的无效、撤销和不成立之诉为恶意行为时,法院可依其请求,命令原告股东提供相应的担保;但该股东为董事、监事、执行官或清算人的,或该设立时股东为设立时董事或设立时监事的除外。[34] 此处所谓恶意,是指明知不存在股东会决议无效、撤销和不成立的事由而提起诉讼。通过设定诉讼费用担保,可以使被恶意提起股东会决议的无效、撤销和不成立之诉的公司因此所受损害获得赔偿保障。各个国家和地区均未对诉讼费用担保的金额作明确规

---

[27] 参见沈四宝编译:《最新美国标准公司法》,法律出版社2006年版,第68页。

[28] 参见钱玉林:《股东大会决议瑕疵研究》,法律出版社2005年版,第296~301页。

[29] 参见吴建斌编译:《日本公司法 附经典判例》,法律出版社2017年版,第439页。

[30] 《德国商事公司法》,胡晓静、杨代雄译,法律出版社2014年版,第180页。

[31] 参见《韩国公司法》,吴日焕译,中国政法大学出版社2000年版,第418页。

[32] 参见柯芳枝:《公司法论》,中国政法大学出版社2004年版,第235页。

[33] 参见《韩国商法》,吴日焕译,中国政法大学出版社1999年版,第82、83页。

[34] 参见吴建斌编译:《日本公司法 附经典判例》,法律出版社2017年版,第440页。

定,实践中以公司可能受到的损害为标准,由法院具体裁决。[35]

美国、德国、法国的公司法均未规定股东会决议的无效、撤销和不成立之诉的诉讼费用担保制度。对此,德国学者认为,股东提起股东会决议的无效、撤销和不成立之诉,是其基本股东权,不应受到过高限制。如果股东存在滥用诉权的问题,则将导致其诉讼请求被驳回的法律后果。[36]

我国 2005 年《公司法》对股东会决议无效、撤销和不成立之诉的诉讼费用担保制度作了明确规定,但 2023 年《公司法》删除了该规定。

4. 股东会决议无效、撤销和不成立之诉的提诉期间

各个国家和地区的公司法大多不对股东会决议无效诉权的行使作特别限制,也不设置提起诉权的期限,故应适用民法一般诉讼时效,我国亦然。不过,也有国家和地区对股东会决议无效之诉的提诉期间作了明确规定。例如,《意大利民法典》第 2379 条第 1 款即将该期间规定为 3 年。[37] 但各个国家和地区大多对股东会决议撤销之诉规定了明确的提诉期间,该期间的性质为除斥期间。该期限一般为 1 ~ 3 个月,如日本规定为 3 个月,韩国、瑞士规定为 2 个月,意大利规定为 90 日。我国《公司法》第 26 条将股东会决议撤销之诉的除斥期间明确规定为 60 天,但未对股东会决议无效和不成立之诉的提诉期间作明确规定,故应适用《民法典》关于诉讼时效的一般规定。

5. 股东会决议无效、撤销和不成立之诉裁决的法律效力

关于股东会决议无效、撤销和不成立之诉裁决的法律效力,各个国家和地区的公司法的规定不尽相同,有的作了明确规定,有的则未予规定。例如,依《德国股份法》第 248 条第 1 款及第 249 条第 1 款的规定,股东会决议无效、撤销和不成立之诉的裁决,对所有股东、董事、监事均发生效力,即使其为非当事人也不例外。[38] 《法国商法典》《日本公司法典》《美国商事公司示范法》均对此未作明确规定,而将该问题留待法院具体裁决。对此,我国《公司法》第 28 条第 1 款规定:“公司股东会、董事会决议被人民法院宣告无效、撤销或者确认不成立的,公司应当向公司登记机关申请撤销根据该决议已办理的登记。”依此,我国《公司法》未对股东会决议无效、撤销和不成立之诉的法律效力作直接规定,但该规定实际上隐含了涉及公司变更登记事项的股东会决议,其无效和撤销裁决具有溯及力。另外,《公司法》第 28 条第 2 款规定:“股东会、董事会决议被人民法院宣告无效、撤销或者确认不成立的,公司根据该决议与善意相对人形成的民事法律关系不受影响。”

理论拓展 是否可提起股东会决议有效的确认之诉?

关于人民法院是否应当受理确认股东会决议有效的诉讼,存在对立的两种观点。该问题的实质是股东会决议有效纠纷的可诉性判断。我国《民事诉讼法》仅从原告角度对纠纷的可诉范

〔35〕 参见《韩国公司法》,吴日焕译,中国政法大学出版社 2000 年版,第 428 页。

〔36〕 参见[德]托马斯·莱塞尔、吕迪格·法伊尔:《德国资合公司法》(第 3 版),高旭军等译,法律出版社 2005 年版,第 282 页。

〔37〕 参见《意大利民法典》,费安玲等译,中国政法大学出版社 2004 年版,第 568 页。

〔38〕 参见《德国商事公司法》,胡晓静、杨代雄译,法律出版社 2014 年版,第 182 页。

围作了规定，且规定模糊、不全面，未对诉的必要性作明确规定，导致司法实践中操作困难。事实上，判断民事纠纷是否具有可诉性，除应考察法律确定的起诉条件外，还应结合原告是否具有诉的利益加以分析。诉的利益是民事诉讼理论上的重要概念，它是能够获得法院裁判的前提，即"无利益即无诉权"。诉的利益需要根据具体诉讼的状况结合请求的内容作出判断，属于法官自由裁量的范畴。诉的利益的判断标准主要包括两个方面：第一，必要性标准，即原告存在权益被侵害的事实或与他人的民事纠纷是否有必要通过法院的裁判来解决；第二，实效性标准，即法院能够通过裁判实际解决纠纷，若法院作出的裁判不能实际解决争议，则该请求不具有诉的利益。

确认股东会决议有效的诉讼属于确认之诉，具体属于积极确认之诉。所谓积极确认之诉，是指当事人请求法院确认法律关系或权利存在的诉讼。股东会决议对全体股东均具有拘束力，若部分股东对股东会决议的效力有异议且无法通过协商解决时，可通过股东会决议的相关诉讼来寻求救济。一般来说，对股东会决议无异议的股东要求公司或股东执行股东会决议即可，不必提起确认股东会决议有效的诉讼。例如，股东会作出分配利润的决议，但公司不予实际分配。股东可直接提起要求分配盈余的诉讼，而无须要求确认股东会决议有效。尽管对该项诉请的支持客观上具有间接确认股东会决议有效的法律效果，但实际上与单纯诉请确认股东会决议有效存在本质区别，因为前者有基于股东会决议所确认的利润分配请求权需要通过诉讼获得救济。正因为如此，司法实践中，法院普遍对确认股东会决议有效诉讼的可诉性持否定态度。

第三节　董　事　会

一、董事会的概念和职权

（一）董事会的概念及特征

董事会，是指由股东会选举产生的必设和常设的集体业务执行机关与经营意思决定机关。从法律地位和职责权限的角度看，一些实行双层委员会的国家和地区，如德国、奥地利、荷兰，其公司法中的监事会相当于一般意义上的董事会。

在公司治理结构中，董事会这一组织机构具有以下特征：

1. 董事会由股东会选举产生，向股东会负责，贯彻执行股东会的决议。股东会认为董事会的工作没有竭尽忠诚和勤勉，可以通过法律或章程规定的程序撤换或罢免董事会成员，改组董事会。

2. 董事会是公司的核心领导机关。董事会不仅是股东会之下的业务执行机关，它还有独立的权限和责任，在事实和法律上成为了公司经营决策和领导的核心。除法定的股东会决议事项外，董事会均可作出独立决定。这在英美法系国家和地区表现得尤为突出。

3. 董事会是集体执行公司事务的机关。董事会的权利不能分解于董事个人，任何董事均不能以个人名义行使董事会的权利。董事会行使权利只能通过召开董事会会议，形成表达董事会集体意思的决议。董事会会议实行委员会制，按照少数服从多数的原则确定董事会的意思。因此，各个国家和地区的公司法大多明确规定董事人数应为单数。

4. 董事会是公司的必设和常设机关。董事会通常是必须设置的机关。只有股东人数较少和规模较小的有限责任公司可以不设立董事会,由一名执行董事行使董事会的职权。

(二)董事会的职权

各个国家和地区的公司法规定董事会职权的方式不尽一致:一是列举法,即法律以列举的方式,明确规定董事会的各种职权;二是排除法,即法律以列举的方式框定股东会的各种职权,排除股东会的职权,赋予董事会行使公司的一切日常管理、决策权;三是列举加排除法,即法律在以列举法明确规定董事会职权的同时,规定除法律和公司章程另有规定外,公司的一切权力都应由董事会行使或董事会授权行使。后两种方式与公司治理结构的董事会中心主义相吻合,为多数国家和地区所采用。总之,现代各个国家和地区的公司法都赋予了董事会十分广泛的职权,这些职权可分为两类,即对内的经营管理权和对外的业务代表权。

我国公司法对董事会的职权采用列举法,相较于其他国家和地区,尤其是英美法系,我国公司董事会的权利范围较小、强度较弱。根据《公司法》第67条第2款、第120条第2款的规定,在我国的公司治理结构中,董事会享有以下职权:(1)召集股东会会议,并向股东会报告工作;(2)执行股东会的决议;(3)决定公司的经营计划和投资方案;(4)制订公司的利润分配方案和弥补亏损方案;(5)制订公司增加或者减少注册资本以及发行公司债券的方案;(6)制订公司合并、分立、解散或者变更公司形式的方案;(7)决定公司内部管理机构的设置;(8)决定聘任或者解聘公司经理及其报酬事项,并根据经理的提名决定聘任或者解聘公司副经理、财务负责人及其报酬事项;(9)制定公司的基本管理制度;(10)公司章程规定或者股东会授予的其他职权。基于公司自治原则,虽然可由章程规定或者股东会授予董事会其他职权,也可由公司章程对董事会职权作限制性规定,但该限制不具有对抗善意相对人的效力。对此,《公司法》第67条第3款明确规定:“公司章程对董事会职权的限制不得对抗善意相对人。”

二、董事会的产生和结构

(一)董事会的产生

董事会是由董事组成的领导集体。董事一般为自然人,但也有国家和地区的法律规定法人亦可成为董事。法人董事必须指定自然人代表行使职务。

1. 董事的任职资格

在公司兴起的早期,各个国家和地区的规定一般不对董事人选附加限制条件。但随着公司管理专业化的要求日益突出,各个国家和地区的公司法都对董事的任职资格规定了限制条件。从世界范围看,法律一般从积极资格与消极资格两个方面规范董事的任职资格。这些条件一般包括以下几项:

(1)身份条件。关于董事人选的身份条件,各个国家和地区的公司法主要围绕两方面加以规范:

其一,董事人选是否必须是公司股东,即董事是否必须持有资格股。对此,有三种模式:一是董事必须具有股东身份,如英国、法国;二是不要求董事必须为股东,而且不允许公司禁止非股东充任董事,如美国、日本;三是原则上不要求董事必须是股东,但允许公司以章程规定董事必须持有资格股,如德国。我国《公司法》对此未作规定。

其二,是否允许法人担任董事。对此也有三种模式。美国、德国、瑞士等国家公司法规定董事必须是自然人,法人不能担任董事。英国、比利时公司法则规定法人可以担任董事,但必须指定一名有行为能力的自然人作为其常任代表。法国根据公司的不同情况分别作出规定,在采用双层委员会的公司中,法人不能担任董事;在采用单层委员会的公司中,法人可以出任董事。我国《公司法》对此亦未作规定。

(2)年龄条件。各个国家和地区的公司法均规定,未成年人不能担任公司董事,因此,对董事人选年龄下限的规定基本一致。对年龄上限,多数国家和地区不作限制,但也有少数国家和地区对年龄超过一定限度的人士出任董事附加了一定条件。例如,英国公司法规定,如果任命一位超过 70 岁的董事,需要由股东会通过决议对此情况作特别说明。法国公司法规定,70 岁以上的董事不能超过董事会成员的 1/3,董事长不能超过 65 岁。我国《公司法》未对董事的年龄条件作明确规定,但关于无民事行为能力人和限制民事行为能力人不能担任公司董事的规定,意味着未成年人(已满 16 周岁不满 18 周岁但以自己的劳动收入为主要生活来源的视为完全民事行为能力人除外)不得担任公司董事。

(3)国籍条件。多数国家和地区对董事人选的国籍没有限制,但也有少数国家和地区规定董事人选必须具有特定国籍或居民身份。例如,瑞士公司法规定,如果公司只有一名董事,该董事必须是居住在瑞士境内的瑞士公民;如果有数名董事,该董事会的多数成员必须是居住在瑞士境内的瑞士公民。丹麦公司法则要求,公司至少一半的董事和全部的经理应居住在丹麦。我国《公司法》未对董事人选的国籍或居民身份作出限制。

(4)能力、品行条件。为避免股东信任的落空,多数国家和地区的公司法都限制或禁止有不良行为记录或个人资信状况较差的人出任董事。我国《公司法》第 178 条规定,有下列情形之一的,不得担任公司的董事、监事、高级管理人员:一是无民事行为能力或者限制民事行为能力;二是因贪污、贿赂、侵占财产、挪用财产或者破坏社会主义市场经济秩序,被判处刑罚,或者因犯罪被剥夺政治权利,执行期满未逾 5 年,被宣告缓刑的,自缓刑考验期满之日起未逾 2 年;三是担任破产清算的公司、企业的董事或者厂长、经理,对该公司、企业的破产负有个人责任的,自该公司、企业破产清算完结之日起未逾 3 年;四是担任因违法被吊销营业执照、责令关闭的公司、企业的法定代表人,并负有个人责任的,自该公司、企业被吊销营业执照、责令关闭之日起未逾 3 年;五是个人因所负数额较大债务到期未清偿被人民法院列为失信被执行人。违反以上规定选举、委派董事、监事或者聘任高级管理人员的,该选举、委派或者聘任无效。董事、监事、高级管理人员在任职期间出现上述情形的,公司应当解除其职务。[39]

(5)其他条件。为避免董事利用其特殊地位,损害公司利益,有些国家和地区的公司法还规定董事人选的本公司董事角色与其承担的其他特定角色相排斥。这主要有两种情况:其一,其他公司的董事或实际管理人不得作为本公司董事人选;其二,承担特定社会角色的人不能兼任公司董事。不少国家和地区法律禁止政府官员、公证员、律师兼任民营公司董事。监事亦不得为本公司董事。我国《公司法》规定,董事、高级管理人员不得兼任监事。

2. 董事的选任

董事通常由股东会选任。除此之外,股份有限公司的首届董事,在公司发起设立场合,由发起人选任;在募集设立场合,由成立大会选任。但在一人公司场合,董事则由股东指派。还有个别国家如德国,规定董事由监事会选任,但在这些国家,董事的地位和职权更像经理,而非

---

〔39〕《公司法》关于董事、监事、高级管理人员的能力、品行条件一并规定,故在此也一并说明,此后关于监事、高级管理人员的能力、品行条件就不予赘述了。

通常意义上的董事。有限责任公司的董事还可以在章程中指定或由法律直接规定。在由法律直接确定的场合,往往是规定出资额最多的股东为当然的董事。我国《公司法》规定,董事由股东会选举和更换;但董事会成员中有公司职工代表的公司,董事会中的职工代表由公司职工通过职工代表大会、职工大会或者其他形式民主选举产生。

董事选任机关的规定是强制性规定,不得以章程规定将董事选任权委托给公司其他机关或第三人行使,也不得规定董事选任机关(一般为股东会)选任董事决议的效力须取决于第三人同意。

在董事选任方式上,现代各个国家和地区大多规定,董事选任得采累积投票制。有些国家和地区还明确规定,除章程另有规定外,董事选任原则上采累积投票制,如日本公司法的规定。

3. 董事的任期

董事的任期,各个国家和地区的规定不同,但大多规定了最长期间,其最长期间短者1~2年,长者5~6年。我国《公司法》规定,董事每届任期不得超过3年,可连选连任。董事任期的起算,首任董事自公司成立时起算,公司成立后改选的董事,则除股东会决议规定了起讫日期或自上届董事任期届满之日计算外,应自当选之日起算。

董事在任期内,可以单方提出辞职,无须经公司同意,即可解除与公司的关系。但是董事任期届满未及时改选,或者董事在任期内辞任导致董事会成员低于法定人数的,在改选出的董事就任前,原董事仍应当依照法律、行政法规和公司章程的规定,履行董事职务。董事辞任的,应当以书面形式通知公司,公司收到通知之日辞任生效,但存在上述董事应依法继续履行董事职务情形的,董事应当继续履行职务。

股东会可以决议解任董事,决议作出之日解任生效。无正当理由,在任期届满前解任董事的,该董事可以要求公司予以赔偿。

(二)董事会的结构

董事会由一定数量的当选董事组成。通常设董事长1名,副董事长若干名。董事长对内为股东会、董事会的主席,对外则多为公司的法定代表人。不过,西方国家公司法均不将董事长作为唯一的法定代表人。

我国《公司法》规定,公司董事会成员为3人以上,其成员中可以有公司职工代表。这意味着我国取消了对公司事实上董事会成员数量设定法定上限的立法模式,而任由公司根据自身情况自行决定。职工人数300人以上的公司,除依法设监事会并有公司职工代表的外,其董事会成员中应当有公司职工代表。董事会中的职工代表由公司职工通过职工代表大会、职工大会或者其他形式民主选举产生。董事长和副董事长由董事会以全体董事的过半数选举产生。董事长可为公司的法定代表人。有限责任公司董事会成员为3人以上,其成员中可以有公司职工代表。职工人数300人以上的有限责任公司,除依法设监事会并有公司职工代表的外,其董事会成员中应当有公司职工代表。董事会中的职工代表由公司职工通过职工代表大会、职工大会或者其他形式民主选举产生。董事会设董事长1人,可以设副董事长;但股东人数较少或者规模较小的公司,可以可以不设董事会,仅设一名董事,行使法定董事会职权。

有限责任公司的董事长、副董事长的产生办法由公司章程规定,股份有限公司的董事长和副董事长则由董事会以全体董事的过半数选举产生。

（三）独立董事

所谓独立董事（independent directors），是指不在公司担任除董事外的其他职务，并与其所受聘的公司及其主要股东不存在可能妨碍其进行客观判断的重要关系的董事。笼统地说，独立董事既是公司外部董事，又是非执行董事，还是“非公司雇员”，但这些仍不足以揭示其独立性。独立性是独立董事的根本属性，也是独立董事最基本、最核心的品格，因而成为独立董事制度最重要的规范要求。然而，各个国家和地区对独立董事的“独立性”的界定标准和依据差异极大。综观关于独立董事制度的法律与学说，大多是从独立董事的消极资格角度来界定其独立性，一般认为独立董事消极资格包括以下内容：存在雇佣关系；存在亲属关系；存在重大交易关系；存在重大股权关系。[40]

独立董事制度起源于美国公司法。从历史上来追溯，独立董事制度起源于 1940 年的《美国投资公司法》。该法规定须有 40% 以上的董事会成员不能是公司的“利害关系人”。但真正的独立董事制度的形成，则始于 20 世纪 70 年代末。1977 年，在美国证券交易委员会的支持下，纽约证券交易所开始推行独立董事制度，其他证券交易所纷纷效仿。20 世纪 90 年代后，独立董事制度有了更大规模的发展。其时，《美国密歇根州公司法》率先确立了独立董事制度。美国法学会 1992 年发表的《公司治理原则：分析与建议》也积极倡导了独立董事制度，并对《美国商事公司示范法》和各州公司法的修改产生了重要影响。由此，独立董事制度在美国得到普及。

在英国及英联邦国家，以在公司中的实际作用为标准，董事会成员可分为执行董事和非执行董事。执行董事一般与公司之间有服务合同关系，从公司领取报酬，专职为公司服务，负责管理有关公司事务，故又称内部董事（inside directors）。不过，这是就狭义上的内部董事而言的，即认为内部董事系指同时担任公司专职雇员（如高级管理人员）的董事。一般意义上的内部董事就广义而言的，是指公司股东、职工或雇员担任的、在公司内从事专职董事（full – time directors）工作的董事；非执行董事（non – executive directors）是兼职董事（part – time directors），在公司之外另有自己的事务，故又称外部董事（outside directors）。他们通过参加董事会会议、审议董事会的各项议案行使自己的权利，没有管理公司的执行职能。外部董事包括有关联关系的外部董事（affiliated outside directors）与无关联关系的外部董事（unaffiliated outside directors），即独立董事。有关联关系的外部董事（灰色董事），是指与公司存在实质性利害关系（如公司已退休高级管理人员、高级管理人员的亲朋好友、公司律师、供应商的总裁）的外部董事。

在美国与英国的影响下，独立董事制度迅速被世界其他国家和地区普遍采纳，并掀起了一场风靡全球的独立董事制度运动。如今，独立董事制度已为绝大多数英美法系以及法国、日本、意大利、比利时、韩国等不少大陆法系国家和地区的法律和公司实践所采用。全世界已有二十多个国家和地区、国际组织颁布了涉及独立董事制度的公司治理结构改革的报告、原则、准则，独立董事制度所发挥的特殊作用已为许多国家和地区所认识。

经济合作与发展组织（Organization for Economic Co – operation and Development，OECD）《1999 年世界主要企业统计指标的国际比较报告》指出，独立董事占董事会的比例，美国为

---

〔40〕　参见谢朝斌：《独立董事法律制度研究》，法律出版社 2004 年版，第 56 ~ 86、505 ~ 511 页。

62%,英国为34%,法国为29%。在美国上市公司中的提名委员会、审计委员会及薪酬委员会中,独立董事更是达到了100%或接近于100%。[41] 2000年发表的一项研究结果显示,在《财富》美国公司100强中,董事会的平均人数为11人,独立董事即为9人,而内部董事仅占2人。[42]

独立董事的职能越来越明确,其作用也日益得到强化。目前,美国所有的上市公司都设立了由独立董事或以其为主组成的审计委员会;90%的上市公司设立了由独立董事或以其为主组成的薪酬委员会;85%的上市公司设立了由独立董事或以其为主组成的提名委员会。此外,在许多上市公司中,还设立了由独立董事或以其为主组成的发展战略委员会、财务委员会和环境保护委员会等。自20世纪90年代以来,越来越多的上市公司设立了由独立董事或以其为主组成的专门委员会。在独立董事的作用方面,纽约证券交易所规定:独立董事所发表的意见必须在董事会决议中列明;公司的关联交易必须经由独立董事签字后方能生效;2名以上的独立董事可要求召开临时股东大会;独立董事可直接向股东大会、证监会和其他有关部门报告情况。

我国上市公司长期存在严重的内部人控制问题,极大地降低了公司治理效率。然而,我国1993年《公司法》并未规定独立董事制度。1997年中国证监会发布《上市公司章程指引》(2023年修订),允许上市公司根据需要设立独立董事,但因其非强制性,实践中采用者甚少。原国家经贸委与中国证监会1999年联合发布的《关于进一步促进境外上市公司规范运作和深化改革的意见》率先在海外上市公司强制推行独立董事制度,明确要求境外上市公司董事会换届时,外部董事应占董事会人数的1/2以上,并应有2名以上的独立董事。在此基础之上,中国证监会又于2001年8月公布了《关于在上市公司建立独立董事制度的指导意见》(已失效),开始在上市公司全面推行独立董事制度。同年,中国证监会要求基金管理公司建立独立董事制度。2002年1月中国证监会与原国家经贸委发布的《上市公司治理准则》(2018年修订,已失效)更在第三章专节规定了独立董事制度。2004年12月,中国证监会又下发《关于加强社会公众股股东权益保护的若干规定》(已失效),再次明确规定上市公司应当建立独立董事制度,而且就怎样发挥独立董事在维护公众股股东利益方面的作用作出了6条规定。由此可见,我国独立董事制度,是在监事会制度无法发挥应有监督职能,《公司法》又不能很快修改的情况下,由中国证监会被迫以行政规章的方式,借助行政权力在上市公司中加以推行的。

应当说,中国证监会移植独立董事制度的意愿得到了普遍肯定。关于独立董事的作用问题,多数上市公司董事认为,独立董事对董事长的行为能够起到一定的制衡作用,在董事会决策时能帮助董事会注意到中小股东的利益。在监督方面,独立董事的监督和监事会的监督也有所不同,独立董事能够起到事前监督的作用。在董事会决策时,独立董事有不同意见可以投反对票,而且,他的意见将会写到董事会记录中,列席董事会的监事会成员则无法起到这样的作用。当然,当前在设立独立董事的问题上,实践中也存在一些问题。例如,聘请合适的独立董事比较困难。由于我国还未形成一支独立董事的队伍,独立董事一般是由大股东推荐或是董事在其熟悉的范围内推荐,并且许多充任独立董事的知名专家学者对公司的经营管理缺乏

---

〔41〕　参见张开平:《英美公司董事法律制度研究》,法律出版社1998年版,第145页。

〔42〕　参见朱慈蕴等:《公司内部监督机制——不同模式在变革与交融中演进》,法律出版社2007年版,第128页。

具体实务经验。

应当承认,独立董事制度与监事会制度分别是英美法系与大陆法系两种不同的公司监督模式下所产生的具体制度,二者在各自体制范围内都各有优缺点。但在两大法系日益融合尤其是在商法领域更趋同发展的背景之下,既要肯定两者之间的可相互借鉴性,也要承认两者之间可能存在的矛盾和冲突。这种矛盾和冲突已在我国经济实践中有了不同程度的体现。为应对冲突,当时的理论界认为,主要存在四种备选方案:(1)引进公司治理结构的单层委员会制及其配套的独立董事制度,废除现行公司治理结构模式和监事会制度;(2)进一步改良监事会制度,排除单层制和独立董事制度;(3)独立董事制度与监事会制度并存,此即我国当前上市公司治理机构的现状;(4)授权公司在其章程中选择单层制或者双层制,选择前者则不设监事会,但须全面移植英美法系的董事会制度和独立董事制度,选择后者则须全面移植德国的董事会制度和监事会制度,使监事会成为董事会的上位机关。[43] 在独立董事制度适用范围方面,多数学者认为,《公司法》对于独立董事制度的适用范围应采取分类原则。具体来说,应当强制上市公司全面推行独立董事制度,而且独立董事要在董事会中占据多数席位;鼓励非上市股份有限公司推行独立董事制度,但独立董事是否在董事会中占据多数席位,应由其公司章程规定;允许有限责任公司自由决定是否设立独立董事。

2005 年《公司法》修订过程中,《公司法(修订草案)》(一次审议稿)仅将独立董事制度作为上市公司的必设制度,而未将其作为一般性制度适用于所有股份有限公司。在经全国人大常委会第一次审议后,有些专家提出,公司监事会的职能和董事会专门委员会的监督职能有所交叉,法律不宜强制要求所有上市公司都必须设立两套监督机构。据此,《公司法(修订草案)》(二次审议稿)规定,上市公司可以设立独立董事,具体办法由国务院证券监督管理机构规定。在对《公司法(修订草案)》进行第三次审议时,委员们提出应删除“可以”二字,使独立董事制度得以确立的同时,为独立董事制度在实践中逐步完善留下一定空间。最终,2005 年《公司法》第 123 条规定:“上市公司设立独立董事,具体办法由国务院规定。”该规定为我国继续探索上市公司独立董事制度,尤其是其与监事会制度之间的关系,留下了制度空间,毕竟当时理论与实务界对这些问题的认识还远未成熟,尚需深入研究。

经过多年的发展,我国上市公司独立董事制度定位不清晰、责权利不对等、监督手段不够、履职保障不足等制度性问题日益凸显,亟待完善。尤其是在全国首例证券虚假陈述责任纠纷证券代表人诉讼案——2021 年康美药业证券虚假陈述证券代表人诉讼中,康美药业的独立董事被判定在投资者损失 24.59 亿元范围内根据过错程度不同分别承担 10% 和 5% 的连带责任,由此引发理论界和实务界的广泛探讨。在此背景下,国务院办公厅于 2023 年 4 月 17 日印发了《关于上市公司独立董事制度改革的意见》。为规范独立董事行为,充分发挥独立董事在上市公司治理中的作用,促进提高上市公司质量,中国证监会于 2023 年 8 月 1 日发布了《上市公司独立董事管理办法》,对独立董事任职资格与任免、职责与履职方式、履职保障、监督管理与法律责任作了详细规定。

2023 年《公司法》基本沿用了 2005 年《公司法》第 123 条的规定,但将关于独立董事的管理办法制定机关由国务院调整为国务院证券监督管理机构。对此,该法第 136 条第 1 款规定:

---

〔43〕　参见刘俊海:《我国〈公司法〉移植独立董事制度的思考》,载《政法论坛》2003 年第 3 期。

“上市公司设独立董事,具体管理办法由国务院证券监督管理机构规定。”

(四)董事会专门委员会

在实行单层制公司治理结构模式的英美法系国家和地区,董事会不仅集意思执行与监督职能于一身,而且在普遍采取董事会中心主义的背景下,董事会事实上还行使着广泛的意思决定职能。因此,为妥善行使各项职权,各个国家和地区的公司法普遍确立了董事会专门委员会制度。专门委员会是指行使董事会部分职权或为董事会行使职权提供帮助的董事会内设机构。一般来说,董事会专门委员会包括提名委员会、审计委员会、执行委员会、薪酬委员会与诉讼委员会,但各公司的具体设置不尽相同。其中,提名委员会、审计委员会与薪酬委员会具有特别重要的意义。除以上专门委员会外,实践中许多公司还在以下专门委员会中选择设立一个或多个其他专门委员会:战略计划委员会、公共政策委员会、环境保护委员会、管理发展委员会、技术委员会、雇员福利委员会,等等。[44]

在大陆法系国家和地区,公司法基本上不对股份有限公司设置专门委员会作一般性规定,而由公司自行决定是否设置。在实践中,不少大陆法系国家和地区的上市公司都不同程度上设置了专门委员会,但与英美法系的专门委员会不完全相同,该类专门委员会是在作为董事会的内设机构的同时,继续保留原公司治理结构模式下的监事会。不过,2005 年《日本公司法典》则将设置专门委员会的单层制治理结构模式与双层制治理结构模式作为由公司任选的模式,从而使专门委员会成为区别于传统大陆法系公司法框架下董事会的内设机构。

我国 2005 年《公司法》未规定专门委员会制度,故股份有限公司若设置专门委员会也不能改变监事会的设置,因而该专门委员会实际上不同于英美法系及《日本公司法典》所规定的专门委员会。但 2023 年《公司法》确立限定范围任选制的公司治理模式,明确规定可以审计委员会行使监事会的法定职权。该法第 69 条规定:“有限责任公司可以按照公司章程的规定在董事会中设置由董事组成的审计委员会,行使本法规定的监事会的职权,不设监事会或者监事。公司董事会成员中的职工代表可以成为审计委员会成员。”但该法未对有限责任公司审计委员会制度作具体规定,故应由公司章程具体规定。

2023 年《公司法》第 121 条第 1 款规定:“股份有限公司可以按照公司章程的规定在董事会中设置由董事组成的审计委员会,行使本法规定的监事会的职权,不设监事会或者监事。”根据该条第 2 ~ 6 款的规定:审计委员会成员为 3 名以上,过半数成员不得在公司担任除董事以外的其他职务,且不得与公司存在任何可能影响其独立客观判断的关系。公司董事会成员中的职工代表可以成为审计委员会成员。审计委员会作出决议,应当经审计委员会成员的过半数通过。审计委员会决议的表决,应当一人一票。审计委员会的议事方式和表决程序,除《公司法》有规定的外,由公司章程规定。公司可以按照公司章程的规定在董事会中设置其他委员会。依此,2023 年《公司法》对股份有限公司的审计委员会制度作了明确规定,并授权公司章程设置其他专门委员会。不过,尽管我国 2023 年《公司法》确立了可以审计委员会行使监事会的法定职权的制度,但未对审计委员会的具体职权及运作方式作具体规定,而这是审计委员会发挥法定职权和功能的制度保障。因采用审计委员会制度的公司未必是上市公司,《上市公司治理准则》无法完全承担具体规则的供给功能,故未来仍应在总结经验和实践需求的基础上进一步完

---

〔44〕 参见施天涛:《公司法论》(第 2 版),法律出版社 2006 年版,第 367 ~ 368 页。

善。对此,《日本公司法典》第二编第四章第九节之二对审计委员会制度作了非常详细的规定,且于第 399 条之十四规定:“在审计委员会等设置公司中,即使有召集权人规定的,审计等委员会选定的审计等委员,仍可召集董事会。”[45]

基于上市公司治理制度的特殊性,我国 2023 年《公司法》第 136 条第 2 款、第 137 条对上市公司专门委员会制度作了特别规定。依其规定,上市公司的公司章程除载明《公司法》第 95 条规定的事项外,还应当依照法律、行政法规的规定载明董事会专门委员会的组成、职权以及董事、监事、高级管理人员薪酬考核机制等事项。上市公司在董事会中设置审计委员会的,董事会对下列事项作出决议前应当经审计委员会全体成员过半数通过:(1)聘用、解聘承办公司审计业务的会计师事务所;(2)聘任、解聘财务负责人;(3)披露财务会计报告;(4)国务院证券监督管理机构规定的其他事项。鉴于上市公司审计委员会制度具有特殊意义,2024 年 7 月 1 日公布的国务院《关于实施〈中华人民共和国公司法〉注册资本登记管理制度的规定》第 12 条规定:“上市公司依照公司法和国务院规定,在公司章程中规定在董事会中设置审计委员会,并载明审计委员会的组成、职权等事项。”

在中国证监会的推动下,我国上市公司已普遍设置了专门委员会。《上市公司治理准则》(2018 年修订)第三章第六节(第 38 ~ 43 条)对董事会专门委员会作了专门规定。其内容如下:

1. 上市公司董事会应当设立审计委员会,并可以根据需要设立战略、提名、薪酬与考核等相关专门委员会。专门委员会对董事会负责,依照公司章程和董事会授权履行职责,专门委员会的提案应当提交董事会审议决定。专门委员会成员全部由董事组成,其中审计委员会、提名委员会、薪酬与考核委员会中独立董事应当占多数并担任召集人,审计委员会的召集人应当为会计专业人士。

2. 审计委员会的主要职责包括:(1)监督及评估外部审计工作,提议聘请或者更换外部审计机构;(2)监督及评估内部审计工作,负责内部审计与外部审计的协调;(3)审核公司的财务信息及其披露;(4)监督及评估公司的内部控制;(5)负责法律法规、公司章程和董事会授权的其他事项。

3. 战略委员会的主要职责是对公司长期发展战略和重大投资决策进行研究并提出建议。

4. 提名委员会的主要职责包括:(1)研究董事、高级管理人员的选择标准和程序并提出建议;(2)遴选合格的董事人选和高级管理人员人选;(3)对董事人选和高级管理人员人选进行审核并提出建议。

5. 薪酬与考核委员会的主要职责包括:(1)研究董事与高级管理人员考核的标准,进行考核并提出建议;(2)研究和审查董事、高级管理人员的薪酬政策与方案。

6. 专门委员会可以聘请中介机构提供专业意见。专门委员会履行职责的有关费用由上市公司承担。

三、董事会会议

(一)董事会会议的种类

董事会亦为会议体机构,主要通过参加董事会会议并参与表决的方式行使权利,有定期会

---

〔45〕 吴建斌编译:《日本公司法　附经典判例》,法律出版社 2017 年版,第 211 ~ 218 页。

议和临时会议之分。

定期会议,亦称例会或常会,是按公司章程规定定期召开的董事会会议。普通会议召开的频率由公司章程或章程细则规定,可以一年一次,也可以半年一次,甚至更多。随着董事会作用的强化,普通会议间隔期限有逐渐缩短的趋势。我国《公司法》规定了股份有限公司普通会议每年召开次数的下限,即董事会每年度至少召开2次会议,但未对有限责任公司董事会的召集作明确规定。

临时会议,亦称特别会议,是遇有法定事由、不定期召开的董事会会议。我国《公司法》规定,股份有限公司代表1/10以上表决权的股东、1/3以上董事或者监事会,可以提议召开临时董事会会议。董事长应当自接到提议后10日内,召集和主持董事会会议。在上市公司,经全体独立董事过半数同意,独立董事有权提议召开董事会会议。

(二)董事会会议的召集

董事会会议由董事长召集和主持。董事长不能履行职务或者不履行职务的,由副董事长召集和主持;副董事长不能履行职务或者不履行职务的,由过半数的董事共同推举一名董事召集和主持。

对于董事会的召集期限和程序,实践中,公司的一般做法是,于董事会会议开始的一定时间之前向全体董事发出书面通知。通知的期限以在足够的时间内送达并保证董事能准时到会为原则。遇有紧急情况,可以不受召集时间的限制,随时召集董事会会议。

会议通知仅要求载明会议的召开时间、地点及事由的简要说明。由于董事会会议讨论决定的是直接关系公司经营和发展的重大事项,为保密起见,不必注明会议将要讨论的具体内容。

我国《公司法》规定,董事长召集和主持董事会会议,检查董事会决议的实施情况。副董事长协助董事长工作,董事长不能履行职务或者不履行职务的,由副董事长履行职务;副董事长不能履行职务或者不履行职务的,由过半数的董事共同推举一名董事履行职务。

(三)董事会会议的法定人数

董事会会议形成有效决议,必须达到法定的出席董事会会议的人数。为体现民主决策,法定人数应占董事成员的多数。但有的国家公司法规定,法定人数可以低于简单多数,但不得少于董事总数的1/3。我国《公司法》未规定有限责任公司董事会会议的法定人数,即授权公司章程规定;将股份有限公司董事会会议的法定人数规定为董事会总人数的过半数。

董事不能亲自出席董事会会议时,可以书面委托其他董事代理出席。我国《公司法》规定了股份有限公司董事职权的代理行使,对有限责任公司则未作规定,应理解为《公司法》授权公司章程决定。

此外,我国《公司法》还规定,经理、监事可以列席董事会会议,监事可对董事会决议事项提出质询或者建议。

(四)董事会决议

董事会决议是董事会就提请董事会会议审议的事项,依法律或章程规定的程序表决形成的决议,是董事会集体意志的体现。董事会决议与股东会决议不同,其以董事的"人数"为计算出席和决议的标准,而不以董事持有或代表的股份或出资额为计算标准。

与股东会决议一样,董事会决议也可分为普通决议和特别决议。普通决议用于决定一般事项，只需符合法定人数的出席董事的简单多数同意，即可通过。特别决议则用于决定特别事项，通常需要有2/3董事出席，并经过半数或者更多的出席董事同意方能形成。适用特别决议的特别事项，通常由公司章程确定。

董事会表决实行一人一票制，每一名董事对提请董事会审议的事项都有一票表决权。按商事惯例及其他国家和地区的法律，就与董事有利害关系的事项表决时，该董事应该回避，不得参加表决。但我国《公司法》未作此规定，《上市公司治理准则》(2018年修订)也未作规定。

我国《公司法》规定，除《公司法》有规定的外，有限责任公司董事会的议事方式和表决程序由公司章程规定，关于股份有限公司的董事会决议也仅于第124条第1款作了原则性规定："董事会会议应当有过半数的董事出席方可举行。董事会作出决议，应当经全体董事的过半数通过。"对此，可理解为《公司法》授权公司章程就董事会特别决议作出特别规定。

为避免关联董事在董事会会议中受关联关系影响而无法独立行使表决权，各个国家和地区的公司法普遍规定了关联董事回避表决规则。对此，我国《公司法》第139条规定："上市公司董事与董事会会议决议事项所涉及的企业或者个人有关联关系的，该董事应当及时向董事会书面报告。有关联关系的董事不得对该项决议行使表决权，也不得代理其他董事行使表决权。该董事会会议由过半数的无关联关系董事出席即可举行，董事会会议所作决议须经无关联关系董事过半数通过。出席董事会会议的无关联关系董事人数不足三人的，应当将该事项提交上市公司股东会审议。"

第四节 经 理

一、经理的概念及规制模式

经理，又称经理人，是指由董事会聘任、负责组织日常经营管理活动的公司常设辅助业务执行机关。

"经理"一词，在大陆法系国家和地区的法律、规定、学说与判例中含义相当复杂。采民商分立的国家和地区(如德国、日本、韩国、我国澳门特别行政区)，一般在商法典总则中对经理作出规定。例如，《澳门商法典》第64条第1款对经理作了较清晰的界定："经理系指商业企业主委任以经营企业之人，该委任得按商业习惯以任何职务名称为之。"该规定把握住了经理的实质含义，不因名称而否定具有实质经理地位的人的经理身份。采民商合一的国家和地区(如意大利、瑞士)，则由民法典从契约角度来界定经理的地位。我国台湾地区在"民法"债编第二章第十一节就"经理人及代办商"作了专节规定，该法第553条第1款规定："称经理人者，谓由商号之授权，为其管理事务及签名之人。"商法典从主体法角度试图将经理与商人区分开，带有浓厚的主体色彩；民法典则从行为法角度试图解析经理与商主体的关系，以契约关系取代经理的身份关系。这种表述上的差异，隐含着不同的价值取向：前者对经理地位的安排更多地侧重于强制性规范，以满足经理的权利保障；而后者将经理置于契约当事人地位，侧重于任意性规范，赋予经理以契约上的权利。相对而言，商法典强调了经理的自由决定权和经营判断权，从而使经营更专业、更有效率；而民法典更多地负载了安全理念，使企业主保持了营业控制力，实现了

"所有"与控制的紧密结合。[46] 但无论是商法典还是民法典,其关于经理的规定都仅属于一般规定,并不能完全适用于公司的经理。因此,公司经理的具体职权、地位等还必须首先依公司法的规定处理。目前绝大多数国家和地区的公司法,都将经理的设置及经理权的授予原则上纳入公司自治权范围,法律不作过度干预,即采经理任意主义模式。只有德国、法国等少数国家仍然规定,经理的设置为法律的强制性规定,经理为公司的必设机关。

在英美法系国家和地区,"经理"含义在判例法和成文法中具有一定差异。在判例法上,"经理"一词的用语曾被表达为"manager",意指一个被选任用以经营、指导或管理他人或公司及其分支机构事务的人,并被授予一定的独立经营权。依英美法系国家和地区法院的判解,"经理"这一称谓本身就隐含着总的权力和允许合理的干预,易言之,被称为经理的雇员有权控制雇主的营业和作出通常的行为。显然,这一解释与大陆法系的规定基本一致。但在英美成文法上,"经理"一词往往被包含在"高级管理人员"(officers)这一概念中。对具体执行董事会的决策,并负责公司日常经营管理的人员统称为"高级管理人员"。传统的高级管理人员包括总经理(general manager)或总裁(president)、副总经理(vice - general manager)或副总裁(vice - president)、财务总监(treasurer)以及董事会秘书(secretary),现今还包括董事长、首席顾问、部门经理等。[47] 在公司实务中,公司经理层(management)往往被分为首席执行官(chief executive officer,CEO)、首席运营官(chief operation officer,COO)、首席财务官(chief financial officer,CFO)、首席法律顾问(chief legal officer,CLO)等。

在关于经理的具体规制模式上,英美法系国家和地区大多不以法律形式进行规定,而是由公司章程或董事会决议规定。尤其是在英国及英联邦国家和地区,极少单独对经理作明文规定,而是将其纳入包含了董事的"高级管理人员"这一概念中。[48] 由于传统公司法中规定的高级管理人员的称谓已远不能包罗现代公司的组织结构和人员编制,美国不少州(如特拉华州)的公司法陆续取消了有关高级管理人员的具体规定,允许公司在章程中自行规定高级管理人员的任何职务称谓。《美国商事公司示范法》第八章第四分章(第 8.40 ~ 8.44 条)虽然对"高级管理人员"作了专章规定,但也未对高级管理人员的职衔作出具体规定。英美法系这种规定意味着经理及其他高级管理人员的含义可以随环境和规制目的而变化。因此,在英美法系国家和地区,经理的含义和法律地位都没有获得法律的明确界定,而是被包含于外延极广的"高级管理人员"之中,其具体的法律地位也要经公司章程(一般通过章程细则)才能确定。

我国《公司法》将公司经理确立为公司的机关,但又将其界定为公司高级管理人员之一种。不过,《公司法》除对上市公司的董事会秘书这一高级管理人员作了特别规定外,并未对经理外的其他高级管理人员作特别规定。因此,经理外的其他高级管理人员也应适用关于经理的一般规定。

二、经理的法律地位

经理的法律地位,是指经理在公司治理结构中的角色定位,以及根据法律和公司章程的规定所享有的职权。具体表现为经理与公司中其他公司机关之间的权利分配关系,以及经理的行为对于公司外第三人的法律效力如何。

---

[46] 参见王保树、钱玉林:《经理法律地位之比较研究》,载《法学评论》2002 年第 2 期。

[47] 参见[美]罗伯特·C. 克拉克:《公司法则》,胡平等译,工商出版社 1999 年版,第 84 页。

[48] 参见赵旭东主编:《境外公司法专题概览》,人民法院出版社 2005 年版,第 252 ~ 255 页。

总的来说,在各个国家和地区的公司法中,经理职位一般非法定必设机关,而是由董事会根据公司的经营管理和业务需要的具体情况设立。经理通常不被看作公司机关,即便是法定机关,也被定位为董事会的辅助执行机关,公司经理只是董事会下属的辅助董事长和董事会进行管理的机关,它本身不是独立的组织机关,也不是独立的业务执行机关。由此可见,在传统公司治理结构中,经理并不具有独立的法律地位。不过,现代股份有限公司中一般都设有经理一职,在规模较大的公司,还设有总经理、副总经理和部门经理,实行分层管理。

关于经理的法律地位,大陆法系较为一致的看法是,经理是商业使用人,与公司之间是委任关系。公司有权根据自身的治理结构决定是否设置经理,法律不应干涉。因此,经理一般为依章程任意设定的辅助业务执行机关。英美法系将公司的经营管理权完全委诸董事会。《美国商事公司示范法》规定,所有公司权力应当由董事会行使或在它的授权下行使,公司经营也应当在它的指导下执行。除非公司章程或内部细则另有规定,董事会可以设立一个或多个委员会并指定其成员进入委员会工作,每个委员会可以有两个或更多的董事参加,他们按董事会意思工作。在董事会规定范围内或章程大纲、章程细则规定范围内,每个委员会可以行使前述规定的董事会的权力。公司高级管理人员得由章程大纲或章程细则规定其权限和责任,也得由董事会或经董事会授权的高级主管规定其权限和责任。可见,是否设置经理取决于公司的治理结构或董事会的工作方式,经理也仅为公司的高级雇员而已。因此,在英美法系国家和地区,尽管经理的作用受到越来越普遍的重视,但公司法对其所作规范均以任意性规范为主。经理受聘于公司,属于雇员范畴,法律对其是否设立并不作强制性规定。

我国公司法关于公司组织机构的规定中,最具特色的是公司经理制度。我国 1993 年《公司法》规定,有限责任公司和股份有限公司均需设经理,因而经理成为公司的法定常设机构。2005 年《公司法》规定,有限责任公司可以设经理;股份有限公司设经理,均由董事会决定聘任或者解聘。2023 年《公司法》沿用了该规定。2005 年《公司法》赋予了经理非常广泛的职权,将传统公司法中许多董事会的职权授予了经理行使,但同时又规定了董事会对经理的诸多法律制约,并明确规定公司章程对经理职权另有规定的,从其规定。实践证明,这种直接将经理职权法定化的模式并不合适,既有不恰当地干预公司自治的问题,也有人为分割董事会职权的问题,且小规模公司可能根本就不需要做此职权划分。因此,2023 年《公司法》删除了关于经理职权的规定,而仅于第 74 条第 2 款和第 126 条第 2 款规定:经理对董事会负责,根据公司章程的规定或者董事会的授权行使职权。依此,我国《公司法》改变了将经理确定为公司机关的思路,经理仅为由董事会决定聘任或者解聘的高级管理人员,且在有限责任公司经理还不是必设机构。

三、公司经理的职权

(一)公司经理职权的概念与规制模式

公司经理的职权,在理论上又被称为公司经理权,是指公司经理在法律、公司章程或契约所规定的范围内执行公司业务所享有的职权。不过,严格来说,公司经理权与公司经理的职权并不完全相同。公司经理权是一个一般性、抽象化的概念,是基于公司经理这一职位及相应授权而取得,只要明确了经理地位则必然享有该权利,即便公司章程或股东会决议予以特别限制,也不得对抗第三人,其意义主要在于公司对外关系的调整。而公司经理的职权则是一个具体的概念,系“根据公司章程的规定或者董事会的授权”得享有的各种具体职权。从具体内容看,公司经理的职权的意义虽包括对外关系的调整,但似乎主要在于公司对内关系的调整。

各个国家和地区的公司法基本上不对公司经理的职权范围作明确规定,而由公司以章程或契约的形式协商确定。在英美法系国家和地区,由于经理是外延甚广的"高级管理人员"的一种,而法律并不就高级管理人员设置明确的权限,因而经理的职权概由章程细则或董事会决议确定。

(二)公司经理职权的授予

获得公司经理身份即当然获得由法律或公司章程确认的经理的职权,当然,公司也可以通过与经理签订契约的方式对经理的职权作出具体规定。因此,一般来说,公司经理的职权无须特别授予,在公司董事会任命经理时,即意味着授予其相应的经理职权。如果公司事先没有通过章程或股东会决议等对经理职权予以确认,或者认为应当将既有授权规定予以调整,也可以通过与经理订立契约的方式具体授予经理职权;但该契约应当由董事会或股东会以公司名义订立。需要说明的是,不管以何种方式授予经理职权,授权主体均为公司。在非以契约特别限定经理职权的情况下,经理委任书同时为经理职权授予证明;在以契约特别规定经理职权的情况下,该契约即为经理职权的授予证明,该契约应以书面形式为之。不过,经理职权的特别限定往往仅具有内部效力,在公司对外关系上,为维护交易相对人的利益,只要经理获得任命,即便尚未获得授权或其经理职权受到特别限制,也同样会享有"表见代表权",公司不得以其内部约定对抗善意相对人。因此,虽然经理职权的授予一般应以书面形式为之,但只要有经理职务的任命,则可认为已默示授予经理职权。对此,我国台湾地区"民法"第 553 条第 2 款规定:"前项经理权之授与,得以明示或默示为之。"

(三)公司经理职权的内容

对于公司经理的职权范围,各个国家和地区大多委诸公司章程规定或由契约规定。从公司的运营实践看,经理职权大体上包括执行董事会确定的经营方针,任免公司的职员,对外代表公司签订合同,负责管理公司的日常事务等。但各个国家和地区大多规定,对公司经理职权的限制不得对抗善意相对人。例如,我国台湾地区"公司法"第 36 条规定:"公司不得以其所加于经理人职权之限制,对抗善意第三人。"我国 2005 年《公司法》赋予了公司经理广泛的职权,规定公司经理行使下列职权:(1)主持公司的生产经营管理工作,组织实施董事会决议;(2)组织实施公司年度经营计划和投资方案;(3)拟订公司内部管理机构设置方案;(4)拟订公司的基本管理制度;(5)制定公司的具体规章;(6)提请聘任或者解聘公司副经理、财务负责人;(7)决定聘任或者解聘除应由董事会决定聘任或者解聘以外的负责管理人员;(8)董事会授予的其他职权。但公司章程对经理职权另有规定的,从其规定。但 2023 年《公司法》已删除该规定,且明确规定"经理对董事会负责,根据公司章程的规定或者董事会的授权行使职权",故公司经理的法定职权已被废止。

第五节　监　事　会

一、监事会的概念和职权

(一)监事会的概念

监事会是由股东会选举的监事以及由公司职工民主选举的监事组成的,对公司的业务活动进行监督和检查的公司监督机关。

与公司的其他组织机构相比,各个国家和地区的公司法对公司的业务监督检查机构的称谓差异最大,有的称为监事会,有的称为监察委员会,也有的称为监察人或审计员,理论上则一般统称为监事会。

关于监事会的设置问题,各个国家和地区的公司法的规定也有较大差异,且因公司类型而异。在有限责任公司中,监事会一般是公司的任意机关,公司可设一至数名监察人,也可不设。公司法对资本数额较小或职工人数较少的小型公司,其监事会设置与否,原则上不加干预;对资本达到一定数额、职工人数达到一定数量的公司,则规定必须设置监事会。在股份有限公司中,公司法对监事会的设置与否的规定也存在很大差别。实行单层委员会制的英、美等国,在股东会下只设董事会而不设监事会,其监督职能由董事会下设专门的审计委员会行使。审计委员会至少有 3 名成员,成员资格为非执行董事。实行双层委员会制的德国等国,在股东会下同时设有监事会(也有人译为监督委员会、监督董事会)和董事会(也有人译为管理委员会、管理董事会、理事会)两个机构,由监事会对董事会的业务活动进行监督,但此处所谓监事会类似于英美国家的董事会,只是不包括意思执行职能。在法国,因实行可任选的公司治理结构模式,故其监事会或监事的设置也具有不同模式:在有限责任公司,会计监察人行使监事的职能;在股份有限公司,单层委员会制下的董事会中的会计监察人与双层委员会制下的监事会分别行使监事会职能。在韩国,公司组织机构由股东会、董事会及监事会构成,监事会与董事会相并列,并为董事会的专门监督机构。监事与董事不同,各自可以构成公司的机关,监事为复数时,也可以单独行使监事的职务权限(独任制)。监事由股东会选举产生,选任决议的方法为普通决议,不准采用累积投票的方法。一般所谓监事会正是在此意义上而言。在我国及日本的股份有限公司中,由单层委员会制下董事会中的审计委员会与传统的单层二元委员会制下的监事会,分别行使监事会的职能。

我国《公司法》规定,有限责任公司设监事会,但有限责任公司可以按照公司章程的规定在董事会中设置由董事组成的审计委员会,行使法定的监事会职权,不设监事会或者监事;规模较小或者股东人数较少的有限责任公司,可以不设监事会,设 1 名监事,行使法定的监事会职权;经全体股东一致同意,也可以不设监事。股份有限公司设监事会,但股份有限公司可以按照公司章程的规定在董事会中设置由董事组成的审计委员会,行使本法规定的监事会的职权,不设监事会或者监事;规模较小或者股东人数较少的股份有限公司,可以不设监事会,设 1 名监事,行使本法规定的监事会的职权。

从公司的运营实践看,监事会设与不设各有利弊。设置监事会可以有效制衡董事会,遏制其滥用职权,但容易导致公司内部机构臃肿、关系复杂;不设置监事会,可以减少公司经营成本,但董事会若失去必要的制衡,容易导致权力异化。近年来,各个国家和地区的公司治理结构模式出现互相参考的趋势。正是在此背景下,我国 2023 年《公司法》对公司监督制度作了重大调整。

(二)监事会的职权

与监事会的设置一样,对监事会的职权,各个国家和地区的公司法的规定也差异明显。权限大者,规定得粗疏宽泛;权限小者,规定得详细严格。西方国家的公司实践证明:制度健全、权限广泛者,能收到实效;权限较小且规定不严者,则难有监督之实。

要保证有监督之实,监事会应当具备以下基本职权:(1)监督董事会。监事会成员应有权列席董事会会议,听取董事会报告,对董事会的决议提出异议,阻止董事会违反法律和公司章程的行为。(2)监督检查公司的经营状况和财务状况。监事会有权随时检查或要求董事会报告公司的经营状况和财务状况。(3)召集股东会。监事会在遇有法定情形时,有权越过董事会,自行召集股东会。(4)代表公司。监事会在特定情形下,如公司与董事间发生诉讼、董事为自身利益与公司交涉,有权代表公司。

依我国《公司法》第78、79条及第131条的规定,监事会享有以下职权:(1)检查公司财务;(2)对董事、高级管理人员执行职务的行为进行监督,对违反法律、行政法规、公司章程或者股东会决议的董事、高级管理人员提出解任的建议;(3)当董事、高级管理人员的行为损害公司的利益时,要求董事、高级管理人员予以纠正;(4)提议召开临时股东会会议,在董事会不履行《公司法》规定的召集和主持股东会会议职责时召集和主持股东会会议;(5)向股东会会议提出提案;(6)依法对董事、高级管理人员提起诉讼;(7)公司章程规定的其他职权;(8)监事可以列席董事会会议,并对董事会决议事项提出质询或者建议;(9)监事会发现公司经营情况异常,可以进行调查,必要时,可以聘请会计师事务所等协助其工作,费用由公司承担。

二、监事会的产生

(一)监事的选任

在不实行职工参与制的国家和地区,监事会代表股东利益。监事一般由股东会选任,其选任方式与董事相同。除此之外,股份有限公司在发起设立时,可以由发起人互选;在募集设立时,由成立大会选任。有限责任公司的监事还可以在章程中指定,或者由法院选任。在实行职工参与制的国家和地区,监事会同时代表劳方利益,监事分别由股东会、职工和工会选任。我国《公司法》规定,监事会中的股东代表,由股东会选任;职工代表由公司职工通过职工代表大会、职工大会或者其他形式民主选举产生。

(二)监事的任职资格

为保证监事会功能的发挥,监事必须具有相应的任职能力。监事人选的资格与董事基本相同,也有法人能否担任监事的问题,此时同样必须任命一个有行为能力的自然人作为其代表。各个国家和地区的公司法都规定,公司的董事、经理及财务负责人不得兼任监事。我国公司法除规定董事、高级管理人员不得兼任监事外,监事的其他任职资格与董事、经理的任职资格相同。

(三)监事的任期

对于监事的任期,各个国家和地区的公司法的规定不尽一致,公司的运营实践也没有形成一致的做法。总的来说,各个国家和地区的监事会的任期一般比董事会短。任期较短,可以避免因监事与董事利益协调而失去监督功能,但同时不利于强化监事的责任感;任期过长,有利于增强监事的责任感,但同时容易造成监事与董事利益协调,甚至相互勾结、营私舞弊,但无论如何,都应避免监事与董事的任期一致。我国《公司法》规定,监事的任期每届为3年,任期届满连选可以连任。由此可见,在我国,监事的任期与董事基本相同。尽管《公司法》关于董事与监事任期的措辞有细微区别,即董事任期不得超过3年,而监事任期为3年整,但实践中两者的实际任期基本上完全一致。这种做法显然不利于监事会功能的发挥,其弊端在实践中已暴露无遗。

在任期内，监事的辞职或被解任的事由与方式和董事基本相同，也享有与董事基本相同的损害赔偿请求权。

三、监事会的组成

（一）监事会的人数

监事的人数应视公司的类型、规模和公司的业务管理、经营范围而定。各个国家和地区的公司法一般都不对监事人数的上限作硬性规定，而授权公司根据具体情况以章程确定。我国《公司法》规定，监事会成员为 3 人以上，但规模较小或者股东人数较少的公司，可以不设监事会，设 1 名监事，行使本法规定的监事会的职权；规模较小或者股东人数较少的有限责任公司，经全体股东一致同意，也可以不设监事。

（二）监事会的成员结构

在传统公司法中，监事会成员一般是在有行为能力的股东中选任。但进入 20 世纪后，监事会的成员结构则因公司是否实行职工参与制而有所区别。在不实行职工参与制的公司中，监事均为股东代表；在实行职工参与制的公司中，监事会中有一定比例的职工代表，吸收职工参与企业决策。德国、奥地利、荷兰等欧洲国家的公司法都规定，监事会成员中应有一定比例的职工代表参与公司的经营监督。这些国家一般都规定监事会的 1/3 成员由职工代表担任，德国 2000 人以上的大公司中，握有公司实权的监事会中股东代表与职工代表则各占 1/2。我国台湾地区在 2001 年修订"公司法"时，虽然未将独立监察人（独立监事）作为一项普遍的制度在股份有限公司推行，但我国台湾地区"证券暨期货管理委员会"在 2002 年年初对此作了修订。依其规定，初次申请上市（柜）时，监察人至少需有独立监察人 1 人以上，并且董事中至少要有独立董事 2 人以上。[49]

我国《公司法》规定，监事会成员应当包括股东代表和适当比例的公司职工代表，其中职工代表的比例不得低于 1/3，具体比例由公司章程规定。监事会中的职工代表由公司职工通过职工代表大会、职工大会或者其他形式民主选举产生。

四、监事会会议的召集与决议

我国《公司法》规定，有限责任公司监事会每年度至少召开一次会议，股份有限公司每 6 个月至少召开 1 次会议。监事可以提议召开临时监事会会议。监事会决议应当经全体监事的过半数通过。监事会决议的表决，应当一人一票。监事会应当对所议事项的决定作成会议记录，出席会议的监事应当在会议记录上签名。监事会行使职权所必需的费用，由公司承担。除上述规定外，有限责任公司监事会的议事方式和表决程序，由公司章程规定。

股份有限公司监事会设主席 1 人，可以设副主席。监事会主席和副主席由全体监事过半数选举产生。监事会主席召集和主持监事会会议；监事会主席不能履行职务或者不履行职务的，由监事会副主席召集和主持监事会会议；监事会副主席不能履行职务或者不履行职务的，由过半数的监事共同推举 1 名监事召集和主持监事会会议。除此之外的股份有限公司监事会的议事方式和表决程序亦由公司章程规定。

---

〔49〕 参见王文宇：《台湾公司治理法制回顾与前瞻》，载［日］滨田道代、吴志攀主编：《公司治理与资本市场监管——比较与借鉴》，北京大学出版社 2003 年版。

第六节 董事、监事、高级管理人员的义务

一、董事、监事、高级管理人员的义务概述

(一)董事、监事、高级管理人员的义务的概况及规制模式

大陆法系一般将委任关系作为董事、监事、高级管理人员与公司之间关系的理论基础,英美法系则将信托关系作为理论基础,因此,两大法系对董事等的义务与责任的规定存在一定差异;而且由于存在不同的公司治理模式,即便是在同一法系内部,各个国家和地区关于公司董事、监事、高级管理人员的地位以及相应的义务与责任的规定,也不尽相同。总的来说,各个国家和地区的公司法均确认了董事、监事、高级管理人员作为公司高级管理人员的地位并基于此赋予其相应的职责。但大陆法系往往不将该义务与责任予以明确规定,也未形成统一的理论体系;而英美法系则在立法、判例与理论等不同层面,均形成了较为成熟的体系。

在英美法系,董事、经理等高级管理人员基于其与公司之间的信托关系而承担"信义义务"(fiduciary duty)〔50〕,其下又涵盖了注意义务(duty of care)、忠实义务(duty of royalty)以及其他法定义务(statutory duty)。注意义务和忠实义务主要源于英美判例法,其他法定义务则主要源于公司制定法和其他有关法律,如证券交易法等。不过,英国法与美国法对此的处理并不完全相同。英国法将信义义务分为普通法(common law)义务与衡平法(equitable rule)义务,普通法主要处理注意义务,衡平法主要处理忠实义务,其下又有种种不同的原则与样态。美国法则直接分为注意义务与忠实义务,其中特别之处在于美国实务上另以经营判断规则(business judgment rule)为判断注意义务的重要标准。〔51〕 这种规制模式虽根植于英美法系传统,但陆续为不少大陆法系国家和地区所移植。例如,日本即于1950年直接参考美国法引进了忠实义务,我国台湾地区也于2001年修订"公司法"时于该规定第23条第1款正式引进了忠实义务,使之与原有的善良管理人的注意义务并列,形成公司负责人之信义义务。〔52〕 在大陆法系国家和地区注意义务和忠实义务主要源于民事法律,其他法定义务则主要源于公司法和其他有关法律。

在立法方式上,我国《公司法》在第八章对董事、监事和高级管理人员的义务一并作了规定。在学理上,我国公司法学界对美国、日本等国家和地区的学说的影响,往往以董事等的义务与责任规范与理论体系为准,阐述董事、监事和高级管理人员的义务与责任。在英美法系国家和地区,由于没有设立监事制度,大陆法系的监事职能由独立董事承担,而经理作为董事会聘任的高级管理人员,与董事一样同属公司的高级管理人员,当然应承担同样的义务与责任。事实上,在大陆法系国家和地区,尽管董事、监事、高级管理人员的职权与地位差异较大,但其

---

〔50〕 在中文文献中,fiduciary duties 还有多种译法,如"信义义务""受托义务""受信义务""信托义务""诚信义务"。但学术界近年来越来越多地将 fiduciary duties 译为"信义义务",本书也使用"信义义务"这一译法。

〔51〕 经营判断规则又译为商业判断规则、商业判断原则等,美国也有学者以"经营判断法理"(business judgment doctrine)称之。其含义将于本节第三部分详述。

〔52〕 参见王文宇:《公司法论》,中国政法大学出版社2004年版,第26~27页。

作为公司的经营管理人员，所应承担的义务与责任也基本相同。

除了第八章关于董事、监事和高级管理人员的义务的集中规定外，我国《公司法》还在其他章节针对特定制度中董事、监事和高级管理人员的义务与责任作了规定。例如，《公司法》第22条规定：“公司的控股股东、实际控制人、董事、监事、高级管理人员不得利用关联关系损害公司利益。违反前款规定，给公司造成损失的，应当承担赔偿责任。”第51条规定了董事违反催缴出资义务的赔偿责任。第53条规定了股东抽逃出资情形下负有责任的董事、监事、高级管理人员应当与该股东承担连带赔偿责任。第163条规定了董事、监事、高级管理人员违法实施财务资助行为的赔偿责任。第226条规定了违法减资时负有责任的董事、监事、高级管理人员的赔偿责任。第232条规定了未及时履行清算义务的董事的赔偿责任。

（二）董事、监事、高级管理人员的信义义务的一般规定

我国《公司法》第180条明确规定，董事、监事、高级管理人员对公司负有忠实义务和勤勉义务。[53]

尽管我国《公司法》未将信义义务概念法定化，但公司法学界与实务部门已日益广泛地使用该概念，并将忠实义务和勤勉义务视为信义义务组成部分的一对概念，[54]不少法官还直接将信义义务作为忠实义务和勤勉义务的上位概念使用。[55] 然而，在面临超出忠实义务与勤勉义务涵摄范围的信义义务法律适用问题时，因信义义务非法定概念，司法机关不能直接将其作为裁判依据，故司法机关只能笼统地以关于忠实义务和勤勉义务的概括性规定或者诚实信用原则作为董事、监事、高级管理人员损害公司利益侵权责任案件的裁判依据。在此方面，我国2023年《公司法》第179条的规定勉强可充当董事、监事、高级管理人员的信义义务一般规定功能。[56] 不过，该条规定过于简略，解释空间有限，故未来可考虑将其扩展为严格意义上的董事、监事、高级管理人员的信义义务一般规定，使守法合规、诚实守信成为董事信义义务制度一般规定的重要内容。[57] 在制度逻辑及法律适用方面，可充分利用《民法典》规定的诚信原则及《公司法》第19条规定的公司应履行的“诚实守信”义务进行扩张解释，将“善意”地履行职责作为董事、监事、高级管理人员的一般要求。[58]

我国2023年《公司法》还确立了实质董事制度，一定程度上解决了控股股东、实际控制人信义义务制度缺失的问题。[59] 对此，该法第180条第3款规定：“公司的控股股东、实际控制人不担任公司董事但实际执行公司事务的，适用前两款规定。”控股股东、实际控制人实际支配或控制公司的方式很多，既可能像董事一样实际执行公司事务，也可能通过指示董事、高级管理

〔53〕 我国公司法未采用注意义务概念，而采用的是勤勉义务概念，且明显将其等同于注意义务概念，故本书一般采用勤勉义务概念，但在论述域外公司法相关内容时为保持其原意，也在该特定语境中使用注意义务概念。

〔54〕 也有学者认为，信义义务并不是忠实义务和勤勉义务的总和，而是忠实义务的同义词。易言之，信义义务和忠实义务没有本质区别，不勤勉可以理解为不忠实的一种表现形式。如果一定要予以区分，应认为忠实义务是“母义务”，勤勉义务是忠实义务的“子义务”。参见许德风：《道德与合同之间的信义义务——基于法教义学与社科法学的观察》，载《中国法律评论》2021年第5期。

〔55〕 参见王建文：《论我国构建控制股东信义义务的依据与路径》，载《比较法研究》2020年第1期。

〔56〕 《公司法》第179条规定：“董事、监事、高级管理人员应当遵守法律、行政法规和公司章程。”

〔57〕 参见王建文：《我国董事信义义务制度的扩张适用：一般规定的确立》，载《当代法学》2023年第1期。

〔58〕 参见王建文：《论董事“善意”规则的演进及其对我国的借鉴意义》，载《比较法研究》2021年第1期。

〔59〕 参见王建文：《论我国构建控制股东信义义务的依据与路径》，载《比较法研究》2020年第1期。

人员实施控制,还可能仅通过暗示方式或其他能够被董事、高级管理人员领会的方式实施控制或表达意见。就公司实践而言,控股股东、实际控制人往往对公司决策拥有高于董事、高级管理人员的影响力或控制权,故本应对其科以更高标准的信义义务。因此,在《公司法》仅作直接适用董事、监事、高级管理人员的信义义务的立法安排的背景下,司法实践中,应基于控股股东、实际控制人的特殊地位,在控股股东、实际控制人违反信义义务案件的法律适用中,合理运用董事、监事、高级管理人员的信义义务一般规定与原理,使控股股东、实际控制人受到合理规制。

为有效识别控股股东、实际控制人,我国 2023 年《公司法》第 140 条规定:"上市公司应当依法披露股东、实际控制人的信息,相关信息应当真实、准确、完整。禁止违反法律、行政法规的规定代持上市公司股票。"依此,上市公司准确披露股东(当然含控股股东)、实际控制人的信息,且禁止违法代持上市公司股票。该规定将"代持"这一实务中的习惯用语法律化,倒也简明扼要地描述了很难言简意赅地界定的股份代持现象。

二、董事、监事、高级管理人员的忠实义务

(一)董事、监事、高级管理人员的忠实义务的概念

董事、监事、高级管理人员的忠实义务,是指董事、监事、高级管理人员对公司负有忠诚尽职,避免自身利益与公司利益冲突,并不得利用职权牟取不正当利益的义务。董事、高级管理人员的忠实义务是源自英美法系的一项制度。大陆法系民法一般仅规定受任人对于委任人负有善管义务,而不规定受任人的忠实义务,这是由于此种义务往往被视为一种道德义务,而非法律义务。但是,近年来,日本、韩国等大陆法系国家和地区相继引入了该制度,并受到越来越多的大陆法系国家和地区的重视。我国《公司法》第 180 条第 1 款对此作了明确规定:"董事、监事、高级管理人员对公司负有忠实义务,应当采取措施避免自身利益与公司利益冲突,不得利用职权牟取不正当利益。"依此,《公司法》明确揭示了忠实义务的核心内涵,即"避免自身利益与公司利益冲突,不得利用职权牟取不正当利益",从而相当于对忠实义务作了定义。

(二)董事、监事、高级管理人员的忠实义务的主要内容

各个国家和地区关于董事、监事、高级管理人员的忠实义务的表现形式和具体内容不尽相同。根据我国《公司法》第 181 条~第 184 条的规定,董事、监事、高级管理人员的忠实义务主要表现在以下七个方面。

1. 不得利用职权获取非法利益

董事、监事、高级管理人员享有公司事务管理权和公司业务执行权,如果该权力被滥用,就会损害公司利益而获利。因此,英美判例法严禁董事、监事、高级管理人员获得任何由于其基于职权而取得非法利益。若董事、监事、高级管理人员从其所任职公司所发行的股票中获利,即便此种获利是善意的,亦应就其利益对公司承担说明义务。对此,我国《公司法》第 181 条第 1、2 项规定,董事、监事、高级管理人员不得侵占公司财产、挪用公司资金,不得将公司资金以其个人名义或者以其他个人名义开立账户存储。

2. 不得收受贿赂、某种利益或所允诺的其他利益

董事、监事、高级管理人员作为公司的经营管理人员,在对外代表公司进行活动时,不得收受第三人的贿赂、某种利益或所允诺的其他利益。我国《公司法》第 181 条第 3、4 项规定,董事、监事、高级管理人员不得利用职权贿赂或者收受其他非法收入,不得接受他人与公司交易

的佣金归为己有。董事、监事、高级管理人员如果违反此种义务，为自己牟取不正当利益，不管该利益的表现形式如何，不管是手续费、资格股、现金还是某种回报、介绍费或物品，均应将其所得返还给公司。如果这些利益是基于贿赂的目的，在英美法系国家和地区中，董事、高级管理人员仍应将其所得返还给公司，即便其未认识到该行为属于受贿亦然；而在大陆法系国家、地区和我国，董事、监事、高级管理人员收受的贿赂，应予以没收，归入国库。但贿赂之外的其他利益则应归公司所有。若基于某种秘密利益的允诺，董事、高级管理人员促使公司为某些交易多支付了价款，公司在此情形下可以基于其合同中一般会约定的"廉政担保"规定对交易相对人提起诉讼，要求返还由于秘密安排而多付的款项，即使此种秘密利益尚未付给董事亦然。此外，公司还可基于"廉政担保"规定撤销该合同。

3. 竞业禁止义务

竞业，即竞争营业。我国《公司法》第184条规定："董事、监事、高级管理人员未向董事会或者股东会报告，并按照公司章程的规定经董事会或者股东会决议通过，不得自营或者为他人经营与其任职公司同类的业务。"所谓"自营或者为他人经营"，是指以自己或者第三人利益为目的而实施的竞争行为，至于其以何人名义则在所不问。所谓"与其任职公司同类的业务"，既可为完全相同的商品或者服务，亦可为同种或者类似的商品或者服务。竞业的时间既可发生于公司营业阶段，亦可发生于公司准备营业阶段或试营业阶段，还可发生于公司暂时中止营业阶段。而且，董事、监事、高级管理人员应负竞业禁止义务的时间，并非终止于董事、监事、高级管理人员解任或辞任之时。域外成文法虽对董事、监事、高级管理人员禁止竞业的时间界限未作明确规定，但从一些判例法来看，董事、监事、高级管理人员卸任后，仍不得利用其曾任职公司的有关无形资产为自己牟取不正当利益。英国法院就认为，董事、高级管理人员虽然辞任，但若其利用了任职时公司的创利信息，则仍视为从事与公司相竞争的活动，应判令董事、高级管理人员将所得利润交公司所有。董事、监事、高级管理人员竞业的方式，既有从事有竞争性的生产和销售活动的，又有兼职担任与公司有竞争关系的公司的董事、监事、高级管理人员的。因此，各个国家和地区的公司法为维护公司利益，除禁止董事、监事、高级管理人员从事有竞争性的生产和销售活动外，还禁止董事、监事、高级管理人员兼任有竞争关系的公司的董事、监事、高级管理人员。

不过，为保护善意第三人的利益并维护交易安全，各个国家和地区的公司法都规定，董事、监事、高级管理人员违反竞业禁止义务的行为本身并非当然无效。作为公司利益的救济措施，各个国家和地区的公司法大多确认了公司的归入权，即在董事、高级管理人员违反竞业禁止义务的行为不因此失效的情况下，董事、高级管理人员应当将其从事竞业行为的所得收入归入公司，我国亦然。不过，根据两大法系的学理，公司法所禁止的并非董事、监事、高级管理人员的任何与公司有竞争性的行为，而是董事、监事、高级管理人员在"未向董事会或者股东会报告，并按照公司章程的规定经董事会或者股东会决议通过"情况下实施的、对公司具有损害性的竞争性行为。并且，即便实施此种行为，如果董事、监事、高级管理人员取得了公司特定机构的同意，董事、监事、高级管理人员对公司的责任亦可被免除，公司在知悉非法竞争行为后的法定期限内不行使归入权的，视为同意。

4. 自我交易禁止义务

董事、监事、高级管理人员作为公司的经营管理人员，不得同其所任职的公司缔结合同，转让或受让公司的财产,将其财产转让给公司,由公司对其提供贷款或就第三人对其贷款或准贷款提供担保,此即自我交易禁止义务。自我交易有三种表现形式:(1)自我契约,主要是指董事、监事、高级管理人员与公司间订立合同,转让或受让公司或董事、监事、高级管理人员的财产;(2)自我贷款或准贷款,主要是指公司对董事、监事、高级管理人员提供贷款或准贷款或为董事、监事、高级管理人员的贷款或准贷款提供担保;(3)自我雇用,是指公司雇用董事、监事、高级管理人员为公司提供劳务服务,诸如雇用公司董事、监事、高级管理人员为公司的法律顾问、会计师、拍卖师、经纪人等。原则上讲,公司法对自我交易持禁止性态度,主要是担心董事、监事、高级管理人员在从事自我交易时,利用自己的权力损害公司利益而使自己获取不当利益。我国《公司法》第 182 条规定:“董事、监事、高级管理人员,直接或者间接与本公司订立合同或者进行交易,应当就与订立合同或者进行交易有关的事项向董事会或者股东会报告,并按照公司章程的规定经董事会或者股东会决议通过。董事、监事、高级管理人员的近亲属,董事、监事、高级管理人员或者其近亲属直接或者间接控制的企业,以及与董事、监事、高级管理人员有其他关联关系的关联人,与公司订立合同或者进行交易,适用前款规定。”相较于 2005 年《公司法》极为简略的相关规定,该规定已较为具体、明确,但仍未将交易对象扩张到公司的子公司,故应对其作扩张解释,将董事、监事、高级管理人员及其关联人作为一方当事人与公司及公司的子公司之间进行的交易,均视为董事、监事、高级管理人员的自我交易。该交易既包括直接交易,即董事、监事、高级管理人员与公司之间的合同行为,又包括间接交易,即董事、监事、高级管理人员的关联人与公司之间的合同行为;既包括合同行为,也包括单方的民事法律行为,如债务的免除。《公司法》第 182 条第 2 款对董事、监事、高级管理人员的关联人作了界定,但“与董事、监事、高级管理人员有其他关联关系的关联人”仍需要进一步解释。对此,《公司法》第 265 条第 4 项规定:“关联关系,是指公司控股股东、实际控制人、董事、监事、高级管理人员与其直接或者间接控制的企业之间的关系,以及可能导致公司利益转移的其他关系。但是,国家控股的企业之间不仅因为同受国家控股而具有关联关系。”依此,“有其他关联关系的关联人”指的是有“可能导致公司利益转移的其他关系”人,一般包括以下主体:(1)与董事、监事、高级管理人员关系密切的其他亲属和朋友;(2)董事、监事、高级管理人员的合伙人;(3)董事、监事、高级管理人员被雇用或担任董事、监事、高级管理人员职务的另一家公司;(4)董事、监事、高级管理人员所监护的被监护人;(5)其他与董事、监事、高级管理人员有其他关联关系的关联人。上述人员所为自我交易,因违反公司法的强制性规定,除非事后按照公司章程的规定经董事会或者股东会决议予以追认,否则应认定为无效合同。

当然,如果董事、监事、高级管理人员与公司之间的合同或交易根本不可能导致公司蒙受不利益,则应作为《公司法》第 182 条规定适用的例外。以下合同或交易均应被视为此种例外情形:(1)董事、监事、高级管理人员及其关联人与公司签订的定型化合同(如保险合同、运输合同、存款合同、供用电合同);(2)董事、监事、高级管理人员对于公司的赠与合同;(3)以董事、监事、高级管理人员为出借人,公司为借款人的无利息、无担保的借款合同;(4)作为债权人的董事、监事、高级管理人员免除公司债务的行为;(5)作为债权人的董事、监事、高级管理人员主张其债务与公司债务相抵销的行为。

5. 不得泄露公司秘密

公司秘密关系到公司的生存和发展,董事、监事、高级管理人员对其掌握的有关公司的秘密,不得泄露给他人;否则,应对公司造成的损害承担法律责任。对此,我国《公司法》第 181 条第 5 项规定,董事、高级管理人员不得擅自披露公司秘密。董事、监事、高级管理人员泄露公司秘密如果仍在持续中,公司可以请求法院责令董事、监事、高级管理人员停止实施该种行为;造成公司损害的,应责令董事、监事、高级管理人员和有关其他人员对公司承担赔偿责任。

6. 篡夺公司机会禁止义务

公司机会理论(corporate opportunity doctrine),是英美法系公司法中的一个重要理论。公司机会条款作为一项普通法上的原则,是指禁止公司董事、监事、高级管理人员把属于公司的商业机会转归自己利用,以从中牟取不正当利益。一般来说,某一机会和信息是否属于公司的机会,主要应考虑该种机会是否属于公司的经营范围,是不是提供给公司的,是不是利用公司的物质条件或其他便利条件开发出来的等因素。在英美法系,已有众多判例援引公司机会理论,美国许多州的公司法亦明确承认公司机会理论。大陆法系传统法律及学理均未确立该原则,但随着英美法系董事忠实义务被逐渐引入,在日本等国家和地区,已确立了该原则。不过,在现代美国公司法中,董事对公司信息和机会的利用如果是善意的,董事的此种法律责任就可以免除。[60] 我国《公司法》第 183 条规定:“董事、监事、高级管理人员,不得利用职务便利为自己或者他人谋取属于公司的商业机会。但是,有下列情形之一的除外:(一)向董事会或者股东会报告,并按照公司章程的规定经董事会或者股东会决议通过;(二)根据法律、行政法规或者公司章程的规定,公司不能利用该商业机会。”依此,我国《公司法》已明确规定了篡夺公司机会禁止义务。

7. 其他忠实义务

我国《公司法》第 180 条第 1 款在对董事、监事、高级管理人员的忠实义务作了具体规定的基础上,又于第 181 条第 6 项补充规定,董事、监事、高级管理人员不得有“违反对公司忠实义务的其他行为”。这一兜底性条款,使未能列举的董事、监事、高级管理人员的忠实义务得以被涵括。

三、董事、监事、高级管理人员的勤勉义务

勤勉义务,在大陆法系往往由民法典作出规定,被称为“善良管理人的注意义务”,简称善管义务;在英美法系被称为“注意义务”、“勤勉注意和技能义务”(duty of diligence care and shill)、“注意和技能义务”(duty of care and shill)。董事、监事、高级管理人员的勤勉义务产生的根源是其与公司间的委任关系或信托关系,实质上是一种管理义务(management duty)。其含义是董事、监事、高级管理人员须以一个合理的、谨慎的人在相似的情形下所应表现的谨慎、勤勉和技能履行其职责,若其履行职责时未尽合理的谨慎,则应对公司承担赔偿责任。

董事、监事、高级管理人员的勤勉义务是比较抽象的义务,因而需要对其作合适的界定。标准若界定得过宽,则会虚化该义务,挫伤有关人员进一步改善经营并提高经营水平的积极性,从而不利于公司和股东权益的保护。但是,勤勉义务的衡量标准也不能过于苛刻,因为市场风险是客观存在的,根本无法要求有关人员在经营过程中万无一失。由于公司法很难对董事、监事、高级管理人员的勤勉义务作明确、细致且具有可操作性的界定,因而各个国家和地区的相关规定很少有对勤勉义务的判断标准作具体界定。例如,《日本公司法典》第 423 条仅用

〔60〕 参见张民安:《董事忠实义务研究》,载《吉林大学社会科学学报》1997 年第 5 期。

了"怠于其任务"这一极为简略的界定。[61]《韩国商法典》第 399 条所作界定与日本公司法基本相同。[62] 我国台湾地区"公司法"也仅仅作了原则性的规定,其第 23 条第 1 款规定:"公司负责人应忠实执行业务并尽善良管理人之注意义务,如有违反致公司受有损害者,负损害赔偿责任。"德国公司法的规定相对较为详细。《德国股份法》第 93 条(题为"董事的注意义务和责任")第 1 款规定:"董事在其业务经营中应尽到一个通常的、认真的经营负责人的注意。如果董事在作出一个企业主决定时可以理性地认为,其是基于适当的信息为了公司的利益而行为,则不构成义务违反。对于通过其在董事会的工作而获悉的公司的保密资料和秘密,特别是经营或者业务秘密,董事应该保守秘密。对于依《商法典》第 342b 条确定的审查部门,在其实施的审查范围内,不适用第 3 句规定的义务。"同条第 2 款第 1、2 句规定:"违反其义务的董事,对由此产生的损害有义务作为连带债务人向公司赔偿。关于董事是否尽到一个通常的、认真的经营负责人的注意有争议的,由其承担证明责任。"同条第 3 款还具体列举了董事应承担赔偿责任的九类行为。[63] 在此基础上,德国公司法学者对董事勤勉义务作了学理概括,认为其大致包括四个方面:(1)董事必须遵守法律明确规定的命令和禁令以及与企业内部组织密切相关的规定;(2)董事必须遵从专门调整公司对外关系及其对外经营行为的法律规定;(3)每个董事都必须与其他董事一起进行集体管理;(4)董事必须谨慎地履行其职责(勤勉义务)。[64] 董事履行职责过程中的所有马虎行为或肤浅行为都违反该义务。董事必须采用一切公认的技术手段、财务手段和管理手段经营管理公司业务,保证公司账簿符合各项规则,并且遵守通常的谨慎标准开展业务,减少经营风险。董事还必须掌握履行其职责所需的知识,并在工作过程中以适当方式更新这些知识。因此,德国公司法学者采纳董事勤勉义务客观标准说:其决定性标准是特定的董事在公司的哪个部门担任何种职务,以及在具体情况下履行其职责时需要的知识和精力投入的正常要求。基于此,董事的个人能力或其个人的特殊情况(如年龄、疾病、勤奋等)不能成为减轻董事责任的依据,即使其他董事和监事对某事件同样负有责任,也不能减轻主管董事所应负责任。[65] 但从其规定来看,德国法上的董事勤勉义务仍属于一般注意标准,至多属于合理注意标准。因法律对勤勉义务的注意标准要求不高,故司法实践中普遍采纳较轻的过失标准,一般过失即可。[66] 不过,在司法实践中,董事勤勉义务的要求不断提高,其判断标准由公司的性质、公司的规模、雇员的人数、所处的商业环境乃至特定董事的职务具体决定。[67] 综上,不仅《德国股份法》关于董事勤勉义务的规定较为明确、具体,而且德国公司学界对此有丰富的研究成果,能够为司法适用提供强有力的理论支撑。《德国有限责任公司法》关于勤勉

〔61〕 参见吴建斌编译:《日本公司法 附经典判例》,法律出版社 2017 年版,第 229 页。

〔62〕 参见《韩国商法》,吴日焕译,中国政法大学出版社 1999 年版,第 89 页。

〔63〕《德国商事公司法》,胡晓静、杨代雄译,法律出版社 2014 年版,第 107～108 页。

〔64〕 参见[德]托马斯·莱塞尔、吕迪格·法伊尔:《德国资合公司法》(第 6 版),高旭军等译,上海人民出版社 2019 年版,第 209～210 页。

〔65〕 参见[德]托马斯·莱塞尔、吕迪格·法伊尔:《德国资合公司法》(第 6 版),高旭军等译,上海人民出版社 2019 年版,第 218～220 页。

〔66〕 参见[德]格茨·怀克、克里斯蒂娜·温德比西勒:《德国公司法》(第 21 版),殷盛译,法律出版社 2010 年版,第 488 页。

〔67〕 See Tamo Zwinge, *An Analysis of the Duty of Care in the United Kingdom in Comparison with the German Duty of Care*, International Company and Commercial Law Review, Vol. 22;2, p. 31 – 41(2011).

义务的规定则较为简略,其第 43 条第 1 款规定:“业务执行人在公司事务上应尽到一个通常商人的注意。”〔68〕

与大陆法系不同,英美法系国家和地区大多对董事、高级管理人员的勤勉义务确立了较为具体的判断标准。但长期以来,这些判断标准并非以成文法的方式存在,而仅存在于判例法中。直到 1974 年《美国商事公司示范法》才首次引入了关于董事、高级管理人员的勤勉义务的规定。该法现行版本的第 8.30 条(a)款规定:“董事会的所有成员在履行其职责时应:(1)善意;(2)以其合理地相信其行为是为了公司的最佳利益。”〔69〕该条(b)款规定:“董事会或者委员会成员在行使其决策职能或者监督职能时,应尽处于相似位置的普通谨慎人在类似情况下所应尽到的注意。”〔70〕截至 2007 年,美国已有 40 个州采纳了该规定。在司法实践中,大多数州要求原告还必须证明因果关系,即原告需要证明被告符合违反勤勉义务的检验标准,并因此导致公司利益受损,而被告不需要证明公司的损失是其他原因造成的。〔71〕英国尽管在 19 世纪末就已在普通法中确认了董事的勤勉义务,但长期以来都未将其成文法化。为此,英国理论界及立法机关一直极力建议将董事勤勉义务的判断标准成文法化。〔72〕这一建议最早在《英国 1986 年破产法》中得到体现,〔73〕其最终成果则表现为《英国 2006 年公司法》中关于“谨慎、技能和勤勉的义务”的明确界定。该法第 174 条规定:“公司董事必须行使合理的谨慎、技能和勤勉。”(第 1 款)“前款是指具备以下内容的合理勤勉的人将行使的谨慎、技能和勤勉——(a)从一个履行与公司相关之董事所履行的职责的人处可以合理期望的一般知识、技能和经验;(b)董事具有的一般知识、技能和经验。”(第 2 款)〔74〕在具体判断标准方面,英国曾长期采取主观标准,往往以非执行董事的技能和注意义务为标准。但 20 世纪 90 年代后,理论界与实务部门对董事勤勉义务的判断标准产生了争议,不少人主张废除主观标准,改采客观标准。〔75〕在此背景下,法院转向了客观标准,即以合理谨慎的人为判断标准。〔76〕最终,《英国 2006 年公司法》采取了法律委员会主张的混合标准,并首次将判例法上形成的董事的合理注意、勤勉和技能义务成文法化。由此可见,《英国 2006 年公司法》将董事的勤勉义务确定为合理注意标准,且采取混合的主客观标准要求董事,即董事应符合一般的客观标准,但若董事个人实际上具备更高的判断能力,则以其实际能力为判断标准。英国司法实践中,判例法发展出了高度注意标准,即尽管

---

〔68〕《德国商事公司法》,胡晓静、杨代雄译,法律出版社 2014 年版,第 107、43 页。

〔69〕其原文为:“Each member of the board of directors, when discharging the duties of a director, shall act: (1) in good faith, and (2) in a manner the director reasonably believes to be in the best interests of the corporation.”

〔70〕其原文为:“The members of the board of directors or a committee of the board, when becoming informed in connection with their decision - making function or devoting attention to their oversight function, shall discharge their duties with the care that a person in a like position would reasonably believe appropriate under similar circumstances.”中文译文另可参见施天涛:《公司法论》(第 2 版),法律出版社 2006 年版,第 400 页;沈四宝编译:《最新美国标准公司法》,法律出版社 2006 年版,第 101 ~ 102 页。

〔71〕参见[美]理查德·D. 弗里尔:《美国公司法》(第 7 版),崔焕鹏、施汉博译,法律出版社 2021 年版,第 149 ~ 150 页。

〔72〕See P. L. Davies, *Gower and Davies' Principles of Modern Company Law*, 7th edition, Sweet & Maxwell, 2003, p. 371.

〔73〕S. 214, Insolvency Act 1986.

〔74〕参见葛伟军译注:《英国 2006 年公司法》(第 3 版),法律出版社 2017 年版,第 150 页。

〔75〕参见林少伟:《英国现代公司法》,中国法制出版社 2015 年版,第 518 页。

〔76〕参见[英]保罗·戴维斯、莎拉·沃辛顿:《现代公司法原理》(第 9 版上册),罗培新等译,法律出版社 2016 年版,第 501 ~ 507 页。

最低要求是一般董事被合理期待的知识、技能和经验，但特殊情况下要尽到专业人士的注意水平。[77] 作为法律适用的平衡措施，法院评判董事行为是否符合勤勉义务要求时通常采用重大过失标准（gross negligence standard），从而起到事实上降低义务标准的作用。总之，英国公司法既有关于董事勤勉义务的详细规定，形成了具体的判断标准，又在判例法发展过程中形成了对勤勉义务扩张适用的具体裁判规则，还通过判例法发展出了对违反勤勉义务法律责任予以限制的平衡性规则。该项成文法化获得英国各界的普遍认可，被认为有益于公司的发展。[78]

不过，即使是在对勤勉义务作了较为具体界定的英美法系国家和地区，其具体判断标准仍主要是判例法中发展出的具体规则，而很难由制定法作完整界定。尤其是在除对此作了最为详细规定的美国以外的英美法系国家和地区，到目前为止，立法改革为此所作努力还局限于用概括性的语言来规定董事所负的义务。这主要是因为详细地列举董事管理公司业务和事务行为的个人要求标准是非常困难的，尤其是考虑到在现代商业环境中，一个公司事务的复合体会发生相当大的变化。[79] 因此，在各个国家和地区的司法实践中，因难以对董事违反勤勉义务进行确定的判断，实践中依董事勤勉义务追究其法律责任的案例始终极为罕见。在美国 1985 年 Smith v. Van Gorkom 案件之前，董事因违反注意义务而被追究责任的案例几乎可以忽略不计。[80]

我国司法实践应兼顾主客观两个方面对董事、监事、高级管理人员的勤勉义务加以界定。从主观方面看，董事、监事、高级管理人员应依诚实信用原则竭力处理公司事务；从客观方面看，董事、监事、高级管理人员应尽到与其具有相同的知识、经验的人所应履行的注意程度。单纯的主观标准虽然突出了董事、监事、高级管理人员的勤勉义务和董事、监事、高级管理人员之间经营能力的差异，但无形中迁就了庸才，不利于提高经营能力。单纯的客观标准虽然对大多数董事、监事、高级管理人员较为公平，但该标准有可能放纵较一般人精明能干但有过错的人。鉴于单纯的主观和客观标准均有缺陷，衡量董事、监事、高级管理人员勤勉义务的履行状况应采取以客观为主的综合性标准。易言之，以普通谨慎的董事、监事、高级管理人员在同类公司、同类职务、同类相关情形中所应具有的注意、知识和经验程度为衡量标准，但若某人的经验知识和资格明显高于此种标准的证明时，应当以其是否诚实地贡献了实际拥有的全部能力为衡量标准。

根据勤勉义务的要求，董事、监事、高级管理人员应遵循的行为规则主要包括：在法律、公司章程允许的公司目的范围之内和其应有的权限内履行职责；出席或列席股东会、董事会、监事会等相关会议；熟悉公司会计提供的财务会计报表和律师提供的法律咨询；在发现董事会聘任的经营管理人员不能胜任时，及时建议董事会将其解聘；董事、监事、高级管理人员就董事会等相关会议决议的事项有异议时，应当将其异议记入会议记录；不能履行勤勉义务时，及时辞任。

为解决董事、高级管理人员责任的判断标准问题，美国判例法中发展出了经营判断规则

---

〔77〕 参见林少伟：《英国现代公司法》，中国法制出版社 2015 年版，第 522 页。

〔78〕 See Lord Goldsmith, Lords Grand Committee, 6 February 2006, column 242.

〔79〕 参见［马来］罗修章、王鸣峰：《公司法：权力与责任》，杨飞等译，法律出版社 2005 年版，第 440 页。

〔80〕 T. L. Dunn, *The Developing Theory of Good Faith in Director Conduct: Are Delaware Courts Ready to Force Corporate Directors to Go Out - of - Pocket after Disney*, 83 Den. University Law Review 544 (2005).

(business judgment rules[81])。美国最早在判例法中发展出了经营判断规则,如今该规则已在美国各州普通法中得到广泛的发展与应用。[82] 因该规则的适用能在很大程度上为董事、高级管理人员责任的免除提供依据,故又被称为“避风港规则”(safe harbor rules)。美国特拉华州最高法院对经营判断规则有过经典表述:“我们推定公司董事在作出经营决策时,以充分信息为基础,并真诚地相信其行为符合公司的最佳利益。如果董事没有滥用决策权,其经营判断将受到法院的尊重。想推翻该经营决策的一方负有举证责任。”[83] 可见,董事、高级管理人员的行为符合经营判断是一种推定,对于董事、高级管理人员的行为是否违背勤勉义务并不需要董事、高级管理人员“自证清白”。美国法学会《公司治理原则:分析与建议》第4.01条(c)对该规则作了以下界定:“在下列情况下,以善意作出经营判断的董事、高级管理人员即履行了其在本条项下的职责:(1)与经营判断事项没有利害关系;(2)对有关经营判断的事项了解的程度达到董事、高级管理人员在相同情况下会合理地相信为适当的程度;(3)合理地相信此项经营判断符合公司的最佳利益。”这段文字被认为是美国公司法上经营判断规则的经典定义。[84] 1999年修订的《美国商事公司示范法》还在题为“董事责任标准”的第8.31条使经营判断规则部分地实现了成文法化。[85] 《公司治理原则:分析与建议》《美国商事公司示范法》以及特拉华州的判例共同构成了关于经营判断规则三种典型的界定。[86] 受美国影响,英美法系国家和地区及不少大陆法系国家和地区都纷纷在司法实践中引入了经营判断规则。澳大利亚在2001年公司法修订过程中,也将该规则与董事、高级管理人员勤勉义务一并规定在该法第180条之中。在大陆法系国家和地区中,对经营判断规则的运用最具代表性的当属日本。在20世纪70年代中后期,日本一些下级法院在审理涉及董事、监事、高级管理人员对公司或第三人责任的案件时,就逐步开始了对经营判断规则的运用。[87]

我国《公司法》第180条第2款规定:“董事、监事、高级管理人员对公司负有勤勉义务,执行职务应当为公司的最大利益尽到管理者通常应有的合理注意。”依此,《公司法》明确揭示了勤勉义务的核心内涵,即“执行职务应当为公司的最大利益尽到管理者通常应有的合理注意”,从而相当于对董事、监事、高级管理人员的勤勉义务作了定义。不过,与我国《公司法》对忠实义务作了详细规定不同,该法未对勤勉义务的判断标准作任何规定。随着董事、监事、高级管理人员违反勤勉义务案件的增加,勤勉义务判断标准的确定已是法院亟待解决的难题。对此,无论是否以司法解释的方式对董事、监事、高级管理人员的勤勉义务的判断标准作明确规定,在司法实践中或可参考英美法系制定法及判例法关于勤勉义务的认定标准。此外,在司法实

---

[81] 我国学界对“business judgment rules”有多种译法,如商业判断规则、经营判断规则、业务判断规则等,本书采纳“经营判断规则”的译法。

[82] See S. Samuel Arsht, *The Business Judgment Rule Revisited*, 8 HOFSTRA L. REV. 93, (1979).

[83] Aronson v. Lewis, 473 A. 2d 805(Del. 1984).

[84] 参见汤欣:《目标公司管理层的行为限制》,载《中外法学》2000年第5期。关于美国法学会《公司治理原则:分析与建议》第4.01条(c)的翻译,可另参考美国法律研究院:《公司治理原则:分析与建议》(上卷),楼建波等译,法律出版社2006年版,第160页;施天涛:《公司法论》(第2版),法律出版社2006年版,第404页。

[85] Robert W. Hamilton, *The Law of Coporations in A Nutshell*, 5th edition., 2000, p. 449-50.

[86] William T. Allen, *Modern Corporate Governance and the Erosion of the Business Judgment Rule in Delaware Corporate Law*, CLPE Research Paper, 06/2008 Vol. 4, No. 2 (2008); R. Franklin Balotti & James J. Hanks, Jr., *Rejudging the Business Judgment Rule*, 48 BUS. LAW. 39 (1993).

[87] 参见蔡元庆:《经营判断原则在日本的实践及对我国的启示》,载《现代法学》2006年第3期。

践中,也可通过经营判断规则来认定董事、监事、高级管理人员违反勤勉义务时的法律责任。对此,我国公司法学界普遍持肯定态度。[88]

四、董事、监事、高级管理人员违反信义义务的法律后果

我国《公司法》在规定董事、监事、高级管理人员的义务的同时,也对违反该义务的法律后果作了具体规定。不过,如前所述,该法第八章规定的是董事、监事、高级管理人员违反信义义务的法律后果。

《公司法》第 186 条规定:"董事、监事、高级管理人员违反本法第一百八十一条至第一百八十四条规定所得的收入应当归公司所有。"该条确立了公司归入权制度,即在董事、监事、高级管理人员违反法律规定的忠实义务和勤勉义务而获取利益的情况下,公司将这部分收益收归公司所有的法定权利。公司归入权是公司法确认的特殊权利,其本质是董事、监事、高级管理人员违反忠实义务和勤勉义务的法律后果。但公司归入权是公司法上的特殊权利,只要董事、监事、高级管理人员因违反法律规定的忠实义务和勤勉义务而获取利益,该权利即成立,无须按照侵权责任承担损害的举证责任。

《公司法》第 188 条规定:"董事、监事、高级管理人员执行职务违反法律、行政法规或者公司章程的规定,给公司造成损失的,应当承担赔偿责任。"该条是关于董事、监事、高级管理人员违反信义义务及其他法定或章程规定义务的法律后果的规定。该项赔偿责任以损失为前提,总体上可适用侵权法规则,但不能简单地将其界定为侵权责任,仍应将其界定为公司法上的特殊责任。

《公司法》第 191 条规定:"董事、高级管理人员执行职务,给他人造成损害的,公司应当承担赔偿责任;董事、高级管理人员存在故意或者重大过失的,也应当承担赔偿责任。"该条系 2023 年《公司法》新增的内容,因其确立了董事、高级管理人员对第三人责任,曾在立法过程中产生了强烈争议。该责任是立法者基于我国公司实践特别创设的制度,但因其超越了公司独立责任而让执行职务的董事、高级管理人员直接对第三人承担赔偿责任,导致对其法律性质的定位出现困难。对此,理论界与实务界主要有不真正连带责任说、连带责任说、公司法上的特殊责任说、特殊共同侵权责任说四种观点。前三种观点理论基础各不相同,但都认为董事、高级管理人员或公司在承担赔偿责任后,可向另一方追偿。本书认为,应基于立法文义及立法精神的解释,将该责任认定为特殊共同侵权责任,且法院应直接认定董事、高级管理人员的故意或者重大过失情节,确认过错程度和比重,从而直接划分其应承担的赔偿责任,即确定其承担占总损失一定比例的赔偿责任。显然,就责任性质而言,这种赔偿责任属于补充赔偿责任,不属于连带责任或不真正连带责任。当然,鉴于不同认识法律后果区别巨大,未来应由司法解释或指导性案例予以确定。在此过程中,"要尊重市场经济规律,通过市场化手段,在法治框架内调整各类市场主体的利益关系。"[89] 否则,将可能因责任划分不当、利益失衡,导致对公司董事、高级管理人员造成与其权利严重不匹配的风险与责任,从而挫伤广大公司经营管理人员的

---

〔88〕 参见甘培忠:《公司控制权的正当行使》,法律出版社 2006 年版,第 219 ~ 222 页;施天涛:《公司法论》(第 2 版),法律出版社 2006 年版,第 404 页;刘俊海:《新公司法的制度创新:立法争点与解释难点》,法律出版社 2006 年版,第 409 ~ 410 页;罗培新:《公司法的合同解释》,北京大学出版社 2004 年版,第 306 页。

〔89〕 中共中央宣传部、中央全面依法治国委员会办公室编:《习近平法治思想学习纲要》,人民出版社、学习出版社 2021 年版,第 84 页。

积极性。

《公司法》第 192 条规定:“公司的控股股东、实际控制人指示董事、高级管理人员从事损害公司或者股东利益的行为的,与该董事、高级管理人员承担连带责任。”该条系 2023 年《公司法》新增内容。依其规定,公司的控股股东、实际控制人虽不担任董事、高级管理人员职务,但直接或间接指示董事、高级管理人员从事损害公司或者股东利益的行为的,则将其视为事实上的董事、高级管理人员,从而与受其指示的董事、高级管理人员承担连带责任。需要注意的是,《公司法》第 192 条的规定并非《公司法》第 180 条第 3 款确定的实质董事的法律后果,乃是针对不符合实质董事条件的其他控股股东、实际控制人的指示而设置的特殊法律后果。

为降低董事任职风险,激励董事积极履职,我国 2023 年《公司法》新增了董事责任保险制度。该法第 193 条规定:“公司可以在董事任职期间为董事因执行公司职务承担的赔偿责任投保责任保险。公司为董事投保责任保险或者续保后,董事会应当向股东会报告责任保险的投保金额、承保范围及保险费率等内容。”

思考题

1. 如何理解公司法律人格与公司治理结构之间的关系?
2. 试析不同的公司治理结构模式的优点与缺点。
3. 试析董事会决议的表决方式。
4. 试析董事、监事、高级管理人员的忠实义务。

第十三章 公 司 债

导 读

- 公司债券是一种直接融资的手段,是资本市场的重要组成部分。公司债券对于中国资本市场的培育和长远发展功不可没。公司发行债券时,一般须经严格的资格审查或要求发行企业有财产担保,以保护投资者利益。在我国,为强化投资者保护,发行公司债券一般都要求提供银行担保。
- 从投资风险角度来看,公司债较之公司股份要安全,公司债债权人收益较为可靠;但从投资收益大小的角度来看,公司股东较之公司债债权人可能得到更多的回报。
- 公司债券作为可流通的有价证券,可以在不同的所有者之间转让。我国《证券法》规定的证券交易包括股票和债券的交易,因而公司债券的转让也受《公司法》和《证券法》的调整。
- 公司债券的转换,是将公司债务变为公司资本的途径,也是公司集资的手段。同时,它还是公司债消灭的方式之一。我国公司法规定有权发行转换公司债的主体仅限于上市公司。

第一节 公司债概述

一、公司债的概念和特征

公司债,是指公司为筹集资金,依照法定程序向社会公众公开发行债券,从而形成的一种金钱债务。公司债的书面表现形式就是公司债券。依我国《公司法》第194条的规定,公司债券是指公司发行的约定按期还本付息的有价证券。公司债券可以公开发行,也可以非公开发行。

公司债券代表着发债公司和投资者之间的一种债权债务关系。公司债券持有人有权按照约定期限取得利息、收回本金,但是无权参与公司的经营管理,对公司的经营状况也不承担法律责任。发行公司债券是一种融资形式,以有效利用社会闲散资金,解决企业资金短缺、生产后劲不足的困难。公司债券是一种直接融资的手段,是资本市场的重要组成部分。公司债券对于中国资本市场的全面培育和长远发展功不可没,中国资本市场的发展也离不开公司债券市场的发展。

公司债券主要以公司经营利润为还本付息的保证,具有较大的风险。因此,公司发行债券一般须经严格的资格审查或要求发行公司提供财产担保,以保护投资者的利益。在我国,为强化投资者保护,发行公司债券一般都要求提供银行担保。当然,由于公司债券具有较大的风险,其利率通常也高于政府债券和金融债券。

公司债具有以下法律特征:(1)公司债是以发行有价证券即公司债券而成立的债的关系。(2)公司债券的发行对象是不特定的社会公众,对购买公司债券的对象没有身份和资格限制。(3)公司债可随公司债券的转让、质押而流转。

二、公司债与股份

对股份公司来说,发行股票与发行债券都是公司筹集资金的方式,前者是增加了公司的自有资本,后者则形成了公司的借贷资本。因此,公司债与股份是既有联系又有区别的两种融资手段。

公司债与股份同为向社会公众募集资金的手段,并且都以有价证券形式表现出来,具有流通性。此外,在大多数国家和地区的公司法中,公司债可以依法定条件和程序转化为公司股份。公司债与股份也有本质上的区别:

1. 权利的性质不同。公司债的债权人仅享有对公司的债权,不享有对公司经营管理的参与权;股份持有人作为股东,则享有法律和章程所规定的自益权和共益权,有权参与公司的经营管理。

2. 权利的内容不同。公司债的利率是预先确定的,一般是固定不变的;除了优先股以外,股份的股息和红利的分配则依公司经营状况而变动。不论公司经营状况及盈亏状况如何,公司债的债权人对公司均有利息请求权;而股东只有在公司有充分的盈余时才能分配股息和红利。

3. 风险的负担不同。公司债的债权人可以按约定的还本付息的期限,要求公司全部返还本息,在公司破产或解散时,也有权优先于股东对公司剩余财产获得清偿;股东在向公司出资后不得抽回股份,除了转让外,要收回投资只能在公司解散时,公司债务已全部清偿后,才能就剩余财产按比例请求分配。

由此可见,从投资角度风险讲,公司债较之公司股份更安全,公司债债权人的收益较为可靠;但从投资的收益大小来看,公司股东较之公司债债权人可能得到更多的回报。

三、公司债和一般债务

公司的一般债务产生的原因是多种多样的,如经营中的各种合同之债、因非法行为而产生的侵权之债等。凡是公司所承担的具有给付内容的义务,都是公司的债务。公司债和公司一般债务的债权人都享有民法上债权人的一般权利,但两者也存在以下区别:

1. 产生原因不同。产生公司债的法律事实,是公司通过发行公司债券,向社会公众募集资金;产生公司一般债务的法律事实则包括合同、侵权、不当得利、无因管理等多种。

2. 主体不同。公开发行公司债的发行对象是不特定的社会公众,发行必须依法定程序进行,其债权人范围也具有广泛性和分散性,且因公司债券为有价证券,其本身所具有的流通性致使公司债债权人处于变化之中;非公开发行公司债的发行对象是合格投资者,属于特定对象,但因为每次发行对象上限为 200 人,故一定程度上具有不特定性。公司一般债务的债权人则是特定的,大多是依双方的意思表示一致而成立的。

3. 标的不同。公司债的标的为金钱给付;公司一般债务的标的则包括金钱给付、交付财物、移转权利、提供劳务、提交成果以及不作为等。

4. 清偿方式不同。同次发行的同类公司债的清偿方法(包括条件和期限)均具有同一性;

公司一般债务的清偿方法则因具体的债权债务关系不同而不同。

5. 债权凭证不同。公司债的债权凭证仅限于公司债券这种要式有价证券;公司一般债务的债权凭证为合同或其他形式的证据,除其中一部分表现为有价证券(如汇票、本票、支票、仓单、提单)外,一般均非有价证券和要式证券。

四、公司债券的主要种类

公司债券按不同标准可以分为很多种类。最常见的分类有以下几种。

(一)短期公司债券、中期公司债券与长期公司债券

按照期限的不同,可将公司债券分为短期公司债券、中期公司债券与长期公司债券。根据我国公司债券的期限划分,短期公司债券期限在 1 年以内;中期公司债券期限在 1 年以上 5 年以内;长期公司债券期限在 5 年以上。

(二)记名公司债券与不记名公司债券

按照是否记名,可将公司债券分为记名公司债券与不记名公司债券。如果公司债券上登记有债券持有人的姓名或名称,即为记名公司债券;反之,则为无记名公司债券。我国《公司法》第 197 条明确规定:"公司债券应当为记名债券。"

这种分类的意义体现在以下三方面:首先,两者的转让程序的法律规定不同。无记名公司债的转让,以公司债券的交付而发生法律效力;记名公司债的转让,除交付债券外,还必须将受让人的有关事项记载于公司债券存根簿上,其转让才发生法律效力。其次,两者灭失时的补救方法不同。通常记名债券灭失时可以通过公示催告程序向法院申请宣告债券无效,由公司补发债券;而无记名债券无法得到这样的保护。最后,在国外,记名债券持有人在领取利息时,不仅要求出示债券,还要求出示登记册上载明的持有人的有关证件。

(三)信用公司债券与担保公司债券

按照债券有无担保,可将公司债券分为信用公司债券与担保公司债券。信用公司债券,是指仅凭筹资人的信用发行的、没有担保的债券。信用债券只适用于信用等级高的债券发行人。担保公司债券,是指以抵押、质押、保证等方式发行的债券。其中,抵押公司债券,是指以不动产为担保品所发行的公司债券;质押公司债券,是指以其有价证券为质押所发行的公司债券;保证公司债券,是指由第三人担保偿还本息的公司债券。我国《上市公司证券发行管理办法》第 20 条曾规定,发行可转换公司债券必须提供担保,但最近一期末经审计的净资产不低于人民币 15 亿元的公司除外。但废止规章的 2023 年《上市公司证券注册管理办法》对此未作规定。

(四)可提前赎回公司债券和不可提前赎回公司债券

按照债券是否能够提前赎回,可将公司债券分为可提前赎回公司债券和不可提前赎回公司债券。如果公司在债券到期前有权定期或随时购回全部或部分债券,这种债券就称为可提前赎回公司债券;反之,则为不可提前赎回公司债券。

(五)固定利率公司债券、浮动利率公司债券与累进利率公司债券

按照债券票面利率是否变动,可将公司债券分为固定利率公司债券、浮动利率公司债券与累进利率公司债券。固定利率公司债券,是指在偿还期内利率固定不变的债券;浮动利率公司债券,是指票面利率随市场利率定期变动的债券;累进利率公司债券,是指随着债券期限的增

加，利率累进的债券。

（六）附有选择权的公司债券与不附有选择权的公司债券

按照发行人是否给予投资者选择权，可将公司债券分为附有选择权的公司债券与不附有选择权的公司债券。

1. 附有选择权的公司债券，是指债券发行人给予债券持有人一定的选择权而发行的债券，典型的有可转换公司债券、附认股权证公司债券、可退还公司债券。

（1）可转换公司债券，是指发行人依照法定程序发行、在一定期间内依据约定的条件可以转换成股份的公司债券。我国《公司法》第202条第1款规定了可转换公司债券，即股份有限公司经股东会决议，或者经公司章程、股东会授权由董事会决议，可以发行可转换为股票的公司债券，并规定具体的转换办法；上市公司发行可转换为股票的公司债券，应当经国务院证券监督管理机构注册。可转换公司债券具有以下特征：一是债权性。可转换公司债券也有规定的利率和期限，投资者可以选择持有债券至到期，收取本金和利息。二是股权性。可转换公司债券在转换成股票之前是纯粹的债券，但在转换成股票之后，原债券持有人就由债权人变成了公司的股东，可参与企业的经营决策和红利分配。三是可转换性。可转换性是可转换公司债券的重要标志，债券持有人可以按约定条件将债券转换成股票。转股权是一般债券所没有的选择权。可转换公司债券在发行时就明确约定，债券持有人可按照发行时约定的价格将债券转换成公司股票。若债券持有人不想转换，则可继续持有债券，直到偿还期满时收取本金和利息，或者在证券市场出售变现。《公司债券发行与交易管理办法》第11条规定："发行公司债券，可以附认股权、可转换成相关股票等条款。上市公司、股票公开转让的非上市公众公司股东可以发行附可交换成上市公司或非上市公众公司股票条款的公司债券。商业银行等金融机构可以按照有关规定发行公司债券补充资本。上市公司发行附认股权、可转换成股票条款的公司债券，应当符合上市公司证券发行管理的相关规定。股票公开转让的非上市公众公司发行附认股权、可转换成股票条款的公司债券，由中国证监会另行规定。"中国证监会于2023年发布的《上市公司证券发行注册管理办法》第13条第1款规定："上市公司发行可转债，应当符合下列规定：（一）具备健全且运行良好的组织机构；（二）最近三年平均可分配利润足以支付公司债券一年的利息；（三）具有合理的资产负债结构和正常的现金流量；（四）交易所主板上市公司向不特定对象发行可转债的，应当最近三个会计年度盈利，且最近三个会计年度加权平均净资产收益率平均不低于百分之六；净利润以扣除非经常性损益前后孰低者为计算依据。"

（2）附认股权证公司债券，是指公司债券附有认股权证，持有人依法享有在一定期间内按约定价格（执行价格）认购公司股票的权利，是债券加上认股权证的产品组合。从海外市场的有关实践看，附认股权证公司债券可以分为"分离型""非分离型""现金汇入型""抵缴型"。其中，"分离型"是指认股权凭证与公司债券可以分开，单独在流通市场上自由买卖。"非分离型"是指认股权无法与公司债券分开，两者存续期限一致，同时流通转让，自发行至交易均合而为一，不得分开转让。"非分离型"附认股权证公司债券近似于可转换公司债券。"现金汇入型"是指当持有人行使认股权利时，必须再拿出现金来认购股票。"抵缴型"则指公司债券票面金额本身可按一定比例直接转股，类似于可转换公司债券的转换方式。将"分离型""非分离型"与"现金汇入型""抵缴型"进行组合，可以得到不同的产品类型。上引《公司债券发行与交易管理办法》第11条对附认股权证公司债券作了明确规定。

(3)可退还公司债券,是指债券持有人有权在指定日期按票面价值将债券回售给债券发行公司,以避免利率提高而导致债券价格下跌的风险的一种公司债券。

2. 不附有选择权的公司债券,是指债券发行人未给予债券持有人上述选择权而发行的债券。

(七)公开发行公司债券与非公开发行公司债券

按发行方式分类,公司债券可分为公开发行公司债券(公募公司债券)与非公开发行公司债券(私募公司债券)。

除上述主要分类外,公司债券还可依付息方法的不同,分为附息票公司债券和贴息公司债券;依债券持有人是否有权参加股息分配,分为参加公司债券和非参加公司债券;等等。

第二节　公司债券的发行条件与程序

《公司法》第194条第3款规定:"公司债券的发行和交易应当符合《中华人民共和国证券法》等法律、行政法规的规定。"《证券法》在隐含地承认非公开发行债券的情况下,仅对公开发行公司债券与可转换公司债券作了规定。《公司债券发行与交易管理办法》与《上市公司证券发行注册管理办法》则对公开发行公司债券和非公开发行公司债券都作了规定。

一、公司债券发行的一般规定

(一)公司债券发行条件的一般规定

我国《公司法》取消了对发行公司债券的主体限制,所有公司只要符合《证券法》规定的公司债券发行条件,均可发行公司债券。依《证券法》第15条第1、2款的规定,公开发行公司债券,应当符合下列条件:(1)具备健全且运行良好的组织机构;(2)最近3年平均可分配利润足以支付公司债券1年的利息;(3)国务院规定的其他条件。公开发行公司债券筹集的资金,必须按照公司债券募集办法所列资金用途使用;改变资金用途,必须经债券持有人会议作出决议。公开发行公司债券筹集的资金,不得用于弥补亏损和非生产性支出。

依《证券法》第17条的规定,有下列情形之一的,不得再次公开发行公司债券:(1)对已公开发行的公司债券或者其他债务有违约或者延迟支付本息的事实,仍处于继续状态;(2)违反本法规定,改变公开发行公司债券所募资金的用途。

(二)公司债券发行程序的一般规定

依《证券法》第16条的规定,申请公开发行公司债券,应当向国务院授权的部门或者国务院证券监督管理机构报送下列文件:(1)公司营业执照;(2)公司章程;(3)公司债券募集办法;(4)国务院授权的部门或者国务院证券监督管理机构规定的其他文件。依照《证券法》规定聘请保荐人的,还应当报送保荐人出具的发行保荐书。

依《证券法》第22条的规定,国务院证券监督管理机构或者国务院授权的部门应当自受理证券发行申请文件之日起3个月内,依照法定条件和法定程序作出予以注册或者不予注册的决定,发行人根据要求补充、修改发行申请文件的时间不计算在内。不予注册的,应当说明理由。

依《公司债券发行与交易管理办法》第11条的规定，发行公司债券，发行人应当依照《公司法》或者公司章程相关规定对以下事项作出决议：(1)发行债券的金额；(2)发行方式；(3)债券期限；(4)募集资金的用途；(5)其他按照法律法规及公司章程规定需要明确的事项。发行公司债券，如果对增信机制、偿债保障措施作出安排的，也应当在决议事项中载明。

二、公开发行公司债券的发行条件与程序

(一)公开发行公司债券的发行条件

《公司债券发行与交易管理办法》第三章第一节对公开发行公司债券的发行条件作了明确规定。依其规定，公开发行公司债券，应当符合下列条件：(1)具备健全且运行良好的组织机构；(2)最近3年平均可分配利润足以支付公司债券1年的利息；(3)具有合理的资产负债结构和正常的现金流量；(4)国务院规定的其他条件。公开发行公司债券，由证券交易所负责受理、审核，并报中国证监会注册。

存在下列情形之一的，不得再次公开发行公司债券：(1)对已公开发行的公司债券或者其他债务有违约或者延迟支付本息的事实，仍处于继续状态；(2)违反《证券法》规定，改变公开发行公司债券所募资金用途。

资信状况符合以下标准的公开发行公司债券，专业投资者和普通投资者可以参与认购：(1)发行人最近3年无债务违约或者延迟支付本息的事实；(2)发行人最近3年平均可分配利润不少于债券1年利息的1.5倍；(3)发行人最近一期末净资产规模不少于250亿元；(4)发行人最近36个月内累计公开发行债券不少于3期，发行规模不少于100亿元；(5)中国证监会根据投资者保护的需要规定的其他条件。未达到前款规定标准的公开发行公司债券，仅限于专业投资者参与认购。

(二)公开发行公司债券的发行程序

《公司债券发行与交易管理办法》第三章第二节对公开发行公司债券的注册程序作了明确规定，其主要内容如下：

发行人公开发行公司债券，应当按照中国证监会有关规定制作注册申请文件，由发行人向证券交易所申报。证券交易所收到注册申请文件后，在5个工作日内作出是否受理的决定。

注册申请文件受理后，未经中国证监会或者证券交易所同意，不得改动。发生重大事项的，发行人、主承销商、证券服务机构应当及时向证券交易所报告，并按要求更新注册申请文件和信息披露资料。

证券交易所负责审核发行人公开发行公司债券并上市申请。证券交易所主要通过向发行人提出审核问询、发行人回答问题方式开展审核工作，判断发行人是否符合发行条件、上市条件和信息披露要求。证券交易所按照规定的条件和程序，提出审核意见。认为发行人符合发行条件和信息披露要求的，将审核意见、注册申请文件及相关审核资料报送中国证监会履行发行注册程序。认为发行人不符合发行条件或信息披露要求的，作出终止发行上市审核决定。证券交易所在审核中发现申报文件涉嫌虚假记载、误导性陈述或者重大遗漏的，可以对发行人进行现场检查，对相关主承销商、证券服务机构执业质量开展延伸检查。

中国证监会收到证券交易所报送的审核意见、发行人注册申请文件及相关审核资料后，履行发行注册程序。中国证监会认为存在需要进一步说明或者落实事项的，可以问询或要求证券交易所进一步问询。中国证监会认为证券交易所的审核意见依据不充分的，可以退回证券交易所补充审核。

证券交易所应当自受理注册申请文件之日起2个月内出具审核意见,中国证监会应当自证券交易所受理注册申请文件之日起3个月内作出同意注册或者不予注册的决定。发行人根据中国证监会、证券交易所要求补充、修改注册申请文件的时间不计算在内。

公开发行公司债券,可以申请一次注册,分期发行。中国证监会同意注册的决定自作出之日起两年内有效,发行人应当在注册决定有效期内发行公司债券,并自主选择发行时点。公开发行公司债券的募集说明书自最后签署之日起6个月内有效。发行人应当及时更新债券募集说明书等公司债券发行文件,并在每期发行前报证券交易所备案。

中国证监会作出注册决定后,主承销商及证券服务机构应当持续履行尽职调查职责;发生重大事项的,发行人、主承销商、证券服务机构应当及时向证券交易所报告。证券交易所应当对上述事项及时处理,发现发行人存在重大事项影响发行条件、上市条件的,应当出具明确意见并及时向中国证监会报告。

中国证监会作出注册决定后、发行人公司债券上市前,发现可能影响本次发行的重大事项的,中国证监会可以要求发行人暂缓或者暂停发行、上市;相关重大事项导致发行人不符合发行条件的,可以撤销注册。中国证监会撤销注册后,公司债券尚未发行的,发行人应当停止发行;公司债券已经发行尚未上市的,发行人应当按照发行价并加算银行同期存款利息返还债券持有人。

中国证监会应当按规定公开公司债券发行注册行政许可事项相关的监管信息。

三、上市公司可转换公司债券的发行条件与程序

(一)上市公司可转换公司债券的发行条件

《证券法》第15条第3款规定:"上市公司发行可转换为股票的公司债券,除应当符合第一款规定的条件外,还应当遵守本法第十二条第二款的规定。但是,按照公司债券募集办法,上市公司通过收购本公司股份的方式进行公司债券转换的除外。"鉴于该规定较为原则,《上市公司证券发行注册管理办法》对上市公司可转换公司债券的发行条件作了详细规定。

(二)上市公司可转换公司债券的发行程序

上市公司可转换公司债券应遵循以下发行程序:(1)上市公司董事会就发行可转换公司债券作出决议,并提请股东会批准。(2)上市公司股东会就发行可转换公司债券作出决议[1]。(3)上市公司按照中国证监会有关规定制作注册申请文件,依法由保荐人保荐并向交易所申报。(4)交易所收到注册申请文件后,5个工作日内作出是否受理的决定。(5)交易所审核部门负责审核上市公司可转换公司债券发行上市申请。交易所上市委员会负责对上市公司向不特定对象发行可转换公司债券的申请文件和审核部门出具的审核报告提出审议意见。(6)交易所按照规定的条件和程序,形成上市公司是否符合发行条件和信息披露要求的审核意见,认为上市公司符合发行条件和信息披露要求的,将审核意见、上市公司注册申请文件及相关审核资料报中国证监会注册;认为上市公司不符合发行条件或者信息披露要求的,作出终止发行上市审核决定。(7)中国证监会收到交易所审核意见及相关资料后,基于交易所审核意见,依法

[1] 根据2023年《公司法》第202条的规定,在授权资本制背景下,原本应分别由董事会和股东会作出决议的程序,可经股东会决议,或者经公司章程、股东会授权由董事会决议。

履行发行注册程序。在15个工作日内对上市公司的注册申请作出予以注册或者不予注册的决定。(8)中国证监会的予以注册决定,自作出之日起1年内有效,上市公司应当在注册决定有效期内发行可转换公司债券,发行时点由上市公司自主选择。适用简易程序的,应当在中国证监会作出予以注册决定后10个工作日内完成发行缴款,未完成的,本次发行批文失效。

四、非公开发行公司债券的发行条件与程序

(一)非公开发行公司债券的发行条件

《公司债券发行与交易管理办法》第34条规定,非公开发行的公司债券应当向专业投资者发行,不得采用广告、公开劝诱和变相公开方式,每次发行对象不得超过200人。第35条规定,承销机构应当按照中国证监会、证券自律组织规定的投资者适当性制度,了解和评估投资者对非公开发行公司债券的风险识别和承担能力,确认参与非公开发行公司债券认购的投资者为专业投资者,并充分揭示风险。

(二)非公开发行公司债券的发行程序

根据《公司债券发行与交易管理办法》第36条的规定,非公开发行公司债券,承销机构或自行销售的发行人应当在每次发行完成后5个工作日内向中国证券业协会报备。中国证券业协会在材料齐备时应当及时予以报备。报备不代表中国证券业协会实行合规性审查,不构成市场准入,也不豁免相关主体的违规责任。

第三节 公司债券的转让

一、公司债券转让的一般规定

公司债券作为可流通的有价证券,可以在不同的所有者之间转让。我国《证券法》规定的证券交易包括股票和债券的交易,因而公司债券的转让也受《公司法》和《证券法》的调整。

公司债券可以转让,转让价格由转让人与受让人约定;公司债券的转让应当符合法律、行政法规的规定。公司债券由债券持有人以背书方式或者法律、行政法规规定的其他方式转让;转让后由公司将受让人的姓名或者名称及住所记载于公司债券持有人名册。

二、公开发行公司债券的交易

《公司债券发行与交易管理办法》第31条规定,公开发行的公司债券,应当在证券交易场所交易。公开发行公司债券并在证券交易场所交易的,应当符合证券交易场所规定的上市、挂牌条件。该法第32条规定,证券交易场所应当对公开发行公司债券的上市交易实施分类管理,实行差异化的交易机制,建立相应的投资者适当性管理制度,健全风险控制机制。证券交易场所应当根据债券资信状况的变化及时调整交易机制和投资者适当性安排。该法第33条规定,公开发行公司债券申请上市交易的,应当在发行前根据证券交易场所的相关规则,明确交易机制和交易环节投资者适当性安排。发行环节和交易环节的投资者适当性要求应当保持一致。

三、非公开发行公司债券的转让

《公司债券发行与交易管理办法》第37条规定,非公开发行公司债券,可以申请在证券交易场所、证券公司柜台转让。非公开发行公司债券并在证券交易场所转让的,应当遵守证券交易场所制定的业务规则,并经证券交易场所同意。非公开发行公司债券并在证券公司柜台转让的,应当符合中国证监会的相关规定。该法第 38 条规定,非公开发行的公司债券仅限于专业投资者范围内转让。转让后,持有同次发行债券的投资者合计不得超过 200 人。

思考题

1. 试析公司债券发行条件的一般规定。
2. 试析公开发行公司债券的发行条件。
3. 试析上市公司可转换公司债券的发行条件。

第十四章　公司的财务、会计制度

导读

- 各个国家和地区的公司法都对公司财务、会计制度作了明确规定。我国《公司法》也于第十章作了具体规定。
- 公司资产运营不仅关系到公司自身的利益，而且关系到公司债权人、股东、潜在投资者、潜在交易相对人以及其他利益相关者的利益，而这些主体利益的维护都受到公司会计制度所提供的公司财务信息的影响。
- 我国《公司法》仅对公司的具体财务、会计制度作了原则性规定，其具体内容则由相关会计制度与会计准则规定。其中，《公司法》规定的公司财务、会计制度主要包括以下内容：财务、会计管理，财务、会计报告，公积金制度，利润分配制度，内部审计制度。

第一节　公司财务、会计制度概述

一、公司财务、会计制度的概念

公司财务、会计制度是公司财务制度与公司会计制度的合称，是调整公司财务与会计活动的各项法律规则的总称。公司财务，是指公司在生产经营活动中有关资金筹集、使用、管理和收益分配的活动；公司会计，是指以货币为计量单位，对公司的整个财务活动和经营状况以记账、算账、报账等方式进行的核算与监督的活动。公司财务与公司会计密不可分，甚至融为一体，故将二者合称为公司财务、会计。

各个国家和地区的公司法都对公司财务、会计制度作了明确规定。我国《公司法》也于第十章作了具体规定，该法第 207 条规定："公司应当依照法律、行政法规和国务院财政部门的规定建立本公司的财务、会计制度。"《公司法》规定的公司财务、会计制度主要包括以下内容：财务、会计管理，财务、会计报告，公积金制度，利润分配制度，内部审计制度。

二、我国公司财务、会计制度的法律渊源

我国公司财务、会计制度的法律渊源包括法律、行政法规以及部门规章。这些法律规范对公司会计原则、会计科目的设置和使用、会计凭证、会计账目的填制和登记、会计报表的编制和报送、会计工作人员的资格和责任等都作了明确的规定。

（一）法律

除《公司法》第十章外，规定我国公司财务、会计制度的法律还有《会计法》《注册会计师

法》;此外,《证券法》也对上市公司的财务、会计制度作了相应规定。

(二)行政法规

关于公司财务、会计制度的行政法规主要为国务院于2000年6月21日发布并于2001年1月1日施行的《企业财务会计报告条例》。

(三)部门规章

关于公司财务、会计的部门规章主要为财政部发布的一系列财务、会计规则,此外还包括中国证监会发布的相关规则。

1992年,财政部发布了《企业会计准则》(已失效)、《企业财务通则》(已失效)和分行业的会计制度与财务制度,并于1993年7月1日起在所有企业实施。随着会计制度的不断发展,其覆盖的领域不断扩大,财政部从1997年起陆续发布的具体会计准则以及2001年起执行的《企业会计制度》,已经基本吸纳了《企业财务通则》规定的确认和计量内容。2006年2月15日,财政部发布了多达40项的具体企业会计准则,从而构建了完整的企业会计准则体系,并实现了与国际会计惯例的趋同。由此,财务制度作为会计要素确认和计量的功能,已经基本被会计准则所取代。

除财政部发布的一般性会计准则外,中国证监会发布的配套规章,则对上市公司的财务、会计制度作了专门规定。

三、公司财务、会计制度的作用

公司资产运营不仅关系到公司自身的利益,而且关系到公司债权人、股东、潜在投资者、潜在交易相对人以及其他利益相关者的利益,而这些主体利益的维护都受到公司会计制度所提供的公司财务信息的影响。[1] 因此,公司财务、会计制度在公司运营中具有重要作用,具体包括以下内容:

1. 有利于保护股东的利益。股东在将财产以股份的形式投入公司后,即丧失了该财产的所有权,而只能以股东权的行使获取收益。然而,在现代公司中,股东往往并不直接控制公司,而主要由董事或经理等高级管理人员实际控制,也就是实现了所有权与经营权的分离。因此,公司必须建立规范的财务、会计制度,并保证财务、会计信息真实、准确、完整,才能使股东有效了解公司的财务运营状况,并有效监督董事、经理等高级管理人员妥善行使职权,从而维护股东权益。

2. 有利于保护债权人的利益。公司作为独立责任主体,以其自有资产为限对外承担法律责任。因此,在无法使公司股东及经营者承担个人责任的情况下,债权人只有借助规范的公司财务、会计制度才能维护自身权益。在与公司进行交易活动时,交易相对人只有通过对公司财务、会计资料的了解,才能获取公司基本的资信情况,从而对交易风险进行必要评估。

3. 有利于保护社会公众的利益。当公司向社会公众发行股份或债券时,就涉及社会公众投资者的利益保护问题。公司财务会计报告是公众投资者作出理性的投资决策的基本依据。此外,公司的潜在投资者与潜在交易相对人也是需要保护的社会公众,其利益同样需要规范的公司财务、会计制度来维护。

4. 有利于提高公司的经营管理水平。公司的财务会计报告实际上为公司经营管理水平提

---

〔1〕 参见赵旭东主编:《公司法学》(第2版),高等教育出版社2006年版,第449~450页。

供了可信的评价指标,因此,财务、会计制度和相应的审计活动能够促使公司经营管理人员谨慎行事,并积极探寻提高公司经济效益的途径和方法,促使公司提高经营管理水平。

5. 有利于政府实施监督。财务会计报表提供的经济指标为国家宏观调控和政府职能部门进行监督提供了依据。根据公司财务会计报表汇总的公司经营状况,国家能够对国民经济的运行情况形成整体认识,并据此制定相应的宏观调控政策与措施。[2] 对于具体政府职能部门来说,其对公司进行监督也必须以公司财务会计报表为基本依据。例如,税务部门就是通过公司的财务会计报表监督和检查公司的运营状况,确保国家税收的及时、足额征缴。

第二节　公司的具体财务、会计制度

我国《公司法》仅对公司的具体财务、会计制度作了原则性规定,其具体内容则由相关会计制度与会计准则规定。其中,《公司法》的规定涉及公司财务会计报告、公积金制度、股利分配制度以及会计师事务所的聘用制度等内容。

一、公司财务会计报告

公司财务会计报告,是指公司按照公司财务、会计制度处理公司财务关系、办理公司会计事务,将其结果进行收集、整理、编制为会计报表,并配以文字说明,以全面反映公司的财务、会计信息及经营成果的法律文件。公司的财务会计报告由会计报表和会计报表附注组成。

关于财务会计报告的制作,我国《公司法》第 208 条规定:公司应当在每一会计年度终了时编制财务会计报告,并依法经会计师事务所审计。财务会计报告应当依照法律、行政法规和国务院财政部门的规定制作。

关于财务会计报告的公开,我国《公司法》第 209 条规定:有限责任公司应当按照公司章程规定的期限将财务会计报告送交各股东。股份有限公司的财务会计报告应当在召开股东会年会的 20 日前置备于本公司,供股东查阅;公开发行股份的股份有限公司应当公告其财务会计报告。

二、公积金制度

(一)公积金的概念

公积金,又称储备金,是指公司为了增强自身财力,扩大业务范围,预防意外亏损,依照法律和公司章程的规定以及股东会决议而从公司税后利润中提取的累积资金。

公积金作为储备基金,对公司的生存和发展意义重大。一方面,市场充满各种风险,公司盈亏难以预测。将丰年的盈余留作储备,可以用以弥补亏损年份的空缺,从而维持公司运转所必需的财产。另一方面,必要的公积金储备不仅代表着公司的竞争能力,而且有利于公司捕捉商机。当公司扩大业务范围和经营规模而需要追加投资时,采用公积金追加投资或转增资本的方式,无疑为一种高效、便捷且低成本的方案。因此,各个国家和地区的公司法都将公司从

---

[2] 参见施天涛:《公司法论》(第 2 版),法律出版社 2006 年版,第 209 页。

税后利润中提取法定公积金作为一项强制性义务规定下来,并规定了提取比例,以实现上述目的。[3] 我国《公司法》同样确立了公积金制度。

(二)公积金的种类

我国《公司法》规定的公积金有两种:法定公积金和任意公积金。

1. 法定公积金

法定公积金,又称强制公积金,是指公司法规定必须从税后利润中提取的公积金。对法定公积金,公司既不得以其章程或股东会决议予以取消,也不得削减其法定比例。根据来源不同,法定公积金又分为法定盈余公积金和资本公积金。

法定盈余公积金,是指按法定比例从公司税后利润中提取的公积金。依照我国《公司法》第 210 条第 1 款的规定,法定公积金应当按税后利润的 10% 提取,当法定公积金累计额为公司注册资本的 50% 时可不再提取。我国《公司法》所称法定公积金即特指法定盈余公积金。

资本公积金,是指公司非营业活动所产生的收益。资本公积金的来源主要有:(1)公司以超过股票票面金额的发行价格发行股份所得的溢价款;(2)发行无面额股所得股款未计入注册资本的金额;(3)处置公司资产所得收入;(4)资产重估价值与账面净值的差额;(5)接受捐赠。对此,我国《公司法》第 213 条规定:“公司以超过股票票面金额的发行价格发行股份所得的溢价款、发行无面额股所得股款未计入注册资本的金额以及国务院财政部门规定列入资本公积金的其他项目,应当列为公司资本公积金。”

2. 任意公积金

任意公积金,是指公司在法定公积金之外,依照公司章程或股东会决议而从税后利润中提取的公积金。与法定盈余公积金一样,任意公积金也来源于公司税后利润,但其提取不具有法律的强制性。关于任意公积金提取的比例与最低提取额,各个国家和地区的公司法一般均不予规定,而交由公司章程或股东会决议决定。我国《公司法》仅在第 210 条第 3 款规定:“公司从税后利润中提取法定公积金后,经股东会决议,还可以从税后利润中提取任意公积金。”

(三)公积金的用途

我国《公司法》第 214 条第 1 款规定:“公司的公积金用于弥补公司的亏损、扩大公司生产经营或者转为增加公司注册资本。”同条第 2 款规定:“公积金弥补公司亏损,应当先使用任意公积金和法定公积金;仍不能弥补的,可以按照规定使用资本公积金。”依此,公积金具有以下三方面的用途:(1)弥补亏损;(2)扩大公司生产经营;(3)增加公司注册资本。但基于资本维持原则,使用任意公积金和法定公积金仍不能弥补亏损的,方可按照规定使用资本公积金弥补公司亏损。该条第 3 款规定:“法定公积金转为增加注册资本时,所留存的该项公积金不得少于转增前公司注册资本的百分之二十五。”

三、公司利润分配制度

公司依照法律或章程的规定,按期以一定的数额和方式分配给股东的公司利润一般称为股利。有些国家和地区将股利区分为股息和红利,并将股息定义为股东定期从公司取得的固定比率的利润,将红利定义为股息分配后仍有盈余而另按一定比例分配的利润。我国《公司法》及相关会计制度均未对股息和红利加以区分,而统称为股利。

---

〔3〕 参见赵旭东主编:《公司法学》(第 2 版),高等教育出版社 2006 年版,第 461 页。

从各个国家和地区的公司法来看，在股利分配的规定上，一般贯彻“无盈不分”原则与“同股同利”原则。我国《公司法》第210条第4款规定：“公司弥补亏损和提取公积金后所余税后利润，有限责任公司按照股东实缴的出资比例分配利润，全体股东约定不按照出资比例分配利润的除外；股份有限公司按照股东所持有的股份比例分配利润，公司章程另有规定的除外。”同条第5款规定：“公司持有的本公司股份不得分配利润。”

四、会计师事务所的聘用制度

我国《公司法》第208条第1款规定，公司应当在每一会计年度终了时编制财务会计报告，并依法经会计师事务所审计。因此，会计师事务所的聘用成为公司财务、会计活动中的重要环节。《公司法》第215条规定：公司聘用、解聘承办公司审计业务的会计师事务所，按照公司章程的规定，由股东会、董事会或者监事会决定。公司股东会、董事会或者监事会就解聘会计师事务所进行表决时，应当允许会计师事务所陈述意见。为确保财务会计报告的真实性，《公司法》第216条还规定：“公司应当向聘用的会计师事务所提供真实、完整的会计凭证、会计账簿、财务会计报告及其他会计资料，不得拒绝、隐匿、谎报。”

五、公司账簿与账户管理制度

为保证公司财务会计报告的真实性，各个国家和地区的公司法均不允许在法定会计账簿外另立会计账簿。我国《公司法》第217条第1款明确规定：“公司除法定的会计账簿外，不得另立会计账簿。”

公司尽管可能拥有多个合法账户，但为避免公司资产被非法转移或流失，各个国家和地区的公司法均禁止以个人名义开立账户存储公司资产。我国《公司法》第217条第2款明确规定：“对公司资金，不得以任何个人名义开立账户存储。”

思考题

1. 如何理解公司财务、会计制度的作用？
2. 试述公司利润分配制度。

第十五章　公司的合并、分立与组织形式的变更

导读

- 各个国家和地区的公司法对公司合并有种类限制与不限制之分。从规范公司合并行为的角度而言，以对合并后存续或新设的公司种类加以必要的限制为宜。
- 为确保合并行为顺利、有效，切实保护各有关方面的合法利益，公司合并必须按照法律规定的程序进行。否则，不仅会导致合并的无效，还会产生相应的法律责任。各个国家和地区的公司法对公司合并程序的规定大同小异。
- 公司分立有新设分立和派生分立两种形式。公司分立与营业转让(资产转让或资产剥离)具有相似性，即原公司将一部分资产分离出去，但两者仍具有本质区别。公司分立也必须按照法律规定的程序进行。
- 各个国家和地区的公司法大多将公司组织形式的变更限于公司法所确认的形态，因而其他的法定或非法定的公司类型之间的转换均不属于此类。总体而言，各个国家和地区的公司法对公司组织形式变更的规定可分为限制主义与非限制主义两种。

第一节　公司的合并

一、公司合并概述

公司合并，是指两个或两个以上的公司依法达成合意，归并为一个公司或创设一个新的公司的法律行为。

公司合并的形式有两种，即吸收合并和新设合并。吸收合并，是指两个或两个以上的公司合并后，其中有一个公司(吸收方)存续，而其他公司(被吸收方)解散。合并后的公司仍沿用甲公司的名称，乙、丙公司的财产及债权债务都归属于甲公司，其股东亦成为甲公司的股东。新设合并，又称创设合并，是指两个或两个以上的公司合并后，在合并各方均归于消灭的同时，另外创设出一个新的公司。

无论是吸收合并，还是新设合并，均具有以下三个共同特征：(1)除在吸收合并中吸收公司存续外，其他公司的法人资格均归于消灭；(2)因合并而被消灭了的公司的财产及债权债务，均为存续公司或新设公司所概括承受；(3)因合并而被消灭了的公司的股东，均为存续公司或新设公司所接收。欠缺上述任一特征，都不是公司法意义上的公司合并。

各个国家和地区的公司法对公司合并有种类限制与不限制之分。凡规定不论合并公司属

于何种责任形式,都可以合并的,是种类不限制主义;凡规定只有同类责任形式的公司才可以合并的,是种类限制主义。种类限制主义又可以细分为两种情况:一是对合并前的公司种类加以限制,即要求合并前的公司都必须是股份有限公司;二是对合并后的公司种类加以限制,合并公司中只要有一方是股份有限公司,合并后存续或新设的公司则必须是股份有限公司。种类限制主义与种类不限制主义各有利弊。种类限制主义使合并手续简便易行,并使合并后公司的内部关系简单、清晰,但对公司的合并无疑起到一种掣肘作用;种类不限制主义为公司合并这种法律行为提供了最广泛的空间和可能,然而,不经过清算程序,不同种类的公司相互合并,在实践中产生的法律关系错综复杂,难以理顺,亦有其不尽合理之处。从规范公司合并行为的角度而言,以对合并后存续或新设的公司种类加以必要的限制为宜。

公司合并是公司经营中经常发生的行为,参加合并的公司基于不同的动因会主动或被动地作出合并的抉择。就合并后存续或新设的公司而言,其合并的动因主要有:(1)希望减少竞争对手或对抗竞争对手;(2)希望产生互相协作、取长补短的效果;(3)希望迅速发展公司的业务,扩大公司的实力。而被合并方参与合并的动因主要有:(1)公司营业不景气,濒临破产的边缘;(2)公司设备陈旧又无力更换,致使公司营业衰退;(3)希望找一个实力大的公司作为靠山,以减少自己的投资风险。可见,公司合并对于被合并方常常是无奈的选择。

公司合并具有促进生产要素的合理流动,实现社会资源优化配置,促进产业结构、企业组织结构和产品结构调整等积极作用;同时,也可能产生垄断和妨碍竞争的负效应。因此,在允许公司合并的前提下,也要解决反垄断问题,这是市场经济体制提出的一个新的课题。

二、公司合并的程序

为确保合并行为顺利、有效,切实保护各有关方面的合法利益,公司合并必须按照法律规定的程序进行。否则,不仅会导致合并的无效,还会产生相应的法律责任。对公司合并程序的规定,各个国家和地区的公司法大同小异。根据我国《公司法》的规定,公司合并应依下列程序进行:

1. 提出合并方案。公司合并方案由参与合并公司的董事会或执行董事提出。

2. 签订合并协议。参加合并的各方应当在平等协商的基础上,就合并的有关事项达成合并协议。合并协议的具体内容因公司类型及合并形式的差异而有所区别。对涉及股份有限公司的合并,法律不仅规定必须订立合并协议,还规定了合并协议必须记载的事项。根据我国公司合并的实践,合并协议应包括以下内容:(1)合并各方的名称、住所;(2)合并后存续公司或新设公司的名称、住所;(3)合并各方的资产状况及处理办法;(4)合并各方的债权债务的处理办法;(5)存续公司或新设公司因合并而增资所发行的股份总数、种类和数量;(6)合并各方认为需要载明的其他事项。

3. 作出合并决议。公司合并须由股东会作出决议。在公司合并方达成协议后,要将合并协议提交股东会表决。公司合并的决议属特别决议,应当经出席会议的股东所持表决权的2/3以上通过。合并决议是合并协议生效的必备前提条件。股东中不同意合并的,有权根据异议股东股权收购请求权,请求公司按合并时的公正价格收买其持有的股份。为简化合并决议程序,《公司法》第219条第1、2款规定,以下两种情形下的公司合并可不经股东会决议,而经董事会决议:(1)公司与其持股90%以上的公司合并,被合并的公司不需经股东会决议,但应当通知其他股东,其他股东有权请求公司按照合理的价格收购其股权或者股份。(2)公司合并支付的价款不超过本公司净资产10%的,可以不经股东会决议;但是,公司章程另有规定的除外。

4.编制资产负债表及财产清单。合并各方应编制资产负债表和财产清单,以供债权人查询。资产负债表应明确公司资产的借贷情况,财产清单应将公司所有的动产、不动产、债权、债务及其他资产分别注明。

5.通知和公告债权人。为保护公司的债权人利益,各个国家和地区的公司法都在公司合并程序中规定了对债权人的保护措施,即要求在作出公司合并决议后,应及时通知和公告债权人,并明确规定在法定期限内,债权人有权对公司的合并提出异议。公司对在法定期限内提出异议的债权人,必须清偿债务或提供担保。逾期未提出异议者,则视为默认该公司合并。我国《公司法》明确规定,公司应当自作出合并决议之日起10日内通知债权人,并于30日内在报纸上或者国家企业信用信息公示系统公告。债权人自接到通知之日起30日内,未接到通知的自公告之日起45日内,可以要求公司清偿债务或者提供相应的担保。

6.进行资本的合并和财产的移转。完成了催告债权的程序后,合并的公司即可进行资本的合并及财产的移转。如果合并后的公司是股份有限公司,参加合并的非股份有限公司就要将其资本分解为股份;如果合并后的公司不是股份有限公司,参加合并的公司也要进行资产评估,确定其在合并后公司中所占的资本比例。在完成资本的融合程序后,合并后存续的公司或合并后新设的公司应召集股东会会议,报告合并事宜,变更或订立公司章程。

三、公司合并的法律效力

合法的公司合并,其法律效力主要表现在以下两个方面:

1.合并公司的变化。合并公司的变化因合并方式的不同而有所区别,概括地说,可导致公司消灭、公司变更和公司设立三种结果。(1)公司消灭。在吸收合并的场合,被吸收合并公司的法人资格消灭;在新设合并的场合,参加合并公司的法人资格均归于消灭。(2)公司变更。在吸收合并时,存续公司的股东、资本等都发生了变化,需修改公司章程并办理变更登记。(3)公司设立。在新设合并时,因合并形成了一个新的公司,需办理设立登记。

2.权利义务的概括承受。法人权利义务的概括承受,在性质上如同自然人的继承。存续公司和新设公司应不附任何先决条件,继续承担因合并而解散的公司经确认的债权、债务,无须就被合并公司的债权、债务为个别的让与及承受,且不得就其中权利或义务之一部分以特约除外,即使在合并中作出这种约定,亦不产生法律效力,更不得以此对抗第三人。为确保债权人利益不因公司合并受损,因合并而解散的公司不得隐匿债权、债务。

第二节　公司的分立

一、公司分立概述

公司分立,又称公司分割,是指一个公司依照法律规定和合同约定分立为两个或两个以上公司的行为。

1966年《法国商事公司法》首创了公司分立制度,其后为许多国家和地区的公司法所采纳。尤其是1982年《欧共体第六号公司法指令》要求各成员国建立公司分立制度后,其他欧共体国家相继建立了公司分立制度。此外，日本、韩国也先后确立了公司分立制度。如今，世界各个国家和地区的公司法已大多建立了公司分立制度。不过，美国公司法仍未明确规定公司分立制度，但实务中可以利用公司法上有关资产转让以及有关税法规定达到类似于公司分立的目的。[1] 我国《公司法》对公司分立制度作了明确规定。

公司分立有新设分立和派生分立两种形式。新设分立，是指一个公司将其全部资产分割设立两个或两个以上公司的行为。原公司法人资格因此消灭，并须办理注销登记手续，新设立公司须符合公司法规定的设立条件，并办理设立登记。派生分立，是指一个公司以其部分资产设立另一个公司的法律行为。原公司继续存在，但在股东人数、资本数额及产生规模等方面都发生了变化，应依法办理变更登记；派生的公司则应办理设立登记。

公司分立与营业转让（资产转让或资产剥离）具有相似性——原公司都将一部分资产分离出去，但两者仍具有本质区别。首先，内容不同。在公司分立中，原公司不因分立而获得对价，也不拥有新设公司的股权，因而其资产总额因此减少，公司资产负债表中的所有者权益（包括股本）也因此减少。在营业转让中，转让方可以因转让资产而获得相应对价，因而其资产总额不变，所有者权益（包括股本）也不因此减少。其次，对股东地位的影响不同。公司分立直接影响股东地位。在派生分立中，原公司的股东对原公司的股权减少，相应地获得分立出来的公司的股权；在新设分立中，原公司的股东对原公司的股权因原公司的消灭而消灭，相应地获得分立出来的公司的股权。在营业转让中，因原公司的股权结构与资产并未改变，故不影响原公司的股东地位。最后，法律性质不同。公司分立的本质是公司人格的变化，而营业转让的本质则为买卖合同。[2]

公司分立的主要目的是调整公司的业务经营并进行组织再造。首先，公司分立有利于实现公司经营的专门化并提升公司经营效率。当一家公司形成相当规模时，其经营业务的多元化和组织结构的多极化，必然要求实现公司经营管理的专门化和效率化。公司将部分营业分离出去，以派生分立的方式设立新的公司，即可达到以上目的。其次，公司分立可作为回避反垄断法管制的手段。当某一公司处于高度垄断地位时，为因应反垄断法的管制，相关主管机关可责令该公司分立为数家互不持股的独立公司，公司自身也可主动采取分立措施。例如，我国先后对电信企业进行多次分拆行为，即为公司分立行为。最后，公司分立也是一种解决公司僵局的手段。例如，若公司不同股东之间形成严重分歧，且不同股东所持股权较为接近，则将其分立为不同公司，亦可作为解决公司僵局的一种方式。[3]

二、公司分立的程序

公司分立也必须按照法律规定的程序进行。根据我国《公司法》的规定，公司分立应依下列程序进行：

1. 提出分立方案。公司分立方案由公司的董事会或执行董事提出。

2. 订立分立协议。我国《公司法》规定了公司合并应当由合并各方签订合并协议，但未规定公司分立时应订立分立协议。实践中，无论是新设分立还是派生分立，在分立之初均需由分

〔1〕 参见施天涛：《公司法论》（第2版），法律出版社2006年版，第532页。

〔2〕 参见赵旭东主编：《公司法学》（第2版），高等教育出版社2006年版，第478页。

〔3〕 参见施天涛：《公司法论》（第2版），法律出版社2006年版，第533页。

立各方签订分立协议。

3. 作出分立决议。公司分立须由股东会作出决议。在董事会作出公司分立决议并订立分立协议后,应将其提交股东会表决。公司分立的决议属特别决议,应当经代表2/3以上表决权的股东通过。分立决议是分立协议生效的必备条件。股东中不同意分立的,有权根据异议股东股权收购请求权,请求公司按分立时的公正价格收买其持有的股份。

4. 编制资产负债表及财产清单。公司分立,应当编制资产负债表及财产清单。资产负债表应明确公司资产的借贷情况,财产清单应将公司所有的动产、不动产、债权、债务及其他资产分别注明。

5. 通知和公告债权人。为保护公司的债权人利益,各个国家和地区的公司法都规定,公司在作出公司分立决议后,应及时通知和公告债权人。我国《公司法》也明确规定,公司应当自作出分立决议之日起10日内通知债权人,并于30日内在报纸上或者国家企业信用信息公示系统公告。与公司合并不同,我国《公司法》未规定公司分立时债权人事前特别保护程序。也就是说,债权人不能对公司分立提出异议,并要求公司清偿债务或提供担保。实际上各个国家和地区的公司法也大多未规定公司分立时债权人的事前特别保护程序,主要是通过事后保护机制来实现对债权人的保护。

6. 进行资本的分离和财产的移转。完成了通知和公告债权人的程序后,分立的公司即可进行资本的分离及财产的移转。在完成资本的分离与移转程序后,分立后存续的公司及新设的公司应召集股东会会议,报告分立事宜,变更或订立公司章程。

7. 办理分立登记。在完成上述程序后,分立公司应在法定期限内,在登记主管机关办理分立登记。分立登记依分立中不同公司的生灭变化而分为三种情况:(1)因分立而存续的公司,须进行变更登记;(2)因分立而消灭的公司,须进行注销登记;(3)因分立而设立的公司,须进行设立登记。应当注意的是,公司设立须由有关政府主管部门审批的,在办理分立登记前,同样须由有关政府主管部门先行审批。办理分立登记是公司分立的最后一道程序。登记后,公司分立程序即告完成。

三、公司分立的法律效力

合法的公司分立,其法律效力主要表现在以下两个方面:

1. 分立公司的变化。分立公司的变化因分立方式的不同而有所区别,概括地说,可导致公司消灭、公司变更和公司设立三种结果。(1)公司消灭。在新设分立的场合,被分立公司的法人资格消灭。(2)公司变更。在派生分立时,存续公司的股东、资本等都发生了变化,需修改公司章程并办理变更登记。(3)公司设立。在新设分立及派生分立时,均形成了新的公司,需办理设立登记。

2. 对分立前的债务承担连带责任。我国《公司法》第223条规定:“公司分立前的债务由分立后的公司承担连带责任。但是,公司在分立前与债权人就债务清偿达成的书面协议另有约定的除外。”依此,我国《公司法》采取的是分立后的公司对分立前的债务承担连带责任的债权人事后保护机制。这一债务承担机制与公司合并的权利、义务概括承受机制不同,原则上分立后的公司应对分立前的公司债务承担连带责任,但“公司在分立前与债权人就债务清偿达成的书面协议另有约定的除外”。

第三节 公司组织形式的变更

一、公司组织形式变更概述

公司组织形式变更,是指依照公司法规定,在不改变公司法人资格的前提下,将公司从一种法定形态变更为另一种法定形态的行为。对此,各个国家和地区的公司法都作了明确规定。

公司的不同组织形式具有不同的优缺点,也具有各自不同的针对性与适应性。各个国家和地区的公司法都允许投资者基于其自身情况选择最符合其自身利益的公司组织形式。但是,这种选择既可能存在事实上的缺陷,在公司运营期间发现选择错误,也可能在公司设立之后,因公司资本结构、规模及业务范围等发生变化,原本合适的组织形式不符合实际需要。例如,股份有限公司经股份转让,股份集中于少数几个股东手中,为满足股东保守公司经营秘密的需要,就有必要放弃需承担更高信息披露义务的股份有限公司这一组织形式。若有限责任公司经不断吸收投资者,使股东发展到数十人之多,为提高公司经营决策的效力,实现股权自由转让,就有必要将其转换为股份有限公司,从而消除其较为浓厚的人合公司色彩。在此情形下,当然就应当依照现实情况与需要,对公司组织形式作必要的调整。因此,各个国家和地区的公司法都规定,公司可以不经解散原来的公司,而在不中断其营业及法人人格的情况下,通过法定程序而达到变更公司组织形式的目的。我国《公司法》也确认了该制度。

虽然公司组织形式的变更维持了其法律人格的同一性,但由于不同组织形式的公司具有不同的设立要求与条件,因此,必然造成公司章程、注册资本、公司名称、内部组织机构甚至股东责任等方面的相应变更,从而使其内容具有复合性。此外,各个国家和地区的公司法大多将公司组织形式的变更限于公司法所确认的形态,因而其他的法定或非法定的公司类型之间的转换均不属于此类。较为特别的是,《德国公司改组法》还将下列涉及公司组织形式的变更纳入了调整范围:登记合作社与资合公司之间的变更;有权利能力的社团变更为资合公司与登记合作社;相互保险社变更为股份有限公司;公法团体变更为资合公司。〔4〕

二、公司组织形式变更的规定

总体而言,各个国家和地区公司法对公司组织形式变更的规定可分为限制主义与非限制主义两种。

(一)限制主义之规定

依限制主义之规定,公司组织形式的变更限于性质类似的公司之间。申言之,仅资合公司之间以及人合公司之间才能实现组织形式的变更,而不能在资合公司与人合公司之间实现变更。法律之所以作此限制,是因为资合公司与人合公司在资本结构、股东责任、组织机构等方面差异巨大,存在法律人格基础上的异质性,其相互之间转换时很难维持法律人格的同一性。日本、韩国均采限制主义之规定。例如,《韩国商法典》第286条、第604条第1款、第607条第

---

〔4〕 参见《德国股份法·德国有限责任公司法·德国公司改组法·德国参与决定法》,杜景林、卢谌译,中国政法大学出版社2000年版,第285~316页。

1 款就无限公司与两合公司之间的相互转换以及有限责任公司与股份有限公司之间的相互转换作了明确规定。[5]《日本公司法典》也对股份有限公司和份额公司的组织变更作了明确规定。[6]

(二)非限制主义之规定

依非限制主义之规定,基于公司自由原则,公司有权自由决定其组织形式的变更,而不将其变更限于资合公司内部及人合公司内部。目前,德国、法国、葡萄牙、西班牙及我国澳门特别行政区均采此之规定。例如,依照《德国公司改组法》第 191 条第 1 款的规定,形式转换适用于人合贸易公司、自由职业合伙公司、人合公司、资合公司、注册合作社、有权利能力的社团、互助保险协会以及公法上的法人团体和机构;但民法上的合伙不在此列。我国《澳门商法典》第 307 条第 1 款规定:“任何公司在设立及登记后,得采用另一公司种类,但法律禁止者除外。”该条第 3 款还明确规定:“公司组织之变更不导致该公司之解散。”

(三)我国关于公司组织形式变更的规定

我国 1993 年《公司法》未就公司组织形式变更作明确规定,仅第 98、99、100 条有所涉及。依其规定,我国仅允许有限责任公司变更为股份有限公司,而未规定股份有限公司变更为有限责任公司,因而应认为法律仅确认了前者而未确认后者。

我国台湾地区现行“公司法”第 76、126、106 条分别规定了无限公司与两合公司之间的变更以及有限责任公司得变更为股份有限公司。显然,较为特殊的是,我国台湾地区未确认股份有限公司得变更为有限责任公司。但我国台湾地区在 1966 年引进公司变更制度时,原本规定了有限责任公司与股份有限公司的相互变更。由于我国台湾地区家族式小企业数量众多,为鼓励企业大众化和大规模经营,并配合限制有限责任公司设立之宗旨,后来才在修订“公司法”时,废除了股份有限公司得变更为有限责任公司的规定。[7]

就我国而言,大多数股份有限公司设立时,之所以选择该组织形式,是因为股份有限公司方便实现日后上市融资的目的。如果股份有限公司成立后,难以实现上市目标,而股东之间具有相当的信任基础,股份有限公司复杂的运营要求成为一种经营负担,则应允许股东将其变更为更具灵活性与封闭性的有限责任公司。[8] 因此,我国在 2005 年修订《公司法》时确认了股份有限公司与有限责任公司的变更。对此,2023 年《公司法》第 12 条分两款规定:“有限责任公司变更为股份有限公司,应当符合本法规定的股份有限公司的条件。股份有限公司变更为有限责任公司,应当符合本法规定的有限责任公司的条件。”“有限责任公司变更为股份有限公司的,或者股份有限公司变更为有限责任公司的,公司变更前的债权、债务由变更后的公司承继。”

三、公司组织形式变更的要件与程序

公司法就不同类型的公司规定了不同的设立条件。因此,公司成立后要实现法律允许的不同类型之间的转换,必须先要符合新的公司组织形式所要求的法定条件。如果欠缺该要件,

---

〔5〕 参见《韩国公司法》,吴日焕译,中国政法大学出版社 2000 年版,第 103 页。
〔6〕 参见吴建斌编译:《日本公司法　附经典判例》,法律出版社 2017 年版,第 391 ~ 395 页。
〔7〕 参见武忆舟:《公司法论》,台北,三民书局 1980 年版,第 124 页。
〔8〕 参见冯果:《公司法要论》,武汉大学出版社 2003 年版,第 233 页。

同样会导致公司设立瑕疵问题，因而可能使新变更的公司无效或被撤销。不过，虽然各个国家和地区的公司法大多对此未予明确规定，但理论界及判例一般认为，与公司设立的无效或被撤销不同，公司组织形式变更的无效或被撤销并不导致解散和清算，而是复归为公司变更前的公司形式。[9]

各个国家和地区的公司法关于公司组织形式变更差异较大，程序也不一致。在此，我们就我国《公司法》所确认的有限责任公司变更为股份有限公司的程序加以介绍。依我国《公司法》及相关法规的规定，变更设立股份有限公司的重要程序包括：(1)有限责任公司股东会作出同意变更公司组织形式的决议；(2)有限责任公司的股东签订股东协议书，约定有关设立股份有限公司的事项及股东的权利义务等；(3)股份有限公司名称自主申报；(4)聘请中介机构，包括审计(评估)机构、律师事务所、券商等；(5)中介机构出具审计报告，如包含国有股还须出具国有股权管理法律意见书等；(6)如包含国有股，上报国有股权管理方案并取得批复意见；(7)律师事务所出具设立股份有限公司的法律意见书；(8)根据2005年《公司法》的规定，需要验资机构出具股份有限公司的验资证明，但《公司法》于2013年修订后免除了发起设立的股份有限公司的法定验资义务，仅保留了募集设立的股份有限公司的法定验资义务；(9)筹备并召开股份有限公司第一次股东会；(10)办理公司注册登记手续。

实际上，上述程序基本上就是股份有限公司的一般设立程序，较为特别的仅有限责任公司股东会作出同意变更公司组织形式的决议。与此相适应，股份有限公司变更为有限责任公司的程序，也是在股份有限公司股东会作出同意变更公司组织形式的决议后，按照有限责任公司的一般设立程序办理即可。

思考题

1. 如何理解公司合并的法律效力？
2. 试析公司分立的程序。
3. 试析公司组织形式变更的要件与程序。

---

[9] 参见《韩国公司法》，吴日焕译，中国政法大学出版社2000年版，第105页；[日]末永敏和：《现代日本公司法》，金洪玉译，人民法院出版社2000年版，第263页。

第十六章　公司的解散和清算

导读

- 对于解散与清算的关系,各个国家和地区的规定不同,主要有两种情形:一为“先算后散”;二为“先散后算”。
- 公司解散因其原因或条件不同,可分为任意解散和强制解散。强制解散的事由包括行政解散与司法解散。在我国,一般所谓司法解散都特指判决解散,本书亦然。
- 为避免少数股东滥用司法解散请求权,不少国家和地区的公司法不仅规定了提出解散请求的股东必须在公司资本中占有一定的份额,还规定了持股的持续时间以及原告败诉时的损害赔偿责任。
- 最高人民法院《关于适用〈中华人民共和国公司法〉若干问题的规定(二)》(以下简称《公司法解释(二)》)对公司解散诉讼中的相关问题以及股东或董事在解散事由出现后实施特定行为的法律责任作了具体规定。
- 公司清算由一系列行为构成,并需要遵循相应的法律程序。通过清算,结束解散公司既存的法律关系,分派解散公司的剩余财产,从而最终消灭解散公司的法人资格。

第一节　公司的解散

一、公司解散的概念

公司解散,是指已成立的公司,因发生法律或章程规定的解散事由而停止营业活动,开始处理未了结的事务,并逐步终止其法人资格的行为。公司除合并、分立导致的解散外,必须伴随公司财产与债权债务清算的终止而丧失其法人资格。

对于解散与清算的关系,各个国家和地区的规定不同,主要有两种情形:一为“先算后散”,即规定公司只有在清算后才能解散,如英国公司法;二为“先散后算”,即规定公司应先宣布解散,然后再进行清算,大陆法系国家和地区的公司法多作此规定。在“先算后散”情形下,宣告公司解散即消灭法人资格,解散是使公司法人资格消灭的法律行为。在“先散后算”下,解散只是法人消灭的原因,只有在清算终结后,公司的法人资格才消灭;在清算终结之前,尽管公司的权利能力受到限制,但公司法人资格仍被视为存续。依据我国《公司法》第十二章的规定,在进入清算程序前,应宣告公司解散,然后成立清算组进行清算。由此可见,我国公司法奉行的是“先散后算”。

二、公司解散的原因

公司解散因原因或条件不同,可分为任意解散和强制解散。但公司破产一般不被作为公司解散事由,而作为与公司解散相并列的另一种公司终止的原因。我国《公司法》第 229～231 条对公司解散的原因作了明确规定,其中包括了自愿解散与强制解散,但未将公司破产纳入其中。

(一)自愿解散

自愿解散,又称任意解散,是指基于公司章程的规定或股东会决议而解散公司。自愿解散是基于公司自身的意思而发生,属于自愿行为,而非法律的强制。其事由包括以下三个方面:

1. 公司章程规定的营业期限届满或者章程规定的其他解散事由出现。尽管现代各个国家和地区的公司法大多放弃了公司存续期间的限制性做法,但西方一些国家(如法国、意大利、比利时、卢森堡)的公司法仍然或明确规定公司存续的最高期限,或要求公司章程对其作出规定。在这些国家中,存续期限届满而又未申请延长的,公司即应解散,因而存续期限届满是公司解散常见的事由。

我国公司法未对公司营业期限作出规定,在公司章程中,公司的营业期限也属任意记载事项,但凡在章程中约定有营业期限的,营业期限届满,公司即可解散。

不过,基于企业维持原则,各个国家和地区的公司法均允许公司通过修改章程而使公司存续。我国《公司法》第 230 条也明确规定,公司章程规定的营业期限届满或者章程规定的其他解散事由出现时,尚未向股东分配财产的,公司可以通过修改公司章程而存续;该修改章程的表决,有限责任公司须经持有 2/3 以上表决权的股东通过,股份有限公司须经出席股东会会议的股东所持表决权的 2/3 以上通过。

2. 股东会决议解散。股东会有权通过决议解散公司。只要解散公司的动议在股东会上能以法定多数通过,公司即可解散。股份有限公司及有限责任公司的解散,一般须以特别决议作出;无限公司和两合公司的解散,则要由全体股东一致同意,如果仅部分股东同意解散,公司可继续存在,主张解散者可以退股。由于我国未确立无限公司和两合公司,故公司解散均须以特别决议作出。

3. 公司因合并或者分立而解散。公司吸收合并会导致被吸收方解散,公司新设合并则导致合并各方均归于解散。公司新设分立导致原公司解散,公司派生分立则不存在公司解散问题。无论是合并还是分立导致公司解散,都不必履行清算程序。公司合并或分立导致的解散,属于合并或分立的法定结果,从形式上看,似应将其归入强制解散之中,但其本质上属于公司以股东会决议的方式而实施合并或分立的结果,故仍应属于自愿解散。

(二)强制解散

强制解散,又称非自愿解散,是指非因公司自身意思,而是因主管机关决定或法院判决而解散公司。其事由包括以下两个方面:

1. 行政解散。公司成立后,在进行生产经营活动的过程中,如违反国家法律、法规,实施危害社会公共利益的行为,公司登记机关有权命令其解散,吊销其营业执照。

我国《公司法》第 39、250 条分别规定了公司被撤销登记和被吊销营业执照的情形。《市场主体登记管理条例》在此基础上还补充规定了多种违反公司登记规定得被吊销营业执照的事由。依此,可导致公司被行政解散的违法行为主要有:(1)虚报注册资本、提交虚假材料或者采取其他欺诈手段隐瞒重要事实取得公司设立登记的,撤销登记;(2)办理公司登记时虚报注册资本,提交虚假证明文件或者采取其他欺诈手段,情节严重的,吊销营业执照;(3)公司登记事项发生变更时,未依法规定办理有关变更登记,情节严重的,吊销营业执照;(4)伪造、涂改、出租、出借、转让营业执照,情节严重的,吊销营业执照。

此外,凡经主管机关批准从事特定行业的公司,当其经营许可被撤销时,公司登记机关要撤销其登记,令其解散。对其中不具备公司条件的,应依法撤销公司登记,取消其法人资格和经营资格。

2. 司法解散。当公司因股东矛盾陷入僵局,公司董事的行为危及公司存亡,或公司业务遇到显著困难,公司的财产有遭受重大损失之虞时,持有一定比例的出资额或股份的股东,有权请求法院解散公司。法院经审理,可判决公司解散。此即判决解散。

需要注意的是,在将法院作为公司登记主管机构的国家和地区,当公司出现上述行政解散的事由时,也可由法院依法行使命令解散权,而该命令解散显然不同于判决解散。

鉴于判决解散与法院命令解散均由司法机关作出,故可统称为司法解散。在我国,法院非公司登记机关,自然也相应地无命令解散权。因此,在我国,一般所谓司法解散都特指判决解散,本书亦然。

为避免少数股东滥用此项权利,有些国家和地区的公司法不仅规定了提出解散请求的股东必须在公司资本中占有一定的份额,还规定了持股的持续时间以及原告败诉时的损害赔偿责任。在《日本商法典》中有类似的规定。此外,《美国商事公司示范法》甚至允许债权人也可以诉请解散公司。

我国《公司法》第231条规定:"公司经营管理发生严重困难,继续存续会使股东利益受到重大损失,通过其他途径不能解决的,持有公司百分之十以上表决权的股东,可以请求人民法院解散公司。"该规定正式确立了我国公司僵局的司法解散制度。《公司法解释(二)》则对公司僵局的司法解散制度作了较具有可操作性的具体规定。依该司法解释第1条第1款的规定,单独或者合计持有公司10%以上表决权的股东,以下列事由之一提起解散公司诉讼,并符合《公司法》第231条规定的,人民法院应予受理:

(1)公司持续两年以上无法召开股东会,公司经营管理发生严重困难的。股东会乃公司最高权力机关与意思机关,是公司治理结构中确保公司形成独立意思的核心要素。股东意志必须通过股东会才能形成公司意志,而股东权利也必须通过股东会才能有效行使,因而股东会的正常运转是公司正常运转的基本前提。如果公司持续无法召开股东会,则意味着股东会已陷入严重僵局,其基本功能已无法发挥,从而也就丧失了维持公司法律人格的基本依据。当然,这种无法召开股东会的僵局必须持续存在一定时间,否则将与企业维持原则相悖。因此,《公司法解释(二)》规定,无法召开股东会的僵局必须持续两年以上,且公司经营管理发生了严重困难,才能提起解散公司诉讼。应当注意的是,此处所谓"无法召开股东会"是指无法实现依法召开股东会的目的,而非未召开股东会。也就是说,必须是依法召集但经努力未能实际召开,或虽召开但未能达到召开股东会的最低要求,才能被视为无法召开。例如,在程树新、陕西中麟建设有限公司公司解散纠纷案中,法院认为,公司的三大股东各持有公司1/3的股份,均有权提议召开股东会,但原审原告并未举证证明其曾经提议召开股东会的事实,因而该公司并不存在"因股东之间存在严重利益冲突和矛盾,决策机制已陷入瘫痪"的情形。[1]

---

〔1〕 参见最高人民法院(2021)最高法民申1438号民事裁定书。

（2）股东表决时无法达到法定或者公司章程规定的比例，持续2年以上不能作出有效的股东会决议，公司经营管理发生严重困难的。股东会作为会议体机构，其职能的发挥既有赖于会议的召开，更有赖于有效决议的作出。股东会作出决议必须达到法定或章程规定的最低表决权数，因而实践中出现公司僵局时，股东会虽经依法召开，但往往无法作出有效决议。如果股东会持续无法作出有效决议，将与股东会无法召开一样，使股东会的功能丧失。因此，《公司法解释（二）》作了本项规定。应当注意的是，必须是虽经表决但不能作出有效决议，而非未予表决从而未作出有效决议。此外，除了符合这一条件外，同样需要公司经营管理发生严重困难，否则仍不能构成提起司法解散的事由。

（3）公司董事长期冲突，且无法通过股东会解决，公司经营管理发生严重困难的。在公司治理结构中，董事会作为意思执行机关与日常经营管理决策机关，其有效运转对公司与股东利益的维护极为重要。若公司董事长期冲突，且无法通过股东会改选董事的方式解决董事之间的冲突，无疑将使公司的利益受到损害。因此，《公司法解释（二）》将本项内容规定为提起解散公司诉讼的事由。应当注意的是，与前两项事由不同，《公司法解释（二）》关于本项事由的规定未要求无法召开或无法作出有效董事会决议。这主要是因为董事会的运转方式并不限于召开会议并作出决议，董事长及董事可以通过自行行使职权的方式来从事经营管理活动。不过，仅仅董事之间长期存在冲突且还不足以构成提起解散公司的事由，该冲突还必须因股东会层面的僵局而无法通过选举新的董事的方式解决，且公司经营管理出现了严重困难。因此，尽管《公司法解释（二）》未规定董事长期冲突且无法通过股东会解决的时间标准，但鉴于董事冲突最终表现为股东会运作层面的僵局，故应将该“长期”的时间认定为持续两年以上。

（4）经营管理发生其他严重困难，公司继续存续会使股东利益受到重大损失的情形。本项规定作为兜底性规定，其内涵需要根据个案具体解释。需要说明的是，上述三种“公司经营管理发生严重困难”的典型情形都是“公司经营管理发生严重困难”这一要件的表现形式，上述三种情形存在即可推定该要件成立，无须另行证明是否符合“公司经营管理发生严重困难”的要件。当然，在明确设置了兜底性规定的情况下，上述三种“公司经营管理发生严重困难的”典型情形也只是针对司法实践中的常见表现形式的总结，还有非典型形式需要根据个案具体判断。在此方面，司法实践中出现了不少误解，有些法官在判决时仅关注《公司法解释（二）》规定的三种典型表现形式，在股东会、董事会能够正常运行的情况下，即使存在“公司经营管理发生严重困难的”其他情形，且客观上公司继续存续会使股东利益受到重大损失，也认定为不符合公司僵局司法解散的判断标准，从而判决不予解散。因此，应深刻把握公司僵局司法解散的判断标准，不拘泥于三种“公司经营管理发生严重困难的”典型表现形式，妥善运用兜底性规定，根据个案具体作出妥当性裁判。

司法实践中需要注意的是，即使形式上完全符合公司司法解散的判断标准，法院裁判时仍应基于企业维持原则，充分运用各种股东纠纷化解手段，尽力避免司法解散这一负面影响较大的纠纷解决方式。对此，最高人民法院《关于适用〈中华人民共和国公司法〉若干问题的规定（五）》第5条明确规定：“人民法院审理涉及有限责任公司股东重大分歧案件时，应当注重调解。当事人协商一致以下列方式解决分歧，且不违反法律、行政法规的强制性规定的，人民法院应予支持：（一）公司回购部分股东股份；（二）其他股东受让部分股东股份；（三）他人受让部分股东股份；（四）公司减资；（五）公司分立；（六）其他能够解决分歧，恢复公司正常经营，避免公司解散的方式。”这是就司法裁判理念而言的,事实上,实践中存在的法院判决解散但公司仍大量存续的这一反常现象更值得深思。例如,在林方清诉常熟市凯莱实业有限公司、戴小明公司解散纠纷案〔2〕中,江苏省高级人民法院于2010年10月19日以(2010)苏商终字第0043号民事判决,撤销一审判决,依法改判解散常熟市凯莱实业有限公司。但截至2024年2月20日笔者检索时该公司仍在运营,且股东及持股数均未发生变更。不仅如此,还有大量被判决司法解散的公司仍实际存续。通过“企查查”对部分被司法判决解散的公司进行不完全检索,发现实际最终解散的公司占比未过半数,这一现象确实引人深思。

为了防止股东滥用司法解散诉权,《公司法解释(二)》第1条第2款明确规定:“股东以知情权、利润分配请求权等权益受到损害,或者公司亏损、财产不足以偿还全部债务,以及公司被吊销企业法人营业执照未进行清算等为由,提起解散公司诉讼的,人民法院不予受理。”该条规定这些事实不得作为解散公司事由的原因不尽相同。“知情权、利润分配请求权等权益受到损害”,《公司法》已明确规定了相应的救济途径,应当通过提起相应的诉讼来解决,故不能作为公司解散事由。“公司亏损、财产不足以偿还全部债务”,虽意味着公司经营出现了严重困难,但仍然可以通过各种途径解决这一问题,故亦不能作为公司解散事由。“公司被吊销企业法人营业执照未进行清算等”的解散属于行政解散,即使未依法进行清算,也只能进入清算程序,而不能提起司法解散诉讼。

三、公司解散的法律后果

公司进入解散程序后,即出现以下法律后果:

1. 进入清算程序,成立清算组织。公司解散不论解散程序在清算程序之前,还是解散程序在清算程序之后,都必须依法成立清算组织。成立清算组织后,公司原来的代表及业务执行机关即丧失权利,由清算组取而代之,清算组代表公司为一切行为。公司由此成为清算中的公司。

2. 限制权利能力,停止营业活动。公司宣告解散后,其权利能力即受到法律的特别限制,这种限制系特指解散公司的权利能力,仅局限于清算范围内,除为实现清算目的,由清算组代表公司处理未了结业务外,公司不得开展新的经营活动。对此,《公司法》第236条第3款明确规定:“清算期间,公司存续,但不得开展与清算无关的经营活动。公司财产在未依照前款规定清偿前,不得分配给股东。”

四、公司解散诉讼

《公司法解释(二)》对公司解散诉讼中的相关问题作了具体规定,其内容如下:

1. 公司解散诉讼的管辖和案件受理费。《公司法解释(二)》第24条第1款规定:“解散公司诉讼案件和公司清算案件由公司住所地人民法院管辖。公司住所地是指公司主要办事机构所在地。公司办事机构所在地不明确的,由其注册地人民法院管辖。”同条第2款规定:“基层人民法院管辖县、县级市或者区的公司登记机关核准登记公司的解散诉讼案件和公司清算案件;中级人民法院管辖地区、地级市以上的公司登记机关核准登记公司的解散诉讼案件和公司清算案件。”该规定既解决了公司解散诉讼的专属管辖问题,又解决了级别管辖问题。

2. 公司解散诉讼的当事人。《公司法解释(二)》第4条规定:“股东提起解散公司诉讼应当以公司为被告。原告以其他股东为被告一并提起诉讼的,人民法院应当告知原告将其他股

---

〔2〕 参见最高人民法院指导案例8号。

东变更为第三人;原告坚持不予变更的,人民法院应当驳回原告对其他股东的起诉。原告提起解散公司诉讼应当告知其他股东,或者由人民法院通知其参加诉讼。其他股东或者有关利害关系人申请以共同原告或者第三人身份参加诉讼的,人民法院应予准许。”依此,在公司解散诉讼中,被告只能为公司,其他股东不能列为被告,但可以列为第三人,其他股东或者有关利害关系人可以申请以共同原告或者第三人身份参加诉讼。

3. 公司解散诉讼中当事人清算请求的处理。公司解散必然伴随公司清算,但若公司解散诉讼中原告败诉,则公司不能进入解散程序,当然更不能进入清算程序。因此,在公司被法院裁判解散之前,法院不能进入公司清算程序。基于此,《公司法解释(二)》第 2 条规定:“股东提起解散公司诉讼,同时又申请人民法院对公司进行清算的,人民法院对其提出的清算申请不予受理。人民法院可以告知原告,在人民法院判决解散公司后,依据民法典第七十条、公司法第一百八十三条〔3〕和本规定第七条的规定,自行组织清算或者另行申请人民法院对公司进行清算。”

4. 公司解散诉讼中当事人财产保全或证据保全请求的处理。在提起公司解散诉讼之前,公司一般早已陷入僵局,并可能对公司财产造成损害,尤其是对原告股东等股东利益造成损害,因此为防止公司财产被实际控制人进一步减损,有必要确立财产保全制度。此外,在公司解散诉讼中,因公司法未规定举证责任倒置制度,原告股东应承担举证责任。因此,为防止公司或实际控制人毁灭证据,也有必要赋予原告股东请求证据保全的权利。基于此,《公司法解释(二)》第 3 条规定:“股东提起解散公司诉讼时,向人民法院申请财产保全或者证据保全的,在股东提供担保且不影响公司正常经营的情形下,人民法院可予以保全。”

5. 公司解散诉讼中调解方式的运用。基于企业维持的原则,法律应尽可能维持公司的存续,使其避免在不必要情况下被解散。但在公司陷入僵局的情况下,也应满足原告股东以解散公司的方式谋求退出公司的合理要求。因此,在我国公司解散诉讼实践中,应贯彻我国民事诉讼法所一贯强调的调解原则,积极进行调解。对此,《公司法解释(二)》第 5 条第 1 款规定:“人民法院审理解散公司诉讼案件,应当注重调解。当事人协商同意由公司或者股东收购股份,或者以减资等方式使公司存续,且不违反法律、行政法规强制性规定的,人民法院应予支持。当事人不能协商一致使公司存续的,人民法院应当及时判决。”同条第 2 款规定:“经人民法院调解公司收购原告股份的,公司应当自调解书生效之日起六个月内将股份转让或者注销。股份转让或者注销之前,原告不得以公司收购其股份为由对抗公司债权人。”

6. 公司解散判决的法律效力。《公司法解释(二)》第 6 条规定:“人民法院关于解散公司诉讼作出的判决,对公司全体股东具有法律约束力。人民法院判决驳回解散公司诉讼请求后,提起该诉讼的股东或者其他股东又以同一事实和理由提起解散公司诉讼的,人民法院不予受理。”

五、公司解散相关法律责任

《公司法解释(二)》对股东或董事在解散事由出现后实施特定行为的法律责任作了以下具体规定:

1. 有限责任公司的股东、股份有限公司的董事和控股股东未在法定期限内成立清算组开始清算,导致公司财产贬值、流失、毁损或者灭失,债权人主张其在造成损失范围内对公司债务

---

〔3〕 为现行《公司法》第 232 条。

承担赔偿责任的,人民法院应依法予以支持。若上述情形系实际控制人原因造成,债权人主张实际控制人对公司债务承担相应民事责任的,人民法院应依法予以支持。有限责任公司的股东、股份有限公司的董事和控股股东,以及公司的实际控制人为2人以上的,其中1人或者数人依法承担民事责任后,主张其他人员按照过错大小分担责任的,人民法院应依法予以支持。[4]

2. 有限责任公司的股东、股份有限公司的董事和控股股东因怠于履行义务,导致公司主要财产、账册、重要文件等灭失,无法进行清算,债权人主张其对公司债务承担连带清偿责任的,人民法院应依法予以支持。若上述情形系实际控制人原因造成,债权人主张实际控制人对公司债务承担相应民事责任的,人民法院应依法予以支持。有限责任公司的股东、股份有限公司的董事和控股股东,以及公司的实际控制人为2人以上的,其中1人或者数人依法承担民事责任后,主张其他人员按照过错大小分担责任的,人民法院应依法予以支持。[5]

3. 有限责任公司的股东、股份有限公司的董事和控股股东,以及公司的实际控制人在公司解散后,恶意处置公司财产给债权人造成损失,或者未经依法清算,以虚假的清算报告骗取公司登记机关办理法人注销登记,债权人主张其对公司债务承担相应赔偿责任的,人民法院应依法予以支持。[6]

4. 公司解散应当在依法清算完毕后,申请办理注销登记。公司未经清算即办理注销登记,导致公司无法进行清算,债权人主张有限责任公司的股东、股份有限公司的董事和控股股东,以及公司的实际控制人对公司债务承担清偿责任的,人民法院应依法予以支持。有限责任公司的股东、股份有限公司的董事和控股股东,以及公司的实际控制人为2人以上的,其中1人或者数人依法承担民事责任后,主张其他人员按照过错大小分担责任的,人民法院应依法予以支持。[7] 需要说明的是,在公司未经清算即办理注销登记,导致公司无法进行清算情形下,有限责任公司的股东、股份有限公司的董事和控股股东以及公司的实际控制人对公司债务承担的清偿责任,属于公司法上的特别责任,法律适用时并不以其存在过错为前提。例如,深圳市南头城实业股份有限公司(以下简称南头城公司)与温进才、李殷英、沈阳北泰方向集团有限公司借款合同纠纷案中,最高人民法院认为,《公司法解释(二)》第21条规定隐含股东不管过错有无、过错大小,对外必须承担股东责任,不能以自己没有过错为由对抗公司债权人的原则。温进才、李殷英虽系代沈阳北泰方向集团有限公司(以下简称北泰公司)持有成都市方圆投资管理有限责任公司(以下简称方圆公司)的股权,但并非被北泰公司冒名登记为股东,代持股是符合其自己的意志和利益的行为,且也并无证据显示南头城公司在向成都市方圆投资管理有限责任公司深圳分公司提供借款时知悉并认可温进才、李殷英的代持股人身份及北泰公司的实际出资人地位,故温进才、李殷英应当承担相应的法律责任风险。温进才、李殷英尽管没有签署决定解散方圆公司的股东会文件和清算报告,并称不知道方圆公司已被解散并依据虚假的清算报告办理了注销登记,即未直接实施损害公司债权人利益的行为,但作为方圆公司经登记的股东,上述情形亦属于其怠于行使股东权利和履行股东监管职责及清算义务,导致公司被非法注销而无法清算,损害公司债权人利益。最高人民法院据此认为,该情形符合《公司法解释

---

〔4〕 参见《公司法解释(二)》第18条第1、3款,第21条。

〔5〕 参见《公司法解释(二)》第18条第2、3款,第21条。

〔6〕 参见《公司法解释(二)》第19条。

〔7〕 参见《公司法解释(二)》第20条第1款,第21条。

(二)》第20条第1款规定的承担责任的条件,故本案二审判决依据该条款判令温进才、李殷英对公司债务承担责任,并无不当。[8]

5. 公司未经依法清算即办理注销登记,股东或者第三人在公司登记机关办理注销登记时承诺对公司债务承担责任,债权人主张其对公司债务承担相应民事责任的,人民法院应依法予以支持。[9]

6. 公司解散时,股东尚未缴纳的出资均应作为清算财产。股东尚未缴纳的出资,包括到期应缴未缴的出资,以及依照《公司法》规定认缴期限尚未届满的出资。公司财产不足以清偿债务时,债权人主张未缴出资股东,以及公司设立时的其他股东或者发起人在未缴出资范围内对公司债务承担连带清偿责任的,人民法院应依法予以支持。[10]

第二节　公司的清算

一、公司清算的概念

公司清算,是指公司解散后,依照法定程序处分公司财产,了结各种法律关系,并最终使公司归于消灭的行为。这是基于"先散后算"所作的界定。

公司解散之后,一般会面对清算问题。不过,合并或分立导致的公司解散在合并或分立过程中,已发生了被解散公司的债权、债务概括承受的法律效果,故无须在解散后进行清算。此外,正如公司破产不作为公司解散的原因一样,破产清算作为一种特殊的清算,须依破产程序进行,而不被纳入公司清算的范畴之中。

公司清算由一系列行为构成,需要遵循相应的法律程序。通过清算,结束解散公司既存的法律关系,分派解散公司的剩余财产,从而最终消灭解散公司的法人资格。由此可见,公司进入清算程序并不导致其法律人格的消灭。这就提出了清算中公司的法律地位问题。鉴于清算中公司客观上存在处分公司财产并处理公司各种法律关系的需要,各个国家和地区的公司法均确认了清算中公司有限制的法律人格。在清算期间,公司法律人格仍然存续,但其权利能力被限制在与清算有关的事务之中。这种受限的特殊人格被称为清算法人。我国《公司法》也接受并确认了这一理论与立法模式。该法第236条第3款规定:"清算期间,公司存续,但不得开展与清算无关的经营活动。公司财产在未依照前款规定清偿前,不得分配给股东。"由于已进入清算程序,公司原有的治理结构已经解体,因而清算中公司的代表人和业务执行机关都由清算人担任,由其对内执行清算业务,对外代表清算中公司。我国《公司法》第234条所规定的清算组所具有的七项职权,即清算组地位的反映。

二、公司清算的种类

(一)任意清算与法定清算

根据适用的程序与方式不同,可将公司清算分为任意清算与法定清算两类。

---

[8] 参见最高人民法院(2015)民申字第2509号民事裁定书。

[9] 参见《公司法解释(二)》第20条第2款。

[10] 参见《公司法解释(二)》第22条。

任意清算,是指按照章程规定或股东决定的清算方法进行的清算。任意清算只能适用于人合公司,但任意清算并非人合公司唯一的清算方式。首先,法律只是赋予人合公司任意清算的权限,而不是要求其必须采取任意清算方式。无论选用何种清算方式,法律均予认可。其次,对于强制解散情形下的清算,各个国家和地区的公司法往往要求采取法定清算方式,以便使公司清算得到必要的监督。例如,《韩国商法典》第 247 条规定:"被解散的公司的财产处分方法,可以以章程或者全体社员同意决定之。在此情形下,应从出现解散事由之日起两周之内制作财产目录及资产负债表。前款规定,不适用于公司因第 227 条第 3 号(社员仅剩为 1 人时解散)或者因第 6 号的事由而解散的情形。"该第 6 号的内容为"法院的命令或者判决"。[11]

法定清算,是指按法律规定的清算程序进行的清算。法定清算适用于任何公司。资合公司只能进行法定清算,不能进行任意清算。我国因只承认有限责任公司和股份有限公司,故公司清算只能实行法定清算。

(二)普通清算与特别清算

各个国家和地区的公司法均将法定清算分为普通清算与特别清算两种类型。

普通清算,是指由公司依法定程序自行组织清算机构所进行的清算,法院不直接干预其清算事务,仅实行一般监督。此种清算兼顾股东和公司债权人的利益。在公司实践中,普通清算对于自愿解散和强制解散均可适用,但一般适用于那些资产能够抵偿债务,并且公司机关能够自行组织清算工作的公司。我国《公司法》第 232 条第 1 款规定:"公司因本法第二百二十九条第一款第一项、第二项、第四项、第五项规定而解散的,应当清算。董事为公司清算义务人,应当在解散事由出现之日起十五日内组成清算组进行清算。"依此,公司解散导致的清算均适用普通清算程序。

特别清算,是指公司解散时不能由公司自身组织清算,或者在进行普通清算时发生显著障碍,由法院介入而强制进行的清算。特别清算是为维护公司债权人的利益,依法院的命令而开始,并在法院严格监督下进行。特别清算是介于普通清算与破产清算之间的一种程序,是一种破产预防制度。因特别清算颇近似于破产程序,其目的又与公司重整相同,故各个国家和地区对特别清算准用公司法中的重整程序,亦准用破产法中的清算程序。此外,因特别清算仍为清算程序,公司法中有关普通清算的规定,除另有规定外,特别清算都可适用。对此,我国《公司法》第 233 条第 1 款规定:"公司依照前条第一款的规定应当清算,逾期不成立清算组进行清算或者成立清算组后不清算的,利害关系人可以申请人民法院指定有关人员组成清算组进行清算。人民法院应当受理该申请,并及时组织清算组进行清算。"依此,我国《公司法》明确规定,在普通清算未能正常进行的情况下,应股东、债权人申请,人民法院应启动特别清算程序。

三、公司清算人

(一)清算人的概念

清算人即公司清算事务的执行人。在有些境外公司法规定中,清算人既可为单一的自然人,也可为由数人组成的集合体,故普遍采用"清算人"概念。我国法律则对清算人有不同称谓,如在《合伙企业法》《个人独资企业法》《信托法》中称为"清算人";在《民法典》(关于法人规定的第一编第三章)、《公司法》、《保险法》中称为"清算组";在《企业破产法》中则称为破产

---

〔11〕 参见《韩国商法》,吴日焕译,中国政法大学出版社 1999 年版,第 47、50 ~ 51 页。

管理人。这种概念上的区别导致了在采用“清算组织”与“清算组”概念的法律领域，无法将某一自然人指定为清算人，从而造成与境外通例的明显不同。尽管清算组概念不如清算人概念合理，但鉴于我国公司法确认的是清算组概念，本书仍直接采用清算组概念。

（二）清算组的组成

各个国家和地区的公司法虽对清算人选任的规定不尽一致，但归纳起来，大致有以下三种做法：一是由公司执行业务股东或执行业务董事担任清算人；二是根据公司章程的规定，由股东或股东会选任清算人；三是由法院指派清算人。在一般情况下，清算人都以第一种或第二种方式产生。只有在特定情形下，如由董事担任清算人不适合时，以及解散公司逾期不成立清算组时，法院才有权指派清算人。

我国《公司法》第 232 条规定：董事为公司清算义务人；清算组由董事组成，但是公司章程另有规定或者股东会决议另选他人的除外；清算义务人未及时履行清算义务，给公司或者债权人造成损失的，应当承担赔偿责任。

（三）清算组的职权与职责

清算组在执行清算业务的范围内拥有广泛的职权。对此，我国《公司法》第 234 条规定，清算组在清算期间行使下列职权：(1)清理公司财产，分别编制资产负债表和财产清单；(2)通知、公告债权人；(3)处理与清算有关的公司未了结的业务；(4)清缴所欠税款以及清算过程中产生的税款；(5)清理债权、债务；(6)分配公司清偿债务后的剩余财产；(7)代表公司参与民事诉讼活动。

清算组作为公司的受托人，根据我国《公司法》第 238 条的规定，清算组成员履行清算职责，负有忠实义务和勤勉义务。清算组成员怠于履行清算职责，给公司造成损失的，应当承担赔偿责任；因故意或者重大过失给债权人造成损失的，应当承担赔偿责任。《公司法解释（二）》第 23 条还对清算组成员的义务与责任作了具体规定：“清算组成员从事清算事务时，违反法律、行政法规或者公司章程给公司或者债权人造成损失，公司或者债权人主张其承担赔偿责任的，人民法院应依法予以支持。有限责任公司的股东、股份有限公司连续一百八十日以上单独或者合计持有公司百分之一以上股份的股东，依据公司法第一百五十一条第三款的规定，以清算组成员有前款所述行为为由向人民法院提起诉讼的，人民法院应予受理。公司已经清算完毕注销，上述股东参照公司法第一百五十一条第三款的规定，直接以清算组成员为被告、其他股东为第三人向人民法院提起诉讼的，人民法院应予受理。”[12]

四、公司清算的程序

根据我国《公司法》《公司法解释（二）》的规定，并结合公司清算实践，公司清算的程序具体包括以下七个方面。

（一）成立清算组，开始清算

公司出于法定原因而解散的，应当在解散事由出现之日起 15 日内成立清算组，开始清算。公司解散后逾期不能组成清算组进行清算，或者成立清算组开始清算后故意拖延清算，或者有其他违法清算、可能严重损害公司债权人或者股东利益行为的，公司股东、债权人申请人民法

---

〔12〕 该条所涉及“公司法第一百五十一条”为现行《公司法》第 189 条。——编者注

院对公司进行清算的,人民法院应当受理。但如果公司已经不能清偿到期债务,并且资产不足以清偿全部债务或者明显缺乏清偿能力,人民法院可以告知其依据《企业破产法》的规定向人民法院申请破产清算。[13] 我国《民法典》还对清算义务人怠于履行清算义务的赔偿责任作了明确规定。对此,该法第70条规定:“法人解散的,除合并或者分立的情形外,清算义务人应当及时组成清算组进行清算。法人的董事、理事等执行机构或者决策机构的成员为清算义务人。法律、行政法规另有规定的,依照其规定。清算义务人未及时履行清算义务,造成损害的,应当承担民事责任;主管机关或者利害关系人可以申请人民法院指定有关人员组成清算组进行清算。”依此,公司的清算义务人为董事,但法律、行政法规另有规定的,依照其规定。《公司法》第232条第1、2款则明确规定:董事为公司清算义务人;清算组由董事组成,但是公司章程另有规定或者股东会决议另选他人的除外。依此,公司的清算义务人一概为董事,除非公司章程另有规定或者股东会决议另选他人,清算组也由董事组成。

清算组成立后,公司清算正式开始。清算开始后,公司的法律人格即进入受限制的清算法人状态。此后,公司权利均由清算组统一行使,清算组应停止与清算无关的活动。

(二)通知、公告债权人

清算组应当自成立之日起10日内,将公司解散清算事宜书面通知全体已知债权人,并于60日内根据公司规模和营业地域范围,在全国或者公司注册登记地省级有影响的报纸上或者国家企业信用信息公示系统进行公告。清算组未按照前款规定履行通知和公告义务,导致债权人未及时申报债权而未获清偿,债权人主张清算组成员对因此造成的损失承担赔偿责任的,人民法院应依法予以支持。[14]

(三)债权申报和债权登记

债权人应当自接到通知书之日起30日内,未接到通知书的自公告之日起45日内,向清算组申报其债权。债权人申报债权,应当说明债权的有关事项,并提供证明材料。清算组应当对债权进行登记。但在申报债权期间,清算组不得对债权人进行清偿。[15]

公司清算时,债权人对清算组核定的债权有异议的,可以要求清算组重新核定。清算组不予重新核定,或者债权人对重新核定的债权仍有异议,债权人以公司为被告向人民法院提起诉讼请求确认的,人民法院应予受理。[16]

债权人在规定的期限内未申报债权,在公司清算程序终结前补充申报的,[17] 清算组应予登记。债权人补充申报的债权,可以在公司尚未分配财产中依法清偿。公司尚未分配财产不能全额清偿,债权人主张股东以其在剩余财产分配中已经取得的财产予以清偿的,人民法院应予支持;但债权人因重大过错未在规定期限内申报债权的除外。[18]

(四)清理公司财产、编制资产负债表和财产清单

清算开始后,清算组要全面清理公司财产,并以此为基础,编制资产负债表和财产清单。

---

〔13〕 参见我国《公司法》第232、237条。

〔14〕 参见我国《公司法》第235条第1款;《公司法解释(二)》第11条。

〔15〕 参见我国《公司法》第235条;《公司法解释(二)》第12条。

〔16〕 参见《公司法解释(二)》第12条。

〔17〕 公司清算程序终结,是指清算报告经股东会或者人民法院确认完毕。

〔18〕 参见《公司法解释(二)》第13条第1款、第14条第1款。

但在此期间，如果清算组发现公司财产不足以清偿债务，应当立即向法院申请破产清算。人民法院受理破产申请后，清算组应当将清算事务移交给人民法院指定的破产管理人，自此便进入破产清算程序。[19]

（五）制定清算方案，并报股东会、股东大会或者人民法院确认

清算组在清理公司财产、编制资产负债表和财产清单后，应当制订清算方案，并报股东会或者人民法院确认。[20] 在普通清算情形下，因不涉及法院的司法监督，清算方案报股东会确认即可。在特别清算情形下，清算方案应当报人民法院确认。未经确认的清算方案，清算组不得执行。执行未经确认的清算方案给公司或者债权人造成损失，公司、股东、董事、公司其他利害关系人或者债权人主张清算组成员承担赔偿责任的，人民法院应依法予以支持。[21]

（六）分配公司清算财产

清算组在制定清算方案并报股东会或者人民法院确认后，就进入分配公司清算财产的阶段。我国《公司法》第 236 条第 2 款规定："公司财产在分别支付清算费用、职工的工资、社会保险费用和法定补偿金，缴纳所欠税款，清偿公司债务后的剩余财产，有限责任公司按照股东的出资比例分配，股份有限公司按照股东持有的股份比例分配。"

（七）清算结束

人民法院指定的清算组在清理公司财产、编制资产负债表和财产清单时，发现公司财产不足以清偿债务的，可以与债权人协商制作有关债务清偿方案。债务清偿方案经全体债权人确认且不损害其他利害关系人利益的，人民法院可依清算组的申请裁定予以认可。清算组依据该清偿方案清偿债务后，应当向人民法院申请裁定终结清算程序。债权人对债务清偿方案不予确认或者人民法院不予认可的，清算组应当依法向人民法院申请宣告破产。[22]

我国《公司法》第 239 条规定："公司清算结束后，清算组应当制作清算报告，报股东会或者人民法院确认，并报送公司登记机关，申请注销公司登记。"

各国家和地区公司法大多未规定清算程序的期限，我国《公司法》亦然。不过，《公司法解释（二）》第 16 条对特别清算的期间作了明确规定，该条第 1 款规定："人民法院组织清算的，清算组应当自成立之日起六个月内清算完毕。"该条第 2 款规定："因特殊情况无法在六个月内完成清算的，清算组应当向人民法院申请延长。"

思考题

1. 试析公司解散相关法律责任。
2. 试析公司清算的程序。

---

〔19〕 参见我国《公司法》第 236 条第 1 款、第 237 条。
〔20〕 参见我国《公司法》第 236 条第 1 款。
〔21〕 参见《公司法解释（二）》第 15 条。
〔22〕 参见《公司法解释（二）》第 17 条。

第十七章　外国公司的分支机构

导读

- 外国公司的衡量以设立准据法和本公司所在地为标准，而不论其股东国籍、股份认购或营业中心地等，也不须经中国政府认许。只要符合以上两个条件，即当然取得外国公司资格，有权在中国境内设立分支机构。
- 外国公司在东道国以自己的名义从事经营活动必须在东道国设立分支机构，各国大多依本国国情和国际惯例，制定了有关外国公司分支机构的设立规范。总的来说，外国公司要在东道国从事业务活动或者设立分支机构，必须取得东道国政府的批准。
- 外国公司必须经东道国政府许可或批准，才能成立。不同国家对外国公司在其境内设立分支机构的态度不同，综合而言有准则主义和许可主义（核准主义）两种。准则主义一般为市场经济较成熟的国家所采用，许可主义一般为发展中国家所采用。

第一节　外国公司分支机构的含义

一、外国公司分支机构的概念

为了进一步促进国际经济合作，方便和促进外国企业来华从事商事活动，我国《公司法》以专章对“外国公司的分支机构”的有关法律问题作了规定。

所谓外国公司的分支机构，是指外国公司依照本国法律在本国设立的分支机构。在我国，外国公司的分支机构是指外国公司依照我国《公司法》的规定，经我国政府批准，在我国境内设立的不具有法人资格的从事生产经营活动的经济实体。

依照我国《公司法》第243条的规定，外国公司是指依照外国法律在中国境外设立的公司。由此可见，外国公司的衡量以设立准据法和本公司所在地为标准，而不论其股东国籍、股份认购或营业中心地等，也不须经中国政府认许，只要符合以上两个条件，即当然取得外国公司资格，有权在中国境内设立分支机构。

二、外国公司分支机构的法律特征

（一）隶属于外国公司

外国公司分支机构是外国公司的组成部分，不能独立于外国公司而存在。如果外国公司本身归于消灭，则其分支机构也应注销。需要注意的是，外国公司的分支机构既不同于外国企业常驻代表机构,也不同于外商投资企业。外国企业常驻代表机构是指外国的公司、企业以及其他经济组织派驻中国境内的办事机构,虽然它也是非独立核算的非法人组织,但它是仅代表其所属公司、企业或其他经济组织在中国境内从事非直接生产经营活动即从事一定业务范围的联络、咨询服务工作的非经济实体。外商投资企业则实行独立核算,一般都具有法人资格,能独立承担民事责任,既不是派出的代表机构,也不是分支机构,而是独立的中国企业。外商投资企业有注册资本,外国公司分支机构只有经营资金而无注册资本;外国公司分支机构的设立者必须是外国的公司法人,而外商投资企业的举办者则可以是外国的自然人、法人或者其他经济组织。

(二)依照中国法律在中国境内设立

外国公司分支机构的设立必须符合我国法律规定的条件,并按照我国的法定程序办理设立申请和审批手续,依照我国法律对外国公司的主体资格及营业范围进行确认。这是国际上通行的一般规则。外国公司分支机构还必须在我国境内设立。未经我国法定机关批准,外国公司不得在我国设立分支机构。

(三)从事生产经营活动

外国公司在他国可能设立多种常驻代表机构,但只有经依法登记从事生产经营活动的分支机构,才是公司法意义上的外国公司分支机构。这就要求外国公司分支机构必须在我国境内有确定的住所、确定的代表人或代理人、相应的经营活动资金并开展连续性的活动。这些特征使其与无须履行公司登记手续的外国企业常驻代表机构区分开来。

(四)不具备法人资格

外国公司分支机构虽然在生产经营活动上有一定的独立性,但它并不具有独立的法人资格,不具有独立的民事权利能力、民事行为能力和民事责任能力。我国《公司法》第 247 条规定:外国公司在中国境内设立的分支机构不具有中国法人资格。外国公司对其分支机构在中国境内进行经营活动承担民事责任。具体表现在以下几个方面:(1)没有独立的名称和章程,只能以本公司的名义开展业务活动;(2)不具备独立的股东会、董事会、监事会等法人机构,而是由外国公司指定的代表人或代理人负责经营管理;(3)没有独立的财产,其实际占有、使用及经营管理的财产均系外国公司拨付;(4)不能独立承担民事责任,在中国境内进行生产经营活动所发生的民事责任,应由设立该分支机构的外国公司承担。

第二节　外国公司分支机构的设立

一、外国公司分支机构设立的含义

外国公司分支机构的设立,是指外国公司依照本国法律规定的条件和程序在本国境内设立分支机构,并经本国政府主管部门批准取得生产经营资格的行为。

各国往往以"外国公司"指称外国公司分支机构。就一国公司法而言,有关外国公司分支机构的规定,通常也就是关于外国公司分支机构的规定。由此,外国公司与外国公司分支机构也就具有了同一的法律意义。

外国公司要在东道国以自己的名义从事经营活动,就必须在东道国设立分支机构,各国大多依本国国情和国际惯例,制定有关外国公司分支机构的设立规范。总的来说,外国公司要在东道国从事业务活动或者设立分支机构,必须取得东道国政府批准。例如,《美国商事公司示范法》规定,外国(州)公司在从州务秘书处获得授权证书之前,无权在本州从事业务活动。《奥地利股份有限公司法》也规定,外国股份有限公司要在奥地利从事业务活动,必须取得奥地利政府的批准。日本、韩国商法均规定,外国公司欲在本国经营,必须设立分支机构,确定外国公司在本国的代理人,并且必须进行登记。

二、外国公司分支机构的设立申请

我国《公司法》第244条规定:"外国公司在中华人民共和国境内设立分支机构,应当向中国主管机关提出申请,并提交其公司章程、所属国的公司登记证书等有关文件,经批准后,向公司登记机关依法办理登记,领取营业执照。外国公司分支机构的审批办法由国务院另行规定。"因此,外国公司设立分支机构的申请书的主要内容包括:(1)外国公司的概况,包括公司的名称、地址、法定代表人姓名、公司成立日期、国籍、经营范围、资产总额、注册资本;(2)拟在中国设立分支机构的基本情况,包括分支机构的名称、地址、投资总额、经营范围、经营期限等。

在向中国主管部门申请设立分支机构时,除须提交公司章程、所属国的公司登记证书外,还要提交下列文件:(1)同该外国公司有业务往来的金融机构出具的信用证明书;(2)该外国公司法定代表人资格证明书;(3)该外国公司申请人的授权委托书;(4)该外国公司委托分支机构代表人或代理人的授权委托书和负责人的简历;(5)该外国公司最近几年经注册会计师审计或验证的财务会计报告;(6)该外国公司分支机构在中国营业的计划任务书。

根据我国《公司法》第245、246条的规定,外国公司在中国设立分支机构必须符合以下基本条件:(1)应当在中国境内指定负责该分支机构的代表人或代理人;(2)应当向该分支机构拨付与其所从事的经营活动相适应的资金,该经营资金需要规定最低限额的,由国务院另行规定;(3)外国公司的分支机构应当在其名称中标明该外国公司的国籍及责任形式;(4)外国公司的分支机构应当在本机构中置备该外国公司章程。

三、外国公司分支机构的设立许可

外国公司必须经东道国政府许可或批准,才能成立。不同国家对外国公司在其境内设立分支机构的立法态度不同,综合起来有准则主义和许可主义(核准主义)两种。在准则主义下,外国公司在东道国设立分支机构,依照东道国法律规定的条件直接办理登记,便可开展业务,无须经东道国主管部门的特别批准。例如,《美国特拉华州公司法》第371条第2款规定,递交50美元的申请费并在州务秘书办公室备案,即可在该州从事经营活动。准则主义一般为市场经济较成熟的国家所采用。在许可主义(核准主义)下,外国公司首先应向东道国政府主管机关申请办理审批许可手续,经批准后方可办理设立分支机构的登记手续。许可主义一般为发展中国家所采用。

中国对外国公司分支机构的设立,采取的是比较严格的核准主义原则。《公司法》第261条规定,外国公司违反本法规定,擅自在中国境内设立分支机构的,由公司登记机关责令改正或者关闭,可以并处5万元以上20万元以下的罚款。

四、外国公司分支机构的登记

外国公司分支机构的设立申请经批准后,即可申请进行设立登记。外国公司分支机构的登记机关及登记程序，大体上与国内公司分支机构的登记相同。外国公司分支机构经登记机关核准登记后，即发给外国公司分支机构营业执照，至此外国公司分支机构成立，并取得从事相应的生产经营活动的权利。此后，如其登记事项发生变更，亦应按照设立登记程序，申请进行相应的变更登记。

外国公司分支机构登记具有以下法律效力：(1)规范性效力。外国公司分支机构必须经过登记，才能在核准登记的营业范围内，在我国境内从事相应的生产经营活动，其合法权益才能得到中国法律的保护，否则将承担相应的法律责任。我国《公司法》第261条对此作了严格规定。(2)公示性效力。外国公司分支机构经登记后，才能就其登记事项取得对抗第三人的权利，请求对方承担相应的民事责任。对没有登记或登记不实的事项，则不享有对抗第三人的权利。

第三节　外国公司分支机构的权利和义务

我国《公司法》第248条规定："经批准设立的外国公司分支机构，在中华人民共和国境内从事业务活动，应当遵守中国的法律，不得损害中国的社会公共利益，其合法权益受中国法律保护。"该条系对外国公司分支机构的权利、义务的概括规定。

一、外国公司分支机构的权利

（一）依法从事生产经营活动

各国法律多允许外国公司在本国境内开展业务活动，并赋予其与本国公司基本相同的权利。但各国法律同时也对外国公司分支机构从事业务活动的范围有所限制，主要体现在禁止或限制外国公司分支机构从事军工、航空、通讯、能源等与国计民生关系重大的特殊行业。例如，意大利禁止外国公司从事银行业、保险业、海运业、客运业和石油、天然气等方面的交易活动。我国也在一系列关系到国计民生的行业中禁止或限制外国公司分支机构的进入。

（二）合法权益受中国法律保护

外国公司分支机构受中国法律管辖，其合法权益受中国法律保护。任何侵害外国公司分支机构合法权益的行为都将受到我国法律的追究。当然，如外国公司分支机构违反中国法律，损害社会公共利益，也将受到应有的法律制裁，而不因其为外国公司的分支机构而享受特殊待遇。

二、外国公司分支机构的义务

（一）遵守中国法律，依法进行经营活动

外国公司分支机构在我国境内从事生产经营活动，必须遵守中国法律，不得损害中国的社会公共利益。外国公司分支机构依法获准登记后，必须开展业务活动；如果在登记后一定期间内，无正当理由而未开展业务活动，或者开展业务活动后，无正当理由而停止业务活动达到一定期间，就应责令其关闭。

（二）明示及置备有关公司情况的义务

外国公司分支机构在其名称中，必须标明该外国公司的国籍及责任形式，并在该分支机构

中置备该外国公司的章程。

(三)依法进行清算的义务

外国公司分支机构不具有中国的法人资格,不具有独立的财产,其债权、债务由该外国公司享有和承担,因此,为了使其分支机构被撤销后仍存在的债务得到应有的清偿,外国公司撤销其在中国境内的分支机构时,必须依法清偿债务。根据《公司法》第249条的规定,外国公司撤销其在中国境内的分支机构时,应当依法清偿债务,进行清算。外国公司出于其他原因而撤销分支机构,是否必须清算,《公司法》未作规定。

外国公司分支机构的清算是指分支机构被撤销后,为了终结其现存的各种法律关系,了结其债务,而对分支机构所发生的债权、债务进行清理、处分的行为。外国公司分支机构的清算,应按照公司法有关公司清算程序的规定进行,主要包括成立清算组织,债权申报和登记,清理财产、债权、债务并制定清算方案,执行清算方案,制作清算报告以及注销登记等程序。

外国公司对其分支机构的清算未完成之前,不得将分支机构的财产移至中国境外,以防止逃避债务,损害债权人及有关利害关系人的利益。在中国境内的外国公司分支机构的债务,实质上是该外国公司的债务,因此用于清偿分支机构债务的财产不限于该分支机构的现有财产。如果分支机构的现有财产不足以清偿所欠债务,债务人有权向该分支机构所属的外国公司请求偿还。

思考题

1. 试析外国公司分支机构的法律特征。
2. 试析外国公司分支机构的权利和义务。

主要参考文献

1. 王建文:《商法总论研究》,中国人民大学出版社 2021 年版。
2. 王建文:《证券法研究》,中国人民大学出版社 2021 年版。
3. 王建文:《商法教程》(第 4 版),中国人民大学出版社 2019 年版。
4. 王建文:《中国商法的理论重构与立法构想》,中国人民大学出版社 2018 年版。
5. 王建文:《中国商法立法体系:批判与建构》,法律出版社 2009 年版。
6. 王建文、张宇、熊敬:《公司高管重大经营决策失误民事责任研究》,法律出版社 2012 年版。
7. 范健、王建文:《商法学》(第 5 版),法律出版社 2021 年版。
8. 范健、王建文:《商法总论》(第 2 版),法律出版社 2019 年版。
9. 范健、王建文:《证券法》(第 3 版),法律出版社 2020 年版。
10. 范健、王建文:《破产法》,法律出版社 2009 年版。
11. 范健、王建文:《商法的价值、源流及本体》(第 2 版),中国人民大学出版社 2007 年版。
12. 范健、王建文:《商法基础理论专题研究》,高等教育出版社 2005 年版。
13. 范健、王建文:《商法论》,高等教育出版社 2003 年版。
14. 范健:《德国商法:传统框架与新规则》,法律出版社 2003 年版。
15. 范健、蒋大兴:《公司法论》(上卷),南京大学出版社 1997 年版。
16. 蒋大兴:《公司法的观念与解释》(全 3 册),法律出版社 2009 年版。
17. 蒋大兴:《公司法的展开与评判——方法·判例·制度》,法律出版社 2001 年版。
18. 蒋大兴主编:《公共主义公司法的法典运动——社会企业法法典编纂》,法律出版社 2024 年版。
19. 黄辉:《现代公司法比较研究——国际经验及对中国的启示》,清华大学出版社 2011 年版。
20. 朱慈蕴等:《公司内部监督机制——不同模式在变革与交融中演进》,法律出版社 2007 年版。
21. 朱慈蕴:《公司法人格否认法理研究》,法律出版社 1998 年版。
22. 董慧凝:《公司章程自由及其法律限制》,法律出版社 2007 年版。
23. 葛伟军:《公司资本制度和债权人保护的相关法律问题》,法律出版社 2007 年版。
24. 王保树、崔勤之:《中国公司法原理》(最新修订第 3 版),社会科学文献出版社 2006 年版。
25. 王保树主编:《转型中的公司法的现代化》,社会科学文献出版社 2006 年版。
26. 王保树主编:《中国公司法修改草案建议稿》,社会科学文献出版社 2004 年版。
27. 王保树主编:《中国商事法》(新编本),人民法院出版社 2001 年版。
28. 赵旭东主编:《公司法学》(第 2 版),高等教育出版社 2006 年版。
29. 赵旭东主编:《境外公司法专题概览》,人民法院出版社 2005 年版。
30. 赵旭东等:《公司资本制度改革研究》,法律出版社 2004 年版。
31. 赵旭东:《企业法律形态论》,中国方正出版社 1996 年版。
32. 甘培忠:《公司控制权的正当行使》,法律出版社 2006 年版。
33. 甘培忠:《企业与公司法学》(第 2 版),北京大学出版社 2001 年版。

34. 甘培忠:《企业法新论》,北京大学出版社 2000 年版。
35. 施天涛:《公司法论》(第 2 版),法律出版社 2006 年版。
36. 施天涛:《商法学》(第 3 版),法律出版社 2006 年版。
37. 雷兴虎主编:《公司法学》,北京大学出版社 2006 年版。
38. 雷兴虎主编:《商法学》,人民法院出版社、中国人民公安大学出版社 2003 年版。
39. 雷兴虎主编:《公司法新论》,中国法制出版社 2001 年版。
40. 周友苏:《新公司法论》,法律出版社 2006 年版。
41. 刘俊海:《新公司法的制度创新:立法争点与解释难点》,法律出版社 2006 年版。
42. 汤欣等:《控股股东法律规制比较研究》,法律出版社 2006 年版。
43. 肖海军:《企业法原论》,湖南大学出版社 2006 年版。
44. 钱玉林:《股东大会决议瑕疵研究》,法律出版社 2005 年版。
45. 梁上上:《论股东表决权——以公司控制权争夺为中心展开》,法律出版社 2005 年版。
46. 罗培新:《公司法的合同解释》,北京大学出版社 2004 年版。
47. 谢朝斌:《独立董事法律制度研究》,法律出版社 2004 年版。
48. 傅穹:《重思公司资本制原理》,法律出版社 2004 年版。
49. 江平主编:《新编公司法教程》(第 2 版),法律出版社 2003 年版。
50. 江平主编:《法人制度论》,中国政法大学出版社 1994 年版。
51. 冯果:《公司法要论》,武汉大学出版社 2003 年版。
52. 冯果:《现代公司资本制度比较研究》,武汉大学出版社 2000 年版。
53. 沈贵明:《公司法学》(第 2 版),法律出版社 2003 年版。
54. 王欣新编著:《企业和公司法》,中国人民大学出版社 2003 年版。
55. 张民安:《公司法上的利益平衡》,北京大学出版社 2003 年版。
56. 王天鸿:《一人公司制度比较研究》,法律出版社 2003 年版。
57. 郭富青主编:《企业法》,中国政法大学出版社 2003 年版。
58. 龙卫球:《民法总论》(第 2 版),中国法制出版社 2002 年版。
59. 王红一:《公司法功能与结构法社会学分析——公司立法问题研究》,北京大学出版社 2002 年版。
60. 李玉:《晚清公司制度建设研究》,人民出版社 2002 年版。
61. 陈朝阳、林玉妹编著:《中国现代企业制度》,中国发展出版社 2002 年版。
62. 史际春、温烨、邓峰:《企业和公司法》,中国人民大学出版社 2001 年版。
63. 赵万一主编:《商法学》,法律出版社 2001 年版。
64. 顾功耘主编:《商法教程》,上海人民出版社 2001 年版。
65. 吴汉东、胡开忠:《无形财产权制度研究》,法律出版社 2001 年版。
66. 王苏生:《证券投资基金管理人的责任》,北京大学出版社 2001 年版。
67. 王先林:《知识产权与反垄断法:知识产权滥用的反垄断问题研究》,法律出版社 2001 年版。
68. 任先行、周林彬编著:《比较商法导论》,北京大学出版社 2000 年版。
69. 马俊驹主编:《现代企业法律制度研究》,法律出版社 2000 年版。
70. 马强:《合伙法律制度研究》,人民法院出版社 2000 年版。
71. 宋永新:《美国非公司型企业法》,社会科学文献出版社 2000 年版。
72. 梅慎实:《现代公司机关权力构造论》,中国政法大学出版社 2000 年版。
73. 梁能主编:《公司治理结构:中国的实践与美国的经验》,中国人民大学出版社 2000 年版。
74. 覃有土主编:《商法学》,中国政法大学出版社 1999 年版。

75. 张维迎:《企业理论与中国企业改革》,北京大学出版社 1999 年版。
76. 潘静成、刘文华主编:《经济法》,中国人民大学出版社 1999 年版。
77. 杨紫煊主编:《经济法》,北京大学出版社、高等教育出版社 1999 年版。
78. 何美欢:《公众公司及其股权证券》(上册),北京大学出版社 1999 年版。
79. 胡果威:《美国公司法》,法律出版社 1999 年版。
80. 邵景春:《欧洲联盟的法律与制度》,人民法院出版社 1999 年版。
81. 张正钊、韩大元主编:《比较行政法》,中国人民大学出版社 1998 年版。
82. 张开平:《英美公司董事法律制度研究》,法律出版社 1998 年版。
83. 孔祥俊:《公司法要论》,人民法院出版社 1997 年版。
84. 徐燕:《公司法原理》,法律出版社 1997 年版。
85. 赵晓雷:《现代公司产权理论与实务》,上海财经大学出版社 1997 年版。
86. 张文显主编:《法理学》,法律出版社 1997 年版。
87. 卢现祥:《西方新制度经济学》,中国发展出版社 1996 年版。
88. 李龙主编:《法理学》,武汉大学出版社 1996 年版。
89. 梁慧星:《民法总论》,法律出版社 1996 年版。
90. 张貌编著:《公司法原理》,南开大学出版社 1995 年版。
91. 石少侠:《公司法》,吉林人民出版社 1994 年版。
92. 江平主编:《中国公司法原理与实务》,科学普及出版社 1994 年版。
93. 徐杰、徐晓松:《中国公司法与公司实务》,中国致公出版社 1994 年版。
94. 董安生、王文钦、王艳萍编著:《中国商法总论》,吉林人民出版社 1994 年版。
95. 莫扶民:《中外企业制度比较》,中共中央党校出版社 1994 年版。
96. 冯晓光主编:《公司法》,中国和平出版社 1994 年版。
97. 张汉槎编著:《香港公司法原理与实务》,科学普及出版社 1994 年版。
98. 郑立、王益英主编:《企业法通论》,中国人民大学出版社 1993 年版。
99. 黄速建:《公司论》,中国人民大学出版社 1989 年版。
100. 夏炎德:《欧美经济史》,上海三联书店 1991 年版。
101. 柯芳枝:《公司法论》,中国政法大学出版社 2004 年版。
102. 王文宇:《公司法论》,中国政法大学出版社 2004 年版。
103. 赵德枢:《一人公司详论》,中国人民大学出版社 2004 年版。
104. 梁宇贤:《商事法论》,中国人民大学出版社 2003 年版。
105. 梁宇贤:《公司法论》,台北,三民书局 1980 年版。
106. 史尚宽:《民法总论》,中国政法大学出版社 2000 年版。
107. 刘清波编著:《商事法》,台北,商务印书馆 1995 年版。
108. 武忆舟:《民法总则》,台北,三民书局 1985 年版。
109. 黄川口:《公司法论》(增订版),台北,三民书局 1984 年版。
110. 刘正谈、商名凯、麦永乾、史有为编:《汉语外来词词典》,上海辞书出版社 1984 年版。
111. 葛伟军译注:《英国 2006 年公司法》(第 3 版),法律出版社 2017 年版。
112. 沈四宝编译:《最新美国标准公司法》,法律出版社 2006 年版。
113.《法国商法典》(上、中、下册),罗结珍译,北京大学出版社 2015 年版。
114.《法国公司法典》(上、下),罗结珍译,中国法制出版社 2007 年版。
115.《法国民法典》(上、下册),罗结珍译,法律出版社 2005 年版。

116.《法国商法典》,金邦贵译,中国法制出版社 2000 年版。
117.《意大利民法典》,费安玲等译,中国政法大学出版社 2004 年版。
118.《意大利民法典》,费安玲、丁玫译,中国政法大学出版社 1997 年版。
119.《瑞士债法典》,吴兆祥、石佳友、孙涉妍译,法律出版社 2002 年版。
120. 卞耀武主编:《特拉华州普通公司法》,左羽译,法律出版社 2001 年版。
121.《德国商事公司法》,胡晓静、杨代雄译,法律出版社 2014 年版。
122. 陈卫佐译注:《德国民法典》,法律出版社 2004 年版。
123.《德国商法典》,杜景林、卢谌译,中国政法大学出版社 2000 年版。
124.《欧盟公司法指令全译》,刘俊海译,法律出版社 2000 年版。
125. 吴建斌编译:《日本公司法　附经典判例》,法律出版社 2017 年版。
126.《日本公司法典》,吴建斌、刘惠明、李涛合译,中国法制出版社 2006 年版。
127. 吴建斌主编:《日本公司法规范》,法律出版社 2003 年版。
128.《韩国商法》,吴日焕译,中国政法大学出版社 1999 年版。
129.《俄罗斯联邦民法典》,黄道秀等译,中国大百科全书出版社 1999 年版。
130. 卞耀武主编:《当代外国公司法》,法律出版社 1995 年版。
131.《澳门商法典》,中国人民大学出版社 1999 年版。
132. [德]格茨·怀克、克里斯蒂娜·温德比西勒:《德国公司法》(第 21 版),殷盛译,法律出版社 2010 年版。
133. [德]C. W. 卡纳里斯:《德国商法》,杨继译,法律出版社 2006 年版。
134. [德]托马斯·莱塞尔、吕迪格·法伊尔:《德国资合公司法》(第 3 版),高旭军等译,法律出版社 2005 年版。
135. [德]托马斯·莱塞尔、吕迪格·法伊尔:《德国资合公司法》(第 6 版),高旭军等译,上海人民出版社 2019 年版。
136. [德]迪特尔·梅迪库斯:《德国民法总论》,邵建东译,法律出版社 2001 年版。
137. [美]阿道夫·A. 伯利、加德纳·C. 米恩斯:《现代公司与私有财产》,甘华鸣等译,商务印书馆 2005 年版。
138. 美国法律研究院通过并颁布:《公司治理原则:分析与建议》(上下卷),楼建波等译,法律出版社 2006 年版。
139. [美]弗兰克·伊斯特布鲁克、丹尼尔·费希尔:《公司法的经济结构》,罗培新等译,北京大学出版社 2005 年版。
140. [美]罗伯特·布赖斯:《安然帝国梦》,沈志彦等译,上海译文出版社 2002 年版。
141. [美]费正清:《中国:传统与变迁》,张沛译,世界知识出版社 2002 年版。
142. [美]罗伯特·C. 克拉克:《公司法则》,胡平等译,工商出版社 1999 年版。
143. [美]罗伯特·W. 汉密尔顿:《公司法概要》,李存捧译,中国社会科学出版社 1999 年版。
144. [美]查尔斯·R. 麦克马尼斯:《不公平贸易行为概论》,陈宗胜、王利华、候利宏译,中国社会科学出版社 1997 年版。
145. [美]哈罗德·J. 伯尔曼:《法律与革命——西方法律传统的形成》,贺卫方、高鸿钧、张志铭、夏勇译,中国大百科全书出版社 1993 年版。
146. [美]丹尼尔·A. 雷恩:《管理思想的演变》,孙耀君等译,中国社会科学出版社 1986 年版。
147. [美]M. 罗斯托夫采夫:《罗马帝国社会经济史》,马雍、厉以宁译,商务印书馆 1985 年版。
148. [美]汤普逊:《中世纪经济社会史》(上册),耿淡如译,商务印书馆 1961 年版。

149. [英]艾利斯·费伦:《公司金融法律原理》,罗培新译,北京大学出版社 2012 年版。
150. [英]保罗·戴维斯:《英国公司法精要》,樊云慧译,法律出版社 2007 年版。
151. [英]戴维·M. 沃克:《牛津法律大辞典》,李双元等译,法律出版社 2003 年版。
152. [英]施米托夫:《国际贸易法文选》,赵秀文选译,中国大百科全书出版社 1993 年版。
153. [英]R. E. G. 佩林斯、A. 杰弗里斯:《英国公司法》,《公司法》翻译小组译,上海翻译出版社 1984 年版。
154. [意]彼德罗·彭梵得:《罗马法教科书》,黄风译,中国政法大学出版社 1992 年版。
155. [意]卡洛·M. 奇波拉主编:《欧洲经济史》(第 1 卷),徐璇译,商务印书馆 1988 年版。
156. [葡]Mota Pinto:《民法总论》,澳门翻译公司译,法律翻译办公室、澳门大学法学院出版社 1999 年版。
157. [日]前田庸:《公司法入门》(第 12 版),王作全译,北京大学出版社 2012 年版。
158. [日]大塚久雄:《股份公司发展史论》,胡企林、胡欣欣、江瑞平、韩朝华译,中国人民大学出版社 2002 年版。
159. [日]末永敏和:《现代日本公司法》,金洪玉译,人民法院出版社 2000 年版。
160. [日]奥村宏:《法人资本主义》,李建国等译,生活·读书·新知三联书店 1990 年版。
161.《韩国公司法》,吴日焕译,中国政法大学出版社 2000 年版。
162. [马来]罗修章、王鸣峰:《公司法:权力与责任》,杨飞等译,法律出版社 2005 年版。
163. [加]布莱恩·R. 柴芬斯:《公司法:理论、结构和运作》,林华伟等译,法律出版社 2001 年版。
164. [美]Lewis D. Solomon、Alan R. Palmiter:《公司法》(第 3 版)(注译本),任志毅、张焱注,中国方正出版社 2004 年版。
165. [美]史蒂文·L. 伊曼纽尔:《公司法》(影印本),中信出版社 2003 年版。
166. [美]艾伦·R. 帕尔米特:《公司法(案例与解析)》(第 4 版,影印本),中信出版社 2003 年版。
167. [美]杰西·H. 乔波、小约翰·C. 科菲、罗纳德·J. 吉尔森:《公司法:案例与资料》(第 5 版)(影印本),中信出版社 2003 年版。
168. [美]R. W. 汉密尔顿:《公司法》(第 4 版,影印注释本),刘俊海、徐海燕注,中国人民大学出版社 2001 年版。
169. [美]罗伯特·W. 汉密尔顿:《公司法》(第 4 版)(美国法精要·影印本),法律出版社 1999 年版。
170. 虞政平主编:《英国公司法规汇编》,法律出版社 2000 年版。